Politik und Wirtschaft verstehen

Nordrhein-Westfalen

7–9

Stefan Heck
Karl-Heinz Meyer
Dr. Jelko Peters
Heinz-Ulrich Wolf

Schroedel

Politik und Wirtschaft verstehen 7–9
Nordrhein-Westfalen

bearbeitet von
Stefan Heck, Karl-Heinz Meyer, Dr. Jelko Peters,
Heinz-Ulrich Wolf
in Zusammenarbeit mit der Verlagsredaktion

mit Beiträgen von
Alfons Brockhausen, Dr. Hans Jürgen Smula,
Reinhard Ziegler

Zu diesem Schülerband gibt es Lehrerhandreichungen
mit Kopiervorlagen, Bestell-Nr. 978-3-507-10883-7

Druck A [2] / Jahr 2010
Alle Drucke der Serie A sind im Unterricht parallel verwendbar.

Redaktion: form & inhalt verlagsservice Martin H. Bredol, Marburg
Herstellung: Sabine Schmidt, Hannover
Umschlaggestaltung: Typocepta, Köln
und Klaxgestaltung, Braunschweig
Layout: Andrea Heissenberg
Illustrationen: H.-J. Feldhaus, Münster
Grafik: Langner & Partner, Hemmingen
Satz und Repro: O & S Satz GmbH, Hildesheim
Druck und Bindung: westermann druck GmbH, Braunschweig

ISBN 978-3-507-**10882**-0

Inhaltsverzeichnis

Du hast mehr verdient!
Mehr Respekt. Soziale Gerechtigkeit. Gute Arbeit.
DGB
1. Mai 2007

Liebe Schülerinnen, liebe Schüler,

mit „Politik und Wirtschaft verstehen" haltet ihr ein modern gestaltetes Buch für den Unterricht im Fach Politik/Wirtschaft in Händen. Dieser Band für die Klassen 7 bis 9 enthält acht Hauptkapitel, in denen ihr wichtige Sachverhalte zu Politik, Wirtschaft und Recht erfahren und erarbeiten könnt.

Die Hauptkapitel sind in Kapitel unterteilt, die jeweils mit einer zusammenfassenden Seite „Das Wichtige in Kürze" enden. Diese Seite kann euch bei der Bearbeitung vieler Aufgaben helfen, sie eignet sich auch gut für eine Wiederholung des Stoffes. Die Seiten „Zeige deine Kompetenzen" am Schluss der Hauptkapitel bieten zudem die Möglichkeit, den eigenen Wissensstand zu überprüfen. Rätsel und Karikaturen sorgen dabei für Abwechselung.

Besonderes Augenmerk legt „Politik und Wirtschaft verstehen" auf methodenorientiertes Lernen. Auf blau unterlegten Seiten wird zu Rollenspielen, Projekten, Erkundungen, Umfragen, Expertenbefragungen, Pro-Kontra-Diskussionen und vielen weiteren interessanten Unterrichtsmethoden angeregt.

Im Unterschied zum Band für die Klassen 5 und 6 findet ihr in diesem Buch spezielle Seiten, die unter der Überschrift „Zur Analyse" stehen. Auf diesen Seiten findet ihr Texte und Grafiken, die ihr selbst analysieren könnt. Wie ihr bei einer solchen Analyse vorgeht, haben wir auf den nächsten Seiten kurz beschrieben.

Am Ende des Buches findet ihr ein detailliertes Stichwortverzeichnis mit Seitenverweisen und Begriffserklärungen. Greift auf diese Seiten zurück, wann immer es euch hilfreich erscheint.

Wo dieses Zeichen steht, sind Aufgaben in einer bestimmten Form schriftlich zu beantworten. In das Buch dürft ihr auf keinen Fall schreiben! Deshalb müsst ihr die vorgegebenen Tabellen, Rätsel oder Übersichten auf ein Blatt übertragen oder das Arbeitsblatt benutzen, das euch eure Lehrerin oder euer Lehrer aushändigt.

Das Autorenteam

Arbeitsweisen im Fach Politik/Wirtschaft

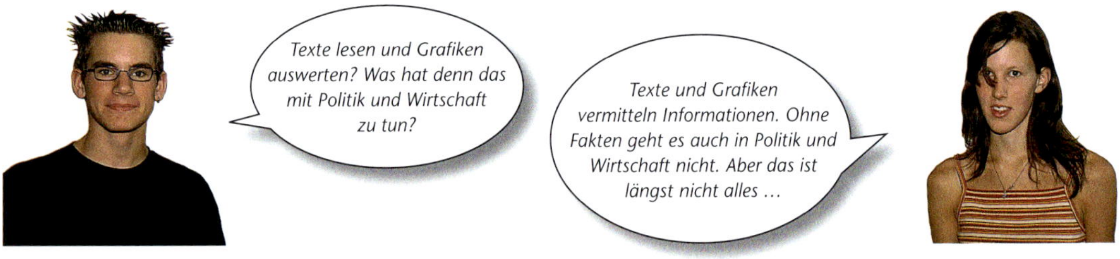

Eindruck – Meinung – Standpunkt?

Jeder Mensch hat Tag für Tag viele Sinneseindrücken. Wir hören, lesen, fühlen, schmecken oder erfahren etwas Bekanntes oder Neues. Dann bilden wir uns eine erste Meinung. Dabei stellen wir Fragen, z.B.:

- Wie finde ich das?
- Sehe ich das genau so?
- Wie fühle ich mich dabei?

Allmählich verwandelt sich der erste Sinneseindruck durch ständiges „Wieder-Drüber-Nachdenken" und durch die Sammlung von weiteren Informationen oder Argumenten zu einer begründeten Position. Dabei geben wir Antworten auf Fragen wie „Warum finde ich das gut?"
Am Ende haben wir ein bestimmten Standpunkt zu einer Situation oder Sache entwickelt.
Unsere Standpunkte und die unserer Freunde werden wir immer wieder vergleichen mit dem, was wir schon über die Welt wissen (oder zu wissen glauben). Unsere Einschätzung der Sachlage vergleichen wir mit der Einschätzung anderer. Dabei werden Eindrücke und Positionen gegeeinander gestellt und abgewogen. Informationen werden hinterfragt und überprüft mithilfe von anderen Informationen. Irgendwann stellt sich im Freundeskreis vielleicht ein gemeinsamer Standpunkt heraus (Die CD von xy ist die beste, die er je gemacht hat, weil ...). Oder du stellst fest, dass deine Freundin und du zwei gegensätzliche Standpunkte zu einem Thema vertreten.
Der persönliche Standpunkt ist immer ein Ergebnis einer gedanklichen Leistung, nicht das Ergebnis einer spontanen Reaktion. Der Standpunkt kann sich natürlich je nach Wissenszuwachs durchaus verändern.

Politik hat u.a. mit Sorgen, Nöten und Ängsten der Menschen zu tun. Es sind Entscheidungen zu treffen, wie diese Probleme gelöst werden können. Diese Entscheidungen treffen immer Menschen.

Politik bedeutet, Probleme zu erkennen, sie zu untersuchen, zu beurteilen und dann entsprechende Handlungen in Angriff zu nehmen.

So ergibt sich für politisches Handeln ein dreischrittiger Ablauf, den wir euch auch in dem vorliegenden Buch näher bringen möchten. Denn: Politisches Handeln lässt sich lernen.

1. **Erkennen und Untersuchen** eines Problems
2. **Beurteilen** und Entscheiden
3. **Handeln** und Umsetzung einer Entscheidung

Die ersten beiden Schritte werden wir auf den folgenden Seiten näher betrachten. Außerdem haben wir an vielen Stellen in diesem Buch „Methoden-Seiten" eingebaut, welche euch beim Erkennen und Untersuchen, Beurteilen und Handeln in bestimmten Situationen Hilfestellung geben.

- Methoden, die beim Erkennen und Untersuchen unterstützen, findet ihr auf den Seiten 18, 44, 69, 136, 166, 184, 188, 216, 228, 255, 286, 312, 327 und 331.
- Methoden, die zum Beurteilen anleiten, findet ihr auf den Seiten 18, 44, 73, 86, 107, 184, und 347.
- Methoden, welche Anleitungen zum Handeln geben, findet ihr auf den Seiten 32, 38, 126, 149, 162, 184, 304, 360.

1 *Erkläre den Unterschied zwischen einem Sinneseindruck und einer begründeten Position.*

1. Schritt: Erkennen und Untersuchen

Politische Ansichten und Einsichten lassen sich nicht immer in wenigen Sätzen notieren, sie werden deshalb in längeren Texten dargestellt und erläutert, z.B. in einer Tageszeitung. Häufig wird auch neutral berichtet, d.h. der Autor eines Textes stellt nur Fakten dar, ohne diese zu kommentieren. Eine „Meinung" muss sich der Leser dann selbst bilden. Oft vertreten Texte aber eine klare Aussage zu einem bestimmten Thema.
Um einen Text, seine Absichten sowie seine Hintergründe zu verstehen, ist es nötig, den Text genauer zu analysieren.
Zu einer Textanalyse gehört eine kurze Textvorstellung, die inhaltliche Erschließung des Textes, die Einordnung des Inhaltes in systematische Zusammenhänge und die Herausarbeitung von Hintergründen. Am Schluss einer Textanalyse steht eine begründete Stellungnahme.

1. Textvorstellung
Du benennst den Autor, den Titel des Textes, den Entstehungszeitpunkt (falls bekannt), die Textsorte, die Adressaten, das Thema und die Absicht des Textes.
Im folgenden Textausschnitt sind die Informationen, welche sich direkt erschließen lassen, gelb unterlegt.

2. Textzusammenfassung
Wesentliche Aussagen und Sachverhalte des Textes werden mit eigenen Worten zusammengefasst. Dazu gehören bei Zeitungsberichten Antworten auf die folgenden fünf W-Fragen. (Die Antworten auf diese Fragen sind im Beispiel blau markiert.):
1. Wer hat etwas gemacht?
2. Was hat er/sie gemacht?
3. Wann hat das Ereignis stattgefunden?

Was eine Nase wert ist

Von FOCUS-Online-Autorin Britta Weddeling und FOCUS-Redakteur Göran Schattauer

14. Januar 2008 – Still, fast schüchtern, betreten die jungen Männer den Saal A 36 des Jugendgerichts München. Sie sind gewöhnlich gekleidet, tragen normale Frisuren und sind auch sonst nicht auffällig. Keine Polizeiakten, keine Vorstrafen, keine – wie man so schön sagt – kriminelle Vergangenheit. Nun aber stehen Jerwand M., Jurij G. und Michael D. vor der Jugendrichterin Judith Engel – wegen gefährlicher Körperverletzung. Die 52-jährige Juristin [...] hat viele Brutalos verurteilt. [...] Sie spricht von einer „bitteren und brutalen Tat". Mehr als 15 Monate liegt der Fall zurück, und dass die Prügler erst jetzt belangt werden, sagt auch etwas aus über die personelle Lage an deutschen Gerichten. [...]
Am 30. September 2006 tankten die Angeklagten im Alter zwischen 18 und 19 Jahren auf dem Oktoberfest ein paar Bier. Anschließend stiegen sie in die S-Bahn, wo sie sich durch zwei harmlose Jugendliche gestört fühlten. Sie pöbelten herum („Schwule", „Schwuchteln"), dann schlugen sie und traten zu. Einem 49-jährigen Elektromeister, der den Opfern als Einziger im voll besetzten Waggon zu Hilfe kam, brachen sie die Nase. Die beiden anderen erlitten schwere Prellungen.
„Im Namen des Volkes" verkündete Richterin Engel das Urteil: jeweils 40 Stunden gemeinnützige Arbeit sowie eine Woche Dauerarrest. Kritik, das Trio sei zu milde davongekommen, weist die Juristin zurück. Ihr Urteil sei „angemessen". Die Staatsanwaltschaft allerdings hatte die doppelte Arrestdauer beantragt.
Wäre der Nasenschmetterer nicht in Bayern verhandelt worden, sondern vorm Amtsgericht im thüringischen Sondershausen, die Anklage hätte ihre Forderung glatt durchbekommen –dank Christian Kropp. Der 44-jährige Jugendrichter gilt als knallhart. Vergangenen Mittwoch verdonnerte er einen 17-jährigen Ersttäter zu 60 Arbeitsstunden nebst zwei Wochen Arrest. Der junge Mann hatte im Oktober 2007 einem Mitschüler aus nichtigem Anlass die Nase zertrümmert. Die Staatsanwaltschaft hielt eine kleine Arbeitsstrafe für ausreichend. Kropp, dem „die viel zu milden Urteile gegen jugendliche Gewalttäter" seit Langem gegen den Strich gehen, sattelte einen Besuch im Schnupper-Knast drauf.
Normalerweise feuern Jugendrichter solche Warnschüsse erst nach der dritten oder vierten Tat ab – Kropp freilich glaubt, nach elf Amtsjahren erkannt zu haben, dass mit „Druck, Härte und staatlicher Autorität" am meisten zu erreichen sei: „80 Prozent der Jungs, die wir verurteilen, landen nicht wieder vor Gericht."

(aus: FOCUS 3/2008; http://www.focus.de/politik/deutschland/jugendgewalt/justiz-was-eine-nase-wert-ist_aid_233671.html)

4. Wo hat das Ereignis stattgefunden?
5. Wie und warum hat sich das betreffende Ereignis abgespielt?

Diese Fragen lassen sich häufig aber auch bei anderen Textsorten, z. B. bei Sachtexten, beantworten. Du findest selbst heraus, zu welcher Frage welche Antwort gehört.
Wichtig in diesem Fall ist, dass über zwei Ereignisse berichtet wird.

3. Textanalyse
Du untersuchst die Aussagen und Sachverhalte des Textes, stützt dich dabei auch auf dein eigenes Wissen und versuchst durch zusätzliche Informationen größere Zusammenhänge darzustellen. Du ordnest, wenn möglich, die Textaussagen einer (politischen) Position oder Haltung zu. Im vorliegende Beispiel ist das nicht ganz leicht, da die Autoren über zwei entgegengesetzte Positionen berichten, ohne sie offen zu kommentieren.
Tipp: Hierbei wäre wichtig zu fragen, ob es sich bei den Urteilen von München und Sondershausen um Einzelfälle handelt oder ob auch andere Gerichte in Deutschland so urteilen.
Tipp: Es ist immer lohnenswert, nach dem Hintergrund / dem aktuellen Anlass für die Berichterstattung zu fragen: Im vorliegende Beispiel wurde kurz vorher ein Rentner in der Münchner U-Bahn von Jugendlichen brutal zusammengeschlagen.
Tipp: Frage nach Gründen für Verhalten, in diesem Fall: das Verhalten der Richter. Welche Motive stecken hinter den Urteilen der Jugendrichter, die beide dieselben Gesetze unterschiedlich auslegen?

Analyse von Grafiken, Tabellen und Statistiken
Texte werden immer wieder durch Grafiken, Tabellen o. Ä. ergänzt, die Zahlen veranschaulichen, auf die sich der Text bezieht. In anderen Fällen stehen Grafiken, Tabellen o. Ä. allein und enthalten Informationen zu einem Sachverhalt ohne Zusammenhang mit einem Text. Um die Aussagen und Sachverhalte z. B. einer Grafik zu erschließen, wendet man diese Leitfragen an:
- Um welches Thema, welchen Sachverhalt geht es?
- Was bedeuten die einzelnen Zahlen? Welche Erklärungen in der Grafik sind zu ihrem Verständnis notwendig?
- Was fällt beim Vergleich der Zahlen auf? Welche Erkenntnisse lassen sich daraus ableiten?

Hinweise, wie man Grafiken, Statistiken usw. auswertet, findet ihr auf den Seiten 188, 216 und 312.
Die Untersuchung der Aussagen erfolgt dann wie oben unter „3. Textananalyse" dargestellt.

2. Schritt: Beurteilen

Mit der Beschreibung von Ereignissen und Aufarbeitung von Hintergründen kann jetzt das eigentlich „Politische" unseres Faches beginnen – die Beurteilung eines Sachverhaltes. Das bedeutet auch das Hinterfragen, Abwägen und Begründen von Standpunkten und das Ziehen von Schlussfolgerungen. Eine Beurteilung eines Sachverhaltes läuft immer in mehreren Stufen ab:

1. Stufe: Fragestellung
Um eine Situation angemessen beurteilen zu können, muss eine eindeutige und klare Fragestellung vorliegen. Z. B. „Sind die Urteile der Jugendgerichte in Deutschland zu lasch zur Abschreckung?"

2. Stufe: Informationen sammeln
Um die Frage genau beurteilen zu können, musst du überlegen, zu welchem Punkt du weitere Informationen brauchst. Z. B. wie viele Jugendliche, die Jugendarrest bekommen haben, werden rückfällig? Wie viele Jugendliche werden bei der ersten, zweiten, dritten Straftat zu Jugendarrest verurteilt? Wieviel Jugendliche, die zu Sozialstunden verurteilt werden, werden wieder straffällig?

3. Stufe: Untersuchung der Materialien
Stelle die gefunden Informationen in einer Pro- und Kontra- Tabelle gegenüber.

4. Stufe: Abwägen der Argumente
Auf welcher Seite der Tabelle stehen die gewichtigsten Argumente? Spricht die Zusammenstellung eher für die Position von Richterin Engel aus München oder für Richter Kropp aus Sondershausen?

5. Stufe: Ein begründetes Urteil fällen
Jetzt triffst du eine Entscheidung und begründest sie: „Die Befürchtung, dass die kurze Jugendarreste Jugendliche nicht von Straftaten abhalten, sind unbegründet/begründet, weil ..."

Identität und Lebensgestaltung

Jeder Mensch hebt sich von anderen durch sein Ich ab. Das Ich macht die Menschen einzigartig und unverwechselbar. Jeder muss seinen Weg finden, doch keiner geht seinen Weg allein. Wir sind darauf angewiesen, mit anderen zusammenzuleben. Dieses Zusammenleben ist nicht immer einfach. Konflikte müssen gelöst, Kompromisse gefunden und Toleranz muss praktiziert werden. Hinzu kommt, dass gerade die Jugend eine Zeit einschneidender Veränderungen ist. Wenngleich die meisten Jugendlichen diese Zeit ohne größere Schwierigkeiten meistern, sind sie dennoch zahlreichen Gefährdungen ausgesetzt. Eine große Gefahr besteht z. B. in dem Reiz, etwas Verbotenes oder etwas Neues auszuprobieren. Dabei überschreiten sie bisweilen Gesetze, die aber zusammen mit anderen Regeln und Normen notwendig sind, damit unsere Gesellschaft funktionieren kann. Das Zusammenleben in einer demokratischen Gesellschaft verlangt allen Menschen viel ab. Sie müssen einander trotz aller Unterschiede und bestehender Konflikte respektieren und mit Fairness behandeln. Im folgenden Kapitel geht es um Fragen wie:

- Was ist das Ich?
- Wie organisieren wir unser Zusammenleben, und wie lösen wir Konflikte?
- Welche geschlechtsspezifischen Rollenerwartungen gibt es? Wie haben sie sich in den letzten Jahren gewandelt?
- Was ist Sucht, warum wird jemand süchtig?
- Wie lässt sich Jugendkriminalität erklären? Auf welche Weise schützt der Gesetzgeber Jugendliche?
- Warum gibt es Migration? Weswegen sind Integration und Respektierung des Fremden gleichermaßen wichtig?

Das Ich

Die Iche sind los. Daheim, in der Schule, auf der Straße, im Fernsehen. Überall sagen die Leute „Ich". „Ich bin." „Ich will." „Ich brauche." „Ich muss." „Ich kann." Auch Kinder haben überhaupt kein Problem mit dem Ich. „Ich will jetzt ein Eis haben, und zwar flott!" Sagen sie, und es fällt ihnen überhaupt nicht schwer. […]

Unsere Suche nach dem Ich beginnt an einem Ort, an dem es nicht ein einziges Ich gibt: in einem Ameisenhaufen. Ein Ameisenhaufen ist ein kunstvolles Bauwerk. […] Viele Hunderttausend Ameisen können in einem einzigen Ameisenbau leben. Alle wissen genau, was sie zu tun haben, und streiten sich nicht. […] Ameisen haben Fähigkeiten, von denen Menschen nur träumen können, doch das Einfachste der Welt beherrschen sie nicht. Sie können nicht „Nein" sagen. […] Sie haben kein Ich. Sie wissen nicht, dass sie etwas Besonderes sind. […]

Ameisenvolk

Auch Menschen tun, was sie müssen. Sie spüren Hunger und essen ein Brot, sie merken, dass die Blase drückt, und gehen aufs Klo, sie schlafen, wenn sie müde sind, und abends, beim Spaziergang durch die dunkle Straße, bekommen sie Angst. Angst ist ein Gefühl, gegen das sich die Menschen nicht wehren können, weil es in ihren Körpern eingebaut ist. Angst können sie nicht abschalten. Aber sie können etwas, was Tiere nicht können. Menschen können sich sagen: „Ich habe zwar Angst, aber ich gehe trotzdem weiter." Sie müssen ihrem Programm nicht folgen. Sie können tun, was sie tun wollen. Denn sie haben ein Ich. […] Trotzdem denken die Menschen selten über ihr Ich nach. „Hilfe, ich habe ein Ich!" Das sagt niemand. Die meisten Leute haben sich an ihr Ich gewöhnt und glauben, dass sie alles darüber wissen.

Sie wollen sich von anderen unterscheiden, ein einzigartiges Leben führen. Viele sind ihr ganzes Leben auf der Suche nach sich selbst. […] Niemand weiß, wie ein Mensch damit zurechtkäme, eine Kopie zu sein. Selbst wenn er eine Kopie von Mozart wäre. […] Andere Menschen können sagen, ich bin nicht so wie mein Vater, ich bin nicht so wie meine Mutter.

(aus: Ulrich Janssen / Ulla Steuernagel: Warum sind die anderen anders? Oder wie die Gesellschaft funktioniert. DVA, München 2005. Lizenzausgabe für die Bundeszentrale für politische Bildung, Bonn 2005, S. 85 und 191 ff.)

Jugendliche heute

Das Ich hat Interessen

Jeder Mensch hat in jeder Lebenssituation besondere Interessen. Interessen sind bestimmte Vorlieben, Abneigungen, Ziele oder Bestrebungen. Das Eigeninteresse kann mit dem Interesse eines anderen Menschen, dem Fremdinteresse, übereinstimmen. Eigen- und Fremdinteressen können sich aber auch unterscheiden. Dann kommt es zu Konflikten.

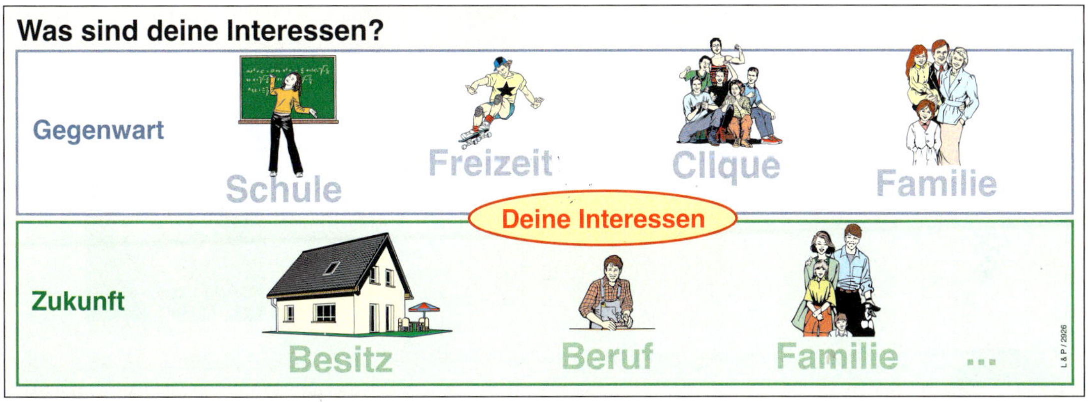

1. *Notiere: Was ist dein Ich? Was sind deine Interessen, deine Fähigkeiten, deine Überzeugungen? Wodurch zeichnest du dich aus? Was ist an dir das Besondere?*
2. *Vergleiche dein Ich mit dem eines Mitschülers/einer Mitschülerin. Worin unterscheidet ihr euch? Worin stimmt ihr überein? Halte die Ergebnisse in einer Tabelle fest. Mein Ich im Vergleich mit …*

Unterschiede	*Übereinstimmungen*
…	…
…	…

3. *Überlege: Sind die anderen Ichs, die sich von deinem unterscheiden, schlechter oder besser? Schreibe deine Überlegungen in Stichworten auf. Diskutiert anschließend in der Klasse.*
4. *Welches Foto entspricht am ehesten deinem Ich? Warum?*
5. *Suche in Lexika, Zeitschriften oder im Internet nach Artikeln über berühmte Personen (Wissenschaftler, Künstler, Politiker usw.). Beschreibe deren oder dessen Ich in Stichworten. Denke anschließend darüber nach, was es für dich bedeuten würde, wenn du das fremde Ich hättest. Schreibe mögliche Vor- und Nachteile auf.*

Lena und die anderen

Ich denke, dass ich ein fröhlicher und ehrlicher Mensch bin. Meist komme ich mit allen gut aus. Eigentlich gehe ich gerne in die Schule, auch wenn ich Klassenarbeiten und Lernen nicht so mag. Jungs gegenüber bin ich eher schüchtern, meist weiß ich nicht so genau, was ich sagen soll. Am wichtigsten sind mir meine Freunde, besonders Susi. Ihr kann ich alles anvertrauen. Mit meinen Eltern komme ich momentan nicht so gut aus. Wenn ich erzähle, was mich beschäftigt, tun sie manchmal so, als seien das keine „wirklichen" Probleme, dabei nimmt mich das echt mit.

Lena

Lena ist lieb und lustig, aber wenn sie schlechte Laune hat, dann ist sie unerträglich. Wir können aber immer über alles quatschen.

Susi

Lena war früher viel ehrlicher zu uns; in letzter Zeit verheimlicht sie uns viel. Irgendwie haben wir den Kontakt zu ihr verloren.

Lenas Vater

Lenas Mutter

Lena war mal mein Sonnenschein. Sie war fröhlich und hat viel gelacht. Heute ist sie oft patzig und unhöflich. Ich weiß auch nicht, was in ihr vorgeht. Lena sollte außerdem mehr für die Schule tun. Ich denke, sie erkennt nicht, wie wichtig Lernen ist. Scheinbar geht sie auch nicht mehr gern in die Schule.

Lena ist eigentlich sehr sympathisch, ich werde aber nicht schlau aus ihr. Mal ist sie so kindisch und dann wieder sehr nett. An einem Tag spricht sie mit mir und am nächsten benimmt sie sich sonderbar.

Paul

Was denkst du über dich?

Hier folgt eine Liste von Adjektiven, die vielleicht auf dich zutreffen. Notiere die Eigenschaften, die deiner Meinung nach auf dich zutreffen, auch solche, die nicht in der Liste stehen.

Bitte dann deinen Freund oder deine Freundin, seine bzw. ihre Meinung über dich aufzuschreiben. Vergleicht eure Einschätzungen und sprecht darüber.

sportlich / liebevoll / selbstständig / stolz / nett / mitteilungsfreudig / mitmenschlich / einfühlsam / friedlich / modebewusst / politisch interessiert / pünktlich / ordentlich / zuverlässig / verrückt / anpassungsfähig / rebellisch / rücksichtsvoll / verständnisvoll / tolerant / kritisch / glücklich / zickig / sparsam / gepflegt / sensibel / kreativ / verschwiegen / flippig / demokratisch / lustig / religiös / gut informiert / selbstbewusst / konsequent / clever / fröhlich / freundlich / gut gelaunt / großzügig / kleinlich / egoistisch / intelligent / tollpatschig / geschwätzig / nachtragend / vermittelnd / witzig / …

1. *Beschreibe, wie Lena sich sieht und die anderen Lena sehen.*
2. *Arbeite die Gemeinsamkeiten und die Unterschiede in der Einschätzung von Lena heraus.*

Konflikte in der Gruppe

Mit der Pubertät treten die Jugendlichen allmählich aus der Familie heraus, ohne freilich gleich am „anderen Ufer" anzukommen. Die Jugendzeit ist dadurch gekennzeichnet, dass einerseits die engen Bindungen und Kontrollen der Kindheit gelockert werden, andererseits aber der Erwachsenenstatus [...] noch nicht erreicht ist. [...]
In dieser Übergangszeit ohne eindeutigen sozialen Charakter bilden sich verstärkt Altersgruppen Gleichaltriger. [...] Es entstehen jugendliche *Cliquen* als eine „äußerst intime kleine Gruppe von Individuen, die gemeinsame Geheimnisse (sexueller und anderer Art), gemeinsame Wünsche, gemeinsame Probleme und gemeinsame Interessen haben, die z. B. auf familiärer Herkunft, Schulunternehmungen und dergleichen beruhen können."

(aus: Dieter Baacke: Die 13–18-Jährigen: Einführung in Probleme des Jugendalters. Weinheim: Beltz Verlag, 7 1994, S. 242)

Malte

„Ich bin der Einzige in der Clique, der sich das neue Handy nicht leisten kann. Jetzt lachen mich die anderen aus. Klar, ich hätte auch gern solch ein neues Superteil, aber dafür habe ich einfach kein Geld."

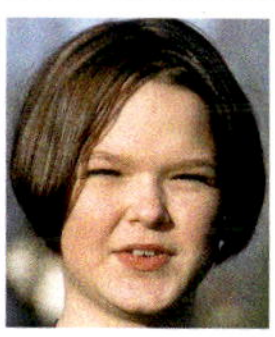

Petra

„Ich will mal einen guten Schulabschluss machen, deshalb lerne ich nachmittags lieber, als mich jeden Tag mit Freunden zu treffen. Um in allen Fächern mit vorn dabei zu sein, muss ich einfach eine Menge tun."

Mehmet

„Alle aus meiner Gruppe rauchen heimlich, aber mir ist das zu ungesund und teuer. Wenn ich die angebotene Zigarette ablehne, werde ich gleich als altmodisch tituliert. Was soll denn am Rauchen cool sein?"

Michael

„Immer wollen alle meine neuesten Computerspiele ausleihen, und dann bekomme ich sie ewig nicht zurück. Das nervt mich. Wenn ich aber mit ihnen ins Schwimmbad will, nehmen sie mich meist nicht mit. So ein Computerfreak habe da nichts zu suchen. Kaum habe ich ein neues Spiel, sind alle wieder nett zu mir."

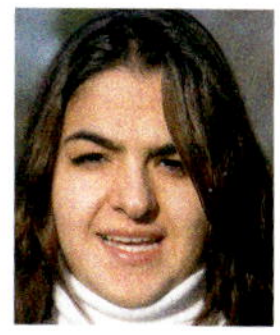

Claudia

„In unsere Clique kommt kein Fremder rein. Wir sind eine eingeschworene Gemeinschaft. Das finde ich momentan doof, denn Andreas würde gerne bei uns dabei sein, aber die anderen wollen ihn nicht."

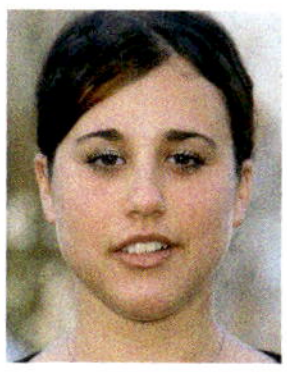

Maria

„Ich habe einen tollen Nagellack in der Parfümerie gesehen, aber der kostet 15 €. So viel Geld habe ich nicht. Tanja meint, dass wir ihn einfach klauen sollten, das würde eh keiner merken. Aber ich traue mich nicht. Wobei – gefallen würde er mir schon ..."

Martin

„Die Jungs aus der 10b sind echt klasse. Sie malen heimlich tolle Graffiti an die S-Bahnen und Hauswände. Einer sagte, dass es ein totaler Kick sei, ob man erwischt wird oder nicht. Ich finde das cool – was aber, wenn man von der Polizei wirklich erwischt wird?"

Johanna

„Annette meinte neulich, dass ich blöd sei, immer so viel Fahrgeld für die Monatsmarke auszugeben. ‚Schwarzfahren – Geld sparen', das sei ihr Motto. Sie nimmt das Fahrgeld von ihrer Mutter, kauft sich dann aber Klamotten davon. Hm, ich weiß nicht ..."

1. *Lies den Text „Mit der Pubertät ..." und formuliere mit eigenen Worten, was eine Clique ausmacht.*
2. *Jeder der Jugendlichen hat einen bestimmten Konflikt. Benenne den jeweiligen Konflikt.*

Methode: Rollenspiel

Thema: Konfliktlösung

Beim Rollenspiel übernimmt man eine Rolle und spielt das Verhalten eines anderen in einer vorgegebenen Situation. Ein Rollenspieler versetzt sich also in die Lage eines anderen und versucht, dessen Interessen und Ansichten im Spiel zu verdeutlichen. Durch Rollenspiele können im Unterricht menschliche Verhaltensweisen dargestellt, beobachtet und besprochen werden.

Vorbereitung

Die Ausgangslage wird gemeinsam erörtert und dabei auch besprochen, welche Ansichten, Wünsche usw. zu den Rollen gehören, die dann gespielt werden. Dann werden die Rollen verteilt, am besten auf Gruppen in der Klasse. Jede Gruppe überlegt sich für ihre Rolle Argumente, Verhaltensweisen usw. Die Gruppe wählt dann eine Spielerin oder einen Spieler. Manchmal gibt es auch Rollenkarten mit genaueren Hinweisen, wie die jeweilige Rolle zu spielen ist. Die nicht am Rollenspiel beteiligten Schüler und Schülerinnen erhalten Beobachtungsaufträge.

Durchführung

Die Szene wird möglichst ohne Unterbrechung gespielt. Die anderen beobachten das Spiel und machen sich Notizen.

Auswertung

Zunächst äußern Spieler und Beobachter das zum Spielablauf, was ihnen besonders aufgefallen ist. Dann werden die Ergebnisse der Beobachtungen ausgetauscht. Aufgrund der Besprechung kann es sinnvoll sein, das Rollenspiel zu wiederholen, zum Beispiel auch mit anderen Spielern.

Fall 1

Mustafa, Henrik und Sabine aus der 9b haben heute eine Stunde früher aus. Jetzt stehen sie vor der Schule zusammen.

S: Ich habe noch keine Lust, nach Hause zu gehen – da bin ich doch nur allein.
M: Meine Mutter kommt auch erst um 13 Uhr. Aber was könnten wir denn tun?
H: Wir könnten doch ins „Kauf-Center" gehen.
M: Was soll ich denn im „Kauf-Center"? Ich habe kein Geld.
H: Na und? Du kommst auch ohne Geld an der Kasse vorbei.
S: Verstehe ich nicht.
H: Ach – tut doch nicht so blöd. Wir haben halt „aus Versehen" etwas eingesteckt.
M: Moment – sollen wir vielleicht im „Kauf-Center" klauen gehen?
H: Mann, reg' dich ab. Tommy aus der 9c hat gesagt, das würde richtig Spaß machen. Und außerdem zahlt alles die Versicherung!
S: Und wenn sie uns erwischen?
H: Den Tommy haben sie noch nie erwischt.
S: So eine Sonnenbrille wie Petra hätte ich auch gerne. Aber 33,95 € …
H: Na, dann lass sie eben mitgehen. Die schreiben ja immer: „Greifen Sie zu …"
M: Aber das ist doch Diebstahl!
H: Ach, du bist ja nur zu feige!
M: Diebstahl hat mit Mut überhaupt nichts zu tun. Und jetzt will ich dir mal etwas sagen …

Fall 2

Frau Schulte und ihre Töchter Caro, 15 Jahre, und Silke, 13 Jahre, bewohnen eine Dreizimmerwohnung. Die Mutter hat sich das kleinste Zimmer als Schlafzimmer genommen, im größten Zimmer sind die beiden Mädchen untergebracht, das dritte Zimmer wird als Wohnzimmer genutzt. Im „Kinderzimmer" gibt es dauernd Streit, denn Silke ist sehr ordentlich, Caro dagegen lässt alles herumliegen, auf dem Tisch, auf dem Boden … Der tägliche Streit soll nun ein Ende haben.

1. *In beiden Fällen geht es um Konflikte. Skizziere, worin der Konflikt jeweils besteht.*
2. *Führt zu beiden Fällen Rollenspiele durch.*

Typisch Mädchen – typisch Junge?

Typisch weiblich – typisch männlich?
Frauen können nicht Auto fahren, Männer können keine Gefühle zeigen … In den Köpfen schwirren eine Vielzahl allgemein festgelegter Vorstellungen über das andere Geschlecht.
Mit diesen Klischees werden nicht nur die Ideen zu „typischen" Eigenschaften, sondern auch Bewertungen ausgedrückt. So gelten Frauen etwa als fürsorglich, emotional, ausdrucksstark, Männer eher als rational, selbstbewusst, dominant. Diese Bewertungen werden selbstverständlich auch an die Kinder weitergegeben.
Bereits im Kindergartenalter sind die Vorstellungen von den Geschlechtern ausgeprägt. Mädchen spielen mit Puppen, schlagen nicht … Jungen sind stark und ungezogen. Sie verstärken sich noch im Schulalter.
Im Verlauf der Schulzeit erkennen die Kinder, dass es neben Unterschieden auch Gemeinsamkeiten zwischen den Geschlechtern gibt. Sie können die Ausprägungen der einzelnen Eigenschaften unabhängig vom Geschlecht ausmachen: Jungen sind auch mal sanft, Mädchen auch mal wild.
In der Pubertät und im frühen Erwachsenenalter wird dies noch wesentlich deutlicher. Jetzt ist klar, dass jeder Mensch viele Eigenschaften hat. Einige davon sind „typisch" weiblich, einige eher männlich. Trotzdem schwingen die allgemeinen Vorstellungen über Frau oder Mann mit.
Kinder orientieren sich am gleichgeschlechtlichen Elternteil. Sieht ein Junge seinen Vater nachdenklich oder betrübt, macht ihm das vielleicht kurzzeitig Sorgen. Er wird aber später eher in der Lage sein, diese Stimmungen selbst zu zeigen. Sieht ein Mädchen die Mutter tanzend und übermütig, wird sie sich auch dieses abgucken.

Geschlechtsneutrale Erziehung
Um zu vermeiden, dass ihr Kind zum „Macho" oder zur „Zicke" wird, versuchen manche Eltern, bereits von Beginn an gegenzusteuern. Rosa Kleidchen für Julia? Niemals. Ihr Spielzeug besteht aus Baggern, Autos und einer Nagelbank.
Die Eltern staunen, als sie Julias Wunschzettel lesen: ein Puppenhaus, ein Pferdebuch. Je älter ihre Kinder werden, desto öfter werden die Eltern feststellen, dass sie sich Dinge wünschen, die für ihr Geschlecht gedacht sind.
Warum ist das so? Kinder nehmen ihre Eltern als Vorbild. Sie sind ausgezeichnete Beobachter und nehmen jede Kleinigkeit wahr. Die Mutter schminkt sich, der Vater nicht. Die Mutter kocht jeden Tag, der Vater nur, wenn Besuch kommt. Hinterher räumt Mama die Küche auf. Die Rollenverteilung zu Hause hat Einfluss darauf, wie Kinder ihre Geschlechterrolle ausfüllen. Denn Mädchen wollen so sein wie Mama, Jungen so wie Papa.
[…]

(aus: https://www.elternimnetz.de/cms/paracms.php?site_id=5&page_id=190#1)

Ein Kerl trägt niemals Rosa
„Typisch Junge, typisch Mädchen" – neun Mädchen und ein Junge spielten vor und hinter der Kamera mit Klischees und Geschlechterrollen. […] Passend zum Thema „typisch Junge, typisch Mädchen" sollen die Teilnehmer sich aus dem Fundus des Fotostudios und mitgebrachten Kleidungsstücken ein Outfit für das anschließende Fotoshooting zusammenstellen. […] „Ich ziehe mich einfach an wie eine Barbiepuppe, mit ganz viel rosa", erklärt Pia (10). Bea (10) entscheidet sich für ein weißes Kleid mit Engelsflügeln und Schleier. […] Im letzten Teil des Workshops sollen die Geschlechterrollen getauscht werden. Nach anfänglichem Zögern und Kichern erklärt sich auch Pia bereit, in Männersachen zu schlüpfen und sich einen Bart malen zu lassen: „Ich erkenne mich auf den Bildern gar nicht wieder, das ist total lustig." Auch Johannes wechselt mutig die Rolle und lässt sich im Damenkleid ablichten. Zum Glück sind die Fotos schnell gemacht: „Wenn Mädchen sich in Kleidern immer so fühlen, dann bin ich froh, ein Junge zu sein."

(Henrik Eickelkamp, in: http://www.rp-online.de/public/article/dinslaken/548741/Ein-Kerl-traegt-niemals-Rosa.html)

1. *Beschreibe die Merkmale der Geschlechterrollen und wie sie zustande kommen.*
2. *Einige Eltern versuchen ihre Kinder bewusst losgelöst von den Geschlechterrollen zu erziehen. Was hältst du davon? Begründe deine Ansicht.*

Methode: Meinungsabfrage

Thema: Frauensache oder Männersache?

Diskutiert man über ein Thema mit mehreren, stimmt der eine einer Aussage vielleicht zu, ein anderer lehnt sie ab, und ein Dritter mag sich nicht entscheiden. Zu vielen Sachverhalten gehen die Meinungen auseinander. Testet selbst! Mit der folgenden Abfrage könnt ihr ein Meinungsbild eurer Klasse zum Thema „Frauen- oder Männersache?" erstellen.

Vorbereitung: Jede Schülerin und jeder Schüler benötigt drei verschiedenfarbige Karten, z. B.: rote Karte = Frau, blaue Karte = Mann, gelbe Karte = beide. Statt farbigen Karten können notfalls auch Zettel mit großen Buchstaben verwendet werden: F = Frau, M = Mann, B = beide.

Durchführung: Eine Schülerin oder ein Schüler liest Frage für Frage deutlich und langsam vor. Zu jeder Frage zeigt jeder mit seiner Karte an, wer seiner Meinung nach zuständig ist: der Mann, die Frau, beide. Eine Diskussion findet während der Abfrage in der Klasse nicht statt. Der Lehrer oder die Lehrerin hält mit Strichlisten die Meinungen an der Tafel fest.

Auswertung: Anhand der Strichlisten lässt sich die Klassenmeinung zu jeder Aussage rasch ablesen. Zu welchen Punkten gibt es eine große Übereinstimmung? Zu welchen gehen die Meinungen weit auseinander?

Mann oder Frau?

1. Wer betreut die Kinder, wenn keine Schule ist?
2. Für eine Theateraufführung müssen Kostüme genäht werden. Wer setzt sich an die Nähmaschine?
3. Freunde kommen zu deinen Eltern zum Essen. Wer kocht?
4. Wer kümmert sich um die Auswahl des Weines?
5. Dein Fahrrad hat einen Platten. Wer repariert ihn?
6. Das Schulfest steht bevor. Wer meldet sich zum Kuchenbacken?
7. Einem Mitschüler ist übel. Wer kümmert sich um ihn?
8. Das Kind einer Familie ist krank. Wer kocht Tee und misst Fieber?
9. Der Videorekorder funktioniert nicht. Wer repariert ihn?
10. Wer besucht die Physik AG der Schule?
11. Wer macht jeden Morgen das Frühstück?
12. Wer räumt die Küche auf und bereitet das Mittagessen zu?
13. Im Wohnzimmer ist eine Glühlampe defekt. Wer tauscht sie aus?
14. Ein Schrank muss aufgebaut werden. Wer erledigt das?
15. Vater und Mutter fahren mit dem Auto zum Großeinkauf. Wer schreibt den Einkaufszettel?
16. Wer steuert das Auto zum Supermarkt?
17. Es ist Elternabend. Wer geht hin?
18. Das Laternenfest steht bevor. Wer bastelt die Laterne?
19. Oma hat nächste Woche Geburtstag. Wer besorgt das Geschenk?
20. Der Hund muss am Abend Gassi geführt werden. Wer geht?
21. Die Wäsche muss dringend gebügelt werden. Wer bügelt?
22. Wer putzt Bad und Toilette?
23. Die Eintrittskarten für das entscheidende Bundesligaspiel müssen besorgt werden. Wer kümmert sich darum?
24. Der Mülleimer quillt über. Wer trägt ihn zur Mülltonne?
25. Die Balkonpflanzen lassen die Köpfe hängen. Wer gießt sie?
26. Das Grillfest steht bevor. Wer grillt die Würstchen für die Gäste?
27. Das Haustier ist unheilbar krank und muss eingeschläfert werden. Wer geht zum Tierarzt?
28. Der Sommerurlaub muss gebucht werden. Wer wälzt die Kataloge?
29. Das Baby hat sich vollgemacht. Wer wickelt es?
30. Das Auto muss zur Inspektion. Wer bringt es zur Werkstatt?

❶ *Führt die Meinungsabfrage durch.*

❷ *Diskutiert die Ergebnisse, indem ihr Beispiele für die jeweilige Situation anführt und überlegt, warum eure Umfrage so ausgefallen ist.*

Gleichberechtigung ist …

1. *Suche dir drei Aussagen heraus und überlege, was du in einem Gespräch die jeweilige Person fragen würdest. Skizziere, wie du argumentieren würdest.*
2. *Erläutere deine Meinung zum Thema Gleichberechtigung von Mann und Frau.*

Die Kräuters – drei Frauen, drei Generationen

Elfriede Kräuter ist 80 Jahre alt. Sie hat fünf Kinder, acht Enkelinnen und Enkel und eine Urenkelin. Ihre Tochter Gudrun ist 55 Jahre alt und Mutter von zwei erwachsenen Kindern. Die Enkelin Claudia ist 28 Jahre alt und frischgebackene Mutter. Die drei Frauen wurden zu ihrem Leben befragt.

Elfriede Kräuter – Hausfrau und Mutter von fünf Kindern

„In meiner Kindheit war der Vater das Oberhaupt der Familie und hatte das Sagen. Mutter hielt das Haus in Ordnung und kochte für uns alle. Insgesamt waren wir acht Kinder. Pünktlich und mit sauberen Händen mussten wir bei Tisch erscheinen. Es hat mich manchmal eingeengt, stets nach Plan und den Vorstellungen des Vaters leben zu müssen. Für meine eigene Familie wollte ich einmal mehr Freiheit. Für eine Berufsausbildung blieb in den Wirren des Krieges keine Zeit. Nach Kriegsende heiratete ich meinen Verlobten Rudi. Freiheit war für uns, in den Urlaub fahren zu können – ganz egal wohin, Hauptsache raus aus dem Muff! Rudi meinte, dass ich mich um die Kinder kümmern sollte. Das war schade, denn ich wäre gern arbeiten gegangen, zumal das Geld knapp war. Rudi beharrte aber auf seiner Meinung. So nähte ich die Kleidung für die Kinder selbst und sparte auch sonst, wo ich konnte. Rudi hat das Geld für uns alle verdient, und ich habe ihm den Rücken freigehalten."

Gudrun Kräuter – Einzelhandelskauffrau und Mutter von zwei erwachsenen Kindern, in zweiter Ehe verheiratet

„Als ich meinen ersten Mann heiratete, hatte ich noch andere Vorstellungen vom Leben. Ich schloss meine Ausbildung erfolgreich ab und stieg schnell in meinem Beruf auf. Als unsere zwei Kinder da waren, gab ich meine Erwerbstätigkeit auf und kümmerte mich um die Kinder. Mein Arbeitsplatz war nun zu Hause. Nachdem die Kinder aus dem Gröbsten raus waren, ging ich wieder stundenweise arbeiten. Das fand mein damaliger Mann nicht gut. Wir stritten deswegen viel. Irgendwie lebten wir uns mehr und mehr auseinander und trennten uns schließlich. Damit, dass ich wieder ein wenig mehr für mich wollte, mich öfter mit meinen Freundinnen traf, in den Tanzclub eintrat, kam mein erster Mann nie richtig klar. Dabei war er selbst jede Woche drei Abende mit seinem Sportverein unterwegs. Meine Mutter hat mich auch nicht verstanden. Sie hat immer gesagt, dass man gemeinsam durch schwierige Zeiten durch muss und eine Ehe doch nicht einfach so hinschmeißt. – Heute bin ich mit meinem zweiten Mann sehr glücklich. Er ist tolerant und hat mir zuliebe sogar einen Tanzkurs gemacht. Für uns beide ist es auch kein Problem, wenn einer einmal etwas ohne den anderen unternimmt."

Claudia Kräuter – Lehrerin und Mutter einer kleinen Tochter, verheiratet

„Als Lehrerin kann ich meinen Beruf gut mit der Familie vereinbaren. Während und nach dem Studium habe ich aber erst einmal das Leben so richtig genossen und mich nicht gleich gebunden. Seit drei Monaten bin ich mit Patrick verheiratet. Unsere Tochter Petra ist 18 Monate alt. Heiraten, nur weil ein Kind unterwegs war, wollten Patrick und ich nicht. Nachdem das dann mit uns aber prima lief, haben wir uns doch dazu entschlossen. Gleich nach dem Mutterschaftsurlaub bin ich wieder in die Schule gegangen. Ein Teil meines Gehaltes geht zwar für die Tagesmutter drauf, aber ich kann und will nicht den ganzen Tag zu Hause sitzen. Seit ich meine Stelle hier an der Realschule angetreten habe, engagiere ich mich mit Erfolg in der Kommunalpolitik. Schon als Jugendliche bin ich, angeregt durch meinen damaligen Freund, in meine Partei eingetreten. Schule, Politik und die Frauengruppe – da bin ich schon viel unterwegs. Patrick ist verständnisvoll und kümmert sich dann lieb um Petra."

1 *Vergleiche die Schilderungen der drei Frauen und zeige Gemeinsamkeiten und Unterschiede auf.*

Unsere Gesellschaft im Wandel

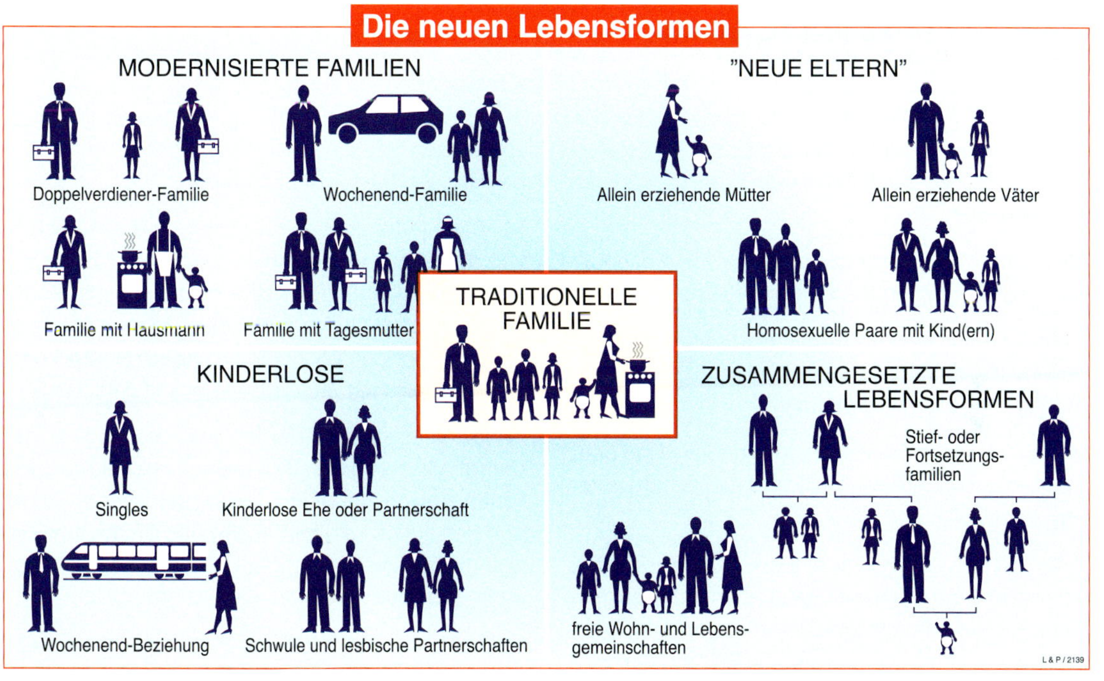

Veränderungen im Familienbild

- Zehn Jahre lang sank die Zahl der Geburten in Deutschland kontinuierlich, erstmals 2007 wurden wieder mehr Babys als in den Jahren zuvor geboren. Ob die leichte Zunahme für 2007 eine Trendwende einläutet, bleibt abzuwarten.
- Die Zahl der Einpersonenhaushalte ist stark angestiegen, vor allem, weil immer mehr Menschen freiwillig als Single leben.
- Verglichen mit früher, gibt es heute deutlich weniger Kinder aus großen Familien.
- Immer mehr Familien gehen auseinander. Wurde 1960 nicht einmal jede zehnte Ehe geschieden, so ist es heute mehr als jede dritte.
- Der Anteil der Alleinerziehenden hat sich in den letzten 30 Jahren mehr als verdoppelt. Neun von zehn Alleinerziehenden sind Frauen.
- Die Zahl unehelicher Geburten nimmt zu. Auch der Anteil nichtehelicher Lebensgemeinschaften steigt seit Jahrzehnten stark an. Nichteheliche Lebensgemeinschaften und Alleinerziehende genießen heute ein höheres gesellschaftliches Ansehen als früher.
- Das Lebenspartnerschaftsgesetz von 2001 ermöglicht zwei Menschen gleichen Geschlechts die Begründung einer Partnerschaft.

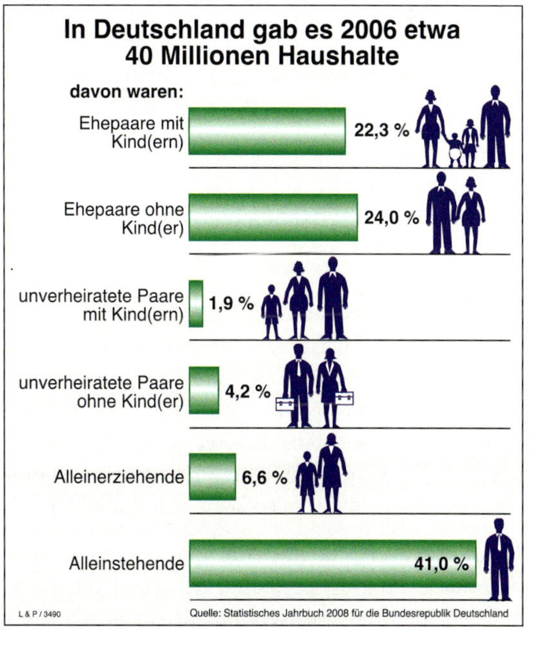

1. *Beschreibe Vorteile und mögliche Probleme der verschiedenen Lebensformen.*
2. *Erläutere, ob die verschiedenen Lebensformen ein Ausdruck des gesellschaftlichen Wandels sind.*

Hausmann – Hausfrau

Zwei gute Freunde im Gespräch

Michael (28 Jahre) und **Thilo** (30 Jahre) kennen sich seit ihrer gemeinsamen Schulzeit. Zufällig treffen sich die beiden nach Monaten in ihrer früheren Stammkneipe.

Michael: Erzähl doch mal, wie lebt es sich denn als Hausmann zwischen Kindern und Küche?

Thilo: Ach, mir geht es prima! Und seit unser zweites Kind da ist, finde ich alles noch schöner. Wir sind jetzt eine richtige Musterfamilie.

Michael: Na ja, immer zu Hause – und die Frau geht arbeiten ... Da stehst du bestimmt ganz schön unter dem Pantoffel?

Thilo: Nein, warum denn? Man muss doch nicht unter dem Pantoffel seiner Frau stehen, nur weil man sich um Haushalt und Kinder kümmert. So anstrengend das auch ist, ich genieße die Zeit mit den Kindern. Warum sollen denn immer nur die Frauen die Erziehungsarbeit leisten? Unserem Sohn Paul kann ein bisschen „männliche" Erziehung nicht schaden. Und für Nicole ist Papa ohnehin der Größte. Durch die Elternzeit bekomme ich jetzt auch überhaupt erst mit, was Frauen sonst zu Hause so alles leisten.

Michael: Auf die Erfahrung kann ich verzichten! Ich würde mir unterfordert vorkommen und hätte Angst, geistig zu verkümmern.

Thilo: Wie meinst du das?

Michael: In der letzten Woche hatte ich ein wichtiges Meeting in Paris, nächsten Mittwoch fliege ich nach London. Das bedeutet Arbeit und Stress, bringt aber auch Erfolgserlebnisse. Da wird man richtig gefordert. Das ist doch etwas ganz anderes als Windeln wechseln und Fläschchen zubereiten. Hausarbeit und Kinderbetreuung sind für mich keine richtige Arbeit.

Thilo: Na, wenn du dich da mal nur nicht irrst! Haushalt und Kinder bedeuten viel Arbeit, die Organisation und Kreativität verlangt. So ein Baby fordert Aufmerksamkeit und Zuwendung rund um die Uhr. Und Nicole stellt mit ihren vier Jahren Fragen, auf die kommst du gar nicht. Sie muss in den Kindergarten gebracht und wieder abgeholt werden. Und am Nachmittag will sie mit Papa spielen. Zugleich schreit Paul nach seiner Flasche. Du glaubst gar nicht, wie schnell da ein Tag vorüber ist. Im Flugzeug sitzen und eine paar Geschäftspapiere lesen – das ist doch die reinste Erholung!

Michael: Jeder sieht halt die Dinge, wie er sie sehen will. Wie kamst du eigentlich auf die Idee, Elternzeit zu nehmen? Hat dich deine Frau dazu gedrängt? Wenn meine Frau das von mir verlangen würde, würde ich ihr den Vogel zeigen. Da käme sofort eine Tagesmutter oder ein Au-Pair-Mädchen ins Haus.

Thilo: Nein, meine Frau hat mich nicht dazu gedrängt, das war ganz allein meine Entscheidung. Ich wollte einfach mal sehen, wie ein Baby heranwächst und sich entwickelt. Bei Nicole habe ich davon nicht viel mitbekommen, höchstens mal am Wochenende. Jetzt erlebe ich das alles viel intensiver.

Michael: Also, ich weiß nicht – für mich wäre das nichts. Wenn ich abends aus dem Büro nach Hause komme, dann ist meine Tochter schon bettfertig. Ich lese ihr dann noch eine Gutenachtgeschichte vor, und dann ist Ruhe. Am Wochenende beschäftige ich mich mehr mit ihr, da kann man gemeinsam auch was richtig Interessantes unternehmen. – Was sagen denn deine Arbeitskollegen überhaupt zu deinem Hausmanndasein?

Thilo: Am Anfang kamen schon blöde Kommentare, aber mittlerweile haben das alle akzeptiert. Meine Arbeitsstelle wird ja freigehalten, und wenn Paul erst mal in den Kindergarten geht, nehme ich meine alte Arbeit im Betrieb wieder auf. Ich hoffe nur, dass ich in den drei Jahren nicht zu viel verpasse und mich dann wieder rasch einarbeiten kann.

Michael: Und deine Frau, wie sieht sie die Sache? Normalerweise wollen Frauen sich doch unbedingt um ihr Baby selbst kümmern, meine hat damals fast draufgesessen ... Und das Finanzielle, wie kriegt ihr das auf die Reihe?

Thilo: Meine Frau verdient sehr gut, Geldsorgen haben wir nicht. Außerdem gibt es ja auch noch Eltern- und Kindergeld. Und dass ich jetzt für ein paar Jahre unseren Nachwuchs versorge, damit hat sie keine Probleme. Für sie bleibt noch genug Zeit mit den Kindern. Und unserer Partnerschaft tut die umgedrehte Rollenverteilung richtig gut.

Elternzeit

für Kinder ab Geburtsjahrgang 2001

Nach der Geburt eines Kindes können beide Eltern gleichzeitig bis zu drei Jahren Elternzeit nehmen.

Ein Jahr kann mit Zustimmung des Arbeitgebers bis spätestens zum 8. Lebensjahr „aufgespart" werden.

Anmeldefrist
Elternzeit, genommen sofort nach Mutterschutz: 6 Wochen

andere Fälle:
8 Wochen

Zulässige Teilzeitarbeit
30 Stunden/Woche für beide =
max. 60 Std./Woche

Rechtsanspruch
auf Teilzeitarbeit in Betrieben mit mehr als 15 Mitarbeitern

Elterngeld

für Kinder ab Geburtsjahrgang 2007

Für maximal zwölf Monate erhält das Elternteil, das nach der Geburt des Kindes zu Hause bleibt, 67 Prozent seines Nettogehaltes.
Elterngeld gibt es zusätzlich zum Kindergeld. Es beträgt mindestens 300 Euro und höchstens 1.800 Euro pro Monat.
Elterngeldempfänger dürfen nicht mehr als 30 Stunden wöchentlich teilzeitbeschäftigt sein.
Alleinerziehende mit einem Einkommen unter 1.000 Euro im Monat erhalten zusätzliche Unterstützung.
Haushalte mit mindestens zwei Kindern unter drei Jahren oder drei und mehr Kindern unter sechs Jahren erhalten einen Geschwisterbonus von je zehn Prozent des Elterngeldes (mind. 75 Euro).
Das Elterngeld verlängert sich um zwei auf 14 Monate, wenn auch der zweite Elternteil mind. zwei Monate zu Hause bleibt.
Alleinerziehende haben Anspruch auf 14 Monate.

L&P/3515

NEUE STUDIE DIE DEUTSCHEN MÄNNER IM WANDEL

„Frauen wollen den pragmatischen Mann"

Bei uns im Werbefernsehen meistert er schon lange den Abwasch – der „neue" Mann. Und wie sieht's im Alltag aus? Die Berliner Sozialwissenschaftler Dr. Peter Döge und Rainer Volz haben für die Konrad-Adenauer-Stiftung die neue Spezies erforscht.

woman: Was macht den „neuen" Mann eigentlich aus?

Dr. Peter Döge: Er ist partnerschaftlich orientiert, ein aktiver Vater, der Elternzeit als Bereicherung empfindet. Er ist reflektierter und sensibler als traditionelle Männer und hat einen engen Bezug zu seiner eigenen Gefühlswelt.

Nur 20 Prozent der deutschen Männer sind Ihrer Studie zufolge „neu". Warum sind es nicht mehr?

Bisher ist es noch nicht gelungen, ein neues Männerbild zu etablieren. So werden im Kindergarten Jungen noch immer fast nur von Frauen betreut. Dadurch lernen sie, dass nur diese Fürsorgeaufgaben wahrnehmen.

Was denken Frauen über den „neuen" Mann?

Ihre Haltung ist – genau wie die der Männer – sehr ambivalent. Einerseits wollen Frauen, dass der Partner im Haushalt mitarbeitet, andererseits meinen sie, dass sie selbst es einfach besser können. Genauso findet es die Hälfte aller Frauen gut, wenn Männer eine Elternzeit nehmen, gleichzeitig äußern zwei Drittel, dass so etwas zu einem Mann eigentlich nicht passt.

Was wollen Frauen denn wirklich?

Am ehesten eine Mischung aus Sensibilität und Stärke, aus neuem und traditionellem Mann – nämlich den „pragmatischen" Mann. Dieser macht mit 35 Prozent übrigens auch die Mehrheit der deutschen Männer aus.

KERSTIN BODE

(aus: woman, Heft 04/2003, S. 19)

Der „neue" Mann: partnerschaftlich orientiert, sensibel und ein aktiver Vater

1. *Elternzeit – Elterngeld: Erkläre, was darunter zu verstehen ist.*
2. *In dem Gespräch zwischen Michael und Thilo klingen Vor-, aber auch Nachteile der Elternzeit an. Nenne die vorgebrachten Argumente.*
3. *Skizziere das Ergebnis der Studie „Die deutschen Männer im Wandel". Überrascht dich das Ergebnis? Begründe.*

Der Weg zur Gleichberechtigung

Andrang vor den Wahllokalen anlässlich der Wahl zur Nationalversammlung am 19. Januar 1919, bei der Frauen erstmals stimmberechtigt waren

Zum ersten Mal wurde die formale Gleichberechtigung von Mann und Frau in der Verfassung der Weimarer Republik von 1919 betont. In diesem Jahr erhielten die Frauen das aktive und passive Wahlrecht. An der Wahl zur Nationalversammlung beteiligten sich 82,3 Prozent der weiblichen und 82,4 Prozent der männlichen Wahlberechtigten. In der Nationalversammlung betrug die Frauenquote 9,6 % der 423 Abgeordneten.

Das Gleichberechtigungsgebot entstand 1949 und spiegelte zunächst den Geist der Zeit, nämlich das Engagement der Frauen im gesellschaftlichen Leben, wider. Viele Männer waren im Krieg gefallen, und so mussten die Frauen zahlreiche Aufgaben übernehmen, für die früher die Männer zuständig waren. Viele Frauen standen allein und mussten ohne männliche Hilfe für ihre Kinder und sich selbst sorgen.

Der Parlamentarische Rat (verfassunggebende Versammlung) bestand aus 61 Männern und vier Frauen (siehe Foto). Er sprach sich zunächst gegen eine Aufnahme des Gleichberechtigungsgebots im Grundgesetz aus. Letzten Endes wurde der Gleichberechtigungsgrundsatz aber doch im Grundgesetz, der Verfassung der Bundesrepublik Deutschland, verankert. Das vom Parlamentarischen Rat erarbeitete

Die vier „Mütter des Grundgesetzes" 1949 (v. l. n. r.): Friederike Nadig (SPD), Elisabeth Selbert (SPD), Helene Weber (CDU) und Helene Wessel (Zentrum)

Grundgesetz trat am 23. Mai 1949 in Kraft. Der Artikel 3 wurde am 27. Oktober 1994 in die heute gültige Form gebracht. In Absatz 2 kam der Passus hinzu, dass sich der Staat um die tatsächliche Durchsetzung der Gleichberechtigung von Frauen und Männern zu kümmern hat.

Grundgesetz – Artikel 3
[Gleichheit, Gleichberechtigung von Mann und Frau]

(1) Alle …①… sind vor dem Gesetz gleich.
(2) …②… sind gleichberechtigt. Der Staat fördert die tatsächliche …③… der Gleichberechtigung von Frauen und Männern und wirkt auf die …④… bestehender Nachteile hin.
(3) Niemand darf wegen seines …⑤…, seiner Abstammung, seiner Rasse, seiner Sprache, seiner Heimat und Herkunft, seines Glaubens, seiner religiösen oder politischen Anschauungen …⑥… oder bevorzugt werden. Niemand darf wegen seiner Behinderung benachteiligt werden.

Geschlechts
Menschen
benachteiligt
Beseitigung
Männer und Frauen
Durchsetzung

1. *Notiere wichtige Daten zur Geschichte der Gleichberechtigung in Deutschland in einer Liste.*
2. *Artikel 3 Grundgesetz: Übertrage den Text in dein Heft und setze dabei die fehlenden Begriffe ein.*

Das Wichtige in Kürze

Das Ich

Jeder Mensch ist etwas Besonderes, ist einzigartig. Im Laufe unseres Lebens entwickeln wir erprobend das, wodurch wir uns auszeichnen und von anderen unterscheiden. Unser „Ich" ist also nichts Festgelegtes, sondern gleichsam lebenslang in Entwicklung begriffen.

Interessen

Alle Menschen sind verschieden. Sie unterscheiden sich nicht nur im Aussehen, sondern auch in ihren Interessen. Interessen sind bestimmte Vorlieben, Abneigungen, Ziele oder Bestrebungen, die ein Mensch hat oder verfolgt.

Gemeinschaft

Der Mensch lebt in Gemeinschaft mit anderen. Solche Gemeinschaften können soziale Zusammenhänge zwischen wenigen Menschen sein, z. B. Ehe/Partnerschaft, Familie, Freundschaft. Sie können auch eine größere Gruppe von Menschen umfassen, z. B. die Nachbarschaft, das Dorf oder den Stadtteil, oder sehr große soziale Einheiten wie Staat, Europäische Union, Weltgesellschaft. Allein schon zur materiellen Sicherung des Lebens (z. B. Nahrung, Wohnung) ist jeder Mensch auf andere angewiesen. Die Gemeinschaft hilft aber nicht nur, schwierige Situationen besser zu meistern. Auch Glück, Freude, Anerkennung und Geborgenheit können nur im Zusammenleben mit anderen erfahren werden.

Konflikte

Innerhalb von Gemeinschaften treten auch Spannungen und Konflikte auf. Gründe dafür können z. B. sein, dass Mitglieder die Erwartungen der Gemeinschaft oder Gruppe nicht erfüllen, dass es unterschiedliche Interessen, Wünsche oder Meinungen gibt. Kompromissbereitschaft und Toleranz sind wichtige Voraussetzungen für die Lösung von Konflikten in einer Gruppe.

Familie

Die Familie ist die Grundlage der menschlichen Gesellschaft. Nach dem Verständnis einer Mehrzahl der Menschen umfasst eine Familie verheiratete Eltern und ein Kind oder mehrere Kinder. Zur Familie im weiteren Sinne gehören auch die Verwandten. Die Vorstellung, was unter einer Familie zu verstehen ist, hat sich in den letzten Jahren mehr und mehr gewandelt.

Lebensformen im Wandel

Seit der Industrialisierung haben sich die Formen, wie Familien zusammenleben, stark verändert. Lebten früher mehrere Generationen unter einem Dach (Großfamilie), dominiert heute die aus Eltern und Kindern bestehende Kernfamilie (Kleinfamilie). Infolge hoher Scheidungsraten brechen zahlreiche Kernfamilien auseinander, sogenannte Fortsetzungsfamilien (Patchworkfamilien) entstehen. Zugleich nimmt die Zahl der Alleinerziehenden zu. Zudem leben immer mehr Paare zusammen, ohne zu heiraten. Seit 2001 können zwei Menschen gleichen Geschlechts eine Lebenspartnerschaft begründen. Immer mehr Männer und Frauen entscheiden sich auch dafür, allein zu leben.

Aufgabenverteilung

In einem Haushalt sind viele Aufgaben zu erledigen. Früher war für Haushalt und Kindererziehung allein die Frau zuständig. Der Mann ging arbeiten und sorgte für das Einkommen der Familie. Solche traditionellen Vorstellungen weichen langsam einer partnerschaftlichen Aufgabenteilung, obgleich viele Frauen nach wie vor die Hauptlast des Haushalts und der Kindererziehung tragen, auch wenn sie erwerbstätig sind.

Wie ist die Jugend?

Null Bock war gestern

Es kann einem angst und bange werden. Die Jugend, unser aller Zukunft, kommt aus den Schlagzeilen gar nicht mehr heraus. Beim PISA-Test lag sie ganz hinten. Nur beim Prügeln, Mobben, Rauchen und Kiffen, da spielen die Sprösslinge angeblich in der ersten Liga. So legt es zumindest eine Studie der Weltgesundheitsorganisation nahe.
Fasst man die Berichte und gängigen Klischees zusammen, entsteht ein hässliches Zerrbild. Mal sind unsere Hoffnungsträger dumm, faul, aggressiv und respektlos. Dann verwöhnt, oberflächlich, asozial. Mit Neigung zu Markenklamotten und Handyschulden einerseits. Zu Zigaretten, Alkohol und Cannabis andererseits. Aber stehen diese Meldungen wirklich für die Mehrheit der Heranwachsenden in unserem Land?

Ehrgeizige Girlies holen auf

Der Jugendforscher Prof. Klaus Hurrelmann aus Bielefeld hält dagegen: „Antriebslos sind nur wenige. Der Großteil von etwa 55 Prozent ist sehr leistungsbereit. Gerade die Mädchen haben aufgeholt, sind fast ehrgeiziger als die Jungen." Er sieht das Dilemma der Generation woanders. Das Leben bietet ihnen scheinbar alles an, aber nichts ist beständig. Wirtschaftskrise, Globalisierung, Hartz IV. Mehr arbeiten für weniger Geld, harter Aufprall im sozialen Netz, kein Job fürs Leben. Mehr als jeder dritte junge Angestellte hat einen befristeten Arbeitsvertrag. Sicher ist nur, dass nichts mehr sicher ist. […]
Dabei hat die Pubertät, dieses große Tal der Tränen, Wutausbrüche und geknallten Türen, viel von ihrem Schrecken verloren. […] Nie war die Nähe der Kinder zu ihren Eltern stärker als heute. In einer aktuellen HÖRZU-Umfrage gab die große Mehrheit (93 %) der 14- bis 21-Jährigen an, dass ihre Eltern immer für sie da waren. Mit ihren Problemen würden die meisten zu ihren Freunden gehen, aber mehr als jeder Dritte zu Mama und Papa. Zarte Abgrenzung statt harter Ablehnung.
Jugendliche wenden sich den Freunden zu, sind Cliquentiger statt junge Wilde – aber die Eltern werden als wichtiger Rückhalt empfunden. „Nervig wird es nur, wenn sie mich mit Fragen löchern, die ich lieber mit Freunden oder meinen Brüdern besprechen möchte", sagt beispielsweise Marian (14) aus Hamburg. Bei einem Streit in den eigenen vier Wänden geht es meist um Alltägliches wie „Ich ziehe an, was mir gefällt" oder „Ich will länger in die Disco". Die Weltanschauung der Eltern finden die meisten „ganz okay". „Die Stimmung in den Familien ist friedlicher, es wird mehr geredet, weniger verheimlicht. Auch das Thema Sex wird nur noch selten zum Kriegsschauplatz", sagt die Entwicklungspsychologin Bärbel Kracke aus Jena. Sie nennt die Basisqualifikationen der Zukunft: der Glaube an die Fähigkeiten, Eigeninitiative, Bereitschaft zur Mobilität und Flexibilität sowie Lernen bis ins hohe Alter.

Top: Beruf, Fairness, Sparsamkeit

Also keine Revolte, nirgends? Der Soziologe Heinz Reinders aus Mannheim ließ 1200 Jugendliche dazu befragen, was ihnen wichtig ist im Leben. Demnach steht die Vorbereitung auf den späteren Beruf an erster Stelle (93 %), dicht gefolgt vom fairen und sozial verantwortlichen Handeln. Ebenfalls in den Top drei: Sparsamkeit. Meilen-

weit kein Punk, Öko, Hippie – die Eltern waren rebellischer als ihre Zöglinge. Grundbürgerliche Vernunft, so scheint es, regiert die Nachkommen.
„Diese Generation mischt die Werte der Eltern mit denen der Großeltern“, bestätigt Klaus Hurrelmann den Trend, der sich bereits in der Shell-Studie 2002 abzeichnete. „Die Kinder der Wohlstandsgesellschaft wachen auf und haben Angst vor der Zukunft. Aber sie sind nicht so gelähmt wie mancher Erwachsene.“ Denn sie wissen, dass ihnen nichts in den Schoß gelegt wird. Doch folgen den hehren Wünschen auch Taten? Der nötige „Benimm-Unterricht“ an vielen Schulen weist auf Mankos hin. Andererseits: Im Juni fand in Norddeutschland der „soziale Tag“ statt. 220000 Schüler haben einen Tag lang geschuftet, beim Nachbarn den Keller ausgemistet oder den Rasen gemäht. Freiwillig und für einen guten Zweck – über drei Millionen Euro kamen zusammen. Wenn es um andere Kinder oder das eigene Umfeld geht, ist viel Tatkraft da – aber wenig Presse.
Etwa 80 Prozent der Jugendlichen entwachsen der Pubertät mit den üblichen Verwerfungen, doch ohne große Probleme. Rund 14 Prozent werden psychisch auffällig. Auch für Jungen wird das gute Aussehen immer wichtiger, sie entwickeln Essstörungen, die früher nur bei Mädchen diagnostiziert wurden. Die Medien machen es vor: Nur wer attraktiv ist, hat Erfolg. „Wer sich zu dick oder hässlich fühlt, kann ernsthafte Störungen entwickeln, Diäten sind schon bei jungen Mädchen üblich. Hinzu kommt: Viele haben jahrelang nur eines gehört – Jugendarbeitslosigkeit“, so der Jugendarzt Uwe Büsching aus Bielefeld über die Ängste seiner Patienten.
Gerade die Hauptschulen haben sich von der einst anerkannten Schulform vielfach zu einer Verliererstraße für sozial Benachteiligte oder Ausländer gewandelt. „Bei einem Fünftel der Jugend, vor allem jungen Männern, wächst das Potenzial für abweichendes, aggressives oder radikales Verhalten, das auch in rechten Gruppen ausgelebt wird“, sagt Jugendforscher Hurrelmann und mahnt eine spezielle Männerförderung an. „Junge Menschen brauchen Erfolgserlebnisse, damit können die Lehrer gar nicht allein fertig werden.“ Leider passt es ins Bild, dass bei den Jungwählern im strukturschwachen Sachsen die rechtsextreme NPD jüngst zweitstärkste Kraft wurde. Hurrelmann: „Hier hat sich eine starke Unzufriedenheit mit den Volksparteien zusammengebraut. Darum haben die Braunen mit „Schnauze voll“-Parolen so viel Erfolg bei jungen Wählern, die sich eigentlich kaum für Politik interessieren.“
Auch an einer anderen Front herrscht Handlungsbedarf. Laut HÖRZU-Studie hatte mehr als jeder Fünfte zwischen 11 und 14 Jahren bereits den ersten Vollrausch, 13 Prozent haben Cannabis probiert. Generell gilt: Je früher einer einsteigt, desto schwerer fällt später das Aufhören. Ganz abgesehen von den Schäden für einen jungen, sich in der Entwicklung befindlichen Körper. [...]

(aus: Hörzu, Nr. 41, 1. 10. 2004, S. 7–9)

1. *„Die Jugend heute ...“ – Fasse die Ergebnisse des Artikels so zusammen, dass du den angefangenen Satz durch Kurzaussagen ergänzt.*
2. *Verfasse einen Leserbrief zu dem Artikel, in dem du deinen Standpunkt darlegst.*

„Früher war das anders!“ – Jugendliche in der öffentlichen Wahrnehmung .....

Erziehung: Generation Stinkefinger?

[...]
„Anderen Sitzplätze anzubieten, erhöht die Chancen beim Lotto“, „Vom lauten Musikhören werden die Kopfhörer kaputt – Warnung des Musikministers“ – mit diesen Botschaften versuchten die Wiener Linien, ihre (jugendlichen) Fahrgäste zu mehr Rücksicht anzuspornen. In Deutschland sorgten sich sogar Politiker um den Sittenverfall bei Kindern und Jugendlichen: Der Bremer Bildungssenator Willi Lemke forderte etwa via Bild-Zeitung von den Mädchen der „Generation bauchfrei“, ihre „Reizwäsche“ für die Disco zu reservieren und ordentlich gekleidet zum Schulunterricht zu erscheinen. In Deutschland und in der Schweiz wird immer wieder der Ruf nach Benimm-Trainings an Schulen laut: Im Baukastensystem sollen den Schülern Themen wie „grüßen“, „ausreden lassen“ oder Pünktlichkeit nahegebracht werden. Der Großteil der Erwachsenen findet das gut: In einer Umfrage des deutschen dimap-Instituts gaben 77 Prozent der Befragten an, sie wären dafür, dass Schulen gutes Benehmen, Höflichkeit und Ordnung als Unterrichtsfach vermitteln.

[...]
Sind die Jugendlichen heute rüder, rücksichtsloser und ungehobelter als früher? Oder ist die Klage über die ungezogene Jugend einfach eine, die von Generation an Generation weitergegeben wird? Studien, die zeigen, wie es um das Benehmen österreichischer Jugendlicher wirklich bestellt ist, gibt es keine. Die Debatte wird eher von individuellen Beobachtungen gespeist: das Ketchup auf der U-Bahn-Bank, die leeren Bierdosen im Beserl-Park, der raue Umgangston in den Klassenzimmern („Oida“ [= Alter], „Hurensohn“), mangelnde Hilfsbereitschaft, Aggressivität et cetera. „Im Allgemeinen kann man sagen, dass die Jugend immer als schlechter dargestellt wird als die Jugend von früher“, meint dazu der Erziehungswissenschaftler Marian Heitger. Aber es gäbe heutzutage schon Anlässe für die zunehmende Aggressivität unter Jugendlichen. „Etwa das immer dichter werdende Netz von Vorschriften. Kinder können in der Schule nicht mehr frei denken – sie müssen ja PISA-Standards genügen. Alles wird standardisiert und evaluiert, das führt zu einer Gleichmacherei. Immer wieder müssen die Jugendlichen auch erfahren, dass sie durch das Gespräch nichts mehr erreichen können. Sie glauben daher nicht mehr an die Macht der Argumente, sondern nur mehr an die Macht der Faust“, so Heitger. Auch der deutsche Pädagoge Wolfgang Bergmann ist davon überzeugt, dass Jugendliche heute rücksichtsloser und aggressiver sind als früher. [...] Auf der anderen Seite: Eine Umfrage des Österreichischen Instituts für Jugendforschung besagt, dass gerade traditionelle Werte wie Ehrlichkeit, Verantwortungsgefühl, Achtung vor anderen und gute Manieren für Jugendliche ganz wichtig sind. Und deutsche Eltern nennen als wichtigste Erziehungsziele Ehrlichkeit, Selbstständigkeit, Verlässlichkeit, Hilfsbereitschaft und richtiges Benehmen.
[...]
Wie lässt sich das vereinbaren? Versagt die Erziehung? Versagen die Erwachsenen? Ja, sagen Heitger und Bergmann unisono. „Natürlich haben wir alle Werte. Aber den Jugendlichen entgeht natürlich nicht, dass der größte Wert das ökonomische Fortkommen ist. Ich muss besser sein als der andere – das ist es, was zählt“, sagt Heitger. „Die Erwachsenen leben den Kindern vor, dass sie die Werte, die sie den Kindern abverlangen, selbst nicht leben. Ich kann nicht einen Jaguar fahren und gleichzeitig lamentieren: ‚Die Welt verkommt, die Rohstoffe werden ausgebeutet.‘ Diese Widersprüche machen Kinder aggressiv“, so der Pädagoge. [...]
Die Eltern sehen sich – zumindest in der deutschen Statistik – nicht als schlechte Vorbilder. 47 Prozent fühlen sich zwar in der Erziehung manchmal unsicher, aber hauptsächlich bei den Themen „Schule und Ausbildung“, „Pubertät“ und „Gesundheit und Ernährung“. Müssen sich die Erwachsenen also selbst am Schopf packen? Müssen wir eine neue Wertedebatte führen? [...]

(Daniela Tomasovsky, in: http://diepresse.com/home/bildung/bildungallgemein/387522/print.do)

1. *Notiere zu jedem Absatz den Kerngedanken und erläutere die Position der Autorin.*
2. *Laut der Meinung einiger Experten und Erwachsener sind Jugendliche rücksichtsloser als früher. Andererseits bekennen sich die Jugendlichen zu Werten wie Verantwortungsgefühl. Setze dich mit diesem Widerspruch auseinander.*

Was Umfragen über Jugendliche aussagen

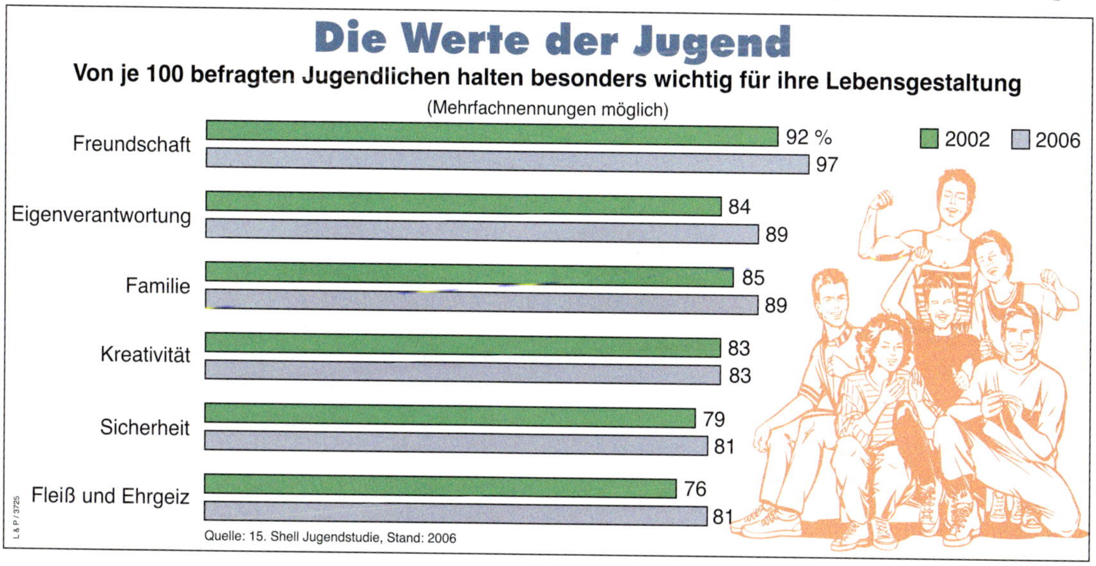

DROGEN

Immer früher voll im Rausch (Angaben in Prozent)

Es sind die oft verharmlosten Drogen wie **Alkohol, Tabak und Cannabis,** zu denen immer Jüngere greifen.
Ärzte warnen vor möglichen Folgen: Gesundheitsschäden, Schulproblemen und Sucht.

Von den 14- bis 17-Jährigen trinken häufig oder gelegentlich

Bier	35
Wein/Biermischgetränke	29
Alcopops	18
hochprozentigen Alkohol	10

Erster Alkoholkonsum		Erste Zigarette
4	7- bis 10-Jährige	6
51	11- bis 14-Jährige	35
36	15- bis 17-Jährige	22
2	18-jährig und älter	1

Es rauchen regelmäßig

14- bis 17-Jährige	16
18- bis 21-Jährige	32

Es haben Marihuana bzw. Haschisch schon mal probiert

14- bis 17-Jährige	13
18- bis 21-Jährige	32

Quelle: Hörzu-Umfrage der Forsa, 2004 L & P / 3720

SOZIALES

Der Mikrokosmos zählt: Clique, Eltern, Sport und Freizeit (Angaben in Prozent)

Mit Problemen geht man zu **Freunden** oder den **Eltern.** Für die Mehrheit ist es denkbar, sich im Bereich Sport oder Freizeit zu engagieren, hier tun es auch die meisten. **Weit abgeschlagen** sind **Kirchen und politische Parteien.**

Ich kann mir vorstellen, mich ehrenamtlich zu engagieren für

Wunsch		Wirklichkeit
68	Sport/Verein	9
66	Wohltätigkeit	2
54	Tierschutz/Umwelt	1
46	Schüler/Studenten	3
22	Politische Partei	1
20	Kirche/relig. Gemeinde	2

In einem Verein aktiv sind 51

Bei Problemen rede ich am ehesten

mit Freunden	58
mit den Eltern	41

Quelle: Hörzu-Umfrage der Forsa, 2004 L & P / 3721

1. *Untersuche die Grafiken und beschreibe die Aussagen in drei kurzen Texten.*
2. *Formuliere selbst ein Urteil zu den Ergebnissen der Befragungen über die Jugend von heute.*

Methode: Projekt

Thema: Vandalismus

1 An der S-Bahn-Station sind die Wände beschmiert, der Fahrkartenautomat zeigt Brandspuren, in der Wartehalle ist eine Scheibe zerschlagen, die Telefonzelle ist mit Farbe besprüht, zerrissen liegt das Telefonbuch auf der Erde …
Christine und Sonja, zwei Schülerinnen, gehen durch ihren Wohnort und suchen, wo und welche Zerstörungen sie im Ort finden. Morgen werden sie im Unterricht darüber berichten …

2 Suat sitzt in einem Büro des Rathauses dem Stadtkämmerer gegenüber. Er stellt ihm Fragen, die sich die Klasse vorher im Unterricht überlegt hatte, zum Beispiel zu Reparaturkosten, die der Stadt durch Sachbeschädigungen jährlich entstehen …

Ein Projekt ist eine gemeinsame Aktion einer Klasse, die ein sichtbares Ergebnis zum Ziel hat, z. B. eine Ausstellung, eine Aufführung oder die Herstellung und den Verkauf von Gegenständen beim Schulfest. Bei einem Projekt können also Schüler durch praktische Arbeit Erfahrungen machen und lernen.

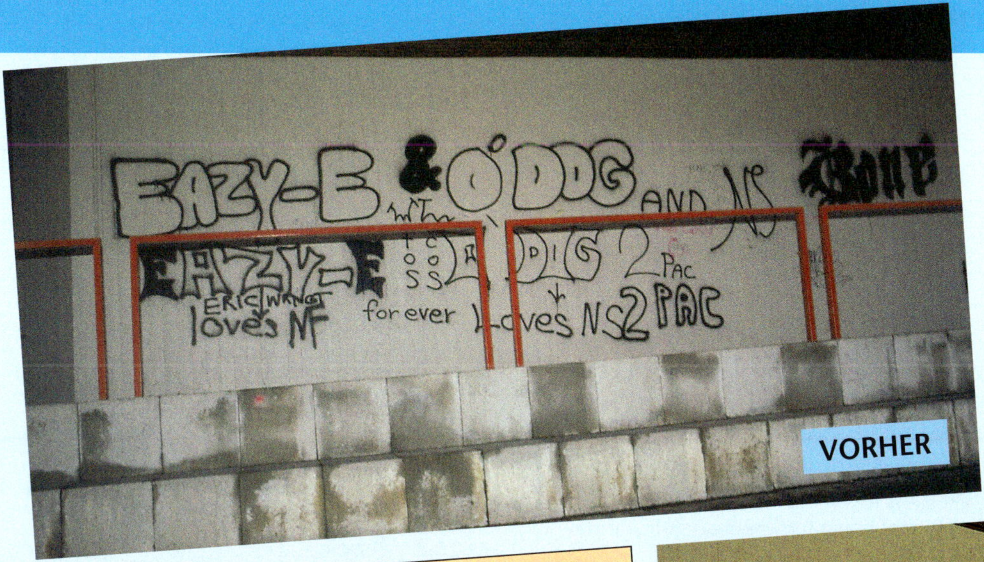

VORHER

NACHHER

Vorbereitung
Ein Projekt wird von den Schülerinnen und Schülern und den betroffenen Lehrkräften gemeinsam geplant und durchgeführt. In der Planungsphase muss man sich zuerst über das gemeinsame Ziel verständigen. Dann werden möglichst viele Ideen zur Realisierung gesammelt, z. B. im Brainstorming. Die Vorschläge können auf Kärtchen notiert und diese an der Tafel oder der Pinnwand übersichtlich zu einem Projektablauf angeordnet werden. Daraus ergibt sich dann der Zeitplan für die Projektdurchführung.

Durchführung
Projekte werden meist in arbeitsteiliger Gruppenarbeit durchgeführt. Damit das angestrebte Ziel erreicht wird, muss sich jede Arbeitsgruppe an den vorgesehenen Zeitrahmen halten bzw. bei Schwierigkeiten rechtzeitig die anderen informieren.

Auswertung
Ein Projekt schließt mit einem sichtbaren Ergebnis ab, z. B. der Übermalung von beschmierten Wänden in der Schule oder einer Ausstellung eigener Erkundungsergebnisse zur Information anderer über ein bestimmtes Thema. Am Ende sollte die Klasse über ihre Projektarbeit nachdenken und sich zum Beispiel Fragen stellen wie: Welche Erfahrungen haben wir bei unserer Projektarbeit gemacht? Was haben wir Neues gelernt? Sind wir mit unserem Projektergebnis zufrieden, oder hätten wir etwas anderes machen sollen?

1. *Eine Klasse hat sich vorgenommen, ein Projekt zum Thema „Vandalismus bei uns" durchzuführen. Beschreibe, welche Hinweise auf die Projektdurchführung Fotos und Texte geben.*
2. *Führt ein Projekt „Vandalismus bei uns" durch.*

Abhängigkeit – der Weg in die Sucht

Wenn man physisch von einem Suchtmittel abhängig ist, verlangt der Körper ständig nach diesem Mittel. Wird es dem Körper nicht zugeführt, reagiert er mit Entzugserscheinungen: Der Süchtige schwitzt, bekommt feuchte Hände, beginnt zu zittern. Diese Erscheinungen, man sagt auch Symptome, halten so lange an, bis der Süchtige das Suchtmittel nimmt.

Wenn man psychisch, also seelisch von einem Stoff abhängig ist, dann tut man alles dafür, um an den Stoff zu kommen. Psychisch Abhängige vernachlässigen oft ihre Familie und ihre Freunde, da sich all ihre Gedanken nur noch um das Suchtmittel und dessen Beschaffung drehen.

Warum werden manche Menschen süchtig, andere nicht? Diese Frage lässt sich nicht so einfach beantworten. „Typische Erkennungsmerkmale" für Menschen, die in die Suchtfalle geraten, gibt es nicht. Viele kleine Faktoren, ähnlich wie bei einem Puzzle, können dazu führen, dass jemand süchtig wird. Schwierige Lebenssituationen wie Arbeitslosigkeit, Einsamkeit oder Trauer können einen Weg in die Sucht begünstigen. Andere Betroffene haben in ihrer Kindheit schlimme Erfahrungen gemacht und versuchen sie nun zu verdrängen. Aber auch die Suche nach einem „Kick" und Erlebnishunger kann in die Sucht führen.

Durch den Griff zur Flasche oder der Pille fühlt man sich zu Beginn gut und erlebt vielleicht Stimmungen und Gefühle, die man noch nie hatte. Man „merkt" sich diesen Effekt, und in ähnlichen Situationen greift man erneut zum Suchtmittel: Abhängigkeit entsteht.

Stationen eines Suchtprozesses

- Konsumsituation für den Erstkonsum
- ▼ Gefallen an dem Suchtmittel
- ▼ Erneuter Konsum mit einer Dosiserhöhung
- ▼ Gewohnheit/„Normalität"
- ▼ Abhängigkeit/Sucht

Co-Abhängigkeit

Leider sind die Angehörigen von Süchtigen von deren Sucht in aller Regel mitbetroffen. Man spricht hier von „Co-Abhängigkeit". Oft beschaffen sogar Familienangehörige Stoff um des lieben Friedens willen. Zugleich halten sie eine Fassade der „heilen Welt" aufrecht. So kann der Süchtige es vermeiden, sich damit auseinanderzusetzen, dass er infolge seiner Sucht nicht mehr in der Lage ist, seinen Alltag zu bewältigen. Die Angehörigen konsumieren den Stoff zwar nicht, aber sie unterstützen und fördern so die Abhängigkeit des Süchtigen. Hierzu ein Beispiel:

Der Fall Alexander

Alexander ist 16 Jahre und geht in die zehnte Klasse der Humboldt-Realschule. Seine Noten sind gut, er gehört zu den besten Schülern in der Klasse. Im nächsten Jahr möchte er seinen Abschluss machen und danach eine Ausbildung zum Maler und Lackierer beginnen.

Nach den Herbstferien kommt Eva neu in die Klasse. Sie gefällt Alexander von Anfang an, obwohl sie ganz andere Interessen hat als er. Am liebsten mag sie Technomusik. Für die Schule hat Evanicht viel übrig. Sie wurde vom Gymnasium verwiesen, nachdem sie bereits das zweite Mal sitzen geblieben ist.

Tim hat Geburtstag und lädt neben seinem Freund Alexander auch Eva zu seiner Geburtstagsparty ein. Dort kommen die beiden ins Gespräch und verabreden sich für das kommende Wochenende. Eva schlägt den Besuch einer Technoparty vor. Alexander ist zunächst skeptisch, aber da Eva ihm so gut gefällt, sagt er zu.

In der Disco fällt ihm auf, dass Eva anders ist als sonst. Sie tanzt unaufhörlich und kichert dabei ohne Ende. Mit ihr reden kann er nicht wirklich, denn sie tanzt völlig aufgedreht um ihn herum und hört ihm auch nicht zu. Alexander ist enttäuscht. Dann sieht er, wie jemand Eva eine kleine Pille in die Hand drückt und sie ihm heimlich dafür Geld gibt. Alexander ist geschockt. Als er Eva nach der Pille fragt, meint sie nur lässig, dass doch jeder mal Drogen nimmt. Die einen kiffen, die anderen trinken, und sie hat halt beim Tanzen die richtige Stimmung, wenn sie eine Ecstasy-Pille einwirft. Dann fühlt sie sich frei und gelöst und vergisst alles um sich herum, auch Hunger und Durst. Nur noch die Musik und der Tanz sind ihr dann wichtig.

Alexander will mit ihr reden, aber da ist sie schon in der Menge verschwunden. Er beobachtet sie weiter und merkt, wie schön sie eigentlich beim Tanzen aussieht und dass sie viel gelöster wirkt. Plötzlich kommt der Typ, der Eva die Pille verkauft hat, und bietet auch ihm eine an. Alexander zögert erst, aber dann denkt er sich, dass einmal keinmal ist und schluckt die Pille.

Ein halbes Jahr später:
Alexander und Eva sind jetzt ein Paar. Sie gehen seit fünf Monaten miteinander. Den Wunsch, eine Ausbildung zu machen, hat Alexander aufgegeben. Er ist jetzt jede Woche mit Eva auf Partys und in Discos. Seine Noten sind sehr schlecht geworden, wahrscheinlich muss er sogar die zehnte Klasse wiederholen. Das ist ihm egal. Alexander nimmt jetzt regelmäßig Ecstasy, er mag, wie er sich nach dem Konsum fühlt und wie „schwerelos" er dabei ist. Er konsumiert nicht nur am Wochenende bei Partys, sondern immer öfter auch in der Woche. Häufig nimmt er sogar zwei Ecstasy-Tabletten pro Tag, da ihm eine alleine nicht mehr reicht. Eva und er kiffen jeden Morgen vor der Schule heimlich im Park. Das ist für sie schon Normalität geworden. Ein liebes Ritual, so sagen sie.

Die Partys und Discobesuche, die Ecstasy-Pillen und das Haschisch kosten viel Geld. Alexanders Ersparnisse gehen zur Neige. Neulich hat er sogar einfach 100 Euro aus dem Portmonee seiner Mutter genommen. Seine Freundschaft mit Tim hat Alexander beendet, einzig Eva ist ihm wichtig. Was mit seiner Zukunft wird, ist ihm egal. Er will jetzt leben und nicht an später denken.

Alexanders Eltern sind verzweifelt. Sie kommen mit ihrem Sohn nicht mehr ins Gespräch, er kapselt sich immer mehr ab. Auch die Gespräche mit den Lehrern haben nichts bewirkt, und je mehr Druck Alexander bekommt, desto aggressiver wird er. Die Lehrer haben den Verdacht geäußert, dass Alexander Drogen nimmt, aber das kann seine Mutter nicht glauben: Alexander ist doch ein vernünftiger Junge, so meint sie. Der Vater hat jetzt häufiger Streit mit der Mutter, da auch er den Verdacht hat, dass mit Alexander etwas nicht stimmt. Aber an seinen Sohn kommt er nicht ran. Froh ist er jedoch darüber, dass Alex Eva als Freundin hat, denn sein Sohn erzählt sehr positiv von ihr. Außerdem trifft er sich auch immer zum Lernen mit Eva, manchmal sogar am Wochenende. Verwundert sind die Eltern nur darüber, dass Alexanders Noten sich so drastisch verschlechtert haben, aber das ist bei Jungen in der Pubertät öfter der Fall. Wenn er die zehnte Klasse nicht schaffen sollte, dann soll er sie halt einfach noch einmal machen. Die Eltern wollen nur das Beste für ihren Sohn.

1. *Im Fall Alexander lassen sich die fünf Stationen eines Suchtprozesses wiederfinden. Notiere für jede Station, wie dies bei Alexander war.*
2. *Überlege, wie Alexanders Eltern ihm helfen könnten und wer noch helfen könnte.*
3. *Erläutere den Begriff „Co-Abhängigkeit". Greife dabei auf das Beispiel der Familie Noll zurück.*

Ursachen für Drogenkonsum

Die Gründe, warum Kinder und Jugendliche zu Drogen greifen, liegen in der jeweiligen Person, dem gesellschaftlichen Umfeld und der wechselseitigen Wirkung zwischen dieser Person und ihrem Umfeld. Kinder und Jugendliche sind besonders dann gefährdet, wenn sie keine anderen Möglichkeiten sehen, ihre Probleme wie z. B. schulische und familiäre Konflikte zu lösen. Dabei hat Sucht immer eine Geschichte; das heißt Sucht ist ein Verhalten, das nach und nach entsteht und oft ganz harmlos beginnt.

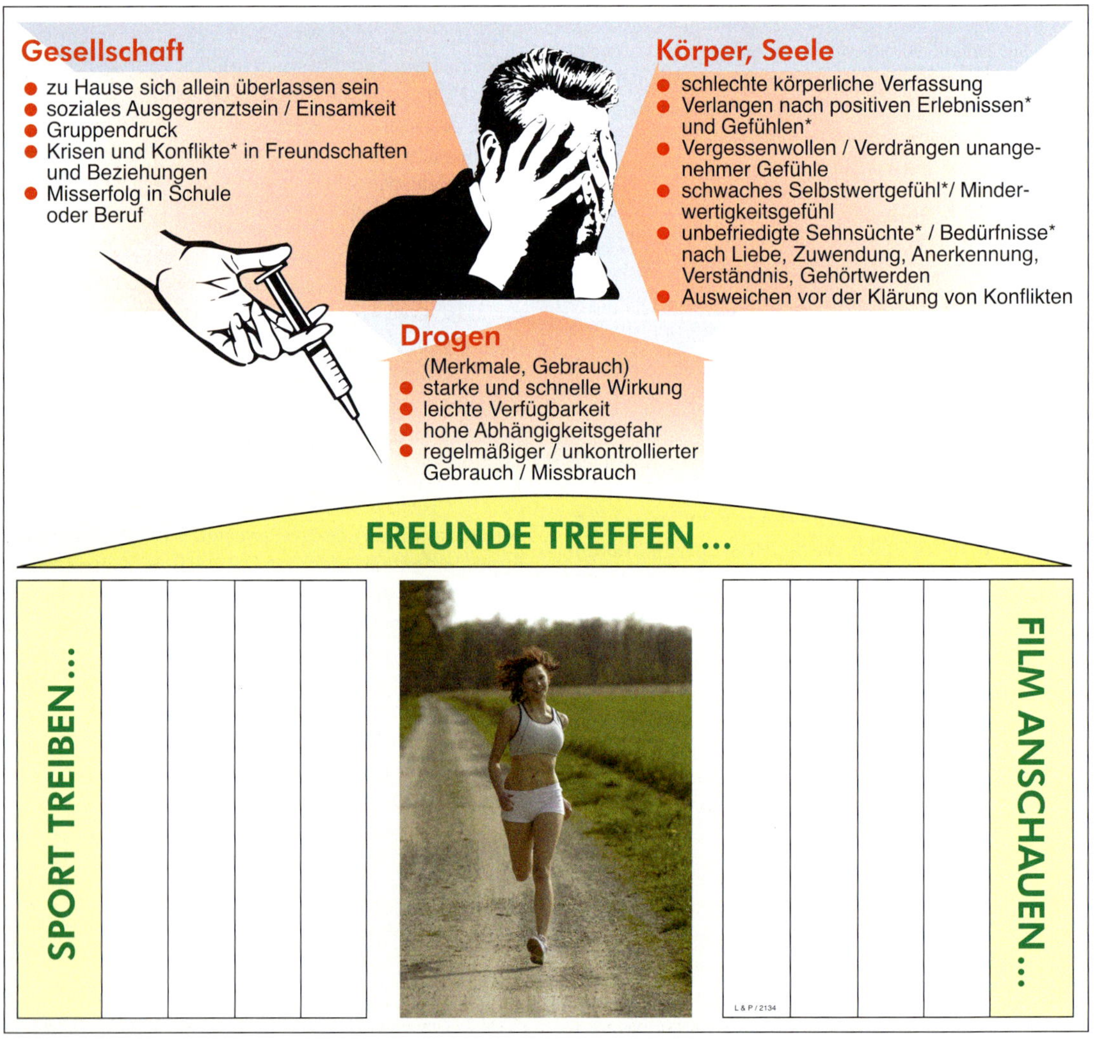

1. *Das Schaubild enthält mit einem Sternchen versehene Begriffe. Erläutere anhand von Beispielen, wie die mit diesen Begriffen ausgedrückten Sachverhalte mit der möglichen Entstehung von Sucht zusammenhängen.*
2. *Um gegen die Entstehung von Sucht gewappnet zu sein, braucht jeder Mensch positive Erfahrungen, Erlebnisse und Erfolge, die ihn stärken, ihm seelische „Abwehrkräfte“ verleihen. Übertrage das Schaubild in dein Heft und ergänze es.*
3. *Erkläre, warum Menschen, die zu wenige oder gar keine positiven Erfahrungen und Erlebnisse haben, besonders suchtgefährdet sein können.*

Jugendkriminalität

Klauen, keilen, kiffen und die Folgen

Verstöße gehören zur Entwicklung von Jugendlichen/ Bei Straftaten wird es problematisch

Wer ist nicht schon mal schwarzgefahren? [...] Und wer hat nicht schon mal im Laden etwas mitgehen lassen? Derartige Vergehen und Strafen seien Teil des Erwachsenwerdens, so Jürgen Frölich, Jugendrichter in Frankfurt, „eigentlich begeht jeder mal eine". Doch wer dabei erwischt wird, muss mit juristischen Folgen rechnen.

Jugendliche begehen vor allem Diebstähle: „Das sind über 50 Prozent der Fälle", sagt Professor Heribert Ostendorf von der Forschungsstelle für Jugendstrafrecht und Kriminalprävention der Universität Kiel. Danach kommen Sachbeschädigung und Verkehrsdelikte. „Fahren ohne Fahrerlaubnis, häufig mit frisiertem Mofa, ist ein typisches Jugenddelikt", so der Experte. Aber auch durch Schwarzfahren, Körperverletzung ... kommen Jugendliche mit dem Gesetz in Konflikt, berichtet Rolf-Dieter Baer, Jugendkoordinator der Polizei in Frankfurt. [...]

„Die meisten Jugendlichen hören nach ein oder zwei Delikten auf", so Ostendorf. Ganz wenige seien Wiederholungstäter. [...]

(Eva Dorothée Schmid, in: Wormser Zeitung, 19. 7. 2001)

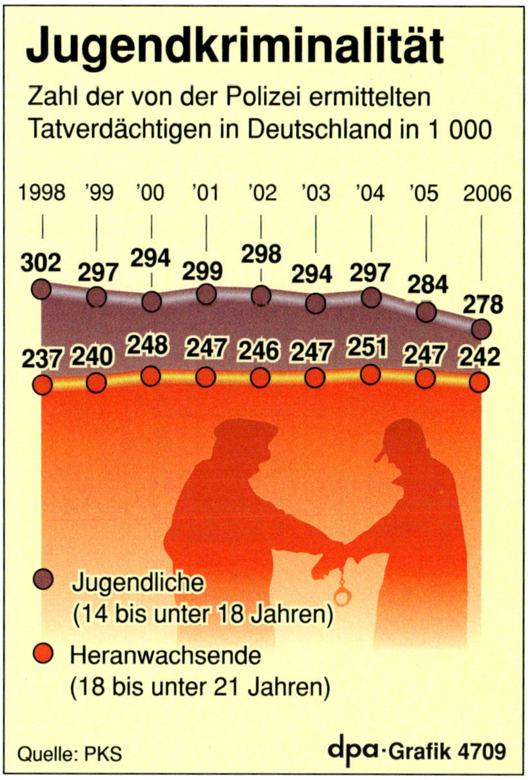

Die fehlende Zukunftsperspektive macht Jugendliche aggressiv, z. B., wenn sie erleben, dass ihr Schulabschluss nicht ausreicht, um eine Lehrstelle zu bekommen.

Manche Jugendliche wollen durch Gewalt und Mobbing das eigene Gefühl der Unterlegenheit ausgleichen. Das äußert sich dann in Gewalt gegen andere Jugendliche, denn die sind es ja, an denen man sich selbst misst.

Was Experten und Expertinnen zum Thema Jugendkriminalität sagen

Viele Jugendliche sind auf „Haben" programmiert. Hinzu kommt der Gruppenzwang. Um in der Clique mithalten zu können, sind dann auch ungesetzliche Mittel wie Klauen geeignet.

Viele Menschen, die sich wirtschaftlich am Rande fühlen, streben danach, mithalten zu können – notfalls auch mit kriminellen Mitteln. Deshalb begehen Jugendliche Delikte wie Ladendiebstahl, Diebstahl und Raub.

Mängel bei der Integration junger Ausländer und Aussiedler sind häufig Ursachen für Kriminalität. Sie sprechen kaum deutsch, haben Schulschwierigkeiten und sind stark von Arbeitslosigkeit betroffen. Hinzu kommen oftmals Konflikte mit den Eltern und Großeltern, die sich in der „neuen Welt" nur schwer zurechtfinden. Fehlende Kontakte zur einheimischen Bevölkerung, mangelndes Vertrauen in den Staat, Abschottung, Gruppenbildung, Aggression, Gewalt und Leben nach „eigenen Regeln" sind häufig die weiteren Stationen auf dem Weg in die Kriminalität.

Kriminalität im Jugendalter ist allgemein verbreitet, aber vorübergehend. Zum Glück bleibt sie für die meisten Jugendlichen ohne Folgen.

1. *Werte den Zeitungsbericht und die Grafik aus. Notiere jeweils zwei, drei wichtige Ergebnisse.*
2. *Die Experten nennen Ursachen für Jugendkriminalität. Notiere jede Ursache in einem Satz.*

Methode: Info-Ausstellung

Thema: Problem Ladendiebstahl

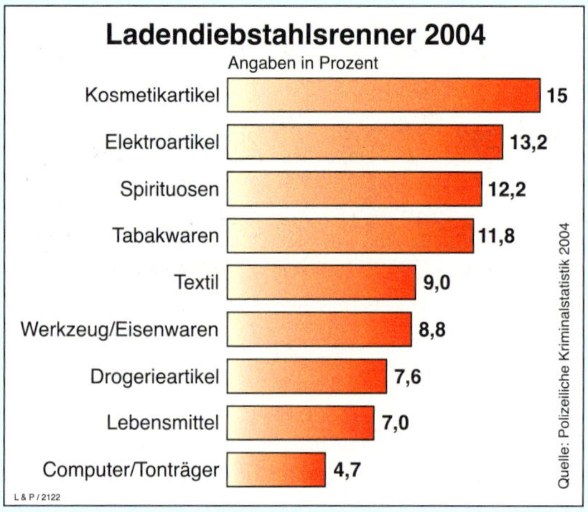

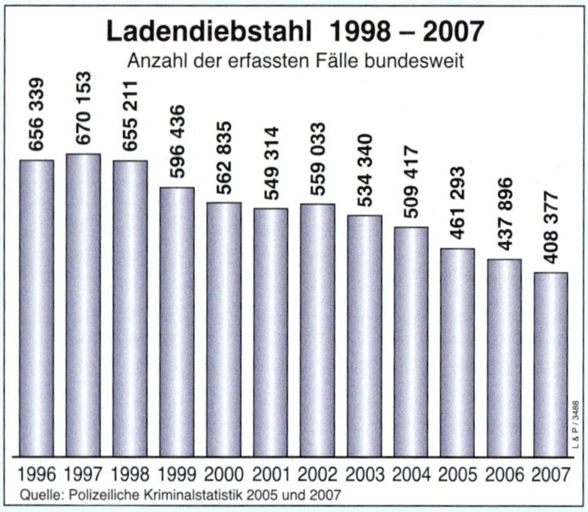

Ein Kaufhausdetektiv ertappt einen Ladendieb

Ladendiebstahl ist kein Kavaliersdelikt

Würselen. In einem kleinen Lederwaren-Laden in der Innenstadt fällt uns ein Mann auf, der um ein Regal mit Taschen herumschleicht. Die Verkäuferinnen kümmern sich um andere Kunden und achten nicht auf den Mann. Er zieht sich seine Jacke aus, legt sie über seinen Arm und schleicht weiter um die Taschen. In einem Moment, in dem er sich unbeobachtet fühlt, greift er eine Tasche, hängt sie an den Unterarm und wirft seine Jacke darüber, sodass man die Tasche nicht sieht. Sofort verlässt er den Laden […]

Solche Situationen ereignen sich täglich in kleinen und großen Geschäften. Die meisten Ladendiebe sind Kinder und Jugendliche; eher selten auch ältere Leute. Damit versuchen sie, Geld zu sparen oder sich bei Mutproben zu behaupten. Oft zählt hierbei nur der Nervenkitzel.

Meistens sind es nur kleinere Sachen, wie Kosmetikprodukte, Zigaretten und Alkohol, manchmal aber auch teurere Artikel, wie Kleidung und Taschen, die geklaut werden.

„Wir machen dadurch riesige Verluste!", sagt eine Tankstellenangestellte. Die meisten Verluste machen kleinere Geschäfte wie Boutiquen, obwohl der Wert der geklauten Ware selten mehr als 250 € beträgt.

Doch schon diese „geringe" Summe schadet den kleineren Läden mehr als großen Warenhäusern. Hinzu kommt, dass sie selten Überwachungskameras oder andere Sicherheitsvorkehrungen […] besitzen und so den Diebstahl nicht sofort bemerken. […] In den meisten größeren Läden werden aber versteckte Kameras und andere Sicherheitsvorkehrungen wie Sicherheitschips angebracht.

Dadurch werden die Ladendiebe zu 90 Prozent gefasst. „Ich weiß nicht, was damals in mich gefahren ist, als ich geklaut habe. Aber ich habe aus meinen Fehlern gelernt!", berichtete die 21-jährige Sarah W. (Name wurde von der Redaktion geändert).

(aus: Aachener Zeitung vom 9. 11. 2004; Artikel von Schülerinnen der Klasse 8d, Heilig-Geist-Gymnasium Würselen)

2,2 Milliarden Euro Schaden durch Ladendiebstahl

PdH BERLIN – Durch Ladendiebstahl entstand dem Einzelhandel 2004 ein Schaden von über 2,2 Milliarden Euro. Dies ermittelten jetzt das EuroHandelsinstitut (EHI) und der Hauptverband des Deutschen Einzelhandels (HDE) in einer aktuellen Untersuchung. [...] „Die Einzelhandelsunternehmen haben viel für die Prävention [Vorbeugung und Vermeidung von Ladendiebstählen] getan und sich dies etwas kosten lassen. Die Maßnahmen haben Wirkung gezeigt und dazu beigetragen, dass die Zahl der Ladendiebstähle 2004 rückläufig war", erklärte HDE-Rechtsexperte Armin Busacker heute in Berlin. Wie die aktuelle Polizeiliche Kriminalstatistik 2004 zeige, seien die registrierten Ladendiebstähle um 4,7 Prozent auf 509 417 Delikte zurückgegangen. Auch die Zahl der von Kindern und Jugendlichen begangenen Ladendiebstähle sei 2004 im Vergleich zum Vorjahr gesunken: bei Kindern um rund 14 Prozent und bei Jugendlichen um circa fünf Prozent. Allerdings wurde gegen fast die Hälfte der Tatverdächtigen im Kindesalter wegen dieses Delikts ermittelt.

„Der Rückgang der Ladendiebstähle ist kein Grund zur Entwarnung", so Busacker: „Mit über einer halben Million registrierter Fälle bleibt Ladendiebstahl für den Einzelhandel ein großes Problem, denn nur jeder zehnte Dieb wird auch entdeckt und angezeigt." Das Delikt dürfe nicht bagatellisiert werden, denn immerhin ein Drittel aller Diebstähle seien Ladendiebstähle. Diebstahlsdelikte würden knapp 45 Prozent aller Straftaten ausmachen. „Der Einzelhandel ist damit ein Hauptbetroffener von Diebstahlsdelikten in Deutschland", sagte der HDE-Experte. „Wir fordern deshalb die Strafverfolgungsbehörden der Bundesländer auf, endlich aktiver zu werden und auch eingestellte Verfahren wegen Ladendiebstahls konsequent zu registrieren. Nur so lassen sich Wiederholungstäter besser erkennen." Viele Händler würden Ladendiebe nicht anzeigen, da die Anzeige für den Täter häufig folgenlos bleibe. Dabei komme es jedoch darauf an, alle ertappten Diebe zu erfassen, um dem Ladendiebstahl wirksam zu begegnen. [...]

(http://www.einzelhandel.de/ Artikel vom 15. 6. 2005)

Info-Ausstellung „Problem Ladendiebstahl"

Eine Info-Ausstellung richtet sich an eine größere Öffentlichkeit. Eine Klasse, die eine Info-Ausstellung gestaltet, will über einen Sachverhalt oder ein Problem informieren, mit dem sie sich ausführlich beschäftigt hat. Sie fertigt dazu große Plakate mit Texten, Zeichnungen, Fotos usw., die auf einer freien Wandfläche oder auf Stellwänden ausgehängt werden.
Die Ausstellung kann in der Schule in einem Gang oder im Eingangsbereich stattfinden. Sie kann aber auch außerhalb der Schule erfolgen, z. B. im Rathaus, in der Stadtbücherei oder in einer Bank.
Eine gut gemachte Info-Ausstellung enthält ausgewählte Materialien, ist übersichtlich gegliedert und lädt die Betrachter zum Anschauen und Nachdenken ein.

Vorbereitung
Die Klasse legt Thema, Adressaten und Zielsetzung ihrer Info-Ausstellung fest, z. B. dass Mitschüler vor Ladendiebstahl gewarnt oder Erwachsene zu einer Spendenaktion aufgerufen werden sollen. Es wird erklärt, wo die Ausstellung stattfinden kann.
Das Thema wird in Gruppenarbeit bearbeitet; z. B. führt eine Gruppe eine Erkundung durch, eine andere macht eine Umfrage, andere werten Zeitungsmeldungen aus oder befragen bestimmte Personen. Dazu wird das Thema in Teilgebiete gegliedert, die dann von den einzelnen Gruppen bearbeitet werden. Tipp: Wenn es zu einzelnen Punkten kontroverse Positionen gibt, dokumentiert diese.
Das erarbeitete Material wird gemeinsam gesichtet. Dabei muss eine Auswahl getrofffen und festgelegt werden, was im Rahmen der Info-Ausstellung präsentiert werden soll. Außerdem wird bereitgestellt, was man für die Herstellung braucht (z. B. Packpapier oder Plakatkartons, Farbstifte, Stellwände).

Durchführung
Eine Info-Ausstellung muss übersichtlich sein. Die Texte sollten noch in einem Abstand von zwei, drei Metern lesbar sein. Lieber weniger Textblöcke, dafür Fotos, Zeichnungen und große Schriften. Nicht vergessen: Hinweis, wer die Info-Ausstellung gemacht hat, warum usw.
Die Teile der Info-Ausstellung zunächst nur vorläufig aufhängen. Durch Hin- und Herschieben kann man die beste Gestaltung herausfinden.
Manchmal kann es sinnvoll sein, dass einige aus der Klasse bei der Ausstellung sind, um sie Besuchern zu erläutern.

Auswertung
Beobachtet, wie die Besucher auf eure Info-Ausstellung reagieren. Man kann auch Betrachter nach ihrer Meinung fragen oder an einer Stelle Platz für schriftliche Meinungsäußerungen lassen.

❶ *Gestaltet in der Klasse eine Info-Ausstellung zum Thema „Problem Ladendiebstahl".*

Streitfall Strafmündigkeit

Der Fall Christopher	Er hatte geprügelt, geraubt und mit einer Pistole geschossen. 160-mal kam Christopher M. in seinem jungen Leben mit dem Gesetz in Konflikt. Bestraft wurde er nie. Denn er war zur Zeit der Taten noch nicht 14 Jahre alt, rechtlich also noch ein Kind. Nach deutschem Recht gilt ein Kind als strafunmündig, es kann also für von ihm begangene Taten strafrechtlich nicht zur Verantwortung gezogen werden. Bei Straftaten von Kindern darf der Staat nur eingreifen, wenn die Eltern in der Erziehung versagt haben. Nach dem Kinder- und Jugendhilfegesetz von 1991 sollen die Jugendämter in solchen Fällen durch Erziehungsberatung, soziale Gruppenarbeit, Erziehungsbeistandschaft, Heimerziehung u. Ä. betroffene Kinder in ihrer sozialen Entwicklung fördern und unterstützen.	**Beispiele aus Christophers Sündenregister:** • Einbruch in ein Blumengeschäft, Beute: 275 Euro • Einbruch in zwei Wohnungen • Christopher demoliert sechs Autos, einen Bagger, eine Telefonzelle • Er schießt mit einer 38er Smith & Wesson auf einen Güterzug • Einbruch in einen Kindergarten • Christopher verprügelt einen Elfjährigen, erbeutet 6,50 Euro und eine Fahrkarte

Strafmündigkeit schon ab 12 Jahren?

PRO

- Die Vorstellung, dass junge Menschen erst nach dem 14. Geburtstag zwischen Recht und Unrecht unterscheiden können, ist überholt. Ein 13-jähriger Handtaschenräuber weiß sehr wohl, dass er etwas Unrechtes tut.
- Entscheidend ist doch, dass einem jungen Menschen bei einer Rechtsverletzung von der Gesellschaft ein deutliches Signal gesetzt wird, dass er auf dem falschen Weg ist. Je früher, desto besser!
- Es geht nicht darum, 12-Jährige ins Gefängnis zu stecken. Auch bei über 14-Jährigen muss der Jugendrichter sorgfältig prüfen, was für die weitere Entwicklung des Täters am besten ist.

KONTRA

- Bei wachsender Armut in unserer Gesellschaft und vielen in der Erziehung überforderten Familien lenkt der Ruf nach einer Herabsetzung des Alters für die Strafmündigkeit von den Ursachen der zunehmenden Kinderkriminalität ab.
- Die Strafmündigkeit erst bei 14 beginnen zu lassen, ist wohlüberlegt, denn die moralische Urteilsfähigkeit, also das Norm- und Unrechtsbewusstsein, ist bei Kindern noch nicht ausgeprägt.
- Es bringt doch nichts, angesichts der Verlockungen durch unsere Konsumgesellschaft einen 12-jährigen Ladendieb bestrafen zu wollen!

1. *Streitfall Strafmündigkeit: Erkläre, worin bei dem Fall das entscheidende Problem besteht.*
2. *Untersuche, wie jede Seite argumentiert.*
3. *Führt in der Klasse eine Pro-Kontra-Diskussion zum Streitfall Strafmündigkeit. Beachtet dabei die Hinweise auf Seite 86.*

Als Jugendlicher vor Gericht

Wird eine Straftat entdeckt, erfolgt eine Anzeige. Die Staatsanwaltschaft ermittelt dann den Sachverhalt. Ist der Tatverdächtige jünger als 21 Jahre, dann wird der Fall von einem besonders geschulten Staatsanwalt – dem Jugendstaatsanwalt – bearbeitet. Im Auftrag der Staatsanwaltschaft untersucht die Polizei z. B. die Umstände der Tat, befragt Zeugen oder vernimmt den Beschuldigten. Bei Jugendlichen wird die Jugendgerichtshilfe, z. B. ein Sozialarbeiter des Jugendamtes, eingeschaltet. Er berichtet über die Persönlichkeit des Jugendlichen, seine Entwicklung und seine Lebensumstände.

Sind die Ermittlungen abgeschlossen, dann entscheidet der Jugendstaatsanwalt, ob eine Einstellung des Verfahrens, z. B. wegen Geringfügigkeit, möglich ist oder ob er Anklage erheben muss. In leichteren Fällen kann der Jugendstaatsanwalt dem Jugendgericht vorschlagen, auf eine Verhandlung zu verzichten und stattdessen bestimmte Erziehungsmaßnahmen anzuordnen.

Kommt es zur Anklage, wird eine Jugendgerichtsverhandlung durchgeführt. Es hängt von der Schwere der Straftat ab, ob beim Amtsgericht der Jugendrichter als Einzelrichter oder das Jugendschöffengericht (ein Berufsrichter und zwei Schöffen) zuständig ist. Für besonders schwere Strafen ist beim Landgericht die Jugendkammer (drei Berufsrichter, zwei Schöffen) zuständig. Schöffen sind ehrenamtliche Richter, wobei Jugendschöffen in der Erziehung besonders erfahren sein sollten.

Die Anklage wird vom Jugendstaatsanwalt erhoben. Ein jugendlicher Angeklagter kann sich von einem Rechtsanwalt verteidigen lassen. Bei der Verhandlung ist ein Vertreter der Jugendgerichtshilfe anwesend, der über die persönliche Entwicklung des Angeklagten berichtet oder zu Maßnahmen des Gerichts Stellung nimmt. Die Erziehungsberechtigten des Angeklagten dürfen und sollen an der Verhandlung teilnehmen. Sonst jedoch ist eine Verhandlung gegen Jugendliche nicht öffentlich.

Die Verhandlung endet mit dem Urteil. Entweder wird der jugendliche Angeklagte freigesprochen oder es wird eine Maßnahme des Jugendstrafrechts auf ihn angewendet.

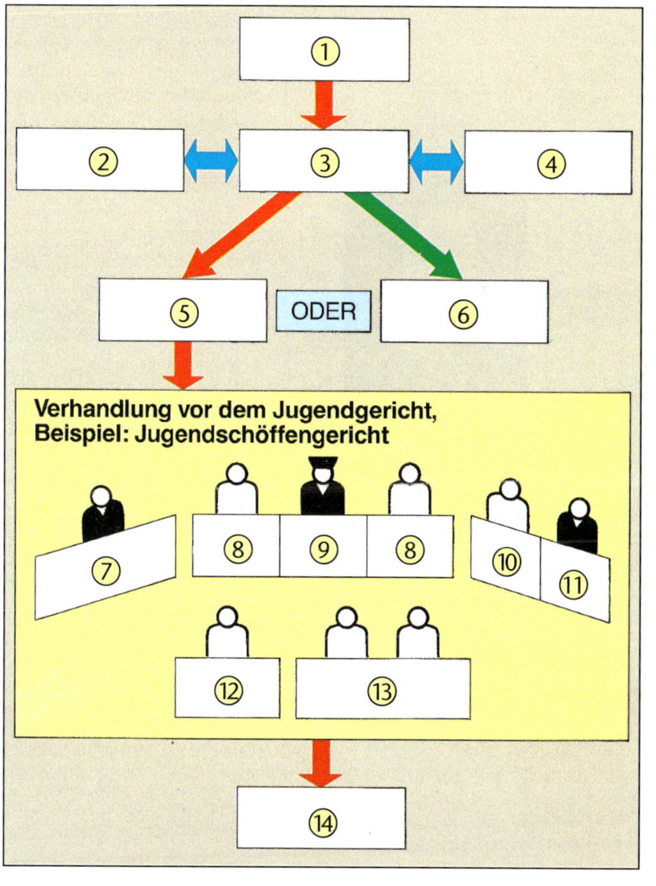

❶ *Ordne die Ziffern in der Grafik so den gelb hervorgehobenen Stichwörtern zu, dass der Ablauf eines Strafverfahrens gegen Jugendliche deutlich wird.*

❷ *Skizziere, was bei einem Strafverfahren gegen Jugendliche anders ist als bei einem Prozess gegen Erwachsene. Nenne mögliche Gründe dafür.*

Interview mit einer Jugendrichterin

Wenn Sie ein Urteil fällen müssen: Worin sehen Sie den Sinn der Strafe?

Als Richterin überlegt man sich natürlich ein Urteil ganz gründlich. Da muss man sich um das Vorleben des Täters kümmern. Man muss berücksichtigen, unter welchen Umständen die Tat zustande kam. Und man muss sich überlegen, wie sich eine Strafe auf diesen Täter auswirken wird. Durch das Urteil sollte einerseits eine Sühne des begangenen Unrechts erfolgen, damit also die Gesellschaft insgesamt das Gefühl haben kann, dass eine Straftat nicht ohne Folgen für den Täter bleibt. Andererseits sollte eine Abschreckung möglicher künftiger Täter duch Bestrafung erreicht werden. Schließlich – und besonders wichtig – sollte der Täter die Möglichkeit haben, sich in die Gesellschaft irgendwann wieder einzuordnen, sodass von ihm künftig keine solchen Taten mehr verübt werden. Nun muss ich aber dazu sagen, dass der Gesichtspunkt der Abschreckung anderer nach dem klaren Willen des Gesetzgebers im Jugendstrafrecht keine Berücksichtigung finden darf. Und zwar deshalb, weil hier der Täter im Vordergrund steht. Dies ergibt sich einfach aus der Erkenntnis, dass ein nicht unerheblicher Teil der Straftaten von Jugendlichen und Heranwachsenden mit der Persönlichkeitsentwicklung dieser jungen Menschen zu tun hat. Deshalb muss hier wirklich überlegt werden, durch welche Maßnahmen man eine positive Entwicklung des jungen Täters fördern kann. Daher steht bei der Jugendstrafe der Erziehungszweck im Vordergrund.

Welche Maßnahmen und Strafen kommen denn infrage, wenn ein Jugendlicher eine Straftat begeht? Können Sie das kurz schildern?

Dazu habe ich eine kleine Übersicht vorbereitet, die in knapper und übersichtlicher Form die Maßnahmen nennt, die ein Urteil gegen jugendliche Täter enthalten kann.

Erziehungsmaßregeln	Verwarnung, Erteilung von Auflagen und Jugendarrest	Jugendstrafe
• Weisungen für die Lebensführung, z. B. Annahme einer Ausbildungs- oder Arbeitsstelle, Verbot des Besuchs bestimmter Gaststätten • Anordnung eines Erziehungsbeistandes oder einer Fürsorgeerziehung	• Verwarnung • Auflagen, z. B. Wiedergutmachung des Schadens, Zahlung einer Geldsumme für gemeinnützige Zwecke • Jugendarrest (Freizeitarrest), Kurzarrest bis sechs Tage, Dauerarrest bis vier Wochen	• Freiheitsentzug – mindestens 6 Monate, in besonders schweren Fällen bis zu 10 Jahren

1. *Beschreibe, worin nach der Aussage der Richterin der Sinn einer Strafe liegt.*
2. *Erläutere, was bei der Bestrafung von Jugendlichen anders ist.*
3. *Ein Jugendrichter oder eine Jugendrichterin hat vielfältige Möglichkeiten, auf die Verfehlung eines Jugendlichen zu reagieren. Finde Gründe, warum.*

Das Wichtige in Kürze

Jugend

Als Jugend bezeichnet man die Zeit zwischen Kindheit und Erwachsensein, das ist die Zeit zwischen 14 und 18 Jahren. Während der Jugend lösen sich die Jugendlichen vom Elternhaus und suchen ihre eigene Identität. Daher wird die Jugendzeit häufig sowohl vom Jugendlichen, der sie durchlebt, als auch von den Eltern als nicht ganz einfach angesehen. Auch wenn manche Erwachsene ein eher negatives Bild von der Jugend haben, belegen Studien immer wieder, dass dieses Bild so nicht zutrifft. „Die Jugend" gibt es nicht, sie setzt sich vielmehr aus Gruppierungen mit ganz unterschiedlichen Interessen, Einstellungen usw. zusammen.

Werte

Werte sind von der Gesellschaft geteilte Überzeugungen und Einstellungen. Sie verdeutlichen, was eine Gesellschaft als besonders wichtig erachtet. Wir messen den Werten Freiheit, Individualität, Gleichheit und Solidarität große Bedeutung zu. Ändern sich Werte im Verlauf der Zeit, spricht man von Wertewandel.

Sucht

Sucht ist eine Form der physischen und psychischen Abhängigkeit. Je nach Art des Stoffes kann die körperliche Abhängigkeit mehr oder weniger stark ausgeprägt sein. Ein häufiges Kennzeichen von Sucht ist, wenn der Süchtige seine Dosis, das heißt die Menge der Einnahme, stetig erhöht. Man unterscheidet zwischen stoffgebundener und stoffungebundener Sucht. Bei der stoffgebundenen Sucht ist der Süchtige von einem bestimmten Stoff abhängig. Seine Sucht wird nur befriedigt, wenn er diesen Stoff konsumiert. Alkohol- und Medikamentensucht sind Beispiele stoffgebundener Sucht. Bei der stoffungebundenen Sucht benötigt der Süchtige keinen bestimmten Stoff, um seine Sucht zu stillen. Er ist von bestimmten Verhaltensweisen abhängig, zum Beispiel übermäßigem Essen oder Spielen. Co-Abhängigkeit bedeutet, dass die Familie des Süchtigen auch von der Sucht betroffen ist. Oft beschaffen Familienmitglieder sogar Stoff für den Süchtigen, um die Lebenssituation in der Familie erträglicher zu machen. Sie unterstützen und fördern damit ungewollt dessen Abhängigkeit.

Jugendkriminalität

Der Anteil der Jugendlichen (14 bis 18 Jahre) und der Heranwachsenden (18 bis 21 Jahre) an der Gesamtzahl der Tatverdächtigen ist etwa dreimal höher als der entsprechende Anteil an der Bevölkerung. Bei der Jugendkriminalität spielt Diebstahl eine besondere Rolle. Als Ursachen der Jugendkriminalität werden u. a. mangelnde Integration, schlechte Berufschancen, fehlende Werteorientierung und der Verlust von Bindungen angesehen.

Jugendgericht

Strafverfahren gegen Jugendliche und Heranwachsende finden vor Jugendgerichten statt. Dies sind beim Amtsgericht der Jugendrichter bzw. die Jugendrichterin oder das Jugendschöffengericht, beim Landgericht die Jugendkammer. Zum Strafverfahren gegen Erwachsene gibt es zwei Unterschiede: Vor Gericht nimmt ein Vertreter der Jugendgerichtshilfe, z. B. ein Sozialarbeiter oder eine Sozialarbeiterin des Jugendamtes, zur persönlichen Entwicklung des jugendlichen Beschuldigten Stellung und äußert sich zu den vorgesehenen Maßnahmen. Außerdem sind Verfahren gegen Jugendliche nicht öffentlich.

Methode: Karikaturen verstehen

Thema: Integration

Eine Karikatur ist ein zeichnerisch gestalteter Kommentar zu einem politischen, gesellschaftlichen oder wirtschaftlichen Sachverhalt. Dabei versucht der Zeichner, durch seine übertreibende oder verzerrende Darstellung auf ein Problem hinzuweisen, Stellung zu beziehen bzw. Kritik zu üben und zum Nachdenken anzuregen. Meist enthält eine Karikatur eine Bildunterschrift oder einen kurzen Text, der oft im Widerspruch zur Zeichnung steht.

Tipps zur Analyse von Karikaturen

Um eine Karikatur zu verstehen, geht man am besten wie folgt vor:

1. Genau hinsehen: Was ist gezeichnet? Wer oder was wird angesprochen? Was fällt in der Darstellung besonders auf?
2. Problem erkennen: Um welchen Sachverhalt, welches Problem geht es? Welche Hinweise dazu gibt der Text?
3. Meinung deuten: Welche Absicht verfolgt der Zeichner? Welche Meinung bringt er zum Ausdruck? Teile ich diese Meinung?

(Zeichnung: Klaus Stuttmann)

zu 1.
Die Karikatur zeigt zwei junge Männer, die sich gegenseitig beschimpfen; der Grund hierfür ist nicht ersichtlich. Die geäußerten Beschimpfungen („Scheiß Türke" bzw. „Scheiß Araber") lassen den Schluss zu, dass einer der beiden türkischer, der andere arabischer Herkunft ist.

zu 2.
Die Karikatur nimmt zur Debatte um die Integration von Ausländern Stellung. Darauf verweist der Kommentar „Gut integriert: Man spricht Deutsch!".

zu 3.
Der Zeichner weist darauf hin, dass Integration auch eine Frage der Einstellung zueinander ist. Genau wie einige Deutsche ihnen fremde Personen als „Scheiß Ausländer" beschimpfen, verhalten sich hier zwei Menschen nichtdeutscher Herkunft. Ein gedeihliches Zusammenleben ist aber nur möglich, wenn sich alle gegenseitig respektieren und Verständnis sowie Toleranz füreinander aufbringen.

Vorstadt-Idyll

Zeichnungen von oben nach unten:
Gerhard Mester
Horst Haitzinger
Jürgen Tomicek

„SCHICK, NICHT?"

❶ *Analysiere die Karikaturen zum Thema Integration in Deutschland und nimm zu den geäußerten Ansichten und Problemen Stellung.*

Integration

Positive Zwischenbilanz des Nationalen Integrationsplans

[...] Das Bundeskabinett hat eine positive Zwischenbilanz des Nationalen Integrationsplans zur Eingliederung von Migranten gezogen. „Integrationspolitik ist auf allen Ebenen zu einem Querschnittsthema geworden", heißt es in einer Erklärung des Bundes zu einer ersten Bilanz des Integrationsplans, die das Kabinett am Mittwoch in Berlin verabschiedete.

Die Integrationsbeauftragte Maria Böhmer (CDU) erklärte, der im Juli 2007 vorgestellte Integrationsplan habe eine „enorme integrationspolitische Aufbruchsstimmung im ganzen Land erzeugt". Einen Tag vor dem Integrationsgipfel in Berlin forderten türkische Nichtregierungsorganisationen allerdings eine Rücknahme der Gesetzesverschärfungen bei Zuwanderung und Einbürgerung.

Beim dritten Integrationsgipfel am Donnerstag wollen Bund, Länder, Kommunen, Arbeitgeber, Gewerkschaften und Migrantenorganisationen ein erstes Fazit des Nationalen Integrationsplans ziehen, der insgesamt 400 Maßnahmen und Selbstverpflichtungen für die Integration von Zuwanderern vorsieht. Dazu wird ein sogenannter erster Fortschrittsbericht veröffentlicht, der Erklärungen aller am Integrationsplan Beteiligten enthält.

Böhmer unterstrich, sehr viele der 400 Selbstverpflichtungen seien „bereits umgesetzt, auch darüber hinaus sind viele Projekte und Initiativen angestoßen worden". „Wir können heute sagen: So viel Integration war nie in unserem Land, und noch nie haben sich so viele Menschen dafür engagiert."

Die Integrationsbeauftragte verwies auf eine Fülle von Selbstverpflichtungen des Bundes, die bereits umgesetzt beziehungsweise eingeleitet worden seien. Dazu zähle unter anderem, dass der Umfang der Integrationskurse für spezielle Zielgruppen auf 900 Stunden erweitert worden sei. Bei der frühkindlichen Förderung profitierten Kinder aus Zuwandererfamilien deutlich vom Ausbau der Betreuungsplätze für unter Dreijährige. Auch wollten Bund und Länder die Anerkennung von im Ausland erworbenen Berufsabschlüssen erweitern und verbessern. Die Bundesregierung fördere ferner ein Online-Beratungsangebot für Frauen und Mädchen, die von Zwangsverheiratung betroffen oder bedroht seien.

Nordrhein-Westfalens Integrationsminister Armin Laschet (CDU) zeigte sich derweil in Düsseldorf überzeugt, dass sich die Länder beim Integrationsgipfel als „der Motor für eine innovative Integrationspolitik in Deutschland" präsentieren werden. In einem gemeinsamen Länder-Beitrag zur Zwischenbilanz des Integrationsplans, der unter Federführung von Schleswig-Holstein und Nordrhein-Westfalen erarbeitet wurde, werden demnach die Schwerpunkte auf „frühkindliche Förderung" und „Integration in das Erwerbsleben" gelegt.

Türkische Nichtregierungsorganisationen machten hingegen in einer gemeinsamen Erklärung im Vorfeld des Gipfels Änderungsbedarf beim verschärften Zuwanderungsrecht geltend. Besonders die Sprachtests bei Familienzusammenführungen müssten zurückgenommen werden, hieß es in der unter anderem von der Türkischen Gemeinde in Deutschland und der Türkisch-Islamischen Union DITIB unterzeichneten Erklärung. Darin forderten die Organisationen darüber hinaus ein aktives und passives Wahlrecht für Migranten auf kommunaler Ebene.

(Quelle: http://www.focus.de/politik/deutschland/integration-positive-zwischenbilanz-des-nationalen-integrationsplans_aid_346342.html)

1. *Fasse die Ergebnisse der Zwischenbilanz zum Nationalen Integrationsplan zusammen und erkläre, warum die Integrationsbeauftragte Böhmer die deutsche Integrationspolitik als Erfolg bewertet.*
2. *Benenne die Kritik an der Integrationspolitik.*
3. *Wahlrecht für Migranten auf kommunaler Ebene – nimm Stellung zu dieser Forderung.*

Integration durch Einbürgerung

Und ewig lockt die Heimat
Von Roland Preuß

Die Zahlen kommen etappenweise, doch die Richtung ist klar: Es geht nach unten. Am Montag konnte auch Hessen beziffern, wie viele Ausländer dort im vergangenen Jahr einen deutschen Pass bekommen haben: 13 323 waren es und damit fünf Prozent weniger als im Jahr zuvor.
Hessen steht damit noch vergleichsweise gut da, denn die Zahlen der zehn Bundesländer, die bisher eine Statistik vorgelegt haben, summieren sich auf ein Minus von rund 16 Prozent. Kein einziges Bundesland konnte 2008 einen Zuwachs verzeichnen. Im Juni wird das Statistische Bundesamt aller Voraussicht nach die bundesweit niedrigste Einbürgerungszahl seit zehn Jahren veröffentlichen.
Das ist eine bittere Bilanz für die Bundesregierung, ein klarer Rückschlag für eines ihrer zentralen politischen Ziele, nämlich die Zuwanderer in Deutschland besser zu integrieren. Dabei gilt die neue Staatsangehörigkeit als wichtiger Maßstab für den Erfolg, weil die Einbürgerung als Abschluss der Eingliederung in die deutsche Gesellschaft gilt – mit allen Rechten und Pflichten.
Allerdings darf bezweifelt werden, dass die Einbürgerungsfeier im Kanzleramt Zuwanderer bald scharenweise in die Ämter treibt. Denn viele Ausländer scheuen die Anforderungen für eine Einbürgerung, und die will Angela Merkel bislang nicht ändern.
Wer in diesen Tagen mit Beratern für Einbürgerungswillige spricht, bekommt immer wieder zwei Hinderungsgründe genannt: die Sprachanforderungen. Und die Pflicht für die meisten Bewerber, ihre alte Staatsangehörigkeit aufzugeben.
„Wenn man diese Punkte ändert, könnte sich die Zahl der Antragsteller verdoppeln oder verdreifachen", sagt Ali Güngör, Einbürgerungsberater der Arbeiterwohlfahrt in Nürnberg. Gerade dass die Bewerber nun einen schriftlichen Deutschtest zu bestehen hätten, hält viele ab.
Zweimal hat der Gesetzgeber in den vergangenen zehn Jahren die Sprachanforderungen verschärft: zunächst mit dem neuen Staatsangehörigkeitsrecht aus dem Jahr 2000, das „ausreichende Deutschkenntnisse" verlangte. [...]
Mit der Neufassung des Zuwanderungsgesetzes im Sommer 2007 müssen Migranten ohne Schulabschluss – also vor allem Ältere – einen Sprachtest des Niveaus B1 bestehen. Das heißt, er muss sich auf einfache Weise und zusammenhängend über vertraute Dinge wie seine Arbeit oder seine Hobbys unterhalten können – also in gehobenem Touristendeutsch. Auch einfache Texte wie E-Mails an Behörden werden verlangt. [...]
Junge Migranten, die seit 2000 automatisch den deutschen Pass bekommen, müssen sich darüber den Kopf zerbrechen, ob sie mit der Volljährigkeit Deutscher bleiben oder den Pass ihrer Eltern behalten wollen. Deutsch-Türken und andere Doppelstaatler haben fünf Jahre Zeit zu wählen – eine Entscheidung die für mehrere zehntausend Jugendliche in den kommenden Jahren ansteht.
„Die meisten beschäftigen sich noch gar nicht mit dieser Frage", sagt Kenan Araz, der in Bochum Migranten berät. Wer die Entscheidung verpennt, verliert automatisch den deutschen Pass – Einbürgerung rückwärts also.
Eine geringe Rolle bei den schrumpfenden Einbürgerungszahlen spielt dagegen der viel kritisierte Einbürgerungstest („Ab welchem Alter ist man in Deutschland volljährig?") Ihn haben bisher mehr als 98 Prozent aller Bewerber bestanden.

(aus: Süddeutsche Zeitung vom 12.05.2009; http://www.sueddeutsche.de/politik/610/468177/text/)

1. *Fasse die wichtigsten Aussagen des Textes kurz zusammen.*
2. *Erkläre, warum viele Ausländer darauf verzichten, sich in Deutschland einbürgern zu lassen.*
3. *Gestaltet ein Flugblatt, auf dem ihr für die Einbürgerung werbt.*

Ausländer in Deutschland

Wer gilt als Ausländer?

Ausländer ist jeder, der im Sinne des Grundgesetzes (Artikel 116, Absatz 1) kein Deutscher ist. Von den über 6,7 Millionen in Deutschland lebenden Ausländern wurde jeder fünfte in Deutschland geboren.

Wer gilt als Bürger mit Migrationshintergrund?

Seit 2005 erheben das Statistische Bundesamt und die Statistischen Landesämter auch Daten zu Personen mit Migrationshintergrund. Dabei werden folgende Personengruppen als „Menschen mit Migrationshintergrund" bezeichnet:

- zugewanderte Ausländer
- in Deutschland geborene Ausländer
- eingebürgerte Ausländer
- Spätaussiedler
- Kinder mit zumindest einem Elternteil, der eines der genannten Merkmale erfüllt.

Personen mit Migrationshintergrund müssen keine eigene Migrationserfahrung haben. Die meisten von ihnen leben seit ihrer Geburt in Deutschland. Nach dieser Definition lebten im Jahr 2005 15,3 Millionen Menschen mit Migrationshintergrund in Deutschland.

Woher stammen die Ausländer in Deutschland?

Herkunft	Prozent
Türkei	26,1
Italien	8,0
Jugoslawien / Serbien und Montenegro	7,3
Polen	4,8
Griechenland	4,6
Kroatien	3,4
sonstige EU-Staaten	14,3
sonstige Nicht-EU-Staaten	31,5

Quelle: Ausländerzentralregister/eigene Berechnungen

Wie viele Muslime leben in Deutschland? Und woher stammen sie?

Mit über drei Millionen Menschen muslimischen Glaubens ist der Islam die drittgrößte Glaubensgemeinschaft in Deutschland. Die Muslime stammen aus den unterschiedlichsten Herkunftsländern. Mehr als die Hälfte von ihnen kommt aus der Türkei. Aber auch Muslime aus Bosnien und Herzegowina, Irak, Marokko, Iran und vielen weiteren Ländern leben bereits seit vielen Jahren in Deutschland.

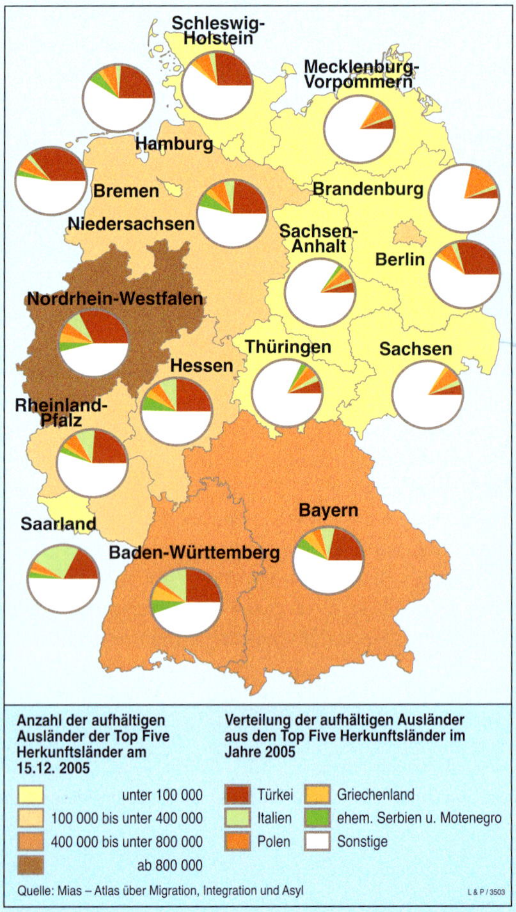

(Text und Grafik: http://www.integration-in-deutschland.de/cln_011/nn_284312/SubSites/Integration/DE/01__Ueberblick/Grundlagen/InDeutschland/Zuwanderer/zuwanderer-node.html?__nnn=true; „Woher stammen die Ausländer in Deutschland" als Tabelle eingerichtet.)

Geschichte der Gastarbeiter

Die Anfänge

Mit dem Wirtschaftswunder der Bundesrepublik wurden immer mehr Arbeitnehmer gesucht, die auf dem inländischen Markt nicht mehr zu finden waren. Und so schloss die Bundesrepublik am 20. Dezember 1955 mit Italien das erste Anwerbeabkommen ab. Es folgten Abkommen mit Griechenland und Spanien (1960), der Türkei (1961), Marokko (1963), Portugal (1964), Tunesien (1965) und dem ehemaligen Jugoslawien (1968).

Als mit dem Mauerbau der Zustrom von ostdeutschen Arbeitskräften endete, war die Anwerbung außerhalb Deutschlands noch dringlicher geworden. 1964 wurde der millionste Gastarbeiter – Armando Rodriguez aus Portugal – feierlich vom damaligen Bundesinnenminister begrüßt. Sowohl die Bundesrepublik Deutschland als auch die „Gastarbeiter" gingen dabei von einem befristeten Aufenthalt aus. Die meisten machten sich mit wenig Informationen über das Land im Norden auf den Weg nach Deutschland. Von den Behörden den Unternehmen zugewiesen, erlebten die Gastarbeiter einen ersten Schock: Einfache Holzbaracken in der Nähe ihrer Arbeitsstellen waren von den Unternehmen für die fast durchweg männlichen Arbeiter bereitgestellt worden. Sprachprobleme, die fremde Umgebung, die zum Teil ungewohnte Arbeit sowie die aufeinander treffenden unterschiedlichen Mentalitäten galt es zu meistern. Mit Lehrfilmen versuchte man, den Gastarbeitern die deutschen Lebensgewohnheiten nahezubringen – gut gemeinte, aber unbeholfene Versuche. Das Heimweh blieb. Der Gang zum Bahnhof – die Verbindung zur Heimat – war für viele von ihnen wie der Gang zur Kirche.

Die 60er- und 70er-Jahre

Die Lebens- und Arbeitsbedingungen der Zuwanderer blieben lange sehr bescheiden. Die meisten kamen zunächst allein und ohne Familienangehörige, lebten in Wohnheimen und Baracken ohne Komfort. Ihr Ziel war es, einen großen Teil des Einkommens nach Hause zu schicken oder zu sparen, um im Heimatland später eine bessere Existenz aufbauen zu können. Daher akzeptierten sie eher als die Deutschen „schmutzige" und körperlich schwere Arbeiten.

Doch schon die ersten Anzeichen der Rezession 1966/67 lösten Debatten aus, die Ausländerbeschäftigung wieder zu verringern. Und 1973 führte die sich abzeichnende Wirtschafts- und Energiekrise zum Anwerbestopp. Das „Gastarbeiterproblem" war damit aber keinesfalls gelöst: Zwar sank die Zahl ausländischer Arbeitnehmer, aber die Zahl der in Deutschland lebenden Ausländer stieg an.

Der Anwerbestopp wurde zum eigentlichen Beginn des Daueraufenthaltes der Gastarbeiter. Viele holten jetzt ihre Familien nach und begannen, sich auf eine längere Zeit in der Fremde einzurichten. Die Verbindungen zur Heimat reduzierten sich nach und nach, vor allem bei den Kindern, der zweiten Generation.

Die Gegenwart

Ein großer Teil der Gastarbeiter ist mit Familien und Nachkommen in Deutschland geblieben. Viele sind inzwischen deutsche Staatsbürger geworden. Es gibt bemerkenswerte Karrieren in allen Bereichen der Kultur, Wirtschaft und Politik; Namen wie Cem Özdemir, Feridun Zaimoglu und Kaya Yanar sind allgemein bekannt. Die ausländerfeindlichen Gewalttaten von Mölln, Solingen oder Hoyerswerda stehen dagegen für deutsche Fremdenfeindlichkeit. So war und ist die Geschichte der Gastarbeiter in Deutschland leider zum Teil auch eine Geschichte des gegenseitigen Unverständnisses und der Ablehnung.

[...]

(Gabriele Trost und Malte Linde, Stand 6. 9. 2007, in: http://www.planet-wissen.de/pw/Artikel,,,,,,AE38FA20FF 0070EFE0340800 09B14B8F,,,,,,,,,,,,,.html)

1. *Untersuche die Verteilung der Ausländer in Deutschland.*
2. *Fertige eine chronologisch gegliederte Tabelle an und notiere die wichtigsten Ereignisse aus der Geschichte der sogenannten Gastarbeiter.*

Aussiedler und Spätaussiedler

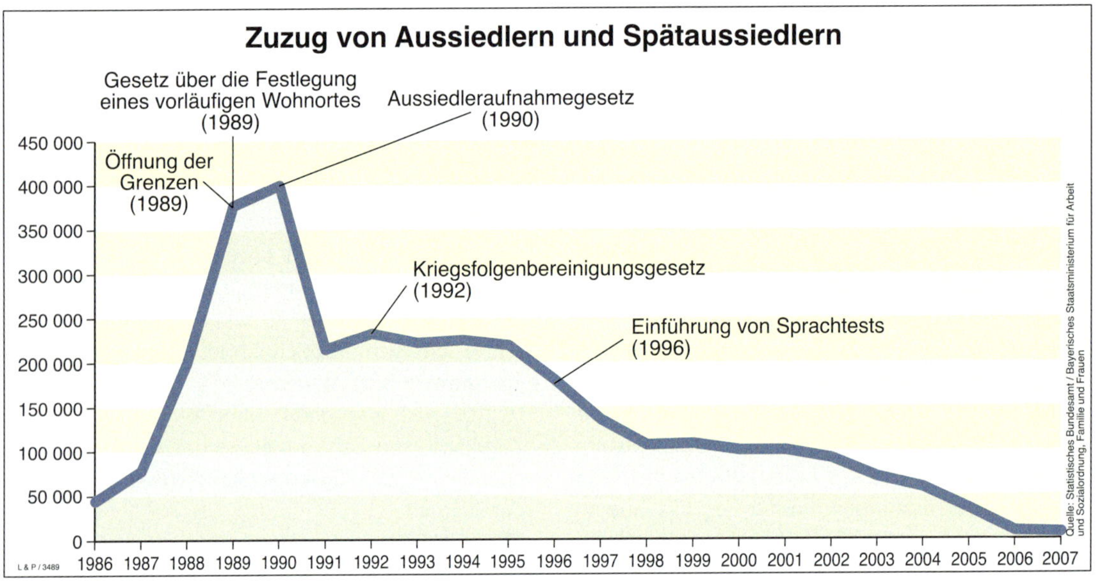

Aussiedler

Seit 1950 sind über fünf Millionen Aussiedlerinnen und Aussiedler einschließlich ihrer Familienangehörigen in die Bundesrepublik eingewandert. Neben Zuwanderern aus den früheren Anwerbestaaten (insbesondere der Türkei) bilden sie die größte Gruppe innerhalb der Bevölkerung mit Migrationshintergrund. Das ist weniger auf die aktuelle Zuwanderung von Spätaussiedlern zurückzuführen, als vielmehr auf die hohen Zuzugszahlen während der 1990er-Jahre. 1991 bis 1995 lagen diese jeweils bei über 200 000 Zuzügen pro Jahr. Inzwischen kommen jährlich nur noch wenige Tausend Spätaussiedlerinnen und Spätaussiedler nach Deutschland.

Spätaussiedler verlassen das Durchgangslager Friedland (Foto von 1999).

Die Spätaussiedlermigration wurzelt in der Geschichte der jungen Bundesrepublik. Noch 1950 – nach dem Ende der Flucht- und Vertreibungsmigration als Folge des Zweiten Weltkriegs – lebten rund vier Millionen Deutsche außerhalb der alten Reichsgrenzen von 1937 im Osten Europas, viele von ihnen in der Sowjetunion, Rumänien, Polen und der Tschechoslowakei. Das Grundgesetz der Bundesrepublik bezeichnet diese Menschen und ihre Nachkommen als „deutsche Volkszugehörige". Unter bestimmten Voraussetzungen sind sie berechtigt, als Aussiedler (seit einer Gesetzesänderung 1993 „Spätaussiedler") nach Deutschland einzureisen. Sie erhalten die deutsche Staatsbürgerschaft und können verschiedene Integrationshilfen in Anspruch nehmen.

Für viele Aussiedlerinnen und Aussiedler ergeben sich ganz ähnliche Sprach- und Integrationsprobleme wie für ausländische Zuwanderer. [...] Viele der jüngeren Einwanderer haben nur wenig Bindung zur deutschen Sprache und Kultur. Sie sind mit vielfältigen Integrationsproblemen und mangelnder Akzeptanz in der deutschen Gesellschaft konfrontiert. Dies trifft insbesondere auf die bei Weitem größte Gruppe zu: die Spätaussiedler aus den Staaten der ehemaligen Sowjetunion, die im allgemeinen Sprachgebrauch auch oft „Russlanddeutsche" genannt werden. [...]

(Jan Schneider, in: http://www.bpb.de/themen/960RR8,0,0,Aussiedler.html)

Begegnungen mit Russlanddeutschen

Russlanddeutsche sind nirgendwo zu Hause, nicht in Russland, nicht in Deutschland. Ihre Biografien sind gebrochen, ihre Geschichten Zeugnisse politischer Willkür. Sie kommen aus der kasachischen Steppe nach Bonn, Berlin, in den Schwarzwald, fühlen sich wie Fische, die man aufs Trockene geworfen hat. Den einzigen Halt finden sie in ihren Familien. […]

Russlanddeutscher in seinem Supermarkt

Café Wallenstein, Wolfsburg, die Miss Niedersachsen tritt ein. Linna Hensel kommt, wie es schon in der Zeitung stand, nie allein, sondern immer mit ihrer älteren Schwester Alexandra. Schön sind sie beide, in ihren Gesichtern spiegeln sich zwei Kontinente, Alexandra ist mehr Asien, Linna Europa. Linna ist eigentlich Lina: „Das zweite ‚n' hat unser koreanischer Vater reingebracht, der Name war ihm zu deutsch." – „Unsere Familie ist total verschleust", lacht Alexandra. „Und wie!", lächelt Linna, und wieder Alexandra: „Ihnen wird noch der Kopf rauchen." „Wir", sie sprechen immer im Plural, und als Dritte ist die Mutter im Bunde. […]

Die Ausreise 1992, zusammen mit der deutschen Oma, war zunächst nur ein weiteres kindliches Abenteuer. Geleitet von der Mutter, „Kopf hoch und durch!", eroberten sie in Wolfsburg die fremde Schule, steckten Püffe und Hänseleien ganz gut weg. Verehrer hatten sie an jedem Finger einen, das half auch. Bis zum Abitur war ihr Deutsch perfekt, mit kleinem norddeutschen Akzent. Wenig später dann der Triumph: Linnas Sieg bei der Misswahl, er war ihrer beider Erfolg. Alexandra war Linnas Coach – Diätplan, Körpertraining, Make-up, sie entwarf und nähte die fantasievolle, zarte Robe.

Deutschland mögen sie sehr, „dass man den Bürgern hilft". Für die Deutschen, die „so verschlossen, so vereinzelt leben", empfinden sie ein wenig Mitleid. Wie die beiden so dasitzen und qualmen, laut träumen – ich traue ihnen alles zu.

Zwischen Erfolg und Scheitern liegt oft nur ein schmaler Grat. Michail Z. ist etwa gleich alt, zur selben Zeit ausgereist, er hatte sogar einen Vater. Einen deutschen Stiefvater, „einen guten, die Familie ist nicht schuldig!", das will der junge Häftling in der Justizvollzugsanstalt Werl gleich klarstellen. Er ist klein, seine Augen verändern unentwegt, wieselflink die Richtung. „Ich vermisse mein Land!", gibt er als Zweites zu Protokoll. „Und was vermissen Sie?" – „Die Luft." – „Wie ist die?" – „Schmutzig, von Kohle." – „Nichts weiter?" – „Es riecht gut." – „Nach Wermut?" – „Ja." Und dann legt er los mit Erzählen, es geht um die Steppe und was die Steppe ihm bedeutet. […]

„Deutschland ist langweilig. Alle Städte sind gleich, Gütersloh klein, Hannover groß", und das Leben „Arbeit, Fernsehen, ab ins Bett, immer sparen". Ihm tun die Eltern leid, der Vater, der pausenlos schuftet, die Mutter, die putzen geht. Die Verwandten, „die bauen", er spricht die Worte voller Abscheu aus. Bemüht zu lernen hat er sich irgendwie schon. Doch in der Hauptschule waren zu viele Russischsprechende, und nach zwei Jahren Kolpingwerkstatt war keine Arbeit in Sicht. „Nicht für Ausländer." Weil sein Stiefvater ihn nicht offiziell adoptierte, hat er keinen deutschen Pass. Michail nahm, was er nicht kaufen konnte, klaute, betrog. Dafür bekam er Jugendstrafen, später für ein Delikt, er nennt es nicht, drei Jahre Haft.

Im April wird Michail Z. entlassen und nach Kasachstan abgeschoben werden. Er freut sich wie ein Schneekönig auf das Wiedersehen mit Karaganda. „Bleiben? Nein!!! Alles kaputt. Alle verschwinden von da." Nur einen Führerschein will er dort machen und dann als Lkw-Fahrer arbeiten, „in Europa". Das erweiterte, grenzenlose Europa sei ein idealer Raum für einen *puteschestwennik*, einen Abenteurer. […]

(Ulla Lachauer, in: http://www.zeit.de/2004/12/Russlanddeutsche; stark gekürzt)

1. *Erkläre, warum und unter welchen Bedingungen Spätaussiedler nach Deutschland ziehen.*
2. *Beschreibe, auf welche Schwierigkeiten Spätaussiedler bei der Integration stoßen können.*

Respekt in der Gesellschaft

Das Hamburger Abendblatt hat im April 2008 ein Interview mit dem Psychologen Niels van Quaquebeke veröffentlicht. Er leitet an der Hamburger Universität die Respect Research Group, eine Gruppe von Wissenschaftlern unterschiedlicher Fachrichtungen, die die Funktion von Respekt in der Gesellschaft erforscht und Modelle entwickelt, wie der respektvolle Umgang beispielsweise innerhalb von Unternehmen oder in der Schule verbessert werden kann. Die folgenden Fragen und Antworten sind Auszüge aus dem Interview.

1. Heißt das, dass uns der Respekt abhandengekommen ist?
2. Ist eine Welt ohne Respekt möglich?
3. Ist Respekt gleich Respekt, oder gibt es da Unterschiede?
4. Respekt ist in aller Munde, jeder will ihn: Anhänger der Hip-Hop-Szene genauso wie die Dame am Bridge-Tisch.

A Der Begriff wird leider oft unpräzise benutzt. Jemand, der sagt, er hat Respekt vor dem Kampfhund, meint eigentlich Angst. Ein Chef kann Respekt einfordern, meint aber Gehorsam. Ältere Menschen sprechen vielleicht davon, dass Jugendliche heutzutage keinen Respekt haben, bedauern aber eher den Mangel an Höflichkeit. Psychologen unterscheiden zwei Arten von Respekt: Es gibt den respektvollen Umgang miteinander im Sinne von Achtung. Die einzige Bedingung dafür ist, dass man einander als gleichwertigen Menschen betrachtet. Die andere Art von Respekt bringt man einem Menschen für eine Meisterschaft, eine besondere Leistung entgegen. Das ist der Respekt, den man beispielsweise einem Jürgen Klinsmann für seine Errungenschaften im Fußball zollt. Bei dieser Art lässt man den Einfluss des Respektierten zu, man folgt ihm sogar in diesem Bereich, in dem er sich den Respekt verdient hat.

B Es ist ein verständlicher, menschlicher Wunsch. Das Problem ist nur, dass der Begriff nicht differenziert genug benutzt wird. Von der UNESCO gibt es eine Erklärung zu Respekt und Toleranz, die UN fordern immer wieder Respekt in verschiedenen Bereichen ein. Die UEFA macht eine Respekt-Kampagne. Alle Welt spricht von Respekt, aber die wenigsten präzisieren den Begriff. Das halte ich für falsch. Ein Lehrer, der meint, nicht genug Respekt von seinen Schülern zu bekommen, fordert eigentlich Gehorsam für die Autorität seines Amtes. Das ist nicht dasselbe. Wenn Schüler sagen, sie respektieren ihre Lehrer nicht, dann geht es ihnen nicht unbedingt um die Position des Lehrers, sondern darum, dass der Lehrer aus ihrer Sicht den Respekt nicht verdient hat. Sie sehen dann keinen Grund, ihrem Lehrer zu folgen. Wenn ich jemandem Respekt zolle, dann folge ich ihm freiwillig.

C Das redet sich wohl jede Generation ein. In einer Gesellschaft, die so heterogen ist wie die in Deutschland, mit so vielen unterschiedlichen Kulturen und Ansichten, gibt es nun einmal eine Wertepluralität. Unterschiedlichen Menschen sind unterschiedliche Dinge wichtig. Die Frage, die wir uns stellen müssen, ist, wie man mit diesen Werten umgeht, ohne einander niederzumachen. Deshalb empfinde ich die Debatte um eine deutsche „Leitkultur" als unsäglich, weil in ihr häufig genug deutlich wird, dass Pluralität in eine einheitliche Form gepresst werden soll.

D Respekt ist das gesellschaftliche Schmiermittel, ohne das ständig Reibung entstehen würde. Wir töten einander ja nicht deshalb nicht, nur weil es Gesetze gibt, die es uns verbieten, sondern weil wir einander meist als gleichwertig ansehen. Im Großen und Ganzen respektieren wir einander. Ohne diesen sozialen Schmierstoff würden wir die Errungenschaften der Zivilisation verlieren. Ich möchte mir eine Welt ohne Respekt nicht vorstellen wollen.

(Auszüge aus: http://www.abendblatt.de/daten/2008/04/05/865807.html)

❶ *Ordne die Interviewfragen 1–4 den jeweiligen Antworten A–D zu.*
❷ *Beschreibe mit eigenen Worten, was Respekt ist.*
❸ *Erläutere die Behauptung „Respekt ist das gesellschaftliche Schmiermittel".*

Zur Analyse

Integration

Deutsche Einheit, die zweite

Endlich wird Integrationspolitik gemacht – trotzdem haben die Türken in Deutschland Angst vor dem steigenden Assimilierungsdruck.

[...] Otto Schily, der Vorgänger Schäubles als Bundesinnenminister, hat vor knapp sechs Jahren das Wort Assimilierung in die Zuwanderungsdebatte geworfen; er war es, der recht apodiktisch sagte: „Die beste Form der Integration ist die Assimilierung". Es gibt heute in der Bundesregierung niemanden mehr, der so etwas fordert. [...]
Im Jahr 2002, als Schily für die Assimilierung der Türken plädierte, reagierten deren Vertreter und Verbände wie vor den Kopf gestoßen. Da half es auch nichts, dass Schily in seiner näheren Erklärung des Wort „Assimilierung" beschwichtigend definierte: „Assimilierung heißt zunächst einmal", so Schily seinerzeit, „dass eine gewisse Anpassung und Angleichung an die hiesigen Lebensverhältnisse stattfindet. Dabei verändern sich dann natürlich mehr oder weniger sachte auch die hiesigen Lebensverhältnisse." Das war eigentlich eine passable Definition für das, was man üblicherweise unter Integration versteht.
Aber Schilys unbedachtes Wort hatte ganz andere Empfindungen geweckt: Es verstärkte die Ängste, die damals mit der Leitkultur-Debatte wachgerufen worden waren. Viele Türken in Deutschland verstanden und verstehen unter Assimilierung so etwas wie eine Abschiebung: Der deutsche Staat, so das mulmige Gefühl, wolle nun zwar nicht mehr, wie früher, den ganzen Türken aus Alemanya entfernen, aber doch seine Identität und seine Sprache. [...]
Viele empfanden und empfinden das Wort Assimilierung als ein staatliches Drohwort, das von ihnen verlangt, zu vergessen, wo man herkommt, das von ihnen fordert, ihre Wurzeln abzuschneiden. Es gibt heute in der Bundesregierung niemanden, der so etwas verlangt. [...]
Aber die Angst zumal der türkischen Wohnbevölkerung vor dem vermeintlichen Assimilierungsdruck kommt nicht aus dem Nichts. Sie ist die Frucht einer jahrzehntelangen falschen Politik: Vor 25 Jahren behaupteten nicht nur Rechtsradikale, sondern Politiker etablierter Parteien, dass Ausländer keine Mitbürger seien. Und viele Politiker auch der Volksparteien lebten viele Jahre in dem Irrglauben, man könnte die Einwanderung wieder rückabwickeln; um Integration wollte und brauchte man sich daher nicht zu kümmern, Sprachkurse waren nicht so wichtig. Warum sollte man „Gastarbeiter" integrieren? Warum sollten sie Deutsch lernen?
Stattdessen legte die Politik sogenannte Rückkehrprogramme auf. Erst das sogenannte Zuwanderungsgesetz vom 5. August 2004, in Kraft seit Anfang 2005, brachte das, was man einen Paradigmenwechsel nennt: eine grundsätzliche Neubesinnung. Wie schwer sie ist, zeigt schon der Name des Gesetzes: Das Wort „Einwanderung" wurde ersetzt durch „Zuwanderung". [...]
Dieses Gesetz ist zwar nicht der ursprünglich geplante große Teppich, auf dem Integration stattfinden kann; es ist eher ein Topflappen – aber an diesem Topflappen wird seitdem eifrig weitergehäkelt: nicht zuletzt von Bundesinnenminister Schäuble. Er weiß, dass Integration sehr viel mehr sein muss als die Addition aller Dönerbuden in den deutschen Fußgängerzonen.
Schäuble, der in seiner ersten Amtszeit als Innenminister Architekt der deutschen Wiedervereinigung war, knüpft nun daran an. Seine Islamkonferenz und die Arbeitsgruppen, die deren Sitzungen vor- und nachbereiten, dazu der Integrationsgipfel im Kanzleramt – das alles ist der Versuch, eine zweite deutsche Einheit zu organisieren: die Vereinigung von Bürgern deutscher und ausländischer Herkunft.
Wenn es um Integration geht, erlebt man einen ganz anderen Schäuble als bei den Debatten über Sicherheitsgesetze. Das verblüfft. Aber es gibt eine Verbindung: Integration ist der wichtigste Beitrag zum inneren Frieden.

(Heribert Prantl, in: http://www.sueddeutsche.de/deutschland/artikel/778/157359/)

Ausländerkriminalität – ein besonderes Problem?

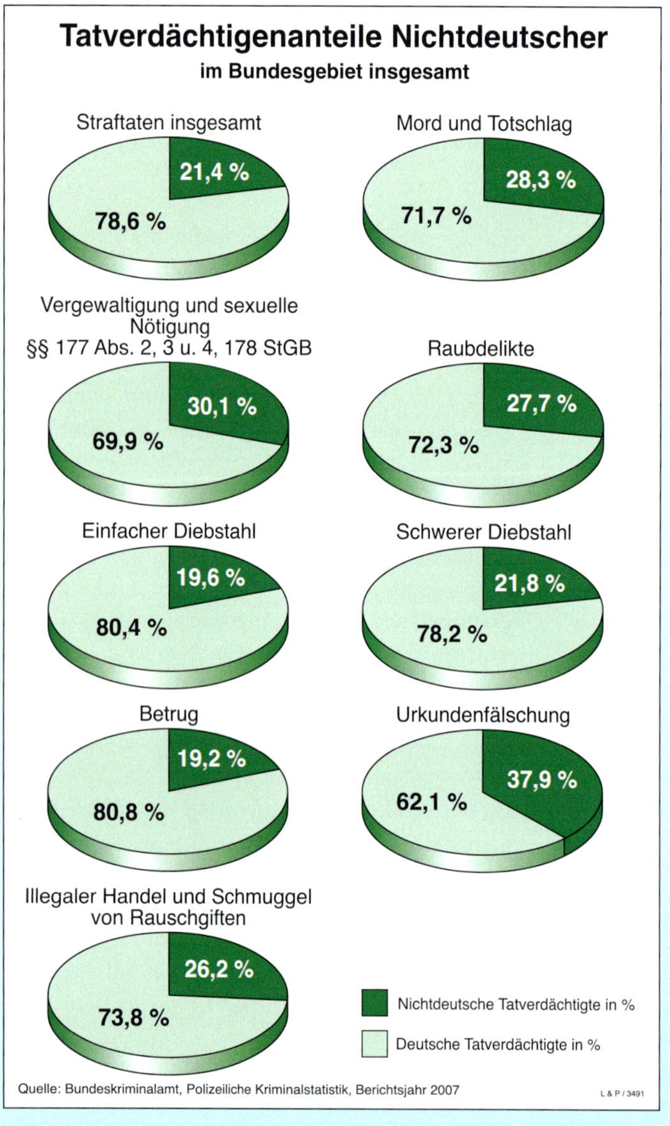

Nichtdeutsche Tatverdächtige

2007 besaßen 21,4 % (2006: 22,0 %) der von der Polizei ermittelten Tatverdächtigen nicht die deutsche Staatsangehörigkeit. Ein Vergleich der tatsächlichen Kriminalitätsbelastung der nichtdeutschen Wohnbevölkerung mit der deutschen ist jedoch schon wegen des Dunkelfeldes der nicht ermittelten Täter in der Polizeilichen Kriminalstatistik nicht möglich. Ferner enthält die Bevölkerungsstatistik bestimmte Ausländergruppen wie vor allem Illegale, Touristen/Durchreisende, Besucher, Grenzpendler und Stationierungsstreitkräfte nicht, die in der Kriminalstatistik als Tatverdächtige mitgezählt werden. Die Volkszählung von 1979 hat gezeigt, dass auch die Daten der gemeldeten ausländischen Wohnbevölkerung (fortgeschriebene Bevölkerungsstatistik) sehr unzuverlässig sind.

Die Kriminalitätsbelastung der Deutschen und Nichtdeutschen ist zudem aufgrund der unterschiedlichen strukturellen Zusammensetzung (Alters-, Geschlechts- und Sozialstruktur) nicht vergleichbar. Die sich in Deutschland aufhaltenden Personen ohne deutsche Staatsbürgerschaft sind im Vergleich zur deutschen Bevölkerung im Durchschnitt jünger und häufiger männlichen Geschlechts. Sie leben eher in Großstädten, gehören zu einem größeren Anteil unteren Einkommens- und Bildungsschichten an und sind häufiger arbeitslos. Dies alles führt zu einem höheren Risiko, als Tatverdächtige polizeiauffällig zu werden. Zu berücksichtigen ist weiterhin ein beachtlicher Anteil ausländerspezifischer Delikte. So liegt der Ausländeranteil an den Tatverdächtigen bei den Straftaten gegen das Aufenthalts-, das Asylverfahrens- und das Freizügigkeitsgesetz/EU naturgemäß mit 95,4 % (2006: 95,0 %) sehr hoch. Bei 15,8 % (2006: 17,5 %) aller nichtdeutschen Tatverdächtigen wurde wegen Verstoßes gegen das Aufenthalts-, das Asylverfahrens- und das Freizügigkeitsgesetz/EU ermittelt: Vergehen, die von Deutschen in der Regel nicht begangen werden können. Ohne ausländerspezifische Delikte betrug der Tatverdächtigenanteil Nichtdeutscher 19,0 % (2006: 19,4 %).

(aus: Bundeskriminalamt (Hg.): Polizeiliche Kriminalstatistik. Bundesrepublik Deutschland. Berichtsjahr 2007. Bundeskriminalamt Wiesbaden 2008, S. 105)

Ausländerkriminalität: Hysterie und Unwissen

Ausländische Jugendliche verhalten sich krimineller als deutsche Heranwachsende, heißt es häufig. Besonders nach dem jüngsten Angriff zweier Jugendlicher auf einen Rentner in München schmeißen Politiker nur so mit fragwürdigen statistischen Daten um sich, die diese These belegen sollen. Aber ist das wirklich so?

Zwei ausländische Jugendliche haben in München einen Rentner überfallen, und Politiker stehen Kopf. Roland Koch weiß zu erzählen, es gebe in Deutschland zu viele kriminelle ausländische Jugendliche. Volker Kauder weiß, dass kriminelle (ausländische) Jugendliche kein Multikultigesäusel brauchen, sondern einen Warnschuss vor den Bug. Brigitte Zypries gibt zu bedenken, dass ein „Warnschuss vor den Bug", wie von Kauder gefordert, nichts bringe, denn die Statistik belege, dass „Jugendliche, die in Haft bzw. Jugendarrest waren, eine höhere Rückfallquote aufweisen als diejenigen, die mit anderen Sanktionen bestraft werden". Und Niedersachsens Ex-Minister Christian Pfeiffer weiß zu bestätigen, dass männliche ausländische Jugendliche im Vergleich zu männlichen deutschen Jugendlichen fast doppelt so oft Gewalttäter seien. Fast jeder, so scheint es, weiß derzeit etwas zum Thema „Ausländer, Kriminalität, Gewalt und Jugendliche" beizutragen, keiner derer, die ihre Weisheiten verbreiten, findet es notwendig, anzugeben, wo er seine jeweilige Weisheit her hat. Das ist nicht verwunderlich, denn nichts von dem, was da verbreitet wird, hält einer näheren Betrachtung stand.

[...]

Christian Pfeiffer behauptet dennoch, ausländische Jugendliche seien gewalttätiger als deutsche Jugendliche und stützt sich dabei auf Studien, die in seinem Kriminologischen Forschungsinstitut in Niedersachsen durchgeführt wurden. In den Studien wurden 15-jährige Schüler in u.a. Soltau-Fallingbostel, Lehrte, München oder Stuttgart gefragt, wann in den letzten zwölf Monaten sie so illustre Tätigkeiten wie

„Körperverletzung", „Raub", „Erpressung" oder „Bedrohung mit einer Waffe" ausgeübt haben und wie oft sie die entsprechende Tätigkeit ausgeübt haben. Männliche ausländische 15-Jährige gaben durchweg häufiger an, eine der entsprechenden Tätigkeiten ausgeübt zu haben. Ist das nun ein Beleg dafür, dass 15-jährige ausländische Schüler gewalttätiger sind als 15-jährige deutsche Schüler? Oder ist es ein Beleg dafür, dass 15-jährige Ausländer heftiger angeben als 15-jährige Deutsche? Ist es ein Beleg dafür, dass 15-jährige Deutsche häufiger lügen als 15-jährige Ausländer? Die Antwort auf diese Fragen kennt zurzeit niemand. Auch Christian Pfeiffer kennt sie nicht. Vielleicht tritt er deshalb die Flucht nach vorne an und behauptet, gemessen zu haben, dass ausländische Jugendliche (! sic) häufiger gewalttätig sind als deutsche Jugendliche. Das kann man eigentlich verstehen, schließlich werden die Studien von den Steuerzahlern finanziert. Da macht es sich schlecht, mit leeren Händen dazustehen.

(Michael Klein, Scientific Consultant, in: http://debatte.welt.de/kommentare/54438/auslaenderkriminalitaet+hysterie+und+unwissen?print=1)

1. *Erkläre den Begriff Ausländerkriminalität. Warum ist der Begriff problematisch?*
2. *Werte die Grafik zu den nichtdeutschen Tatverdächtigen aus uns setze sie in Bezug zu den anderen Angaben des Bundeskriminalamts.*
3. *Setze dich mit dem Kommentar oben zur Ausländerkriminalität auseinander und lege deine Auffassung zum Thema „Ausländerkriminalität" begründet dar.*

Das Wichtige in Kürze

Migration nach Deutschland

In Deutschland leben knapp sieben Millionen Ausländer; mehr als 15 Millionen Menschen haben einen Migrationshintergrund. Viele Familien, die einstmals eingewandert sind, leben schon seit mehreren Generationen in Deutschland. Ihre Großväter, Großmütter, Väter oder Mütter kamen als sogenannte Gastarbeiter nach Deutschland. 2007 betrug die durchschnittliche Aufenthaltsdauer der in Deutschland lebenden Ausländer knapp 18 Jahre.

Integration

In unserer Gesellschaft leben Menschen unterschiedlicher Herkunft zusammen. Gemeinsame Grundwerte (v. a. die im Grundgesetz verbrieften Menschen- und Freiheitsrechte), gegenseitiger Respekt, Verständnis füreinander und Toleranz sind Voraussetzungen eines gedeihlichen Zusammenlebens. Vor diesem Hintergrund bedeutet Integration, Menschen ausländischer Herkunft Möglichkeiten zu eröffnen, sich in die bundesdeutsche Gesellschaft einzugliedern, ohne jedoch ihre Herkunft verleugnen zu müssen. Zugleich müssen sie zu dieser Eingliederung bereit sein. Eine der wichtigsten Voraussetzungen für das Gelingen der Integration ist die Beherrschung der deutschen Sprache.

Einbürgerungstest

Wer sich als Ausländer einbürgern lassen will, muss seit dem 1. September 2008 einen bundeseinheitlichen Einbürgerungstest bestehen. Der Test umfasst 33 Fragen, die aus einem Pool von 310 Fragen ausgewählt werden. Bestanden ist der Test, wenn 17 Fragen richtig beantwortet wurden. Die Teilnahme am Test kostet 25 Euro Gebühren. Der Test kann beliebig oft wiederholt werden.

Aussiedler und Spätaussiedler

Aussiedler, ab dem 1. Januar 1993 Spätaussiedler genannt, sind „deutsche Volkszugehörige", die aus Ostmitteleuropa, Osteuropa, Südosteuropa und auch aus Asien nach Deutschland übersiedeln. Sie müssen dazu ein Aufnahmeverfahren durchlaufen und einen Aufnahmebescheid beantragen, den sie erhalten, wenn sie ihre deutsche Volkszugehörigkeit und in einem mündlichen Test ausreichend deutsche Sprachkenntnisse nachweisen können. Nach dem Umbruch in Osteuropa 1990 kamen sehr viele Aussiedler und Spätaussiedler nach Deutschland, in den letzten Jahren ließ der Zuzug nach.

Ausländerkriminalität

Unter Ausländerkriminalität versteht man die von Nichtdeutschen begangenen Straftaten. In der öffentlichen Diskussion werden Daten zur und der Begriff „Ausländerkriminalität" oft dazu verwendet, Furcht und Ängste gegenüber Nichtdeutschen zu schüren. Die Daten über Ausländerkriminalität sind nicht einfach zu bewerten, ein Vergleich der Daten zu deutschen und nichtdeutschen Tatverdächtigen oder Straftätern ist nicht ohne Weiteres möglich. Zudem ist zu bedenken, dass die Statistik auch Tatbestände aus dem Ausländer- und Asylverfahrensgesetz erfasst, die nur von Nichtdeutschen begangen werden können.

Zeige deine Kompetenzen!

Sachkompetenz

		richtig	falsch
1.	In ein paar Jahren wird es keine Familien mehr geben.		
2.	In der Erziehung sind alle Mittel recht.		
3.	Toleranz und die Lösung von Konflikten passen nicht zusammen.		
4.	Menschen leben in Gemeinschaften.		
5.	Das Rollenverhalten der Jungen und Mädchen ist von Geburt an festgelegt.		
6.	Gruppen entwickeln ein Zusammengehörigkeitsgefühl.		
7.	Jungen und Mädchen helfen gleich viel im Haushalt mit.		
8.	Die Jugend hat keine Werte und keinen Respekt mehr.		
9.	Jede Sucht hat seine Geschichte.		
10.	Jugendliche sind mit zwölf Jahren strafmündig.		

Kreuze auf dem Arbeitsblatt an oder notiere, welche Aussagen richtig oder falsch sind.
Begründe jeweils dein Urteil und stelle die falschen Aussagen richtig.

Handlungskompetenz

Wolltest du schon immer einem Politiker die Meinung sagen? Was ist in Deutschland kinderfreundlich? Was nicht? Wir sorgen dafür, dass die Politiker alles erfahren. Schreib einfach die folgenden Sätze zu Ende und schicke die Karte an das Deutsche Kinderhilfswerk oder schau ins Jnternet unter www.kindersache.de!

Jn meinem Ort finde ich toll, dass Kinder ... ______

Jn meinem Ort gefällt mir nicht, dass Kinder ... ______

Wenn ich Politiker wäre, würde ich für Kinder ändern: ______

Schreib uns doch noch, wer du bist. Und danke, dass du mitgemacht hast!!!

Jch heiße: ______

Jch wohne in: ______ Jch bin ... ______ Jahre alt.

Antwortkarte an: Deutsches Kinderhilfswerk e.V., „Meine Meinung zählt ...“, Leipziger Straße 116-118, 10117 Berlin

Urteilskompetenz

Analysiere die Karikatur zum Einbürgerungsverfahren und erläutere, was der Zeichner mit ihr zum Ausdruck bringen will. Nimm Stellung zu seiner Aussage.

(Zeichnung: Klaus Stuttmann)

Zeige deine Kompetenzen!

Methoden- und Handlungskompetenz

Gefühlte Bedrohung

Deutschland ist nicht gefährlicher geworden. Aber die Menschen fürchten sich vor jugendlichen Intensivtätern. Zu Recht?

[...] **Sind jugendliche Ausländer generell krimineller als deutsche Jugendliche?**
Ja – sie fallen zumindest eindeutig öfter in der Statistik auf: Mehr als jeder fünfte junge Gewalttäter (21,9 Prozent) hat keinen deutschen Pass – obwohl Ausländer nur etwa ein Zehntel dieser Bevölkerungsgruppe stellen. Allerdings sinkt der Anteil der Ausländer in der Statistik seit Jahren. 1997 lag er noch bei knapp 30 Prozent aller jungen Gewalt-Tatverdächtigen. [...] Bei vielen ausländischen Tätern treffen die Ermittler auf nach außen halbwegs intakte Familienstrukturen, während innerhalb der Familie körperliche Züchtigung eine gängige Erziehungspraxis darstellt. Wissenschaftler machen diese Macho-Kultur mitverantwortlich dafür, dass manche der gezüchtigten Sprösslinge später selbst zuschlagen.

Wie viele jugendliche Intensivtäter gibt es?
Von Intensivtätern sprechen Kriminalisten, seit in den 70er- und 80er-Jahren des vergangenen Jahrhunderts eine kleine Zahl von Straftätern mit einer immensen Zahl von Ermittlungsverfahren auffiel. Anders als die Kriminalwissenschaft es bis dahin gelehrt hatte, legten sich diese Täter nicht auf eine Art von Delikt fest. Dennoch gibt es Gemeinsamkeiten: Intensivtäter sind fast durchweg männliche Jugendliche. Sie leben überwiegend in großen Städten. Weniger als zehn Prozent der Täter sind dort für gut 40 Prozent der Gewaltkriminalität verantwortlich, sagen Ermittler. Schätzungen gehen von mehr als 3000 jugendlichen Intensivtätern bundesweit aus. Viele von ihnen begehen ihre erste Tat mit acht, neun Jahren – der Einstieg in eine kriminelle Karriere, die dem Staat wie im Münchner U-Bahn-Fall den Vorwurf beschert, die Täter nicht stoppen zu können. Dramatisch klingen Zahlen aus Berlin: Dort zählt die Staatsanwaltschaft 495 Täter, die mehr als zehn Straftaten in einem Jahr begangen haben. Davon haben knapp 80 Prozent einen Migrationshintergrund.

Welche Sanktionen kennt das Jugendstrafrecht?
Das besondere Strafrecht für junge Täter setzt stark auf Erziehung statt auf Strafe – zum einen, weil den Tätern aufgrund ihres Alters häufig das Unrechtsbewusstsein fehlt, zum anderen, weil ihre Persönlichkeit noch formbar ist. Das Jugendgerichtsgesetz (JGG) vertraut dabei zunächst auf Sanktionen und Angebote wie Therapien und den Ausgleich mit dem Opfer. Es gibt drei Stufen: Erziehungsmittel wie Ermahnungen oder gemeinnützige Arbeit, dann Zuchtmittel wie kurzzeitigen Jugendarrest. Erst als letzte Möglichkeit sieht das JGG bei schweren Straftaten oder Wiederholungstätern Haftstrafen von bis zu zehn Jahren vor. Parallel dazu können ausländische Täter auch abgeschoben werden – bislang aber nur, wenn sie zu mehr als drei Jahren Haft verurteilt worden sind.

Was bringen Strafverschärfungen?
So vehement die CDU derzeit fordert, die Höchststrafe im Jugendstrafrecht von zehn auf 15 Jahre zu erhöhen, so einhellig sprechen Experten von einem falschen Signal, das höchstens symbolische Wirkung habe. Denn von Höchststrafen betroffen sind lediglich jugendliche Mörder – geschätzt nur einige Dutzend im Jahr in ganz Deutschland. „Das ist sinnlos“, sagen deshalb Fachleute wie der Kriminologe Christian Pfeiffer oder Christoph Frank, Vorsitzender des Deutschen Richterbundes: „Niemand kommt von einer derartigen Tat ab, weil sie stärker strafbewehrt ist.“ Auch ein Blick auf die Rückfallquoten spricht gegen längere Haftstrafen: 80 Prozent der Jugendlichen, die im Gefängnis waren, werden nach ihrer Entlassung rückfällig. Die letzte große Strafrechtsreform scheint das zu belegen: 1998 wurde die Strafandrohung für schwere und gefährliche Körperverletzungen teilweise verdoppelt – die Art von Taten, bei denen die Statistik seitdem einen deutlichen Anstieg verzeichnet. [...]

(Christian Denso, in: http://www.zeit.de/2008/03/Jugendkriminalitaet; Auszüge)

Schreibe zu dem Artikel einen Leserbrief.

Medien

Wir alle nutzen täglich die Medien, um uns zu informieren. Wir lesen Zeitungen, surfen im Internet, hören im Radio Nachrichten, schauen im Fernsehen Filmberichte über Ereignisse überall auf der Welt an. Massenmedien liefern die Informationen, auf denen Menschen ihre politischen Überzeugungen aufbauen. Damit haben die Medien eine große politische Bedeutung. Einer demokratischen Gesellschaft kann es nicht gleichgültig sein, wie die Massenmedien ihre Aufgaben wahrnehmen und wie frei die Berichterstattung ist. Um diese Fragen geht es im folgenden Kapitel:

- Welche Massenmedien vermitteln politische Informationen?
- Welche Rolle spielen dabei die Tageszeitungen?
- Welche Aufgaben erfüllen Medien in einer Demokratie? Wie gestaltet sich das Verhältnis zwischen Politik und Medien?
- Wer bestimmt, was die Massenmedien zum Thema machen? Wie werden den Nachrichten ausgewählt?
- Welche Macht haben Medien? Wie steht es um die Pressefreiheit – bei uns und weltweit?
- Wem gehört das Internet? Wer bestimmt, wie es verwaltet wird?
- Wer hat Zugang zum Internet? Darf der Staat überwachen, wie das Internet genutzt wird?
- Wie nutzt die Wirtschaft das Internet? Warum geben viele ihre persönlichen Daten im Internet preis?

Massenmedien – was bedeuten sie für uns?

Die Tageszeitung bietet Informationen zu vielen Themenbereichen.

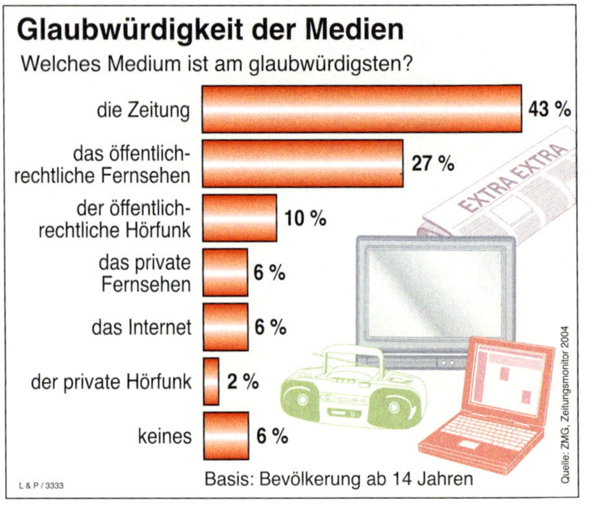

Traditionellerweise werden Presse, Hörfunk und Fernsehen als Massenmedien bezeichnet. Ihr gemeinsames Merkmal ist, dass sie sich vorwiegend mit aktuellen Inhalten indirekt über ein technisches Mittel (zum Beispiel Funkfrequenzen) einseitig an ein unbegrenztes anonymes Publikum wenden, das aus einigen Tausend, aber auch aus Millionen Einzelpersonen bestehen kann. Dies gilt mit Einschränkungen (fehlende Aktualität, vorwiegend Unterhaltung) auch für den Film, der hier aber nur am Rande erwähnt wird. Massenmedien stellen Massenkommunikation her. Im Gegensatz dazu handelt es sich bei der Individualkommunikation um den Informationsaustausch zwischen einzelnen Personen (zum Beispiel per Telefon oder E-Mail am Computer).

(aus: Informationen zur politischen Bildung, Heft 260, S. 3. Hg.: Bundeszentrale für politische Bildung, Bonn)

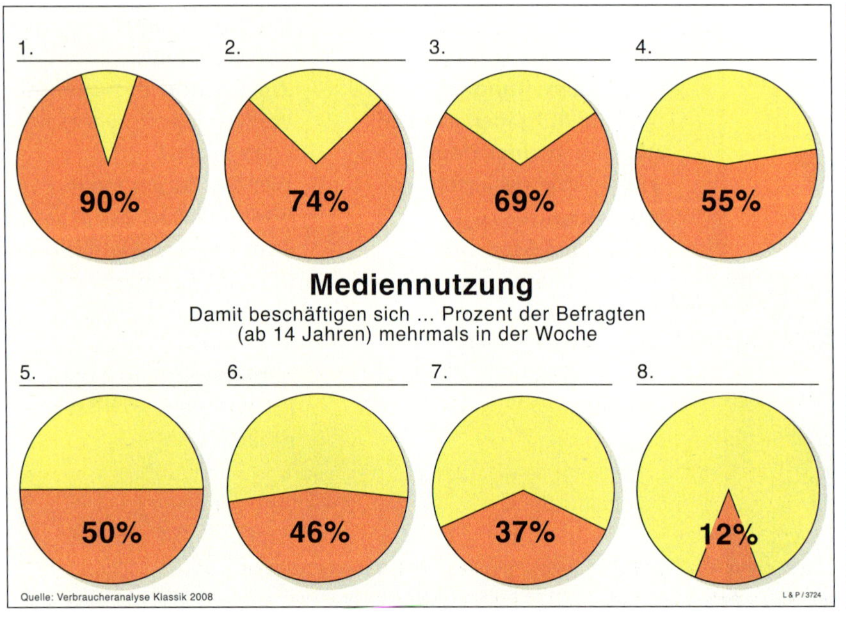

- Zeitschriften lesen
- Fernsehen
- PC/Internet
- Bücher lesen
- Kinobesuch
- Hörbuch hören
- DVD-/ Videofilme sehen
- Zeitungen lesen

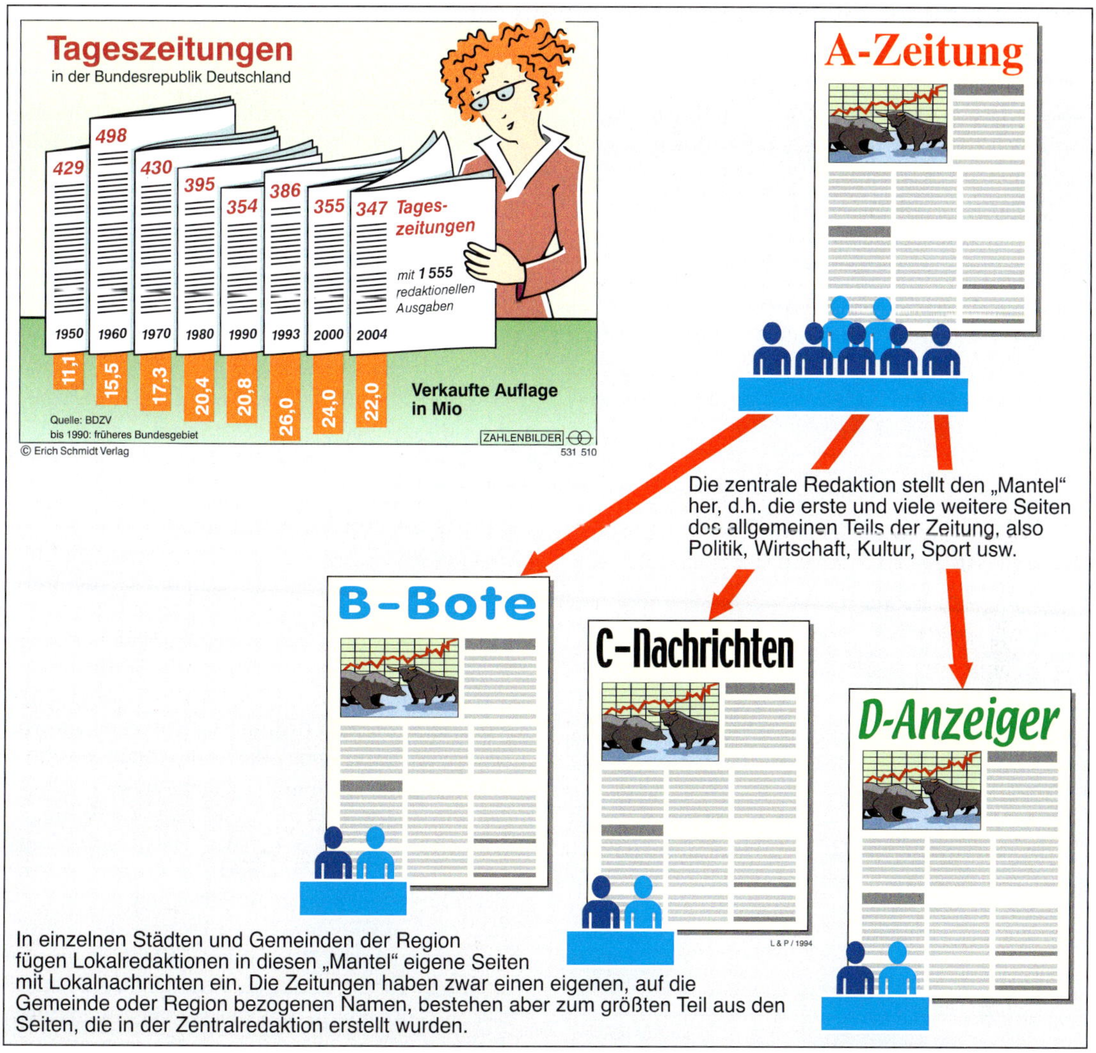

Presse-konzentration in Zahlen

- In fast 70 Prozent aller deutschen Kreise und kreisfreien Städte (1954: 15 Prozent) existiert heute nur noch eine Lokalzeitung („Ein-Zeitungs-Kreise“).
- Knapp 50 Prozent der deutschen Bevölkerung können sich nur noch aus einer lokalen Abonnementszeitung informieren (1954: 8,7 Prozent).
- Mehr als zwei lokale Titel gibt es nur noch in etwa zehn Prozent aller Kreise oder kreisfreien Städte.

(http://www.medienmaerkte.de/artikel/print/041710_pressekonzentration.html 14. 5. 2008/Auszug aus: Pressekonzentration in Zahlen, von Dr. Matthias Kurp, 17. 10. 2004)

1. *Welche Medienbezeichnung gehört wohl zu welchem Prozentkreis in der Grafik „Mediennutzung“ auf Seite 60 unten? Notiere von 1 bis 8 deine Vermutung.*
2. *Welche in der Grafik genannten Medien würdest du zu den Massenmedien rechnen? Begründe.*
3. *Das Fernsehen wird zwar mehr genutzt, die Tageszeitung aber für glaubwürdiger gehalten. Versuche eine Erklärung für diesen Sachverhalt zu finden.*
4. *Werte das Schaubild „Tageszeitungen“ und den Text „Pressekonzentration in Zahlen“ aus und erläutere, welche Konsequenzen sich hinsichtlich der Meinungsvielfalt ergeben.*

Ein besonderes Verhältnis: Massenmedien und Politik

Wer wählt welche Themen aus?

Aus der Fülle des Angebots der öffentlichen Kommunikation bestimmen die Massenmedien, welche Themen sie dem Publikum anbieten und welche nicht. [...] Wer mit seiner Botschaft oder seinem Anliegen den Sprung in die Medien nicht schafft, hat keine Chance, gehört zu werden. Es ist so, als ob es das Thema oder die Botschaft nicht gäbe. Für Politiker und andere von der Öffentlichkeit abhängige Berufsgruppen ist also die Frage, wie sie in die Medien kommen und wie sie darin dargestellt werden, eine Überlebensfrage. Darum beschäftigen zahlreiche Institutionen, Organisationen und Firmen ganze Heerscharen von Medienexperten, Pressesprechern und für Öffentlichkeitsarbeit zuständige Leute, die immerzu darüber nachdenken, wie sie die Aufmerksamkeit der Medien erhaschen und bestimmte Themen in die Öffentlichkeit lancieren können. Wenn das Thema alle angeht, ist das völlig in Ordnung. Wenn es ausschließlich dem Urheber dient, hat es in einem Massenmedium nichts zu suchen, es sei denn als Werbeanzeige bzw. -spot.

(aus: Ludwig Maaßen: Massenmedien, Heidelberg: Hüthig 1996, S. 102)

Karikatur von Burkhard Mohr

Karikatur von Burkhard Mohr

Politik als Pop-Veranstaltung?

Auf der Suche nach vielen Kunden wenden [die Massenmedien] viele der Regeln des Pop auf ihre Berichte über die Politik an. Politik wird auf das verkürzt, was unterhaltsam ist. Eine persönliche Rivalität zwischen zwei Politikern erscheint wie ein sportlicher Machtkampf – wer wird Sieger? Von einer stundenlangen Debatte werden Sekundenausschnitte gezeigt, die Aufmerksamkeit erregen, vielleicht gerade der Augenblick mit einer Beleidigung des Gegners oder seinem Hohngelächter. Von einem Treffen der Staatslenker sehen wir das Vor- und Abfahren der großen Autos, den Prunk der Paraden, die Gesichter der Prominenten. [...] Die schwierigen Prozesse der Politik schrumpfen in der Bearbeitung der Medien für ein großes Publikum häufig auf unterhaltsame Bilder der Stars der Politik, schöner oder faszinierender Kulissen und Showereignisse zusammen. [...]
Die Massenmedien wissen aus langer und täglich erneuerter Erfahrung, was sie zeigen müssen, um viele Kunden zu befriedigen. Oft gelingt ihnen das sehr gut, aber um den Preis, dass von der Politik selbst, um die es dabei ja immerhin auch noch gehen sollte, das, was eigentlich wichtig ist, gar nicht mehr vorkommt. [...]
Politik braucht in der Demokratie ja die Zustimmung der Bürgerinnen und Bürger, ganz allgemein. Die einzelnen Politiker und Parteien suchen natürlich die größtmögliche Zustimmung für sich selbst und ihre Angebote in der Konkurrenz zu dem der anderen Politiker und Parteien. Sie brauchen das größtmögliche Publikum. Wie sie das erreichen können, haben ihnen die Massenmedien ja nun schon vorgemacht. Sie studieren genau, wie die Massenmedien es machen, und tun es ihnen gleich.

(Thomas Meyer: Pop und Politik, www.hypemaschine.de, 2003)

Das Parlament: Die Presse wird in Analogie [Entsprechung] zu Legislative, Exekutive und Judikative gerne als die vierte Gewalt im Staat bezeichnet. Kommt ihr damit ein zu hohes Maß an Macht zu?

Wolfgang Thierse: Diese Frage ist nicht so einfach zu beantworten. Es gibt ganz ohne Zweifel eine wirkliche Medienmacht. Es gibt Politiker, die meinen, Politik zu machen, indem sie Journalisten etwas „stecken". Und ebenso versuchen Journalisten, Macht auszuüben, wenn sie bestimmte Politiker „machen". Dagegen hilft nur journalistische Vielfalt.

Es ist die fundamentale [grundlegende] Aufgabe der Medien in einer Demokratie, Politik sowohl zu vermitteln wie auch kritisch zu beleuchten, also zu kontrollieren. Und weil diese Aufgabe so wichtig ist, stellt die Pressefreiheit ein kostbares und unbedingt zu verteidigendes Gut dar. Sie steht deshalb ja auch unter dem Schutz unserer Verfassung. Es ist allerdings eine andere Frage, inwieweit sich Medien und Journalisten dieser Verantwortung bewusst sind. [...]

Das Parlament: Sie haben vor einiger Zeit kritisiert, dass sich gesellschaftlich relevante Debatten zunehmend aus dem Plenarsaal des Deutschen Bundestages in politische Talkshows verlagert haben. Glauben Sie, dass dieser Prozess umkehrbar ist?

Wolfgang Thierse: Dass Talkshows einen Beitrag zur Vermittlung von Politik leisten, das will und kann ich nicht kritisieren. Was mich aber beunruhigt, ist dass der Ernst und die Verantwortung von Politik überdeckt werden durch den Eindruck folgenloser Streitereien, den die Zuschauer bekommen. Aber zum Glück wird über Gesetze oder etwa Militäreinsätze nicht in Talkshows, sondern im Bundestag entschieden. Erst im Parlament wird es ernst. Daran muss hin und wieder erinnert werden, und das tue ich.

Dass sich wirklich wichtige Debatten verlagert hätten, das behaupte ich auch gar nicht, denn sie finden im Bundestag ja nach wie vor statt. Allerdings, und das ist ein Problem der Wahrnehmung durch die Bürger, finden sie im Bundestag häufig später statt, wenn auch sorgfältiger und fundierter als

im Fernsehen. Gelegentlich hört dann aber keiner mehr zu, weil auch Journalisten meinen, sie kennen das alles schon aus den Talkshows – das ist unser Problem.

(aus: Parlament vom 10. 3. 2003, S. 3)

Karikatur von Klaus Stuttmann (2003)

1. *Werte die beiden Texte auf Seite 62 aus: Gib jeweils die Kerngedanken mit eigenen Worten wieder und setze dich mit den Positionen auseinander, die von den Autoren vertreten werden.*
2. *Analysiere, was Bundestags vizepräsident Thierse zum Verhältnis zwischen Medien und Politik sagt.*
3. *Jede der drei Karikaturen hat mit dem Thema „Massenmedien" und „Politik" zu tun. Notiere kurz die jeweilige Aussage.*

Zur Analyse

Theaterdonner

Politik muss sich inszenieren, wenn sie in den Medien eine Rolle spielen will

Für uns ist es heute eine Selbstverständlichkeit: Demokratische Politik braucht Zustimmung. Voraussetzung für Zustimmung ist aber die öffentliche Begründung. Das heißt, in der Demokratie erfolgt Legitimation durch Kommunikation, idealerweise durch den Austausch von Argumenten vor dem Schiedsrichter einer kritischen Öffentlichkeit. In der bekannten Diktion der Federalist Papers (1787/1788), einem der Gründungsdokumente der amerikanischen Verfassungsväter: „All government rests on opinion", das heißt, weil die Demokratie auf dem labilen Grund von Meinungen ruht, bedarf sie der steten kommunikativen Erneuerung. Politischer Erfolg, Ausübung von demokratischer Herrschaft sind daran geknüpft, dass erfolgreich dargestellt und vermittelt wird, was man zu sein beansprucht oder durchzusetzen beabsichtigt.

[...]

Politische Inszenierung an sich ist also zunächst weder gut noch schlecht. Als Element der Politikvermittlung ist sie schlicht notwendig. Natürlich trägt nicht jedes Polit-Theater zur Erhellung bei, schon gar nicht solches, bei dem die Darstellung keine politische Substanz hat [...]. Das wäre dann in der Tat bloß schlechtes Theater. Natürlich kann man darüber streiten, was gute und schlechte politische Schauspiele sind; kann über Wahlkampfstile und politische Sprache, über perfekt choreografierte Parteitagsinszenierungen oder Talkshows unterschiedlicher Auffassung sein.

[...]

In die Medien kommt nicht zwingend das, was wichtig ist, sondern das, was für die Medien Nachrichtenwert hat, den Unterhaltungswert nicht zu vergessen. Das hat gravierende Konsequenzen für die Wirklichkeitskonstruktion. Ex-Bundespräsident Richard von Weizsäcker hat deshalb treffend von der Umwertung der Wichtigkeiten durch Medien gesprochen.

Bild-Kommunikation spielt dabei eine zunehmende Rolle. Es spricht einiges dafür, dass die bildliche Information, wie wir sie aus dem Fernsehen und zunehmend auch über das Internet kennen, die Logik der Massen- und Individualkommunikation mehr und mehr bestimmt. Die „Macht der Bilder", sie ist kaum mehr zu überschätzen, für die große Politik ebenso wie für die Bühnen der politischen Provinz. Politische Kommunikation, der politische Wettbewerb um die Deutungshoheit, das ist heute ganz wesentlich auch ein Kampf um Bilder. Bilder machen uns zu Augenzeugen. Nicht selten produzieren sie Augenzeugenillusionen.

[...]

Auch für unsere Demokratie hat politische Inszenierung sehr wohl Bedeutung. Hier besteht durchaus auch Anlass zur Sorge; zur Sorge, dass die Schere zwischen der „Darstellungspolitik" und der „Entscheidungspolitik" auseinandergeht. Zur Sorge auch, dass wir es bei dem Medienbild von Politik nicht mit politischer Realitätsvermittlung zu tun haben, sondern immer wieder auch mit Problemen der Realitätstäuschung. Denn über den mühsamen politischen Prozess, über die langwierigen Verfahren und Abstimmungen, über die Schwierigkeiten politischer Kompromissbildung und interner Überzeugungsarbeit, über den Zeitbedarf demokratischer Prozesse und über die ganz unspektakuläre Seite von Politik sagt dies alles wenig aus.

[...]

Kein Zweifel, in der modernen Mediendemokratie wird Politik kommunikationsabhängiger und damit zugleich enttäuschungsanfälliger. Dagegen scheint kein Kraut gewachsen. Umso mehr verbleibt Parteien und Medien die dauerhafte demokratische Bringschuld, Öffentlichkeit herzustellen, über Entscheidungsalternativen zu informieren und politische Meinungsbildung darüber zu ermöglichen, wie wir und die nachfolgenden Generationen in Freiheit und unter menschenwürdigen Bedingungen leben wollen.

Als Bürger, sei es als politische „Zuschauer", in jedem Falle aber als Betroffene haben wir allerdings auch eine Holschuld. Wir lösen sie damit ein, dass wir uns informieren und vom oberflächlichen Schein medialer Inszenierungen nicht täuschen lassen. Als Bürger sollten wir uns einmischen, beteiligen und damit unsere Rolle als Souverän auch ernst nehmen. Das ist nicht immer unterhaltend und allemal mühsamer als ein Leben in der „Zuschauerdemokratie". Aber eine lebendige Demokratie ist nun mal keine bequeme Staatsform. Sie muss immer wieder errungen werden, auch in der Mediengesellschaft.

(Ulrich Sarcinelli, in: Die Rheinpfalz, 2. 12. 2007)

Die Macht der Medien

Baumwiesen-Affäre

Muss Gemeinderat Stiefel zurücktreten?

Stiefel war bei Abstimmung über Bauland befangen

Wie unsere Reporterin recherchiert hat, verkaufte Gemeinderat Kurt Stiefel seine Baumwiese an einen Strohmann. Dieser bezahlte für die gesamte Wiese einen „symbolischen" Preis von 1 Euro. Gemeinderat Stiefel war so nicht mehr Eigentümer der Baumwiese und konnte daher an der Abstimmung teilnehmen, die mit einer Stimme Mehrheit das landschaftlich reizvolle Guldental zum Baugebiet machte. Wenige Tage nach der Abstimmung kaufte Stiefel das Grundstück von seinem Strohmann zum Preis von 1 Euro zurück. Die Bauplätze im Guldental sollen nach ersten Informationen zu einem Preis von 650 Euro pro Quadratmeter angeboten werden. Bürgermeisterin Corinna Herrmann hat für morgen eine Pressekonferenz angekündigt.

Baumwiesen-Affäre

Kurt Stiefel bietet Rücktritt an

Im Anschluss an die Pressekonferenz zur Baumwiesen-Affäre hat Gemeinderat Kurt Stiefel seinen Rücktritt angeboten. Ohne die hartnäckigen Recherchen unserer Reporterin wäre der Skandal um das Bauland im Guldental nicht ans Licht gekommen. Über die weitere Entwicklung in dieser Sache werden wir die Bürgerinnen und Bürger auf dem Laufenden halten.

1991	„Traumschiff-Affäre" führt zum Rücktritt von Lothar Späth in Baden-Württemberg
1993	„Amigo-Affäre" führt zum Rücktritt des bayerischen Ministerpräsidenten Max Streibl
1993	„Spenden-Affäre" um den damaligen Bundeskanzler Helmut Kohl
2001	„Rabatt-Affäre" des sächsischen Ministerpräsidenten Kurt Biedenkopf
2002	„Spendenskandal" der SPD in Köln
2008	Skandal wegen Steuerhinterziehung führt zum Rücktritt des Vorstandsvorsitzenden der Deutschen Post Klaus Zumwinkel

Affären haben auch in der Bundesrepublik Deutschland in den vergangenen Jahren den Glauben an die Moral der Politikerinnen und Politiker erschüttert. Hinzu kommen die zahlreichen Skandale, in die Unternehmen und ihre Repräsentanten verwickelt waren. Die sechs beispielhaft genannten politischen Affären wurden maßgeblich von den Medien aufgedeckt und weiterverfolgt. Es drängt sich die Frage auf: Können Journalisten die „Tugendwächter der Nation" sein?

Hans Leyendecker, leitender politischer Redakteur der Süddeutschen Zeitung in München, meint, dass dies nur in sehr begrenztem Umfang möglich sei. Die Aufgabe der Medien sei es, Vermittler zwischen Politik, Wirtschaft und Öffentlichkeit zu sein. Die Medien seien daneben aber auch die Kritiker und Kontrolleure der Mächtigen im Staat. Journalisten hätten die Aufgabe, „die dunkle Seite der Macht auszuleuchten" und den Mächtigen das Gefühl zu geben, dass der Missbrauch von Macht nicht völlig gefahrlos ist. So seien die großen politischen Skandale der Nachkriegszeit nicht von den Parlamenten, sondern von Journalisten aufgedeckt worden.

Die Karikatur zeigt den damaligen Bundeskanzler Helmut Kohl. (Zeichnung: Starke, Arnstadt)

1. *Erläutere, was das Beispiel (der erfundenen) „Baumwiesen-Affäre" deutlich macht.*
2. *Beschreibe, welche Aufgabe der Medien an diesem Beispiel besonders deutlich wird.*
3. *„Medien üben eine große Macht aus!" Nimm zu dieser Aussage Stellung und beziehe dabei auch die Karikatur ein.*

Information oder Manipulation?

Die Vielfalt der Medien hat auch ihre Nachteile. Es tobt ein harter Kampf um Einschaltquoten und Auflagen. Je höher die Einschaltquote, desto höher die Werbeeinnahmen des Senders.

Der Kampf um den Zuschauer und Leser wird immer heftiger. Dabei halten sich nicht immer alle an die Regeln. Sensationell aufgemachte Nachrichten mit aufregendem Bildmaterial kommen bei den Zuschauern und Lesern gut an und verkaufen sich. Selbst wenn die Bilder dazu nachgestellt wurden.

Ein anderes Problem ist die Manipulation. Damit ist der Versuch gemeint, andere durch Täuschung in ihrer Meinung zu beeinflussen. In den Medien können immer wieder Manipulationen vorkommen. Sehr schwer sind versteckte Manipulationen zu erkennen, zum Beispiel einseitige Nachrichtenauswahl, verfälschende Kameraeinstellungen, beeinflussende Schlagzeilen oder Bildunterschriften.

Der Fall Born

Der Fernsehjournalist Michael Born lieferte, entsprechend den Gesetzen des Medienmarktes, immer sensationellere Filme. Dazu erfand er die unglaublichsten Geschichten und bezahlte Schauspieler.

Er konnte über 20 spektakuläre Beiträge an alle möglichen Fernsehmagazine verkaufen. Hauptabnehmer war stern TV. Kein Journalist merkte, dass die Filme gefälscht waren. Die Wahrheit kam 1996 zufällig ans Licht.

Zu seiner Verteidigung führte Born an, dass die Redaktionen nach solchen Geschichten verlangten und ihn immer wieder aufforderten, quotenträchtige Bilder zu liefern. Beim Prozess sagte Born: „Der Kick muss inszeniert werden, denn Fernsehen taugt nicht für Informationen."

Seil oder Schlagstock?
„Bild" entschuldigt sich

Ein Foto löst Ärger aus. Von „bewusster Manipulation" spricht Umweltminister Jürgen Trittin. Der Vorfall zeigt, dass Bilder – bearbeitet und beschnitten – nicht immer die volle Wahrheit sagen. Gestern berichtigte und entschuldigte sich „Bild" mit einer kleineren Version des Fotos ... „Wir bitten diesen Fehler zu entschuldigen", schrieb „Bild".

Trittin reicht dies nicht. Er kündigte an, den Presserat anzurufen ... Trittin sagte, dieser Fehler sei nicht unabsichtlich geschehen.

Das Foto, am gleichen Tag im Magazin „Focus" vollständig und in Farbe erschienen, sei in „Bild" bewusst so geschnitten worden, dass es nicht mehr klar zu erkennen gewesen sei.

(Auszug aus: Hannoversche Zeitung, 1.2.2001)

Demonstrant Jürgen Trittin: „Bild"-Ausschnitt (oben) und Originalfoto (unten). Der Titel des Artikels in „Bild" lautete: Was macht Minister Trittin auf dieser Gewalt-Demo?

A

Finanzminister zockt uns ab

Loch in der Haushaltskasse – Steuern müssen erhöht werden

B

Große Demonstration gegen Sozialabbau in der Innenstadt

Verkehrschaos in der Innenstadt wegen linker Demonstranten

C

Umgehungsstraße wird gebaut: Gefahr für die Innenstadt, wenn die Käufer ausbleiben

Umgehungsstraße wird gebaut: Endlich ungestörte Nachtruhe!

Zeitungsmeldungen

1 Mit Beginn des neuen Schuljahres werden mehr Schüler eingeschult als bisher. Statt wie bisher 20 Kinder pro Klasse werden jetzt 28 Schülerinnen und Schüler gemeinsam lernen. Es müssen keine neuen Lehrer eingestellt werden. Einige äußern aber auch Bedenken, dass die Klassenräume zu klein sein könnten.

2 Der Flug nach New York ist gebucht, das Ticket bezahlt – aber an Bord der Maschine darf man trotzdem nicht. Die Fluggesellschaften verkaufen seit Jahren mehr Tickets, als sie Plätze an Bord haben, um sicherzugehen, dass ihr Flieger auch wirklich voll wird. Betroffene Passagiere erhalten seit gestern in diesen Fällen eine Entschädigung.

3 Die 69. Internationale Grüne Woche in Berlin ging gestern zu Ende. Obwohl etwas weniger Besucher als im Vorjahr zu verzeichnen waren, hat sie mit 466 000 Besuchern dennoch ein überdurchschnittliches Ergebnis erreicht. Nach Angaben der Messegesellschaft gab jeder Besucher etwa 130 Euro aus.

(Zeichnung: Gerhard Mester)

(Zeichnung: Reinhold Löffler)

1. *Vervollständige die folgende Aussage: „Der Fall Born zeigt, dass …"*
2. *„Bilder können nicht lügen!" Werte unter diesem Gesichtspunkt das Beispiel „Seil oder Schlagstock?" aus.*
3. *Die Beispiele A bis C zeigen unterschiedliche Schlagzeilen zum gleichen Sachverhalt: Formuliere, welcher Eindruck jeweils erweckt wird.*
4. *Erprobe selbst, wie die Wortwahl einer Schlagzeile den Eindruck der Meldung bestimmen kann. Formuliere dazu für jede der drei Zeitungsmeldungen unterschiedliche Überschriften.*
5. *Verantwortung der Medien: Erläutere, auf was in diesem Zusammenhang die Karikaturen hinweisen wollen.*

„Wenn ich Journalist wäre …“

Zwischen dem 16. und 18. August 1988 hielt das sogenannte Gladbecker Geiseldrama ganz Deutschland in Atem. Besonders kritisiert wurde im Nachhinein die Rolle von Medienvertretern, die mit den schwer bewaffneten Geiselgangstern vor laufenden Kameras Interviews führten. Nach der Verhaftung der Gangster waren drei Tote zu beklagen. Im Frühjahr 2000 wurden auf den Philippinen Touristen monatelang von Kidnappern gefangen gehalten. Viele Fernsehreporter, auch aus Deutschland, reisten an, um über die Geiselnahme zu berichten.

Gladbeck im Urwald

Wie sich Medien am Geiseldrama berauschen

[…] Die Bilder von der Urwaldhölle gehen um den Globus. Wir blicken in die sadistisch grinsenden Gesichter der Geiselnehmer, wir sehen auch die entführten Urlauber, verzweifelt und ausgezehrt, in deren Gewalt. Vielleicht kommen sie davon, vielleicht steht ihnen ein schreckliches Ende bevor. […]

Kein Zweifel, dass sich die Gangster über solche Drohwirkungen der Aufnahmen freuen. Doch sie filmen, fotografieren und befragen nicht selbst, sie lassen filmen, lassen fragen. Sie gestatten Journalisten, vermutlich gegen entsprechende Bezahlung, dass sie bis zu ihren Urwaldcamps vordringen dürfen; sie erlauben gnädig den Blick auf die zu Tode Geängstigten – wie auf Tiere hinter den Gittern im Zoo.

Und die einen, die Gefangenen, sind im Dunkeln, und die anderen, die Journalisten, keinen Meter davon entfernt, sind im Licht, sagen freundlich guten Tag, leihen ihr Mobiltelefon aus, damit die Opfer womöglich kurz vor ihrem Untergang noch mal zu Hause anrufen können. Dann nimmt der Herr Journalist sein Handy, sagt tschüss, winkt ein bisschen und geht zu seinem Jeep. […]

[…] Und wie man den einen von dannen ziehen sieht und die anderen so schrecklich ungetröstet hinterherschauen, da fragt man sich natürlich, wie sich der Zurückbleibende fühlt, was in dem leichtfüßig wieder in sein zivilisiertes Leben Eilenden vorgeht und ob es Reporterpflicht ist, Verbrechern die Hand zu schütteln, um der Welt vom Unglück der Gekidnappten möglichst hautnah zu berichten.

Oh ja, werden alle neunmalklugen Puristen sagen: die Öffentlichkeit habe ein Recht darauf zu erfahren, was da vorgeht, nichts dürfe geheim bleiben, sonst sei die Pressefreiheit in Gefahr. Eine Zensur gibt es natürlich nicht, auch keine Selbstzensur. […]

(Sibylle Krause-Burger, in: Stuttgarter Zeitung, 20. 5. 2000, S. 37)

„Wenn ich Journalist wäre …“	Begründung
1. … würde ich alle Informationen weglassen, die Vorurteile bestärken können. ◯ stimme zu ◯ stimme nicht zu	
2. … würde ich auch Terroristen zu Wort kommen lassen. ◯ stimme zu ◯ stimme nicht zu	
3. … würde ich bei Straftaten von Ausländern die Nationalität verschweigen. ◯ stimme zu ◯ stimme nicht zu	
4. … würde ich mehr Positives, also Erfreuliches, Gutes, Schönes, berichten. ◯ stimme zu ◯ stimme nicht zu	
5. … würde ich alles bringen, was Auflagenhöhe und Einschaltquoten steigern kann. ◯ stimme zu ◯ stimme nicht zu	

1. *Erläutere, um welches Problem es in dem Text geht.*
2. *Übertrage die Tabelle in dein Heft; entscheide, ob du der jeweiligen Aussage zustimmen kannst oder nicht, kreuze an und begründe deine Entscheidung.*

Methode: Expertenbefragung

Thema: Einen Redakteur / eine Redakteurin befragen

Expertenbefragung

Viele Themen, die ihr im Unterricht behandelt, betreffen auch Erwachsene. Wenn ihr diese Erwachsenen als Experten befragt, könnt ihr viel erfahren. Bei einer Expertenbefragung wird eine fachkundige Person zu ihrer Tätigkeit, ihren Erfahrungen, ihrem Wissen usw. befragt.

Vorbereitung: Möglichst frühzeitig sollte bei dem Experten/der Expertin angefragt werden, ob und wann er/sie zu einer Befragung bereit ist. Dabei wird auch besprochen, wie der Zusammenhang der Befragung zum Unterrichtsthema ist, um was es der Klasse vor allem geht, ob der Experte/die Expertin in die Schule oder die Klasse zu ihm/zu ihr kommt usw. Die Klasse sammelt Fragen und legt fest, wer sie bei der Befragung stellt. Es wird verabredet, wie die Antworten festgehalten werden, z. B. mit dem Kassettenrekorder oder durch Notizen.

Durchführung: Die Befragung sollte mit einer Begrüßung beginnen und mit dem Dank enden. Wichtig ist es, immer wieder nachzufragen, wenn man etwas nicht verstanden hat.

Auswertung: Zunächst werden die Befragungsergebnisse in der Klasse zusammengetragen und eventuelle Unklarheiten gemeinsam geklärt. Dann werden die Erkenntnisse aus der Expertenbefragung zusammengefasst und festgehalten, z. B. von jedem Einzelnen als Hefteintrag oder gemeinsam auf einem Wandplakat.

Einen Befragungsbogen zusammenstellen

Zur Zeitung und zum Verlag:
- Wie hoch ist die Auflage der Zeitung?
- Welches ist das Verbreitungsgebiet?
- Wie viel Prozent der Leser sind Abonnenten?
- Woher kommen die Einnahmen (Werbung? Verkauf?)?
- Wo und wann wird die Zeitung gedruckt?
- Wie viele Mitarbeiter hat der Verlag?

Zur Redaktion:
- Woher bekommen Sie Ihre Informationen?
- Wie erarbeitet die Redaktion die Zeitung?
- Gibt es durch die Berichterstattung manchmal Ärger?
- Sind Ihnen bei der Berichterstattung auch schon Fehler unterlaufen?
- Mussten Sie schon einmal eine Gegendarstellung veröffentlichen? Um was ging es dabei?

Zum Beruf des Journalisten:
- Was sind Ihrer Meinung nach die wichtigsten Aufgaben eines Journalisten?
- Welche Fähigkeiten und Kenntnisse braucht er?
- Welche Ausbildung hat er?
- Wie ist seine Arbeitszeit?
- Wie sind die Berufsaussichten?

Ladet einen Redakteur einer Tageszeitung ein, zu deren Verbreitungsgebiet euer Ort gehört.

Um euch vorzubereiten, solltet ihr einen Befragungsbogen zusammenstellen. Ihr könnt euch an dem Muster oben orientieren.

Eine Schulklasse befragt einen Zeitungsredakteur.

1 *Führt die Expertenbefragung durch.*

Die Bedeutung der Pressefreiheit

Grundgesetz, Artikel 5

(1) Jeder hat das Recht, seine Meinung in Wort, Schrift und Bild frei zu äußern und zu verbreiten und sich aus allgemein zugänglichen Quellen ungehindert zu unterrichten. Die Pressefreiheit und die Freiheit der Berichterstattung durch Rundfunk und Film werden gewährleistet. Eine Zensur findet nicht statt.
(2) Diese Rechte finden ihre Schranken in den Vorschriften der allgemeinen Gesetze, den gesetzlichen Bestimmungen zum Schutz der Jugend und in dem Recht der persönlichen Ehre.

Die Pressefreiheit ist für Demokratien wichtig. Durch das Recht, unbeschränkt über Ereignisse in Politik, Verwaltung und Wirtschaft zu berichten, werden häufig Missstände aufgedeckt, die sonst verborgen bleiben würden. So üben die Medien über die Mächtigen im Land eine Kontrolle aus. Häufig führt ein Anfangsverdacht dazu, dass die Massenmedien selbst weitere Nachforschungen anstellen. Durch die Pressefreiheit werden Fehlentscheidungen, Lügen, Unterschlagungen aufgedeckt.

Die Pressefreiheit ist bei uns durch das Grundgesetz garantiert. Keine staatliche Behörde darf Zeitungen kontrollieren oder Sendungen verbieten. Journalisten müssen ihre Berichte von keinem Amt genehmigen lassen und brauchen keine Angst zu haben, für die Kritik an Mächtigen verhaftet zu werden. Dieses Fehlen von Druck und Zwang nennt man „äußere Pressefreiheit". Mit „innerer Pressefreiheit" ist die Unabhängigkeit von Journalisten gemeint. Sie sollen das schreiben können, was sie für richtig halten, ohne auf mögliche Wünsche ihres Arbeitgebers, ihrer Leser oder von Anzeigenkunden eingehen zu müssen.

„Keinen Tag länger Redakteur bei Ihrem Wurschtblatt! Ich geh zum Express!"
„Habe ich gestern gekauft!"

Aussagen
1. Die Pressefreiheit soll dafür sorgen, dass es jeden Tag für die Massenmedien genug Nachrichten gibt.
2. Durch die Pressefreiheit soll das Tun von Regierungen, Verwaltungen usw. durchsichtig gemacht werden.
3. Die Pressefreiheit ist eine Form der Meinungsfreiheit, die in der Demokratie jedem zusteht.
4. Die Pressefreiheit soll dafür sorgen, dass kein Politiker und keine Politikerin lange an der Macht bleiben kann.
5. Die Pressefreiheit trägt dazu bei, dass Politiker und Politikerinnen nicht wie in einer Diktatur herrschen.
6. Die Pressefreiheit erlaubt es, dass Zeitungen alles schreiben können, was sie wollen.
7. Die Pressefreiheit gilt nur für die Printmedien wie Zeitungen und Zeitschriften.
8. Innere Pressefreiheit meint, dass Jounalisten das schreiben können sollen, was sie für richtig halten.
9. Wirtschaftliche Krisen und Probleme der Medienunternehmen können Gefahren für die Pressefreiheit bergen.

Tag der Pressefreiheit: Informationen können ein gefährliches Gut sein

Viele ausländische Presseorgane stehen unter der Knute des Staates, in Deutschland ist das nicht der Fall.

Unabhängig von Staat und Wirtschaft

Pressefreiheit in Deutschland

Die Freiheit der Presse wird nicht nur von außen bedroht. Sie muss jeden Tag neu erkämpft werden. Auch in Deutschland.

In Deutschland werden keine Journalisten wegen ihrer Tätigkeit ermordert oder entführt. In Deutschland werden keine Zeitungen verboten und keine Fernsehsender zu reinen Propagandazwecken missbraucht. Es geht uns gut, auch in Sachen Pressefreiheit. [...]

Das Bundesverfassungsgericht war es, das der Pressefreiheit in Deutschland zum Durchbruch verholfen hat: „Eine freie, nicht von der öffentlichen Gewalt gelenkte, keiner Zensur unterworfene Presse ist ein Wesenselement des freiheitlichen Staates", schrieben die Verfassungsrichter 1966. Im Jahre 2001 hatte sich das Klima verändert. Jetzt sprachen die Richter von den „wirklichkeitsverzerrenden Darstellungsweisen" der Medien, die „skandalisieren" und „verfälschen". [...]

Das ist der Hintergrund, vor dem andere Gerichte eine für die Pressefreiheit gefährliche Rechtsprechung entwickeln. Zeitgenossen, die sich von den Medien in ihrer Privatsphäre gestört fühlen, bekommen inzwischen „Schmerzensgelder" in absurden Größenordnungen zugebilligt. Da müssen bis zu 250000 Euro für vergleichsweise läppische Fotos bezahlt werden. [...] Das führt inzwischen auch dazu, dass immer mehr Medien aufhören, über einen Prügelprinzen, der allerlei Anlass für öffentliche Kritik bietet, überhaupt noch zu berichten. Weil das Prozessrisiko zu groß ist. Dabei muss man freilich auch einräumen, dass es einzelne Medien zuvor toll getrieben haben und dass die Selbstreinigungskräfte des Journalismus nicht ausgereicht haben, diesem Treiben ein Ende zu setzen.

Die Freiheit der Presse bedarf nicht nur der Freiheit von Zwangsmaßnahmen des Staates, sie bedarf auch der Unabhängigkeit gegenüber gro ßen und mächtigen Interessengruppen. Der beste Schutz gegen derartige Gefahren waren in der Vergangenheit starke und wirtschaftlich erfolgreiche Presseunternehmen. Eine wirtschaftliche Krise, wie sie die Medien derzeit erleben, könnte auch Gefahren für die Pressefreiheit bergen.

Es gibt eine Gefährdung der Pressefreiheit, für die manche Presseorgane schon selbst verantwortlich sind. Wer auf Dauer David Beckhams Bettgeschichten wichtiger nimmt als Hartz IV, muss sich nicht wundern, wenn er eines Tages danach gefragt wird, ob ihm dafür die Privilegien des Presserechts gewährt worden sind.

Das Bundesverfassungsgericht hat einst die „geistige und wirtschaftliche Konkurrenz" der Medien so gelobt. Eine Auseinandersetzung, die nur noch auf der Basis von Auflagen- und Gewinnzahlen geführt würde, wäre eine wirtschaftliche, aber keine geistige Konkurrenz mehr. Die Pressefreiheit bedarf zu ihrer Legitimation stets der Meinungsvielfalt, auch des Meinungsstreits.

(Stefan Geiger, in: Stuttgarter Zeitung, 4. 5. 2004, S. 5)

1. *Pressefreiheit und Demokratie: Erläutere, wie beides zusammenhängt.*
2. *Liste auf, welche Gefahren für die Pressefreiheit in Deutschland in dem Zeitungsartikel benannt werden.*
3. *Notiere, welche Aussagen im Kasten auf Seite 70 richtig und welche falsch sind. Begründe deine Urteile.*
4. *Werte die Karikatur auf Seite 70 aus. Beachte dazu die Tipps auf Seite 44.*

Pressefreiheit – nicht selbstverständlich

Die Karikatur erschien 1847 in einer Zeitschrift, die mit der Zensur in Konflikt geraten war. Im Banner des politisch blinden Maulwurfs wird der rückwärtsgehende Krebs geführt. Ihm folgt die mit spitzem Rotstift, scharfen Augen und Schere „ausgerüstete" strenge Zensur. Ihr schließt sich die lammfromme Regierungspresse, die über ein bloßes „I-a" nicht hinauskommt, an. Die Figur des kaiserlichen Beamten und sein Spitz weisen nach Wien: Dort bürgerte sich für Polizeispione der Ausdruck „Spitzel" ein.

Die Meinungs- und Pressefreiheit musste im Laufe der Geschichte erkämpft werden. Zu allen Zeiten haben die Mächtigen versucht, diese Freiheit einzuschränken und zu unterdrücken.
So mussten schon kurz nach der Erfindung des Buchdrucks die Texte vor dem Druck erst von kirchlichen oder staatlichen Stellen genehmigt werden. Zu Anfang des 19. Jahrhunderts führten die deutschen Fürsten eine strenge Zensur in ihren Staaten ein, um ein Übergreifen der Gedanken der Französischen Revolution auf ihr Herrschaftsgebiet zu verhindern.
Diktatoren und undemokratische Regierungen früher und heute setzen viele Mittel ein, um eine freie Berichterstattung in ihren Staaten zu verhindern. Kritische Zeitungen werden verboten, Journalisten verhaftet, gefoltert, ermordet. Neben solchen offenen Unterdrückungsmaßnahmen gibt es auch versteckte Methoden: So bekommen nur regierungstreue Zeitungen Druckpapier, bestimmte Journalisten „verschwinden" spurlos, Anhänger der Staatspartei werden als Chefredakteure eingesetzt. Eine weitere Methode der Einschränkung ist die „Lenkung" der Presse. Zum Beispiel gab es in der DDR zwar unterschiedliche Zeitungen, alle mussten jedoch das Gleiche berichten. Von der Regierung erhielten die Redaktionen täglich Anweisungen, über was berichtet werden sollte, wie bestimmte Ereignisse zu werten waren, über was nicht geschrieben werden sollte.
„Reporter ohne Grenzen" ist eine Organisation, die über die Verletzungen der Pressefreiheit in vielen Staaten der Welt berichtet.

DDR-Zeitungen (1973)

1. *Erläutere, warum die Pressefreiheit ständig gefährdet war und ist.*
2. *Die Pressefreiheit kann auf unterschiedliche Weisen verletzt werden. Notiere stichwortartig einige Methoden.*
3. *Erkläre, was die beiden Abbildungen mit Verletzungen der Pressefreiheit zu tun haben.*

Methode: Interneterkundung

Thema: Pressefreiheit weltweit

„Reporter ohne Grenzen" wurde 1985 in Frankreich gegründet. Ziel der Organisation ist es, Verstöße gegen die Pressefreiheit auf der ganzen Welt zu erfassen, bekannt zu machen und Aktionen dagegen durchzuführen. Journalisten aus aller Welt schicken der Zentrale in Paris Berichte über die Situation der Pressefreiheit in ihren Ländern. Im Internet werden diese Meldungen weiterverbreitet und so über den Zustand der Pressefreiheit weltweit berichtet. Am Beispiel der Homepage von „Reporter ohne Grenzen" (http://www.reporter-ohne-grenzen.de) könnt ihr trainieren, wie man sich gezielt Informationen im Internet beschaffen kann. Gleichzeitig erfahrt ihr, wie es weltweit um die Pressefreiheit steht.

Links auf der Homepage findet man eine Navigationsleiste mit Stichwörtern. Klickt man ein Stichwort mit der Maus an, wird man zu dem Unterpunkt geführt.

Hier findet man unter der Überschrift „Barometer" Zahlen zur Verfolgung von Journalisten seit Beginn des laufenden Jahres. Am 22. März 2006 nannte das „Barometer":

- 12 Journalisten getötet
- 6 Medien-Assistenten getötet
- 120 Journalisten derzeit inhaftiert
- 3 Medien-Assistenten derzeit inhaftiert
- 53 Online-Dissidenten derzeit inhaftiert

Der mittlere Teil der Homepage enthält aktuelle Meldungen. Dieser Teil ändert sich ständig.

Klickt ihr auf die Stichworte rechts, so erhaltet ihr jeweils aktuelle Informationen.

Erkundung der Internetseite

1. Klickt auf der rechten Seite der Homepage das Stichwort „Rangliste der Pressefreiheit" an:
   – Wie viele Fragen werden zur Erstellung der Rangliste herangezogen?
   – Wie viele Staaten wurden bei der Auswertung berücksichtigt?
   – Welche Staaten haben in Sachen Pressefreiheit die besten Rangplätze?
   – Welcher Staat nimmt den schlechtesten Rangplatz ein?
   – Welchen Rangplatz hat Deutschland inne?
2. Klickt das Stichwort „Feinde der Pressefreiheit" an:
   – Wie viele Feinde werden insgesamt genannt?
   – Wer wird für „Europa und die ehemalige Sowjetunion" als Feind der Pressefreiheit genannt?
3. Geht auf der rechten Seite zu „Suche". Gebt dann das Schlagwort „Zensur" ein: Wie lautet der Titel der aktuellsten Meldung?
4. Welche aktuellen Zahlen enthält das „Barometer"?
   In welchem Staat sind die meisten Journalisten inhaftiert?
5. Klickt links das Stichwort „Archiv" an:
   – In welche Unterpunkte ist das Archiv gegliedert?
   – Klickt den Unterpunkt „Kampagnen" an: Worüber wird berichtet?

❶ *Erkunde die Homepage von „Reporter ohne Grenzen". Beantworte die Erkundungsfragen.*

❷ *Bewerte den Internetauftritt von „Reporter ohne Grenzen" unter folgenden Gesichtspunkten:*
– Verlässlichkeit der Informationen,
– Übersichtlichkeit des Aufbaus,
– Gesamtangebot an Informationen.
Finde weitere Kriterien zur Bewertung.

Wirkung von Gewaltdarstellungen

Im April 2002 richtete ein Schüler in einem Gymnasium in Erfurt ein Blutbad an, bei dem 17 Menschen ums Leben kamen. Brutale Videospiele waren die Lieblingsbeschäftigung des Jugendlichen gewesen. Ein ähnlicher Fall ereignete sich im März 2009 in Winnenden. Ein Realschüler erschoss in seiner Schule und auf der anschließenden Flucht insgesamt 15 Menschen und tötete sich dann selbst.

Morde in Erfurt: Eine Wirkung der Medien?

Hamburg (dpa) – Die Morde in Erfurt haben die alte Debatte über Gewalt in den Medien und vor allem im Fernsehen neu entfacht. Anders als an vielen Stammtischen geht die Medienforschung jedoch nicht so weit, einen kausalen Zusammenhang zwischen Medienkosum – also bestimmten Computerspielen oder Sendungen – und gewalttätigem Handeln herzustellen. Sprich: Nicht jeder, der gewaltverherrlichende Videospiele liebt, wird die dort erlebte Gewalt im Alltag ausleben. „An der verstärkenden Wirkung der Medien ist jedoch nicht zu zweifeln. Wenn zum Beispiel Menschen persönliche Probleme mit Gewalt haben, können Medien diese noch stärker machen", sagt Helga Theunert, wissenschaftliche Direktorin am „JFF – Institut für Medienpädagogik in Forschung und Praxis" in München. Unstrittig ist, dass bei der Jagd nach hohen Einschaltquoten im Fernsehen immer mehr Gewalt gezeigt wird. [...]

Der Action- und Krimiboom auf allen Kanälen hat für Maya Götz vom Internationalen Zentralinstitut für das Jugend- und Bildungsfernsehen (IZ) in München gesellschaftliche Folgen: „Das Fernsehen hat immer auch Symbolwert. Die Frage ist also, wie viel Brutalität wir zulassen." Die Medienforscherin wirft den Sendergewaltigen vor, andere Formate gar nicht mehr anzutesten. „Es funktioniert nach Art einer sich selbst erfüllenden Prophezeiung: Die Verantwortlichen sagen, dass Action gern gesehen wird, also probieren sie auch nichts anderes." Der Erfolg von Quizsendungen im vergangenen Jahr habe aber gezeigt, dass es Alternativen gebe.

Gerade im Fernsehen ist nach Ansicht Theunerts wichtig, wie Gewalt dargestellt wird und ob es eine Distanzierung von der Gewalt gibt. „Problematisch ist, wenn Gewalt als Erfolg Versprechendes legitimes Mittel gezeigt wird." Dies kann nicht nur in Actionfilmen oder Krimis der Fall sein, sondern auch in Zeichentrickfilmen oder Talkshows. Friederich Krotz von der Universität Münster sieht gerade bei bestimmten Daily-Talk-Formaten, in denen Menschen „vorgeführt" oder mit ihren ärgsten Feinden konfrontiert werden, eine Art von „struktureller Gewalt".

Eine vor wenigen Wochen in den USA veröffentlichte Langzeit-Studie der Columbia University in New York geht noch weiter. Die Forscher kamen nach der Beobachtung von 707 Familien über einen Zeitraum von 17 Jahren zum Ergebnis, dass täglich mehrstündiges Fernsehen bei Jugendlichen und jungen Erwachsenen auf Dauer einen Hang zu gewalttätigem Verhalten fördere. Dieser Zusammenhang sei unabhängig von anderen Faktoren [...] nachweisbar.

In Deutschland betonen die Experten, dass nicht alle Medien über einen Kamm geschoren werden dürfen. „Das Fernsehen ist nicht mit Computerspielen vergleichbar", sagt Theunert. „Bei Ego-Shooter-Spielen wird der Konsument selbst zum Täter." Ihr Kollege Krotz pflichtet ihr bei: „Wenn ich beim Computerspiel Menschen töte, ist es eine Art Sport. Wenn ich einen Hollywood-Film anschaue, dann sehe ich die Leute leiden oder sterben." [...]

(Karikatur: Nik Ebert)

(aus dem Internet: http://www.kssa.de/page114.html)

1. *Gewalt und Medien: Notiere die Kerngedanken des Artikels stichwortartig.*
2. *Erläutere, was die Karikatur ausdrücken will.*

Das Wichtige in Kürze

Massenmedien

Von besonderer Bedeutung sind die Medien, mit denen einer großen Zahl von Menschen etwas mitgeteilt oder gezeigt werden kann: Fernsehen, Hörfunk und Zeitungen bzw. Zeitschriften. Diese Medien werden als Massenmedien bezeichnet. Massenmedien berichten nicht nur von Ereignissen, sie beeinflussen auch Ereignisse oder bewirken sie.

Medien und Politik

Für viele Bürger und Bürgerinnen sind die Medien der einzige Zugang zu politischen Fragen. Was die Massenmedien zum Thema machen, bewegt die Öffentlichkeit. In einer Demokratie müssen Politiker und Politikerinnen ihre Anliegen und Überzeugungen der Öffentlichkeit nahebringen, d. h., sie brauchen die Massenmedien als Vermittler ihrer Vorstellungen. Die Massenmedien wiederum brauchen Politiker, die ihnen interessante und sensationelle Schlagzeilen im Konkurrenzkampf um die höhere Auflage oder die besseren Einschaltquoten liefern.

Macht der Medien

Was Massenmedien berichten, wird rasch vielen Menschen bekannt. Durch ihre Berichterstattung beeinflussen die Medien die Meinungsbildung vieler Menschen. Weil es in einer Demokratie möglich ist, Missstände im Staat aufzudecken und Politiker zu kritisieren, üben die Medien Macht aus. Daher werden die Massenmedien oft als „vierte Gewalt" im demokratischen Staat neben den gesetzgebenden Parlamenten, den Regierungen und den Gerichten bezeichnet.

Pressefreiheit

Das Grundgesetz garantiert in Artikel 5 neben der Meinungsfreiheit auch die Pressefreiheit. Sie gilt für alle Massenmedien. Die Pressefreiheit ist nichts Selbstverständliches. Es gibt viele Staaten, in denen die freie Arbeit für Journalisten schwierig oder gefährlich ist. In Diktaturen dürfen die Medien nur über das berichten, was den Machthabern passt.

Einschränkungen der Pressefreiheit

Pressefreiheit bedeutet nicht Schrankenlosigkeit. In Artikel 5 des Grundgesetzes heißt es auch: „Die Rechte finden ihre Schranken in den Vorschriften der allgemeinen Gesetze, den gesetzlichen Bestimmungen zum Schutze der Jugend und in dem Recht der persönlichen Ehre." Das bedeutet z. B., dass Journalisten andere nicht durch Lügen verleumden dürfen. Über das Privatleben eines Menschen dürfen sie nur berichten, wenn daran – wie z. B. bei Politikern oder Stars – ein öffentliches Interesse besteht. Mit Rücksicht auf Jugendliche soll auf sensationsheischende Darstellungen von Gewalt und Brutalität verzichtet werden.

Verantwortung der Medien

Wer von Pressefreiheit in den Massenmedien Gebrauch macht, hat auch eine entsprechende Verantwortung. Der Kampf um Auflagenhöhe und Einschaltquoten darf nicht dazu führen, Sachverhalte aufzubauschen oder gar zu verfälschen. Immer wieder besteht die Gefahr der Manipulation, also der Beeinflussung anderer durch Täuschung. Einseitige Nachrichtenauswahl, verfälschende Kameraeinstellungen, beeinflussende Schlagzeilen oder Bildunterschriften sind Beispiele für versteckte Manipulation. Verharmlosende Gewaltdarstellungen in Fernsehfilmen können vor allem bei Jugendlichen zu falschen Vorstellungen von den Folgen von Gewalt führen.

Wir und das Internet

A *Ich erledige meine Bankgeschäfte online.*

B *Im Internet chatte ich mit meinen Freunden.*

C *Ich nutze Tauschbörsen im Internet zum Herunterladen von Audiodateien.*

D *Als Telearbeiter benötige ich das Internet beruflich.*

E *Ich mache bei Internetauktionen mit. Kürzlich habe ich eine Nähmaschine günstig ersteigert.*

F *Meinen Freunden schreibe ich oft E-Mails.*

G *Ich kaufe fast alle Bücher im Onlineversandhandel.*

H *Mich interessieren die Computerspiele im Internet.*

I *Wenn ich für ein Referat etwas wissen will, recherchiere ich im Internet.*

J *Mit der Webcam und der Internettelefonie halten wir den Kontakt zu unseren Verwandten in Australien.*

(Zeichnung: Karl Gerd)

Unsere Internetnutzung

Wenn ihr wissen wollt, wie das Internet von euch in der Klasse hauptsächlich genutzt wird, könnt ihr so vorgehen:

1. Jede/r von euch schreibt auf einem Blatt Papier fünf Möglichkeiten auf, wie er/sie das Internet nutzt. Dahinter notiert er/sie die Zahlen 5 bis 1. 5 bedeutet, dass diese Nutzung für ihn/sie die wichtigste oder die häufigste ist, 4 steht für eine etwas weniger häufige Nutzung usw. Wer das Internet für sich nicht nutzt, notiert „keine Internetnutzung". Auf dem Blatt wird kein Name angegeben. Lediglich durch ein „J" oder „M" könnt ihr festhalten, ob es von einem Jungen oder einem Mädchen stammt.
2. Die Auswertung aller Blätter erfolgt an der Tafel. Jede Nutzungsmöglichkeit wird bei der ersten Erwähnung notiert. Dann werden alle dafür genannten Zahlen aufgeschrieben. Zählt man am Ende zusammen, sieht man, wie das Internet in eurer Klasse genutzt wird.
3. Man kann die Auswertung nach Jungen und Mädchen getrennt vornehmen, z. B. die Zahlen in unterschiedlichen Farben notieren. So kann man im Vergleich sehen, ob es Unterschiede im Nutzungsverhalten gibt.

1. *Welche Aussagen über die Nutzung des Internets in den Sprechblasen stammen wohl eher von Jugendlichen, welche wohl eher von Erwachsenen? Notiere die Buchstaben entsprechend.*
2. *Nenne weitere Möglichkeiten der Internetnutzung.*
3. *Will die Karikatur nur witzig sein oder mehr aussagen? Begründe deine Meinung.*
4. *Führt in eurer Klasse eine Befragung „Unsere Internetnutzung" durch. Erläutert die Ergebnisse.*

Verwaltung des Internets

Wer regelt was im Internet?

Das Internet ist ein weltweiter Zusammenschluss von Rechnernetzen und Einzelrechnern, die eine bestimmte Technik nutzen, um Verbindungen untereinander aufzubauen. Als Ganzes gehört das Internet niemandem; es ist keine Firma oder einheitliche Organisation. Die einzelnen Bestandteile des Internets haben jedoch Besitzer, z. B. gehören die Datenleitungen Telekommunikationsfirmen oder -behörden. Sie verdienen am Internet ebenso wie die Firmen, die Rechner stellen oder Internetdienste anbieten. WWW (World Wide Web) ist ein solcher Dienst im Internet, der dem Nutzer Informationen unterschiedlichster Art und Herkunft zur Verfügung stellt. E-Mail ist ein anderes Beispiel für einen Internetdienst.
Es gibt im Internet viele technische Fragen, die einheitlich für alle geregelt sein müssen. Solche Internetstandards werden nicht von einem Einzelnen oder einer Regierungsbehörde festgesetzt, sondern von allgemein anerkannten Arbeitskreisen, deren Mitglieder Internetnutzer aus vielen Ländern sind. Die Mitarbeit ist für jeden möglich, der die nötige Sachkenntnis besitzt. Die Arbeitskreise treffen sich regelmäßig, diskutieren die anstehenden Probleme und verabreden Lösungen. Diese werden von allen als verbindlich akzeptiert. Je nach zu lösenden Fragen gibt es ganz unterschiedliche Arbeitskreise.
Wenn viele am Internet beteiligt sind, muss klar sein, wer bestimmt, wie was gemacht wird. Ein Beispiel: Jeder einzelne Computer ist im Internet durch eine Adresse (IP-Nummer) eindeutig zu identifizieren. Ein Domain-Name, auch Domänen-Name genannt, ist z. B. www.bundesregierung.de. Jeder Name kann weltweit nur einmal vergeben werden. Es muss also klar sein, wer für die Vergabe von IP-Adressen zuständig ist.

Das Internet ist nicht, wie viele glauben, völlig frei von Regeln. Die Icann (Internet Corporation for Assigned Names and Numbers) ist zuständig für die weltweite Verwaltung von Domänennamen und Adressen im Internet. Die Stiftung hat ihren Sitz in Kalifornien und unterliegt US-amerikanischem Recht. Eine der Hauptaufgaben von Icann ist die Koordination der Root-Server. Die übergeordneten Verwaltungscomputer nehmen Anfragen von Rechnern aus aller Welt entgegen und übergeben sie an die gewünschten Domänen. Diese Domänen sind so etwas wie grobe Postleitzahlen, um die Datenflüsse im Netz leiten zu können. „.de" zum Beispiel steht für Deutschland, „.com" wurde einst für amerikanische Firmen eingerichtet, steht mittlerweile aber jedem offen. Außerdem verwaltet Icann die sogenannten IP-Adressen, mit denen Computer innerhalb des weltweiten Netzes lokalisiert werden können. Regierungen können auf die Icann nur beratend Einfluss nehmen. Allerdings haben die USA eine Sonderrolle, weil das US-Wirtschaftsministerium einen besonderen Vertrag mit der Organisation geschlossen hat. Viele Staaten haben die Dominanz der USA bei der Internetverwaltung kritisiert. […]

(aus: Stuttgarter Zeitung, 18. 11. 2005, S. 4)

A Das Internet gehört der Firma Microsoft.

B Über einen Provider erhält man Zugang in das Internet.

C Internet und WWW sind das Gleiche.

D Das Internet ist ein dezentrales Netzwerk.

E Das Internet ist im Besitz einer US-Behörde.

F Regierungen können Icann nur Ratschläge geben.

G Die USA haben einen starken Einfluss auf die Internetverwaltung.

1 *Welche der Aussagen A bis G sind richtig, welche falsch? Begründe deine Entscheidung.*

Das Internet – ein Medium für alle?

Berlin, 23. Mai 2007 – Die Zahl der Internetnutzer wird in diesem Jahr weltweit um hundert Millionen Menschen steigen, von gut 1,13 Milliarden auf rund 1,23 Milliarden. [...] 2002 nutzten nur etwas mehr als 600 Millionen Menschen das Netz. Damit ist beinahe jeder fünfte Erdenbürger online. Voraussichtlich Ende 2010 wird die Grenze von 1,5 Milliarden Nutzern überschritten. [...] Das stärkste Wachstum findet dabei außerhalb Europas, Japans und der USA statt. 2010 werden die meisten Internetnutzer nicht mehr in diesen drei Regionen sitzen. Dies ergab eine Studie des europäischen Marktforschungsinstituts EITO im Auftrag des BITKOM.

(Bundesverband Informationswirtschaft Telekommunikation und neue Medien e. V. [BITKOM], http://www.bitkom.org/46074_46069.aspx, August 2008)

Weltweite Nutzung des Internets

Weltregion	Bevölkerung in Mio. (2008, geschätzt)	Internetnutzer (in Mio.)	Anteil der Internetnutzer an der Bevölkerung (in %)
Afrika	955,2	51,1	5,30 %
Asien	3776,2	578,5	15,30 %
Europa	800,4	384,6	48,10 %
Mittlerer Osten	197,1	41,9	21,30 %
Nordamerika	337,1	248,2	73,60 %
Lateinamerika/ Karibik	576,1	139,0	24,10 %
Ozeanien/ Australien	33,9	20,2	59,50 %
Gesamt	6676,0	1463,6	21,90 %

(Quelle: www.internetworldstats.com/stats.htm)

In den USA gibt es mehr als achtmal mehr Internetnutzer als auf dem gesamten afrikanischen Kontinent mit seinen mehr als 50 Ländern, in Japan sind es dreimal und in Deutschland mehr als doppelt so viele. Und allein im New Yorker Stadtteil Manhattan gibt es wesentlich mehr Internetanschlüsse als in Afrika, in einem Stadtteil mehr als auf einem ganzen Kontinent.

Zwar ist die Anzahl der Nutzer der am häufigsten benutzte Indikator (= Anzeiger) für das Vordringen des Internets, er erfasst jedoch nicht die Art und Qualität des Internetzugangs. Ein Nutzer ist sowohl ein japanischer Manager mit einem hervorragenden Breitbandzugang als auch ein ecuadorianischer Bauer, der einmal im Monat ein Internetcafé besucht. [...]

(aus: Stiftung Entwicklung und Frieden, Globale Trends 2007, hrsg. von der Bundeszentrale für politische Bildung, Bonn 2006, S. 212)

Der „Digital Divide"

Die Teilung der Welt in arme und reiche Länder spiegelt sich auch in der Infosphäre wider und bestimmt die Ausgangspositionen und Möglichkeiten, über die einzelne gesellschaftliche Gruppen, Länder oder Regionen im Zuge der globalen Informatisierung verfügen. Unter dem Stichwort „Digital Divide" werden jene Chancenungleichheiten zusammengefasst, die für eine informatisierte globale Wirtschaft charakteristisch sind. Spätestens seit dem Beginn des Kolonialismus sind Strukturen entstanden, die den Zugang zu wirtschaftlichen und gesellschaftlichen Ressourcen der Machtverteilung im internationalen System unterordnen. Auch der Zugang zu Informationen und zu den dafür notwendigen Technologien steht unter diesen Vorzeichen. Nur in hoch technisierten Ländern bestehen überhaupt die infrastrukturellen Voraussetzungen für einen nutzbringenden Einsatz der neuen Informations- und Kommunikationstechnologien: stabile Elektrizitätsversorgung, funktionierende Telefonleitungen, ein Wartungs- und Vertriebssystem, entsprechend ausgebildete Arbeitskräfte. [...]
Diese digitale Spaltung trennt aber nicht nur Länder voneinander, sondern stellt auch eine Barriere innerhalb von Gesellschaften dar, wenn zum Beispiel junge Menschen oder Männer leichteren Zugang zu den Technologien haben als ältere oder Frauen: Die herkömmlichen sozialen Trennlinien, Klassen- und Geschlechtsunterschiede, Kaufkraftunterschiede oder Bildungsunterschiede wirken sich direkt auf die Möglichkeiten aus, Informations- und Kommunikationstechnologien zum eigenen Nutzen einzusetzen.

(aus: Konrad Becker u. a., Die Politik der Infosphäre. World-Information.Org, hrsg. von der Bundeszentrale für politische Bildung, Bonn 2002, S. 215 f.)

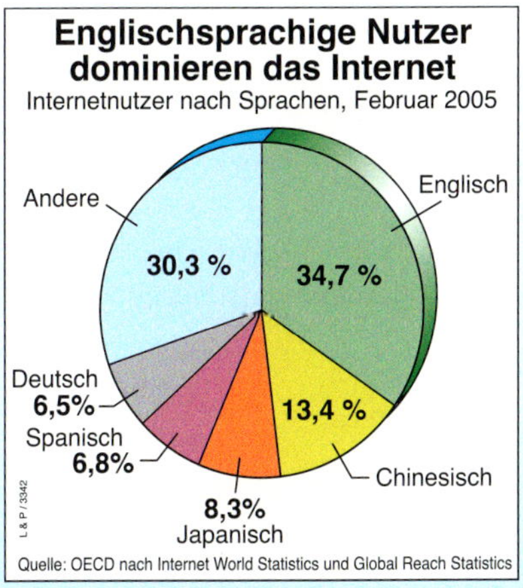

Die digitale Spaltung hat [...] verschiedene und sich wechselseitig verstärkende Ursachen. Entwicklungsländer verfügen zurzeit nur begrenzt über die technischen Voraussetzungen für Telefon- und Internetanschlüsse; in zahlreichen Ländern gibt es keine flächendeckende Stromversorgung. Etwa zwei Milliarden Menschen, d. h. ein Drittel der Weltbevölkerung, verfügen über keinen Stromanschluss. Je höher der Anteil der absolut Armen in Entwicklungsgesellschaften, desto weiter sind diese von technischen Errungenschaften wie flächendeckend funktionsfähigen Telefon- und Stromnetzen entfernt. Diese sind jedoch Voraussetzung für den Zugang zum Internet.

Einen wesentlichen Hinderungsgrund für eine schnellere Verbreitung des Internets in ökonomisch schwachen Ländern stellen neben mangelnden infrastrukturellen Voraussetzungen [...] auch die hohen Kosten für einen Internetzugang dar.

Eine weitere Zugangsbarriere zum *World Wide Web* in Entwicklungsgesellschaften ist die Sprache, denn etwa 80 % der Netzinhalte sind in Englisch. Damit werden Menschen in nichtanglofonen Gesellschaften, in denen die Bevölkerungsmehrheit keine Chance hat, Englisch zu erlernen, ausgegrenzt.

(aus: Stiftung Entwicklung und Frieden, Globale Trends 2007, hrsg. von der Bundeszentrale für polit. Bildung, Bonn 2006, S. 217)

Billig-Laptop soll Kluft bei Internet schließen

Das leistet der 100-Dollar-Laptop

Die Rechenleistung des 100-Dollar-Laptops entspricht etwa der eines Intel Pentium III, der Prozessor stammt aber von AMD. Der Computer ist mit dem Linux-Betriebssystem Fedora ausgestattet. Anstatt über eine Festplatte verfügt der Laptop über einen ein Gigabyte großen Flashspeicher, der unempfindlich gegenüber Erschütterungen ist. Die Außenhülle des Rechners ist gegen Regen abgedichtet. Das ist wichtig, denn in Entwicklungsländern findet der Unterricht, in dem der Laptop eingesetzt werden soll, oft draußen statt.

Betrieben wird der Computer mit vier Akkus vom Typ „AA", ersatzweise auch über Solarzellen – oder mit einem Dynamo: Eine Minute Kurbeln liefert Strom für zehn bis 20 Minuten Betrieb. Möglich wird das durch den sparsamen Verbrauch des Computers: Bei voller Leistung benötigt er nur 2,5 Watt [...].

Der Computer ist mit einem Router ausgestattet, über den via WLAN Zugriff auf das Internet möglich ist [...]. Darüber hinaus können die Rechner kabellos zu einem Netzwerk zusammengeschlossen werden – über eine Entfernung von bis zu zwei Kilometern.

(aus: Hannoversche Allgemeine Zeitung, 27. 9. 2007, S. 14)

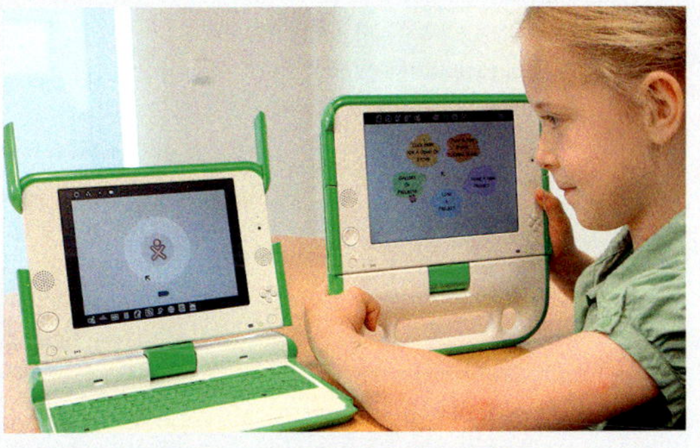

Die Initiative „One Laptop per Child" präsentiert am 7. 6. 2007 zwei funktionsfähige Prototypen der 100-Dollar-Laptops.

1. *Beschreibe, was mit „Digital Divide" gemeint ist. Nenne dabei zwei, drei anschauliche Beispiele.*
2. *„Digital Divide gibt es nur in Entwicklungsländern!" – Beziehe Stellung zu dieser Aussage.*
3. *Benenne Ursachen der digitalen Kluft. Analysiere dazu die Texte, die Statistik und die Grafik.*
4. *Billig-Laptop – ein Beitrag zum Schließen der digitalen Kluft? Begründe deine Meinung.*

Staat und Internet: Fallbeispiel Onlinedurchsuchung

Kriminelle und Terroristen nutzen das Internet. Sicherheitsexperten geben an, dass sich auf Tausenden von Seiten im Internet Baupläne zum Bombenbau befänden. Terrororganisationen diene das weltweite Datennetz als Kommunikationskanal, Rekrutierungsplattform und als Planungswerkstatt für Anschläge. Daher wird von den einen die Möglichkeit für die Polizei gefordert, die Festplatten in Computern heimlich durchsuchen zu dürfen. Andere sehen darin einen unzulässigen Eingriff in die Grundrechte der Bürger. Unter dem Schlagwort „Onlinedurchsuchung" gab es 2007 darüber in Deutschland einen heftigen politischen Streit, bis Anfang 2008 das Bundesverfassungsgericht dazu ein Urteil fällte.

Aus einer Rede von Bundesinnenminister Wolfgang Schäuble:
Der Rechtsstaat muss seine Aufgabe, das Recht zu wahren und durchzusetzen, auch in einer sich verändernden Gesellschaft erfüllen. Denn die gesellschaftlichen Veränderungen [...] bleiben nicht vor Kriminellen stehen, sondern werden von ihnen intensiv genutzt. Der Handtaschendiebstahl ist durch den Datenklau und anschließenden Onlinebetrug ersetzt worden. Die Verlagerung menschlicher Aktivität ins Internet spiegelt sich in einer steigenden Internetkriminalität. In der Sicherheitspolitik geht es also nicht nur um eine neue Bedrohung durch internationalen Terrorismus, sondern auch um eine sich wandelnde Alltagskriminalität in der digitalen Informationsgesellschaft. [...]
Der Rechtsstaat hat immer darauf geachtet, dass es keine Rückzugsräume für Kriminelle gibt. Er muss auch heute darauf achten, dass keine entstehen. Deswegen brauchen wir die Onlinedurchsuchung. Wir geben den Rechtsstaat eher auf, wenn wir zulassen, dass der Staat und sein Recht in der globalisierten Internetgesellschaft an Boden verlieren als [...] durch die Einführung neuer, dem technischen Fortschritt geschuldeter Ermittlungsinstrumente.
Wir müssen operativ auf der Höhe von Kriminellen bleiben und die technischen Mittel anwenden und kontrollieren, die Kriminelle [...] im 21. Jahrhundert nutzen. [...]
Wir dürfen aber vom Staat auch nicht das Unmögliche verlangen: Auf der einen Seite soll er Unrecht und Gewalt möglichst ausnahmslos unterbinden und zugleich in freiheitlicher Distanz und Diskretion nichts sehen, nichts hören und nichts fragen. [...]
Datenschutz bedeutet nicht, dass der Staat wegschauen muss, wenn es um die Vorbereitung schwerster Straftaten geht. Datenschutz bedeutet, dass der Gesetzgeber transparente Grundlagen dafür schafft, wer welche Daten wofür erhebt, welche Daten vernetzt werden können, wie lange sie gespeichert werden – das heißt: klare rechtliche Regelungen und richterliche Kontrolle, aber kein bewusster Verzicht auf Informationen, die notwendig sind, um den staatlichen Sicherheitsauftrag wahrnehmen zu können.

(aus: Die Zeit, 15.11.2007, S. 4f.)

Aus einem Artikel von Dieter Grimm, Richter am Bundesverfassungsgericht 1987–1999:
[...] heimliche Informationsgewinnung. Das ist charakteristisch für die Bekämpfung neuartiger Gefahren wie organisierte Kriminalität, Waffenschmuggel und eben Terrorismus. Der Staat setzt in diesem Kampf auf Prävention. [...]
Prävention gibt es nicht erst seit dem Terrorismus. Immer schon war die Polizei auch dazu da, Straftaten zu verhüten und Gefahren abzuwenden. Doch brauchte sie, um einschreiten zu dürfen, zumindest eine bevorstehende Tat oder eine manifeste Gefahr. Angesichts der neuartigen Bedrohungen ist die Prävention aber immer weiter nach vorn verschoben worden. Es geht heute nicht mehr nur darum, einen Verdächtigen zu observieren, sondern überhaupt erst Anhaltspunkte für einen Verdacht [...] zu finden.
Damit wächst der Informationshunger des Staates erheblich. Er lässt sich freilich nur heimlich stillen. Deswegen wachsen auch die Geheimdienste und ihre Befugnisse. Die Vorteile der vorverlagerten Prävention sind allerdings nicht kostenlos zu haben. Wo erst Verdachtsmomente gesammelt werden sollen, trifft sie potenziell jeden und alles, weil bei der Verdachtssuche nichts unverdächtig ist, nicht das Buch aus der Bibliothek, nicht der Wecker auf dem Nachttisch [...].
Deswegen darf man auch nicht der Beschwichtigung trauen, wer sich nichts vorzuwerfen habe, habe auch nichts zu befürchten. Jeder muss befürchten, dass seine Kommunikation überwacht wird. Niemand kann sicher sein, dass ihm daraus keine unangenehmen Folgen erwachsen. Ist man einmal im Verdachtsraster hängen geblieben, sind Beschattung und Ausforschung der Nachbarn, Beförderungsverweigerungen im Flugzeug, der Verlust des Arbeitsplatzes wegen Sicherheitsbedenken nicht mehr völlig fern.
Daher muss man dem staatlichen Informationshunger Grenzen ziehen. [...]
Zwar wird der Bundesinnenminister nicht müde, zu erklären, die alten Denkmuster passten für die neuen Bedrohungen nicht mehr. Der Grundsatz der Verhältnismäßigkeit ist für die Lösung von Konflikten zwischen Sicherheit und Freiheit aber unverzichtbar. [...]

(aus: Die Zeit, 29.11.2007, S. 14)

(Karikatur: Gerhard Mester / CCC)

(Karikatur: Rolf Henn Luff / CCC)

Hohe Hürden für Onlinefahnder

Bundesverfassungsgericht erlaubt heimliche PC-Durchsuchungen nur bei konkreter Gefahr

KARLSRUHE/BERLIN. Union und SPD wollen möglichst rasch heimliche Onlinedurchsuchungen von Computern erlauben. Dazu soll das Gesetz über das Bundeskriminalamt ergänzt werden. Zuvor hatte das Bundesverfassungsgericht hohe rechtliche Hürden für solche Durchsuchungen aufgestellt und die entsprechenden Regelungen aus Nordrhein-Westfalen für verfassungswidrig erklärt.

Das Bundesverfassungsgericht hat ein neues Grundrecht auf „Gewährleistung der Vertraulichkeit und Integrität informationstechnischer Systeme" aus dem allgemeinen Persönlichkeitsrecht abgeleitet. Dieses neue Computergrundrecht erlaubt der Polizei und den Geheimdiensten das heimliche Eindringen und Ausspähen von privaten Computern nur in eng begrenzten Ausnahmefällen. [...] Das Ausspähen ist nur zulässig, wenn eine „konkrete Gefahr für ein überragend wichtiges Rechtsgut" existiert. Erlaubt ist die Onlinedurchsuchung nur, wenn es um Terrorismus oder aber „Leib, Leben und Freiheit" von Menschen geht.

Jenseits solch „existenzieller Bedrohungslagen" ist die Onlinedurchsuchung nicht gestattet, weil sie „die Persönlichkeit des Betroffenen einer weitgehenden Ausspähung preisgibt", so Gerichtspräsident Hans-Jürgen Papier zur Begründung. Damit ist das Ausspähen fast im gesamten Bereich der Vorfeldaufklärung des Terrorismus künftig tabu. Das Verfassungsgericht schreibt zwingend eine vorherige richterliche Anordnung der Onlinedurchsuchung vor – auch für die Geheimdienste. Der „Kernbereich privater Lebensführung", beispielsweise Tagebuchaufzeichnungen, muss besonders geschützt werden; sie dürfen nicht verwertet werden.

Deutlich größeren Spielraum lässt das Gericht den Sicherheitsbehörden bei der Überwachung der Internettelefonie, wenn technisch und rechtlich sichergestellt ist, dass dabei nicht gleichzeitig auch andere Teile des Computers ausgespäht werden. Einschränkungen gibt es bei der Überwachung von geschlossenen Internetchats.

(Stefan Geiger und Armin Käfer, in: Stuttgarter Zeitung, 28. 2. 2008, S. 1)

1. *Beschreibe, was mit „Onlinedurchsuchung" gemeint ist.*
2. *Der Bundesinnenminister und der ehemalige Verfassungsrichter vertreten unterschiedliche Meinungen zur Onlinedurchsuchung. Fasse jede der beiden Positionen mit eigenen Worten zusammen.*
3. *Die beiden Karikaturen erschienen während des Streits um die Onlinedurchsuchung, also vor dem Urteil des Bundesverfassungsgerichts. Skizziere die Meinungen, die die Zeichner vertreten.*
4. *Das Bundesverfassungsgericht hat über die Onlinedurchsuchung entschieden. Gib den Kerngedanken des Urteils mit deinen Worten wieder.*
5. *Vergleiche das Urteil mit den beiden Positionen von Seite 80: Hat das Gericht einer der beiden Seiten zugestimmt? Begründe deine Einschätzung.*

Wie sicher ist das Internet?

A

Ihre E-Mails und den größten Teil Ihres Datenverkehrs über das Internet könnte mit relativ einfachen Mitteln jeder mitlesen. Denn der Datenaustausch ist per se unverschlüsselt. Wenn Sie also sichergehen wollen, dass kein Unbefugter in private und geschäftliche E-Mails hineinschaut, sollten Sie diese verschlüsseln.

C

Ein Computer kann zum Zombie werden. Das heißt: komplett in die Hände eines anderen fallen und durch diesen Angreifer dazu gebracht werden, beim Versand von Spam-Mails oder bei Hacking-Angriffen zu helfen. Der Fremde hat dann auch die Möglichkeit, auf Daten zuzugreifen. Wie? Von innen heraus – durch Programme, die in das System geschleust werden, zu ihrem „Herrn" irgendwo im Internet Kontakt aufnehmen und ihm das Regime über den Rechner geben. Auf einem modernen Computer laufen in der Regel mehrere Dutzend Programme gleichzeitig, viele davon im Hintergrund. Eins mehr oder weniger fällt da nicht auf. Solche Programme werden heute meist als Trojaner bezeichnet. Sogenannte Spyware ist die weniger erschreckende, aus Sicht des Datenschutzes aber immer noch bedenkliche Variante: Sie zeichnet im Hintergrund Daten über Ihr Onlineverhalten auf und schickt sie an interessierte Stellen – zum Beispiel Unternehmen, die dann auf Webseiten personalisierte Werbung einblenden.

B

Haben Sie sich schon einmal gefragt, wieso die Internetseite Ihres Lieblings-Versandhauses Sie mit Ihrem Namen begrüßt? Der Grund dafür sind Datenspuren, die auf Ihrem Rechner deponiert wurden, als Sie sich bei der Seite angemeldet haben. Daran hat die Seite Sie wiedererkannt. Unter Umständen lässt sich anhand solcher und ähnlicher Daten recht genau nachvollziehen, welche Internetseiten Sie besucht haben und zu einem gewissen Grad auch, was Sie dort getan haben.
So werden die Adressen, die in einem Internetprogramm, dem Browser, eingegeben werden, normalerweise zumindest für ein paar Tage gespeichert und sind offen einsehbar. Außerdem haben Browser einen Zwischenspeicher auf der Festplatte, den Cache („Vorrat"), in dem die besuchten Seiten für eine bestimmte Zeit gespeichert werden, damit sie bei wiederholten Besuchen nicht immer wieder aus dem Netz geladen werden müssen. Die meisten Internetseiten hinterlassen zudem kleine Dateien auf dem Computer, sogenannte Cookies („Kekse"). In diesen können zum Beispiel Daten über die Identität des Benutzers abgespeichert sein. Wie bei der Versandhaus-Seite.

D

Ein Schnüffler kann nicht nur Ihre privaten Daten einsehen, sondern sogar Ihre letzten Arbeitsschritte nachvollziehen. Die meisten Systeme bieten nämlich eine Liste der zuletzt geöffneten Dateien an.

E

Wer an Ihre persönlichen Daten kommen will, hat es am einfachsten, wenn er direkt vor ihrem Rechner sitzt. Oft vernachlässigen Anwender nämlich die Sicherheit zugunsten der Bequemlichkeit, indem sie den Zugang zu ihren Daten so einfach wie möglich machen. Sie verzichten auf eine Zugangskontrolle durch Passwort entweder ganz oder vergeben schwache Passwörter. Ein schwaches Passwort besteht aus dem eigenen Namen oder dem des Hundes und Ähnlichem. Und manch einer klebt einen Zettel unter die Tastatur, auf dem das Passwort draufsteht.

F

Was wäre, wenn jemand heimlich Ihren Internetanschluss mitbenutzen und darüber beispielsweise Kinderpornos aus dem Netz laden würde? Sie würden bei einer Aufdeckung belangt, weil die Aktion über Ihren Anschluss lief.
Möglich werden solche Attacken durch Funkcomputernetze, sogenannte WLANs (WLAN = Wireless local Area Network). Wer eins hat, sollte dessen Verschlüsselung aktivieren. Leider wissen manche Anwender gar nicht, dass sie ein WLAN haben. Die Funktionalität ist manchmal in den sogenannten Router eingebaut, ein Gerät, das Internetanbieter mit einem neuen Anschluss zur Verfügung stellen. Er wird zu Hause aufgestellt, eingeschaltet, der Internetzugang konfiguriert – ohne daran zu denken, dass er auch funkt. […]

(Texte A bis F aus: Die Rheinpfalz, 16. 3. 2008, S. 3)

Basisschutz leicht gemacht!

1. Installieren Sie ein ……… 1 ……… und ein ……… 2 ……… und halten Sie diese immer auf dem aktuellen Stand.
2. Setzen Sie eine ……… 3 ……… ein und aktualisieren Sie diese regelmäßig. Sie schützt bei richtiger Konfiguration vor Angriffen aus dem Internet und verhindert zudem bei einer Infektion des PCs mit einem Computerschädling, dass ausspionierte Daten an einen Angreifer übersandt werden können.
3. Achten Sie darauf, ob es ……… 4 ……… für Ihr Betriebssystem und sonstige von Ihnen installierte Software gibt und führen Sie diese durch.
4. Arbeiten Sie nach Möglichkeit nicht als Administrator an Ihrem PC, denn so können Schadprogramme noch mehr Unheil anrichten. Richten Sie für alle Nutzer eines PCs ……… 5 ……… ein. Vergeben Sie für diese Konten nur die Berechtigungen, die der jeweilige Nutzer für seine Arbeit braucht. So werden auch private Dateien vor dem Zugriff anderer geschützt.
5. Gehen Sie sorgfältig mit Ihren ……… 6 ……… um: Halten Sie Kennwörter und Benutzernamen sowie Zugangscodes für Dienste (z.B. beim Onlinebanking) unter Verschluss. Wechseln Sie Passwörter in regelmäßigen Abständen.
6. Seien Sie vorsichtig beim ……… 7 ……… . Schadprogramme werden oft über Dateianhänge in E-Mails verbreitet. Im Zweifelsfall fragen Sie vorsichtshalber beim Absender nach, ob der Anhang tatsächlich von ihm stammt.
7. Seien Sie vorsichtig bei ……… 8 ……… . Vergewissern Sie sich vor dem Download von Programmen aus dem Internet, ob die Quelle vertrauenswürdig ist und bringen Sie Ihr Virenschutzprogramm auf den aktuellsten Stand.
8. Seien Sie zurückhaltend mit der ……… 9 ……… . Onlinebetrüger steigern ihre Erfolgsraten, indem sie individuell auf ihre Opfer zugehen: Zuvor ausspionierte Daten, wie etwa Surfgewohnheiten oder Namen aus dem persönlichen Umfeld, werden dazu verwandt, Vertrauen zu erwecken.
9. Nutzen Sie Übertragungstechnologien wie Voice over IP (VoIP) oder Wireless LAN (WLAN), dann achten Sie besonders auf eine ……… 10 ………, damit die Übertragung Ihrer Daten nicht von Dritten mitgelesen bzw. Gespräche nicht abgehört werden können.
10. Kommt es trotz aller Schutzmaßnahmen zu einer Infektion des PCs mit einem Schädling, können wichtige Daten verloren gehen. Um den Schaden möglichst gering zu halten, sollten Sie regelmäßig ……… 11 ……… auf CD-ROM/DVD oder externen Festplatten erstellen.

(Quelle: Bundesamt für Sicherheit in der Informationstechnik)

a) Weitergabe persönlicher Informationen
b) Sicherheitsupdates
c) unterschiedliche Benutzerkonten
d) Zugangsdaten
e) Anti-Spyware-Programm
f) Verschlüsselung Ihrer Kommunikation
g) Sicherungskopien Ihrer Dateien
h) Personal Firewall
i) Downloads von Webseiten
j) Virenschutzprogramm
k) Öffnen von E-Mail-Anhängen

1 *Die Texte auf Seite 82 nennen die größten Sicherheitslücken bei der privaten Computernutzung. Werte die Texte stichwortartig mithilfe einer Tabelle nach dem folgenden Muster aus:*

Text	*Gefahr für die Datensicherheit*	*möglicher Schaden*

2 *Ordne die Stichworte a) bis k) aus dem Kasten den elf Tipps „Basisschutz leicht gemacht!" zu.*

3 *Das Bundesamt für Sicherheit in der Informationstechnik bietet leicht verständliche Informationen zur persönlichen Computersicherheit. Informiere dich im Internet unter www.bsi-fuer-buerger.de über dieses Angebot.*

Internet: Einkauf und Werbung

Milliardenumsätze mit Einkäufen im Internet

Warenhandel im Netz 40 Prozent des Versandgeschäfts

DÜSSELDORF (rtr/sö). Während der klassische Einzelhandel 2007 auf ein kleines Plus hofft, legt der Warenkauf über das Internet deutlich zu. Insbesondere Firmen, die Waren per Katalog und Internet anbieten, machen einer Studie zufolge gute Geschäfte.

Das Einkaufen im Internet wird immer beliebter. Einer Studie von TNS-Infratest zufolge werden in diesem Jahr Waren für rund 10,9 Milliarden Euro im Internet bestellt werden. Das sei ein Umsatzplus von neun Prozent zum Vorjahr. Mit diesem Rekordwert mache der Onlineumsatz im deutschen Handel bereits 39,5 Prozent des gesamten Versandhandels aus, sagte Hauptgeschäftsführer des Bundesverbands des Deutschen Versandhandels (BVH), Thomas Steinmark, bei der Vorstellung der Studie in Düsseldorf. Einschließlich Erlösen aus digitalen Diensten wie dem Ticketverkauf oder dem Herunterladen von Musik und Filmen werde der E-Commerce-Umsatz damit rund 16,8 Milliarden Euro erreichen.

[...]

Spitzenreiter im Onlinehandel sind nach Angaben des Bundesverbands Versender, die ihre Waren per Katalog und Internet anböten. Sie setzten 2007 rund 4,2 Milliarden Euro im Netz um. Grund ist, dass „ein erheblicher Teil der Internetbestellungen nach wie vor über den klassischen Katalog angestoßen" werde. Gewerbliche Anbieter im Internet-Auktionshaus eBay machten nach BVH-Angaben im vergangenen Jahr 2,5 Milliarden Euro und reine Internetanbieter 2,4 Milliarden Euro Umsatz.

Steinmark sieht mehrere Gründe für das anhaltende Wachstum: So steige die Zahl der Onlinenutzer und mit ihr die Zahl der Käufer im Internet. Nach der Allensbacher Computer- und Technik-Analyse (Acta) gibt es 2007 rund 29,37 Millionen (Vorjahr: 27,13 Millionen) Onlinekäufer für Waren und digitale Dienstleistungen in Deutschland. Zudem werde das Einkaufen im Netz durch verbesserte Präsentationen attraktiver. Nach wie vor sei Shoppen die liebste Beschäftigung der Internetnutzer. [...]

(aus: Stuttgarter Zeitung, 30. 10. 2007, S. 11)

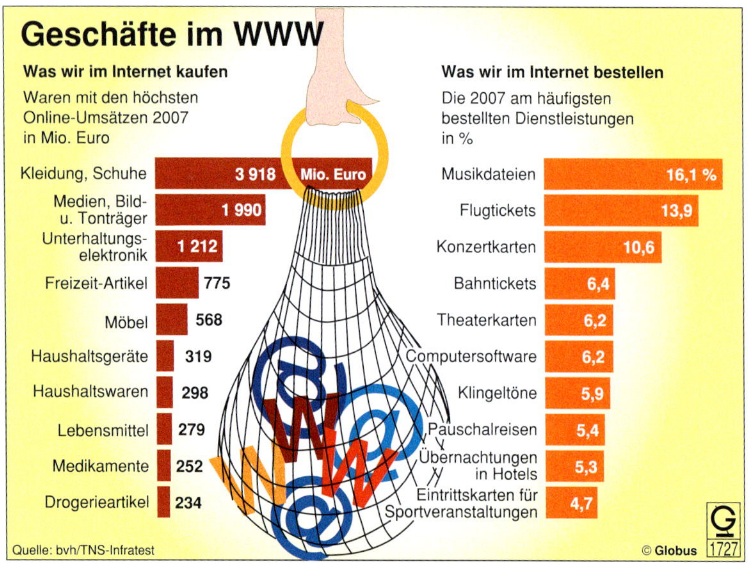

Kauf und Bestellungen im Internet im Jahr 2007

Es ist eine Entscheidung mit Folgen für jedermann – sofern er im Internet surft. Die EU-Kommission erlaubt dem Suchmaschinenbetreiber Google, eine Firma namens DoubleClick zu übernehmen. Damit entsteht eine Datenbank, die weltweit ihresgleichen sucht. Sie setzt sich zusammen aus vielen Hundert Millionen Protokollen: Google und DoubleClick registrieren menschliches Verhalten im Internet und nutzen die Daten, um dort Geschäfte mit Werbung zu machen.

Seit Jahren wächst dieser Markt rasant. Er erreicht momentan ein Volumen von rund 40 Milliarden Dollar weltweit, woran Google einen Anteil von 40 Prozent hat. Genau diese Größe bereitet manchem Beobachter inzwischen Sorgen. [...]

Na und, könnte denken, wer Google und Werbung im Internet vermeidet. Doch genau an dieser Stelle kommt DoubleClick ins Spiel. Das Unternehmen erfasst früher oder später praktisch jeden Surfer. Denn es ist ein technischer Dienstleister, der sich darauf spezialisiert hat, Werbung im Internet auszuliefern, auf einzelnen Internetseiten zu platzieren und den Erfolg dieser Werbung zu analysieren.

Mit seiner Technik kann das Unternehmen nun erfassen, wenn jemand beispielsweise einen Artikel in einer populären Onlinezeitung auch nur anschaut – sofern DoubleClick daneben eine Werbeanzeige platziert hat. Dann speichert die Firma, von welchem Computer die Abfrage kommt, und sendet ein kleines Hilfsprogramm dorthin, Cookie genannt. Die meisten Nutzer tun nichts dagegen, wissen nicht einmal davon – und sobald das Cookie einmal im Computer sitzt, werden Nutzer auf ihrem weiteren Weg regelrecht verfolgt. Denn das kleine Programm protokolliert, wann und wo ein Nutzer in Sichtkontakt mit einer Anzeige kommt, die von DoubleClick ausgeliefert wurde. Wann immer es kann, sendet es diese Informationen an die zentrale Datenbank von DoubleClick, sodass ein ziemlich umfassendes Bild davon entstehen könnte, was die Nutzer eines Computers im Internet treiben. Bei DoubleClick heißt es derweil, man sammle die Daten nur für seine Werbekunden, und die wiederum könnten nur jene einsehen, die mit ihrer eigenen Werbung zu tun hätten.

Fügte man sie eines Tages jedoch zusammen, könnte man erkennen, wie engmaschig die Reusen sind, die DoubleClick im Internet inzwischen ausgeworfen hat. Zuletzt teilte das Unternehmen immerhin mit, es arbeite für die zehn größten Markenhersteller der Welt, dazu auch für acht der zehn größten Werbeagenturen und acht der zehn populärsten Internetseiten in den Vereinigten Staaten und in Europa. Wer könnte von sich sagen, dass er deren Angebote nie nutzt?

[...]

[...] den meisten ist nicht bewusst, wie groß die Datenbestände von Google inzwischen sind. Wahrgenommen wird der Konzern [...] vor allem wegen seiner Internetsuchmaschine. Jeden Monat tippen Menschen mehr als fünf Milliarden Mal ein Wort bei Google ein und erwarten Antworten. Das sind fast siebzig Prozent aller weltweiten Suchanfragen überhaupt. Die dafür notwendige Infrastruktur finanziert der Konzern vor allem durch Werbung, die neben den Suchergebnissen steht und zu ihnen passt.

Gleichzeitig speichert Google jede Anfrage, die von einem Computer aus gestellt wird, für zwei Jahre. Und man ist ohnehin über die Suche von Texten im Internet längst hinausgewachsen. [...] Nach und nach sind einige Dutzend neue Dienstleistungen entstanden. Google bietet ein kostenloses E-Mail-Programm an (GMail), kostenlosen Speicherplatz für private Fotos (Picasa), eine Alternative zu sozialen Netzwerken wie Facebook und studiVZ (namens Orkut), ein kostenloses Paket für Bürosoftware, Landkarten und Routenplaner, vieles davon auch fürs Handy. Und immer hinterlässt der Nutzer dabei Spuren.

In dieser Google-Welt legt der Nutzer also längst offen, was seine Vorlieben und Interessen sind. Doch nun, durch die Übernahme von DoubleClick, reicht der Arm des Internetkonzerns bis auf die populärsten Internetseiten.

[...]

(Kai Biermann und Götz Hamann, in: Die Zeit, 13. 3. 2008, S. 29)

1. *Welche Bedeutung hat der Onlinehandel in Deutschland? Notiere entsprechende Angaben aus dem Zeitungstext auf Seite 84.*
2. *Werte die Grafik aus und verfasse anhand deiner Ergebnisse einen kurzen Text.*
3. *Erläutere, welchen Nutzen Google vom Kauf des Werbevermittlers DoubleClick hat.*
4. *Manche sehen das beschriebene Vorgehen von Google als problematisch an. Überlege, warum. Nimm dazu Stellung.*

Methode: Pro-Kontra-Diskussion

Thema: Privates im Internet?

Im Leben gibt es viele Dinge, zu denen man unterschiedliche Meinungen haben kann. Der eine ist dafür (lateinisch: pro), der andere dagegen (lateinisch: contra). Oft ist es notwendig, die eigene Meinung, also die eigene Position, ganz klar zu machen. Dies ist die Voraussetzung dafür, dass man andere überzeugen kann. Andererseits muss man für die Argumente anderer offen sein. Man muss bereit sein, sie anzunehmen, wenn man von ihrer Richtigkeit überzeugt wird.

Für ein solches Gespräch ist es notwendig, den eigenen Standpunkt möglichst gut zu begründen, seine Richtigkeit zu beweisen, also überzeugend zu argumentieren. Dieses Argumentieren könnt ihr in einer Pro-Kontra-Diskussion trainieren.

Vorbereitung

Nicht jedes Thema ist für die Pro-Kontra-Diskussion geeignet. Es muss sich um eine Streitfrage handeln, für die es ein klares Für (pro) oder Dagegen (kontra) gibt und die sich klar formulieren lässt (z. B.: Bist du für oder gegen eine Abschlussprüfung?). Die Streitfrage muss, bevor die Diskussion beginnt, herausgestellt werden. Wesentliche Informationen müssen bekannt sein oder jetzt vermittelt werden.

Dann erfolgt die erste Abstimmung: Wer ist dafür (pro)? Wer ist dagegen (kontra)? Das Ergebnis wird zahlenmäßig festgehalten.

Jede Gruppe überlegt sich dann ihre Argumente und bereitet sich auf die zu erwartenden Argumente der anderen Seite vor. Dann wird von jeder Gruppe ein Teilnehmer oder eine Teilnehmerin für das Gespräch ausgewählt. Das Gespräch soll geordnet ablaufen. Deshalb müsst ihr eine/n Gesprächsleiter/in wählen.

Durchführung

Die beiden ausgewählten Schüler/innen führen das Pro-Kontra-Gespräch durch. Die Gesprächsleitung nennt am Anfang nochmals die Frage, um die es geht und erteilt dann abwechslungsweise das Wort. Sie achtet darauf, dass beiden insgesamt zum Argumentieren die gleiche Zeit zukommt.
Beim Austausch der Meinungen ist darauf zu achten, dass alle sachlich bleiben und sich ausreden lassen.

Auswertung

Nach dem Gespräch erfolgt die zweite Abstimmung: Wer ist jetzt dafür? Wer ist jetzt dagegen? – Es wird festgestellt, ob sich die Zahlen gegenüber der ersten Abstimmung verändert haben.
Es kann gefragt werden: Wer hat besonders geschickt argumentiert? Wer ist auf den anderen eingegangen? Wer ist sachlich geblieben? … Wer seine Meinung geändert hat, kann, wenn er/sie will, mitteilen, welche Argumente ihn/sie überzeugt haben.

Nach Ansicht Wagners (= rheinland-pfälzischer Datenschutzbeauftragter) muss für Aufklärung und Schutz junger Leute mehr getan werden. Viele Angehörige der „Onlinegeneration" präsentierten sich mit persönlichen Daten im Internet, ohne über die möglichen negativen Folgen informiert zu sein. Als Beispiel nannte der Datenschutzbeauftragte des Landes Netzwerke wie das Studentenverzeichnis „studiVZ" mit sechs Millionen Teilnehmern nur drei Jahre nach seinem Start.
Die Onlineprofile seien oft über viele Jahre abrufbar, selbst wenn die Teilnehmer ihre ursprünglichen Einträge löschten, warnte Wagner: Dies könne zum Beispiel bei der Suche nach einer Arbeitsstelle von Nachteil sein. Immer mehr Arbeitgeber informierten sich, was über einen Bewerber im Internet zu finden sei.

(Die Rheinpfalz, 19. 12. 2007)

Immer mehr Deutsche präsentieren ihr Privatleben im Internet: Gut 18 Prozent der Bundesbürger stellen bereits persönliche Informationen ins Netz, wie eine Umfrage im Auftrag des Bundesverbands Informationswirtschaft, Telekommunikation und neue Medien (BITKOM) ergeben hat.
„Unter den jungen Anwendern bis 29 Jahre sind es sogar 49 Prozent", berichtete BITKOM-Präsidiumsmitglied Dieter Kempf anlässlich des europaweiten Aktionstages „Safer Internet Day" gestern in Berlin. Vor allem sogenannte Communities, Gemeinschaften wie „MySpace", „studiVZ" oder „Xing", sind zu beliebten Kontaktbörsen geworden: Dort trifft man sich mit Bekannten oder findet alte Freunde [...].

(Die Rheinpfalz, 13. 2. 2008)

Werden „reale" Beziehungen durch computervermittelte Kommunikation abgelöst?
Die Befürchtung, dass Jugendliche nur noch übers Internet kommunizieren, ist unbegründet. Mit dem Internet ist einfach ein weiterer Kanal hinzugekommen, mit dem man zu Freunden Kontakt hält – neben dem Telefon oder gemeinsamem Weggehen. Durch das Internet ist die Möglichkeit hinzugekommen, mit Leuten in Kontakt zu treten, die man früher nicht so gezielt hätte ansprechen können: Leute, die das gleiche Hobby oder den gleichen Musikgeschmack haben.

(Die Rheinpfalz, 5. 1. 2008)

Warum sind diese sozialen Netzwerke im Internet so erfolgreich?
Sie ermöglichen das Identitäts- und Beziehungsmanagement. Die meisten Nutzer machen ja keine persönlichen Aspekte öffentlich, weil sie exhibitionistisch veranlagt wären. Sie wollen einfach ihre sozialen Beziehungen zu anderen Menschen deutlich machen und neue Kontakte knüpfen.

(Die Rheinpfalz, 5. 1. 2008)

Ein Grundproblem, das Datenschützern Sorgen macht, ist, dass viele sich nicht über die Folgen bewusst sind, wenn sie so viel von sich im Internet preisgeben. „Gerade jüngere Leute machen sich keine Gedanken darüber, was mit ihren Daten passiert", hat Stefanie Hübner festgestellt, die bei der Trierer Aufsichts- und Dienstleistungsdirektion (ADD) für den Datenschutz im nicht öffentlichen Bereich zuständig ist. „Diese sozialen Netzwerke sind ja nicht aus Menschenfreundlichkeit kostenlos, oft stehen da Werbeinteressen dahinter" [...].

(Die Rheinpfalz, 5. 1. 2008)

1. *Werte die Materialien aus: Was spricht für, was gegen die Teilnahme an sozialen Netzwerken? Findest du noch weitere Argumente?*
2. *Führt in der Klasse eine Pro-Kontra-Diskussion zum Thema „Privates im Internet?" durch. Beachtet dazu die Hinweise auf Seite 86.*

Zur Analyse

Meine Daten sind frei

Eine neue Generation findet nichts dabei, ihr Privatleben im Internet vermarkten zu lassen [...]

[...] die Firma Facebook dokumentiert einen tiefen gesellschaftlichen Wandel. Onlineangebote wie das von Facebook kündigen das Ende der Privatheit an, wie wir sie kennen, sie rühren an den Grundfesten bürgerlicher Freiheit.

Um das zu verstehen, muss man wissen: In den westlichen Industriestaaten nutzen mindestens 400 Millionen Menschen ein sogenanntes soziales Netzwerk im Internet. Vor vier Jahren war es beinahe niemand.

Was die Nutzer dort finden? Vor allem sich selbst und ihre Freunde. Zunächst erstellt jeder einen persönlichen Steckbrief. Darin geben Nutzer mindestens preis, wer sie sind und welche Freunde sie haben. Darüber hinaus ist alles möglich. Und so entblößen sich viele regelrecht, schreiben auf, was sie essen, anziehen, lieben, hassen, was sie denken, wen sie mögen und welche Musik sie hören. Sie klagen ihr Leid, diskutieren in Gruppen über Skifahren, Vegetarismus, Magersucht – und manchmal über ihre politischen Einstellungen.

Das größte dieser Netzwerke heißt MySpace. Facebook wächst am schnellsten. Und in Deutschland sind studiVZ und schülerVZ am populärsten. [...] Kein anderes Internetangebot wird hierzulande so intensiv genutzt wie diese beiden, was die zusammen sechs Milliarden Seitenabrufe allein im September belegen. [...] Fast die Hälfte der Mitglieder von Facebook ist älter als 35 Jahre.

Gründe dafür, dabei zu sein, gibt es viele. Für Jugendliche ist wohl am wichtigsten, sich nicht allein zu fühlen. Außerdem wollen sie wissen, wie sie auf andere wirken. Studenten verabreden sich mit ihren Freunden oder schwatzen schreibend: „Wohin gehst Du heute Abend?“, oder: „Weißt Du schon, mit wem Jens zusammen ist?“ Wieder andere halten den Kontakt zu Freunden im Ausland. Neu sind nicht die Bedürfnisse. Neu ist, dass jedes Wort gespeichert wird und praktisch kein Nutzer ein Problem damit hat. So sind die sozialen Netzwerke zu riesigen Datenbanken des Geschmacks, der Gefühle und des gesellschaftlichen Status geworden.

Solange nur Prominente wie Ulrich Mühe und Boris Becker ihr Privatleben ausgebreitet haben oder ein paar Leute ihr Innerstes in TV-Shows nach außen kehrten, konnte man denken: Sie sind die Ausnahme. Doch die sozialen Netzwerke zeigen, dass die meisten 13- bis 29-Jährigen anders darüber denken. Eine ganze Generation offenbart jetzt ihr Privatleben bei einer Handvoll kommerzieller Anbieter, und indem sie das tut, sprengt sie bisherige Konventionen.

(Götz Hamann, in: Die Zeit, 31. 10. 2007, S. 1)

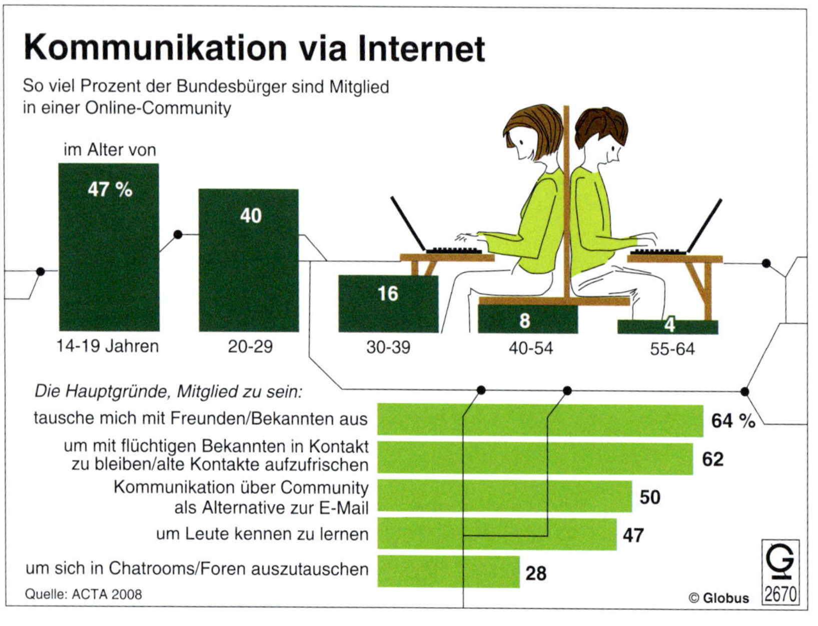

Kann das Internet süchtig machen?

Vom Netz besessen

Immer mehr Deutsche leiden an Internetsucht. Betroffene surfen oder spielen fast nur noch online. Das kann fatale Folgen für das „echte" Leben haben.

Jürgen* ist ein Held. Über zwölf Stunden kämpft der 42-Jährige jeden Tag tapfer in der „World of Warcraft" gegen Orks, Elfen und Zauberer. Sein Einsatz in dem beliebten Online-Rollenspiel hat ihn zu einem der besten „Warcraft"-Spieler in Deutschland gemacht. Offline liegt Jürgens Leben allerdings in Scherben: Seinen Job als Mediziner musste er wegen seines „Warcraft"-Engagements aufgeben, seine Ehefrau hat ihn verlassen. Coladosen und Pizzareste türmen sich in seinem verdunkelten Zimmer.

„Ein typischer Fall von Mediensucht, unter der hierzulande immer mehr Menschen leiden", sagt Theo Wessel, Diplompsychologe und Geschäftsführer des Gesamtverbands für Suchtkrankenhilfe der Diakonie in Berlin. Der Alltag vieler Leute findet praktisch nur noch vor dem Computer statt: Einkaufen, Spielen, Chatten, Flirten, Daten, der Job – fast alles lässt sich heutzutage online erledigen. Manch einer kommt vom Bildschirm gar nicht mehr los. Auch das Handy spielt in puncto Mediensucht eine wichtige Rolle.

Etwa zwei Millionen Menschen hierzulande sind mediensüchtig, Das Phänomen ist Experten seit zehn Jahren bekannt. Seitdem vermehren sich die virtuellen Freundschaften und sozialen Netzwerke rasant. „Und genauso rasant geht auch die Zahl der Abhängigen nach oben", sagt Theo Wessel. Etwa zehn Prozent aller Computerfans, die in ihrer Freizeit häufig spielen, zeigen behandlungsbedürftige Abhängigkeitssymptome. Und nach einer Studie der Medizinischen Hochschule Hannover aus dem Jahr 2006 gelten drei bis sechs Prozent aller Internetnutzer als internetsüchtig, noch einmal so viele als stark suchtgefährdet.

** Name und Alter von der Redaktion geändert*

(Focus vom 11. 02. 2008; http://www.focus.de/gesundheit/ratgeber/psychologie/news/internetsucht_aid_237339.html)

Datum: 23.06.2008
Name: Vanilla
Antwort: Ich denke, dass Computersucht eine ernsthafte Sucht ist. Ich habe es selber bei meinem Bruder gesehen. Es war wirklich schrecklich… Die Geschichte:
Mein Bruder hatte ein Onlinespiel entdeckt, welches er anfangs nur gelegentlich spielte. Doch nach ca. 1 Monat wurde es immer schlimmer. Er traf sich nicht mehr mit seinen Freunden, ging kaum noch raus, saß nur noch vor dem PC, wurde richtig aggressiv, als man ihn darauf ansprach, aß immer vor dem PC und wollte nie zugeben, dass er süchtig war. Meine Eltern haben es ihm verboten, doch das alles nützte nichts. Er saß bis zu 6 Stunden pro Tag am Computer… Für ihn wurde es zu seiner Freizeitwelt, wo er hinflüchten konnte vor seinen Problemen… Doch das Problem hatte er nun mit dem Spiel. Er ging während der Schulzeit erst um 2 Uhr ins Bett … Seine Noten litten darunter, seine Freunde versuchten ihn rauszulocken. Doch dann wurde er älter und interessierte sich für andere Dinge, und endlich verstand er auch …, dass er süchtig war. Er löschte seinen Account bei dem Onlinespiel und wurde so sozusagen von der Sucht „erlöst". Heute findet er es selbst schrecklich, was er da getan hatte und hat nun … andere Ablenkung wie Sport, Partys und seine Freunde, die er endlich wieder gefunden hat. Daher denke ich, dass Computersucht sehr wohl eine Sucht ist, die ernst zu nehmen ist und bekämpft werden sollte.

(http://www.internauten.de/368.0.html)

(Karikatur: Til Mette)

1. *Beschreibe Ursachen, Erscheinungsformen, Ausmaß und Folgen der Internetsucht.*
2. *Erläutere, was der Bericht von Vanilla aus dem Weblog deutlich macht.*
3. *Interpretiere die Karikatur.*

Das Wichtige in Kürze

Massenmedium Internet

Das Internet ist ein dezentrales weltweites Netzwerk zum Austausch digitaler Daten. Es ist ein neuartiges Massenmedium, das verschiedene Dienste anbietet, z. B. E-Mail für den schnellen Austausch von Mitteilungen. World Wide Web (WWW) ist ein anderer Internetdienst, der dem Benutzer Informationen unterschiedlichster Art und Herkunft zur Verfügung stellt.

Verwaltung des Internets

Das Internet als Ganzes gehört niemandem. Die Regelung technischer Fragen erfolgt in international zusammengesetzten Arbeitskreisen von Experten, deren Vorschläge allgemein übernommen werden. Die Organisation Icann ist für die weltweite Vergabe von Internetadressen zuständig. Regierungen können dabei nur beratend mitwirken.

„Digitale Kluft"

Die Möglichkeiten zur Nutzung des Internets sind auf der Welt sehr ungleich verteilt. Während weltweit mehr als die Hälfte aller Internetnutzer in Nordamerika und in Europa zu Hause sind, wird das Internet z. B. in Afrika sehr viel weniger genutzt. Ursachen dafür sind z. B. das Fehlen flächendeckender Telefon- und Stromnetze und die Vorherrschaft der englischen Sprache im Netz. Eine „digitale Kluft" gibt es aber auch in entwickelten Gesellschaften: Gebildete, Wohlhabende und Jüngere nutzen das Internet stärker als andere.

Staat und Internet

Da auch Kriminelle und Terroristen das Internet verwenden, gibt es die Frage, wie der Staat das Internet kontrollieren darf, ob z. B. die Polizei heimlich Computer durchsuchen darf. Die einen sehen darin eine notwendige Maßnahme zur Verhinderung von Verbrechen, die anderen einen unverantwortlichen Eingriff in die Privatsphäre der Bürger. Das Bundesverfassungsgericht hat entschieden, dass die Polizei nur in wenigen Ausnahmefällen und nur unter richterlicher Kontrolle Computer heimlich durchsuchen darf.

Datensicherheit im Internet

Vom Internet geht manche Gefahr für den eigenen PC und die eigenen Daten aus, z. B. durch Computerviren oder E-Mail-Würmer. Kriminelle versuchen, Passwörter oder vertrauliche Informationen auszuspähen; unverschlüsselte E-Mails können von anderen gelesen werden. Manche Internetseiten hinterlassen kleine Dateien („Cookies"), durch die andere ein Benutzerprofil erstellen können. Durch entsprechende Sicherheitsmaßnahmen, z. B. Virenschutzprogramme oder Firewalls, kann man sich vor den meisten Gefahren schützen.

Geschäfte im Internet

Das Einkaufen im Internet wird immer beliebter. Mit dem Onlineverkauf von Waren und Dienstleistungen werden Milliardenumsätze erzielt. Dadurch wird auch die Werbung im Internet immer wichtiger. Werbevermittler sind darauf spezialisiert, beim Aufruf einer Internetseite möglichst genau auf den Nutzer abgestimmte Werbung auf den Bildschirm zu platzieren.

Privates im Internet

Immer mehr Menschen stellen ihre privaten Daten in das Netz. Damit sind sie für jeden zugänglich. Vor allem junge Leute versuchen, durch Netzgemeinschaften – auch Communities oder „soziale Netzwerke" genannt – neue Freunde zu finden. Wenn sie dazu ihre persönlichen Daten eingeben, vergessen viele, dass ihre Onlineprofile über viele Jahre abrufbar sind – z. B. später, wenn sie sich bewerben, von Personalchefs.

Zeige deine Kompetenzen!

Sachkompetenz

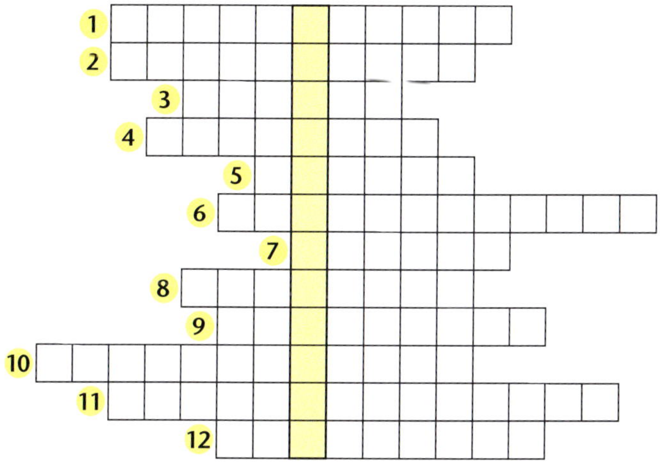

Löse das Rätsel. Benutze dazu das Arbeitsblatt oder übertrage das Rätsel in dein Heft. Das Lösungswort in der hervorgehobenen Spalte nennt von oben nach unten gelesen den Oberbegriff für Fernsehen, Hörfunk, Zeitungen und Zeitschriften.

1 Die Medien haben die Aufgabe der … , damit die Bürger über das öffentliche Geschehen Bescheid wissen.

2 … ist die Berufsbezeichnung für jeden, der an der Gestaltung einer Zeitung oder Fernsehsendung arbeitet.

3 Eine staatliche Kontrolle der Medien nennt man … . Sie ist nach dem Grundgesetz in Deutschland nicht zulässig.

4 Eine … ist eine unterhaltende Fernsehsendung, in der ein Moderator seine Gäste zu verschiedenen Themen befragt.

5 Ein … ist ein Unternehmen, das eine Zeitung herausbringt.

6 Von … spricht man bei dem Versuch, andere durch Täuschung in ihrer Meinungsbildung zu beeinflussen.

7 Ein … ist der Teil von Zeitungen, der von einer Zentralredaktion für unterschiedliche Lokalausgaben hergestellt wird.

8 Das … ist ein neues globales Massenmedium.

9 Die Gestaltung einer Zeitung oder einer Fernsehsendung ist die Aufgabe der … .

10 Eine … ist die Ausgabe einer Zeitung für einen bestimmten Ort.

11 Das Grundgesetz garantiert in Artikel 5 die … .

12 Die Aufgabe der … nehmen die Massenmedien dadurch wahr, dass sie Fehlverhalten der Mächtigen an die Öffentlichkeit bringen.

Urteilskompetenz

Aus einem Leserbrief:

[…] Es ist doch so, dass man von einer regelrechten Medienverseuchung reden muss, wenn man an den Alltag unserer heutigen Jugend denkt. Immer öfter und immer länger spielt sich deren Freizeit in den virtuellen Welten von Computerspielen ab. Ständig werden neueste Nachrichten per Handy ausgetauscht, viele Jugendliche fühlen sich in den Fernsehserien heimischer als beim Abendessen mit der eigenen Familie. Zehn Stunden Medienkonsum am Tag ist heute doch fast schon alltäglich – im Internet surfen, an der Spielkonsole hängen, mit Freunden telefonieren. Wo bleibt da noch die Zeit für einen Verein, für Sport in der Natur? Die Eltern sind doch meist hilflos, deswegen müsste der Staat eingreifen. Man sollte z. B. verbieten, dass Jugendliche nach 22 Uhr noch vor dem PC hängen […]

Nimm Stellung, indem du auf diesen Leserbrief antwortest.

Zeige deine Kompetenzen!

Sachkompetenz

A) Ausdruck für die Unterschiede in der Internetnutzung, sowohl weltweit wie auch innerhalb einer Gesellschaft.

B) Onlinegemeinschaften, in denen vor allem jüngere Leute auf der Suche nach Freunden private Daten im Netz verbreiten.

C) Programm, das den Rechner ausspioniert, z. B. festhält, welche Internetseiten besucht und welche Dateien heruntergeladen werden.

D) Ein in böswilliger Absicht geschriebenes Programm, meist in einem nützlichen Programm versteckt. Nach dem Start dieses Programms wird es aktiviert und richtet nicht selten erheblichen Schaden an.

E) Firmen, die ihren Kunden gegen eine Gebühr den Zugang zum Internet ermöglichen.

F) Rechner, die im Internet die Datenpakete zur nächsten Station auf ihrem Weg zum Ziel weiterleiten.

G) Möglichkeit für die Polizei, die Daten auf einem Rechner ohne Wissen des Besitzers auszuspähen.

H) Kleine Datei, die aus dem Internet auf dem PC abgelegt wird, um Details über das Verhalten des Nutzers zu speichern.

I) Zur Verwaltung des Internets gegründete und von der US-Regierung unterstützte nichtkommerzielle Organisation mit Sitz in Kalifornien.

J) Zentraler Rechner im Internet, der den Nutzern Speicher und Daten zur Verfügung stellt.

Welche Erklärung gehört zu welchem Begriff? Ordne auf dem Arbeitsblatt oder in deinem Heft zu:

Trojaner		Onlinedurchsuchung		digitale Kluft		Cookie		Spyware	
Provider		Communities		Icann		Server		Router	

Urteilskompetenz

(Karikatur: Tomaschoff)

Interpretiere die Karikatur und beurteile ihre Aussage. Beachte dabei die Tipps auf Seite 44.

Methoden- und Handlungskompetenz

Führt unter Gleichaltrigen eine Umfrage zum Thema „Privates im Internet?" durch. Stellt dazu Fragen zu folgenden Aspekten zusammen:

- Eigene Nutzung?
- Einstellung zu befürwortenden Argumenten?
- Einstellung zu ablehnenden Argumenten?

Macht dann die Ergebnisse eurer Umfrage einer breiteren Öffentlichkeit zugänglich, z. B. als Artikel für die Schüler- oder Lokalzeitung oder als Wandzeitung in der Schule.

Hinweise, wie man eine Umfrage durchführt, findet ihr auf Seite 255.

Demokratie

Die Bundesrepublik Deutschland ist eine Demokratie. Damit eine Demokratie im Alltag funktioniert, müssen viele zusammenarbeiten und gemeinsam Verantwortung tragen. Eine besondere Rolle spielen dabei Politiker und Parteien. Denn von Politikern wird im Auftrag des Bürgers im Bundestag und in den Landtagen vieles entschieden, was uns betrifft.
Den freien mündigen Bürger gibt es nur, wenn er vor Willkür und Gewalt geschützt wird. Dazu bedarf es eines starken Rechtsstaats. Dieser hat auch den Auftrag, die Demokratie gegen ihre Feinde von rechts und links zu schützen. Um all dies geht es auf den folgenden Seiten. Ihr erhaltet zum Beispiel Antworten auf diese Fragen:

- Welche Grundprinzipien kennzeichnen unsere Demokratie?
- Was versteht man unter Grundrechten? Was sind Bürgerrechte?
- In welcher Weise können sich Bürger politisch beteiligen?
- Welche Aufgaben haben die verschiedenen Verfassungsorgane?
- Wie wird ein Gesetz gemacht?
- Was ist Recht?
- Wie ist die Gerichtsbarkeit in Deutschland aufgebaut?
- Wie sichern die Gerichte die Rechte der Bürger?
- Was ist ein Zivilprozess, was ein Strafprozess?
- Welche Gefahren für die Demokratie gehen von extremistischen Gruppierungen aus?

Was bedeutet Demokratie für mich?

König Ludwig XIV. (Gemälde von H. Rigaud)

(Zeichnung: Holger Appenzeller, Stuttgart)

(Zeichnung: Birgit Schmidt, Karlsruhe)

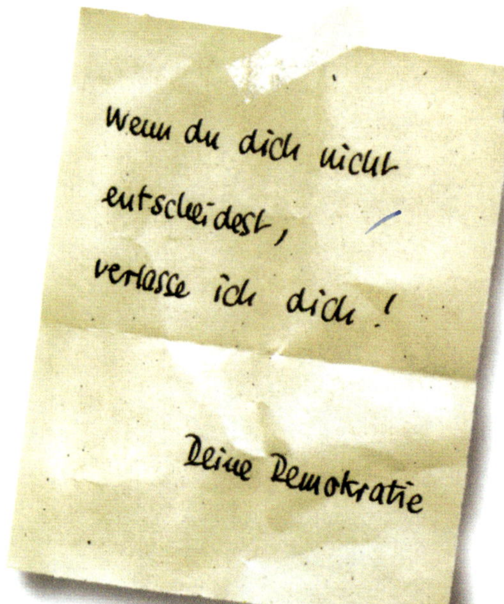

(Quelle: Zeitungs Marketing Gesellschaft, Frankfurt.
Design: Twice Advertising, Mainz-Kastel)

Briefmarke der DDR

1. Die fünf Abbildungen haben alle mit Demokratie zu tun. Versuche, dies für jede Abbildung zu erklären.
2. Welche Abbildung beschreibt für dich am besten, was Demokratie bedeutet? Begründe.

Kennzeichen unseres Staates

Grundgesetz: Artikel 20

(1) Die Bundesrepublik ist ein demokratischer und sozialer Bundesstaat.

(2) Alle Staatsgewalt geht vom Volke aus. Sie wird vom Volke in Wahlen und Abstimmungen und durch besondere Organe der Gesetzgebung, der vollziehenden Gewalt und der Rechtsprechung ausgeübt.

(3) Die Gesetzgebung ist an die verfassungsmäßige Ordnung, die vollziehende Gewalt und die Rechtsprechung sind an Gesetz und Recht gebunden.

Demokratie **Bundesstaat** **Rechtsstaat** **Sozialstaat**

1 Die Bundesrepublik Deutschland besteht aus 16 Bundesländern.

2 Die Verwaltung hat sich bei allem, was sie tut, an die gesetzlichen Grundlagen zu halten.

3 Bei Wahlen hat jeder gleichviel Stimmen, unabhängig von Herkunft, Geschlecht, Religion, Beruf, Einkommen oder politischem Informationsstand.

4 Bei der Verabschiedung von Bundesgesetzen sind die Länder durch den Bundesrat beteiligt.

5 Die Gerichte entscheiden ohne Beeinflussung durch die Regierung oder andere Staatsorgane allein nach den Gesetzen.

6 Zwischen dem Bund und den Bundesländern sind die Aufgaben aufgeteilt.

7 Bei Wahlen und Abstimmungen ist maßgebend, was die Mehrheit will.

8 Menschen, die z. B. wegen einer Behinderung nicht arbeitsfähig sind, haben Anspruch auf Sozialhilfe.

9 Niemand darf für eine Tat bestraft werden, die vorher nicht durch Gesetz verboten war.

10 Wohngeld ermöglicht es einkommensschwachen Familien, in einer angemessenen Wohnung zu leben.

11 Das Volk oder dessen gewählte Vertreter entscheiden in der Politik.

12 In der gesetzlichen Krankenversicherung sind 90 Prozent aller Arbeitnehmer versichert. Sie übernimmt weitgehend die Kosten für Arzt, Zahnarzt, Arzneimittel, Krankenhaus usw.

1 *Drei Aussagen gehören jeweils zu „Demokratie“, „Bundesstaat“, „Rechtsstaat“, „Sozialstaat“. Ordne jedem Begriff die zugehörigen Aussagen zu.*

Welche Menschenrechte und Bürgerrechte haben wir?

Menschenrechte – Grundlage unserer Rechtsordnung

Jeder Mensch hat Rechte, die ihm von Natur aus zustehen, ihm angeboren sind. Wenn Menschenrechte in Verfassungen als grundlegende Rechte des Einzelnen schriftlich festgehalten sind, spricht man von Grundrechten. In der Verfassung der Bundesrepublik Deutschland, dem Grundgesetz, sind die Menschenrechte an erster Stelle in dem Abschnitt „Die Grundrechte" (Artikel 1 bis 19) aufgeführt. Das Grundgesetz nennt auch in weiteren Artikeln Rechte des Einzelnen, die als „grundrechtsgleiche Bestimmungen" bezeichnet werden.

Die Grundrechte, also die Menschenrechte, bilden die Grundlage unserer Rechtsordnung. Von ihrer Zielrichtung her können Grundrechte in drei Gruppen eingeteilt werden:
- **Unverletzlichkeitsrechte** bieten Schutz vor staatlichen Übergriffen.
- **Freiheitsrechte** schützen die persönliche Freiheit und garantieren die Teilnahme an der politischen Willensbildung.
- **Gleichheitsrechte** zielen darauf ab, dass alle Personen gleich behandelt werden.

Auszug aus dem Grundgesetz

Art. 1:	Die Menschenwürde steht unter dem Schutz des Staates
Art. 2:	Recht auf Leben, körperliche Unversehrtheit und freie Entfaltung der Persönlichkeit
Art. 3:	Recht auf Gleichheit vor dem Gesetz und Gleichberechtigung von Mann und Frau
Art. 4:	Recht auf Glaubens- und Gewissensfreiheit
Art. 5:	Recht auf freie Meinungsäußerung und ungehinderte Information
Art. 6:	Schutz von Ehe und Familie; Elternrecht auf Erziehung
Art. 7:	Schule und Staat; Eltern bestimmen über Teilnahme am Religionsunterricht
Art. 8:	Versammlungsfreiheit
Art. 9:	Recht, Vereine und Gesellschaften zu bilden
Art. 10:	Unverletzlichkeit des Brief-, Post- und Fernmeldegeheimnisses
Art. 11:	Recht auf Freizügigkeit in der Bundesrepublik
Art. 12:	Recht auf freie Wahl des Berufs und des Arbeitsplatzes
Art. 13:	Unverletzlichkeit der Wohnung
Art. 14:	Gewährleistung des Eigentums und des Erbrechts
Art. 15:	Möglichkeit der Vergesellschaftung von Privateigentum gegen Entschädigung
Art. 16:	Recht auf Staatsangehörigkeit und Schutz vor Auslieferung an das Ausland; Asylrecht für politisch Verfolgte
Art. 17:	Recht, Bitten und Beschwerden an das Parlament zu richten
Art. 18:	Verwirkung von Grundrechten, wenn sie zum Kampf gegen die Demokratie missbraucht werden
Art. 19:	Recht, ein Gericht anzurufen, wenn man sich durch die öffentliche Gewalt in seinen Rechten verletzt fühlt
Art. 20:	Recht zum Widerstand gegen jeden, der die freiheitliche-demokratische Ordnung beseitigen will
Art. 33:	Jeder Deutsche hat die gleichen staatsbürgerlichen Rechte und Pflichten
Art. 38:	Wahlrecht; Gleichheit der Stimme
Art. 101:	Anspruch auf den gesetzlichen Richter
Art. 103:	Anspruch auf Gehör vor Gericht
Art. 104:	Schutz vor willkürlicher Verhaftung

Während Menschenrechte allen Menschen von Geburt an zustehen, können Bürgerrechte auf die Bewohner eines Landes oder einer Staatengemeinschaft wie die EU begrenzt sein. Die Bürgerinnen und Bürger in Deutschland und in der EU genießen Rechte, die ihnen außerhalb der EU – etwa in der Schweiz, Russland oder den USA – nicht gleichermaßen gewährt werden.

Die Bürgerrechte in Deutschland und in der EU ruhen auf drei Fundamenten:
- den Grundrechten,
- besonderen Freiheitsrechten wie:
  - Freizügigkeit im Staatsgebiet; auf europäischer Ebene erlauben diese Rechte den Bürgern, sich über die Grenzen der einzelnen Mitgliedsstaaten hinweg zu bewegen und wirtschaftlich zu betätigen. EU-Bürger haben das Recht, sich in jedem Mitgliedsstaat niederzulassen;
  - Freiheit der Berufswahl;
  - dem Recht der „informationellen Selbstbestimmung", d. h. der Bürger bestimmt, welche Daten über ihn gespeichert oder an Dritte weitergegeben werden;
- politischen Rechten: sie umfassen das Wahlrecht für kommunale Parlamente, für Landtage und den Bundestag sowie das Europäische Parlament, zu dem Petitionsrechte. EU-Bürger dürfen im EU-Ausland nicht an nationalen Wahlen teilnehmen, eine Ausnahme bildet das kommunale Ausländerwahlrecht.

Die Bürgerrechte finden sich in GG Art. 8 (Versammlungsfreiheit), Art. 9 (Vereinigungsfreiheit), Art. 11 (Freizügigkeit) und Art. 12 (Berufsfreiheit).

Menschen und Bürgerrechte im Alltag auf dem Prüfstand

Fall A: Eine Lehrstellenbewerberin bei einer Baufirma erhält eine Absage mit der Begründung: „Mädchen auf dem Bau bringen nur Unruhe!"

Fall B: Eine Telefongesellschaft gibt Kundendaten an andere Unternehmen weiter und kassiert Geld dafür. Die Kunden werden über diese Weitergabe nicht gesondert informiert.

Fall C: Im Unterricht wird von einer Schülerin ein Brief durch die Bank gereicht. Der Lehrer fängt den Brief ab. Die Mitschüler fordern, dass der Lehrer den Brief vorliest. Die „Absenderin" ist dagegen.

Fall D: Dem Verfassungsschutz eines Bundeslandes ist es erlaubt, heimlich online die Daten auf den Computern von Terrorverdächtigen zu durchsuchen, um einen Terroranschlag abzuwenden.

1. *Nenne die Artikel des Grundgesetzes, die Unverletzlichkeitsrechte, Freiheitsrechte, Gleichheitsrechte und politische Rechte enthalten.*
2. *Betrachte die drei Fotos auf Seite 96. Welche Artikel des Grundgestztes nehmen die abgebildeten Menschen für sich in Anspruch?*
3. *Beschreibe den Unterschied zwischen Menschenrechten und Bürgerrechten.*
4. *Überprüfe, ob in den Fallbeispielen A – D Grundrechte berührt werden? Wenn ja, halte fest, um welche es sich handelt. Wie beurteilst du jeweils den Sachverhalt auf Grund der Menschen- und Bürgerrechte?*

Wie funktioniert Gewaltenteilung?

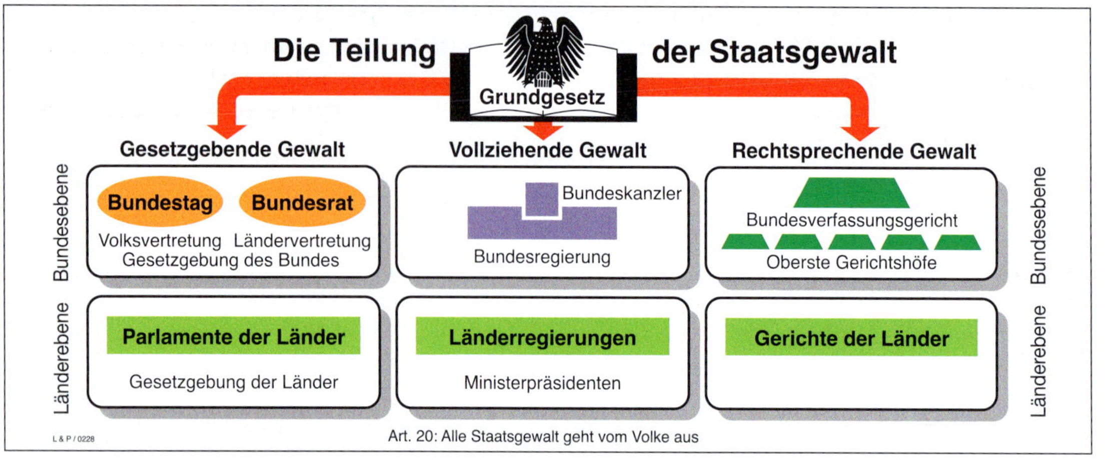

„Demokratie" kommt aus dem Griechischen und bedeutet übersetzt „Herrschaft des …①…". Eigentlich müsste das ganze …②… sich selbst die Regeln des Zusammenlebens, also die Gesetze, geben und sie vollziehen. Da dies nicht möglich ist, entscheiden die Bürgerinnen und Bürger durch …③…, welche Abgeordneten sie in den …④… repräsentieren, also vertreten. Man bezeichnet dies auch als parlamentarische oder repräsentative Demokratie.

…⑤…, also Volksentscheide, sind nach dem Grundgesetz nur dann vorgesehen, wenn das Bundesgebiet neu gegliedert werden soll. Dies ist z. B. der Fall, wenn …⑥… zusammengelegt werden sollen. 1996 wurde in den beiden Bundesländern Berlin und Brandenburg durch eine …⑦… gegen die geplante Zusammenlegung dieser beiden Länder entschieden.

Als …⑧… ist die Bundesrepublik Deutschland in 16 Bundesländer gegliedert. Die Aufgaben und Zuständigkeiten sind also zwischen dem Bund und den …⑨… aufgeteilt. Man nennt dies auch die vertikale, also senkrechte Gewaltenteilung, weil die Verwaltung der Bundesrepublik wie eine Pyramide aufgebaut ist – mit dem Bund an oberster Stelle, dem die Bundesländer folgen.

Organe der …⑩…, der vollziehenden Gewalt und der …⑪… gibt es auf Bundesebene und auf Länderebene. Die Teilung in gesetzgebende, …⑫… und rechtsprechende Gewalt auf jeder Ebene bezeichnet man auch als horizontale, also waagerechte Gewaltenteilung, weil sich alle drei Gewalten auf einer Stufe befinden.

Durch den …⑬… sind die Länder sogar an der …⑭… auf der Bundesebene beteiligt.

Bei Streitigkeiten zwischen Bund und Ländern entscheidet das Bundesverfassungsgericht.

C. de Montesquieu (1689–1755)

Die Teilung der Gewalten und ihre gegenseitige Kontrolle ist das wichtigste Kennzeichen der Demokratie. Schon im 17. Jahrhundert entwarf der französische Staatsdenker Charles de Montesquieu in seinem Hauptwerk „Vom Geist der Gesetze" das Modell der Gewaltenteilung und der gegenseitigen Machtkontrolle. Die staatliche Macht sollte nicht mehr zusammengeballt und damit missbraucht werden können. Deshalb soll sie auf verschiedene Organe verteilt werden.

1. *Setze in den Lückentext Begriffe aus Artikel 20 des Grundgesetzes (siehe Seite 95) und der Grafik oben ein. Notiere zur jeweiligen Nummer den passenden Begriff oder benutze dein Arbeitsblatt.*
2. *Erläutere den Sinn von vertikaler und horizontaler Gewaltenteilung mit eigenen Worten.*

Aufgabenverteilung zwischen Bund und Ländern

Nach dem Zweiten Weltkrieg stellten die Alliierten eine wichtige Bedingung für die Gründung eines neuen deutschen Staates: er sollte föderal aufgebaut sein. In einem föderalen Staat (von lat. foedus = Bündnis) schließen sich mehrere Gliedstaaten zu einem Bündnis zusammen. Man wollte so verhindern, dass sich in Deutschland nochmals eine Alleinherrschaft bzw. Diktatur bildet. Die Terrorherrschaft der Nationalsozialisten war unter anderem deshalb möglich geworden, weil die Macht und die politische Gewalt sich in der Hand Hitlers (und seiner Gefolgsleute) konzentrierten. So kam es zu einem bis dahin ungekannten Machtmissbrauch, der letztlich den Tod von Millionen Menschen zur Folge hatte.
In einem föderalen Staat dagegen wird die politische Macht und die Verwaltung des Staates auf mehrere Ebenen verteilt.

Die 16 deutschen Länder bilden gemeinsam den Bundesstaat Bundesrepublik Deutschland. Die Zuständigkeiten sind zwischen dem Bund und den Ländern aufgeteilt. Der Bund ist vor allem für Aufgaben zuständig, die in allen Bundesländern einheitlich geregelt sind (z. B. Passwesen) oder für Bereiche, in denen es um das Verhältnis zu anderen Staaten geht (z. B. Außenpolitik). Die Länder sind für Aufgaben zuständig, die nicht in allen Ländern einheitlich geregelt sind (z. B. Schulwesen, Kultur, Polizei, Hochschulen, Landesplanung). Deshalb kann es passieren, dass eine Abschlussprüfung in Bayern anders bewertet wird als in Nordrhein-Westfalen. So ist in der Bundesrepublik vieles einheitlich, vieles aber auch unterschiedlich.

Der Bundesrat ist das Bindeglied zwischen dem Bund und den Ländern. Er ist die Interessenvertretung der Länder auf Bundesebene. Über ihn können die Länder die Gesetzgebung des Bundes beeinflussen. Der Bundesrat kann eigene Gesetzentwürfe einbringen und die Gesetzentwürfe der Bundesregierung werden ihm zur Stellungnahme zugeleitet. Wenn Gesetzentwürfe die Finanzen der Länder berühren, in ihre Verwaltung eingreifen oder das Grundgesetz ändern, hat der Bundesrat ein Vetorecht. Daher nennt man diese Gesetze auch zustimmungspflichtige Gesetze.

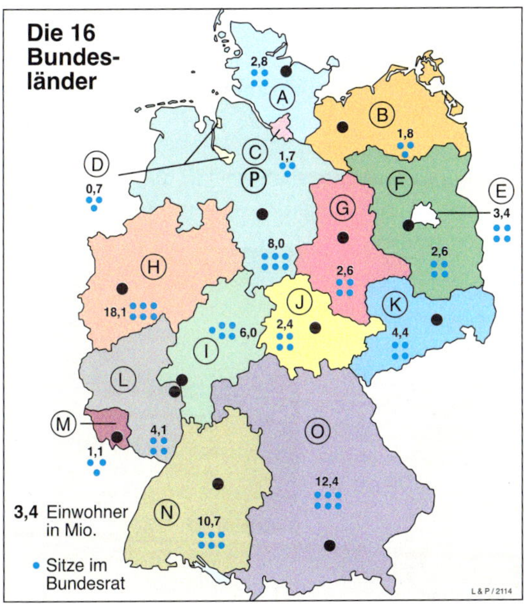

1 Baden-Württemberg (Stuttgart)
13 Sachsen (Dresden)
7 Hessen (Wiesbaden)
12 Saarland (Saarbrücken)
4 Brandenburg (Potsdam)
10 Nordrhein-Westfalen (Düsseldorf)
5 Bremen
14 Sachsen-Anhalt (Magdeburg)
6 Hamburg
11 Rheinland-Pfalz (Mainz)
3 Berlin
2 Bayern (München)
9 Niedersachsen (Hannover)
15 Schleswig-Holstein (Kiel)
16 Thüringen (Erfurt)
8 Mecklenburg-Vorpommern (Schwerin)

1. *Beschreibe in eigenen Worten, warum die Bundesrepublik ein föderaler Staat ist.*
2. *Ordne die Bundesländer und ihre Hauptstädte den Großbuchstaben auf der Karte zu. Benutze dazu das Arbeitsblatt oder notiere in deinem Heft.*

Wahlgrundsätze

Grundgesetz
Artikel 38 (Wahl)
(1) Die Abgeordneten des Deutschen Bundestages werden in allgemeiner, unmittelbarer, freier, gleicher und geheimer Wahl gewählt. …

Verfassung für das Land Nordrhein-Westfalen
Artikel 30
(1) Der Landtag besteht aus den vom Volke gewählten Abgeordneten.
(2) Die Abgeordneten stimmen nach ihrer freien, nur durch Rücksicht auf das Volkswohl bestimmten Überzeugung; sie sind an Aufträge nicht gebunden.
Artikel 31
(1) Die Abgeordneten werden in allgemeiner, gleicher, unmittelbarer, geheimer und freier Wahl gewählt.
(2) Wahlberechtigt ist, wer das 18. Lebensjahr vollendet hat. …

Wahlgrundsätze: Erklärungen und Beispiele

A Die Wähler wählen selbst die Abgeordneten. Es gibt keine Zwischeninstanz, die dann die Abgeordneten wählt.

B Die Wähler können ihre Stimme ohne staatlichen Druck und ohne Angst vor Nachteilen abgeben.

C Jeder Bürger darf wählen. Keine Gruppe ist von der Wahl ausgeschlossen.

D Alle Wähler haben gleich viele Stimmen und jede gültige Stimme zählt gleich viel.

E Die Wahl muss geheim sein. Niemand darf die Wahlentscheidung eines Bürgers erfahren.

1 Frauen durften im Deutschen Reich bis 1918 nicht wählen.

2 In Diktaturen ist eine solche Stimmabgabe nicht oder kaum möglich. Oft fehlen Wahlkabinen.

3 In Diktaturen wird oft eine bestimmte Stimmabgabe erzwungen.

4 In Preußen hatte bis 1918 ein Wähler, der viel Steuern bezahlte, mehr Stimmen als ein Wähler, der wenig Steuern bezahlte.

5 Bei der Präsidentschaftswahl in den USA werden zunächst Wahlmänner gewählt, die dann den Präsidenten wählen.

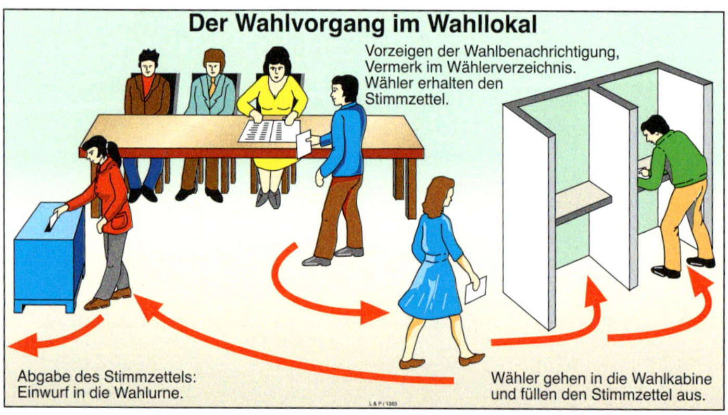

Sowohl im Grundgesetz als auch in der nordrhein-westfälischen Verfassung sind die fünf Wahlgrundsätze genannt. Dies zeigt ihre große Bedeutung.

1. *Notiere zu jedem einzelnen Wahlgrundsatz den Buchstaben der Erklärung und die Ziffer des Beispiels.*
2. *Erläutere, wie sich in der Zeichnung „Der Wahlvorgang im Wahllokal" zeigt, dass Wahlen geheim sind.*

Was ist gerechter: Mehrheits- oder Verhältniswahlrecht?

In einer Demokratie ist man sich einig darüber, dass bei Wahlen und Abstimmungen die Mehrheit entscheidet und dass die Minderheit diese Entscheidung akzeptiert. Es gibt alledirngs mehrere Möglichkeiten, anhand der abgegeben Stimmen bei einer Wahl die Zusammensetzung eines Parlaments zu bestimmen.

Mehrheitswahlrecht

Beim Mehrheitswahlrecht unterscheidet man zwischen relativem und absolutem Mehrheitswahlrecht. Beim relativen Mehrheitswahlrecht gewinnt, wer in einem Wahlgang die meisten Stimmen erzielt.
Beim absoluten Mehrheitswahlrecht sind mehr als 50 Prozent der Stimmen erforderlich. Erreicht der Kandidat oder die Kandidatin im ersten Wahlgang nicht die absolute Mehrheit, so ist ein zweiter Wahlgang nötig.

Verhältniswahlrecht

Beim Verhältniswahlrecht wird den Parteien gemäß ihrem relativen (= verhältnismäßigen) Stimmenanteil die Zahl der Mandate zugewiesen. Im folgenden Beispiel wird dabei vereinfachend angenommen, dass die Mandate an die Parteien mit den beiden stärksten Wahlergebnissen vergeben werden.
Die beiden Beispiele gehen vereinfachend von jeweils vier Wahlkreisen (Abkürzung für Wahlkreis = WK), einem 4-Parteien-System (Parteien A, B, C und D) und zwei Mandaten pro Wahlkreis aus.

Wahlergebnis und Mandatsverteilung nach relativem Mehrheitswahlrecht

Partei	Stimmen WK 1	Abg.	Stimmen WK2	Abg.	Stimmen WK 3	Abg.	Stimmen WK 4	Abg.	Stimmen landesweit	Parlamentssitze
A	94	2	31		83	2	65	2	273	6
B	9		61		34		40		144	
C	40		43		8		56		147	
D	57		65	2	75		39		236	2
Summe	200	2	200	2	200	2	200	2	800	8

Wahlergebnis und Mandatsverteilung nach Verhältniswahlrecht

Partei	Stimmen WK 1	Stimmen WK2	Stimmen WK 3	Stimmen WK 4	Stimmen landesweit	Parlamentssitze
A	94	31	83	65	273 (34,1 %)	3
B	9	61	34	40	144 (18,0 %)	1
C	40	43	8	56	147 (18,4 %)	1
D	57	65	75	39	236 (29,5 %)	3
Summe	200	200	200	200	800 (100,0 %)	8

1. *Analysiere im Fallbeispiel das Wahlergebnis zum relativen Mehrheitswahlrecht. Erörtere, ob die Zusammensetzung des Parlaments den Wählerwillen widerspiegelt.*
2. *Erläutere, wie sich die Mandatsverteilung im Parlament durch das Verhältniswahlrecht ändert.*
3. *Beurteile, welches Wahlrecht*
   a) den politischen Willen der Bevölkerung besser abbildet,
   b) für stabilere Regierungsmehrheiten sorgt,
   c) im Wahlkampf eher den Kult um Spitzenkandidaten als das Interesse an programmatischen Orientierungen der Parteien fördert,
   d) stärker regionale oder gesellschaftliche Minderheiten schützt.

Aufgaben der Parteien

Die CDU-Vorsitzende Angela Merkel auf einem Parteitag der CDU

Der SPD-Vorsitzende Franz Müntefering

Parteiengesetz §1: (1) Die Parteien sind ein verfassungsrechtlich notwendiger Bestandteil der freiheitlichen demokratischen Grundordnung […] Sie erfüllen mit ihrer freien, dauernden Mitwirkung an der politischen Willensbildung des Volkes eine ihnen nach dem Grundgesetz obliegende und von ihm verbürgte öffentliche Aufgabe.
(2) Die Parteien wirken an der Bildung des politischen Willens mit, indem sie insbesondere …

Beispiele für Aufgaben

… auf die Gestaltung der öffentlichen Meinung Einfluss nehmen, 1	Die Mitgliederversammlung einer Partei wählt die Kandidatin, die dann zur Landtagswahl aufgestellt wird. A
… die politische Bildung anregen und vertiefen, 2	Die Bundestagsfraktion einer Partei wendet sich in einer Pressemitteilung gegen einen Gesetzentwurf der Regierung, um damit die Gesetzgebung zu beeinflussen. B
… die aktive Teilnahme der Bürger am politischen Leben fördern, 3	Im Bürgerbüro eines Bundestagsabgeordneten können Bürgerinnen und Bürger ihre Anregungen und Beschwerden vorbringen. C
… zur Übernahme öffentlicher Verantwortung befähigte Bürger heranbilden, 4	Die Parteien werben in der Öffentlichkeit um Zustimmung für ihre Programme und Argumente. D
… sich durch Aufstellung von Bewerbern an den Wahlen im Bund, Ländern und Gemeinden beteiligen, 5	Eine von einer Partei eingerichtete Stiftung führt Seminare für Schulklassen zu politischen Themen durch. E
… auf die politische Entwicklung in Parlament und Regierung Einfluss nehmen, 6	Eine Partei wirbt dafür, dass die Bürgerinnen und Bürger bei der nächsten Bundestagswahl auf jeden Fall ihre Stimme abgeben. F
… die von ihnen erarbeiteten politischen Ziele in den Prozess der staatlichen Willensbildung einführen und 7	Der Kreisverband einer Partei führt ein Rhetorikseminar für Gemeinderatskandidatinnen und -kandidaten durch. G
… für eine ständige lebendige Verbindung zwischen dem Volk und den Staatsorganen sorgen. 8	Eine Partei setzt die Aussagen ihres Programms zur Umweltpolitik in einen konkreten Vorschlag für eine Ökosteuer um. H

1 *Ordne auf deinem Arbeitsblatt der jeweiligen Textstelle das entsprechende Beispiel zu:*

Regieren die Parteien den Staat?

„Obwohl nur 3,4 Prozent der 60 Millionen Wahlberechtigten Mitglieder politischer Parteien sind, haben die Parteien in oligarchischer Weise Besitz von der Demokratie ergriffen."

(Hildegard Hamm-Brücher, 1948–2002 Mitglied der FDP, 1976–90 Mitglied des Deutschen Bundestages, 1976–82 Staatsministerin im Auswärtigen Amt, Kandidatin der FDP für das Amt des Bundespräsidenten 1994)

Mitgliederzahlen der Parteien (Stand Mitte 2008; gerundet)		Zum Vergleich: Mitgliederzahlen ausgewählter Interessenverbände (Stand: 2007/08)	
CDU (Christlich Demokratische Union)	531 000	ADAC (Allgemeiner deutscher Automobilclub)	16 000 000
SPD (Sozialdemokratische Partei Deutschlands)	530 000	DFB (Deutscher Fußballbund)	6 500 000
CSU (Christlich Soziale Union)	167 000	DGB (Deutscher Gewerkschaftsbund)	6 400 000
Die Linke	74 000	Greenpeace*	559 000
FDP (Freie Demokratische Partei)	65 000		
Bündnis 90/Die Grünen	45 000	* Stand 2006	

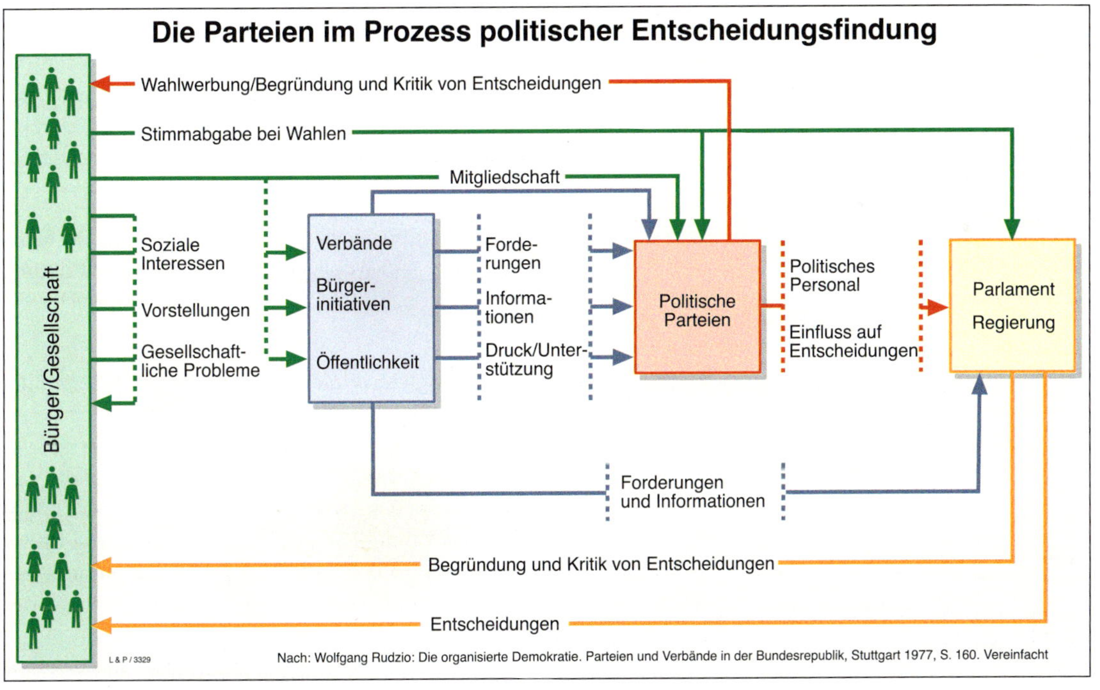

(Quelle: Rudzio, W.: Die organisierte Demokratie. Parteien und Verbände in der Bundesrepublik, Stuttgart 1977, S. 160)

1. *Informiere dich über die Bedeutung des Begriffs „oligarchisch". Vergleiche die Mitgliederzahlen der Parteien und Verbände. Überlege, wie die Aussage von Frau Hamm-Brücher über Parteien und ihre Rolle zu verstehen ist.*
2. *Werte die Grafik aus. Erläutere, welche Kräfte auf die Parteien beim Prozess der politischen Entscheidungsfindung einwirken.*

Das Wahlsystem auf Bundesebene und im Land Nordrhein-Westfalen

Wahlplakate zur Bundestagswahl 2005

Leon darf dieses Jahr zum ersten Mal wählen. Zwischen ihm und seiner Mutter kommt es vor der Wahl zu folgendem Gespräch:

L: *Ich habe in der Zeitung einen Stimmzettel gesehen. Danach habe ich zwei Stimmen. Warum das?*
M: Es gibt 598 Mandate im Bundestag. Davon werden 299 über Wahlkreise gewählt. Mit der Erststimme entscheiden die Wähler direkt darüber, welcher Kandidat aus ihrem Wahlkreis in den Bundestag kommt. Gewählt ist, wer die meisten Erststimmen erhält. Mit der Zweitstimme wählt man eine Partei bzw. deren Landesliste.

L: *Dann könnte ich meine Erststimme dem CDU-Kandidaten und meine Zweitstimme der Partei der GRÜNEN geben?*
M: Ja, das nennt man Stimmen-Splitting.

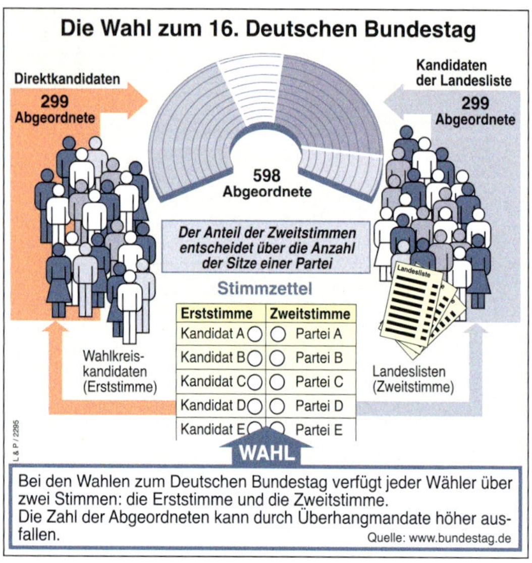

L: *Und wie wird nun ausgezählt?*
M: Die 598 Mandate werden nach dem Verhältnis der Zweitstimmen auf die Parteien verteilt. Man spricht daher von einer Verhältniswahl. Wenn eine Partei 50 % der Zweitstimmen erhält, stehen ihr 299 Mandate zu.

L: *Welche Kandidaten erhalten diese 299 Mandate?*
M: Zunächst kommen die Wahlkreiskandidaten zum Zuge, die ihren Wahlkreis gewonnen haben. Dies sind die sogenannten Direktmandate. Die dann noch verbleibenden Mandate werden an Kandidaten vergeben, die in einer bestimmten Reihenfolge auf der Landesliste stehen.

L: *Wenn also einer Partei 250 Mandate zustehen und sie in 100 Wahlkreisen ein Direktmandat bekam, erhält sie noch 150 Sitze über die Landesliste?*
M: Ja, so ist es.

L: *Du sagtest, es gibt 598 Mandate, der letzte Bundestag hatte aber mehr Mandate.*
M: Dies kommt dann vor, wenn eine Partei z. B. 12 Direktmandate erringt, ihr aber nach dem Verhältnis der Zweitstimmenauszählung nur 9 Mandate zustehen. Dann gab es für diese Partei bisher 3 Überhangmandate, sodass sich die Gesamtzahl der Sitze im Bundestag erhöht. Die Verteilung der Überhangmandate hat das Bundesverfassungsgericht mit Urteil vom 3. Juli 2008 allerdings als verfassungswidrig erkannt, sie muss neu geregelt werden.

L: *Und was besagt die 5 %-Klausel?*
M: Dass bei der Zuteilung der Mandate nach der Zweitstimmenauszählung nur solche Parteien berücksichtigt werden, die mindestens 5 % der Stimmen oder drei Direktmandate erreicht haben.

Landtagswahl in Nordrhein-Westfalen

Alle fünf Jahre wird der Landtag gewählt. Die Wahlberechtigten haben bei der Landtagswahl in Nordrhein-Westfalen nur **eine** Stimme, mit der sie einen Kandidaten bzw. eine Kandidatin in ihrem Wahlkreis direkt wählen (**Persönlichkeitswahl**). Insgesamt gibt es in Nordrhein-Westfalen 128 Wahlkreise. Der Bewerber, der die meisten Stimmen in einem Wahlkreis auf sich vereinigt – und sei es auch nur eine Stimme mehr als der zweite – ist direkt gewählt (**relative Mehrheitswahl**). Er erhält ein sogenanntes **Direktmandat**. Bei Stimmengleichheit entscheidet das Los.

Neben den 128 Direktkandidaten erhalten mindestens 53 **Listenkandidaten** über die sogenannten Landesreservelisten ein Mandat, also einen Sitz im Landtag. Und so werden diese Sitze vergeben: Jede Stimme für den Kandidaten einer Partei wird zugleich als Stimme für seine Partei gewertet. Entsprechend dieser zweiten Wertung ergibt sich, wie viele der insgesamt mindestens 181 (128 + 53) Mandate eine Partei im Landtag erhält.

Dazu wird ausgerechnet, wie viele Stimmen die einzelnen Parteien insgesamt erhalten haben. Jede Partei erhält im Verhältnis so viele Sitze, wie es dem Anteil ihrer Stimmen an der Gesamtstimmenzahl entspricht (**Verhältniswahl**). Beispiel: Wenn in einem Landtag insgesamt 100 Sitze zu vergeben sind und eine Partei 37 % der Gesamtstimmen erhält, stehen dieser Partei 37 Sitze zu.

Parteien, die weniger als 5 % der Stimmen erhalten, ziehen nicht in den Landtag ein. Ihre Stimmen werden von der Gesamtstimmenzahl abgezogen. Steht die Mandatszahl für die einzelnen Parteien fest, werden zunächst die Direktkandidaten berücksichtigt. Stehen einer Partei nach dem Gesamtwahlergebnis

Stimmzettel

für die Landtagswahl am 22. Mai 2005
im Wahlkreis 49 Mönchengladbach I

SIE HABEN 1 STIMME

Hier ankreuzen!

1	**Körfges, Hans-Willi** Rechtsanwalt Trimpelshütter Straße 26 41238 Mönchengladbach	Sozialdemokratische Partei Deutschlands Peer Steinbrück Birgit Marlies Fischer Harald Schartau **SPD**	◯
2	**Schroeren, Michael** Immobilienkaufmann Schürenweg 95 a 41063 Mönchengladbach	Christlich Demokratische Union Deutschlands Dr. Jürgen Rüttgers Eckhard Uhlenberg Regina van Dinther **CDU**	◯
3	**Dr. Aschmutat, Uwe** Vertriebsaussendienstler Bahnhofstraße 32 41236 Mönchengladbach	Freie Demokratische Partei Dr. Ingo Wolf Dr. Gerhard Papke Angela Freimuth **FDP**	◯
4	**Siemes, Hans-Josef (Hajo)** Diplom Sozialpädagoge Mülforter Straße 193 d 41238 Mönchengladbach	BÜNDNIS 90/DIE GRÜNEN Bärbel Höhn Dr. Michael Vesper Sylvia Löhrmann **GRÜNE**	◯

Muster

Stimmzettel zur Landtagswahl in Nordrhein-Westfalen 2005 (Auszug)

mehr Sitze zu, als sie „direkt" in den Wahlkreisen erringen konnte, erhalten die Kandidaten aus ihrer sogenannten Reserveliste die Mandate. Eine Partei, die keinen Wahlkreis erobern konnte, besetzt alle Mandate von der Reserveliste.

Gewinnt eine Partei mehr Direktmandate als ihr Sitze gemäß der verhältnismäßigen Verteilung zustehen, wird der Landtag um eine entsprechende Zahl an sogenannten **Überhangmandaten** vergrößert.

1. *Erstelle eine Übersicht: Welche Informationen erhält Leon über die Bundestagswahlen von seiner Mutter? Was erfährt er noch aus der Grafik auf Seite 104?*
2. *Erstelle eine Übersicht mit den wichtigsten Einzelheiten zur Durchführung der Landtagswahlen.*
3. *Vergleiche: Welche Gemeinsamkeiten und Unterschiede für die Durchführung der Bundestagswahlen und der Landtagswahlen findest du?*

Joschka Fischer beim Wahlkampfauftakt der Grünen 2005

Plakat der FDP zur Landtagswahl 2005

Zur Analyse

Diskussion um Mehrheitswahlrecht

Kleine Parteien, große Wirkung

[...] Ein Blick auf die lahmende Große Koalition in Berlin, ein zweiter Blick auf die lähmenden Verhältnisse in Hessen* – und schon macht sich das Gefühl breit, dass es so eigentlich nicht bleiben kann. Fünf Parteien, keine klare Mehrheit mehr – und politisch geht nichts mehr voran. Kein Wunder, dass die Sehnsucht nach klaren Verhältnissen wächst. Die aber, so lautet das Argument, gibt es nicht ohne Mehrheitswahlrecht. Als ob der Name schon helfen würde. Ach wär' das schön.

Wär' es wirklich schön? Die Debatte über die Einführung eines reinen Mehrheitswahlrechts bricht immer wieder auf. Derzeit führt der frühere Bundesverfassungsgerichtspräsident Ernst Benda die Debatte an, der Passauer Politologe Gerd Strohmeier hat ein Konzept entworfen. Es würde nicht überraschen, wenn sich bald noch mehr Experten melden. Bereits nach der Bundestagswahl 2005 waren Forderungen laut geworden. An der Spitze der Bewegung für das Mehrheitswahlrecht standen damals Sachsens Regierungschef Georg Milbradt und der Staatsrechtler Hans Herbert von Arnim.

Die Deutschen wählen heute in einem Mischsystem mit einer klaren Dominanz des Verhältniswahlrechts. Gäbe es ein reines Mehrheitswahlrecht, würde das Parlament nicht das Stimmenverhältnis widerspiegeln, wie es über die Republik verteilt auf die Parteien entfällt. Entscheidend wäre allein der Kampf der Kandidaten in jedem einzelnen Wahlkreis.

Egal wie groß die Mehrheit ist, egal ob sie mehr als 50 Prozent beträgt – der Sieger zöge ins Parlament ein. Alle anderen in seinem Wahlkreis hätten verloren. The winner takes it all – der Sieger nimmt alles. So lautet in Großbritannien der Leitspruch. Kleine Parteien schaffen es bei diesem System nur selten, einen Sitz im Parlament zu erobern. Entsprechend gäbe es nur zwei wirklich große Blöcke – und meistens klare Mehrheiten. Meistens? Sicher ist gar nichts.

Bestes Beispiel ist die Bundestagswahl 2005. Hätte damals das Mehrheitswahlrecht gegolten, wäre von klaren Mehrheiten kaum die Rede gewesen. Nach der Wahl hätte die Union 150 Abgeordnete gestellt, SPD, Grüne und Linkspartei genau einen Sitz weniger. Nicht viel anders wäre die Lage heute in Hessen. Dort säßen jetzt 28 Christ- und 27 Sozialdemokraten im Parlament. Mehrheiten ja. Klare Mehrheiten? Von wegen. [...]

Nun wird ein neues Wahlrecht, unabhängig von größeren oder weiter knappen Mehrheiten, auf absehbare Zeit nicht kommen. Denn dazu wären nicht nur die Stimmen der Volksparteien nötig. Einer Grundgesetzänderung müsste auch der Bundesrat zustimmen. Und das ist bis auf Weiteres ausgeschlossen. In vielen Ländern regieren kleine Parteien mit. Unvorstellbar, dass sie sich ihr eigenes Grab schaufeln.

Gegen ein neues Wahlrecht spricht freilich noch etwas anderes. Es wäre nichts weiter als ein billiger Ausweg für die Großen. Dass ihre Bindungskraft schwindet, ist nicht dem Wahlrecht geschuldet. Es liegt an ihrer Unfähigkeit, neue Stimmungen früh wahr- und ernstzunehmen.

Schaut man auf die Geschichte der letzten vierzig Jahre, dann sind es die kleinen Parteien gewesen, von denen größere Impulse und Veränderungen ausgingen. Ende der sechziger Jahre war es die FDP, die der SPD unter Willy Brandt den Aufbruch und Weg an die Macht ermöglichte.

Anfang der achtziger Jahre waren es die Grünen, die den Großen in der Umweltpolitik Beine machten. Und jetzt sind es die Linken, die – Populismus hin, Populismus her – ein Gefühl nutzen, das die Großen nicht ernst genug genommen haben. Wenn die Volksparteien das nicht erkennen, wird sie auch ein neues Wahlrecht nicht retten.

* Nach der Landtagswahl in Hessen am 27. Januar 2008 fand sich keine Mehrheit für die Wahl eines neuen Ministerpräsidenten, deshalb blieb die alte Regierung geschäftsführend bis zu Neuwahlen im Jahr 2009 im Amt.

(Stefan Braun in: Süddeutsche Zeitung vom 5. 2. 2008/bosw; http://www.sueddeutsche.de/politik/153/431903/text/)

Methode: Pro- und Kontra-Diskussion

Thema: Sollen wir in Deutschland das Mehrheitswahlrecht einführen?

Das parlamentarische System in Deutschland hat mit dem Einzug der Partei „Die Linke" in den Bundestag und in etliche Länderparlamente einen Umbruch erfahren. Die Bildung von (tragfähigen) Regierungskoalitionen ist schwieriger geworden, weil jetzt in vielen Parlamenten fünf Parteien vertreten sind. Vor diesem Hintergrund wird immer wieder die Frage diskutiert, ob in Deutschland ein Mehrheitswahlrecht eingeführt werden soll. Es gibt gewichtige Argumente, die für und die gegen die Einführung des Mehrheitswahlrechts sprechen.

Ich bin für die Einführung des Mehrheitswahlrechts, weil

... es klare Parlamentsmehrheiten gibt.

... stabile Regierungen Vertrauen bei Bürgern und ausländischen Partnern schaffen.

... kleine Parteien nicht die Regierungsarbeit mit ihren Forderungen in Koalitionen belasten.

... die Bürger deutlich merken würden, dass politische Veränderungen schneller durchzusetzen sind.

...

Ich bin gegen die Einführung des Mehrheitswahlrechts, weil

... Interessen kleiner Gruppen wie Umweltschützern nicht zum Ausdruck kommen können.

... Wähler von kleinen Parteien entmündigt werden, wenn ihre Stimme nicht im Parlament repräsentiert wird.

... viele politische Fragen nicht ausschließlich mit dem Programm der einen oder der anderen großen Partei gelöst werden können.

... die Möglichkeit, dass eine Parlamentsmehrheit sich durch Zerbrechen einer Koalition verändert, die beste Kontrolle der Regierung und ihrer Arbeit ist.

...

1 *Führt eine Pro-Kontra-Diskussion zum Thema „Sollen wir in Deutschland das Mehrheitswahlrecht einführen?" durch. Beachtet dabei die Hinweise auf Seite 86.*

Das Wichtige in Kürze

Demokratie

Demokratie bedeutet „Herrschaft des Volkes"; diese kann jedoch unterschiedlich organisiert werden. Grundsätzlich hat in einem demokratischen Staat bei einer Wahl jeder gleich viele Stimmen, unabhängig von Herkunft, Geschlecht, Religion, Beruf oder Einkommen. Die gewählten Vertreter und Vertreterinnen (Repräsentant/inn/en) des Volkes versammeln sich in einem Parlament. In der Regel ist maßgeblich, was die Mehrheit eines gewählten Parlamentes wünscht.

Gewaltenteilung

Als horizontale Gewaltenteilung bezeichnet man die Teilung der Macht zwischen den drei Staatgewalten „Gesetzgebende Gewalt" (Legislative), „Vollziehende Gewalt" (Exekutive) und „Rechtsprechende Gewalt" (Judikative). Damit sind im parlamentarischen System das Parlament, die Regierung mit Ministerialbürokratie und die Gerichtsbarkeit gemeint. Unter vertikaler Gewaltenteilung versteht man die Verteilung der Zuständigkeiten zwischen dem Bund, den Ländern und Gebietskörperschaften (Kreise, Städte, Gemeinden).

Parteien

Laut Grundgesetz und Parteiengesetz wirken Parteien bei der politischen Willensbildung mit, in der Wirklichkeit spielen Parteien bei der politischen Willensbildung in der Bundesrepublik die entscheidende Rolle. Sie stellen weitestgehend das politische Personal, nehmen Einfluss auf die Entscheidungen der Parlamentarier, betreiben Wahlkampf und bestimmen somit entscheidend die Themen, die öffentlich diskutiert werden, mit.

Föderalismus

Mehrere Teilstaaten schließen sich zu einem Bündnis zusammen. Dadurch werden die politische Macht und die Verwaltung des Staates auf mehrere Ebenen verteilt. In der Bundesrepublik Deutschland haben die 16 Bundesstaaten weitgehende Autonomie beim Schulwesen oder der Polizei, was dazu führt, dass vieles nicht bundeseinheitlich geregelt wird. Der Bund ist für Fragen zuständig, welche alle 16 Staaten gleichermaßen betreffen, z. B. das Pass- und Meldewesen oder die Außen- und Sicherheitspolitik. Über den Bundesrat können die Länder die Gesetzgebung des Bundes beeinflussen.

Mehrheits- und Verhältniswahlrecht

Im Grunde geht es bei der Unterscheidung dieser beiden Wahlsysteme um die Frage, was mit den Stimmen passiert, welche die Wählerinnen und Wähler den unterlegenen Parteien gegeben haben. Beim absoluten Mehrheitswahlrecht werden die Parlamentssitze für einen Wahlkreis der Partei zugeschlagen, die im Wahlgang die absolute Mehrheit erreicht hat. Hat keine der Parteien die absolute Mehrheit erreicht, gibt es unter den beiden stärksten Parteien eine Stichwahl. Beim relativen Mehrheitswahlrecht reicht die einfache Mehrheit der Wählerstimmen, um die Parlamentssitze zu erringen. Beim Verhältniswahlrecht werden die Parlamentssitze nach einem mathematischen Verfahren entsprechend der Anteile der erzielten Wählerstimmen aufgeteilt.

Bürgerrechte

Bürgerrechte ruhen auf drei Fundamenten: den Grundrechten (wie Schutz vor staatlichen Übergriffen oder Meinungsfreiheit), besonderen Freiheitsrechten (wie Freizügigkeit oder das Recht auf informationelle Selbstbestimmung) und politischen Rechten (etwa aktives und passives Wahlrecht). Bürgerrechte gelten nur für Staatsbürger.

Demokratie als Regierungsform

Den Wert der Demokratie kann man erst erkennen, wenn man sich vor Augen führt, was an ihrer Stelle stehen könnte:

- eine Regierungsform, in der Recht durch gewaltsame Auseinandersetzungen gesetzt wird (Recht des Stärkeren);
- Anarchie (= Herrschafts-, Gesetzlosigkeit);
- Diktatur (= unumschränkte Herrschaft einer Person oder Gruppe, die im Rahmen ihrer Herrschaftsausübung alle Personen und Gruppen verfolgen und unterdrücken, die andere Meinungen vertreten);
- absolute Monarchie (= unumschränkte Herrschaft eines Königs).

Das direkte Gegenteil von Demokratie wäre die Herrschaft eines Einzelnen über viele, z. B. im Rahmen einer Erbmonarchie, in der die Herrschaft von Generation zu Generation vererbt wird. Nur wenige Herrscher lenken ihr Land noch uneingeschränkt, etwa Haji Hassanal Bolkiah in Brunei. Er folgte seinem Vater 1967 nach.

Formen der Demokratie

Direkte Demokratie: Die Bürgerinnen und Bürger üben die Staatsgewalt unmittelbar (also „direkt") aus, z. B. in einer Volksversammlung oder durch Volksabstimmungen. Der Umfang der Themen, über die die Bürger und Bürgerinnen direkt entscheiden, kann variieren: Es können z. B. Verfassungsänderungen betroffen sein, aber auch allgemein die Gesetzgebung oder andere Streitfragen.
Parlamentarische/repräsentative Demokratie: Die Bürgerinnen und Bürger wählen Abgeordnete (Repräsentant/inn/en) und beauftragen diese dadurch für einen bestimmten Zeitraum, Regelungen für die Gemeinschaft zu treffen und eine Exekutive zu bestimmen. Sie üben Herrschaft also mittelbar („indirekt") aus.
Präsidialdemokratie: Die Wahlbevölkerung bestimmt einen Präsidenten oder eine Präsidentin, der/die die Funktionen des Staatsoberhaupts und des Regierungschefs auf sich vereint, als Kopf der Exekutive und wählt ihm gleichzeitig ein Parlament zur Seite, das die Amtsausübung des Präsidenten überwacht.

Sultan Hassanal Bolkiah mit seinen zwei Ehefrauen bei den Feierlichkeiten zu seinem 62. Geburtstag am 15. Juli 2008

Nachdem in Nepal im Mai 2008 die Republik ausgerufen wurde, verbleiben weltweit noch 45 Länder, in denen Monarchen herrschen. Absolute Monarchien gibt es nur noch in Asien, z. B. in Bahrein, Brunei oder Saudi-Arabien. Auch in Europa finden sich Monarchien; diese Staaten haben allerdings alle eine demokratische Verfassung. Den Königshäusern kommen überwiegend repräsentative Funktionen zu, d. h. der König oder die Königin vertritt das Land als Staatsoberhaupt.
In nicht allen Staaten, die sich als Demokratien verstehen, gibt es die gleichen Freiheitsrechte. Die US-amerikanische Nichtregierungsorganisation „Freedom House", die den Freiheitsgrad von Staaten anhand bestimmter Indikatoren, z. B. Freiheit bei Wahlen, Freiheit der Religionsausübung, Meinungs- oder Pressefreiheit, bemisst, kam in einer Studie sogar zu dem Ergebnis, dass Demokratisierungsprozesse weltweit rückläufig seien. 2007 hätten 38 Staaten Freiheitsrechte eingeschränkt, während nur zehn Staaten diese ausgebaut hätten.

1. *Die drei genannten Formen von Demokratie erfordern ein unterschiedliches Maß an Bürgerbeteiligung. Wo ist die Bürgerbeteiligung am höchsten, wo am niedrigsten?*
2. *„Die Demokratie ist gegenüber diktatorischen Systemen, absoluten Monarchien oder einem Zustand, in dem Anarchie herrscht, ein Gewinn!" – Nimm Stellung zu dieser Aussage.*
3. *Verfolge eine Woche lang die Berichterstattung in den Medien über Staaten in der Welt. Notiere, welche Regierungsformen genannt werden und wo diese Staaten liegen.*

Wie ein Bundesgesetz zustandekommt: ein Beispiel

Auf den folgenden Seiten erfährst Du, wo und wie in Deutschland ein Gesetz entsteht und wer dabei mitwirkt. Zum Ablauf der Gesetzgebung finden sich im Grundgesetz genaue Vorgaben.
Die gesetzgebende Gewalt (vgl. Seite 98) heißt auch „Legislative"; der Name leitet sich vom lateinischen Wort „lex" (= Gesetz) ab. Damit sind in Deutschland die Volksvertretung „Deutscher Bundestag" und die Ländervertretung „Deutscher Bundesrat" gemeint. Nur diese beiden Parlamente dürfen über Bundesgesetze entscheiden.

In Deutschland dürfen nur die Bundesregierung, der Bundesrat oder mehrere Mitglieder des Deutschen Bundestages eine sogenannte Gesetzesinitiative (= Vorschlag zur Erarbeitung eines neuen Gesetzes) starten. Dazu muss ein Gesetzentwurf vorgelegt werden, der dann im Bundestag beraten wird. Diese Beratung nennt man auch „Lesung". Nach der ersten Lesung wird der Entwurf an den zuständigen Ausschuss des Bundestages übergeben und dort beraten. Der Ausschuss spricht zum Abschluss eine Empfehlung aus, ob der Gesetzentwurf angenommen, abgeändert oder abgelehnt werden soll. Dann finden ggf. noch zwei weitere Lesungen statt.

Sind mit dem Gesetzentwurf Angelegenheiten der Bundesländer betroffen, wie bei unserem Beispiel des „Gesetzes zu Reform des Staatsangehörigkeitsrechts", muss dem Entwurf nach der Abstimmung im Bundestag auch der Bundesrat zustimmen.

Wenn der Bundestag und ggf. der Bundesrat dem Entwurf zugestimmt haben, unterzeichnen der zuständige Minister/ die zuständige Ministerin und der Bundeskanzler/ die Bundeskanzlerin das Gesetz. Damit das Gesetz in Kraft treten kann, muss es abschließend von unserem Staatsoberhaupt, dem Bundespräsidenten, auf seine Übereinstimmung mit dem Grundgesetz überprüft und von ihm unterzeichnet werden. Dann wird es im Bundesgesetzblatt veröffentlicht.

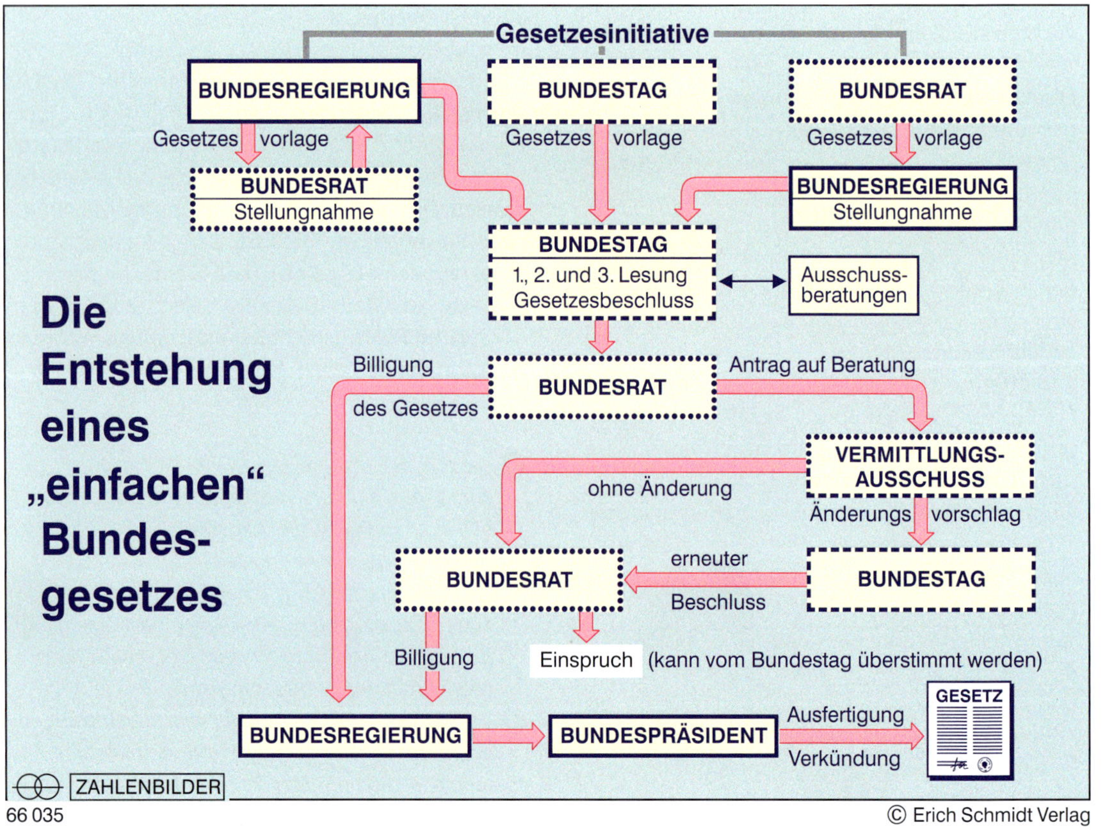

66 035 © Erich Schmidt Verlag

Beispiel: Gesetz zur Reform des Staatsangehörigkeitsrechts

Regelung vorher: Kinder, die deutsche Eltern hatten oder bei denen ein Elternteil deutsch war, erhielten mit der Geburt die deutsche Staatsangehörigkeit. Ausländer konnten erst ab acht, zehn bzw. 15 Jahren Aufenthalt in Deutschland einen Antrag auf Einbürgerung stellen.

Zeitungsausschnitte:

A Der Bundestag debattierte in zweiter und dritter Beratung vier Stunden lang über die Reform des Staatsbürgerschaftsrechts. Zur Debatte lagen auch der Bericht und die Beschlussempfehlung des Innenausschusses vor. Bundesinnenminister Otto Schily (SPD) bezeichnete das neue Gesetz als einen Kompromiss von „historischer Dimension". Am Schluss sprachen sich in namentlicher Abstimmung 365 Abgeordnete dafür, 184 dagegen aus; 39 Parlamentarier enthielten sich.

B Der Bundesrat hat die Reform des Staatsbürgerrechts beraten. In der Diskussion gaben Bayerns Ministerpräsident Edmund Stoiber und Bundesinnenminister Otto Schily zu dem Gesetz unterschiedliche Erklärungen ab.

C Bundespräsident Johannes Rau hat das Gesetz zur Reform des Staatsbürgerrechts unterzeichnet. Vorgänger Roman Herzog hatte das Gesetz aus Zeitgründen nicht mehr ausgefertigt.

D Wie einer Pressemitteilung zu entnehmen ist, hat sich der Innenausschuss des Bundestags bei seiner letzten Sitzung zum neuen Staatsbürgerschaftsrecht vor allem mit Klärungen bei Verfahrensfragen befasst, sodass den Ländern im Bundesrat die Zustimmung wohl leichter fallen wird.

E Der Bundestag debattierte über den gemeinsamen Gesetzentwurf der Regierungsfraktion von SPD und BÜNDNIS 90/DIE GRÜNEN und den Entwurf der CDU/CSU-Fraktion zur Neuregelung des Staatsangehörigkeitsrechts in erster Beratung. Anschließend wurden die Vorlagen an die zuständigen Ausschüsse zur Weiterberatung überwiesen.

F Unbemerkt von der Öffentlichkeit wurde das neue Gesetz zur Staatsbürgerschaftsreform im Bundesgesetzblatt verkündet. Das neue Gesetz trat am 1. Januar 2000 in Kraft.

Neuerungen: Durch die Geburt in Deutschland erhält auch ein Kind ausländischer Eltern automatisch die deutsche Staatsangehörigkeit neben derjenigen der Eltern (Doppel-Pass). Voraussetzung ist, dass ein Elternteil seit acht Jahren rechtmäßig seinen Hauptwohnsitz im Inland hat und eine Aufenthaltsberechtigung oder seit drei Jahren eine unbefristete Aufenthaltserlaubnis besitzt. Zwischen dem 18. und 23. Geburtstag muss sich das Kind für eine der beiden Staatsbürgerschaften entscheiden. Diese Regelung gilt auch für Kinder, die nach 1990 in Deutschland geboren wurden. Nachträglich können alle Ausländer ab acht Jahren Aufenthalt in Deutschland den Antrag auf Einbürgerung stellen.

1. *Erläutere das Besondere bzw. Neue an der neuen Regelung für die deutsche Staatsangehörigkeit.*
2. *Die Zeitungsausschnitte sind, über ein knappes Vierteljahr verteilt, in Tageszeitungen erschienen. Stelle zu jedem Abschnitt fest, welches Staatsorgan beteiligt ist.*
3. *Versuche, den Ablauf des Gesetzgebungsverfahrens in die richtige Reihenfolge zu bringen. Kontrolliere dein Ergebnis mithilfe der Übersicht auf Seite 110.*
4. *Suche dir mit deinem Nachbarn/ deiner Nachbarin eines der bei der Gesetzgebung beteiligten Staatsorgane aus und bereite mithilfe der entsprechenden Buchseiten aus diesem Kapitel einen Kurzvortrag für die Klasse vor. Manchmal musst du auch erst die Aufgaben auf den entsprechenden Seiten lösen.*

Die Aufgaben des Deutschen Bundestages

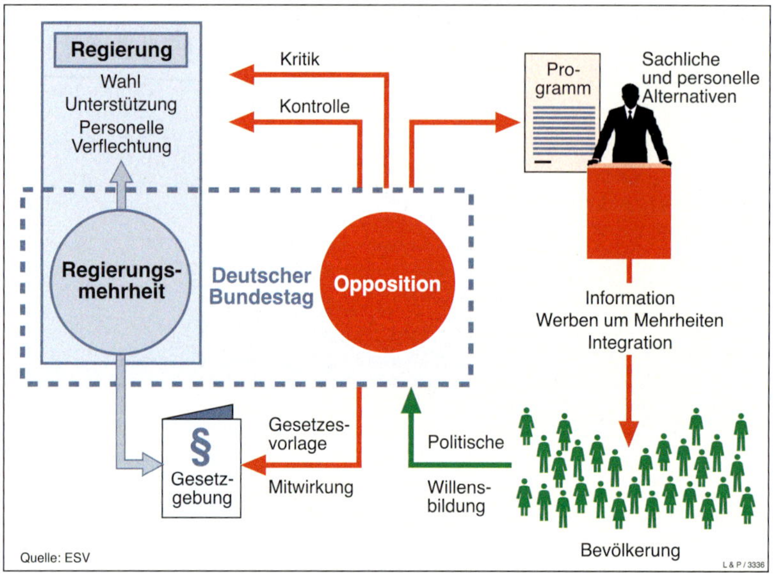

Der Deutsche Bundestag ist das einzige direkt vom Volk gewählte Verfassungsorgan. Dementsprechend wird er auch in die Pflicht genommen, für stabile Regierungen zu sorgen: Artikel 63 des Grundgesetzes lässt die Kanzlerwahl im ersten Wahlgang nur mit absoluter Mehrheit zu, Artikel 67 erlaubt nur dann einen Kanzler oder eine Kanzlerin abzuwählen, wenn auch gleichzeitig ein neuer Kanzler bzw. eine neue Kanzlerin gewählt wird (konstruktives Misstrauensvotum).

Der Bundestag ist ein Arbeitsparlament, kein Redeparlament. Im Zentrum der parlamentarischen Arbeit stehen die im Bundestag vertretenen Fraktionen. Zu einer Fraktion können sich nur Abgeordnete zusammenschließen, die einer Partei angehören. Die wesentliche Sacharbeit im Bundestag findet in Ausschüssen statt, sie bereiten Beschlussvorlagen für das Plenum des Bundestages vor. Die Anzahl der Mitglieder eines Ausschusses richtet sich nach dem zu erwartenden Arbeitsaufwand, die Verteilung der Sitze nach der Stärke der Fraktionen im Parlament. Obgleich die Abgeordneten bei der Ausübung ihres Mandats nicht an Aufträge oder Weisungen gebunden sind (freies Mandat nach Art. 38 Abs. 1 GG) und auch nicht zur Niederlegung ihres Mandats gezwungen werden können, gibt es in der Praxis eine Bindung der Abgeordneten an ihre Fraktion (Fraktionsdisziplin), die die Fraktionen nötigenfalls auch mithilfe von Sanktionen (z. B. Abberufung aus einem Ausschuss, keine Aufstellung bei der nächsten Wahl) durchzusetzen versuchen.

Zu den zentralen Aufgaben des Bundestages gehören die Wahl des Kanzlers bzw. der Kanzlerin, die Verabschiedung des Bundeshaushalts, die Gesetzgebung, die Genehmigung internationaler Verträge mit anderen Staaten und Organisationen sowie die Mitwirkung bei der Wahl des Bundespräsidenten, der Bundesrichter und anderer Bundesorgane. Des Weiteren übt der Bundestag die parlamentarische Kontrolle gegenüber der Regierung und den Ministerien des Bundes aus, er kontrolliert auch den Einsatz der Bundeswehr.

Änderten sich bisher während einer Wahlperiode Koalitionsbündnisse im Bundestag, so ging dies auch immer mit Regierungswechseln einher (1966 nach dem Bruch der christlich-liberalen Koalition wählte eine Mehrheit aus CDU/CSU und SPD Kurt-Georg Kiesinger zum Kanzler, 1969 nach dem Bruch der Großen Koalition wählten SPD und FDP Willy Brandt zum Kanzler und 1982 nach dem Bruch der sozial-liberalen Koalition wählten CDU/CSU und FDP Helmut Kohl zum Kanzler). Minderheitenregierungen existierten auf Bundesebene immer nur im Vorfeld dieser Regierungsneubildungen.

1. *Beschreibe die Organisation und die Aufgaben des deutschen Bundestages.*
2. *Recherchiere: Wer stellte bei der Debatte um das Gesetz zur Reform des Staatsangehörigkeitsrechts die Regierung, wer die Opposition? Wer regiert derzeit, wer ist in der Opposition?*
3. *Das Grundgesetz sieht das freie Mandat für Abgeordnete vor. In der Praxis gibt es die Fraktionsdisziplin. Erläutere, wie Du dazu stehst.*

Wie arbeitet der Deutsche Bundestag?

Plenum des Bundestages

Fraktionen:

CDU/CSU
Fraktionsgemeinschaft
223 Abgeordnete

SPD
222 Abgeordnete

FDP
61 Abgeordnete

DIE LINKE
53 Abgeordnete

BÜNDNIS 90/ DIE GRÜNEN
51 Abgeordnete

2 fraktionslose Abgeordnete

(Stand: September 2008)

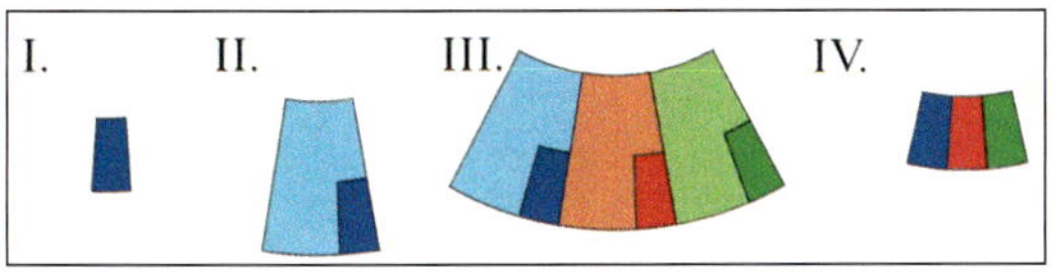

Ausschuss | **Plenum** | **Arbeitskreis** | **Fraktion**

A In ihr sind die Abgeordneten, die der gleichen Partei angehören, zusammengeschlossen. Aus ihr geht ein großer Teil der politischen Vorschläge für die Parlamentsarbeit hervor. Die Sitzordnung des Parlaments sieht vor, dass die Abgeordneten der gleichen Partei beieinander in einem Block sitzen. Vor Sitzungen lässt sich meistens abschätzen, welcher Anteil dieser Abgeordneten zustimmen oder ablehnen wird.

B Er ist der Ort für gründliche und ins Einzelne gehende Beratungen unter den Fachleuten aller Fraktionen. Er befasst sich nur mit Angelegenheiten, die ihm vom Plenum überwiesen worden sind. Die Beschlüsse des Plenums bereitet er mit vor, sodass Mehrheiten zustande kommen können. In „Hearings" werden auch außerparlamentarische Sachverständige und Betroffene angehört.

C Es ist die Vollversammlung des Parlaments. Von ihm werden die Beschlüsse gefasst. Es ist auch der Ort für die öffentlichen politischen Debatten sowie für Regierungserklärungen. Wichtige Debatten werden im Fernsehen gezeigt. In der Regel finden alle vier Wochen jeweils zwei oder drei Sitzungen statt, die vom Präsidenten oder einem Vizepräsidenten geleitet werden. Die Beschlüsse werden in den Fraktionen und Ausschüssen vorbereitet.

D Er wird innerhalb der Fraktion für die verschiedenen Sachgebiete gebildet, für die es auch Ausschüsse und Ministerien gibt. In ihm bereiten sich die Fachleute der Fraktion auf die Sitzungen des entsprechenden Ausschusses vor, denn sie vertreten auch die Fraktion im jeweiligen Ausschuss. Diese Fachleute bereiten auch Beschlüsse der Fraktion im jeweiligen Sachgebiet vor.

1 *Ein zeichnerisches Element, ein Begriff und eine Beschreibung gehören jeweils zusammen. Ordne zu.*

Regierungsbildung und Bundesregierung

Parteien, deren Programme nicht allzu stark voneinander abweichen, …	… führen dann die eigentlichen Koalitionsverhandlungen.
Wenn keine Partei bei der Wahl die absolute Mehrheit gewinnt, …	… haben oft schon im Wahlkampf eine Koalitionsaussage gemacht.
Wenn sich die Parteien im Wahlkampf nicht auf einen Koalitionspartner festgelegt haben, …	… die dann vom Bundespräsidenten ernannt werden und vor dem Bundestag ihren Amtseid leisten.
Die Parteien, die zusammen regieren wollen, …	… müssen sich Parteien zu einer Koalition zusammenschließen.
Die Verhandlungsdelegationen der Koalitionsparteien einigen sich auf ein Sachprogramm der künftigen Regierung, …	… führt die Partei, die die meisten Sitze errungen hat, als erste Gespräche mit anderen.
Gegen Ende der Koalitionsverhandlungen spricht man auch ab, …	… und anschließend ernannt sowie vor dem Bundestag vereidigt.
Der Bundeskanzler oder die Bundeskanzlerin wird auf Vorschlag des Bundespräsidenten vom Bundestag ohne Aussprache gewählt …	… wobei jede versucht, viel von ihrem Parteiprogramm und ihren Wahlaussagen durchzusetzen.
Der Bundeskanzler oder die Bundeskanzlerin schlägt dem Bundespräsidenten die Bundesminister und Bundesministerinnen vor, …	…, welche Koalitionsparteien in der neuen Regierung welche Ministerien erhalten.

Bundeskanzlerin Angela Merkel bei der Vereidigung

Der Amtseid des Bundeskanzlers

„Ich schwöre, dass ich meine Kraft dem Wohle des deutschen Volkes widmen, seinen Nutzen mehren, Schaden von ihm wenden, das Grundgesetz und die Gesetze des Bundes wahren und verteidigen, meine Pflichten gewissenhaft erfüllen und Gerechtigkeit gegen jedermann üben werde. So wahr mir Gott helfe.“

(Der Eid kann auch ohne religiöse Beteuerung geleistet werden.)

Konrad Adenauer
CDU (1949–1963)

Ludwig Erhard
CDU (1963–1966)

Kurt Georg Kiesinger
CDU (1966–1969)

Willy Brandt
SPD (1969–1974)

Helmut Schmidt
SPD (1974–1982)

Helmut Kohl
CDU (1982–1998)

Gerhard Schröder
SPD (1998–2005)

Die ehemaligen Bundeskanzler der Bundesrepublik Deutschland

Das Bundeskanzleramt in Berlin, Amtssitz der Bundeskanzlerin. Im Vordergrund eine Stahlplastik des baskischen Bildhauers Eduardo Chillida, die von vielen als Symbol für die wiedererlangte deutsche Einheit gesehen wird.

Die Bundeskanzlerin an ihrem Schreibtisch im Bundeskanzleramt: Von hier aus wird Deutschland regiert.

Aus dem Grundgesetz

Art. 62: Die Bundesregierung besteht aus dem Bundeskanzler und aus den Bundesministern. **(A)**

Art. 63 Abs. 1: Der Bundeskanzler wird auf Vorschlag des Bundespräsidenten vom Bundestag ohne Aussprache gewählt.
Art. 63 Abs. 2: Gewählt ist, wer die Stimmen der Mehrheit der Mitglieder des Bundestages auf sich vereint. **(B)**

Art. 65: Der Bundeskanzler bestimmt die Richtlinien der Politik und trägt dafür die Verantwortung. **(C)**

Innerhalb dieser Richtlinien leitet jeder Bundesminister seinen Geschäftsbereich selbstständig und unter eigener Verantwortung. **(D)**

Über Meinungsverschiedenheiten zwischen den Bundesministern entscheidet die Bundesregierung. **(E)**

Art. 67, Abs. 1: Der Bundestag kann dem Bundeskanzler das Misstrauen nur dadurch aussprechen, dass er mit der Mehrheit seiner Mitglieder einen Nachfolger wählt. **(F)**

Art. 68, Abs. 1: Findet ein Antrag des Bundeskanzlers, ihm das Vertrauen auszusprechen, nicht die Zustimmung der Mehrheit der Mitglieder des Bundestages, so kann der Bundespräsident auf Vorschlag des Bundeskanzlers binnen einundzwanzig Tagen den Bundestag auflösen. **(G)**

Richtlinienkompetenz

Vertrauensfrage

Kollegialprinzip

Misstrauensvotum

Kabinett

absolute Mehrheit

Ressortprinzip

1. *Verbinde auf Seite 114 die Teile der Sätze so, dass sich ein Bericht über den Ablauf der Regierungsbildung ergibt: ○———○ (Arbeitsblatt benutzen). Lies dazu zuerst die Artikel aus dem Grundgesetz.*
2. *Zu jeder Textstelle aus dem Grundgesetz passt ein Fachbegriff. Ordne zu.*
3. *Führt eine Internetrecherche zum Thema „Bundesministerien“ durch und erstellt zu jedem Ministerium einen Steckbrief: Bezeichnung des Ministeriums, Name des Ministers/der Ministerin, Hauptaufgaben, aktuelle Nachrichten (www.bundesregierung.de).*

Kontrolle der Bundesregierung durch den Bundestag

Vorgang

A Eine Oppositionsfraktion verlangt von der Bundesregierung eine ausführliche schriftliche Antwort zu einem Thema. Über die Antwort gibt es dann eine Aussprache im Bundestag.

B Eine Oppositionspartei schlägt in der Beratung in einem Ausschuss eine Änderung des Gesetzentwurfs der Regierung vor.

C Es wird aufgeklärt, ob der Verdacht stimmt, dass ein Minister sich unkorrekt verhalten hat.

D Nach der Regierungserklärung des Kanzlers wirft der Oppositionsführer der Regierung vor, sie habe sich zu wenig für die politische Stärkung des Europäischen Parlaments eingesetzt.

E Mitglieder einer Oppositionspartei beantragen schriftlich bei der Regierung, die finanziellen Mittel des Bundespresseamts für Informationsschriften erheblich zu kürzen. Über den Antrag wird von der Regierung eine schriftliche Stellungnahme vorgelegt. Dann wird über die Angelegenheit im Bundestag diskutiert und abgestimmt.

F In der Aussprache über ein bestimmtes aktuelles Thema wird in Kurzbeiträgen eine bestimmte Zeit lang diskutiert.

G Verschiedene Abgeordnete erhalten von der Bundesregierung eine mündliche Antwort auf Fragen, die sie in der Vorwoche formuliert hatten. Die Abgeordneten können jeweils Zusatzfragen stellen.

H Eine Fraktion lässt beim Bundesverfassungsgericht prüfen, ob ein Gesetz, das gegen ihre Stimmen zustande kam, mit dem Grundgesetz ganz übereinstimmt.

I Mehrere Abgeordnete einer Fraktion verlangen schriftlich zu einem bestimmten Thema eine kurze Auskunft der Bundesregierung, die als Bundestagsdrucksache veröffentlicht wird.

J Der Oppositionsführer verlangt in einer Rede im Plenum, dass die Bundesregierung noch mehr Geldmittel für den sozialen Wohnungsbau vorsehen soll.

K Abgeordnete können in den Sitzungswochen mittwochs um 13 Uhr 30 Minuten lang die Bundesregierung vor allem zu deren vorangegangener Kabinettsitzung befragen.

Mittel zur Kontrolle

1 Grundsatzdebatte im Plenum
2 Beratung in den Ausschüssen
3 Aktuelle Stunde
4 Fragestunde
5 Große Anfrage
6 Befragung der Bundesregierung
7 Antrag
8 Untersuchungsausschuss
9 Verfassungsklage
10 Verabschiedung des Bundeshaushalts
11 Kleine Anfrage

Bundestag: Blick auf das Rednerpult, links die Regierungsbank, rechts die Bundesratsplätze

1 *Ordne jedem Vorgang ein „Mittel zur Kontrolle" zu.*

Weitere Informationen im Internet unter: www.bundestag.de

Die Länder bestimmen mit: der Bundesrat

In einem föderalen Staat (lat. foedus, Bündnis) schließen sich mehrere Gliedstaaten zu einem Bündnis zusammen. Die 16 deutschen Länder bilden gemeinsam den Bundesstaat Bundesrepublik Deutschland. Die Zuständigkeiten sind zwischen dem Bund und den Ländern aufgeteilt. Der Bund ist vor allem für Aufgaben zuständig, die in allen Bundesländern einheitlich geregelt sind (z. B. Passwesen) oder für Bereiche, in denen es um das Verhältnis zu anderen Staaten geht (z. B. Außenpolitik). Die Länder sind für Aufgaben zuständig, die nicht in allen Ländern einheitlich geregelt sind (z. B. Schulwesen, Kultur, Polizei, Hochschulen, Landesplanung).

Der Bundesrat ist das Bindeglied zwischen dem Bund und den Ländern. Er ist die Interessenvertretung der Länder auf Bundesebene. Über ihn können die Länder die Gesetzgebung des Bundes beeinflussen. Der Bundesrat kann eigene Gesetzentwürfe einbringen und die Gesetzentwürfe der Bundesregierung werden ihm zur Stellungnahme zugeleitet. Wenn Gesetzentwürfe die Finanzen der Länder berühren, in ihre Verwaltung eingreifen oder das Grundgesetz ändern, hat der Bundesrat ein Vetorecht. Daher nennt man diese Gesetze auch zustimmungspflichtige Gesetze. Bei den anderen Gesetzen, den einfachen Gesetzen, kann der Bundesrat Änderungswünsche einbringen, aber der Bundestag hat das letzte Wort. (Zurzeit sind etwa 60 % der Gesetzentwürfe zustimmungspflichtig.)

Auch zu den meisten Rechtsverordnungen der Bundesregierung muss der Bundesrat seine Zustimmung geben. Als z. B. der Bundesverkehrsminister die Helmpflicht für Motorradfahrer einführte, musste der Bundesrat zustimmen, während der Bundestag hierzu nicht gefragt werden musste. Über den Bundesrat wirken die Länder auch in Angelegenheiten der Europäischen Union mit.

Sitzung des Bundesrates

Grundgesetz Artikel 50

Durch den Bundesrat wirken die Länder bei der Gesetzgebung und Verwaltung des Bundes und in Angelegenheiten der Europäischen Union mit.

Artikel 51

(1) Der Bundesrat besteht aus Mitgliedern der Regierungen der Länder, die sie bestellen und abberufen. Sie können durch andere Mitglieder ihrer Regierungen vertreten werden.

(2) Jedes Land hat mindestens drei Stimmen, Länder mit mehr als zwei Millionen Einwohnern haben vier, Länder mit mehr als sechs Millionen Einwohnern fünf, Länder mit mehr als sieben Millionen Einwohnern sechs Simmen.

(3) Jedes Land kann so viele Mitglieder entsenden, wie es Stimmen hat. Die Stimmen eines Landes können nur einheitlich und nur durch anwesende Mitglieder oder deren Vertreter abgegeben werden.

1. *Nach Artikel 51 des Grundgesetzes haben die Länder unterschiedlich viele Stimmen im Bundesrat. Nenne den Grund für diese Regelung.*
2. *Erläutere, warum die Landtagswahlen auch als „indirekte Bundesratswahlen" bezeichnet werden.*

Die Aufgaben des Bundespräsidenten

Bundespräsident Horst Köhler beim Besuch seiner Heimat. Das Foto zeigt ihn mit Ehefrau Eva vor dem Rathaus von Markkleeberg bei Leipzig. Hier wuchs Horst Köhler auf, bevor die Familie 1953 aus der damaligen DDR in die Bundesrepublik flüchtete.

A Der Bundespräsident wirkt bei der Regierungsbildung mit: Er schlägt dem Bundestag den Bundeskanzler vor und ernennt ihn nach erfolgter Wahl. Auf Vorschlag des Bundeskanzlers ernennt und entlässt er die Minister.

B Der Bundespräsident oder sein Bevollmächtigter, z.B. der Außenminister, unterschreibt Verträge mit anderen Staaten. Die Verträge kommen vorher durch politische Verhandlungen der Regierungen zustande. Der Bundestag muss ihnen zugestimmt haben.

C Der Bundespräsident unterzeichnet die Gesetze und lässt sie im Bundesgesetzblatt verkünden. Bei verfassungsrechtlichen Bedenken kann er die Unterschrift verweigern. Vor ihm müssen die zuständigen Minister und der Bundeskanzler unterschreiben.

D Der Bundespräsident übt für den Bund das Begnadigungsrecht aus. Er kann also Strafen bei bestimmten Strafverfahren, z. B. bei Verurteilungen wegen Spionage oder wegen Terrorismus, beseitigen oder mildern.

E Wenn ein anderer Staat einen Diplomaten als Botschafter nach Deutschland entsenden möchte, fragt er beim Bundespräsidenten nach, ob die Bundesrepublik dieser Entsendung zustimmt. Der Bundespräsident empfängt dann auch den Diplomaten und nimmt sein Beglaubigungsschreiben entgegen.

F Der Bundespräsident mahnt durch Reden und Gespräche zu parteipolitischer Neutralität. So kann er die Aufmerksamkeit auf langfristige politische Probleme lenken, die gelöst werden müssen.

G Der Bundespräsident vertritt die Bundesrepublik Deutschland völkerrechtlich. Er empfängt und besucht ausländische Politiker, Staats- und Regierungschefs und führt politische Gespräche. Dabei stimmt er sich mit der Bundesregierung ab.

H Der Bundespräsident vertritt die Ehrenhoheit des Bundes. Deshalb verleiht er Orden und Ehrenzeichen, z. B. das Bundesverdienstkreuz. Durch die Künstlerhilfe und die Übernahme von Ehrenpatenschaften hilft er Menschen in Deutschland.

Weitere Informationen über den Bundespräsidenten gibt es im Internet unter: www.bundespraesident.de

1 *Der Bundespräsident hat Aufgaben im Inland und Aufgaben gegenüber dem Ausland. Ordne die genannten acht Aufgaben jeweils eine der beiden Gruppen zu.*

Theodor Heuss 1949–1959

Heinrich Lübke 1959–1969

Gustav Heinemann 1969–1974

Walter Scheel 1974–1979

Karl Carstens 1979–1984

Richard von Weizsäcker 1984–1994

Roman Herzog 1994–1999

Johannes Rau 1999–2004

Die ehe maliger Bundes präsi denten

Wie wird der Bundespräsident gewählt?

Der Bundespräsident bzw. die Bundespräsidentin wird von der Bundesversammlung für fünf Jahre gewählt (Artikel 54 Grundgesetz). Eine einmalige Wiederwahl ist zulässig. Diese Wahl ist die einzige Aufgabe der Bundesversammlung, der größten parlamentarischen Versammlung der Bundesrepublik. Sie setzt sich aus den Mitgliedern des Bundestages und einer gleichen Anzahl von Delegierten, die die Landesparlamente nach den Grundsätzen der Verhältniswahl wählen, zusammen. Die Zahl der Mitglieder, die jedes Land entsendet, richtet sich nach seiner Einwohnerzahl. Die Delegierten der Länder sind zumeist Landtagsabgeordnete, aber auch Kommunalpolitiker und andere Persönlichkeiten des öffentlichen Lebens. Die Wahl findet ohne Aussprache statt. Wählbar ist jeder Deutsche, der das 40. Lebensjahr vollendet hat.

Zum Bundespräsidenten ist gewählt, wer die Mehrheit der Stimmen der Bundesversammlung (absolute Mehrheit) auf sich vereinigt. Erreicht kein/e Kandidat/in im ersten und zweiten Wahlgang die

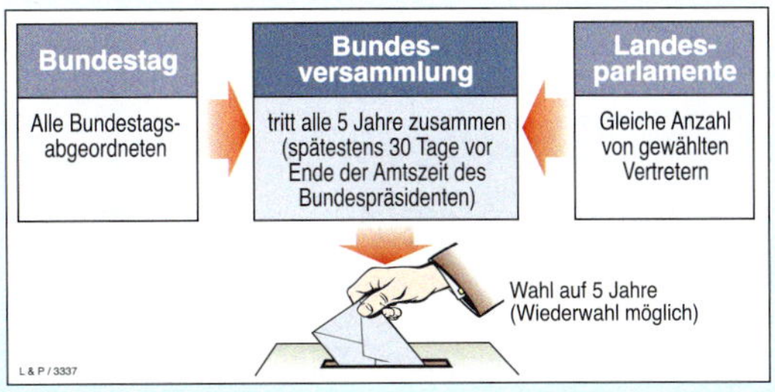

absolute Mehrheit, genügt im dritten Wahlgang die Mehrheit der abgegebenen Stimmen (relative Mehrheit)

Als der Parlamentarische Rat 1948/49 das Grundgesetz erarbeitete, ließ er sich bei der Einrichtung der Bundesversammlung von zwei Grundsätzen der Verfassungsordnung leiten: dem repräsentativen Prinzip – der/die Bundespräsident/in wird von Volksvertreter/innen gewählt – und dem föderalistischen Prinzip – an der Wahl sind die Parlamente des Bundes und der Länder gleichermaßen beteiligt.

(Text nach: http://www.bpb.de/popup/popup_druckversion.html?guid=70B9RL)

Am 23. Mai 2009 wurde Horst Köhler im ersten Wahlgang wieder zum Bundespräsidenten gewählt. Er war aber nicht der einzige Kandidat für das höchste Amt im Staat. So hatten SPD, die Linke und NPD/DVU auch jeweils einen Kandidaten/ eine Kandidatin nominiert. Die Nominierung der SPD-Kandidatin Gesine Schwan war anfänglich in der SPD nicht unumstritten. Die Süddeutsche Zeitung schrieb dazu:

[...] Zwar hätten Union und FDP, die Köhler vor vier Jahren zum Präsidenten gewählt hatten, nur noch eine sehr knappe Mehrheit in der Bundesversammlung, die bei CSU-Stimmenverlusten bei der bayerischen Landtagswahl im Herbst weiter schrumpfen könne. Doch gebe es keine rot-grüne Mehrheit. Für eine erfolgreiche Gegenkandidatur wäre man auf Stimmen der Linken und rechtsextremer Politiker von NPD und DVU angewiesen.

Eine Verabredung mit der Linkspartei sei für die SPD jedoch mit Blick auf die Bundestagswahl im Herbst 2009 nicht opportun. Dies würde als Zeichen für eine rot-rote Koalition im Bund gewertet werden, die man für die nächste Legislaturperiode allerdings strikt ablehne.

Auch sei der Bundespräsident in der Bevölkerung sehr beliebt, ein Gegenkandidat würde auf Unverständnis stoßen. Zudem wäre eine Niederlage bei der Präsidentenwahl vor der Bundestagswahl unglücklich. Beck wolle nicht mit dem Amt des Präsidenten spielen, verlautete weiter. [...]

(aus: Süddeutsche Zeitung, 15. 5. 2008, S. 1)

1. *Skizziere den Ablauf der Bundespräsidentenwahl.*
2. *Erläutere, nach welchen Prinzipien die Bundesversammlung zusammengesetzt ist.*
3. *Es gibt in der Öffentlichkeit Forderungen, den Bundespräsidenten bzw. die Bundespräsidentin direkt vom Volk wählen zu lassen. Formuliere deine Position dazu.*

Hüter des Grundgesetzes: das Bundesverfassungsgericht

Das Bundesverfassungsgericht in Karlsruhe

Aufgabe

Das Bundesverfassungsgericht in Karlsruhe wacht über die Einhaltung des Grundgesetzes.
Alle staatlichen Stellen sind zur Beachtung der Grundrechte verpflichtet. Kommt es dabei zum Streit, kann das Bundesverfassungsgericht angerufen werden. Seine Entscheidung ist unanfechtbar. An seine Rechtsprechung sind alle übrigen Staatsorgane gebunden.
Die Arbeit des Bundesverfassungsgerichts hat auch politische Wirkung. Das wird besonders deutlich, wenn das Gericht ein Gesetz für verfassungswidrig erklärt. Sein Maßstab ist allein das Grundgesetz. Bei seinen Entscheidungen darf nicht maßgebend sein, ob sie politisch zweckmäßig sind.

Organisation

Das Bundesverfassungsgericht wird nur auf Antrag tätig. Ein Katalog von Verfahrensarten schreibt vor, wann das Gericht angerufen werden kann. Die wichtigsten Verfahrensarten sind die Verfassungsbeschwerde, das Normenkontrollverfahren und der Verfassungsstreit. Außerdem ist das Gericht für Wahlprüfungsbeschwerden und Parteiverbote zuständig.
Das Bundesverfassungsgericht besteht aus sechzehn Richterinnen und Richtern. Die eine Hälfte wählt der Bundestag, die andere der Bundesrat, jeweils mit Zweidrittelmehrheit. Die Amtszeit beträgt zwölf Jahre.
Das Gericht setzt sich aus zwei Senaten mit jeweils acht Mitgliedern zusammen. Die Zuständigkeit für Verfassungsbeschwerden und Normenkontrollen ist auf beide Senate verteilt. In allen übrigen Verfahren entscheidet nur der Zweite Senat des Bundesverfassungsgerichts.
In jedem Senat gibt es drei Kammern mit jeweils drei Mitgliedern. Die Kammern entscheiden vor allem darüber, ob eine Verfassungsbeschwerde überhaupt angenommen wird. Die Arbeit der Kammern entlastet die Senate. Denn jährlich gehen mehr als 5000 Verfassungsbeschwerden beim Bundesverfassungsgericht ein. Geleitet wird das Bundesverfassungsgericht von einer Präsidentin bzw. einem Präsidenten.

Verfassungsbeschwerde
Wenn man sich durch eine Behörde, ein Gericht oder ein Gesetz in seinen Grundrechten verletzt fühlt, kann man eine Verfassungsbeschwerde erheben. Allerdings kann man das erst, wenn man vorher die zuständigen Gerichte erfolglos angerufen hat. Eine Verfassungsbeschwerde kann abgelehnt werden, wenn die geltend gemachte Grundrechtsverletzung kein besonderes Gewicht hat.

Normenkontrollverfahren
Nur das Bundesverfassungsgericht darf feststellen, dass ein Gesetz, also eine Norm, mit dem Grundgesetz nicht vereinbar ist (z. B. das Luftsicherheitsgesetz). Wenn also ein anderes Gericht ein Gesetz für verfassungswidrig hält und es deshalb nicht anwenden will, muss es die Entscheidung des Bundesverfassungsgerichts einholen. Darüber hinaus können die Bundesregierung, eine Landesregierung oder ein Drittel der Mitglieder des Bundestages überprüfen lassen, ob ein Gesetz verfassungsgemäß ist.

Verfassungsstreit
Das Bundesverfassungsgericht kann auch dann angerufen werden, wenn zwischen Verfassungsorganen oder zwischen Bund und Ländern Meinungsverschiedenheiten über die Auslegung des Grundgesetzes bestehen.

1. *Verfolge anhand des Schemas auf Seite 110 den Gang der Gesetzgebung beim Luftsicherheitsgesetz.*
2. *Welche Aufgabe obliegt dem Bundespräsidenten am Ende eines Gesetzgebungsverfahrens? Erläutere, warum er empfohlen hat, das Gesetz vom Bundesverfassungsgericht überprüfen zu lassen.*
3. *Welche Verfahrensart war Grundlage für die Entscheidung des Bundesverfassungsgerichts? Begründe.*
4. *Nimm Stellung zu der Entscheidung des höchsten Gerichtes in dem geschilderten Fall.*

Luftsicherheitsgesetz ist verfassungswidrig

Den Hintergrund der Neuregelungen bildeten u.a. die terroristischen Anschläge auf das Word Trade Center in New York vom 11.9.2001. Konkreter Anlass des Gesetzentwurfs war allerdings erst die Entführung eines Kleinflugzeugs in Frankfurt am Main im Januar 2003.

Die erste Beratung (Lesung) des Gesetzentwurfes der Bundesregierung fand am 30.1.2004 statt.

Strittigster Punkt der Neuregelung war der § 14 Absatz 3. Danach sollte der Verteidigungsminister ermächtigt werden können, als äußerste Maßnahme den Abschuss von entführten Flugzeugen anzuordnen, wenn diese als „fliegende Waffen" gegen Menschen eingesetzt werden sollten.

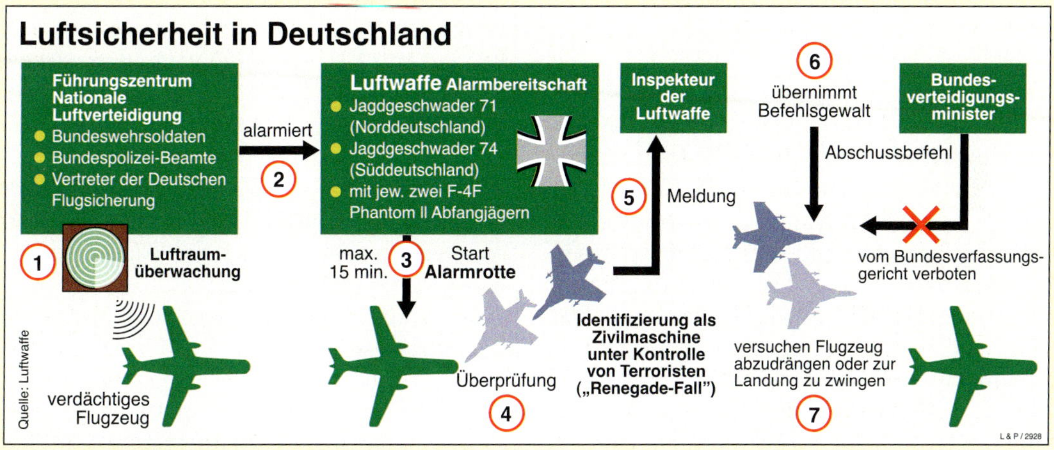

Nach Abschluss der 1. Beratung wurde der Entwurf an die zuständigen Ausschüsse überwiesen.

Die 2. und 3. Beratung fand am 18.6.2004 statt. Mit den Stimmen von SPD und Bündnis 90 / Die Grünen folgte das Parlament der Beschlussempfehlung des Innenausschusses und stimmte dem Entwurf zu.

Der Bundesrat rief den Vermittlungsausschuss an. Ein Einigungsvorschlag kam nicht zustande.

Der Bundesrat legte noch Einspruch ein. Dieser wurde aber vom Bundestag am 24.9.2004 mit den Stimmen von SPD und Bündnis 90 / Die Grünen zurückgewiesen.

Der Bundespräsident unterzeichnete das Gesetz. Es wurde verkündet und trat am 15.1.2005 in Kraft.

Bundespräsident Horst Köhler unterzeichnete zwar das umstrittene Gesetz, machte aber gleichzeitig verfassungsrechtliche Bedenken geltend und empfahl, das Gesetz vom Bundesverfassungsgericht überprüfen zu lassen. Der Bundespräsident bezweifelte vor allem die Vereinbarkeit der Bestimmungen mit dem Grundrecht auf Leben und körperliche Unversehrtheit. Einzelne Bürger legten Verfassungsbeschwerde ein. Klage erhoben auch einzelne Bundesländer.

Am 15.2.2006 verkündete das Bundesverfassungsgericht sein Urteil. Danach ist der Abschuss gekaperter Passagierflugzeuge zur Abwehr eines Terroranschlages mit dem Grundgesetz, insbesondere mit der Menschenwürdegarantie des Artikel 1 und dem Recht auf Leben nach Artikel 2 nicht vereinbar.

Mit dem Urteil war das Gesetz gescheitert. Es ist nun Aufgabe der Bundesregierung und des Parlamentes, auf der Grundlage des Urteils ein neues, verfassungskonformes Gesetz zu schaffen.

Zur Analyse

Lobbyisten-Liste enthüllt Einfluss in Ministerien

[...]
Berlin – Wer in einem Ministerium arbeitet, lässt sich dafür vom Staat bezahlen. Er ist dem Gemeinwohl verpflichtet. Das ist die Theorie. Aktuelle Zahlen der Organisation LobbyControl zeigen, dass in insgesamt elf Bundesministerien sowie dem Kanzler- und dem Presseamt mehr als 100 Mitarbeiter tätig sind oder waren, für die genau das Gegenteil gilt: Sie werden von Verbänden oder Unternehmen bezahlt.
Dass in der Bundesregierung seit Jahren solche Gastarbeiter tätig sind, wurde schon vor Monaten durch die ARD-Sendung „Monitor" aufgedeckt. Die rechtliche Grundlage ist wackelig, offiziell läuft das Programm unter dem Gedanken von öffentlich-privaten Partnerschaften. Die Organisation LobbyControl, getragen von der linkskritischen „Bewegungsstiftung", hat jetzt erstmals zusammengetragen, wie viele Unternehmens- und Verbandsvertreter in welchen Regierungsstellen wirklich sitzen. Ihr zentraler Vorwurf: „Mitarbeiter von Unternehmen und Verbänden arbeiten quasi als Scheinbeamte in den Ministerien und können so an Gesetzen mitwirken, die eigentlich ihre Unternehmen regulieren sollen." [...]
Die Unternehmens- und Verbandsvertreter haben oft ein eigenes Büro, eine E-Mail-Adresse und Visitenkarten. [...]
„Diese Art von Leihbeamten muss da raus", sagt Dieter Plehwe von LobbyControl. Vorstandsmitglied Ulrich Müller wirft ihnen vor, „Unterlagen zu kopieren und sie an ihre Unternehmen weiterzugeben". Es habe wohl schon in den Siebzigerjahren solche Fälle gegeben, sagt er, „aber das waren Ausnahmen. In den vergangenen fünf Jahren hat das eklatant zugenommen." [...]
Bei der Anti-Korruptions-Organisation „Transparency International" ist man über die Zahl der Leihbeamten nicht überrascht. [...] Natürlich sei es wichtig, externen Sachverstand heranzuziehen – zum Beispiel bei Themen, die sich schnell entwickeln wie bei Hightech. „Aber dann müsste man das auch ganz klar institutionalisieren", sagt Humborg. [...]
Ein Programm wie „Seitenwechsel", mit dem seit Jahren der Austausch von Mitarbeitern zwischen privaten und öffentlichen Arbeitgebern gefördert wird, sieht er zwiespältig. In solchen Programmen gibt es auch die Möglichkeit, dass Regierungsbeamte in Unternehmen wechseln – die LobbyControl-Liste zählt auch diese Fälle auf. Nur: Bisher seien erst ganz wenige Beamte in Richtung Verbände oder Unternehmen gegangen, sagt Humborg. „Man kann sich schon fragen, ob das nicht eher ein Einfallstor für private Interessen zum Staat ist." [...]

(Florian Gathmann und Nils Weisensee in: Spiegel online, 26. 7. 2007; http://www.spiegel.de/politik/deutschland/0,1518,496720,00.html)

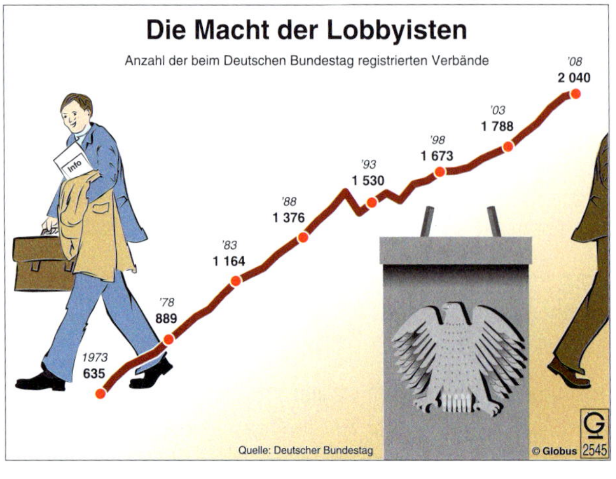

Zur Analyse

Boom der direkten Bürgerbeteiligung

Demokratie direkt

Jeder hat das Recht, sich „mit Bitten oder Beschwerden" an die Parlamente zu richten. So steht es im Grundgesetz, und Jürgen Lüwer tut genau das. Er hat sich lange genug erregt über diese „Riesenplakate", die vor jeder Wahl ganze Straßenzüge „verschandeln".

Deshalb hat Bürger Lüwer auf die Internetseite des Bundestags geklickt: Unter der Rubrik „öffentliche Petitionen" hat er ein Formular ausgefüllt und nun, nur wenige Tage darauf, steht sein Text auf einer Internetseite des Parlaments. Mit dem Titel: „Verbot von Wahlplakaten".

Jeder Deutsche kann seine Forderung nun innerhalb von sechs Wochen „mitzeichnen", indem er einfach Name und Adresse eingibt. 74 Mitstreiter hat Jürgen Lüwer so schon gefunden. 49926 fehlen ihm noch, erst dann wird ihn der Petitionsausschuss des Bundestags in eine Sitzung einladen und ihn sein Anliegen persönlich vortragen lassen.

Am Ende können die Abgeordneten eine Empfehlung an die Regierung aussprechen. Allein den Bundestag haben im vergangenen Jahr 17000 Petitionen erreicht, sagt die Ausschussvorsitzende Kersten Naumann (Linke). Dieses Jahr ist der Ansturm derart groß, dass sie bereits mit mindestens 20000 rechnet. Besonders stark nehmen die öffentlichen Petitionen zu: Der Server, auf dem sie abgespeichert sind, ist längst hoffnungslos überlastet und soll bald ersetzt werden.

Die Deutschen, so sieht es aus, gehen zwar immer seltener zur Wahl – dafür reden sie mit steigender Freude auf andere Weise mit: Per Internetpetition, per Volksentscheid oder Bürgerbegehren. Ziemlich deutlich sagen die Bundesbürger den Regierenden nun, was sie denken.

(Marc Widmann in: Süddeutsche Zeitung, 22.4.2008, S. 1)

Aus dem Halbjahresbericht des Petitionsausschusses des Landtages NRW für das 2. Halbjahr 2008

Nicht jeder wird wissen, dass Artikel 41a [der Landesverfassung von NRW] dem Petitionsausschuss Rechte gibt (z.B. Akteneinsichtsrecht, Zeugeneinvernahme, Sachverständigenbeauftragung), die denen eines parlamentarischen Untersuchungsausschusses ähneln. Die Behörden können sich nicht mehr hinter schriftlichen Berichten verstecken, sondern sie müssen in Orts- und Erörterungsterminen Farbe bekennen. [...]

Es ist heute ganz selbstverständlich, dass sich Abgeordnete direkt vor Ort gemeinsam mit den Behördenvertretern und den Petenten um Lösungen z.B. in Baustreitigkeiten, Angelegenheiten der sozialen Sicherung, bei Schulproblemen oder im Strafvollzug, bemühen. Dabei verstehen wir Abgeordneten uns zunehmend als Vermittler bzw. Mediatoren und weniger als Kontrolleure. [...]

Oftmals wird erst durch eine Petition deutlich, dass Gesetzeslücken oder aber Nachbesserungsbedarf bestehen. [Ein Beispiel:] Ein Oberstufenschüler aus dem Kreis Paderborn hatte sich an den Ausschuss gewandt und auf die erheblichen Kosten für Unterrichtsmaterialien (Bücher und Lektüren) hingewiesen, die nicht mit dem Eigenanteil zur Lernmittelfreiheit abgegolten sind und von den Schülerinnen und Schülern bzw. den Eltern auf eigene Kosten angeschafft werden müssen. Der Schüler legte 12 derartige Exemplare vor, die für die Jahrgangsstufen 12 und 13 anzuschaffen waren. Die Kosten beliefen sich auf über 90 €. Daneben hatte jeder Schüler pro Schuljahr noch 5,-- € Kopiergeld zu zahlen. In einem Erörterungstermin räumte die Schulleitung ein, dass erst die Petition das Problem deutlich gemacht habe. [...] Der Petitionsausschuss sieht die Gefahr [...], dass der Besuch gerade der weiterführenden Schule und insbesondere der Oberstufe nur noch den Kindern möglich wird, deren Eltern über entsprechende finanzielle Mittel verfügen. [...]

Der Ausschuss hat deshalb die Landesregierung gebeten, sich dieser dringlichen und grundsätzlichen Problematik anzunehmen. [...]

(Inge Howe (MdL), nach: http://www.landtag.nrw.de/portal/WWW/GB_I/I.3/Berichte/Halbjahresbericht_06_05_Howe.pdf)

Übersicht: das politische System der Bundesrepublik Deutschland

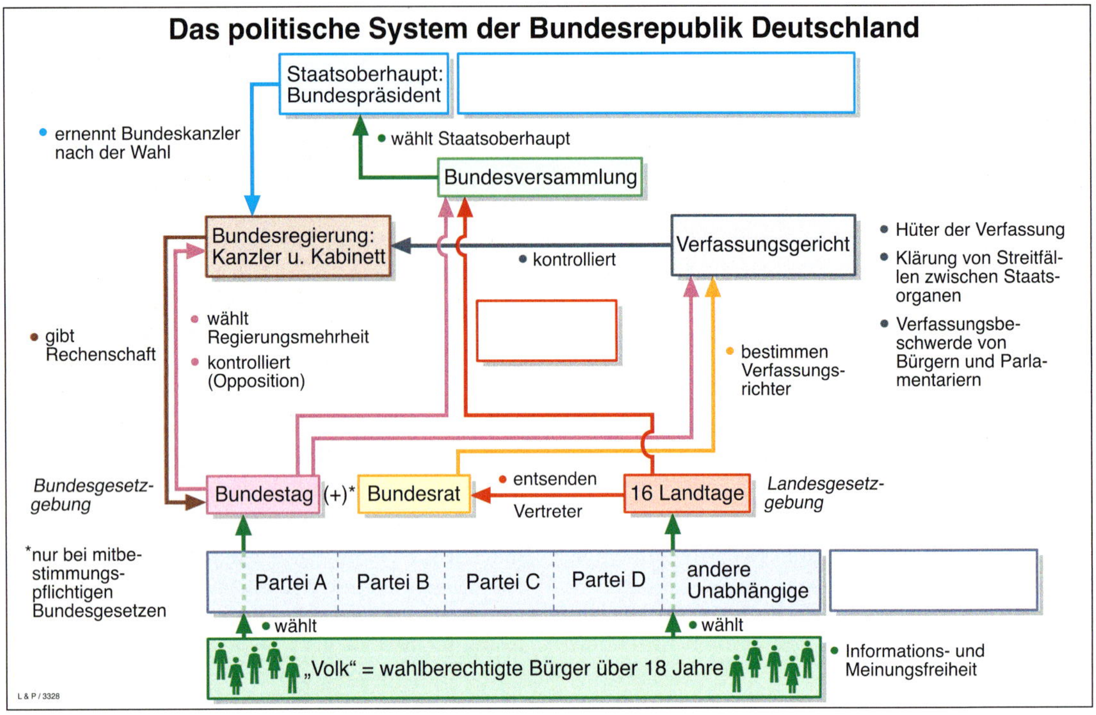

1 *Vorauswahl des politischen Personals*

3 *entsenden Vertreter*

2 *unterzeichnet Gesetze*

4 *Repräsentation des Staates (max. 10 Jahre)*

1 *Erläutere anhand der Grafik die folgenden Aussagen:*
a) Auf der Bundesebene gibt es eine Aufteilung der Staatsgewalten: Legislative, Exekutive, Judikative.
b) Die politischen Entscheidungszentren in Bund und Ländern müssen zusammenarbeiten und aufeinander Rücksicht nehmen.
c) Den Parteien kommt bei der politischen Willensbildung des Volkes eine besondere Stellung zu.
d) Die Wahlbürger bestimmen indirekt die Zusammensetzung aller Bundesorgane.
e) Im Bundestag überschneiden sich die Funktion der Legislative und der Exekutive.
f) Der Bundespräsident kann zwar einen Kanzler zur Wahl vorschlagen, ist dabei aber nicht frei in seiner Auswahl des Kandidaten.
g) Legislative, Exekutive und Judikative kontrollieren sich gegenseitig in ihrer Machtausübung.

2 *Platziere auf dem Arbeitsblatt oder in einer Kopie der Grafik die Aussagen, die im Kasten darunter stehen.*

Wie wird Nordrhein-Westfalen regiert?

Der nordrhein-westfälische Landtag wählt mit der Mehrheit seiner Stimmen den Ministerpräsidenten. Dieser beruft die Landesminister für die verschiedenen Fachbereiche in die Landesregierung. Er führt den Vorsitz in der Landesregierung, bestimmt die Richtlinien der Politik und trägt dafür die Verantwortung. Regiert wird auf der Grundlage von Gesetzen, die der Landtag beraten und verabschieden muss. Die Gesetzentwürfe können die Landesregierung, die Landtagsfraktionen, eine Gruppe von mindestens sieben Abgeordneten oder Bürgerinnen und Bürgern mittels Volksentscheid einbringen.

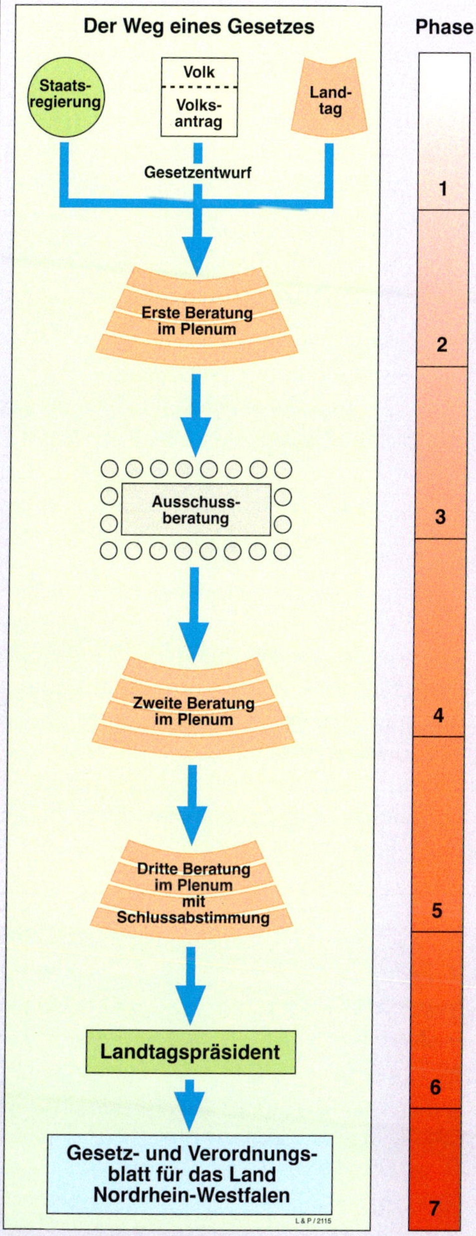

a) Der Landtagspräsident stellt das vom Landtag verabschiedete Gesetz dem Ministerpräsidenten zu, der es unterzeichnet und ausfertigt.

b) Der Gesetzentwurf wird in dem fachlich zuständigen Landtagsausschuss beraten. Der Ausschuss kann dem Plenum eine Abänderung, Annahme oder Ablehnung der Gesetzesvorlage empfehlen.

c) Sie erfolgt nur für Änderungen der Verfassung und für das Haushaltsgesetz oder auf Antrag einer Fraktion (Zusammenschluss von Abgeordneten einer Partei) bzw. eines Viertels aller Abgeordneten.

d) Das Gesetz wird im Gesetzblatt des Landes verkündet und tritt somit in Kraft.

e) Sie erfolgt auf der Grundlage der Ausschussempfehlung. Über die einzelnen Bestimmungen des Entwurfs wird beraten, und nach der Abstimmung über eventuelle Änderungsanträge erfolgt die Schlussabstimmung über das ganze Gesetz.

f) Sie dient der grundsätzlichen Debatte über ein Gesetzesvorhaben und endet mit der Überweisung des Entwurfs an den zuständigen Ausschuss zur weiteren Bearbeitung.

g) Gesetzentwürfe können von der Landesregierung, den Landtagsfraktionen bzw. einer Gruppe von mindestens sieben Abgeordneten oder von Bürgerinnen und Bürgern des Landes Nordrhein-Westfalen (Volksbegehren/Volksentscheid) eingebracht werden.

Der Landtag von NRW verabschiedete in 60 Jahren (1946–2006) über 1500 Gesetze.

1 *Ordne jeweils eine Beschreibung einer Phase im Gesetzgebungsprozess zu.*

Methode: Planspiel

Thema: Wir simulieren eine Entscheidung im Landtag

1. Vorbereitung

a) Ausgangslage

In der Öffentlichkeit wird seit den PISA-Studien diskutiert, wie die Schule auf den Wandel in der Gesellschaft reagieren soll. Die Frage lautet: Ist die Halbtagsschule in der heutigen Zeit noch sinnvoll? Wäre eine Ganztagsschule für alle Schülerinnen und Schüler nicht besser?
Da das Schulwesen zu den Landesaufgaben gehört, wird über die Frage der Ganztagsschule im Landtag diskutiert.

b) Gruppenbildung

- Die Schülerinnen und Schüler bilden Fraktionen: es werden drei Fraktionen mit jeweils unterschiedlicher Fraktionsstärke gebildet. Keine Fraktion darf die absolute Mehrheit haben. Die Zugehörigkeit zu den Fraktionen A, B oder C wird ausgelost.
- Die Fraktion wählt jeweils den Fraktionsvorsitzenden und die Ausschussmitglieder (A: drei Mitglieder, darunter den Ausschussvorsitzenden; B: drei Mitglieder, darunter den 1. stellvertretenden Ausschussvorsitzenden; C: zwei Mitglieder, darunter den 2. stellvertretenden Ausschussvorsitzenden).
- Die Fraktionen verständigen sich darüber, wer den Landtagspräsidenten und den 1. und 2. stellvertretenden Landtagspräsidenten stellt.

2. Durchführung

1. Phase: Beratung in den Fraktionen

- In den drei Fraktionen überlegen sich die Mitglieder möglichst viele Argumente für ihren Stand

Partei A
Sie möchte eine Ganztagsschule, verpflichtend für alle Schüler. Sie meint, dass die Schule allen Kindern und Jugendlichen auch Hausaufgabenbetreuung, Freizeitgestaltung und gemeinsame Aktivitäten bieten muss. Viele Eltern können diese Aufgaben nicht übernehmen. Sie haben dafür keine Zeit oder dazu keine Lust. Die Schule muss heute auch Aufgaben des Elternhauses übernehmen.

Partei B
Sie möchte die bisherige Halbtagsschule beibehalten. Sie lehnt eine Ganztagsschule generell ab. Sie meint, die Erziehung der Kinder sei hauptsächlich eine Aufgabe des Elternhauses. Ganztagsschulen, bei denen die Kinder in der Schule zu Mittag essen und erst um 17.00 Uhr nach Hause kommen, seien der halbe Schritt zu einem Internat. Dann bestimmt fast nur noch der Staat die Erziehung.

Partei C
Sie möchte eine Ganztagsschule auf freiwilliger Grundlage. Wenn sich die Mehrheit der Eltern einer Schule für eine Ganztagsschule entscheidet, muss die Schule entsprechende Möglichkeiten anbieten. Die Teilnahme ist jedoch freiwillig, denn die Eltern sollen selbst über wichtige Erziehungsfragen entscheiden können. Außerdem bringen Schüler, die freiwillig in die Schule kommen, mehr Interesse und Lust mit.

punkt. Man überlegt, mit welchen Gegenargumenten gerechnet werden muss und was man darauf erwidern kann. Man entscheidet, wer den Standpunkt der Fraktion in der Ersten Beratung vor dem Plenum vertritt.

- Fraktion A formuliert einen Gesetzentwurf entsprechend ihrem Standpunkt.
- Fraktion B und C verfassen Pressemitteilungen, in denen sie ihre Standpunkte erläutern.
- Die drei „Präsidenten" bereiten mithilfe der „Rollenkarte Präsident" die nächste Spielphase vor.

2. Phase: Erste Beratung des Gesetzentwurfs

- Erste Beratung im Plenum, die von den „Präsidenten" geleitet wird.
- Von Fraktion A begründet ein Sprecher den vorgelegten Gesetzentwurf. Die beiden Sprecher der anderen Fraktion legen ihren Standpunkt dar. Die Abgeordneten können an die Sprecher Fragen stellen.
- Am Ende der Beratung verweist der Landtagspräsident den Gesetzentwurf in den „Schulausschuss".

3. Phase: Beratung in den Fraktionen und im „Schulausschuss"

- Beratung in den Fraktionen A, B und C: Wie sind die Chancen, die eigenen Vorstellungen durchzusetzen? Wo ist man kompromissbereit? Mit welcher Fraktion könnte man am ehesten zu einer Einigung kommen? Welche „Marschrichtung" sollen die Fraktionsvertreter im Ausschuss verfolgen?
- Beratung im Ausschuss: Die Verhandlung führt der Ausschussvorsitzende, ähnlich wie der Landtagspräsident. Möglichkeit des Beratungsergebnisses: Annahme, Abänderung oder Ablehnung des Entwurfs. Der Ausschuss erarbeitet eine Empfehlung für die Zweite Beratung. Die Ausschussberatung kann unterbrochen werden, damit sich die Mitglieder mit ihren Fraktionskollegen absprechen können.
- Beratung in den Fraktionen A, B und C: Die Ausschussmitglieder informieren ihre Fraktionskollegen. Man spricht sich über die weitere „Marschroute" für die 2. und 3. Beratung ab.

4. Phase: Zweite und Dritte Beratung mit Schlussabstimmung

- Die Sprecher der jeweiligen Fraktion tragen ihren Standpunkt vor. Die Abgeordneten können Fragen stellen.
- Der Landtagspräsident führt die Schlussabstimmung durch.

Rollenkarte: Ausschussmitglied

- Du vertrittst die Meinung der Fraktion im Ausschuss. Da keine Fraktion die Mehrheit hat, versuchst du, die Ausschussmitglieder der anderen Fraktionen von deiner Meinung zu überzeugen.
- Du kannst eine Unterbrechung der Sitzung beantragen.

Rollenkarte: Präsident und Stellvertreter

- Als Landtagspräsident leitest du die Sitzung des Plenums. Du wirst dabei von deinen beiden Stellvertretern unterstützt.
- Als Präsident darfst du nicht deine Meinung im Plenum sagen, sondern nur die Sitzung leiten.
- Zu Beginn der Sitzung sagst du kurz, um welches Problem es geht.
- Rede deine Mitschüler mit „Herr Abgeordneter ..." oder „Frau Abgeordnete ..." an.
- Redewendungen wie „das Wort hat der Abgeordnete ..." oder „Frau Abgeordnete ..., gestatten Sie eine Zwischenfrage?" oder „Wir kommen jetzt zur Abstimmung" erleichtern die Verhandlungsführung.
- Vor der Abstimmung sagst du genau, worüber abgestimmt wird.
- Alle drei Präsidenten dürfen bei der Abstimmung teilnehmen.
- Bei Stimmengleichheit ist der Antrag abgelehnt.

Rollenkarte: Fraktionsvorsitzender

- Deine Aufgabe ist so ähnlich wie die des Sprechers bei der Gruppenarbeit. Du musst dafür sorgen, dass in der Fraktion gut zusammengearbeitet wird und dass ihr gute Argumente für euren Vorschlag findet.
- Im Plenum kannst du zunächst das Wort übernehmen, aber auch die anderen Fraktionsmitglieder sollten sich an den Beratungen beteiligen.
- Da keine Fraktion die Mehrheit hat, musst du mit deinen Fraktionsmitgliedern überlegen, wo ihr möglicherweise Kompromisse eingehen könnt.

1 *Führt das Planspiel in der Klasse durch.*

Das Wichtige in Kürze

Bundestag

Der Deutsche Bundestag ist das einzige Verfassungsorgan, das direkt von der Bevölkerung gewählt wird. Die Vollversammlung des Bundestages bezeichnet man als Plenum. Dort werden die Gesetze beschlossen, die von der Bundesregierung, in den Fraktionen, Ausschüssen und Arbeitskreisen vorbereitet werden. Der Bundestag kontrolliert die Bundesregierung. Er ist neben dem Bundesrat ein Organ der Legislative auf Bundesebene.

Landtag

Der Landtag ist die Vertretung der Bürger und Bürgerinnen eines Bundeslandes. Er führt grundsätzliche Beratungen (z. B. über Regierungserklärungen) durch und beschließt Landesgesetze, welche dann von der Landesregierung umgesetzt werden müssen.

Bundesrat

Der Bundesrat ist die Vertretung der 16 Bundesländer, die bei der Gesetzgebung im Bund und bei Angelegenheiten der Europäischen Union mitwirkt. Je nach Einwohnerzahl haben die Bundesländer zwischen drei und sechs Stimmen.

Gesetzgebung

Deutscher Bundestag und nordrhein-westfälischer Landtag haben die Gesetzgebungsfunktion für ihren Wirkungsbereich. Bevor ein Gesetzentwurf zum Gesetz wird, müssen im Plenum drei Beratungen stattzufinden und die zuständigen Ausschüsse des Parlamentes müssen sich mit der Angelegenheit befassen. Gesetze bedürfen bei Angelegenheiten, welche die Bundesländer betreffen, der Zustimmung des Bundesrates. Der Bundespräsident unterzeichnet die Bundesgesetze, Landesgesetze werden vom Ministerpräsidenten unterschrieben. Nach der Veröffentlichung im Bundesgesetzblatt bzw. Landesgesetzblatt tritt das Gesetz in Kraft.

Bundesregierung

Die Bundesregierung hat mithilfe der Verwaltung die Gesetze zu vollziehen (Exekutive). Bei wichtigen politischen Fragen fällt der Bundeskanzler bzw. die Bundeskanzlerin die Grundsatzentscheidung (Richtlinienkompetenz). Innerhalb der Bundesregierung leiten die Minister und Ministerinnen ihr Ministerium in eigener Verantwortung. Der Bundestag wählt den Kanzler bzw. die Kanzlerin, der/die die Minister bzw. Ministerinnen beruft.

Bundespräsident

Der Bundespräsident bzw. die Bundespräsidentin ist das Staatsoberhaupt der Bundesrepublik Deutschland. Dem Amt kommt vor allem repräsentative Funktion zu. Der/die Bundespräsident/in vertritt die Bundesrepublik völkerrechtlich gegenüber dem Ausland. Er/sie wahrt parteipolitische Neutralität. Gewählt wird der Bundespräsident bzw. die Bundespräsidentin von der Bundesversammlung, die Wahl findet alle fünf Jahre statt, eine Wiederwahl ist einmal möglich.

Bundesverfassungsgericht

Das Bundesverfassungsgericht in Karlsruhe wacht über die Einhaltung des Grundgesetzes. Das Gericht, das nur auf Antrag tätig wird, urteilt, ob Gesetze (ganz oder zum Teil) verfassungswidrig sind. Es verhandelt über Wahlprüfungsbeschwerden und ist auch für Parteiverbote zuständig.

Faustrecht oder Staatsgewalt?

Blane war ein Cowboy auf der Shiloh-Ranch. 6000 Rinder und so viel Land, dass man einen ganzen Tag brauchte, um von einem zum anderen Ende zu reiten. Zwischen dem Great River und den Torrey-Canyons gab es nichts anderes. Blane blickte in die untergehende Sonne. Ein freies Land, dachte er, mit freien Männern. […]

Vor drei Tagen musste Blane einen Farmer erschießen. Komischer Vogel. Dachte, er könne sich mit ihm messen. Blane war immer noch schneller als alle anderen in der Gegend.

Shiloh hatte den Sheriff hinausgeworfen, als er vorgestern auf die Ranch kam. Die Sache war doch klar, was wollte der denn noch. Blane sollte besoffen gewesen sein und den verdammten Typ provoziert haben. Der hätte sich gar nicht schießen wollen. Obwohl er einen Colt hatte. Wo kommen wir denn hin, wenn ich einem solchen Drecksack keine Kugel zwischen die Rippen feuern könnte? dachte Blane und gab seinem Pferd die Sporen. Ein Mann ist nur so viel wert wie sein Colt. Das ist hier im Westen das Gesetz.

Wenn die Männer einen Viehdieb fassten, wurde er aufgehängt. Shiloh gab kein Pardon. Und er ließ keinen von seinen Cowboys im Stich, wenn er was ausgefressen hatte. Als sie den lausigen Farmern ihre Hütten abbrannten […] Wollten die doch ein Stück weiter unten am Great River Wassergräben auf ihre vertrockneten Felder ziehen. Da hatten sie die Rechnung ohne Shiloh gemacht. Farmer bringen nur Ratten und Krankheiten. Das ist Viehland, kein Kartoffelacker. Shiloh gab jedem einen Silberdollar extra.

[…] *V. Th.*

(aus: „Spiel mir das Lied vom Tod…“, in: PZ Nr. 49 / Mai 1987, S. 20. Hg.: Bundeszentrale für politische Bildung)

Gewaltmonopol: Der Staat ist verpflichtet, die Geltung des Rechts notfalls mit Gewalt zu erzwingen. Dafür hat er besondere Einrichtungen, wie z. B. die Gerichte, Polizei, Verwaltung. Nur der Staat ist berechtigt, Gewalt auszuüben. Dieses staatliche Gewaltmonopol verhindert eine Herrschaft der Stärkeren und sichert so die Freiheit und das friedliche Zusammenleben der Bürger.

1. *Erläutere, was das Beispiel „Shiloh-Ranch“ deutlich macht.*
2. *Begründe, warum der Staat das „Gewaltmonopol“ besitzen sollte.*

Grundsätze des Rechtsstaates

Beschreibung der Grundsätze unseres Rechtsstaates

1 .... bedeutet, dass sich Regierung und Verwaltung mit ihren Maßnahmen streng an die Grundrechte und das geltende Recht halten müssen.

2 .... bedeutet, dass die Gesetze für alle gelten und ohne Ansehen der Person auf alle gleich angewandt werden.

3 .... bedeutet, dass die Richter in ihrem Urteil nur an die Gesetzestexte gebunden sind. Niemand darf ihnen ein Urteil vorschreiben.

4 .... bedeutet, dass die gesetzgebende Gewalt (Parlament), die vollziehende Gewalt (Regierung) und die Rechtsprechung voneinander unabhängig sind und sich gegenseitig kontrollieren.

5 .... bedeutet, dass die Rechtsvorschriften vorher bekannt sein müssen, damit sie eingehalten werden können. Daher darf niemand für die Tat bestraft werden, die vorher nicht verboten war.

6 .... bedeutet, dass der Bürger einen Anspruch hat, sich an Gerichte zu wenden, wenn er sich ungerecht behandelt fühlt.

- Rechtsgleichheit
- Rechtsschutz
- Rechtssicherheit
- Richterliche Unabhängigkeit
- Gewaltenteilung
- Rechtsbindung

A Vor Beginn eines Prozesses erhält ein Richter von einem einflussreichen Mann der Regierungspartei die Weisung, wie das Urteil („Betrug“) lauten soll.

B Das Grundgesetz soll so geändert werden, dass Gesetze, die vom Bundestag mit Zweidrittelmehrheit beschlossen wurden, nicht mehr vom Bundesverfassungsgericht daraufhin überprüft werden können, ob sie den Grundrechten entsprechen.

C Obwohl das Grundrecht auf freie Berufswahl besteht, will das zuständige Ministerium den Zugang zu einigen Berufen für Frauen verbieten.

D Ein Schüler ist der Meinung, das Abschlusszeugnis sei ihm zu Unrecht – weil einige Lehrer ihn nicht mochten – verweigert worden. Die Eltern erhalten von der Schulbehörde die Auskunft, sie könnten nichts dagegen unternehmen.

E Ein bekannter und beliebter Filmstar hat in seiner Steuererklärung offensichtlich falsche Angaben gemacht. Er wird aber vom Finanzamt wegen seiner Beliebtheit großzügig behandelt.

F Nachdem einige aufsehenerregende tödliche Unfälle wegen starker Überschreitung der Geschwindigkeit passiert sind, sollen die Rechtsvorschriften zum Führerscheinentzug verschärft und auf Schuldige in den geschehenen Fällen angewendet werden.

1. *Ordne die sechs Grundsätze unseres Rechtsstaates (links) den Beschreibungen 1 bis 6 zu.*
2. *Zeige auf, gegen welchen Grundsatz in den Beispielen A bis F verstoßen würde.*

Methode: Beobachtung

Thema: Eine Gerichtsverhandlung

Für Rechtsstreitigkeiten unter Bürgern sind die Zivilgerichte, für Straftaten die Strafgerichte zuständig. Die Gerichtsbarkeit in Deutschland ist in verschiedene Stufen, die sogenannten Instanzen, unterteilt; je nach dem, in welcher Stufe verhandelt wird, bekommt man schon einen Hinweis auf das Gewicht der verhandelten Angelegenheit.

1. Schritt: Vorbereitung
Informiert euch, welches Gericht am Ort ihr besuchen könnt, und sucht euch am besten einen geeigneten Strafprozess aus. Wenn sich die Verhandlung über mehrere Tage erstreckt, werdet ihr wahrscheinlich nur einem Ausschnitt beiwohnen können. Versucht, vor der Verhandlung Informationen über den Fall zu erhalten. Vielleicht gelingt es eurem Lehrer, den Richter vor dem Verhandlungstag zu einem Gespräch mit der Klasse zu gewinnen. Wenn der Prozess von öffentlichem Interesse ist, gibt es wahrscheinlich einen Vorbericht zur Verhandlung in der Presse.

2. Schritt: Durchführung
Findet euch vor Beginn im Verhandlungssaal ein. Während der Verhandlung dürft ihr Notizen anfertigen, aber keine Fotos oder Tonaufnahmen machen.

Fragen zum äußeren Ablauf (Strafprozess)
- Vor welchem Gericht findet der Prozess statt?
- Wie viele Personen sind am Prozess beteiligt?
- Hat der Angeklagte einen Verteidiger?
- Treten Zeugen auf? Werden sie vereidigt?
- Gibt es Sachverständige?
- Sind Presse und Zuschauer anwesend?

Fragen zum verhandelten Fall (Strafprozess)
- Was wirft der Staatsanwalt dem Angeklagten vor?
- Über welche Rechte wird er vom Richter belehrt?
- Welche Beweismittel werden vorgebracht?
- Welche Anträge werden gestellt?
- Wie lautet das Urteil?

Fertigt Notizen zum äußeren Ablauf der Verhandlung und zum verhandelten Fall an. Fragen für einen Strafprozess sind oben zusammengestellt.

3. Schritt: Auswertung
Tragt in der Klasse die Notizen zusammen, um den Ablauf der Verhandlung zu rekonstruieren. Diskutiert über das Urteil.

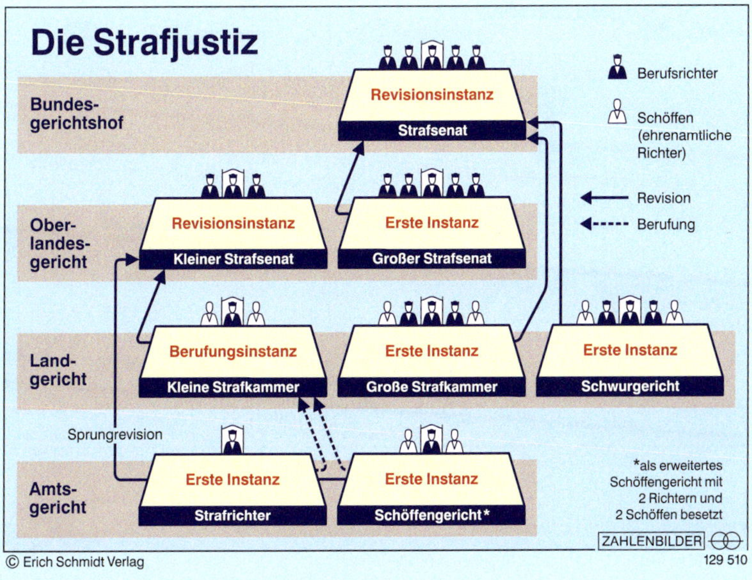

❶ *Bereitet den Besuch einer Gerichtsverhandlung vor und wertet ihn anschließend aus.*

Der Zivilprozess

Rechtsstreitigkeiten zwischen Privatleuten werden in Zivilprozessen entschieden. Bei Streitigkeiten mit einem Wert bis 5000 € ist das Amtsgericht zuständig, bei einem höheren Streitwert grundsätzlich das Landgericht. Die Familiengerichte bei den Amtsgerichten sind zuständig für Ehescheidungen und damit zusammenhängende Fragen, z. B. elterliche Sorge für die Kinder aus geschiedenen Ehen.

Beim Amtsgericht kann man die Klage entweder selbst schriftlich einreichen oder sie mündlich zu Protokoll geben. Beim Landgericht muss die Klage schriftlich von einem Anwalt eingereicht werden. Aus der Klage muss hervorgehen, wen der Kläger verklagt, um was der Streit geht, wie der Anspruch begründet wird und welchen Antrag der Kläger stellt. Der Richter prüft, ob die Behauptungen des Klägers den Klageantrag rechtfertigen. Dann setzt er einen Verhandlungstermin fest und stellt dem Beklagten die Klageschrift zu.

Kläger und Beklagter – auch „Parteien" genannt – stehen sich bei der mündlichen Verhandlung gleichberechtigt gegenüber. Das Gericht darf sich zur Wahrheitsfindung nur auf das stützen, was die beiden Parteien vorbringen (Zeugenaussagen, Gutachten usw.); es darf also nicht von sich aus Nachforschungen anstellen.

Ein Zivilprozess kann vor einem Urteil auch auf andere Weise beigelegt werden:

- Oft schließen Kläger und Beklagter während des Rechtsstreites einen Vergleich und legen den Streitfall durch gütliche Einigung bei.
- Der Kläger kann mit Zustimmung des Beklagten die Klage zurücknehmen.
- Der Beklagte macht die Klage gegenstandslos, z. B. indem er die geforderte Summe bezahlt.

Kommt es jedoch zu einem Urteil, dann muss das Gericht entscheiden, ob der Klage ganz oder teilweise stattgegeben oder ob sie abgewiesen wird. Im Urteil sind die Gründe aufgeführt, die für die Entscheidung des Gerichts maßgeblich waren. Im Urteil steht auch, welcher der Prozessbeteiligten die Kosten des Rechtsstreites zu tragen hat.

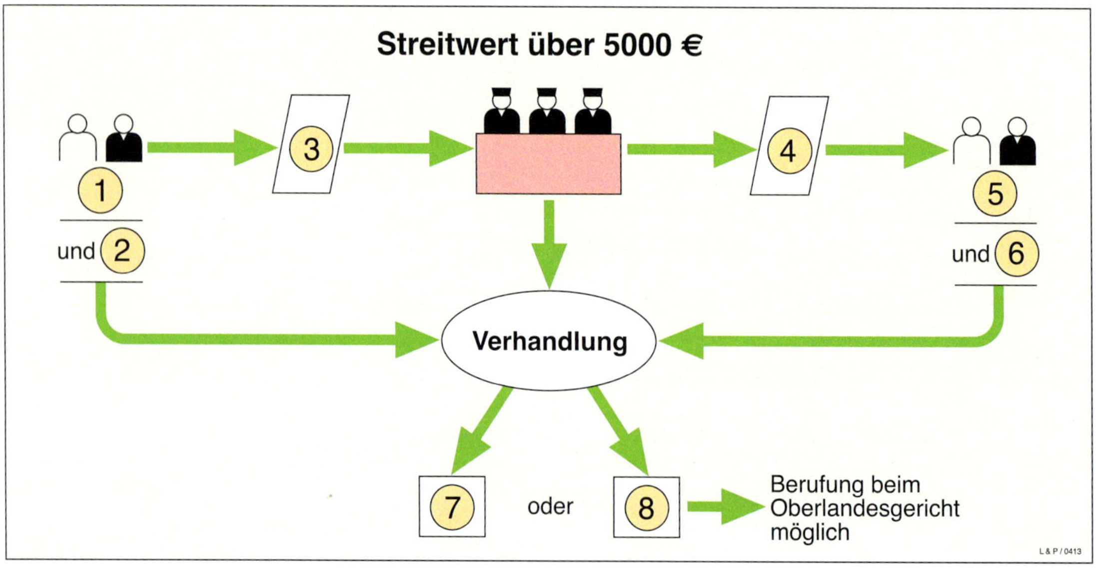

1 *Überlege, worum es in einem Zivilprozess gehen kann. Notiere drei typische Beispiele.*
2 *Notiere zu jeder Ziffer in der Grafik den Begriff, der an diese Stelle gehört.*

Kriminalität in Deutschland

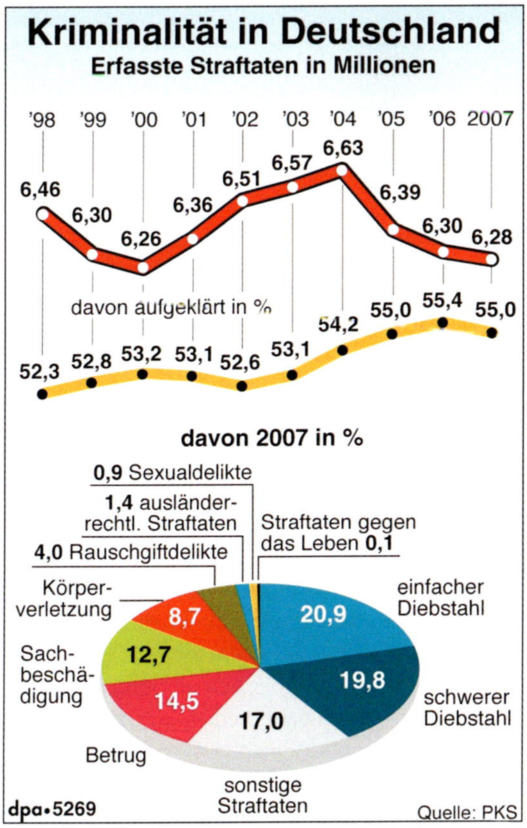

Straftaten nach Bundesländern 2007		
	polizeilich erfasste Straftaten	Bevölkerung zum 31. 12. 2006
Baden-Württemberg	611 433	10 738 753
Bayern	666 807	12 492 658
Berlin	496 163	3 404 037
Brandenburg	226 466	2 547 772
Bremen	96 121	663 979
Hamburg	237 048	1 754 182
Hessen	420 725	6 075 359
Mecklenburg-Vorpommern	150 736	1 693 754
Niedersachsen	607 075	7 982 685
Nordrhein-Westfalen	1 495 333	18 028 745
Rheinland-Pfalz	288 398	4 052 860
Saarland	73 813	1 043 167
Sachsen	308 106	4 249 774
Sachsen-Anhalt	216 704	2 441 787
Schleswig-Holstein	242 615	2 834 254
Thüringen	147 118	2 311 140

(Straftaten: Bundeskriminalamt, Kriminalstatistik 2007; Bevölkerungszahlen: Statistisches Bundesamt)

Kriminalstatistik 2007 zeigt aktuelle Entwicklung in NRW

Die Zahl der Straftaten in Nordrhein-Westfalen blieb 2007 nahezu unverändert. Sie betrug 1 495 333 Straftaten. Das ist ein Anstieg von 0,2 % (+ 3436) gegenüber 2006.

[…]

Mit großer Aufmerksamkeit betrachtet die Polizei den weiteren Anstieg der Gewaltkriminalität um 0,8 % auf 53 420 Taten (2006: 53 015). Die Aufklärungsquote ist dazu mit 72,5 % sehr hoch. Der Anteil der tatverdächtigen Männer betrug knapp 86 %.

[…]

Die langfristige Entwicklung der Tatverdächtigenbelastungszahl (Tatverdächtige pro 100 000 Jugendliche) weist bei den unter 21-jährigen insgesamt einen Rückgang der Kriminalitätsbelastung aus. Die Anzahl der Mehrfachtatverdächtigen Kinder, Jugendlichen und Heranwachsenden, also Tatverdächtige mit mindestens fünf Straftaten in einem Jahr, ging im vergangenen Jahr um 127 auf 8716 zurück; 1998 waren es noch 9964.

Das ist auch ein Erfolg enger Zusammenarbeit zwischen Polizei, Kommunen und Justiz. Das Ziel ist eine frühere und gezielte Abschreckung von Mehrfachtätern, denn der kriminelle Teufelskreis beginnt in der Regel in jungen Jahren. Deshalb sucht die Polizei diese Jugendlichen verstärkt zu Hause auf und führt ihnen im Beisein der Eltern plakativ vor Augen, welche Folgen oder Strafen sie zu erwarten haben.

[…]

Vorbeugen gegen Gewaltkriminalität ist eine der wesentlichen Aufgaben der Polizei. […]

(Quelle: http://www1.polizei-nrw.de/im/Zahlen_und_Fakten/kriminalstatistik/)

1. *Verfasse zu der Grafik einen kurzen, zusammenfassenden Text.*
2. *Was fällt an der Übersicht „Straftaten nach Bundesländern" auf. Suche Gründe.*
3. *Werte die Polizeimeldung zur Kriminalität in Nordrhein-Westfalen aus. Notiere wesentliche Punkte in Stichworten.*

Der Strafprozess

Eine strafbare Handlung wird grundsätzlich vom Staat verfolgt. Die Polizei hat die Pflicht, alle Straftaten der Staatsanwaltschaft zu melden. Jeder, der von einer strafbaren Handlung erfährt, kann eine Strafanzeige erstatten.

Im **Vor- oder Ermittlungsverfahren** prüft die Staatsanwaltschaft, ob es sich wirklich um eine Straftat handelt und wer der mutmaßliche Täter ist. Zu diesen Ermittlungen beauftragt die Staatsanwaltschaft die Polizei. Während des Ermittlungsverfahrens kann die Staatsanwaltschaft beim Ermittlungsrichter beantragen, den Beschuldigten in Untersuchungshaft zu nehmen, z. B. bei Fluchtgefahr. Auch Maßnahmen wie z. B. die Durchsuchung der Wohnung, die Beschlagnahme von Gegenständen oder die Überwachung des Telefons müssen vom Ermittlungsrichter genehmigt werden.

Die Staatsanwaltschaft ist verpflichtet, bei ihren Ermittlungen nicht nur belastende, sondern auch entlastende Gesichtspunkte zu berücksichtigen. Wenn der Verdacht begründet erscheint, erhebt die Staatsanwaltschaft beim zuständigen Gericht Anklage. Grundsätzlich kann nur die in der Anklageschrift beschriebene Tat später Gegenstand der Gerichtsverhandlung und des Urteils sein. Bei weniger gewichtigen Straftaten kann die Staatsanwaltschaft, statt Klage zu erheben, unter bestimmten Voraussetzungen einen Strafbefehl beantragen, den das Gericht dann ohne Hauptverhandlung erlässt. Die weitaus größte Zahl der Ermittlungsverfahren endet mit der Einstellung, z. B. wenn der Täter nicht ermittelt werden kann oder wenn sich kein hinreichender Verdacht ergeben hat. Das Verfahren kann auch eingestellt werden, wenn die Schuld des Täters gering ist und kein Interesse der Allgemeinheit an der Strafverfolgung besteht. Das zuständige Gericht muss damit jedoch einverstanden sein.

Im **Zwischenverfahren** prüft das zuständige Gericht die Anklageschrift der Staatsanwaltschaft und entscheidet, ob ein hinreichender Verdacht auf eine strafbare Handlung vorliegt. Wenn nicht, lehnt das Gericht eine Verhandlung ab.

Ist jedoch mit Wahrscheinlichkeit eine Verurteilung zu erwarten, dann eröffnet das Gericht das sogenannte Hauptverfahren und setzt den Termin für die Hauptverhandlung fest.

Die Verhandlung im **Hauptverfahren** ist grundsätzlich öffentlich, allerdings können die Zuhörer in bestimmten Fällen ausgeschlossen werden. Die Verhandlung beginnt mit der Vernehmung des Angeklagten zur Person, dann verliest der Staatsanwalt die Anklage. Bevor der Richter den Angeklagten zu den Vorwürfen befragt, belehrt er ihn über sein Recht zur Aussageverweigerung. Wenn er will, kann der Angeklagte sich von einem Rechtsanwalt verteidigen lassen. Wenn es um eine Straftat geht, die mit einer Freiheitsstrafe von mindestens einem Jahr geahndet wird, ist ein Verteidiger vorgeschrieben.

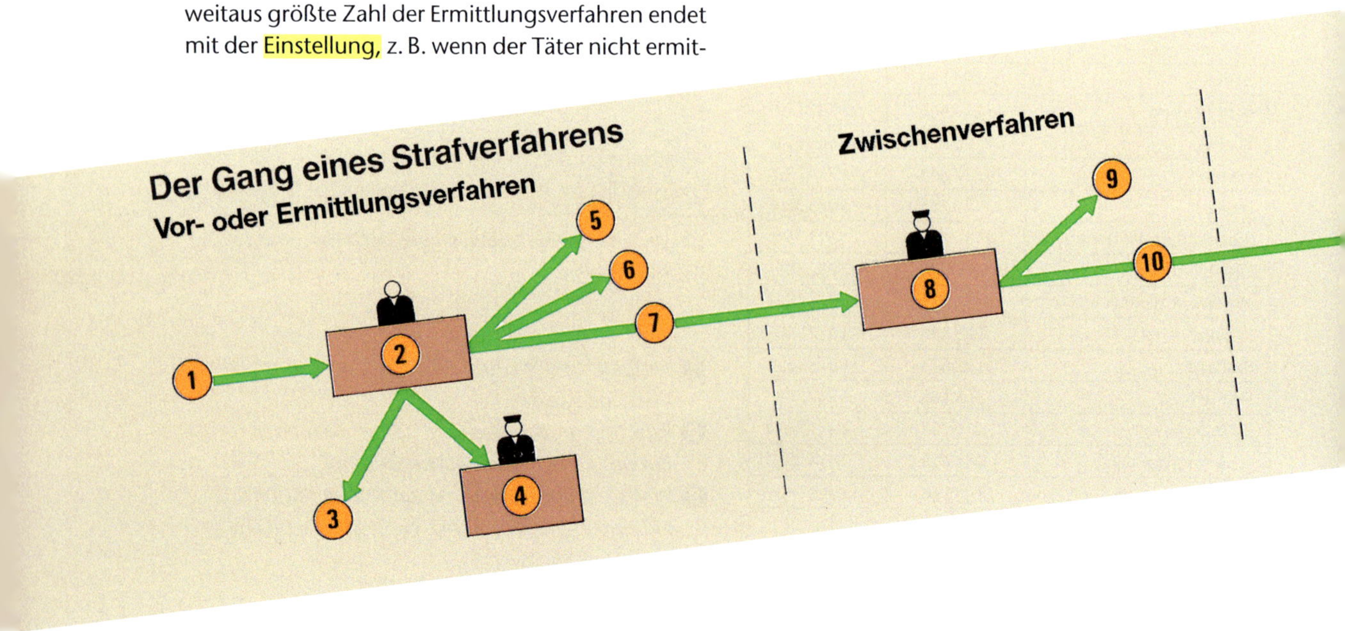

Die Beweisaufnahme ist ein wichtiger Teil der Hauptverhandlung. Oft werden Zeugen vernommen. Sie sind verpflichtet die Wahrheit zu sagen und müssen damit rechnen, dass sie ihre Aussage beschwören müssen. Wer bewusst eine falsche Aussage beschwört, macht sich wegen Meineid strafbar. Auch aus Nachlässigkeit falsch gemachte Zeugenaussagen werden bestraft. Zur Beweisaufnahme können auch die Vernehmung von Sachverständigen oder die Besichtigung des Tatortes gehören.

Nach der Beweisaufnahme kommt zuerst der Staatsanwalt, dann der Verteidiger zu Wort. Beide tragen in ihren Schlussreden dem Gericht ihre Ansicht über den Fall vor und beantragen eine bestimmte Strafe oder Freispruch. Danach erhält der Angeklagte grundsätzlich noch einmal das Wort. Das Gericht zieht sich dann zur nichtöffentlichen Urteilsberatung zurück. Zum Schluss der Hauptverhandlung verkündet der Vorsitzende Richter „Im Namen des Volkes" das Urteil und begründet es. Das Urteil kann entweder eine bestimmte Strafe aussprechen, auf Freispruch lauten oder die Einstellung des Verfahrens anordnen. Werden innerhalb einer Woche keine Rechtsmittel eingelegt, wird das Urteil also nicht angefochten, dann ist es rechtskräftig.

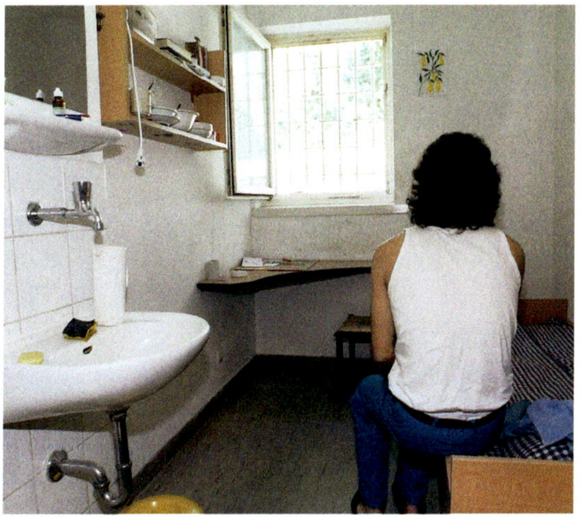

Jugendstrafvollzugsanstalt: Zelle und Außenbereich

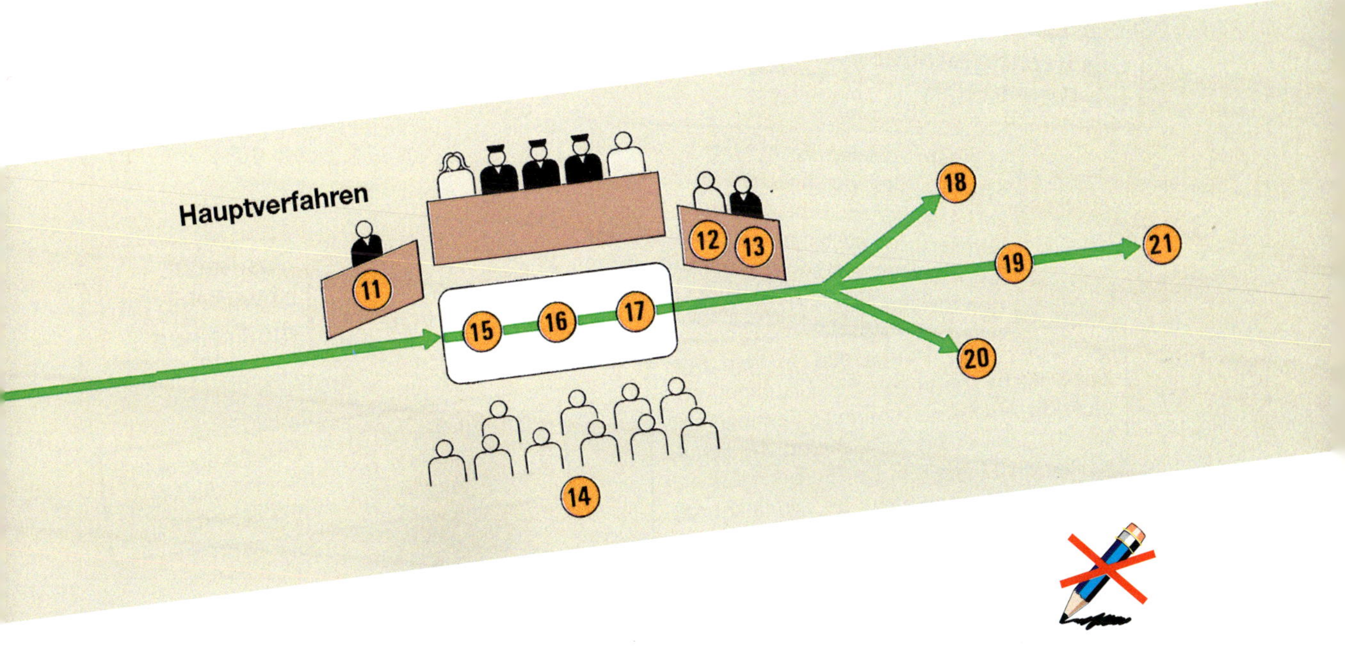

❶ *Notiere in deinem Heft zu jeder Ziffer in der Grafik eines der gelb unterlegten Stichwörter.*
❷ *Begründe, warum jeder Schritt in einem Strafverfahren genau festgelegt sein muss.*
❸ *Benenne die wichtigsten Unterschiede zwischen einem Zivil- (Seite 132) und einem Strafprozess.*

Welche Aufgaben hat das Recht?

Menschen leben in Gemeinschaften zusammen. Damit das Zusammenleben funktioniert, muss es dafür Regeln geben. Verhaltensregeln können sich aus überlieferten Lebensgewohnheiten, Glaubens- und Moralvorstellungen ergeben. Die Einhaltung solcher sozialen Normen ist jedoch nicht verpflichtend. Anders ist es beim Recht. Damit sind Verhaltensvorschriften gemeint, deren Einhaltung für alle verbindlich vorgeschrieben ist. Eine Rechtsordnung setzt den Rahmen für das Zusammenleben der Menschen in einer Gemeinschaft. Alle Menschen eines Landes müssen sich daran halten.

1 Das Recht sichert notfalls durch Zwang den inneren Frieden in einer Gesellschaft. Es gewährleistet aber auch die Freiheit des Einzelnen. Das erscheint auf den ersten Blick widersprüchlich. In einer Gesellschaft, in der viele Menschen auf engem Raum zusammenleben, kann es aber keine uneingeschränkte Freiheit geben. Freiheit endet dort, wo das Recht des anderen beginnt.

C Das Arbeitsrecht bespielsweise enthält zahlreiche Regelungen zum Schutz der Arbeitnehmer: Kündigungsschutz, Arbeitszeitbegrenzung, Lohnfortzahlung, Schutz vor den Gefahren des Arbeitslebens, Mutter- und Jugendschutz, Mitbestimmung.

3 Das Recht schützt nicht nur Frieden und Freiheit, es stellt auch ein System von rechtlichen Regeln für Privatpersonen bereit. Innerhalb dieser Regelungen handelt jeder Einzelne, wie er es für richtig hält.

Das Recht regelt die privaten Rechtsbeziehungen

A Wer will, kann durch ein Testament bestimmen, wie sein Vermögen auf die Erben aufgeteilt werden soll.

Das Recht sichert den Frieden

4 Die wichtigste Aufgabe des Rechts ist die Sicherung des inneren Friedens. In einer Gesellschaft gibt es unterschiedliche Interessen, die unausweichlich zu Konflikten führen. Das Recht sorgt dafür, dass sie auf friedliche Weise in einem geregelten Verfahren ausgetragen werden.

Das Recht gestaltet die Gesellschaft

2 In einem sozialen Rechtsstaat werden alle Bereiche des persönlichen, sozialen und wirtschaftlichen Lebens durch rechtliche Regelungen gestaltet. Gesetzliche Regelungen schützen die Schwächeren und sorgen für den Ausgleich sozialer Gegensätze.

Das Recht gewährleistet die Freiheit

B Das Opfer einer Straftat darf an dem Täter keine Rache nehmen. Ein Gläubiger darf nicht das Auto des säumigen Schuldners entwenden, um es bis zur Zahlung der Schuld als Pfand zu behalten. Der Bürger muss sich an die Gerichte wenden und sein Recht mithilfe der Staatsgewalt durchsetzen.

D Ein Journalist darf in der Zeitung über Missstände im Staat berichten und die Mächtigen kritisieren. Eine Zensur ist verboten.

1. *Ordne jeder Aufgabe des Rechts (rot) die entsprechende Erklärung (blau) zu.*
2. *Benenne, welches Beispiel (schwarz) zu welcher Aufgabe des Rechts gehört.*
3. *„Eine Gesellschaft ohne Rechtsordnung kann nicht funktionieren!" – Nimm Stellung zu dieser Aussage.*

Recht und Gerechtigkeit

Frage: *Wir haben im Lesebuch eine Geschichte gelesen, in der ein Arzt gegen ein Gesetz verstößt, um einem Kind das Leben zu retten. In der Geschichte sagt dann der Richter bei der Urteilsverkündung: „Sie haben gegen das Gesetz verstoßen, um einem höheren Gesetz zu gehorchen. Ich spreche Sie frei!" – Kommt so etwas nur in Lesebüchern vor oder auch in der Wirklichkeit?*

Richter: *So etwas kommt in der Wirklichkeit auch vor. Die geschilderte Situation ist ein Beispiel für die Abwägung von Rechtsgütern, wenn also der Arzt entscheiden muss, ob er etwas Unrechtes tut, um Leben – das höchste Rechtsgut! – zu retten.*
Ich will einen einfachen Fall nehmen: Ihr seid unterwegs und einer aus eurer Klasse wird plötzlich angegriffen und übel zusammengeschlagen. Einer von euch wirft sich dazwischen, schlägt den Angreifer und bricht ihm dabei das Nasenbein. Er tut dies, um den Angreifer abzuhalten, weiter auf euren Klassenkameraden einzuschlagen. Also: Derjenige, der hilft, verletzt den Körper eines anderen. Aber diese Verletzung des Rechtsgutes auf körperliche Unversehrtheit ist gerechtfertigt, denn er muss ja befürchten, der Angreifer wolle den wehrlosen Klassenkameraden totschlagen. Im Abwägen von Rechtsgütern, vor allem wenn es wie bei dem Arzt um das hohe Rechtsgut des Lebens geht, ist es möglich, dass jemand straffrei bleibt, wenn er eine richtige, verantwortungsbewusste Entscheidung trifft.

Justitia – die Göttin der Gerechtigkeit

Frage: *Gibt es einen Unterschied zwischen Recht und Gerechtigkeit?*

Richter: *Recht ist das, was in den gesetzlichen Vorschriften niedergelegt ist. Die Rechtsordnung besteht ja aus vielen Gesetzen, die im Laufe der Zeit entstanden sind. Parallel dazu gibt es die Vorstellung von Gerechtigkeit als Maßstab für das, was durch Gesetze Recht werden soll. Gerechtigkeit ist das allgemeine Empfinden, was richtig ist, Recht ist das schriftlich Niedergelegte. Gerechtigkeit ist der übergeordnete Maßstab für die Formulierung rechtlicher Vorschriften. Solche Maßstäbe sind nicht zeitlos, sondern wandeln sich im Laufe der Zeiten. So würde z. B. heute niemand mehr Regeln für gerecht halten, welche die Sklaverei erlauben. Kurz könnte man auch so sagen: Gerechtigkeit ist das Ziel, das Recht sind die Mittel und Wege, dieses Ziel zu erreichen.*

1. Überlege, wie sich die symbolische Figur der „Justitia" deuten lässt.
2. Der Richter spricht von „Abwägen von Rechtsgütern". Erläutere, was damit gemeint ist.

Das Wichtige in Kürze

Recht

In einer Gesellschaft gibt es unterschiedliche Interessen, die zu Konflikten führen. In rechtlosen Gesellschaften gilt das „Recht des Stärkeren". Das Recht in einem demokratisch verfassten Staat gewährt den Bürgern Frieden, Freiheit und Schutz, ermöglicht es, Konflikte in geregelten Verfahren auszutragen, die Beziehungen zwischen Menschen zu ordnen und die Gesellschaft zu gestalten.

Gewaltmonopol des Staates

Der Staat ist verpflichtet, die Geltung des Rechts notfalls mit Gewalt zu erzwingen. Dafür hat er Einrichtungen geschaffen wie Gerichte, Verwaltung und Polizei. Nur der Staat ist berechtigt, diese Einrichtungen zur Erzwingung von Recht einzusetzen.

Kennzeichen des Rechtsstaates

Durch die Rechtsordnung übt der Staat Macht über seine Bürger aus. Um einem Machtmissbrauch vorzubeugen, wird in einer Demokratie die staatliche Gewalt durch Grundsätze eingeschränkt. Rechtsgleichheit, Rechtsschutz, Rechtssicherheit, richterliche Unabhängigkeit, Gewaltenteilung und die Rechtsbindung der Gerichte sind Kennzeichen eines Rechtsstaates.

Zivilprozess

Bei Streitigkeiten zwischen Privatpersonen sind die Zivilgerichte zuständig. In einem Zivilprozess stehen sich Kläger und Beklagter gleichberechtigt gegenüber. Das Gericht entscheidet den Streitfall auf der Grundlage der Beweise, die Kläger und Beklagter angeführt haben. Oft schließen die Beteiligten Parteien vor einem Urteil einen Vergleich, d. h. sie legen ihren Streitfall durch gütliche Einigung bei. Bei Zivilgerichten auf der Amtsgerichtsebene werden auch nicht strittige Angelegenheiten wie Eintragungen ins Grundbuchamt oder Regelungen von Nachlasssachen vorgenommen.

Strafprozess

Bei Verstößen gegen die Bestimmungen der Strafgesetze hat der Staat die Aufgabe, dem Recht Geltung zu verschaffen. Die Staatsanwaltschaft ermittelt bei strafbaren Handlungen von Amts wegen. In einem Strafprozess wird dann vor Gericht geprüft, ob tatsächlich eine Rechtsverletzung des Angeklagten vorliegt. Bei nachgewiesener Schuld setzt das Gericht die Höhe der Strafe fest, wobei es innerhalb des gesetzlich vorgeschriebenen Strafrahmens einen Ermessensspielraum hat.

Aufbau der Gerichtsbarkeit

Die ordentliche Gerichtsbarkeit in Deutschland ist in mehrfacher Weise gegliedert. Grundsätzlich wird nach der Art der dort verhandelten Prozesse – Zivilprozesse oder Strafprozesse – unterschieden. Zudem wird nach der Zuständigkeit unterteilt: Bei Zivilstreitigkeiten ist der Streitwert, bei Strafsachen sind die Schwere des Gesetzesverstoßes und die Höhe der zu erwartenden Strafe wesentliche Kriterien. Als Berufungsinstanz fungiert meist das nächsthöhere Gericht. Der Bundesgerichtshof ist Revisionsinstanz.

Neben der ordentlichen Gerichtsbarkeit gibt es noch die Arbeits-, Sozial-, Finanz- und Verwaltungsgerichtsbarkeit sowie die Verfassungsgerichte (Bund und Länder).

Was ist Extremismus?

Extremismus und Radikalismus

Im allgemeinen Sprachgebrauch werden die beiden Eigenschaften – radikal und extrem – oft positiv gebraucht. Das gilt etwa für eine „Radikalkur" oder eine „extreme Leistung". Im politischen Bereich werden beide Begriffe negativ gebraucht.

Der Begriff Radikalismus wird aus dem Wort „radix" abgeleitet. Das bedeutet im Lateinischen „Wurzel".Wenn politische Gruppen fordern, dass ein gesellschaftliches Problem so gelöst wird, dass es bis an die Wurzel verändert ist, dann sprechen wir von Radikalismus. Bei diesen Vorschlägen wird die Grundlage unseres Staates, nämlich unsere Verfassung, aber noch beachtet.

Anders sieht es da bei extremistischen Denk- und Handlungsweisen aus. Sie haben zum Ziel, die freiheitliche demokratische Grundordnung der Bundesrepublik Deutschland zu beseitigen oder in wichtigen Teilen zu beeinträchtigen. Das Grundgesetz ist der Maßstab, an dem Extremismus gemessen wird. […]

Rechts und links

Die Begriffe „rechts" und „links" sind abgeleitet aus der Sitzordnung der Parteien im Parlament. Vor dem Jahr 1933 zum Beispiel – in der […] Weimarer Republik – saßen die Nationalsozialisten ganz rechts im Parlamentssaal und die Kommunisten ganz links.

Gewalt und Extremismus von rechts: Skinheads und Neonazis

Die Skinheads gehören zum gewaltbereiten Teil der rechtsextremen Szene. Ihre Brutalität richtet sich insbesondere gegen Ausländer und Minderheiten. Fremdenfeindlichkeit, Rassismus und Antisemitismus (das heißt Verfolgung von Juden) sind grundlegende Kennzeichen des Rechtsextremismus. Weitere Merkmale sind die Einschränkung von Grund- und Menschenrechten sowie die Vorstellung eines Staates ohne Opposition, der seien Bürger restlos kontrolliert und einer strengen Ordnung unterwirft. ‚Neo' heißt neu und Nazismus ist eine Kurzform für Nationalsozialismus. Neonazis sind demnach Menschen, die sich den Nationalsozialismus der Hitler-Zeit (1933–1945) zum Vorbild nehmen.

Gewalt und Extremismus von links: Autonome

Das Wort autonom ist griechisch und heißt übersetzt „selbst" oder „von selbst". Autonome wollen herrschaftsfrei und selbstständig leben und lehnen staatliche Gesetze und Regelungen ab. Autonome haben kein klares Programm. Es gibt aber ein paar Gemeinsamkeiten: Sie kämpfen gegen ‚Faschismus', ‚Rassismus, ‚Bonzen' und ‚Großmachtpolitik'. Oft rechnen sie die demokratischen politischen Parteien zu dem aus ihrer Sicht ‚faschistischen System' oder bewerten den Einsatz der Bundeswehr im Ausland als ‚Großmachtpolitik'. Damit greifen sie das gesellschaftliche und politische System der Bundesrepublik Deutschland an.

Fundamentalismus

Fundamentalismus ist eine grundsätzliche Gegenbewegung gegen die Moderne. Fundamentalisten wollen zu traditionellen Werten zurückkehren und halten an strengen religiösen Vorschriften fest. Sie lehnen die in westlichen Ländern übliche Trennung von Kirche und Staat ab, damit sie ihre religiösen Überzeugungen auch mit politischen Mitteln durchsetzen können. Es gibt christliche, islamische, jüdische oder auch buddhistische Fundamentalisten. Manche terroristischen Gruppen werden von religiösen oder fundamentalistischen Überzeugungen motiviert und richten ihre Gewalt gegen Unbeteiligte aus. Ein Beispiel dafür sind die Terroranschläge vom 11. September 2001 auf das World Trade Center in New York.

(http://www.basta-net.de/webcom/show_article.php/_c-27/_nr-1/_lkm-51/i.html)

(Zeichnung: Reiner Schwalme)

1. *Formuliere in jeweils einem Satz eine kurze Definition zu den Begriffen: „radikal" – „extrem" – „fundamentalistisch" – „terroristisch" – „rechts" – „links".*
2. *Erstelle eine Übersicht mit linken, rechten, radikalen oder extremen Gruppierungen, die du Du aus deinem Ort oder Landkreis kennst.*
3. *Analysiere die Karikatur.*

Recht und Extremismus

Rechte setzen in einer Gesellschaft auch Pflichten voraus. Rechte können nur erfolgreich wahrgenommen werden, wenn gleichzeitig Pflichten anerkannt werden. Das Grundgesetz der Bundesrepublik Deutschland garantiert zahlreiche Rechte, dazu gehören:

- Recht auf Leben und körperliche Unversehrtheit
- Recht auf freie Entfaltung der Persönlichkeit
- Gleichheit vor dem Gesetz
- Meinungs- und Religionsfreiheit
- Recht auf Eigentum
- Recht der Eltern auf Pflege und Erziehung ihrer Kinder
- Recht auf Berufsfreiheit
- Recht auf Bildung und Chancengleichheit
- Recht auf Mitwirkung im Staat
- Recht auf freie wirtschaftliche Betätigung

„Ich schlief und träumte,
das Leben wäre Freude.
Ich erwachte und sah,
das Leben war Pflicht.
Ich handelte, und siehe,
die Pflicht war Freude."

Tagore, indischer Dichter und Philosoph, 1861–1941

Schüler musste Anti-Juden-Schild tragen

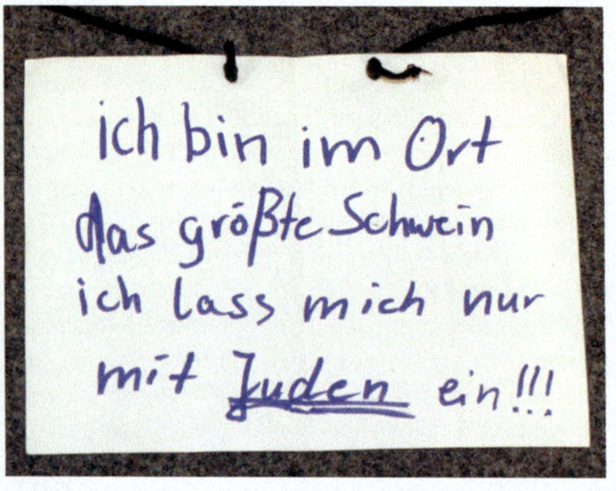

Unfassbare Szene an einer Schule in Sachsen-Anhalt: Jugendliche nötigten am Donnerstag einen Mitschüler, ein Schild mit antisemitischer Aufschrift zu tragen.

An einer Sekundarschule in Parey (Sachsen-Anhalt) ist es […] zu einem schweren rassistischen Zwischenfall gekommen. Nach Polizeiangaben zwangen Schüler einen 16-Jährigen auf dem Schulhof, ein Schild mit einem rassistischen Spruch zu tragen, der im Nazi-Jargon auf Juden Bezug nimmt. Das Schild hatte die Aufschrift „Ich bin im Ort das größte Schwein, ich lasse mich mit Juden ein".

„Ein Lehrkörper hat während einer Pause das Opfer entdeckt und sofort die Polizei gerufen. Die Tatverdächtigen – zwei 16-Jährige und ein 15-Jähriger – besuchen nicht die gleiche Klasse wie das Opfer, wohl aber gehen alle vier auf dieselbe Schule", sagte Mike von Hoff, Pressesprecher der Polizeidirektion Stendal […].

Zum Stand der Ermittlungen meinte von Hoff: „Die Befragungen der Tatverdächtigen sind am Donnerstagabend angelaufen und werden im Laufe des Freitags fortgesetzt. Zunächst wird gegen die Verdächtigen wegen Nötigung ermittelt. Aber natürlich wird auch der politische Hintergrund geprüft. Der Spruch auf dem Schild hat ganz klar einen nationalsozialistischen Hintergrund. Und irgendwo müssen die das ja her haben." Wie das 16-jährige Opfer dazu gebracht wurde, das demütigende Schild zu zeigen, ist übrigens noch unklar. „Gewalt soll aber nicht angewandt worden sein", so von Hoff.

Auch Sachsen-Anhalts Innenminister Holger Hövelmann hat sich bereits in einer Pressemitteilung zu dem schlimmen Vorfall geäußert. Er bezeichnete die öffentliche Demütigung des Schülers als einen „abstoßenden Vorgang". Der SPD-Politiker sagte: „In diesem Stil haben NSDAP und SA Menschen nach ihrer Machtübernahme 1933 öffentlich gedemütigt. Es ist erschütternd, dass Heranwachsende in unserem Land glauben, sie könnten sich heute so etwas wieder erlauben."

(stern.de, 12. 10. 2006; http://www.stern.de/politik/deutschland/573865.html?nv=ct_mt)

Die Bundesrepublik Deutschland ist ein Rechtsstaat. Aufgabe des Rechtsstaates ist es, Gefährdungen der Demokratie entgegenzutreten und die Grundrechte sowie den inneren Frieden in der Gemeinschaft zu sichern. Das Strafrecht legt fest, ob und wie die Staatsgewalt z. B. Extremisten gegenübertritt, die die Strafgesetze verletzt haben.

Regelung im Strafgesetzbuch			Geschütztes Rechtsgut
1	§ 81	Hochverrat	
2	§ 130	Volksverhetzung	
3	§ 185	Beleidigung	
4	§ 211	Totschlag	
5	§ 223	Körperverletzung	
6	§ 239	Freiheitsberaubung	
7	§ 242	Diebstahl	
8	§ 303	Sachbeschädigung	

B die Gesundheit

A das Leben

C das Eigentum

D die Ehre

G die verfassungsmäßige Ordnung der Bundesrepublik Deutschland

F das Eigentum

E die Freiheit

H der innere Frieden der Gemeinschaft

Verfassungsschutz,
[...] Unter Verfassungsschutz im engeren Sinn versteht man Maßnahmen zur Erforschung verfassungsfeindlicher Bewegungen.
[...] Nach dem Bundesverfassungsschutzgesetz vom 20. 12. 1990 besteht die Aufgabe der Verfassungsschutzämter in der Sammlung und Auswertung von Material über 1) Bestrebungen, die gegen die freiheitliche demokratische Grundordnung, den Bestand oder die Sicherheit des Bundes oder eines Landes gerichtet sind, 2) sicherheitsgefährdende oder geheimdienstliche Tätigkeiten für eine fremde Macht und 3) Bestrebungen, die durch Anwendung von Gewalt oder darauf gerichtete Vorbereitungshandlungen auswärtige Belange Deutschlands gefährden. Die Verfassungsschutzämter wirken ferner mit bei der Überprüfung von Personen, die Zugang zu geheimhaltungsbedürftigen Unterlagen haben oder an sicherheitsempfindlichen Stellen tätig sind, sowie bei technischen Sicherheitsmaßnahmen zum Geheimnisschutz. [...]

(Brockhaus Enzyklopädie online, © 2005–2008 Bibliographisches Institut & F. A. Brockhaus AG)

1. *Lies den Artikel: Welche Rechte des 16-Jährigen wurden durch seine Mitschüler verletzt?*
2. *Wie würdest du dich verhalten, wenn du Zeuge eines solchen Zwischenfalls wärest. Begründe.*
3. *Ordne den Regelungen des Strafgesetzbuches die aufgeführten Rechtsgüter zu.*
4. *Gib die Aufgaben des Verfassungsschutzes mit eigenen Worten wieder.*

Rechtsextremismus

Der Begriff „Rechtsextremismus" bezeichnet ein vielschichtiges politisches und soziales Glaubens- und Handlungssystem. Als historisches Vorbild dient der nationalsozialistische Staat. Der Nationalsozialismus wird verherrlicht und seine Verbrechen, z. B. die Vernichtung der Juden, werden verharmlost oder sogar geleugnet. Alle Einstellungen und Verhaltensweisen sind auf die Beseitigung oder nachhaltige Beeinträchtigung demokratischer Rechte und Prozesse gerichtet. Der Rechtsextremismus stellt eine Beeinträchtigung der inneren Sicherheit dar und ist oft mit der Begehung von Straftaten verbunden. Rechtsextremisten repräsentieren die radikale Verneinung von Freiheit und Demokratie, Humanität und Toleranz, Frieden und Völkerverständigung. Rechtsextremisten bekämpfen die Demokratie und lehnen es ab, Menschen grundsätzlich als gleichwertig und gleichberechtigt anzusehen.

Es gibt ganz verschiedene Strömungen in der rechten Szene. Sie reichen von unreflektierter, dumpfer Gewaltbereitschaft bis hin zu intellektuellem, eiskalt berechnendem Vorgehen. Bei aller Unterschiedlichkeit haben alle Strömungen die folgenden Merkmale gemeinsam, die sich aber unterschiedlich ausdrücken können:

Nationalismus: Die Nation wird in ihrer Bedeutung unangemessen übersteigert. In der Regel ist dieser übersteigerte Nationalismus mit einem Großmachtstreben oder mit einer feindseligen Haltung gegenüber anderen Staaten oder Völkern verbunden.

Führerprinzip und Gehorsam: Rechtsextremisten wollen eine autoritäre Herrschaftsform (Diktatur). Das Volk wird z. B. von einem Führer regiert und steht „wie ein Mann hinter dem Führer". Die Freiheit des Einzelnen ist nichts mehr wert.

Rassistische Sichtweisen: Die Zugehörigkeit zum eigenen Volk steht im Mittelpunkt. Das eigene Volk steht über den anderen Völkern. Gesellschaftliches Leitbild des Rechtsextremismus ist eine ethnisch gleichförmige („reinrassige") „Volksgemeinschaft".

Ablehnung von Fremden und Andersdenkenden: Ausländer, Farbige, Juden und andere Minderheiten gelten als minderwertig. Häufig wird diesen Minderheiten die Schuld an Arbeitslosigkeit, Kriminalität und weiteren sozialen Missständen zugeschrieben.

Verhöhnung der Demokratie/Antipluralismus: Die Rechtsextremen wollen eine Einheit der Gedanken herstellen. Die Meinungen von Einzelnen oder verschiedenen Interessengruppen (Parteien, Gewerkschaften, Presse) zählen nicht mehr bzw. sollen nicht mehr geäußert werden. Statt einer Vielfalt von Ansichten (Pluralismus) gibt es nur noch die Meinung der Rechtsextremen.

Abschaffung der Grundrechte/Menschenrechte: In wesentlichen Teilen werden demokratische Grundrechte abgeschafft. Dazu gehören das Recht auf Leben und körperliche Unversehrtheit, Freizügigkeit und soziale Sicherheit, das Recht auf Gedanken-, Gewissens- und Religionsfreiheit, das Recht auf freie Meinungsäußerung, das Recht auf freie Entfaltung der eigenen Persönlichkeit usw.

Gewalt: Statt andere Menschen durch Argumentation zu überzeugen, sind Rechtsextreme häufig bereit, zur Gewalt zu greifen, um ihre eigenen Ziele durchzusetzen. Rechtsextreme zeichnen sich dabei nicht selten durch Kampfbereitschaft und Härte gegenüber ihren politischen Gegnern aus.

	Aussagen zum Rechtsextremismus	richtig	falsch
1.	Rechtsextreme Vorstellungen beziehen sich auf den Nationalsozialismus.		
2.	Für Rechtsextreme sind alle Menschen gleichwertig.		
3.	Die Meinungsfreiheit wird im Rechtsextremismus garantiert.		
4.	Rechtsextreme versuchen auch mit Gewalt, ihre Ziele zu erreichen.		
5.	Die Ursachen für Missstände suchen Rechtsextreme beim eigenen Volk.		
6.	Rechtsextreme wünschen sich eine „reinrassige Volksgemeinschaft".		
7.	Für Rechtsextreme ist eine demokratische Herrschaftsform wichtig.		
8.	Andere Völker werden von Rechtsextremen auf eine Stufe mit dem eigenen Volk gestellt.		
9.	Rechtsextreme fordern eine plurale Gesellschaft.		

1 *Entscheide, welche Aussagen zutreffen. Stelle die falschen Aussagen richtig.*

Rechtsextremismus hat viele Ursachen

Warum werden Menschen anfällig für rechtsextremistisches Handeln? Wenn junge Menschen rechtsextrem werden, kann man dies sicher nicht mit einer Ursache erklären. Die Wissenschaft unterscheidet vier Ursachenbereiche für den Rechtsextremismus.

Rechtsradikale Jugendliche während einer Demonstration

Aussteiger aus der rechten Szene berichten:

(A)
Glatze, Springerstiefel, schwarze Bomberjacke fand ich cool. Damit hat es angefangen. Dazu kam noch die Musik. Die Songs von rechtsextremistischen Bands konnte ich bei anderen Skins, in Clubräumen und bei illegalen Skinhead-Konzerten hören oder kaufen. Mit Musik werden ausländerfeindliche, rassistische und nationalistische Parolen transportiert. Ich fand das toll und hab damals mitgesungen und an die Lieder geglaubt. Die Lieder gaben mir Sicherheit. Auf alles wussten die Texte eine Antwort. Ich wusste, an was ich glauben sollte. Ich fühlte mich so stark wie noch nie zuvor.

(B)
Ich hatte keine Arbeit und wusste nicht, was ich machen sollte. Durch die Skinhead-Gruppe habe ich wenigstens eine Beschäftigung und Aufgabe gefunden. Ich hatte zu tun.

(C)
Ich bin über Freunde oder Bekannte eher zufällig in das Neonazi-Milieu geraten. Ich war vorher nicht rechts. In der Gruppe bekam ich einen festen Halt, ich erfuhr zum ersten Mal so etwas wie Anerkennung. Damals hatte ich nichts außer den Jungs in der Szene. Durch sie hatte ich oft das Gefühl, eine zweite Familie zu besitzen und etwas Besonderes zu sein. Vorher hatte ich das Gefühl, oft einsam und auf eine gewisse Art verloren zu sein. Mir war es egal, was die Rechten denken und machen. Hauptsache, ich hatte Freunde. Dabei habe ich wirklich nichts anderes gemacht als gehäkelt, gestrickt und gekocht.

(D)
Ich fühlte mich wie ein Nichts. Dann lernte ich die Skins kennen. Mit denen habe ich viel gesoffen. So gerieten ich und meine Clique in Stimmung und wir mischten vor allem Ausländer auf. Manchmal haben wir auch Drogenabhängige und Obdachlose verprügelt. Der Staat tut ja nichts gegen die „Schmarotzer". Heute denke ich natürlich nicht mehr so.

(E)
Die Leute da oben machen sich doch gar keine Gedanken, wie es uns geht. Die denken doch eh' nur an sich und lassen uns mit unseren Sorgen und Nöten allein.

(F)
Ich habe mich von der Clique zu allerlei Taten anstecken lassen. In der Gruppe fühlte ich mich stark. Ich hatte ein größeres Selbstwertgefühl. Dort hatte ich einen festen Platz und war anerkannt. Ich konnte meine eigene Verzweiflung hinausschreien, andere provozieren und Tabus brechen. Doch dann habe ich gemerkt, dass ich meine Persönlichkeit aufgegeben und mich immer nur der Gruppe untergeordnet habe. Für Zweifel war kein Platz. Sonst hätte ich ganz schnell als Feigling oder Verräter dagestanden.

1. Ursachen, die in der Persönlichkeit eines Rechtsextremisten begründet sind.

2. Ursachen, die mit der ökonomischen Situation eines Rechtsextremisten zu tun haben.

3. Ursachen, die sich aus der sozialen Situation eines Rechtsextremisten ergeben.

4. Ursachen, die mit der politischen Kultur und den „Schwächen" des politischen Systems der Bundesrepublik Deutschland und ihrer Funktionsträger zusammenhängen.

1 *Welche Aussage gehört zu welchem Ursachenbereich? Ordne sie zu. Bei einigen Aussagen können mehrere Ursachen zugeordnet werden.*

Rechtsextremismus im Alltag: Beispiel Fußballstadion

Cai Tore Philippsen: Seit Anthony Yeboah Anfang der neunziger Jahre von Fans beleidigt wurde, sind sechzehn Jahre vergangen, jetzt passiert dem deutschen Nationalspieler Gerald Asamoah das gleiche. Haben die Fans nichts dazugelernt?

Gunter A. Pilz: Es haben sich in der Tat seit damals immer wieder solche Dinge ergeben. Allerdings beobachten wir, dass es in den letzten Jahren zumindest nicht zugenommen hat. In den alten Bundesländern hat der offene Rassismus abgenommen, Sie hören dort viel weniger Urwaldrufe, wie es sie in den neuen Bundesländern immer noch gibt. Es hat sich etwas geändert, aber das Problem ist nicht vom Tisch. Den Rassismus wird man nie ganz beseitigen können. Es bedarf einer kontinuierlichen Aufmerksamkeit und Bemühung, um dieses Problem in den Griff zu bekommen.

Philippsen: Wie äußert sich diese Veränderung?

Gunter A. Pilz: Es hat eine Verlagerung stattgefunden in sozial weniger kontrollierte Bereiche. Aus dem Stadion hin zu den Fahrten der Fans. Oder aus den Bundesligastadien hin in die niedrigeren Spielklassen, wo die soziale Kontrolle nicht so stark ist. Das ist auch ein Grund, dass das Problem im Osten größer ist als im Westen. Dort sind mehr Spiele in niedrigeren Klassen, dort ist die Kontrolle geringer. Dazu kommen die gravierenden gesellschaftlichen und sozialen Problemlagen. Wir sehen dort eine besondere Empfänglichkeit und ein ausgeprägteres Ausleben. Wir haben in unseren Befragungen erlebt, dass die Fans sagen, „wir haben nichts zu befürchten, schlechter kann es uns nicht gehen“. Sanktionen alleine wirken daher nicht sehr abschreckend.

Philippsen: Asamoah hat seinen Rücktritt aus der Nationalmannschaft angedroht. Wäre das nicht kontraproduktiv?

Gerald Asamoah, Nationalspieler

Gunter A. Pilz: Das wäre das falsche Zeichen. Damit hätten die Rechten ein Erfolgserlebnis, sie hätten genau das erreicht, was sie wollten. Ich glaube, er hat das als Warnschuss gemeint. Ich wünsche mir von seinen Nationalmannschaftskollegen, dass die alle aufstehen und sagen: Wir wollen das nicht. Wir bekennen uns ganz klar gegen diesen Rassismus und verurteilen ihn. [...]

Philippsen: Ist die Angst begründet, dass die Fanszene von rechtsextremen Gruppierungen unterwandert wird, oder bereits unterwandert ist?

Gunter A. Pilz: Richtig ist, dass sich rechtsradikale Gruppierungen die gesellschaftlichen Bereiche aussuchen, von denen sie glauben, dass ihre Botschaften dort ankommen. In den neuen Bundesländern gibt es viele Menschen, die man als Wiedervereinigungsverlierer bezeichnen kann und [die] solchen Argumenten gegenüber offen sind. Aber, dass es eine gezielte und flächendeckende Unterwanderung gibt, würde ich nicht sagen. Dieses Problem gibt es nicht nur im Fußball und nicht nur in den neuen Bundesländern, sondern überall da, wo es den Leuten schlecht geht.

(Auszug aus einem Interview des FAZ.NET mit dem Fanforscher Gunter A. Pilz; www.faz.net, vom 12. 10. 2006)

1. *Erkläre, wie Rechtsextremismus und Fußball zusammenhängen können. Was macht einige Fußballfans anfällig für rechtsextremes Denken?*
2. *Nenne weitere Bereiche des Alltags, in denen es rechtsextremes Verhalten auch gibt.*

NPD-Verbotsverfahren

Obgleich die Meinungsfreiheit zu den Grundrechten gehört, sieht das Grundgesetz auch die Möglichkeit vor, Parteien zu verbieten. In Artikel 21, Absatz 2 heißt es: „Parteien, die nach ihren Zielen oder nach dem Verhalten ihrer Anhänger darauf ausgehen, die freiheitliche demokratische Grundordnung zu beeinträchtigen oder zu beseitigen oder den Bestand der Bundesrepublik Deutschland zu gefährden, sind verfassungswidrig. Über die Frage der Verfassungswidrigkeit entscheidet das Bundesverfassungsgericht." Antragsberechtigt sind Bundesregierung, Bundestag, Bundesrat und ggf. eine Landesregierung (§ 43 Gesetz über das Bundesverfassungsgericht).

Stationen eines gescheiterten NPD-Verbotsverfahrens

27. Juli 2000: Bei einem Sprengstoffanschlag auf eine Düsseldorfer S-Bahn-Station werden neun jüdische Aussiedler aus Russland verletzt. Man vermutet einen Anschlag von Rechtsradikalen.

Herbst 2000: Nach einem Brandanschlag auf die Düsseldorfer Synagoge am 4. Oktober fordert Kanzler Schröder einen „Aufstand der Anständigen". Später stellt sich heraus, dass zwei Araber den Anschlag ausgeführt haben.

Dezember 2000: SPD, CDU, Grüne und PDS unterstützen den Verbotsantrag gegen die NPD. Die FDP spricht sich dagegen aus.

30. Januar 2001: Die Bundesregierung beantragt beim Bundesverfassungsgericht das Verbot.

30. März 2001: Bundestag und Bundesrat stellen jeweils eigene Anträge auf ein Verbot der NPD.

Januar/Februar 2002: Nachdem am 22. Januar bekannt wird, dass ein langjähriges Mitglied des NPD-Bundesvorstandes V-Mann des Verfassungsschutzes in Nordrhein-Westfalen war, setzt das Bundesverfassungsgericht bereits anberaumte Verhandlungstermine aus. Kurz darauf wird der nordrhein-westfälische NPD-Vorsitzende Udo Holtmann als Spitzel enttarnt. Bis Anfang Februar folgen weitere drei V-Leute. Mitte Februar versichern die Antragsteller in einer vom Bundesverfassungsgericht geforderten Stellungnahme, dass V-Leute „keine steuernde Einflussnahme" auf die NPD ausgeübt hätten. Wenige Tage später werden vier weitere V-Leute enttarnt.

Anfang Mai 2002: Das Bundesverfassungsgericht fordert die Antragsteller auf zu erklären, ob, und wenn ja, welche Vorstandsmitglieder der NPD auf Bundes- oder Landesebene seit 1996 mit staatlichen Stellen zusammengearbeitet haben oder noch zusammenarbeiten.

8. Oktober 2002: In einer Anhörung zur V-Mann-Affäre bestreitet Bundesinnenminister Schily den Einfluss von Verfassungsschützern auf die NPD, während dem NPD-Anwalt Mahler zufolge enttarnte Spitzel einen bestimmenden Einfluss ausgeübt hätten.

18. März 2003: Das Bundesverfassungsgericht stellt das Verbotsverfahren gegen die NPD wegen des Einsatzes von V-Leuten des Verfassungsschutzes ein. Die mögliche Fremdsteuerung der Partei stelle ein „nicht behebbares Verfahrenshindernis" dar. Das Verfahren wurde aufgrund eines Minderheitsvotums (drei von sieben Stimmen) eingestellt; für ein Verbot der NPD wäre eine Zweidrittenmehrheit erforderlich gewesen.

(zusammengestellt nach: http://www.tagesschau.de/inland/meldung218916.html)

Vor allem seit den Wahlerfolgen der NPD 2006 wurde die Frage eines erneuten Verbotsantrags wieder kontrovers diskutiert. Obgleich sich Union und SPD einig sind, dass die NPD eine verfassungsfeindliche Partei ist, sprach sich die Mehrheit der Innenminister der Union wegen geringer Erfolgsaussichten im April 2008 auf einer Innenministerkonferenz gegen einen erneuten Verbotsantrag aus.

1. *Nenne den Tatbestand, der bewiesen werden muss, damit eine Partei in der Bundesrepublik verboten werden kann.*
2. *Untersuche den Verlauf des gescheiterten Verbotsverfahrens gegen die NPD. Was war Auslöser, wer hat den Verbotsantrag gestellt, wer hat ihn unterstützt, wer war dagegen?*
3. *Erörtere, warum die NPD letzten Endes nicht verboten wurde.*

Zivilcourage zeigen

Eine Mutprobe ...

Jana bekommt mit, dass Ralf bei der Klassenfete ein Lied von der rechtsextremistischen Gruppe „Die Härte" überspielen will. Darin geht es um den Ku-Klux-Klan und die nächtliche Hinrichtung eines Schwarzen. Es endet mit den Zeilen: „Das ist geil, das ist geil, hurra, hurra, ein Nigger brennt."

Versetzt euch in Janas Lage. Wie würdet ihr reagieren?

1. **„Wenn Ralf das machen will, ist das seine Sache."**
2. **„Ich bin gespannt, wie das ausgeht, und wie die Schüler und Lehrer darauf reagieren."**
3. **„Ich halte mich da besser raus, am Ende bekomme ich noch als ‚Niggerfreundin' Ärger mit Ralfs Kumpanen."**
4. **„Ich versuche ihm zu erklären, dass er sich damit viel Ärger einhandeln wird und dass das auch strafbar ist."**
5. **„Ich bitte den Diskjockey, keine Musik von Ralf abzuspielen."**
6. **„Ich sage ihm, dass ich den Lehrer informiere, wenn er den Blödsinn nicht lässt."**
7. **„Ich versuche ihm klarzumachen, dass das ‚rassistische Scheiße' ist, was er da mitbringt."**
8. **„Ich rate ihm, die Musik erst bei der Abschlussfete in vier Wochen abzuspielen. Da kann ihm nichts mehr passieren."**

► Setzt euch mit den Antworten auseinander und überlegt dabei, ob ihr so reagieren könntet. Stellt in Gruppenarbeit die nach eurer Auffassung drei besten und die drei schlechtesten Reaktionen heraus und begründet das vor der Klasse.

Strafbestimmungen gegen Rechtsextremismus

Von Rechtsextremisten verwandte Symbole sind grundsätzlich dann verboten, wenn es sich um Kennzeichen des Nationalsozialismus oder um Symbole verbotener rechtsextremistischer Vereine und Organisationen handelt.
(nach § 86a Strafgesetzbuch)

Der Volksverhetzung macht sich strafbar, wer zu Hass, Gewalt oder Willkürmaßnahmen gegen Bevölkerungsgruppen – etwa Ausländer oder Juden – aufstachelt, sie beschimpft oder diffamiert. Ferner, wer den Holocaust leugnet, billigt oder verharmlost. Die Tat kann öffentlich, in einer Versammlung oder durch das Verbreiten in Schriften – das heißt auch auf Bild- oder Tonträgern, im Internet, über Computer oder Videospiel – erfolgen.
(nach § 130 Strafgesetzbuch)

(Zeichnung: Gerhard Mester)

(Text „Eine Mutprobe ..." aus: basta. Nein zur Gewalt. Ein Heft für Jugendliche 2001/2002. Hg.: Arbeitsgemeinschaft Jugend & Bildung e.V., Wiesbaden, in Zusammenarbeit mit dem Bundesministerium des Innern, S. 16)

1. *Bearbeitet in der Gruppe das Fallbeispiel „Eine Mutprobe ...".*
2. *Erörtere, worauf die Karikatur aufmerksam machen will.*

Linksextremismus in Deutschland: Beispiel RAF

Linksextremisten sind erklärte Gegner der Staats- und Gesellschaftsordnung der Bundesrepublik Deutschland, die sie als von „Rassismus" und „Faschismus" geprägten „Kapitalismus" verleumden. Die Aktionsformen der Linksextremisten sind vielfältig. Sie umfassen öffentliche Kundgebungen, offene Agitation mit Flugblättern und Versuche der verdeckten Einflussnahme in gesellschaftlichen Gruppen.Einige Linksextremisten sehen in Gesetzesverletzun-gen einen Weg zur Durchsetzung ihrer politischen Ziele. Sie verüben Straftaten wie z. B. Sachbeschädigungen, „militante Zusammenrottungen" oder Körperverletzungen. Seit Jahren bedrohen militante Linksextremisten die innere Sicherheit Deutschlands.
Die bekannteste linksextreme Gruppe war die RAF (Rote Armee Fraktion), die zwischen 1971 und 1993 mit Anschlägen den „staatlichen Herrschaftsapparat" zerstören wollte und dabei brutal mordete.

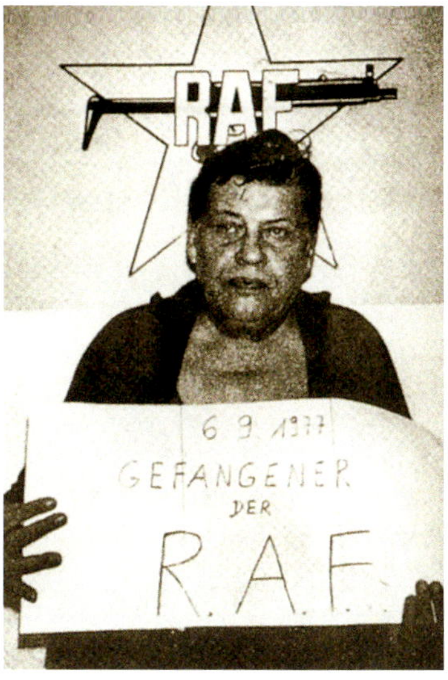

Der entführte Hanns-Martin Schleyer in der Gewalt der „Roten Armee Fraktion"

Für die RAF war Deutschland [...] ein Staat, der die Menschen unterdrückte und in dem vor allem die Banken und Großkonzerne das Sagen hatten. Dem wollte die RAF ein Ende setzen. Sie legte Bomben, nahm Geiseln und brachte hohe Vertreter des Staates und der Wirtschaft um. Allein 1977 ermordete die RAF [...] Generalbundesanwalt Siegfried Buback und zwei seiner Begleiter, erschoss den Chef der Dresdner Bank, Jürgen Ponto, kidnappte und tötete den Präsidenten des Arbeitgeberverbandes, Hanns-Martin Schleyer. Arabische Freunde der RAF entführten ein Lufthansa-Flugzeug, um inhaftierte Terroristen freizupressen. Der Kapitän wurde erschossen, (später befreiten) Anti-Terror-Polizisten die Passagiere im somalischen Mogadischu. Polizei und Justiz reagierten [...] mit harten Sondergesetzen. Oft wurden dabei Menschen, die dem Staat kritisch gegenüberstanden, vorschnell in die Nähe der Terroristen gerückt. Die RAF ist längst aufgelöst. Der Kampf gegen sie stellte den demokratischen Rechtsstaat aber auf eine schwere Probe. Es galt, die Freiheitsrechte für alle zu erhalten, obwohl einige wenige diese Rechte für verfassungswidrige Ziele ausnutzten und dabei sogar Menschen umbrachten.

(Christine Schulz-Reiss: Nachgefragt Politik. Bindlach: Loewe Verlag 2005, S. 77)

Am 1. April 1991 verübte ein „Kommando Ulrich Wessel" einen Mordanschlag auf den Leiter der Treuhandanstalt, Dr. Detlef Karsten Rohwedder. Die Täter schossen aus etwa 60 Meter Entfernung auf Dr. Rohwedder, der sich bei erleuchtetem Fenster im Arbeitszimmer seines Wohnhauses in Düsseldorf aufhielt. Er wurde tödlich getroffen, seine Ehefrau verletzt. In einer Taterklärung bezichtigte die Rote Armee Fraktion (RAF) den Leiter der Treuhandanstalt, die ehemalige DDR dem „Diktat des Kapitals" zu unterwerfen.

(aus: Verfassungsschutzbericht 1991. Hg. vom Bundesministerium des Innern)

Die Opfer der RAF
Lange Zeit widmeten sich Geschichtsschreiber, Medien und Wissenschaftler fast ausschließlich den Tätern der RAF. Zahlreiche Bücher und Aufsätze über die Lebenswege, Motive und Überzeugungen der RAF-Terroristen sind seither erschienen. Die 34 von der RAF ermordeten Menschen sowie die zahlreichen Verletzten und deren Angehörige standen hingen nur selten im Fokus des öffentlichen Interesses. Außer einigen herausragenden Persönlichkeiten wie Hanns-Martin Schleyer, Siegfried Buback oder Gerold von Braunmühl gerieten viele Namen der Opfer schon bald in Vergessenheit. Fast schien es so, als sei der RAF-Maxime „Kein Wort über die Opfer" Erfolg beschieden.

(http://www.bpb.de/themen/857QV0,0,0,Die_Opfer_der_RAF.html)

1. *Notiere die wichtigsten Zielsetzungen der linksextremistischen Gruppierungen.*
2. *Erläutere, inwiefern das Attentat auf Karsten Rohwedder typisch für die Vorgehensweise und die Ziele der RAF ist.*

Weitere Informationen zu extremistischen Gruppierungen findest du unter http://www.verfassungsschutz.de

Linksextremismus

Gewalttätige Demonstranten werfen am Rostocker Stadthafen Steine auf Polizisten (Foto 2. 6. 2007)

Mahnwache als Protestform gegen den G8-Gipfel in Heiligendamm (Foto 6. 6. 2007)

G8-Nachspiel: Wenige Verurteilungen gegen Randalierer von Rostock

[...] Der G8-Gipfel in Heiligendamm beschäftigt die Justiz immer noch. Genau ein Jahr nach der Auftaktdemonstration in Rostock laufen [...] noch 46 Verfahren. Insgesamt haben die zum Teil gewalttätigen Proteste gegen den Gipfel 1450 Ermittlungsverfahren ausgelöst, von denen bislang nur 83 in rechtskräftige Urteile mündeten. Aufgrund der hohen Zahl eingestellter Verfahren spricht das Rostocker Antirepressionsbündnis vom „justiziellen Offenbarungseid".

Mehr als 16 000 Polizisten waren nötig gewesen, um die Staats- und Regierungschefs der sieben wichtigsten Industrienationen und Russlands im Heiligendammer Hotel Kempinski zu schützen. Der Gipfel selbst, der vom 6. bis 8. Juni dauerte, wurde nicht gestört [...]. Die Auftaktdemo der Globalisierungskritiker und -gegner am 2. Juni in Rostock machte allerdings Schlagzeilen. Unter die nach Angaben der Polizei 40 000 Demonstranten hatten sich etwa 3000 Gewalttäter gemischt. Am späten Nachmittag griffen sie am Stadthafen Polizisten an, woraufhin sich eine mehrstündige Straßenschlacht entwickelte. Eine polizeiliche „Arbeitsgemeinschaft Folgemaßnahmen" sichtet heute noch Videos. Mit Fahndungsfotos wird nach neun Unbekannten gesucht, die des „schweren Landfriedensbruchs" verdächtigt werden.

In Absprache mit den Organisatoren der Demonstration hatte die Polizei am 2. Juni darauf verzichtet, in unmittelbarer Nähe des Demonstrationszuges allzu viel Präsenz zu zeigen. [...] Im Grundsatz hält der damalige Einsatzleiter Knut Abramowski diese Strategie auch heute noch für richtig. „Wir haben verhindert, dass die Rostocker Innenstadt in Trümmer gelegt wurde", sagt er. Auch Mecklenburg-Vorpommerns Innenminister Lorenz Caffier (CDU) kann mit Blick auf den Polizeieinsatz „keine gravierenden Versäumnisse und Defizite bei der Vorbereitung und der Durchführung" erkennen. [...]

Die Rostocker Gerichte haben in den vergangenen Monaten sehr unterschiedliche G8-Prozesse verhandelt. Der schwerwiegendste Fall dürfte der des 36-jährigen Klaus A. sein. Das Amtsgericht verurteilte ihn zu 14 Monaten Haft. Das Gericht sah es als erwiesen an, dass er am 2. Juni einen faustgroßen Stein in Richtung mehrerer Polizisten geworfen hatte. In anderen Fällen ließen sich Vorwürfe der Polizei vor Gericht nicht erhärten. So war ein 20-jähriger Berliner verdächtigt worden, einen selbstgebastelten Brandsatz zur Rostocker Demonstration mitgebracht zu haben. Der Brandsatz entpuppte sich bei genauerem Hinsehen als Filzstift, dessen Verschlusskappe der Angeklagte verloren hatte. Um das Austrocknen des Stifts zu verhindern, umwickelte er ihn mit Alupapier – was den Beamten verdächtig vorkam. „Anscheinend hat man Demonstranten erstmal festgenommen, um dann zu überlegen, was ihnen vorgeworfen wird", sagt Vera Speckin vom Republikanischen Anwaltsverein.

(aus: Süddeutsche Zeitung, 2. 6. 2008, S. 6)

1. *Erörtere, warum das Gipfeltreffen in Heiligendamm Anlass zu linksextremen Gegendemonstrationen wurde.*
2. *Werte die Zahlen aus, die im Artikel genannt werden. Unterscheide dabei zwischen linken Globalisierungsgegnern auf der einen und Linksextremen auf der anderen Seite. Beurteile das Vorgehen der Polizei.*

Methode: Infoausstellung

Thema: Extremismus in Nordrhein-Westfalen

Eine Infoausstellung richtet sich an eine größere Öffentlichkeit. Eine Klasse, die eine Infoausstellung gestaltet, will über einen Sachverhalt oder ein Problem informieren, mit dem sie sich ausführlich beschäftigt hat. Sie fertigt dazu große Plakate mit Texten, Zeichnungen, Fotos usw. an, die auf einer freien Wandfläche oder auf Stellwänden ausgehängt werden. Die Ausstellung kann in der Schule in einem Gang oder im Eingangsbereich stattfinden. Sie kann aber auch außerhalb der Schule gezeigt werden, z. B. im Rathaus, in der Stadtbücherei oder in einer Bank.

Vorbereitung

Die Klasse legt Thema, Adressaten und Zielsetzung ihrer Infoausstellung fest, z. B. dass Mitschüler über Extremismus informiert und gewarnt werden sollen oder die Öffentlichkeit aufmerksam gemacht werden soll. Die Klasse klärt, wo die Ausstellung stattfinden kann.

Das Thema wird in Gruppenarbeit bearbeitet, z. B. führt eine Gruppe eine Erkundung durch, eine andere macht eine Umfrage, andere werten Zeitungsmeldungen aus oder befragen bestimmte Personen.

Das erarbeitete Material wird gemeinsam gesichtet und die Klasse legt den Inhalt der Infoausstellung fest. Außerdem organisiert eine Gruppe die Materialien (z. B. Packpapier oder Plakatkartons, Farbstifte, Stellwände), die für die Herstellung der Ausstellung nötig sind.

Durchführung

Eine Infoausstellung muss übersichtlich sein. Die Texte sollten noch in einem Abstand von zwei, drei Metern lesbar sein. Lieber weniger Textblöcke, dafür Fotos, Zeichnungen und große Schriften. Nicht vergessen: Hinweis, wer die Infoausstellung gemacht hat, warum usw. Die Teile der Infoausstellung zunächst nur vorläufig aufhängen. Durch Hin- und Herschieben kann man die beste Gestaltung herausfinden.

Manchmal kann es sinnvoll sein, dass einige aus der Klasse bei der Ausstellung anwesend sind, um sie Besuchern zu erläutern.

Auswertung

Beobachtet, wie die Besucher auf eure Infoausstellung reagieren. Man kann auch Betrachter nach ihrer Meinung fragen oder an einer Stelle Platz für schriftliche Meinungsäußerungen lassen.

1. *Führt eine Infoausstellung zum Thema Extremismus in Nordrhein-Westfalen durch. Benutzt die Materialien auf den Seiten 150 und 151.*
2. *Weitere Hinweise findet ihr auf den folgenden Seiten und auf der Homepage des Innenministeriums: www.im.nrw.de/verfassungsschutz und www.andi.nrw.de*

Broschüren des Innenministeriums NRW zum Thema Verfassungsschutz

Rechtsextreme Musik-CDs mit ausländerfeindlichem, antisemitischem und gewaltverherrlichendem Inhalt, hierbei auch eine CD der Rechtsrockband „Landser" (Foto 9. 7. 2002)

„Kamerad, ich weiß, wie du dich fühlst"

[...] „Luni", der Sänger mit dem knuffigen Spitznamen, ist Deutschlands bekanntester rechtsextremer Rockmusiker. Ende Februar wurde der frühere Chef der Band Landser aus dem Tegeler Gefängnis entlassen, in dem er 1052 Tage wegen Bildung einer kriminellen Vereinigung einsaß. „Der Kampf geht weiter!", hat er auf seiner Internetseite angekündigt.

Rockmusik als Kampf? Der Verfassungsschutz nimmt solche Drohungen sehr ernst. „Rechtsextremistische Musik vermittelt in ihren Texten offen oder unterschwellig rechtsextremistische Feindbilder und nationalistische, fremdenfeindliche, antisemitische und antidemokratische Ideologiefragmente", heißt es im Verfassungsschutzbericht 2007 [...].

Die NPD und Neonazi-Kameradschaften ließen bei ihren Veranstaltungen immer öfter Rechtsrock-Gruppen und Liedermacher auftreten und lockten damit erfolgreich auch szenefremde Jugendliche an. Das Genre, das von völkischen Balladen („Opa, ich vermisse dich") bis hin zu brachialem Black Metal reicht, habe für die Bewegung heute eine „herausragende Bedeutung".

Wie Rechtsrock versucht, das Gefühl des Ausgegrenzt- und Unverstandenseins vieler Jugendlicher zu bedienen, zeigt das Lunikoff-Lied „Fels in der Brandung", das auch auf einer der kostenlosen „Schulhof-CDs" der NPD zu hören ist: „Kamerad, ich weiß, wie du dich fühlst", singt Michael „Luni" Regener: „wie ein Fels in der Brandung, von einer Flut von Dreck umspült. Wie ein Ruf in der Wüste, der ungehört verhallt, während sich am Horizont der Sturm zusammenballt." Dazu jault die E-Gitarre.

Vergleicht man die drei Alben der Lunikoff Verschwörung, die allesamt legal zu kaufen sind und die der Sänger noch vor seiner Verurteilung produzierte, mit Regeners alter Band Landser, erkennt man, wie sich der Rechtsrock seit den Neunzigerjahren gewandelt hat. Landser-Musik war brutal und dumpf, unverhohlen rassistisch. „Kanake verrecke, verfluchter Kanake. Du bist nichts weiter als ein mieses Stück Kacke", heißt es in einem Lied des ersten Albums [...]. Solche Texte würde der inzwischen 43-jährige Regener sicher nicht mehr veröffentlichen – aus Vorsicht. Seine neue Band lässt ihre Liedtexte vor dem Verkauf vom Anwalt überprüfen.

[...]

Die NPD, die bei aller Verfassungsfeindlichkeit lange um einen Rest an Biederkeit bemüht war, hatte den öffentlichen Kontakt zur wilden Rechtsrock-Szene bis zum Landser-Urteil gemieden. Nun setzte sie sich vehement für Regener ein.

[...] Heute bietet die NPD rechtsradikalen Bands überall im Land Auftrittsmöglichkeiten. Michael Weiss, Rechtsrock-Experte vom Antifaschistischen Pressearchiv und Bildungszentrum („Apabiz") schätzt, dass 2007 bereits über die Hälfte der etwa 200 bekanntgewordenen Neonazi-Konzerte unter dem Deckmantel politischer Veranstaltungen und Feste stattgefunden habe: „Da redet dann für fünf Minuten ein Parteivertreter, und dann spielen hintereinander drei Bands", erklärt er. Die NPD gelte in der Szene als „bewährter Partner".

[...]

Und Regener? Der berüchtigte Rechtsrocker ist seit elf Wochen frei – und noch ist es still. Auf die Frage, wann denn die erste Parteiveranstaltung mit Lunikoff geplant sei, antwortet NPD-Sprecher Klaus Beier: „Momentan ist mir nichts bekannt."

[...] Das Versteckspiel passt zum Erscheinungsbild des deutschen Rechtsextremismus. Der ist längst nicht mehr so leicht zu erkennen wie früher. Statt brauner Einheitskluft aus Springerstiefeln und Bomberjacke, gibt es heute eine bunte Szene, in der „autonome Nationalisten" Baseballkappen und Palästinensertücher tragen und die rechtsradikalen Naturfreunde der „Heimattreuen Deutschen Jugend" aussehen wie Pfadfinder. [...]

(aus: Süddeutsche Zeitung. 17./18. 5. 2008, S. 7)

Deliktsgruppen	Ausländerextremismus 2007	2006	2005	Linksextremismus 2007	2006	2005	Rechtsextremismus 2007	2006	2005	Nicht zuzuordnen 2007	2006	2005
Tötungsdelikte	0	0	0	0	0	0	0	0	0	0	0	0
Brand-Sprengstoffdelikte	5	6	1	7	6	2	1	1	2	1	4	2
Landfriedensbruch	13	1	0	35	38	31	8	5	8	0	1	3
Gefährliche Eingriffe in den Bahn-, Schiffs-, Luft- und Straßenverkehr	1	0	0	0	2	8	1	1	0	0	0	1
Körperverletzungsdelikte	29	13	7	70	84	29	130	162	127	15	9	10
Widerstandshandlungen	1	0	0	18	25	24	4	2	3	0	1	7
Raub / Erpressung / Freiheitsberaubung	2	3	7	3	2	2	4	1	4	0	1	0
Zwischensumme Gewaltdelikte	**51**	**23**	**15**	**133**	**157**	**96**	**148**	**172**	**144**	**16**	**16**	**23**
Bedrohungen / Nötigungen	13	10	9	17	9	9	28	20	21	8	5	8
Sachbeschädigungen	31	11	9	214	161	108	158	43	55	41	42	92
Propagandadelikte	12	4	2	24	25	7	2092	2091	1805	224	205	225
Volksverhetzungen	15	14	6	1	3	2	435	503	373	15	8	8
Störung des öffentlichen Friedens	1	4	1	2	3	0	1	6	1	4	5	2
Beleidigungen	7	5	2	42	51	30	80	113	62	28	15	31
Verstöße gegen das Vereinsgesetz	116	8	17	0	0	0	0	0	0	0	0	0
Verstöße gegen das Versammlungsgesetz	21	3	2	188	157	79	31	20	34	5	6	35
sonstige Straftaten	25	21	11	28	30	41	27	22	50	18	21	41
Summe gesamt	**292**	**103**	**74**	**649**	**596**	**372**	**3000**	**2990**	**2545**	**359**	**323**	**465**

Politisch motivierte Gewalt in NRW im Jahresvergleich (aus: Verfassungsschutzbericht NRW 2005, 2007)

Ausländerextremismus

Ausländerextremismus stellt keinen eigenen Typus des Extremismus dar, sondern ist ein Sammelbegriff für extremistische Bestrebungen von Ausländerorganisationen. Es kann sich dabei der Sache nach um linksextremistische, extrem nationalistische, islamistische und andere Bestrebungen handeln. Die Anstrengungen dieser Gruppierung richten sich gegen die freiheitliche demokratische Grundordnung, den Bestand oder die Sicherheit des Bundes oder eines Bundeslandes. Dabei kommt es auch zur Zusammenarbeit mit deutschen Gleichgesinnten.

Mitgliederzahlen rechts- und linksextremer Gruppierungen in NRW (2008)

Rechte Organisation/ Gruppierung		Linke Organisation/ Gruppierung	
DVU	1200	Militante Linksextreme/ Autonome	640
NPD	800	DKP	< 1500
Neonazistische Kameradschaften	570	DIE LINKE (Es bestehen weiterhin Anhaltspunkte für den Verdacht extremistischer Bestrebungen in der Partei ‚DIE LINKE.')	7300
Militante Rechtsextreme einschl. Skinheads	1350		
sonstige	425	MLPD	650
Summe abzügl Doppelmitgliedschaften	4175	Summe	10090

(aus: Verfassungsschutzbericht NRW 2008, S. 161)

Das Wichtige in Kürze

Extremismus

Parteien, Organisationen und Gruppen, welche die freiheitlich demokratische Grundordnung beseitigen wollen, werden als extremistisch bezeichnet. Da sie sich mit demokratischen Mitteln nicht durchsetzen können, neigen sie zur Anwendung von Gewalt. Es wird zwischen Rechtsextremismus und Linksextremismus unterschieden. Eine besondere Rolle spielen in Deutschland inzwischen extremistische Organisationen von Ausländern, die für Veränderung der Verhältnisse in ihrem Herkunftsland kämpfen.

Rechtsextremismus

Rechtsextremisten wollen die freiheitliche demokratische Grundordnung durch ein autoritäres, diktatorisches Regime ersetzen. Sie vertreten einen völkischen Nationalismus und wollen dementsprechend die Gesellschaft zu einer „reinrassigen Volksgemeinschaft" umgestalten. Freiheit, Individualität, Pluralität und Toleranz verachten sie. Ihr aggressiver Rassismus und Antisemitismus äußert sich häufig in Gewalttaten. Rechtsextremisten bekämpfen die Demokratie sowie deren Institutionen und diffamieren deren Repräsentanten. Den Holocaust, die systematische Ermordung der europäischen Juden, und die zurzeit des Nationalsozialismus begangenen anderen Verbrechen gegen die Menschlichkeit leugnen oder relativieren sie. Dem rechtsextremistischen Lager werden Parteien wie die NPD und DVU sowie rechtsextremistische Gruppierungen wie die Skinheads zugerechnet.

Linksextremismus

Linksextreme lehnen die demokratische Staats- und Gesellschaftsordnung der Bundesrepublik ab, die sie für rassistisch, faschistisch und kapitalistisch halten. Bekannteste linksextreme Gruppierung war die Rote Armee Fraktion, die von Anfang der 1970er-Jahre bis 1998 (Selbstauflösung) zahlreiche terroristische Anschläge und Mode verübte. Das linksextreme Lager hat kein einheitliches Programm, autonome Randalierer werden ihm genauso zugeordnet wie Parteigänger der Partei DIE LINKE wegen ihrer ideologischen Nähe zur DDR-Staatspartei SED.

Wehrhafte Demokratie

Die Bundesrepublik ist ein Rechtsstaat, der entschlossen ist, Gefährdungen der Demokratie mit den Mitteln des Strafrechts entgegenzutreten. Die „wehrhafte Demokratie" findet z. B. in Straftatbeständen wie Hochverrat oder Volksverhetzung ihren Ausdruck. Zur Wehrhaftigkeit gehört auch die Möglichkeit eines Parteienverbotes durch das Bundesverfassungsgericht oder die Beobachtung von extremistischen Gruppierungen durch die Nachrichtendienste.

Nachdem das Bundesverfassungsgericht die KPD für verfassungswidrig erklärt hat, werden – wie auf diesem Foto in Hessen am 17. August 1956 – die Parteigebäude von der Polizei geschlossen.

Zeige deine Kompetenzen!

Sachkompetenz

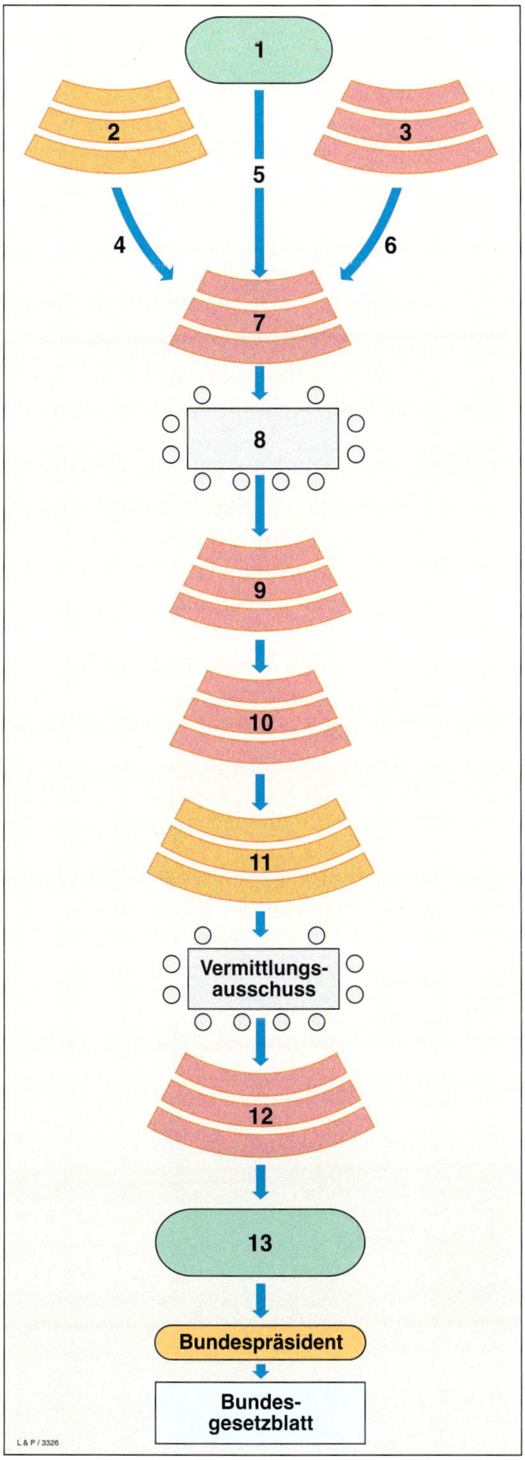

Bezeichne die Leerstellen 1–13. Wähle dazu aus den folgenden 13 Begriffen aus. Beachte, dass drei der aufgelisteten Begriffe mehrfach vorkommen und vier Begriffe falsch sind.

a) Ausschussberatung
b) Gesetzentwurf
c) Erste Beratung im Plenum des Bundestages
d) Zweite Beratung im Plenum des Bundestages
e) Beratungsausschuss
f) Bundesrat
g) Bundeskanzler und Minister
h) Bundestag
i) Dritte Beratung im Plenum des Bundestages
j) Vierte Beratung im Plenum des Bundestages
k) Bundesjustizminister
l) Verordnung
m) Bundesregierung

Methodenkompetenz

Analysiere die Karikatur und skizziere die Aussageabsicht des Zeichners. Teilst du seine Meinung? Begründe.

Zeige deine Kompetenzen!

Handlungs- und Urteilskompetenz

Sachverhalt:

Im Nebenraum der Gaststätte „Krone" findet eine größere Gesellschaft statt, an der auch Tanja Volz, eine 32-jährige Reiseverkehrskauffrau, teilnimmt. Ihren Mantel hat sie an die Garderobe neben der Toilette im Gang vor dem Nebenraum gehängt. In der Manteltasche befindet sich eine kleine Digitalkamera, für die sie erst vor Kurzem 499 Euro bezahlt hat. Am Stammtisch sitzt Stammgast Sven Neumann (24). Er hat schon einige Biere zu viel getrunken und muss zur Toilette. Auf dem Rückweg streift er den Mantel von Tanja Volz und spürt den Gegenstand in der Tasche – die Digitalkamera. Neugierig geworden, nimmt er sie aus der Tasche, betrachte sie und hält sie vor sein Auge. Eine solche Kamera will er schon lange haben. Er steckt sie in die Tasche und ist sicher, dass ihn niemand beobachtet hat.

Clara Weißgerber, die 56-jährige Bedienung in der „Krone", steht am Schanktisch. Dabei fällt ihr Blick durch die geöffnete Tür in den Gang zur Toilette und zum Nebenzimmer. Neben der Garderobe hängt ein Spiegel, im Spiegel sieht Clara Weißgerber, wie Sven Neumann, den sie als Stammgast gut kennt, eine Kamera vor seine Augen hält. „Komisch, was will er denn fotografieren?" denkt sie, dann ruft ein Gast sie zur Bedienung.

Auf dem Nachhauseweg bemerkt Tanja Volz das Fehlen der Digitalkamera. Sie erstattet am nächsten Vormittag Anzeige bei der örtlichen Polizei.

Die Anzeige wird an die zuständige Staatsanwaltschaft weitergeleitet und dort bearbeitet. Die Staatsanwältin beauftragt die Polizei, in der Gaststätte „Krone" Ermittlungen aufzunehmen. Clara Weißgerber erinnert sich an ihre Beobachtung und gibt sie an die Polizei weiter. Die Staatsanwältin beantragt bei der zuständigen Ermittlungsrichterin eine Durchsuchung der Wohnung von Sven Neumann. Dabei finden Polizeibeamte die Kamera von Frau Volz. Sven Neumann bestreitet erst den Diebstahl, gibt ihn dann aber doch zu.

Eine Richterin erhält die Anklageschrift der Staatsanwaltschaft zur Prüfung. Da ein hinreichender Verdacht auf eine strafbare Handlung besteht, eröffnet sie das Hauptverfahren und setzt einen Termin für die Verhandlung fest.

Rechtsgrundlage:

Strafgesetzbuch § 242 Diebstahl

(1) Wer fremde bewegliche Sachen einem anderen in der Absicht wegnimmt, die Sache sich oder einem Dritten rechtswidrig zuzueignen, wird mit Freiheitsstrafe bis zu fünf Jahren oder mit Geldstrafe bestraft.

(2) Der Versuch ist strafbar.

Strafgesetzbuch: § 56 Strafaussetzung

(1) Bei der Verurteilung zu Freiheitsstrafe von nicht mehr als einem Jahr setzt das Gericht die Vollstreckung der Strafe zur Bewährung aus, wenn zu erwarten ist, dass der Verurteilte sich schon die Verurteilung zur Warnung dienen lassen und künftig auch ohne Einwirkung des Strafvollzugs keine Straftaten mehr begehen wird. Dabei sind namentlich die Persönlichkeit des Verurteilten, sein Vorleben, die Umstände seiner Tat, sein Verhalten nach der Tat, seine Lebensverhältnisse und die Wirkung zu berücksichtigen, die von der Auseinandersetzung von ihm zu erwarten sind.

Ihr habt im Unterricht einen Prozess besucht. Fertigt, ausgehend von der Besprechung eurer Beobachtungen, zum obigen Tathergang und der Rechtslage Rollenkarten an und spielt die Hauptverhandlung. Rollen:

Staatsanwältin

Richterin / Schöffe / Schöffin

Strafverteidiger

Zeugin

Angeklagter

Wirtschaft

„Der Wirtschaft geht es schlecht!" Eine solche Nachricht kann uns nicht gleichgültig sein. Wir sind alle davon betroffen, wenn Firmen Arbeitsplätze abbauen oder wenn die Preise steigen. Vor allem in wirtschaftlich schwierigen Zeiten wird der Ruf laut, der Staat solle steuernd in das Wirtschaftsgeschehen eingreifen, also Wirtschaftspolitik betreiben. Doch welche wirtschaftspolitischen Maßnahmen sind sinnvoll und angemessen? Um das beurteilen zu können, müssen wir über die Grundlagen unseres Wirtschaftssystems Bescheid wissen: Wodurch zeichnet sich unsere Wirtschaftsordnung aus? Nach welchen Regeln entscheiden die Menschen im Wirtschaftsleben? Wie wirken Unternehmen, Verbraucher und Staat zusammen? Die folgenden Kapitel greifen diese Fragen auf. Es geht dabei unter anderem um Folgendes:

- Was ist ein Markt, und wie entstehen dort die Preise? Warum ist Wettbewerb wichtig?
- Welche Aufgaben übernimmt das Geld in der Marktwirtschaft?
- Wozu gibt es Banken und Börsen?
- Wie funktionieren Unternehmen? Warum müssen sie kontinuierlich investieren, um erfolgreich zu wirtschaften?
- Wodurch zeichnet sich die soziale Marktwirtschaft aus?
- Wie kann man die Wirtschaftsleistung einer Volkswirtschaft messen?
- Was versteht man unter Konjunktur? Kann der Staat die wirtschaftliche Entwicklung beeinflussen?
- Was bedeutet Globalisierung für die deutsche Wirtschaft?

Was ist ein Markt?

Märkte?
Anbieter?
Waren?
Dienst-
leistungen?
Nachfrager?

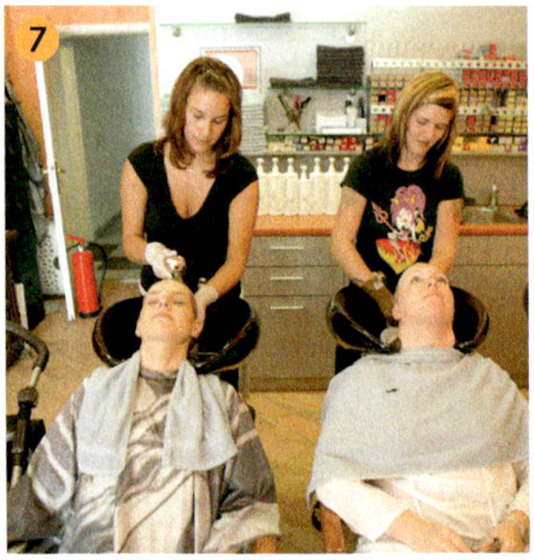

1 *Die Abbildungen zeigen acht verschiedene Märkte. Beschreibe diese Märkte in einer Tabelle!*

Abb.-Nr.	*Was wird angeboten?*	*Wer bietet an?*	*Wer fragt nach?*	*Wo treffen Angebot und Nachfrage zusammen?*
1				
2				
3				
…				

Märkte werden veranstaltet

Ein Lexikonartikel

Wenn in der Wirtschaft vom .... die Rede ist, dann kann man sich das wie einen Wochenmarkt vorstellen: Dort treffen sich zum Beispiel die Obstverkäufer (Anbieter) und die Kunden (Nachfrager) – die einen wollen ihre Waren zu einem möglichst hohen Preis verkaufen, während die anderen möglichst wenig Geld ausgeben möchten. Auf den Märkten einer .... werden nun nicht nur Obst und Gemüse gehandelt, sondern praktisch alles. Entsprechend gibt es Warenmärkte, Dienstleistungsmärkte, Arbeitsmärkte, Kapitalmärkte und andere mehr.

Die Preise auf den Märkten erfüllen wichtige Funktionen: Sie passen die sich ständig ändernden Bedürfnisse und Knappheitsverhältnisse einander an, sie informieren über die Knappheit eines Gutes oder eines Produktionsfaktors, und sie lenken die .... in ihre bestmögliche Verwendung.

Bei freiem .... stehen die drei Bestandteile eines Marktes – ...., ... und .... – in einem wechselseitigen Verhältnis zueinander. Ändert sich eine dieser drei Größen, löst dies bei den beiden anderen Anpassungsreaktionen aus. Sowohl die Preisbildung als auch die Funktionsfähigkeit des Marktes hängen letztlich von den Wettbewerbsbedingungen und damit von der Zahl der Anbieter und Nachfrager ab.

Je nach Zahl der Teilnehmer auf der Angebots- bzw. Nachfrageseite können die Märkte in verschiedene Formen eingeteilt werden: Die bekannteste ist das Polypol, also ein Markt, auf dem sich viele Anbieter und viele Nachfrager gegenüberstehen. Beim .... dagegen gibt es einen großen Anbieter und / oder einen großen Nachfrager, während das Oligopol durch wenige Anbieter und / oder wenige Nachfrager gekennzeichnet ist.

(aus: http://www.insm.de/Lexikon/M/Markt.html, geringfügig gekürzt)

Nachfrage

Preise

Monopol

Volkswirtschaft

Wettbewerb

Produktionsfaktoren

Angebot

Markt

(von oben nach unten:) Lebensmittelmarkt Aldi, Rohstoffbörse in New York, Intern. Automobilausstellung für Nutzfahrzeuge Hannover, Internetauktionshaus eBay

1 *Jedes der vier Fotos rechts zeigt einen Markt. Beschreibe und erkläre das Geschehen auf diesem Markt.*

2 *Übertrage den Lexikonartikel in dein Heft und ordne die fehlenden Begriffe richtig zu.*

Wie bildet sich der Marktpreis?

Auf dem Markt schlagen die Anbieter (Verkäufer) einen Preis vor. Ausschlaggebend für die Festsetzung des Preises sind für sie die Herstellungs- und die Beschaffungskosten sowie eine Gewinnerwartung. Das Kaufverhalten der Kunden – also: die Nachfrage – hat dann wieder Einfluss darauf, zu welchen Preisen die Verkäufer ihre Ware letztlich absetzen können. Jeder Anbieter versucht dabei Schlussfolgerungen aus der Beobachtung des Marktes und aus der Entwicklung der Preise zu ziehen. Er wird sich vor allem fragen:

- War ich zu billig, und wäre ich meine Ware auch zu einem höheren Preis losgeworden?
- War ich zu teuer, und muss ich daher einen Teil meiner Ware wieder mitnehmen?
- Welcher Preis wäre der „richtige Preis" gewesen?

Ein Beispiel: Handel mit Spargel

Auf dem Wochenmarkt bieten drei Spargelverkäufer ihren Spargel an. Händler A1 will 10 kg für mindestens 40 € verkaufen, Händler A2 für mindestens 50 €, und A3 verlangt sogar 60 € für den 10-kg-Bund Spargel. Zugleich sind drei Einkäufer für Restaurants auf dem Markt, um Spargel zu kaufen. Käufer N1 will höchstens 40 € für einen 10-kg-Bund Spargel bezahlen, Käufer N2 maximal 50 € und Käufer N3 höchstens 60 €. In dem Beispiel gehen wir davon aus, dass es keine Qualitätsunterschiede gibt.

Auf einem realen Markt mit vielen unterschiedlichen Ständen hätten vielleicht zufällig Käufer N1 bei Händler A1, Käufer N2 bei Händler A2 und Käufer N3 bei Händler A3 gekauft. Damit wäre alles verkauft worden.

Aber in unserem Modell verhält es sich anders: Alle Marktteilnehmer sind vollständig über Angebot und Nachfrage informiert. Deshalb weiß Händler A1, dass ein deutlich höherer Preis als die von ihm geforderten 40 € durchsetzbar ist. Und Käufer N3 sieht, dass er keine 60 € ausgeben muss. Im Modell kommt es deshalb bei einem Preis von 50 € für 10 kg Spargel zu einem Ausgleich von Angebot und Nachfrage (siehe Tabellen S. 159). Einen solchen Preis nennt man Gleichgewichtspreis. In der Realität würde Händler A3 nicht – wie im Modell – seine Ware wieder einpacken und mit nach Hause nehmen, sondern mit dem Preis heruntergehen. Das Modell verdeutlicht jedoch, dass ein Preis von über 50 € für 10 kg Spargel bei sonst gleichbleibenden Bedingungen dauerhaft nicht zu erzielen ist und deshalb Anbieter, die einen solchen Preis nicht gewährleisten können, über kurz oder lang vom Markt verdrängt werden.

Modellbeispiel: Spargelhandel

Ausgangslage

Angebote der Händler (A)		
Händler	Mindest-preis €	angebotene Menge in kg
A1	40	10
A2	50	10
A3	60	10

Nachfrage der Käufer (N)		
Käufer	Höchst-preis €	nachgefragte Menge in kg
N1	40	10
N2	50	10
N3	60	10

Angebots-Nachfrage-Situation

Angebotsseite				
Preis	A1	A2	A3	Gesamt-angebot
40 €	10 kg	–	–	10 kg
50 €	10 kg	10 kg	–	20 kg
60 €	10 kg	10 kg	10 kg	30 kg

Nachfrageseite				
Preis	N1	N2	N3	Gesamt-nachfrage
40 €	10 kg	10 kg	10 kg	30 kg
50 €	–	10 kg	10 kg	20 kg
60 €	–	–	10 kg	10 kg

Preisentwicklung – im Grundsatz gilt:

Mit steigendem Preis nimmt das Angebot zu,
mit sinkendem Preis nimmt es ab.
Mit steigendem Preis nimmt die Nachfrage ab,
mit sinkendem Preis nimmt sie zu.

Ergebnis

Preis	Angebot	Nachfrage	Umsatz Menge x Preis
40 €			
50 €			
60 €			

Die „unsichtbare Hand" räumt den Markt auf!

Funktionen des Preises

Verhalten sich Anbieter und Nachfrager auf allen Gütermärkten so, wie es im Modell dargestellt wurde, dann entfaltet der Preis weitreichende Wirkungen:

1. Der Preis verrät den Nachfragern und Anbietern, wo Güter günstig zu haben sind, da sie reichlich zur Verfügung stehen, und wo das Angebot so knapp ist, dass die Anbieter hohe Preise durchsetzen können. Er hat somit eine ....
2. Der Preis stimmt die Entscheidungen der Käufer und Verkäufer so aufeinander ab, dass Angebot und Nachfrage zum Ausgleich kommen. Ihm kommt deshalb auch eine .... zu.
3. Anbieter ziehen Geld und Arbeitskraft – freiwillig oder unfreiwillig – dort ab, wo es zu wenig zu verdienen gibt, und lenken sie dorthin, wo sie mehr Erfolg versprechen. Deshalb übernimmt der Preis zudem eine ....
4. Die Orientierung am Preis leitet Anbieter und Nachfrager dazu an, jeweils die wirtschaftlichste Entscheidung zu treffen. Der Preis erfüllt aus diesem Grund auch eine ....

❶ *Ergänze die folgenden Begriffe im Lückentext: Erziehungsfunktion, Lenkungsfunktion, Signalfunktion, Ausgleichsfunktion. Notiere auf dem Arbeitsblatt oder in deinem Heft.*
❷ *Nenne aus deiner eigenen Erfahrung Waren, deren Preis sich häufig ändert.*
❸ *Notiere, in welchen wesentlichen Punkten sich das Modell zur Ermittlung der Marktpreise von der Realität unterscheidet.*
❹ *Der schottische Nationalökonom Adam Smith (1723–1790) hat die Leistung des Preismechanismus mit dem Wirken „einer unsichtbaren Hand" zum Wohle aller verglichen. Skizziere, wie er das gemeint haben könnte. Erläutere den Vergleich, indem du das Ergebnis beim „Spargelhandel"ausrechnest und zur Erklärung verwendest.*

Marktspiel

Beobachtungsbogen für das „Marktspiel“		Was wird angeboten?		
		Händler A ___ kg ___ €/kg	Händler B ___ kg ___ €/kg	Händler C ___ kg ___ €/kg
Was wird gekauft?	Kunde 1 kauft ...			
	neue Marktsituation			
	Kunde 2 kauft ...			
	neue Marktsituation			
	Kunde 3 kauft ...			
	neue Marktsituation			
	Kunde 4 kauft ...			
	neue Marktsituation			
	Kunde 5 kauft ...			
	neue Marktsituation			

Marktspiel

Durch ein „Marktspiel“ könnt ihr euch das Prinzip des Marktgeschehens an einem vereinfachten Beispiel deutlich machen. Überlegt euch dazu geeignete Waren, z. B. Erdbeeren, Kirschen oder Weintrauben, und die kg-Menge, die insgesamt angeboten bzw. nachgefragt werden soll. Legt dann für die Preisgestaltung eine Unter- und Obergrenze so fest, dass genügend Spielraum bleibt. Für das Spiel gilt, dass die Qualität der Ware bei allen Händlern gleich ist. Ihr braucht folgende Mitspieler:

Drei **Anbieter:** Sie erfahren vom Spielleiter, welche Menge sie anbieten. Jeder Händler legt seinen Preis fest und notiert ihn zusammen mit seiner Menge auf einem Schild oder an der Tafel.

Fünf **Nachfrager:** Auch sie erfahren vom Spielleiter, welche Mengen sie kaufen sollen. Jeder Nachfrager legt für sich fest, welchen Preis er zunächst höchstens zahlen möchte. Diesen anfänglichen Preis gibt er nur dem Spielleiter bekannt, z. B. auf einem Zettel.

Ein **Spielleiter:** Er trifft die genannten Festlegungen, entscheidet, in welcher Reihenfolge die Nachfrager auftreten und achtet darauf, dass der folgende Spielverlauf eingehalten wird:

1. Die Händler geben ihr Angebot bekannt.
2. Der erste Käufer tritt auf und tätigt – wenn seine Preisvorstellung es zulässt – einen Kauf.
3. Wird ein Kauf getätigt, verändert der Händler seine Mengenangabe. Jeder Händler kann, wenn er will, seinen Preis neu festlegen. Auch die Kunden können während des Spiels ihre Preis- und Mengenvorstellungen ändern.

Die **Klasse** notiert sich die Entwicklung des Marktspiels auf einem Beobachtungsbogen für die anschließende gemeinsame Auswertung. Dabei geht es um diese Fragen: Wie verlief das Marktgeschehen? Wer konnte seine Preisvorstellungen durchsetzen? Wer wurde durch das Marktgeschehen „belohnt“, konnte also günstiger einkaufen bzw. teurer verkaufen als vorgesehen? Für wen verlief es ungünstiger?

Auf dem Wochenmarkt

Wie legt der Unternehmer den Verkaufspreis fest?

Die **Automobil AG**, die einen Kleinwagen herstellt, steht vor schwierigen wirtschaftlichen Entscheidungen. Der Betrieb kann den ____________ seines Kleinwagens nicht beliebig festlegen. Da auch andere Hersteller ähnliche Autos anbieten, muss er die ____________ beachten. Daher versucht der Betrieb, seine Kosten zu senken. Um die ____________ zu senken, vergleicht er zum Beispiel die Angebote verschiedener Stahlhersteller und wählt bei gleicher Qualität den günstigsten Anbieter aus.

Seit einiger Zeit werden die Mitarbeiter flexibler im Betrieb eingesetzt. Ihr Arbeitseinsatz richtet sich jetzt nach der Auftragslage. Dies hat die ____________ der Mitarbeiter erheblich reduziert. Der Betrieb wird in diesem Jahr seine ____________ senken, indem er in Frankreich einen zinsgünstigen Kredit aufnimmt und damit einen teuren deutschen Kredit zurückbezahlt. Auch der Strom kommt aus dem Ausland, da deutsche Anbieter teuer sind. Dies reduziert die ____________.

Seit einiger Zeit müssen die Mitarbeiter einen höheren Betrag für ihr Essen in der Kantine bezahlen, und auch das Urlaubsgeld wurde gestrichen. Dies hat zwar die ____________ reduziert, dafür erhalten aber Mitarbeiter, die mit öffentlichen Verkehrsmitteln zur Arbeit kommen, einen Zuschuss vom Betrieb.

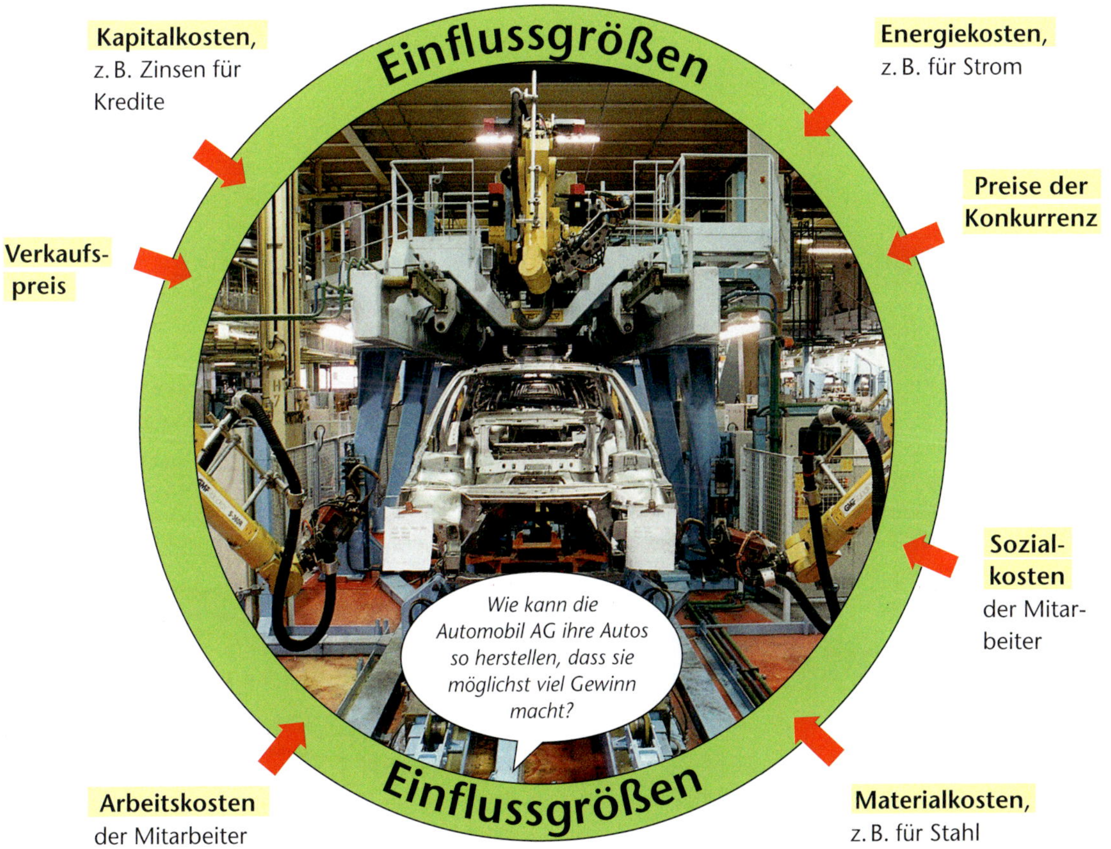

1 *Ergänze den Lückentext durch die gelb unterlegten Begriffe aus der Übersicht „Einflussgrößen".*

Methode: Planspiel

Thema: Der Markt für Sahnetorten

Bei einem Planspiel wird die Wirklichkeit abgebildet, man sagt „simuliert“. Ein Problem oder ein Konflikt wird aufgegriffen und in verteilten Rollen durchgespielt. Die verschiedenen Rollen werden von Gruppen übernommen, die das Problem aus unterschiedlichen Interessenlagen sehen und zu lösen versuchen. Die Teilnehmer lernen dadurch, wie politische und wirtschaftliche Entscheidungen im Alltag zustande kommen.

1. Vorbereitung
In dieser Phase wird zunächst das Problem verdeutlicht, das im Planspiel durchgespielt werden soll. Man sagt auch, die Ausgangslage wird geklärt. Die Spielregeln werden besprochen. Anschließend werden die Gruppen gebildet.

2. Durchführung
Die Gruppen arbeiten sich in ihre Spielrolle ein und suchen dabei nach Argumenten für ihren Standpunkt. Sie planen, wie sie vorgehen wollen.
Danach beginnt das Planspiel. Im weiteren Verlauf muss jede Gruppe auf die Entscheidung der anderen Gruppen reagieren.

3. Auswertung
Das Spielergebnis und der Spielablauf werden gemeinsam besprochen. Die einzelnen Spielgruppen berichten über ihre Absichten und Handlungen. Falls es eine „Beobachtergruppe“ gibt, berichten auch die Mitglieder dieser Gruppe.

Ergänzende Hinweise zu diesem Planspiel

1. Vorbereitung

a) Ausgangslage
Ihr seid Geschäftsführer eines Unternehmens, das industriell eine neue Art von Sahnetorten herstellt und kistenweise verkauft. Auf dem von euch belieferten Markt konkurriert ihr mit drei anderen Unternehmen, die das gleiche Produkt herstellen. Die von eurer Firma hergestellten Sahnetorten sind verderblich und können nicht gelagert werden.
Euer Ziel bei dem Spiel ist es, einen möglichst hohen Gewinn zu erzielen. Die Spieldauer beträgt vier Perioden. In jeder Periode sind zwei Entscheidungen zu treffen.

Mengenentscheidung: Wie viele Kisten Sahnetorten werden von eurem Unternehmen hergestellt? Die maximale Produktionsmenge eures Unternehmens in jeder Spielperiode beträgt 20 Kisten.

Preisentscheidung: Zu welchem Preis wird eine Kiste Sahnetorten von eurem Unternehmen angeboten? Der Preis pro Kiste kann zwischen 500 und 3 000 € liegen, jeweils in ganzen Hunderten. Wenn euer Preis über dem Preis eurer Konkurrenten liegt, verliert ihr nicht alle Kunden. Die Anzahl eurer Kunden und somit die Anzahl der verkauften Kisten Sahnetorten geht jedoch zurück.
Bei eurer Mengen- und Preisentscheidung müsst ihr eure Kosten und den Absatzmarkt beachten. Auf dem Absatzmarkt konkurriert ihr mit den drei anderen Unternehmen.
Kosten: Fixe Kosten, z. B. für Verwaltung, Miete. Sie sind unabhängig von eurer hergestellten Anzahl der Kisten. Sie betragen in jeder Spielperiode 2 000 €.
Variable Kosten, z. B. für Material, Löhne. Sie verändern sich mit der Anzahl der von euch hergestellten Kisten. Je Kiste fallen 500 € variable Kosten an.

Absatzmarkt:

	1. Spielperiode	2. Spielperiode	3. Spielperiode	4. Spielperiode
maximale Absatzmenge für alle vier Unternehmen	30 Kisten	40 Kisten	40 Kisten	20 Kisten
Verhalten der Nachfrager auf dem Markt	Die Reaktion der Verbraucher auf unterschiedliche Preise ist nicht bekannt.	Die Verbraucher zeigen großes Interesse an dem Produkt; höhere Preise werden eher akzeptiert.	Das Interesse an dem Produkt stagniert; höhere Preise werden weniger akzeptiert.	Das Interesse an dem Produkt geht stark zurück; höhere Preise werden noch weniger akzeptiert.

b) Gruppenbildung

Bildet vier Gruppen. Jede Gruppe sucht für ihr Unternehmen einen Namen und schreibt ihn auf ein Kärtchen. Die Kärtchen können dann an der Tafel oder einer Pinnwand angebracht werden.

2. Durchführung

Trefft mithilfe des „Spielblattes" eure Mengen-und Preisentscheidungen. Von eurer Lehrerin bzw. eurem Lehrer bekommt ihr dann mitgeteilt, wie viele Kisten ihr verkaufen konntet. Errechnet dann eure Kosten, den Umsatz und den Gewinn. Habt ihr mehr Kisten hergestellt, als ihr verkaufen konntet, fallen dafür Kosten an. Ihr könnt natürlich auch nur die Anzahl der Kisten verkaufen, die ihr hergestellt habt.

Da auf Märkten die Unternehmen wissen, wie hoch die Preise ihrer Mitanbieter sind, erfahrt ihr nach jeder Spielperiode vom Spielleiter die Preise eurer Konkurrenten. Sie werden an der Tafel oder der Pinnwand festgehalten.

Spielblatt

Mithilfe dieses Blattes werden die Entscheidungen in jeder Spielperiode getroffen und der Gewinn bzw. Verlust ermittelt.

Unternehmen: ....

	1. Spielperiode	2. Spielperiode	3. Spielperiode	4. Spielperiode
maximale Absatzmenge in Kisten **Mengenentscheidung** Anzahl der produzierten Kisten	30	40	40	20
Preisentscheidung Verkaufspreis (in ganzen Hunderten)				
Anzahl der zugeteilten Aufträge (Kisten) durch den Spielleiter				
Kosten • Fixe Kosten • Variable Kosten (Anzahl der produzierten Kisten x 500 €) **Gesamtkosten**	2 000 €	2 000 €	2 000 €	2 000 €
Umsatz Anzahl der zugeteilten Aufträge x Verkaufspreis				
Gewinn oder Verlust (Umsatz minus Gesamtkosten)				

1 *Führt das Planspiel durch. Beachtet dabei die ergänzenden Hinweise.*

Wettbewerb und Unternehmenskonzentration

Fall 1:

Nun ist es offiziell: Gruner+Jahr bündelt seine Wirtschaftstitel „Capital", „Impulse", „Börse Online" und „Financial Times Deutschland" am Hamburger Stammsitz. Bisher war die Wirtschaftspresse auf die Standorte Köln, München und Hamburg verteilt.

(aus: Kress.de vom 19. November 2008)

Fall 2:

Das Bundeskartellamt hat dem französischen Ölkonzern Total eine weitere Expansion auf dem deutschen Tankstellenmarkt untersagt. Dieser wollte 59 Tankstellen des österreichischen Öl- und Gaskonzerns OMV in Ostdeutschland übernehmen. Dieser Zusammenschluss hätte eine Verstärkung von marktbeherrschenden Stellungen erwarten lassen, welche Total beim Absatz von Benzin und Diesel zusammen mit den vier Unternehmen Shell, BP / Aral, ConocoPhillips / JET und ExxonMobil / Esso habe.

(aus: Energie & Management vom 30. April 2009)

Fall 3:

Lt. Monopolkommission besteht auf dem deutschen [...] Strom- und Gasmarkt kein funktionsfähiger Wettbewerb. [...] Grundsätzlich sei eine verbesserte Wettbewerbssituation durch die eigentumsrechtliche Entflechtung möglich [...] Lt. Monopolkommission löst eine Trennung von Netz und Erzeugung die Unternehmenskonzentration auf der Erzeugerstufe nicht auf.

(aus: Energie & Management vom 6. November 2007)

Fall 4:

Die Konzentration in der deutschen Fleischwirtschaft steigt. [...] Trotz stagnierendem Inlandsmarkt und steigender Kosten werden Schlachtkapazitäten weiter aufgestockt. Der Einstieg der Schlachtunternehmen in die Weiterverarbeitung verschärft zudem den Wettbewerb. Für die hocheffizient arbeitenden und produktiven deutschen Schlacht- und Zerlegebetriebe ist das Exportgeschäft heute ein unverzichtbares Ventil.

(aus: Allgemeine Fleischer Zeitung vom 30. Juli 2008)

In einer Marktwirtschaft müssen sich Unternehmen auf dem Markt behaupten, d. h. sie müssen die Kunden durch Preis, Qualität und Service davon überzeugen, dass es sich lohnt, bei ihnen zu kaufen. Dabei macht ihnen die Konkurrenz in der eigenen Branche das Leben schwer. Eine unentwegte Anstrengung in unterschiedlichen Bereichen ist erforderlich, z. B. bei der Preisgestaltung, in der Produktentwicklung und bei der Werbung, wenn man Marktanteile halten oder gar hinzugewinnen will.

Für Unternehmen liegt es daher nahe, den Druck der Konkurrenz durch Kooperation abzuschwächen oder gar ganz wegzunehmen.

Es gibt eine große Vielfalt von Formen der zulässigen Zusammenarbeit von selbstständigen Unternehmen, wie z. B. den gemeinsamen Einkauf von Waren oder die Nutzung gemeinsamer Einrichtungen. Oft werden auch Vereinbarungen über Preise und über Konditionen getroffen. Und schließlich gibt es den Zusammenschluss von zwei selbstständigen Unternehmen (auf dem Wege einer Fusion), wobei aus den beiden ein großes Unternehmen ent-

Konzerne nennt man Unternehmen, die zwar rechtlich selbstständig bleiben, wirtschaftlich aber einer gemeinsamen Leitung unterstellt sind. Sie entstehen meist durch gegenseitige Kapitalbeteiligung oder Errichtung einer Dachgesellschaft (Holdinggesellschaft), deren Vermögen aus den Beteiligungen an den Konzernunternehmen resultiert. Es gibt horizontal, vertikal und diagonal strukturierte Konzerne.

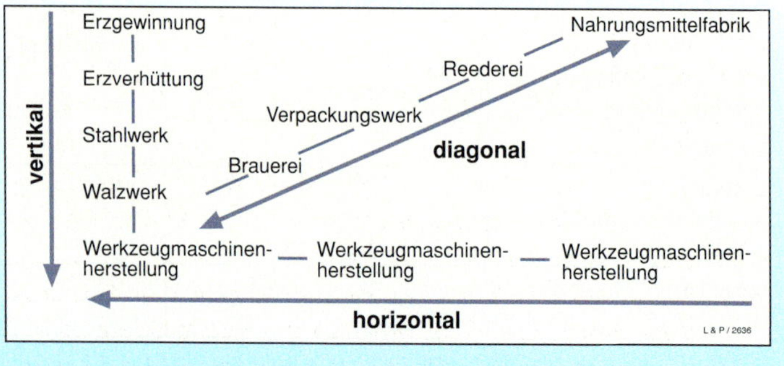

steht. Man spricht dann von einer Konzentration der Unternehmen.
Diese Vorgänge können für die Kunden von Nutzen sein, wenn sie zu günstigeren Preisen und zu einem besseren Angebot führen. Wenn sie aber bewirken, dass der Marktmechanismus außer Kraft gesetzt wird und die Anbieter den Nachfragern den Preis und die Abnahmebedingungen für ihre Produkte diktieren können, muss der Staat eingreifen und gewährleisten, dass der Wettbewerb als eine der Grundlagen der Marktwirtschaft erhalten bleibt.

Kartell
Der vertragliche Zusammenschluss von Unternehmen gleicher Produktions- oder Handelsstufe, die rechtlich selbstständig bleiben, ihre wirtschaftliche Selbstständigkeit jedoch ganz oder zum Teil aufgeben, um daraus einen Wettbewerbsvorteil zu erzielen. Die am Kartell beteiligten Unternehmen verpflichten sich in der Regel zu gemeinsamem wirtschaftlichen Handeln und zur Zahlung von Vertragsstrafen, sofern gegen Regelungen des Kartellvertrages verstoßen wird.

(aus: Duden Wirtschaft, nach: http://www.bpb.de/)

„Kartellgesetz" – Gesetz gegen Wettbewerbsbeschränkungen

§ 1 Kartellverbot*
Vereinbarungen zwischen miteinander im Wettbewerb stehenden Unternehmen, Beschlüsse von Unternehmensvereinigungen und aufeinander abgestimmte Verhaltensweisen, die eine Verhinderung, Einschränkung oder Verfälschung des Wettbewerbs bezwecken oder bewirken, sind verboten.

* Ausnahmen von diesem in § 1 formulierten Verbot bestehen z. B., sofern Absprachen dem Wohl des Verbrauchers dienen, zur Qualitätssicherung oder Produktivkraftentwicklung beitragen und der Wettbewerb nicht wesentlich beeinträchtigt ist.

Fall 5:

Den deutschen Zementherstellern drohen [...] Bußgelder in Milliardenhöhe. Durchsuchungen [...] haben offenbar Listen zutage gefördert, die eine jahrzehntelange Kartellierung der Branche nach Quoten und Regionen belegen. [...] In die verbotenen Absprachen über Absatzmengen sei offenbar nicht nur die gesamte deutsche Zementindustrie verwickelt. Auch weitere Unternehmen der Baustoffindustrie hätten sich beteiligt. Der zuständige Abteilungsleiter des Bundeskartellamtes [...] berichtete, die reumütigen unter den Unternehmen hätten auch Unterlagen vorgelegt und Vorwürfe bestätigt, die dem Amt zuvor nicht bekannt gewesen seien. Der Vorgang habe eine „Lawine" ausgelöst, die zu einem Säuberungsprozess in der gesamten Baustoffindustrie führen werde.

(aus: Frankfurter Allgemeine Zeitung, 10. 8. 2002, S. 9)

Fall 6:

Das Bundeskartellamt hat gegen die Südsalz GmbH eine Geldbuße in Höhe von 15,6 Mio. € verhängt. Grund sei die Beteiligung an wettbewerbsbeschränkenden Absprachen auf dem Markt für Auftausalz, teilte die Behörde am Mittwoch [12. 11. 2008] mit.
Gemeinsam mit der WackerChemie AG sowie zwei Unternehmen der Biesterfeld-Gruppe habe die Südsalz GmbH im Zeitraum von Mitte 1998 bis Mitte 2007 die Verkaufspreise von Auftausalz in Süddeutschland abgesprochen, erläuterte das Bundeskartellamt. Die Absprache habe außerdem der Aufteilung der Absatzgebiete im süddeutschen Raum gedient. Dabei entfielen auf die Südsalz GmbH etwa zwei Drittel des Marktvolumens in Baden-Württemberg und etwa die Hälfte in Bayern. Gegen die anderen an der Absprache beteiligten Unternehmen wird das Bundeskartellamt keine Geldbuße aussprechen. Diese haben rechtzeitig ihre Beteiligung an der Absprache eingeräumt und zur Aufklärung beigetragen.

(http://www.faz.net/d/invest/meldung.aspx?id= 89030276)

1. *Berichte für die Fälle 1 bis 4, was geschehen ist. Nutze dann das Schaubild, wende die Analysebegriffe (horizontale, vertikale bzw. diagonale Konzentration) auf die vier Fälle an und ordne das Geschehen in das Schaubild ein.*
2. *Beschreibe das Handeln der Zementhersteller (Fall 5) und der Südsalz GmbH (Fall 6); erläutere deren Absichten und das Einschreiten des Bundeskartellamtes.*
3. *Beurteile, ob das Handeln des Staates in den Fällen 1 bis 6 die Gefahren von Unternehmenskonzentrationen bzw. von Kartellbildungen erfolgreich bannt.*

Methode: Erkundung und Recherche

Thema: Banken in Deutschland

Das Besondere am Bankensystem in Deutschland besteht – im Vergleich zu anderen Industriestaaten – in der herausragenden Stellung der sogenannten Universalbanken, die fast jede Art von Bankgeschäft anbieten. Diese Banken stehen in einem besonderen Verhältnis zur Deutschen Bundesbank, die zugleich Teil des Europäischen Systems der Zentralbanken ist: Ihr obliegt z. B. die Versorgung der Kreditinstitute mit Bargeld, sie stellt Dienstleistungen für die Abwicklung des bargeldlosen Zahlungsverkehrs bereit und ist an der Bankenaufsicht beteiligt.

Ziel: Erstellt eine Übersicht über die wichtigsten Aufgaben der Universalbanken und Spezialbanken in Deutschland und erläutert diese kurz. Klärt dabei auch Fachbegriffe, die ihr nicht kennt.

Vorbereitung: Erarbeitet gemeinsam anhand der Grafik zum Bankensystem Arbeitsaufträge und bildet Arbeitsgruppen, auf die ihr die Arbeitsaufträge aufteilt.

Durchführung: Um Materialien für die Lösung eurer Aufgaben zusammenzutragen, könnt ihr im Internet recherchieren oder bei einer Bank an eurem Ort Erkundigungen einziehen. Für eine Recherche im Internet könnt ihr z. B. geeignete Schlagwörter in einer Suchmaschine eingeben oder Lexika (zu finden z. B. bei der Bundeszentrale für politische Bildung; http://www.bpb.de/) nutzen. Wenn ihr eine Bank aufsucht, erkundigt euch, welche Leistungen die Bank anbietet und bittet um Informationsbroschüren.

Auswertung: Tragt eure Ergebnisse aus den Arbeitsgruppen zusammen und fertigt eine großformatige Übersicht (z. B. DIN-A2-Plakat) an.
Legt für die Fachbegriffe ein Glossar an. Besprecht eure Ergebnisse abschließend im Klassenverband und überlegt, ob und wenn ja, welche Fragen offen geblieben sind.

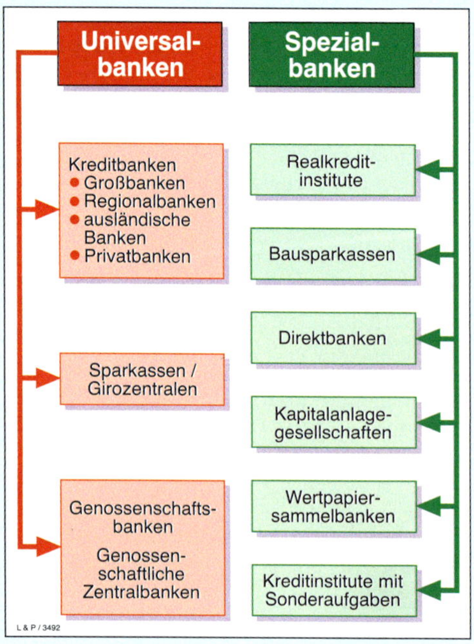

1 *Führt eine Internetrecherche bzw. eine Erkundung zum Thema „Aufgaben der Banken in Deutschland" durch.*

Zur Analyse

Wer schnappt sich die Postbank?

Die Finanzkrise treibt die hiesigen Geldinstitute zu neuen Zusammenschlüssen. Ausländische Bieter sind nicht willkommen.

Eine Million neue Kunden, eine Milliarde Euro Gewinn vor Steuern: Die Aktionäre der Deutschen Postbank können sich freuen, wenn sie an diesem Donnerstag zu ihrer Hauptversammlung in die Kölnarena pilgern. [...]
Aber vielleicht ist es die letzte reguläre Hauptversammlung. Der Mutterkonzern will seine Tochter veräußern. Die Interessenten stehen Schlange: Deutsche Bank, Commerzbank, die Allianz, auch ausländische Finanzhäuser wie die niederländische ING oder die spanische Banco Santander erwägen einen Kauf. Konkrete Verhandlungen werden noch nicht geführt, doch Bankvorstände, Investmentexperten und Anwälte spielen bereits die verschiedenen Szenarien durch.
Es ist nicht nur die Postbank. Nach Jahren der Ruhe kommt gerade Bewegung in die deutsche Finanzlandschaft. In diesen Monaten werden die Weichen für die künftige Struktur des hiesigen Kreditgewerbes gestellt. Es geht um Kunden und Märkte – aber auch um die höchst politische Frage, ob der Exportweltmeister Deutschland eine international erfolgreiche Spitzenbank braucht. [...]
Entstanden ist die Bewegung durch die Marktturbulenzen. Die Aktienkurse vieler Finanzhäuser sind gefallen. „Die Banken werden preiswerter“, sagt Thomas von Lüpke, Bankenexperte der Rating-Agentur Fitch. Einige Institute hat die Krise zudem so hart erwischt, dass sie gar nicht mehr eigenständig bestehen können, sondern einen schützenden Dachkonzern suchen [...]
Doch im Zentrum aller Planspiele steht zurzeit die Postbank. Die ist zwar verhältnismäßig klein, besitzt aber etwas, was viele wollen. „Alle großen europäischen Banken haben eine starke Verankerung in ihrem heimischen Privatkundenmarkt. Das hat keine der deutschen Banken“, sagt ein Kenner. [...] Das stabile Geschäft mit Konten, Kleinkrediten und der Altersvorsorge ist plötzlich wieder interessant geworden, und in Deutschland ist die Postbank da mit 14,5 Millionen Kunden der klar größte Einzelanbieter.
Beschlossene Sache ist ihr Verkauf noch nicht: [...] Einer, der mit dem Fusionspoker vertraut ist, stellt klar, was die Ziele der Post sein müssen: ein möglichst hoher Preis, „möglichst bar auf die Hand“, und das schnell. [...]
Das spräche womöglich für die Deutsche Bank als Käufer. Die Kriegskasse der Frankfurter ist gut gefüllt. Bis zu 20 Milliarden Euro könnte Bankchef Josef Ackermann Schätzungen zufolge für Zukäufe ausgeben. Damit könnte sich das Institut nicht nur die Postbank leisten, deren Preis der Unicredit-Analyst Andreas Weese auf gut 13 Milliarden Euro taxiert, sondern die deutsche Citibank obendrein. [...]
Greift stattdessen die Commerzbank zu? Deren Chef Klaus-Peter Müller hat zwar gesagt, sein Institut könne den Kauf „wuppen“, obwohl es weniger finanzkräftig ist als die Deutsche Bank. Doch viele Analysten sind skeptisch. [...]
Und die Allianz? Bis heute sind die Münchner unglücklich darüber, dass sie 2001 die Dresdner Bank gekauft haben. An der Isar diskutieren sie derzeit ein Szenario, bei dem die Investmentbankingsparte Dresdner Kleinwort veräußert würde. Das Privatkundengeschäft könne man dann mit der Postbank zusammenführen – und auch deren Kunden Versicherungen verkaufen. Es gibt sogar Überlegungen, die Commerzbank mit ins Boot zu holen. Das Problem: Bankenfusionen sind komplex, ein Zusammenschluss von drei oder vier Banken gleichzeitig sei „fast unmöglich zu machen“, sagt Thomas Raab, Geschäftsführer der Finanzberatung Oliver Wyman. Er gehe auch einher mit einem „sehr großen Verlust von Arbeitsplätzen“.
Das wiederum hört man in Berlin nicht gern. Die Bundesregierung besitzt 30 Prozent der Post-Anteile, ist damit größter Einzelaktionär und kann zudem bis Anfang 2009 per Vetorecht die Veräußerung der Postbank verhindern. [...]
[...]
Könnte der Bund denn wirklich eine nationale Lösung durchsetzen? Auch dann, wenn eine Bank aus der EU bereit wäre, erheblich mehr zu bezahlen? In Berlin kann man darauf verweisen, dass auch andere Staaten ihre Institute schützen. Doch die Brüsseler Kommission reagiert erfahrungsgemäß allergisch auf Behinderungen des grenzüberschreitenden Kapitalverkehrs.
Einen offenen Konflikt mit der EU wird die Regierung kaum riskieren. Doch hinter den Kulissen haben die Politiker Spielräume und Einflussmöglichkeiten. [...]
Wenn all das nicht funktioniert, gibt es nur einen anderen Weg, der zu einer nationalen Lösung führen würde: Die hiesigen Banken müssten einfach genug Geld in die Hand nehmen – und mögliche ausländische Interessenten überbieten.

(Mark Schieritz und Arne Storn, in: Die Zeit, 8.5.2008, S. 25)

Konsumland Deutschland

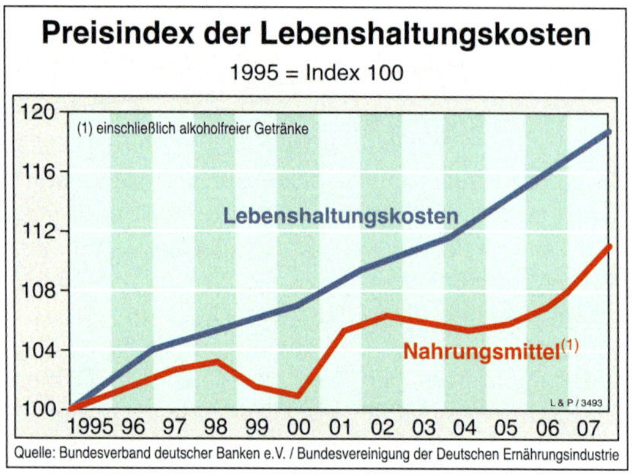

1

Das Jahr 2008 war im Lebensmitteleinzelhandel (LEH) – ebenso wie in der Molkereiwirtschaft – durch eine weiter zunehmende Konzentration geprägt. Nach der Übernahme der extra-Verbrauchermärkte der Metro-Gruppe durch Rewe sowie wesentlicher Teile der Tengelmann-Discount-Tochter Plus durch Edeka hat sich die Zahl der national tätigen Lebensmittelhändler auf fünf verringert. 1999 lag der Marktanteil der damals acht führenden Konzerne des LEH bei ca. 70%. Anschließend erfolgten die Übernahmen von Wal-Mart durch Metro und Spar durch Edeka. Mit den aktuellen Fusionen des Jahres 2008 liegt der Marktanteil der verbliebenen fünf national relevanten Anbieter bei rund 90%.

(aus: Agrarwirtschaft, 23. Januar 2009, S. 36f.)

2

Ob Dachziegel, Duschgel oder Vitaminpillen – viele Alltagsprodukte werden nicht zu Preisen verkauft, die sich im freien Wettbewerb gebildet haben. Quer durch die Wirtschaft gibt es immer wieder Kartellabsprachen, so dass wohl jeder Bürger irgendwann in seinem Leben ein Produkt kauft, dessen Preis durch heimliche Absprachen zwischen dem Hersteller und dessen Wettbewerbern verzerrt wurde. Die Europäische Kommission schätzt, dass Kartelle die Verbraucher jährlich 20 Milliarden Euro kosten. Noch stärker betroffen sind redliche Geschäftspartner.

(aus: Frankfurter Allgemeine Zeitung vom 18.5.2009, S. 31)

3

Vor einem Jahrhundert hat ein typischer Haushalt noch 80 Prozent seines Einkommens für Ernährung, Kleidung und Unterkunft ausgegeben, während der heutige Anteil nur noch 30 Prozent beträgt. Der Grund? Es ging damals eher ums Überleben als ums Konsumieren.

Das hat sich grundlegend geändert. Wirtschaft ist ein komplexes Ereignisfeld geworden. Mit dem Anstieg von Wohlstand und Bildung zwischen 1950 und 2000 entwickelten sich zwei Dinge: Erstens wollten die Menschen mehr und zweitens ein besseres Angebot. Was dazu führte, dass sie sich immer besser zu informieren begannen. Die Folge: Der Kunde wurde König und der Konsum der Motor der Moderne. Noch heute entscheiden die privaten Haushalte über Wohl und Wehe einer Volkswirtschaft. Um 1900 lag der Gesamtumfang des globalen Konsums bei etwa 1,5 Trillionen Dollar; 1998 erreichten die weltweiten Konsumausgaben 24 Trillionen Dollar.

Glücklicherweise stiegen gleichzeitig das Pro-Kopf-Realeinkommen ebenso rasant an wie die Lebenserwartung und genauso stark natürlich das Humankapital (Wissen, Fertigkeiten), das soziale Kapital (Netzwerk sozialer Beziehungen) und das kulturelle Kapital. Die Folge: Kritische und selbstbewusste Menschen verstehen sich nicht mehr nur als willenlose Gefangene einer Kultur der Abhängigkeit, als passive Opfer der Werbeindustrie oder als hilflose Akteure im Angesicht der unüberschaubaren Angebotsvielfalt. Klügere Kunden erfordern aber auch intelligente Produkte.

Profit und Gewinnmaximierung sind die wichtigsten, aber nicht mehr die einzigen Ziele wirtschaftlichen Handelns. [...] [Es] ergibt sich eine Veränderung der Balance am Markt. Die Bedeutung der Konsumenten im Vergleich zu den Produzenten nimmt zu. Moderne Verbraucher wollen anders sein. Sie zeichnet eine individuellere, autonomere und informiertere Grundhaltung aus. Nur wer es [als Produzent] schafft, eine glaubwürdige und originelle Beziehung zum Verbraucher herzustellen, wird diesen auf Dauer halten können.

(Peter Felixberger, in: Süddeutsche Zeitung, 5.1.2008, S. 34)

1. *Beschreibe die Veränderungen im Lebensmitteleinzelhandel anhand der Grafik und der Texte 1 und 2.*
2. *Erläutere die möglichen Folgen für die Lebensmittelhändler und für die Verbraucher.*
3. *Arbeite mithilfe von Text 3 heraus, wie sich die Rolle der Konsumenten in Deutschland entwickelt hat und welche Rolle der Staat für die Märkte spielt.*

Das Wichtige in Kürze

Wirtschaftliches Handeln

Jeder Mensch hat Bedürfnisse. Zur Befriedigung ihrer Bedürfnisse benötigen die Menschen Waren und Dienstleistungen, die nicht im Überfluss vorhanden sind. Wer Waren und Dienstleistungen haben will, muss sie bezahlen. Da auch das Geld knapp ist, setzen die Menschen ihr Geld zielgerichtet ein. Die Verbraucher vergleichen die Preise, um möglichst günstig einzukaufen. So können sie mit dem ihnen zur Verfügung stehenden Geld möglichst viele ihrer Bedürfnisse befriedigen. Die Produzenten stellen ihre Produkte möglichst kostengünstig her, da sie an einem möglichst hohen Gewinn interessiert sind.

Markt

Waren und Dienstleistungen werden angeboten und nachgefragt. Immer dann, wenn Produzenten und Konsumenten, Hersteller und Verbraucher, Anbieter und Nachfrager, Verkäufer und Käufer zusammentreffen, entsteht ein Markt. Der Ort dieses Zusammentreffens kann ganz unterschiedlich sein, z. B. für Gemüse der Wochenmarkt, für Kleider das Kaufhaus, für den Kauf am PC das Internet. Auf dem Markt haben Verkäufer und Käufer unterschiedliche Interessen. Die Verkäufer sind an einem hohen Preis interessiert, die Käufer an einem niedrigen. Neben dem für Konsumenten idealen Markt mit vollständiger Konkurrenz gibt es Oligopole und Monopole, also Marktformen mit eingeschränktem Wettbewerb.

Preisbildung

Im Allgemeinen bestimmen Angebot und Nachfrage den Preis. Die Preisbildung ist der Prozess, der die unterschiedlichen Interessen von Verkäufern und Käufern zum Ausgleich bringt. In der Regel werden die Preise bei großem Angebot und geringer Nachfrage sinken, bei geringem Angebot und großer Nachfrage steigen. Sinkende oder steigende Preise wiederum beeinflussen Angebot und Nachfrage.

Wettbewerb und Wettbewerbsordnung

Der Wunsch nach Befriedigung möglichst vieler Bedürfnisse, der Wille zur Maximierung des eigenen Nutzens und das Streben nach Gewinn liegen dem wirtschaftlichen Handeln der Menschen zugrunde. Die Knappheit aller Ressourcen steht diesen Wünschen entgegen. Die Konkurrenz um knappe Güter wird so zum Kern jeder Marktwirtschaft. Die Märkte als Ort dieses Wettbewerbs können dabei unterschiedliche Formen annehmen. Eine zentrale Aufgabe des Staates ist es, Rahmenbedingungen für den Wettbewerb festzulegen und für die Durchsetzung und Einhaltung der Wettbewerbsregeln zu sorgen.

Unternehmenskonzentration

Wenn Unternehmen durch Verdrängung von Konkurrenten, durch Zusammenschlüsse, Aufkäufe oder Fusionen ihren Leistungsbereich erweitern und ihren Marktanteil steigern, spricht man von Unternehmenskonzentration. Man unterscheidet horizontale, vertikale und diagonale Konzentrationsprozesse. Wird dadurch der Wettbewerb stark beeinträchtigt oder gar abgeschafft, so muss der Staat eingreifen und gewährleisten, dass der Wettbewerb als wichtigstes Gestaltungselement der Marktwirtschaft erhalten bleibt.

Funktionen des Geldes

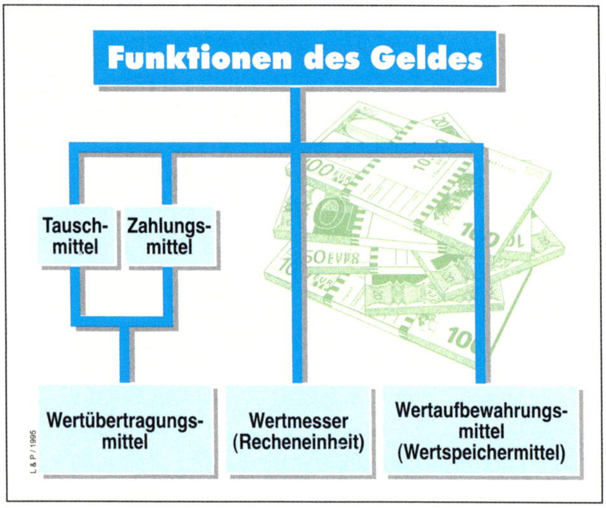

Ob im Supermarkt, an der Tankstelle, im Kaufhaus, beim Frisör oder morgens am Schulkiosk – wer etwas kaufen will, kann das nur tun, wenn er über Geld verfügt – prinzipiell gleichgültig, ob es sich um Euros, amerikanische Dollars, britische Pfund, Schweizer Franken oder um japanische Yen handelt. Wichtig ist, dass alle Waren und Dienstleistungen einen Preis haben, der in Geldbeträgen ausgedrückt wird.

Man kann Geld als das Medium bezeichnen, das es den Menschen in unserer Gesellschaft ermöglicht, sich in der Wirtschaft zu orientieren und miteinander in Austausch zu treten. In Geld ausgedrückte Preise verraten uns, was wir uns leisten können und worauf wir verzichten müssen.

Geld erscheint vielen Menschen um seiner selbst willen begehrenswert. Doch was nützt Geld in einer Gesellschaft, die das meiste, das sie benötigt, selbst herstellt und darüber hinaus nur den Naturalientausch kennt? Das Geld erhält seinen Wert nur unter bestimmten Bedingungen: Wenn Menschen Güter herstellen, die sie in der Regel auf dem Markt verkaufen wollen, und wenn Geld allgemein als Gegenwert für die nützlichen Güter akzeptiert wird, erst dann ist es als allgemeingültiges Zahlungsmittel anerkannt.

1

2

3

1. *Beschreibe, was auf den drei Fotos gezeigt ist und welche Rolle dabei das Geld spielt.*
2. *Liste für alle Funktionen des Geldes Beispiele aus dem Alltag auf. Erkläre, weshalb in bestimmten Situationen gleich mehrere Funktionen des Geldes zur Geltung kommen.*
3. *Überlege, ob bestimmte Geldfunktionen von anderen Gütern übernommen werden könnten.*

Zahlungsarten

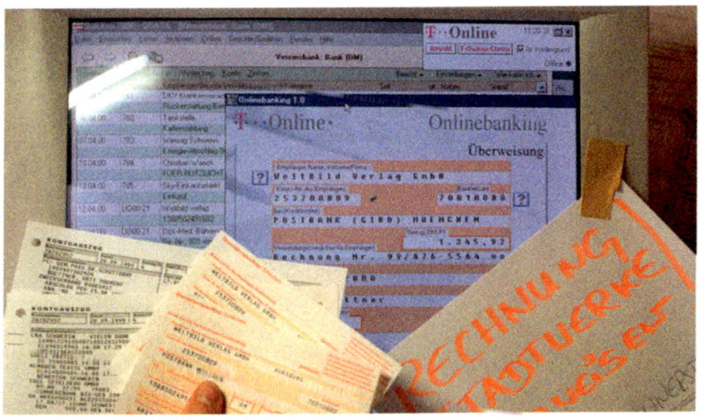

Barzahlung
Der Zahlende (Käufer) übergibt dem Empfänger (Verkäufer) direkt Bargeld, um seine Verpflichtung zu begleichen. Als Beweis der Zahlung sollte der Zahlende vom Empfänger eine Quittung, z. B. den Kassenbon, verlangen.

Halbbare Zahlung
Bei dieser Zahlungsart setzt nur einer der Beteiligten ein Konto ein: Entweder leistet der Zahlende (Käufer) eine Bareinzahlung zur Gutschrift auf das Konto des Empfängers (Verkäufers), oder das Geld wird vom Konto des Zahlenden abgebucht und an den Empfänger bar ausgezahlt.

Bargeldlose Zahlung
Als bargeldlose Zahlung bezeichnet man einen Zahlungsvorgang, bei dem nicht Bargeld (Banknoten, Münzen) den Besitzer wechselt, sondern sogenanntes Buchgeld, das heißt ein tägliches fälliges Guthaben bei einer Bank (Universalbank). Bargeldlose Zahlungen gibt es in zwei Richtungen: Zum einen kann der Zahlende den Auftrag erteilen, dass zu Lasten seines Kontos ein bestimmter Betrag auf dem Konto des Empfängers gutgeschrieben wird (Überweisung). Zum anderen kann der Empfänger durch die Vorlage einer Berechtigung (Einzugsermächtigung), die ihm derjenige, der die Zahlung schuldet, zuvor aushändigt, bewirken, dass ein bestimmter Betrag zulasten des Schuldners auf seinem Konto gutgeschrieben wird.

„Kartenzahlung"
Die sogenannte Zahlung mit Karten (z. B. ec- oder Maestro-Karten, Kredit- oder Kundenkarten) gehört zu den bargeldlosen Zahlungsverfahren, man nennt sie auch POS-Banking (POS = Point of Sale). Voraussetzung dafür ist ein Datenerfassungsgerät im Kassenbereich.
Beim Electronic-Cash-System legitimiert sich der Kunde durch die Eingabe einer persönlichen Identifikationsnummer (PIN) gegenüber dem System und bestätigt den Rechnungsbetrag. Dann werden die Daten, die auf einem Magnetstreifen oder Chip gespeichert sind, gelesen und verschlüsselt an ein Autorisierungssystem zu Prüfungszwecken (Legitimation, Sperrvermerk, Zahlungsfähigkeit) übertragen. Wird der Betrag bestätigt, dann garantiert das Kreditgewerbe dem Verkäufer die Zahlung des Betrages, die dann vom Bankkonto des Kunden abgebucht und dem Konto des Empfängers gutgeschrieben wird.
Beim elektronischen Lastschriftverfahren und beim sogenannten POZ-Verfahren (POS ohne Zahlungsgarantie) leistet der Kunde eine Unterschrift, die vom Verkäufer zu prüfen ist; eine Prüfanfrage oder Zahlungsgarantie gibt es nicht.
Zahlt der Kunde z. B. mit einer ec-Karte, dann wird der Betrag zeitnah von seinem Konto abgebucht; bei Zahlung mit Kreditkarte erfolgt die Abbuchung in der Regel erst später; die Bank gewährt ihrem Kunden, der die Zahlung zu leisten hat, mithin einen kurzfristigen Kredit.

1. *Überlege für jede der vier Zahlungsarten eine typische Situation.*
2. *Befrage deine Eltern, wie sie Miete, Heizkosten, Strom, Versicherungen, Telefonrechnungen, Zeitungsabonnements, Beiträge zu Vereinen, Einkäufe von Lebensmitteln und Getränken sowie von Kleidung bezahlen. Stelle das Ergebnis deiner Befragung in einer Übersicht dar. Überlege, welche alternativen Zahlungsmöglichkeiten jeweils bestehen und welche Vor- und Nachteile sie bieten.*

Der Wert des Geldes

Geld unterscheidet sich von allen anderen Waren (Produkte und Dienstleistungen) dadurch, dass es als allgemeingültiges Zahlungsmittel anerkannt ist. Wir können also im Allgemeinen jedes beliebige Produkt und jede Dienstleistung kaufen, wenn wir über Geld verfügen. Zugleich hat Geld mit allen anderen Waren gemein, dass es ein wirtschaftliches Gut ist, weswegen Veränderungen des Geldwertes (= der Kaufkraft des Geldes), die immer im Preis für die Waren ausgedrückt werden, sich mit Notwendigkeit auch auf die Güterproduktion, auf die Nachfrage nach Waren und Dienstleistungen sowie auf die Beschäftigung auswirken.

Die Frage, wie viel Geld vorhanden sein muss bzw. darf, damit die Geldmenge als Trägerin der Geldfunktionen den höchstmöglichen Nutzen für die Gesellschaft bietet, ist deshalb eine der zentralen Fragen der Geldpolitik. Das wesentliche Ziel der Geldpolitik besteht darin, ein stabiles Preisniveau zu gewährleisten und damit sowohl Inflation als auch Deflation zu vermeiden.

Das folgende stark vereinfachte Beispiel verdeutlicht die Beziehung zwischen Geld und Gütern:
Angenommen, in einem Land werden im ersten Jahr einerseits 1 000 Stück Güter produziert. Andererseits gibt es in diesem Land 1 000 Stück Banknoten mit dem Aufdruck 10 Euro. Wenn wir davon ausgehen, dass alle Güter einen Käufer finden, wie hoch ist dann der durchschnittliche Preis eines Gutes?
Ganz klar: 10 Euro pro Stück. Die Geldmenge (1 000 Noten zu 10 Euro = 10 000 Euro) ist also gleich groß wie die in Geld bewertete Gütermenge (1 000 Stück zu 10 Euro = 10 000 Euro).
Nehmen wir nun an, der Staat würde sich im zweiten Jahr entschließen, weitere 1 000 Banknoten zu 10 Euro unter die Leute zu bringen. Welchen Einfluss hat diese Ausdehnung der Geldmenge auf den Preis der Güter?
Gibt es nun 1 000 Stück Güter und 20 000 Euro, so wird der durchschnittliche Preis auf 20 Euro pro Stück steigen, die Geldmenge ist damit wieder gleich groß wie die Gütermenge (je 20 000 Euro).
Im dritten Jahr kann die Produktion der Güter dank größerer Effizienz der Arbeiter und längeren Arbeitszeiten auf 2 000 Stück gesteigert werden. Welchen Einfluss hat diese Angebotsausweitung auf die durchschnittlichen Preise?
Nun stehen 2 000 Stück Güter einer Geldmenge von 20 000 Euro gegenüber, der Preis sinkt deshalb wieder auf 10 Euro pro Stück. Geldmenge und Gütermenge sind je 20 000 Euro wert.
Nehmen wir an, dass im vierten Jahr aus unbekannten Gründen die Konsumenten die Hälfte der 2 000 Banknoten nicht ausgeben. 1 000 Banknoten kommen also nicht in den Umlauf. Damit halbiert sich die Umlaufgeschwindigkeit des Geldes. Welche Wirkung hat dies?
Die Wirkung ist genau gleich wie jene einer Reduktion der Geldmenge, das heißt, der durchschnittliche Preis wird fallen, und zwar auf 5 Euro pro Stück. Es ist also nicht nur wichtig, wie viel Geld physisch vorhanden ist, sondern auch, wie schnell dieses Geld durch Tauschaktionen von Hand zu Hand geht.

(aus: B. Nolte: Volkswirtschaft konkret, Weinheim: Wiley VCH 2003, S. 111 f.)

Jahr = Situation lt. Text	Angebot = Produktion = Gütermenge (Stück)	Nachfrage = Geldmenge (Anzahl Geldscheine)	Resultat = durchschnittl. Güterpreis in €	Situation am Jahresende bzw. Veränderung für das nächste Jahr
1				
2				
3				
4				

Inflation

Eine Inflation gibt es dann, wenn in einem Staat insgesamt mehr Geld vorhanden ist, als es Waren und Güter gibt. Wie kann es dazu kommen? Wenn zum Beispiel die oberste Bank in einem Staat, die Zentralbank, zu viel Geld drucken lässt. Der Grund dafür kann sein, dass eine Regierung zu viele Schulden hat und deshalb von der Zentralbank verlangt, mehr Geld zu drucken, um die Schulden zu bezahlen. Das kommt heute aber nur noch selten vor, weil die meisten Regierungen und Zentralbanken wissen, dass das für die Wirtschaft eines Landes gefährlich ist.

Eine Inflation kann dadurch anfangen, dass bestimmte Waren mehr und schneller gekauft werden, als sie hergestellt werden können. Dann steigen zuerst die Preise, und die Menschen kaufen die Waren noch schneller, bevor sie noch teurer werden. Oft befürchten Menschen und Unternehmen, dass auch andere Waren jetzt teurer werden und kaufen diese dann auch. Das kann dazu führen, dass plötzlich alle ihr Geld nicht mehr behalten, sondern schnell ausgeben. Vielleicht machen die Menschen zusätzlich auch noch Schulden, um noch mehr Waren kaufen zu können. Die mittlerweile seltenen Waren werden teurer und teurer, und das viele Geld, das man dafür bezahlen muss, verliert immer mehr an Wert.

Die Zentralbanken passen daher immer sehr gut auf, wenn die Preise steigen und beobachten genau, wie schnell die Menschen das Geld ausgeben. Damit die Menschen nicht noch mehr Schulden machen und so die Inflation antreiben, sorgt die Bank dafür, dass es teurer wird, Geld zu leihen. Die wichtigste Aufgabe der Zentralbanken ist es also, dafür zu sorgen, dass der Wert unseres Geldes stabil bleibt.

Deflation

Die Verminderung des Geldumlaufs. Das geschieht, um so den Geldwert zu steigern und die Preise zu senken.

(aus: http://www.hanisauland.de/lexikon/i/inflation.html)

Geldwechsel: Gebühren vor Einführung des Euro

1993 reiste ein Mitarbeiter des europäischen Verbraucherschutzverbandes mit 50000 belgischen Francs durch zwölf EU-Länder. An jeder Grenze tauschte er das Geld um, ohne sonst etwas davon auszugeben. Resultat: Ganze 25241 belgische Francs blieben übrig, den Rest hatten Gebühren und Kursverluste aufgefressen. Diese Begebenheit zeigt, dass zum reibungslosen Funktionieren eines gemeinsamen Marktes, wie er z.B. zwischen den einzelnen Bundesstaaten der USA besteht, neben der Handelsfreiheit, der Freiheit des Kapitalverkehrs, der Niederlassungsfreiheit für Unternehmen, der Freizügigkeit für Arbeitskräfte und der Einheitlichkeit der Rechtsordnung wesentlich auch eine gemeinsame Währung gehört.

(aus: EU-Broschüre „Euro", 2001)

Wechselstube in London im April 2008

1. *Werte den Text auf Seite 172 aus. Verwende dazu die Tabelle. Nütze das Arbeitsblatt oder übertrage sie in dein Heft.*
2. *Erläutere, was den „Wert des Geldes" bestimmt.*
3. *Stelle eine Liste von Vorteilen zusammen, von denen die EU-Staaten der „Eurozone" im Vergleich zu früher profitieren, als sie noch ihre eigene Währung besaßen.*

Der Euro – Geld in Europa

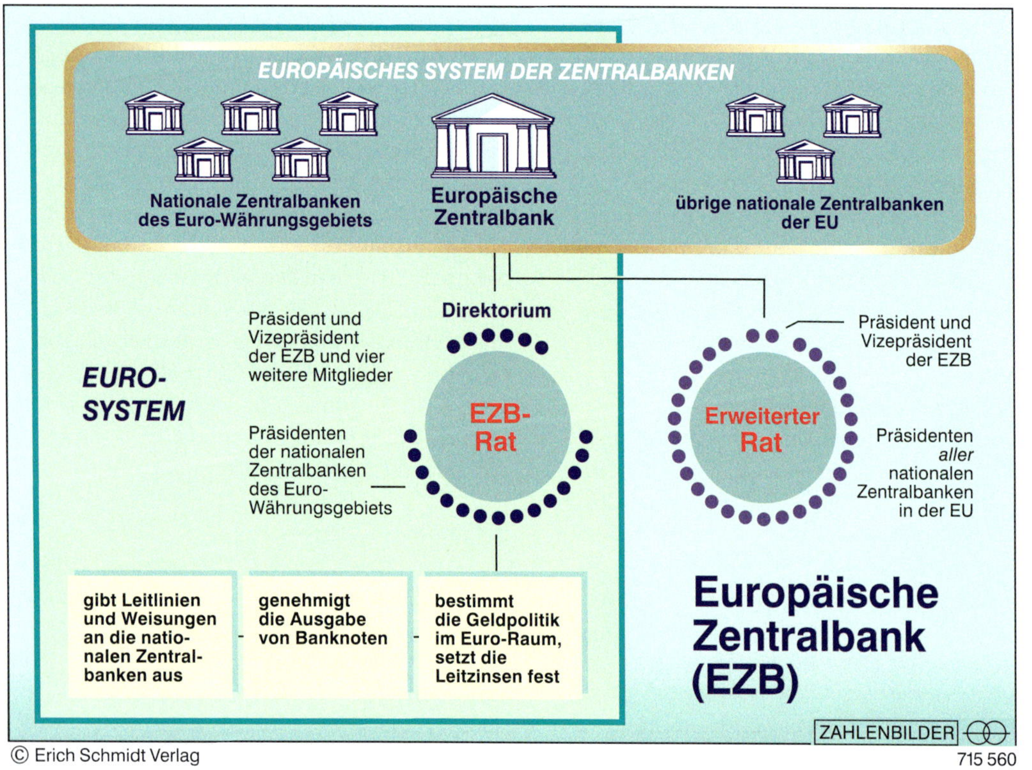

© Erich Schmidt Verlag 715 560

Im Mai 1998 beschlossen elf der damals 15 EU-Staaten (Deutschland, Finnland, Frankreich, Irland, Italien, die Niederlande, Belgien, Luxemburg, Österreich, Portugal und Spanien), den Binnenmarkt ab dem 1.1.1999 um eine Wirtschafts- und Währungsunion auf der Grundlage der Gemeinschaftswährung Euro auszubauen. Sie sollte den innereuropäischen Zahlungsverkehr vereinfachen und verbilligen, überdies die Risiken, die beim Tausch einer Währung in eine andere auftauchen, beseitigen.

Wechselkursschwankungen sind vor allem für Unternehmen von Nachteil, die vom Außenhandel abhängig sind. Will z.B. ein Unternehmen aus dem Euroraum eine Ware in die USA exportieren und gibt dafür ein Angebot ab, so kann eine Aufwertung des Euro gegenüber dem Dollar dazu führen, dass das Angebot für den potenziellen amerikanischen Partner jetzt nicht mehr attraktiv ist, weswegen ein anderes Unternehmen, das nicht dem Euroraum angehört, den Zuschlag erhält.

Der Wert einer Währung im Vergleich zu anderen Währungen ist auch von zahlreichen binnenwirtschaftlichen Faktoren abhängig (z.B. Entwicklung der Inflation, wirtschaftliche Leistungsfähigkeit, politische Krisen). Um eine Währung im System der Wechselkurse schwankungsarm zu halten, bedarf es deshalb auch einer Stabilität und Parallelität in der wirtschaftlichen und politischen Entwicklung der Staaten eines Binnenmarkts. Die EU-Staaten hatten bereits 1990 damit begonnen, ihre Wirtschafts- und Währungspolitik stärker aufeinander abzustimmen, um eine allmähliche Annäherung in den Leistungen der verschiedenen Volkswirtschaften zu erreichen.

Für die Aufnahme in die Europäische Währungsunion haben sie strenge Bedingungen festgelegt, die sogenannten Konvergenzkriterien. Danach müssen vor allem Preis- und Währungsstabilität gegeben sein, des Weiteren dürfen das Haushaltsdefizit und die öffentlichen Schulden bestimmte Grenzen nicht überschreiten. 2009 sind es 16 von 27 EU-Staaten, die bei ihrer Aufnahme diese Kriterien erfüllten und den Euroraum bilden: Zu den elf „Gründungsstaaten" von 1999 sind 2003 Griechenland, 2007 Slowenien, 2008 Malta und Zypern sowie 2009 die Slowakei hinzugekommen.

Was ist der Euro-Stabilitätspakt?

Die wichtigsten Regeln des Stabilitäts- und Wachstumspaktes:

- Neuverschuldung: Die jährliche Neuverschuldung darf nicht mehr als 3,0 Prozent des BIP betragen.
- Gesamtverschuldung: Die Gesamtverschuldung eines Staates darf nicht mehr als 60 Prozent des BIP betragen.
- Ausgeglichenes Budget: Die Euro-Staaten streben mittelfristig ausgeglichene Haushalte an und legen dazu jährlich nationale Stabilitätsprogramme vor.
- Frühwarnsystem: Nähert sich das Defizit in einem Euro-Land der Drei-Prozent-Marke, gibt es die Möglichkeit einer Vorwarnung („blauer Brief").
- Defizitverfahren: Überschreitet ein Land mit seiner Neuverschuldung die Drei-Prozent-Marke, wird das sogenannte Defizitverfahren eingeleitet. An dessen Ende können Geldstrafen von 0,2 bis 0,5 % des BIP stehen.

Die Regeln im Einzelnen

Im Maastricht-Vertrag von 1992 haben die EU-Staaten die sogenannten Konvergenzkriterien festgelegt. Sie schreiben vor, welche Bedingungen erfüllt sein müssen, damit ein Land die Gemeinschaftswährung Euro einführen darf. In Schlagworten handelt es sich dabei um gesunde Staatsfinanzen, ein solides Preisniveau, stabile Wechselkurse und niedrige Zinsen [...]
Die bekannteste Vorschrift des Maastricht-Vertrages ist die zur Neuverschuldung. Demnach darf die Nettokreditaufnahme nicht mehr als 3,0 Prozent des Bruttoinlandsproduktes (BIP) betragen. [...]
Auch die zulässige Gesamtverschuldung ist in den Konvergenzkriterien festgelegt. So darf das Gesamtdefizit eines Staates 60 Prozent des Bruttoinlandsprodukts nicht übersteigen.
Die ebenfalls in Maastricht festgeschriebene Preisstabilität ist wie folgt definiert: Die Inflationsrate eines Landes darf maximal 1,5 Prozentpunkte über der Teuerungsrate jener drei Euro-Staaten liegen, die die niedrigsten Preissteigerungen aufweisen. [...]

Stabilitäts- und Wachstumspakt

[...] Die Bundesregierung [drängte zudem] darauf, Teile der Konvergenzkriterien [...] auch über den Euro-Eintritt hinaus als Verpflichtung festzuschreiben. 1996 wurde dieses Anliegen in Dublin im Stabilitäts- und Wachstumspakt vereinbart. Zusätzlich kamen die EU-Mitglieder in Dublin überein, „mittelfristig" ausgeglichene Haushalte anzustreben. [...] Ursprünglich sollten bis zum Jahr 2004 „nahezu" ausgeglichene Haushalte vorgelegt werden. Das Wörtchen „nahezu" bedeutet, dass eine Neuverschuldung von bis zu 0,5 Prozent toleriert würde. Dieses Ziel wurde mittlerweile aufgeweicht.
Wesentlicher Bestandteil des Stabilitäts- und Wachstumspakts ist das Frühwarnsystem, mit dem Brüssel über Fehlentwicklungen eines Euro-Landes informiert. Nähert sich beispielsweise das Defizit eines Landes bedrohlich der Drei-Prozent-Marke, kann dem betreffenden Land ein „blauer Brief" zugestellt werden, in dem es aufgefordert wird, seinen Haushalt den Vorgaben anzupassen. Überschreitet ein Land tatsächlich die Drei-Prozent-Marke, wird das sogenannte Defizitverfahren eingeleitet. In dessen Verlauf wird darüber entschieden, ob ein Strafmechanismus ausgelöst wird.
In einem solchen Verfahren legt als Erstes die EU-Kommission einen Bericht vor, in dem auch die Umstände der Verfehlung sowie die geplanten Gegenmaßnahmen der betroffenen Regierung berücksichtigt werden. Dabei besteht grundsätzlich die Möglichkeit, dass dem Mitgliedstaat außergewöhnliche Umstände zugute gehalten werden, die für das Überschreiten der Drei-Prozent-Marke verantwortlich sind. Dazu gehören unter anderem Reformen der Rentensysteme oder Kosten für Europas Vereinigung. Auf dieser Grundlage entscheiden die EU-Mitgliedstaaten, ob und welche Empfehlungen dem Sünder erteilt werden. Erfolgt dann noch immer keine Besserung, können je nach Schwere des Verstoßes Geldstrafen von 0,2 bis zu 0,5 Prozent des BIP des betroffenen Landes verhängt werden.
[...]

(http://www.tagesschau.de/wirtschaft/meldung97874.html, gekürzt)

1. *Liste die Vorteile auf, die eine gemeinsame Währung den Staaten des Euroraums bietet. Falls du mögliche Nachteile oder Risiken erkennst, notiere diese in einer zweiten Spalte.*
2. *Beschreibe, weshalb es nach dem Stabilitäts- und Wachstumspakt zu einem Defizitverfahren kommen kann.*
3. *Dass bei der Einleitung eines Defizitverfahrens auch besondere Umstände eines Staates (z. B. Reformvorhaben) berücksichtigt werden können, bezeichnen Kritiker als „Aufweichung des Stabilitätspakts". Erörtere diese Kritik.*

Banken und Börsen

oben: Glocke, mit der der Handelstag traditionell eröffnet wird

links: Börsenmakler an der Frankfurter Wertpapierbörse vor der Anzeigentafel für den DAX

Angenommen, es gäbe keine Banken und keine Börsen. Was wäre dann?
Verbraucher und Arbeitnehmer könnten ihr Geld weder aufs Sparbuch legen noch in Aktien, Anleihen oder Investmentfonds investieren. Unternehmen würden nicht mal eben einen Kredit bei einer Bank aufnehmen oder sich relativ schnell Kapital besorgen, indem sie Wertpapiere ausgeben. Alle müssten in Geldfragen unmittelbar miteinander handeln – und alle würden dabei viel Zeit verlieren und wohl auch hohe Kosten für jedes Geschäft in Kauf nehmen.
Schließlich müsste jeder Haushalt viele Einzelbeziehungen pflegen, wenn er sein Geld nicht bloß auf ein Unternehmen verteilen möchte. Und sich immer fragen: Wem ist zu trauen, wem nicht? Wie kann eine durchschnittlich informierte Familie ein gutes von einem schlecht geführten Unternehmen unterscheiden?
In einer Welt ohne Banken und Börsen wäre es daher eine gute Idee, genau so ein Institut zu gründen, um damit Geld zu verdienen. Denn der Banken- oder Börsenunternehmer nimmt nicht nur den anderen unangenehme Arbeiten ab, sondern steigert auch den Wohlstand aller, weil sich nun jeder auf das konzentrieren kann, was er am besten beherrscht.
Die Leistung einer Börse liegt vor allem auf vier Gebieten. Sie lenken das Kapital der Anleger in sinnvolle Verwendungen, sie verwandeln das „Klumpen"-Risiko eines großen Unternehmens in viele Kleinrisiken, sie erzeugen kurzfristig liquide und handelbare Finanzanlagen aus langfristigen Sachanlagen und als wichtigste Aufgabe schließlich: Sie bewerten Unternehmen, indem sie den aktuellen Marktpreis feststellen.
Regelmäßig ermitteln sie – ein- oder mehrmals täglich – den Preis, der nach Stand der eingegangenen Kauf- und Verkaufsaufträge einen größtmöglichen Umsatz erlaubt. Hieraus ergibt sich idealerweise ein Marktpreis, der zu jedem Zeitpunkt den „fairen" Wert der Aktie abbildet.
Als „fair" gilt der Marktwert, wenn er den heutigen Wert aller zukünftigen Dividendeneinkommen wiedergibt. Ist der Preis einer einzelnen Aktie bekannt, so lässt sich leicht berechnen, als wie wertvoll heute das Eigenkapital des Unternehmens angesehen wird. Der Börsenwert ergibt sich aus dem Einzelpreis der Aktie, multipliziert mit der Anzahl aller ausgegebenen Aktien.
Je höher er ist, desto positiver bewertet die Börse die Erfolgsaussichten eines Unternehmens. Die Entwicklung des Aktienkurses besitzt daher einen hohen Informationswert.

(Jan Pieter Krahnen, in: Frankfurter Allgemeine Sonntagszeitung, 3. 9. 2006, S. 52)

1. *Liste die Vorteile auf, die Banken ihren Privat- und Geschäftskunden bieten.*
2. *Notiere die Leistungen der Börsen und beschreibe, wie sie funktionieren.*
3. *„Die Börse stellt die klarste Umsetzung des Markt-Preis-Modells dar." – Erläutere diese Behauptung.*

Das Wichtige in Kürze

Geld

Unsere Erfahrungen im Alltag lassen uns daran zweifeln, dass wir ohne Geld auskommen. Alle Produkte, alle Dienstleistungen und viele Freizeitaktivitäten haben einen Preis. Wer kaum oder kein Geld hat, wird in unserer Gesellschaft mit Ausschluss bedroht.

Geschichte des Geldes

Geld ist entstanden aus dem Bedürfnis nach einem Wertmaßstab, der quantitative Bewertungen und Vergleiche ermöglicht. Um den Handel zu erleichtern, erfanden die Menschen bereits im Altertum Münzen, im Mittelalter trat allmählich das Papiergeld hinzu. Heutzutage spielt das Buchgeld, das dem bargeldlosen Zahlungsverkehr dient, im internationalen Wirtschaftsleben eine ungleich wichtigere Rolle als das Bargeld. Aber auch die meisten Menschen (zumindest in den entwickelten Staaten) nutzen den bargeldlosen Zahlungsverkehr – wenn sie z. B. Geld überweisen oder mit Kreditkarte bezahlen.

Geldfunktionen

Geld erfüllt in der Gesellschaft vielfältige Funktionen. Es ist erstens Wertübertragungsmittel, also Tausch- und Zahlungsmittel; zweitens ist es als Recheneinheit auch Wertmesser; drittens speichert Geld Werte und ist so auch Wertaufbewahrungsmittel.

Währung

Als Währung bezeichnet man die Geldverfassung und das Geldsystem eines Staates, dessen Geldeinheiten durch Gesetz festgelegt werden. In den meisten Staaten dieser Welt sind unterschiedliche Währungen gebräuchlich. Für die Geldversorgung eines Landes ist seine Zentral- bzw. Notenbank zuständig.

Wert des Geldes

Geld ist, wie andere Waren auch, ein wirtschaftliches Gut, weswegen sich Veränderungen im Geldwert, mithin in der Kaufkraft des Geldes, auch auf die Güterproduktion, die Nachfrage und die Beschäftigung auswirken. Ziel der Geldpolitik ist es, das Preisniveau stabil zu halten und somit sowohl Inflation als auch Deflation zu vermeiden. Zur Steuerung der Geldmenge stehen in der EU der EZB etliche Instrumente zur Verfügung, z. B. die Offenmarktpolitik, Hauptrefinanzierungsgeschäfte und die Mindestreservepolitik.

Euro

In der Europäischen Union (EU) versorgt die Europäische Zentralbank (EZB) diejenigen EU-Staaten, die den Euro 1999 als Gemeinschaftswährung im Europäischen System der Zentralbanken (ESZB) eingeführt haben, mit Geld. Seit 1999 zählt Deutschland zur Eurozone, die zurzeit (2009) 16 der 27 EU-Staaten umfasst. Seit 2001 hat die Gemeinschaftswährung als gesetzliches Zahlungsmittel auch im Alltag die DM abgelöst.

Börsen

Börsen sind die Plätze, an denen alle geldwerten Gegenstände gehandelt werden: Aktien an Aktienbörsen, Rohstoffe an Rohstoffbörsen, Strom an Strombörsen, Devisen an Devisenbörsen. An den Börsen werden Angebot und Nachfrage zusammengeführt sowie die Preise (Kurse), zu denen verkauft und gekauft werden kann, nach den Prinzipien des Marktes festgesetzt. Der Handel findet entweder traditionell an sog. Präsenzbörsen statt, wo Käufer und Verkäufer an einem bestimmten Ort zusammentreffen, oder mittels der Eingabe in ein elektronisches Handelssystem (Computerbörsen).

Was sind Unternehmen?

1

2

3

4

1 Stahlwerk; 2 Gründer der studiVZ-Netzgemeinde, die der Holtzbrinck-Konzern 2006 für 85 Mio. Euro erworben hat; 3 Kiosk; 4 Spargelbauer mit Erntehelfern

Unterscheidung von Unternehmen

Primärer Sektor (Urproduktion)
- Land- und Forstwirtschaft
- Erzbergwerke, Kohlegruben

Sekundärer Sektor (produzierendes Gewerbe)
- verarbeitendes Gewerbe
- Industrie
- Handwerk
- Energiewirtschaft
- Energie- und Wasserversorgung

Tertiärer Sektor (Dienstleistungen)
- Handel
- Verkehr und Logistik (z. B. Speditionen)
- Tourismusunternehmen, Hotels und Gaststätten
- Kreditinstitute
- Versicherungen
- Vermittlungsagenturen (Wohnungen, Personal usw.)
- Baugewerbe

Unternehmen haben viele Gesichter. Sie zeigen sich in unterschiedlichen Situationen und bei verschiedenen Aktivitäten. Mit Werbebotschaften machen sie gezielt auf sich und auf ihre Produkte aufmerksam, und wenn sie neue Mitarbeiter suchen, bemühen sie sich, in einem möglichst guten Licht zu erscheinen. Unternehmen haben einen oder mehrere Betriebsstandorte, sie liefern uns Waren und stellen Dienstleistungen bereit. Unternehmen sind sogenannte juristische Personen, sie können klagen und verklagt werden, sie können andere Unternehmen kaufen und ihrerseits verkauft werden.

1. *Benenne die Wirtschaftszweige, zu denen die Unternehmen auf den Fotos 1 – 4 gehören.*
2. *Bildet Arbeitsgruppen und erkundet in eurer Stadt oder in eurem Ort je drei Unternehmen. Nehmt dabei die Hinweise auf Seite 286 zu Hilfe. Ordnet eure Ergebnisse in der Klasse nach Wirtschaftszweigen.*

Unternehmensformen

Peter Klein und Tim Schulte haben die Geschäftsidee entwickelt, Abenteuerreisen in entlegene Gebiete anzubieten. Zusammen können sie 150 000 € zur Gründung und Einrichtung ihres Unternehmens aufbringen. Jetzt überlegen sie, welche Unternehmensform für ihr neues Unternehmen die richtige ist.

Einzelunternehmen

Wesentliche Merkmale: Der Einzelunternehmer ist alleiniger Inhaber, er leitet das Unternehmen allein und trifft seine Entscheidungen unabhängig.

Kapitalbeschaffung: Der Inhaber bringt das Eigenkapital allein auf. Für eine Kreditaufnahme ist sein Privatvermögen die Grundlage.

Risiko: Der Inhaber trägt das volle Risiko, er haftet mit seinem Vermögen.

Gewinn und Verlust: Dem Inhaber allein steht der Gewinn zu. Den Verlust muss er ebenfalls allein tragen.

Offene Handelsgesellschaft (OHG)

Wesentliches Merkmale: Mindestens zwei Personen sind gleichberechtigte Gesellschafter des Unternehmens. Grundsätzlich darf jeder die Gesellschaft führen und das Unternehmen nach außen vertreten. Ihre rechtlichen Verhältnisse regeln sie in einem Gesellschaftsvertrag.

Kapitalbeschaffung: Jeder Gesellschafter leistet eine Kapitaleinlage: Das können Bargeld, ein Grundstück o. Ä. sein. Dank dieser Sicherheiten erhält die OHG im Allgemeinen günstigere Kredite als ein Einzelunternehmen.

Risiko: Alle Gesellschafter haften persönlich und unbeschränkt mit ihren Einlagen und dem Privatvermögen.

Gewinn und Verlust: Die Gesellschafter können die Gewinn- und Verlustverteilung frei von staatlichen Vorgaben im Gesellschaftsvertrag regeln.

Gesellschaft mit beschränkter Haftung (GmbH)

Wesentliche Merkmale: Wird von mittelgroßen Unternehmen bevorzugt. Gründe: einfache und kostengünstige Gründung; niedriges Mindestkapital; begrenzte Haftung; enges Verhältnis zwischen Geschäftsführern und Gesellschaftern; Geschäftsführer können auch Gesellschafter sein. Eine Person kann einziger Gesellschafter einer GmbH und zugleich ihr Geschäftsführer sein.

Kapitalbeschaffung: Das Stammkapital (Eigenkapital) beträgt 25 000 €. Jeder Gesellschafter trägt dazu mit seiner Stammeinlage bei, die seit 1.11.2008 nur noch mindestens 1 € betragen muss. Bei einer Kreditaufnahme haftet die GmbH nur mit ihrem Geschäftsvermögen („beschränkte Haftung"); deshalb sind der Kreditbeschaffung enge Grenzen gesetzt.

Risiko: Das Risiko ist auf die Stammeinlage der Gesellschafter begrenzt.

Gewinn und Verlust: Der Gewinn wird nach dem Gesetz im Verhältnis der Geschäftsanteile (Stammeinlage) oder vertraglich verteilt. Einen Verlust trägt die GmbH.

Aktiengesellschaft (AG)

Wesentliche Merkmale: Es sind vor allem Großunternehmen, die über die Ausgabe von Aktien große Mengen Geld für Investitionen bekommen. Die Gesellschafter, die das Geld zur Verfügung stellen, heißen Aktionäre. Sie sind Anteilseigner (Miteigentümer), haben aber keine enge Bindung an die AG. Bei günstiger Gelegenheit verkaufen oder kaufen sie Aktien. Die Geschäftsführung und Vertretung der AG nach außen obliegt dem Vorstand, der vom Aufsichtsrat kontrolliert wird. Rechenschaftspflichtig sind Vorstand und Aufsichtsrat gegenüber der Hauptversammlung, der alle Aktionäre angehören.

Kapitalbeschaffung: Durch den Verkauf von Aktien wird der AG Eigenkapital zugeführt. Großbanken stellen Kredite zur Verfügung.

Risiko: Die Haftung der Aktionäre für die Verbindlichkeiten der Gesellschaft ist auf ihre Kapitaleinlage beschränkt.

Gewinn und Verlust: Die Aktionäre erhalten den auf die Aktie entfallenden Reingewinn (Dividende) und streichen bei börsennotierten Aktiengesellschaften den Kursgewinn ein. Bei Verlusten entfällt die Dividende, und die Kurse der börsennotierten Unternehmen fallen.

1. *Erläutere die beschriebenen Unternehmensformen und überlege, welche Unternehmensform zu den auf S. 178 abgebildeten Unternehmen passen könnte. Begründe.*
2. *Begründe, welche Unternehmensform du für Peter Klein und Tim Schulte für geeignet und welche für weniger geeignet hältst.*

Wie funktioniert ein Unternehmen?

Produktionsfaktoren von Unternehmen

Ein Unternehmen dient der Produktion von Gütern oder der Bereitstellung von Dienstleistungen. Hierfür benötigt es Arbeitskräfte, Werkstoffe und Betriebsmittel (Maschinen, Werkzeuge, Büroeinrichtungen, Transportmittel), die sogenannten betriebswirtschaftlichen Produktionsfaktoren.
Es ist in der Regel viel Geld erforderlich, um einen Betrieb zu gründen, zu modernisieren oder zu erweitern. Man spricht dann von Kapital, dessen Einsatz im Unternehmen man Investition nennt. Das Kapital für Investitionen kann das Unternehmen selbst aufbringen, es handelt sich dann um Eigenkapital. Reicht dieses nicht aus, muss das Unternehmen bei einer Bank einen Kredit aufnehmen oder anderen Geldgebern eine Beteiligung am Unternehmen anbieten, also Fremdkapital beschaffen.
Wer in ein Unternehmen investiert, erwartet, „dass sich die Sache lohnt"; er möchte einen Gewinn erzielen. Um gewinnbringend zu arbeiten und sich gegenüber der Konkurrenz zu behaupten, wird jedes Unternehmen versuchen, ein bestimmtes Ergebnis mit einem minimalen Einsatz an Produktionsfaktoren zu erzielen (Minimalprinzip) oder bei einem gegebenen Einsatz an Produktionsfaktoren das bestmögliche Ergebnis zu erreichen (Maximalprinzip).
Ein Unternehmen zu führen, heißt, ständig Entscheidungen zu treffen, z. B. über Art und Menge der angebotenen Güter und Dienstleistungen, über Einstellung und Einsatz von Arbeitskräften sowie über Höhe und Ziele der Investitionen. Um Fehlentscheidungen zu vermeiden, muss der Inhaber oder die Geschäftsführung nicht nur die Marktstellung des eigenen Unternehmens, sondern auch die der Konkurrenz richtig einschätzen.
Eine vollständige Aufstellung der Vermögenswerte und der Verpflichtungen eines Unternehmens nennt man Bilanz; sie wird zu einem bestimmten Zeitpunkt, dem „Bilanzstichtag", erstellt. Die Gewinn- und Verlustrechnung eines Unternehmens gibt hingegen Auskunft über die wirtschaftliche Entwicklung in einem bestimmten Zeitraum, dem Geschäftsjahr.

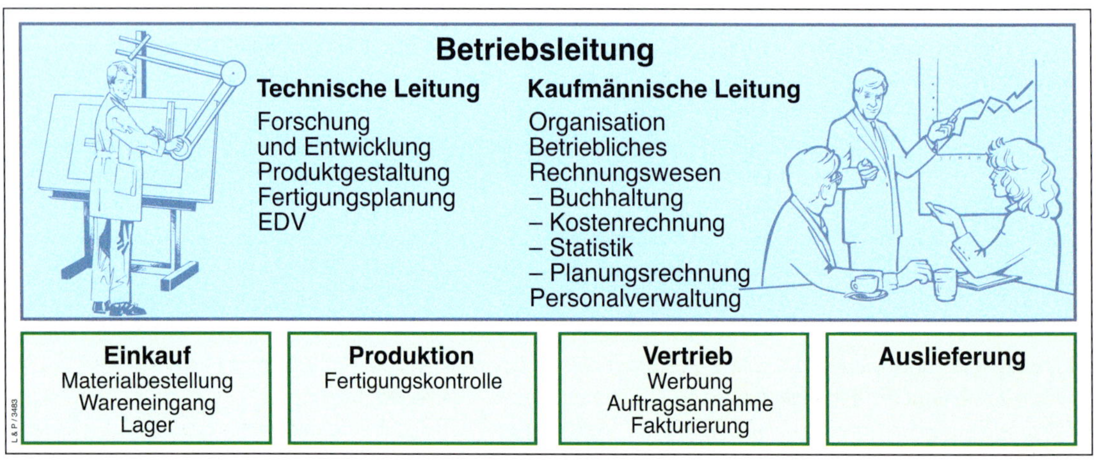

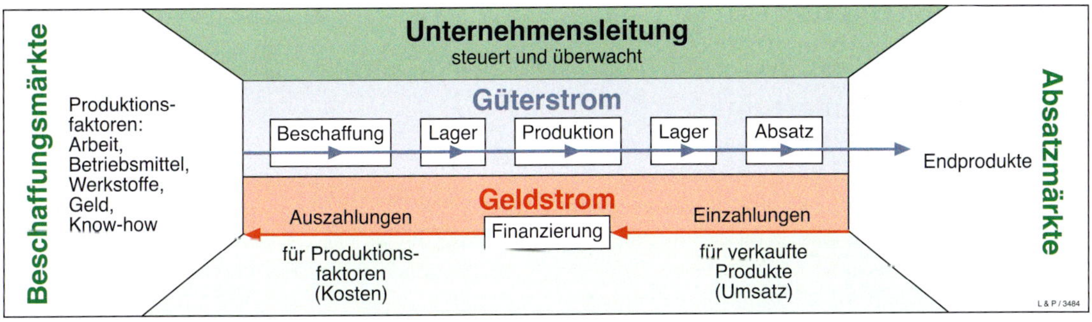

Unternehmen zwischen Beschaffungs- und Absatzmärkten

Ob ein Unternehmen wirtschaftlich erfolgreich gearbeitet hat, erfasst man nicht auf einen Blick. Das betriebliche Rechnungswesen mit seiner Geschäftsbuchhaltung sowie seiner Kosten- und Leistungsrechnung ermittelt laufend Mengen und Werte, setzt sie zueinander in Beziehung und erstellt monatliche Berichte. Die Deckungsbeitragsrechnung z. B. erleichtert der Unternehmensleitung, zu erkennen, ob mit bestimmten Produkten Gewinn erzielt wird oder nicht. Dann kann etwa durch Kostensenkung gegengesteuert werden. Dokumentiert wird das Unternehmensergebnis in der Bilanz sowie in der Gewinn- und Verlustrechnung. Diese beziehen sich im Allgemeinen auf ein Geschäftsjahr.

	Aussagen zu Unternehmen	**richtig**	**falsch**
1.	Unternehmen benötigen im Allgemeinen kein Fremdkapital.		
2.	Fachliche Kompetenzen und Leistungsbereitschaft der Belegschaft wirken sich kaum auf das Geschäftsergebnis aus.		
3.	Güter- und Geldstrom verlaufen im Unternehmen entgegengesetzt.		
4.	Nettoerlöse und Gewinn eines Unternehmens sind gleich.		
5.	Arbeit ist kein Produktionsfaktor.		
6.	Betriebsmittel gehören zu den dispositiven Produktionsfaktoren.		

Vereinfachte Deckungsbeitrags-rechnung	**Stückpreis Produkt A in €**	**verk. Stücke**	**Summe in €**
Nettoerlöse	1 720,00	100	172 000,00
abzüglich variable Kosten			
anteilige Personalkosten	-1 230,00	100	-123 000,00
anteilige Materialkosten	-250,00	100	-25 000,00
Deckungsbeitrag insgesamt	240,00	100	24 000,00
abzüglich Fixkosten			
anteilige Miete			-12 000,00
anteilige Nebenkosten			-3 000,00
Ergebnis (Gewinn)			9 000,00

1. *Erläutere den Begriff „betriebswirtschaftliche Produktionsfaktoren" und gib Beispiele.*
2. *Beschreibe die Aufgaben der Betriebsleitung.*
3. *Ermittle das Ergebnis für Produkt B: Stückpreis 1900,00 €, 120 Stück verkauft, anteilige Personalkosten 1570,00 €, anteilige Materialkosten 240,00 €. Anteilige Fixkosten wie bei Produkt A.*
4. *Begründe, welche der „Aussagen zu Unternehmen" richtig, welche falsch sind. Kreuze auf deinem Arbeitsblatt an oder notiere in deinem Heft. Stelle die falschen Aussagen richtig.*

Gründung einer Schülerfirma

Was ist eine Schülerfirma?

Schülerfirmen sind keine Wirtschaftsunternehmen, sondern Schulprojekte mit pädagogischen Zielsetzungen. Die Schule bietet den rechtlichen Schutzraum für ihre Durchführung, wenn die Aktivitäten der Schülerfirma als Schulveranstaltungen anerkannt sind. Schülerfirmen planen, produzieren und verkaufen Produkte und / oder bieten Dienstleistungen an. Die finanzielle Dimension solch eines Projektes ist geringfügig. Die Palette an Geschäftsideen reicht von Schülerfirmen, die eine Zeitung produzieren oder Websites erstellen, über Schülercafés bis hin zu Schülerreisebüros. Eine Schülerfirma ist für euch eine Chance, eine eigene Geschäftsidee fast wie erwachsene Existenzgründer umzusetzen und solche Fähigkeiten und Fertigkeiten zu erwerben und anzuwenden, die euch im späteren Berufsleben von Nutzen sein werden. Grundsätzlich wird euch die Mitarbeit in dem Projekt helfen, euch selbst mit euren Stärken und Schwächen in Hinblick auf einen späteren Beruf besser einzuschätzen und bei Bewerbungen sicherer und aussagekräftiger zu sein.

(Antje Finke, in: http://www.schulen.newcome.de/schulen/download/schuelerfirma.pdf, S. 2)

Eine Schülerfirma ins Leben zu rufen, ist ein mutiges Projekt; ob sie ein Erfolg wird, hängt in erster Linie von euch ab. Da die anfallenden Aufgaben ungewöhnlich und zum Teil auch komplex sind, solltet ihr mindestens eine Lehrerin oder einen Lehrer gewinnen, die / der euch gegebenenfalls berät. Lasst euch darüber hinaus von Eltern und Bekannten unterstützen.
Um die Gründung einer Schülerfirma gut vorzubereiten, solltet ihr schrittweise vorgehen, damit ihr nichts Wesentliches vergesst. Die Schritte im Einzelnen:

1. Die Geschäftsidee
Sammelt Ideen und legt euch zunächst keine Beschränkungen auf: Jede noch so vage Idee wird erst einmal notiert. Wählt dann zwei oder drei Geschäftsideen aus, deren Realisierungschancen ihr näher prüft. Berücksichtigt dabei folgende Fragen:

- Welche räumlichen und materiellen Voraussetzungen benötigen wir, um die Idee umzusetzen (z. B. Räume, Maschinen, Werkzeuge, Rohstoffe, Computer, Einrichtungsgegenstände, Kommunikationsmittel, Verkehrsmittel)? Was davon ist bereits an der Schule vorhanden? Wie kommen wir günstig an weiteres Material oder an weitere Geräte?
- Welche Interessen, Kenntnisse, Fähigkeiten, Fertigkeiten und Erfahrungen können wir einbringen? Müssen wir uns noch Kompetenzen hinzuholen, z. B. dadurch, dass wir andere Schülerinnen und Schüler für unser Projekt gewinnen?
- Wer sind unsere Kunden?
- Welche Konkurrenz gibt es (siehe auch Punkt 2.)?
- Können wir mit unserer Geschäftsidee Gewinn erzielen? Wenn ja, wann: nur zu bestimmten Zeiten (z. B. Schuljahresende, Ostern, Weihnachten) oder das ganze Schuljahr über?
- Können wir uns Fehler erlauben? Welche Folgen hat es, wenn wir unser Produkt oder unsere Dienstleistung fehlerhaft, nicht pünktlich oder zeitweise gar nicht anbieten?

Wenn ihr diese Fragen geklärt oder erörtert habt, könnt ihr euch für eine Geschäftsidee entscheiden.

2. Klärung von Rechtsfragen
Eine der Grundvoraussetzungen für die Gründung einer Schülerfirma ist, dass euer Schulleiter das Projekt als schulische Angelegenheit anerkennt. Mit der Schulleitung müsst ihr auch die Rahmenbedingungen eurer Arbeit (z. B. Nutzung von Infrastruktur) absprechen. Am besten schließt ihr darüber eine schriftliche Vereinbarung.
Informiert euch des Weiteren, ob z. B. ein Eintrag der Schülerfirma im Handelsregister erforderlich ist oder ob eine Anmeldepflicht beim Gewerbeamt besteht. Klärt, unter welchen Bedingungen Steuerfreiheit gewährt wird.
Eine Schülerfirma darf keine ernste Konkurrenz zu einem Wirtschaftsunternehmen darstellen. Sie dient in erster Linie dazu, Wirtschaftswissen zu vermitteln

und Berufsorientierung zu geben. Sprecht mit den Menschen, die eine Konkurrenz befürchten könnten (z. B. dem Pächter eines Kiosks oder dem Bäcker an der Schule), und erklärt eure Idee und Absicht.
Tätigt Rechtsgeschäfte immer nur in Absprache mit der Beratungsperson oder euren Eltern. Für den Abschluss bestimmter Rechtsgeschäfte (z. B. Einrichtung eines Geschäftskontos, Abschluss von Versicherungen) ist ohnehin die Vollmacht eines Erwachsenen erforderlich. Am sichersten ist es, wenn ihr Rechtsgeschäfte immer gemeinsam mit der Beratungsperson abschließt.

3. Startkapital und Rechtsform, Dokumentation der Einnahmen und Ausgaben
Eine Schülerfirma ist keine Firma im realen Geschäftsleben, dennoch sollte sie sich an Rechtsformen und Strukturen realer Unternehmen orientieren, allerdings z. B. hinsichtlich des Startkapitals mit deutlich reduzierten Beträgen; so reichen bei einer Schüler-GmbH vielleicht 50 Euro Stammeinlage aus. Drei Rechtsformen haben sich besonders bewährt: die Schüler-AG, die Schüler-GmbH und der Schüler-Verein. Prüft Vor- und Nachteile dieser Rechtsformen und wählt die passende für euer Projekt aus.
Entscheidet, ob für eure Zwecke eine Einnahmen-Überschussrechnung reicht oder ob es einer Bilanz sowie einer Gewinn- und Verlustrechnung bedarf.

4. Geld- und Sachmittel
Unterscheidet zwischen der Grundausstattung (z. B. Einrichtung, Kasse, Postmappe) und Verbrauchsmaterial (z. B. Ordner, Stifte, CDs, Kassenbuch). Listet alle Mittel, die ihr benötigt, auf. Wie viel davon könnt ihr mit Eigenkapital bestreiten, für welchen Betrag benötigt ihr Sponsoren? Könnt ihr an Einrichtungsgegenstände z. B. auch über Sachspenden kommen?

5. Auftreten nach außen
Überlegt euch einen Namen für eure Schülerfirma, der kurz und einprägsam ist. Entwerft ein ansprechendes Logo (Firmenzeichen), das sich auch auf dem Geschäftspapier, auf eurem Stempel und im Firmenprospekt wiederfindet. Es ist wichtig, dass eure Schülerfirma immer eindeutig zu erkennen ist.

Im Potsdamer Espengrund-Gymnasium organisiert die 1997 gegründete PENG SAG die Pausenversorgung (Foto 2006).

6. Organisation der Schülerfirma
Eine einsichtige Aufgabenteilung und eindeutige Verantwortlichkeiten sind die wesentlichen Voraussetzungen für einen reibungslosen Geschäftsablauf. Gliedert eure Schülerfirma in Abteilungen (z. B. Rechnungswesen, Einkauf, Verkauf, Werbung und Personal) und bestimmt eine Geschäftsführung. Arbeitet in Teams und achtet darauf, dass keiner von euch unter- oder überfordert ist.
Gebt euren Teambesprechungen eine klare Struktur. Elementar sind eine feste Tagesordnung, eine straffe Sitzungsleitung, eine genaue Protokollführung sowie eine der Geschäftsordnung entsprechende Beschlussfassung.

7. Geschäftsbericht und Firmengewinn
Nach einem Geschäftsjahr, das am einfachsten mit dem Schuljahr identisch ist, legt ihr in einem Geschäftsbericht Rechenschaft über eure Aktivitäten ab. Wenn es einen Firmengewinn gibt, diskutiert über dessen Verwendung (Möglichkeiten: Rücklagenbildung, Investition in die Schülerfirma, Zahlung von Löhnen und Prämien, Gewinnausschüttung, Spende).

http://www.schulewirtschaft.de
Freiwillige Kooperation in Form eines Netzwerkes, betrieben von der:
Bundesarbeitsgemeinschaft *SCHULE*WIRTSCHAFT, Breite Straße 29, 10178 Berlin.
Förderer ist u. a. das Bundesministerium für Bildung und Forschung, Berlin.
Informationen zu Schülerfirmen und vieles mehr.

1. *Erörtert vorab, bei welchem der sieben „Schritte" euch die größten Hindernisse erwarten.*
2. *Prüft diese Hindernisse, überlegt Möglichkeiten ihrer Überwindung und diskutiert, ob die Gründung einer Schülerfirma für euch infrage kommt.*

Methode: Rollenspiel

Thema: Ein Familienunternehmen bewahren

Wie ein Rollenspiel vonstatten geht, wurde bereits vorgestellt (s. Seite 16); im Folgenden sind wichtige Punkte nochmals zusammengefasst: Ihr schlüpft bei einem Rollenspiel in die Haut einer anderen Person. Dafür müsst ihr euch zunächst in die jeweilige Person hineinversetzen: Wie denkt und wie fühlt sie bzw. er? Welche Ansichten vertritt sie bzw. er? Wie verhält sie bzw. er sich gegenüber anderen?
Durch die Übernahme einer Rolle in einem Rollenspiel könnt ihr viel lernen. Übernimmt man z. B. die Rolle einer Person, die von anderen in einem Streit geschlagen wurde, so kann man lernen, wie man sich als Opfer fühlt. Außerdem bietet das Rollenspiel die Möglichkeit, spielerisch zu erproben, wie man sich in der Wirklichkeit in einer bestimmten Situation verhalten kann.

Rollenspiele gliedern sich in eine Vorbereitungs-, eine Durchführungs- und eine Auswertungsphase. Bei jedem Rollenspiel gibt es eine Ausgangssituation, von der aus ihr euer Agieren im Spiel plant. Während Schauspieler sich im Allgemeinen an einen genau vorgegebenen Text und an detaillierte Regieanweisungen halten müssen, habt ihr viel mehr Freiraum, eure Rolle zu gestalten.

Hier besteht die vorgegebene Situation darin, dass in einer Unternehmerfamilie über das Schicksal des Familienunternehmens entschieden werden soll. Ihr sollt dieses Rollenspiel „Ein Familienunternehmen bewahren" in sieben Phasen vorbereiten, durchführen und auswerten. Das Rollenspiel dauert mehrere Stunden.

Erste Phase

Bildung von sieben Gruppen, die für je eine Rolle stehen; Verständigung über den Inhalt der Rollenkarte; ggf. Änderungen und Ergänzungen, die die Rollen „mit Leben füllen"; Einigung, wer in den einzelnen Gesprächsrunden die Rolle spielt.

Zweite Phase

Erste Besprechung mit den sieben Beteiligten, die sich im Chefzimmer der Druckerei treffen. Herr Möller teilt seine Absicht mit, sich aus der Führung des Unternehmens zurückzuziehen. Herr Onken als Unternehmensberater erläutert den Teilnehmern, in welcher Form das geschehen könnte, und moderiert das Gespräch.

Dritte Phase
Die Teilnehmer der Gesprächsrunde gehen „mit sich zurate", d. h. sie ziehen sich in ihre Gruppen zurück und überlegen mit ihrer Gruppe, mit welchen Vorstellungen sie in die nächste Besprechung gehen wollen.

Vierte Phase
Zweite Besprechung, in der die Gesprächsteilnehmer ihre Überlegungen zur Diskussion stellen. Herr Onken steht als Berater zur Verfügung und versucht, bei möglichen Streitigkeiten zu vermitteln. Er weist auf mögliche Konsequenzen der von der Runde diskutierten Lösungen für die Firma hin. Er wirbt um Verständnis für die Interessen aller Beteiligten.

Fünfte Phase
Die Teilnehmer ziehen sich erneut zur Beratung zurück und halten ihre Vorstellungen von einem neuen Gesellschaftsvertrag schriftlich fest. Herr Onken bereitet einen Gesellschaftsvertrag vor, den er für zustimmungsfähig hält.

Sechste Phase
Dritte Besprechung, in der Herr Onken seinen Vorschlag für einen Gesellschaftsvertrag präsentiert. Alle Gesprächsteilnehmer äußern sich zu diesem Vorschlag. Nach einer intensiven Aussprache wird der Vertrag – hoffentlich – unterzeichnet.

Siebte Phase
Wertet den Spielverlauf im Plenum aus und berücksichtigt dabei folgende Aspekte:
- Wie wurden die Interessen der Beteiligten gewahrt?
- Wie ist die Leistung des Moderators einzuschätzen?
- Welche Funktion hatte der Prokurist Becker im Gespräch?
- Welche Rolle werden die Beteiligten bei der Führung des Unternehmens künftig spielen?
- Welche Chancen hat das Unternehmen in seiner neuen Form auf dem Markt?
- Welche Anforderungen werden an die Beteiligten gestellt, wenn eine Entscheidung, die das Unternehmen bewahrt, zustande kommen soll?

Die Situation
Die Druckerei Möller ist ein alteingesessenes Unternehmen in Oelde. Zu ihrem Angebot gehören Visitenkarten, Anzeigen für Privatkunden, Imageprospekte, Produktbroschüren, Firmenzeitungen, Werbebeilagen, Plakate und Aufkleber für Unternehmen des näheren und weiteren Umkreises. Das Unternehmen verfügt über einen festen Kundenstamm und hat sich durch Qualität und Zuverlässigkeit in der Region einen guten Namen gemacht. Es beschäftigt zurzeit 40 Mitarbeiter. Die Druckerei befindet sich in der dritten Generation im Familienbesitz.
Der jetzige Eigentümer, Reinhard Möller, ist inzwischen 63 Jahre alt und sagt von sich, er habe immer nur für das Unternehmen gelebt. Urlaub hat er selten genommen, und wenn, dann höchstens 14 Tage, die er auf einer Nordseeinsel verbrachte. Sowohl seine Ehefrau Frieda als auch sein Hausarzt haben ihm wiederholt geraten, kürzerzutreten. Und nach vielen Gesprächen mit seinem langjährigen Vertrauten und Freund Hans Onken hat Reinhard Möller sich zu der Einsicht durchgerungen, dass er zu seiner Entlastung eine Nachfolgeregelung treffen müsse.
Reinhard Möller hat die Firma seit Jahrzehnten allein geleitet. In einer schwierigen Lage des Unternehmens hatte seine Ehefrau Frieda Möller vor Jahren eine Summe von 850 000 Euro, die sie einer Erbschaft verdankte, eingeschossen. Seine Schwester Greta ist schon seit Jahren mit einer Kapitaleinlage von 310 000 € an der Druckerei beteiligt. Der Wert der Druckerei beläuft sich auf ungefähr 8 Mio. Euro.
Das Ehepaar Möller hat zwei Kinder: einen Sohn und eine Tochter. Die Tochter Elke Möller hat Wirtschaftsingenieurswesen studiert und arbeitet seit drei Jahren im Unternehmen mit. Sie ist zusammen mit einem altbewährten Mitarbeiter für die Drucktechnik (Digital- und Offsetdruck) zuständig. Der Sohn Karsten hat Grafikdesign studiert und arbeitet zurzeit in einer Werbeagentur im etwa 150 km entfernten Köln.
Reinhard Möller ist klar, dass an der Entscheidung über die Zukunft der Druckerei alle Familienmitglieder beteiligt sein müssen, seine Schwester Greta somit nicht übergangen werden kann.

Den Termin für die erste Aussprache hat er lange vor sich hergeschoben, nicht zuletzt deshalb, weil er es gewohnt war, Unternehmensentscheidungen allein zu treffen und sich lediglich mit seinem Prokuristen Emil Becker zu besprechen, der schon über 30 Jahre für die Druckerei Möller arbeitet.
Der Freund und Unternehmensberater Hans Onken hat Reinhard Möller nahe gebracht, dass es im Interesse des Unternehmens erforderlich sei, in geordneter Auseinandersetzung mit der Familie zu einer vertraglichen Neuregelung zu kommen, also zu einem ganz neuen Gesellschaftsvertrag. Darin müsste festgelegt werden, wie die Zuständigkeiten und die Entscheidungsbefugnisse zu verteilen sind, wer welche Verantwortung zu tragen hat und wie die Eigentumsverhältnisse geordnet sein sollen. Zu regeln wäre auch die Verteilung des jährlichen Unternehmensgewinns oder des Unternehmensverlusts. Kommt ein solcher Vertrag nicht zustande, bleibt nur die Möglichkeit, das Unternehmen zu verkaufen.

Rollenkarte

Reinhard Möller

Reinhard Möller hat das Druckereihandwerk von der Pike auf gelernt und in mehreren auswärtigen Betrieben gearbeitet. Aus Anlass einer schweren Erkrankung seines Vaters kehrte er früher als beabsichtigt in den väterlichen Betrieb zurück und musste nach dem Tod seines Vaters die Führung des Betriebs übernehmen. Im Rückblick stellte er immer wieder fest, dass er ohne die Unterstützung eines erfahrenen Prokuristen gescheitert wäre. Ein Vierzehn-Stunden-Tag im Unternehmen ist für ihn selbstverständlich; er kennt jeden seiner Mitarbeiter. Bei seinem Erscheinen pflegen sie zu bemerken: „Der Alte kommt."

Rollenkarte

Frieda Möller

Frieda Möller hat Englisch und Spanisch studiert und vor ihrer Heirat als Auslandskorrespondentin in einem Textilunternehmen gearbeitet. Nach ihrer Heirat hat sie sich aus dem Berufsleben zurückgezogen und sich überwiegend der Erziehung ihrer Kinder gewidmet. Sie arbeitet jetzt ehrenamtlich als Vorstandsmitglied in einem Verein für spanisch-deutschen Kulturaustausch mit. In ihrer Freizeit liest sie gern englische und spanische Romane im Original. Im Lauf ihrer Ehe ist es ihr – zu ihrem Leidwesen – nur einmal gelungen, zu einem längeren gemeinsamen Urlaub zu bewegen. Frieda Möller begrüßt es, dass in Kürze eine Entscheidung über die Zukunft der Druckerei fällt.

Inhalt eines Gesellschaftervertrages

§ 1 **Die Gründer und ihr neues Unternehmen:** Gründernamen, Unternehmensform
§ 2 **Bezeichnung der neuen Firma:** z. B. Möller & Möller OHG, Möller KG, Möller GmbH
§ 3 **Gegenstand des Unternehmens:** Produktionsschwerpunkt, Branche
§ 4 **Niederlassungsort der Gesellschaft:** genaue Anschrift
§ 5 **Kapitaleinlagen:** Sachgegenstände, Bankguthaben usw.
§ 6 **Privatentnahmen:** z. B. Bargeld für geleistete Arbeit
§ 7 **Mitarbeit im Unternehmen:** Geschäftsführung und Vertretung
§ 8 **Verteilung des Gewinns oder Verlusts:** z. B. Quoten, Festbeträge
§ 9 **Kündigung des Gesellschaftsvertrags:** Kündigungsfristen
§10 **Erlöschen der Gesellschaft:** z. B. Tod eines Gesellschafters, Familienstreitigkeiten usw.

Rollenkarte

Greta Möller

Greta Möller ist die unverheiratete Schwester von Reinhard Möller. Sie betreibt mit Begeisterung eine Buchhandlung am Marktplatz, Druckereierzeugnisse ihres Bruders liegen oft dort aus. Sie versteht sich gut mit ihrer Schwägerin und ihrem Bruder, wenngleich sie bisher wenig Erfolg hatte, ihren Bruder zum Lesen von Literatur zu bewegen. Seit geraumer Zeit hat Greta Möller Schwierigkeiten, sich mit ihrer Buchhandlung zu behaupten. Der Laden ist sehr klein, und die Einrichtung müsste kostenaufwendig modernisiert werden. Sie denkt deshalb auch über das Angebot einer Buchhandelskette nach, ihre Buchhandlung zu übernehmen. Ihr bliebe dann die Möglichkeit, die Filiale als Angestellte zu leiten.

Rollenkarte

Elke Möller

Elke Möller ist aufgrund ihrer mehrjährigen Mitarbeit mit dem Betrieb vertraut. Dessen technische Modernisierung ist vor allem ihr Werk. Sie hat die Einführung des Digitaldruckverfahrens vorangetrieben, das es ermöglicht, auch für kleinere Kunden attraktive Angebote bereitzuhalten. Zudem kann die Firma jetzt verschiedenste Aufträge in kürzester Zeit erledigen. Ihr Vater hatte zunächst Schwierigkeiten, sich auf die neue Technik einzulassen. Wenig zu tun hatte Elke Möller bisher mit Kunden, und sie war froh, dass ihr die kaufmännische Seite von ihrem Vater und seinem Prokuristen abgenommen wurde.

Rollenkarte

Hans Onken

Hans Onken, Unternehmensberater, ist der Familie und Firma Möller seit vielen Jahren verbunden. Er kennt die geschäftliche Lage und Entwicklung des Unternehmens bis ins Detail. Er ist – auch als Mitglied des Stadtrats – daran interessiert, das Unternehmen für die Stadt zu erhalten. Hans Onken genießt das Vertrauen aller Familienmitglieder, insbesondere das von Reinhard Möller, der ihm manchen nützlichen Hinweis verdankt. Ihm ist bekannt, dass in Deutschland täglich über 250 Familienunternehmen vor einem Generationswechsel stehen und dass dieser häufig die Existenz der Firma gefährdet.

Rollenkarte

Karsten Möller

Karsten Möller hat mit Begeisterung Grafikdesign studiert und arbeitet – sehr erfolgreich – in einer Kölner Werbeagentur. Zufrieden registriert er immer wieder von ihm entworfene Plakate im Kölner Stadtbild. Karsten Möller hat in der Domstadt viele Kontakte, und es eröffnet sich ihm zurzeit die Chance, als Miteigentümer in die Redaktion eines Kulturmagazins zu wechseln, wenn er das nötige Anteilskapital mitbringen kann. In seiner Heimatstadt lässt er sich nur selten sehen, vor allem Familienfeiern sind ihm ein Gräuel. Zu seinem Vater hat er jedoch ein sehr gutes Verhältnis. Der wieder freut sich, wenn er seinen Sohn sieht und vermag nicht einzusehen, was ihn zu seinen Urlaubsreisen rund um den Globus treibt.

Rollenkarte

Emil Becker

Emil Becker, Prokurist, kennt sich im Druckerei-Unternehmen Möller aus. Als gelernter Maschinenbauer und erfahrener Kaufmann hat er immer dafür gesorgt, dass Druckmaschinen und technische Geräte sorgfältig gepflegt, verbessert und ggf. rechtzeitig erneuert wurden. Oft gibt Emil Beckers Einschätzung die Grundlage für kaufmännische Entscheidungen ab. Mit einem ansehnlichen Jahressalär und mit regelmäßigen Bonuszahlungen hat Reinhard Möller seinen besten Mann ans Unternehmen gebunden. Er steht kurz vor der Pensionierung.

1 *Spielt das Rollenspiel und nutzt dabei die Hinweise zu den sieben Phasen.*

Methode: Analyse von Tabellen

Thema: Der Standortfaktor Arbeit in Deutschland

Um die Sachverhalte einer Tabelle zu verstehen, bei denen Zahlenangaben eine wesentliche Rolle spielen, müssen alle Angaben analysiert und gedeutet werden. Dabei geht man am besten in Schritten vor:

1. Erfasse das Thema der Tabelle. Prüfe, ob du alle Begriffe kennst und schlage gegebenenfalls die unbekannten in einem Lexikon nach.
2. Kläre zunächst, um welche Zahlenangaben es sich handelt: Sind es beispielsweise Prozentangaben, absolute Zahlen, Größen- oder Mengenangaben? Lege dir dann genau Rechenschaft darüber ab, welche Bedeutung die Zahlen haben.
3. Versuche herauszufinden, welche Aussageabsicht der Verfasser mit der Tabelle verfolgt: Will er z. B. vorrangig sachlich informieren, anstehende politische Entscheidungen beeinflussen oder Verhaltensänderungen bewirken? Achte auf „das Kleingedruckte" am Rande von Tabellen: Wer hat die Zahlen wie ermittelt, und wo ist die Tabelle veröffentlicht worden?
4. Kläre, welche Bedeutung die in der Tabelle präsentieren Zahlen für dich haben: Welche Informationen sind für dich aus welchen Gründen interessant?

A Arbeitsmarkt in Westdeutschland: Beschäftigungsverhältnisse in Prozent aller Erwerbstätigen

	1985	1990	1995	2000	2005	2008
unregelmäßig/geringfügig	5	3	5	7	10	12
befristet	7	7	5	6	6	6
Teilzeit	10	12	13	15	16	18
Vollzeit	67	68	68	62	58	56

(nach: Institut der deutschen Wirtschaft Köln, iwd 15/2008, S. 4; für 2008 handelt es sich um eine Schätzung)

B Sozialversicherungspflichtig Beschäftigte in 1000 (Stichtag jeweils 30. 6.)

	2003	2007	Differenz	Veränderung in Proz.
Kleinunternehmen	4904	4769	−135	−2,8
Kleiner Mittelstand	6366	6249	−117	−1,8
Mittelstand	9897	10208	+311	+3,1
Großunternehmen	5788	5629	−159	−2,7
insgesamt	26955	26855	−100	−0,4

(nach: Institut der deutschen Wirtschaft Köln, iwd 14/2008, S. 7)

Erläuterungen: Kleinunternehmen = 1 bis 9 Beschäftigte; kleiner Mittelstand = 10 bis 49 Beschäftigte; Mittelstand = 50 bis 499 Beschäftigte; Großunternehmen = ab 500 Beschäftigte

C Bevölkerung und Erwerbstätigkeit (Inländer) in Deutschland (bis 1990 früheres Bundesgebiet) in 1000

Jahr	Bevölkerung (Ew.)	Erwerbs-personen	Erwerbslose	Erwerbstätige		
				insgesamt	Arbeitnehmer	Selbstständige
2007	82263	43296	3602	39694	35243	4451
2000	82188	42175	3137	39038	35123	3915
1990	63254	31829	1423	30406	27301	3105
1980	61566	27978	483	27495	24341	3154
1970	60651	26798	103	26695	22354	4341

(Quelle: Statistisches Bundesamt Wiesbaden)

1 *Analysiere die Tabellen A bis C und erläutere ihre Aussageabsicht bzw. die ihrer Urheber.*

Unternehmensstandort Deutschland

Unternehmen in Deutschland	
1960	1,72 Mio.
1988	2,08 Mio.
1993	2,80 Mio.
2006	3,10 Mio.

Beschäftigungsmotor Kleinbetrieb Unternehmen nach Beschäftigtenzahlen (in %)	
bis 9 Beschäftigte	91,0
10 bis 49 Beschäftigte	7,0
50 bis 249 Beschäftigte	1,5
250 Beschäftigte und mehr	0,5

Dienstleister dominieren Unternehmen nach Wirtschaftszweigen (in %)	
Dienstleistungen	31,2
Handel/Instandhaltung	21,5
Baugewerbe	10,0
Industrie	8,6
Gastgewerbe	7,8
Gesundheits-/Sozialwesen	7,2
Transport / Kommunikation	4,0
Erziehung / Unterricht	1,7
Finanzwesen	1,5
Energie	0,4
Bergbau	0,1
übrige	6,0

(aus: Frankfurter Allgemeine Sonntagszeitung, 13. 4. 2008, S. 54)

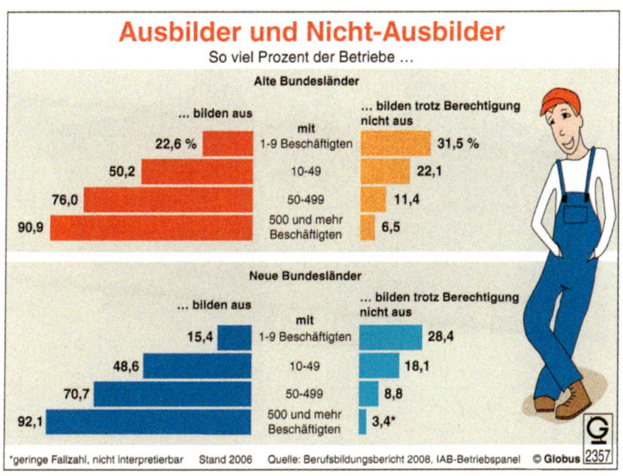

Mittelstand: starker Wirtschaftsfaktor So viel Prozent der ... entfallen auf den Mittelstand	
Unternehmen	99,7
Auszubildenden	82,9
Beschäftigten	78,6
Wertschöpfung	46,7
Investitionen	46,0
Umsätze	39,1
Innovationsaufwendungen	29,3
Ausgaben für Forschung und Entwicklung	12,8

Umsätze: Anteil der Unternehmen mit einem Jahresumsatz von bis zu 50 Millionen Euro
Unternehmen: Anteil der Unternehmen mit einem Jahresumsatz von bis zu 50 Millionen Euro und weniger als 500 Beschäftigten
übrige Indikatoren: Anteil der Betriebe mit weniger als 500 Beschäftigten
Stand: 2004 bis 2006
Ursprungsdaten: Bundesagentur für Arbeit, Statistisches Bundesamt, ifo Institut für Wirtschaftsforschung München, Institut für Mittelstandsforschung Bonn (IfM), Stifterverband für die Deutsche Wissenschaft, Zentrum für Europäische Wirtschaftsforschung (ZEW)

(aus: Institut der deutschen Wirtschaft Köln, idw 14/2008, S. 7)

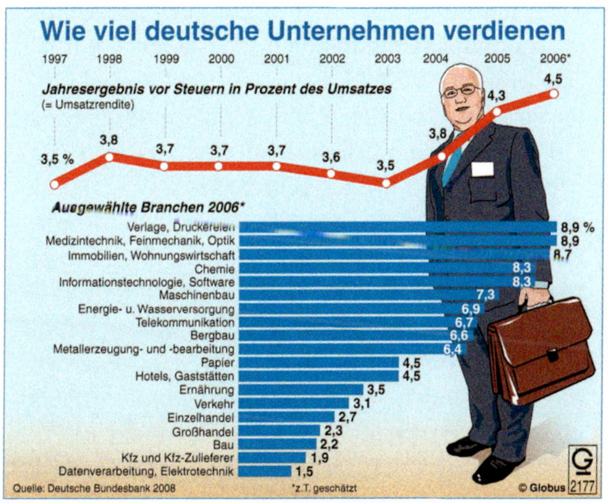

1. *Analysiere die Tabellen und fasse die wichtigsten Ergebnisse schriftlich zusammen.*
2. *Zahlenmaterial kann auch in Schaubildern dargestellt werden. Beschreibe wesentliche Unterschiede zwischen der Aufbereitung als Grafik und als Tabelle.*
3. *Suche in der Tagespresse nach aktuellen Tabellen zum Thema „Unternehmensstandort Deutschland“.*

Die Rolle der Unternehmer und Manager

Unternehmerische Ziele

Bertelsmann Stiftung untersucht Einstellung Jugendlicher zur unternehmerischen Selbstständigkeit

In einer repräsentativen Studie der Bertelsmann Stiftung äußerten 75 Prozent der Befragten im Alter zwischen 15 und 20 Jahren, sie hätten eine „eher gute“ Meinung über Unternehmer; 12 Prozent sogar eine „sehr gute“. Lediglich 13 Prozent haben eine schlechte Meinung über das Unternehmertum. Damit haben die Jugendlichen sogar ein positiveres Unternehmerbild als ihre Lehrer, die ebenfalls befragt wurden. In dieser Gruppe haben sechs Prozent eine „sehr gute“, 69 Prozent eine „eher gute“ und immerhin 25 Prozent eine „schlechte“ Meinung über Unternehmer.

Das Unternehmerbild der Jugendlichen wird positiv vom persönlichen Kontakt mit Unternehmern (55 Prozent) und Erfahrungen beim Jobben (47) geprägt. Eltern (44), die Lehrer (44) sowie Freunde und Bekannte (35) spielen eine deutlich größere Rolle als professionelle Berufsberater (31).

Drei Viertel der Jugendlichen im Schulalter sind in Deutschland prinzipiell bereit, sich später einmal selbstständig zu machen und ein eigenes Unternehmen zu gründen. 15 Prozent der Befragten ziehen dies sogar „bestimmt“ in Erwägung, weitere 61 Prozent „eventuell“. Dabei neigen junge Männer deutlich mehr zur Selbstständigkeit als junge Frauen.

(aus: http://www.bista.de/nachrichten/31039/Studie__Jugendliche_in_Deutschland_haben_ein_positivere.html; gekürzt)

Management

[...]

In institutioneller Hinsicht bezeichnet der Begriff die Personengruppe mit vorwiegend organisatorischer oder leitender Tätigkeit im Unternehmen, die Manager. Als Manager werden die Mitglieder der Führungsebene eines Unternehmens bezeichnet, allerdings üblicherweise nicht der an der Spitze eines eigentümergeführten Unternehmens stehenden Unternehmer selbst. Umstritten ist, wie weit in der Unternehmenshierarchie der Kreis zu ziehen ist, wenn man von Manager bzw. Management spricht [...].

Der Manager muss seine Arbeit in der Planung, Durchführung und Kontrolle von Führungsaufgaben am Nutzen der Organisation bzw. des Unternehmens und der daran Beteiligten (Stakeholder) ausüben, wobei er die ihm zur Verfügung stehenden betrieblichen Ressourcen optimal zum Einsatz bringen soll. Prinzipiell gilt diese Definition auch für den Eigentümer-Unternehmer. Bei diesem kommt aber noch etwas hinzu: Er handelt im Gegensatz zum angestellten Manager einer Aktiengesellschaft oder GmbH auf eigenes Risiko und ist in seinen Entscheidungen vollkommen autonom. [...]

(aus: http://www.insm.de/Lexikon/M/Management.html; gekürzt)

Herr B., 48, ein Mensch,
verheiratet, zwei Kinder,
Beruf: Unternehmer
Ein Arbeitgeber, Industrieller, Fabrikant,
Wirtschaftskapitän, Millionär, Profitjäger,
Produzent, Konservativer, Progressiver,
Neuerer, Planer, Manager, Teamchef, Boss,
Brötchengeber, Preistreiber, Kapitalist,
Steuerzahler.
Oder was sonst?
Und was sonst?

❶ *Werte die Text- und Bildmaterialien dahin gehend aus,*
- *ob sie zwischen Unternehmern und Managern deutlich unterscheiden,*
- *ob sie ein positives oder ein negatives Bild zeichnen,*
- *ob sie Rolle und Funktion sowie Leistung und Wirkung in Wirtschaft und Gesellschaft mitbedenken.*

Das Wichtige in Kürze

Unternehmen

In der Marktwirtschaft sind Unternehmen Privateigentum, d. h. sie gehören Privatpersonen. Jedes Unternehmen entscheidet für sich, welche Güter es produzieren möchte und zu welchen Preisen es sie anbietet. Es richtet sich dabei nach dem Markt. Der Markt sorgt dafür, dass die Pläne der Produzenten und die Pläne der Konsumenten aufeinander abgestimmt werden.

Unternehmensorganisation

Die Unternehmens- bzw. die Betriebsorganisation ist auf lange Fristen ausgelegt; sie bildet das tragende Grundgerüst jeder Produktion und ihrer Abläufe. Zugleich muss die Struktur an den Unternehmenszweck angepasst sein und außerdem optimale Entscheidungsprozesse gewährleisten. Denn die Art und Weise, wie die Teile eines Ganzen untereinander und zu diesem Ganzen orientiert sind und zusammenwirken, ist für den Erfolg eines Unternehmens von zentraler Bedeutung.

Unternehmensformen

Der Wahl einer für das Unternehmen günstigen Unternehmensform kommt große Bedeutung zu. Es gibt z. B. die Einzelunternehmung, die Offene Handelsgesellschaft (OHG), die Gesellschaft mit beschränkter Haftung (GmbH) und die Aktiengesellschaft (AG). Kapitalausstattung, Risiken, Haftung und Gewinnverteilung unterscheiden sich sehr.

Unternehmer und Unternehmerinnen

Unternehmer und Unternehmerinnen sind Menschen, die selbstständig sind. Ihnen gehört das Unternehmen, und sie leiten dieses meist auch selbst. Unternehmerinnen und Unternehmer entscheiden, welche Waren sie produzieren oder welche Dienstleistungen sie anbieten. Und sie tragen das Risiko, dass sie ihr eingesetztes Kapital verlieren, wenn ihr Unternehmen nicht erfolgreich ist. Sie übernehmen aber nicht nur für sich selbst Verantwortung, sondern haben auch eine soziale Verantwortung ihren Mitarbeitern und Mitarbeiterinnen gegenüber, insbesondere hinsichtlich der Sicherung der Arbeitsplätze, sowie eine ökologische Verantwortung für eine umweltfreundliche Produktion. Die Gesamtheit der Unternehmerinnen und Unternehmer ist somit in hohem Maße für die Wirtschaft und das Wohlergehen der Gesellschaft verantwortlich.

Manager

Manager sind leitende Angestellte in größeren Unternehmen. Im Allgemeinen sind sie nicht Eigentümer, selten nur Miteigentümer des Unternehmens. Als bezahltes Personal sind sie Arbeitnehmer – in herausgehobener Position.

Deutschland als Unternehmensstandort

Ob Unternehmen sich in einer Region ansiedeln, ist von vielen Faktoren abhängig; hierzu zählen: gute Infrastruktur, adäquates Arbeitskräfteangebot, politische Stabilität, Rechtssicherheit, günstige Investitionsbedingungen. Deutschland ist für viele Unternehmen aus zahlreichen Branchen ein Spitzenstandort. Nicht zuletzt eröffnen eine konsumkräftige Bevölkerung, der Binnenmarkt der Europäischen Union und die Tatsache, dass die Bundesrepublik zahlreiche supranationale Wirtschaftsabkommen unterzeichnet hat, den Unternehmen große Absatzmärkte.

Wirtschaftskreislauf: ein Modell für Geld und Güter in Bewegung

Die Menschen in modernen Gesellschaften sind tagtäglich in eine Vielzahl ökonomischer Vorgänge verwickelt. Sie müssen Entscheidungen treffen, die für sie selbst, aber auch für andere Teilnehmende des Wirtschaftslebens von Bedeutung sind. Wenn man den inneren Zusammenhang der Vorgänge deutlich machen will, in dem die Akteure (Handelnden) zueinander stehen, so hilft ein Modell, das die tatsächlichen Prozesse vereinfacht darstellt. Wir kennen Modelle z. B. von Architekten; sie zeigen, wie ein geplantes Gebäude aussehen soll.

Grundsätzlich lassen sich zwei Arten wirtschaftlicher Tätigkeiten unterscheiden: die Bereitstellung von Gütern und die Bedürfnisbefriedigung durch Konsum. Sie werden jeweils dem „Ort der Handlung" zugeordnet – den Unternehmen einerseits und den privaten Haushalten andererseits. Man spricht auch von zwei Sektoren, die beide durch ständigen Austausch miteinander verbunden sind. Allerdings erfolgt der Tausch von Leistung und Gegenleistung nicht unmittelbar, sondern mithilfe des Geldes als Vermittler. Dies geschieht auf dem Markt für Konsumgüter (z. B. Lebensmittel, Kleidung, Fahrzeuge u. v. m.) und auf dem Markt für Produktionsfaktoren (Arbeitskraft, Kapital, Boden, Wissen).

Den gesamten Austausch kann man sich als Kreislauf vorstellen, in dem der Strom der Waren und Dienstleistungen einem Strom des Geldes begegnet – beide Ströme sind also gegenläufig. Das Modell des einfachen Wirtschaftskreislaufs bildet modellhaft den Austausch zwischen den beiden Akteuren „private Haushalte" und den „Unternehmen" ab.

Das Modell des einfachen Wirtschaftskreislaufs gibt die Realität nur sehr unzureichend wieder. Es fehlt nämlich der Staat als wichtiger Akteur. Wenn wir diesen im Modell noch ergänzen, dann kommen wir zum Modell des erweiterten Wirtschaftskreislaufes (siehe Grafik S. 193). Berücksichtigt man dann noch den Austausch mit dem Ausland, dann haben wir es mit einem Modell für eine offene Volkswirtschaft statt einer geschlossenen zu tun.

Der Staat ist ein mächtiger Akteur im Wirtschaftsprozess: Im staatlichen Sektor werden öffentliche Güter produziert; zudem leistet der Staat sogenannte Transferzahlungen, z. B. Sozialleistungen an bedürftige Bürgerinnen und Bürger, oder Subventionen (Zuschüsse) an Unternehmen, etwa zur Bezahlung der Lohnkosten oder zur Finanzierung von Grundstücken. Um diese Aufgaben zu erfüllen, erhebt der Staat Steuern, Gebühren und Abgaben, die private Haushalte und Unternehmen erbringen müssen.

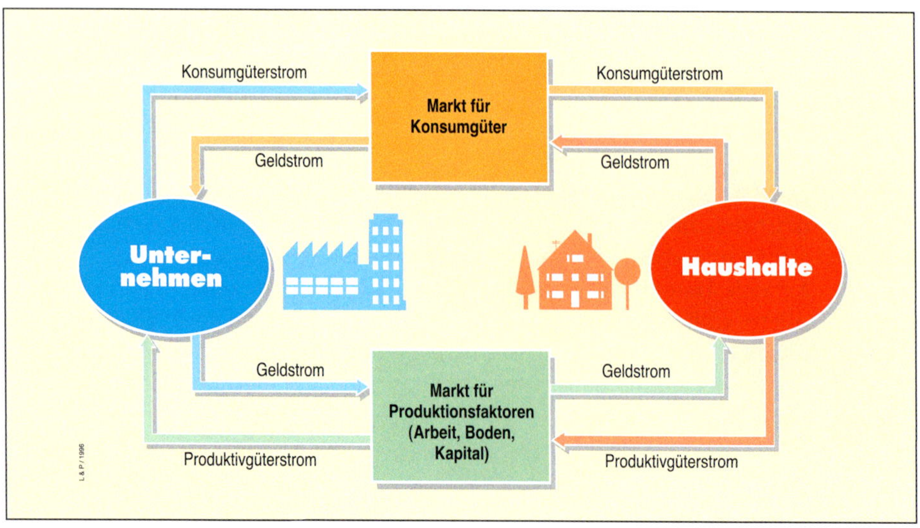

Modell eines einfachen Wirtschaftskreislaufs

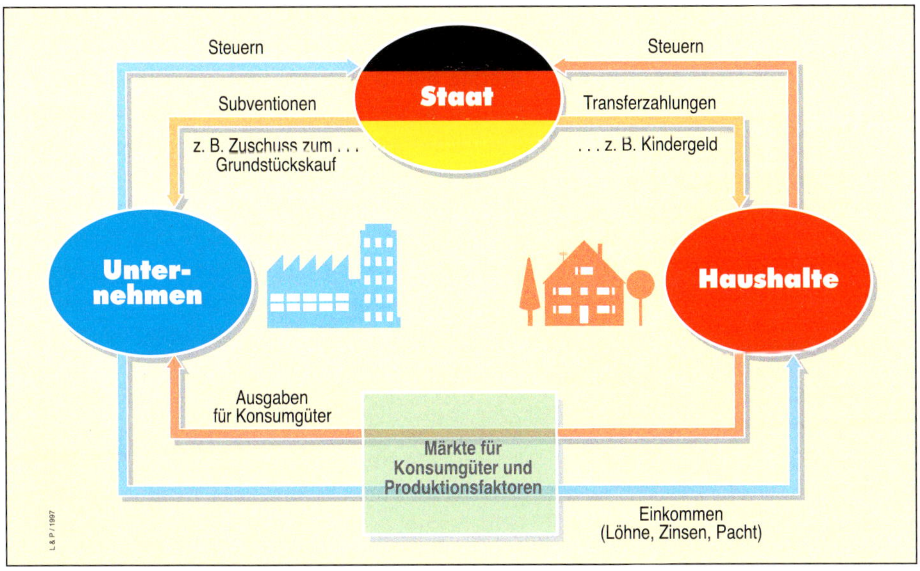

Modell eines erweiterten Wirtschaftskreislaufs (ohne Austausch mit dem Ausland)

Die Versorgung einer Millionenstadt

Man stelle sich einmal das Problem der täglichen Versorgung einer Millionenstadt mit allen Gütern vor, deren ihre Bewohner zur Fristung, Verschönerung und Erheiterung des Lebens bedürfen: Soundsoviele Tonnen Mehl, Butter und Fleisch, soundsoviele Kilometer Stoff, soundsoviele Millionen Zigaretten und Zigarren, soundsoviele Ballen Papier, soundsoviele Bücher, Tassen, Schüsseln, Nägel und tausend andere Dinge müssen täglich beschafft werden, ohne dass an der einzelnen Ware Mangel oder Überfluss herrscht. Sie müssen stündlich, täglich, monatlich oder jährlich (je nach dem Charakter der Ware) in Menge und Qualität auf die Nachfrage der Millionenbevölkerung abgestimmt werden. Diese Nachfrage kann nur auf den Besitz von Kaufmitteln (Geld) gestützt werden; aber dieser Besitz von Kaufmitteln setzt wieder voraus, dass die Millionen, die als Konsumenten auftreten, zuvor als „Produzenten" […] ihrerseits die von ihnen angebotenen Güter und Leistungen in Art und Menge so auf die allgemeine Nachfrage abgestimmt hatten, dass sie sie ohne Verlust verkaufen konnten. Nun umfasst aber der moderne hoch differenzierte Wirtschaftprozess nicht eine einzelne Stadt, sei sie noch so groß, nicht nur ein ganzes Land, sei es noch so weit, sondern […] den ganzen Erdball. Der Arbeiter in einer optischen Fabrik produziert für die fernsten Länder, die ihn dafür auf vielfach verschlungenen Wegen mit Kakao, Kaffee, Tabak oder Wolle versorgen; indem er Linsen schleift, produziert er indirekt alle diese Dinge, und zwar in größeren Mengen und mit geringeren Kosten, als wenn er sie im direkten Verfahren produzieren würde. Dieser ungeheuer ausgedehnte und komplizierte Prozess kann nur vonstatten gehen, wenn alles in jedem Augenblick so sehr aufeinander abgestimmt ist, dass größere Unordnung vermieden wird. Wäre das nicht der Fall, so wäre die Versorgung von Millionen mit einem Schlage gefährdet.

(aus: Wilhelm Röpke: Die Lehre von der Wirtschaft, 81958, Erlenbach-Zürich/Stuttgart, S. 17 f.)

1. *Beschreibe mithilfe des Schaubildes auf S. 192 in deinen eigenen Worten, wie das Modell des Wirtschaftskreislauf im Grundsatz funktioniert.*
2. *Erläutere, weswegen im Schaubild zum erweiterten Wirtschaftskreislauf die Märkte für unzählige Konsumgüter und die Produktionsfaktoren zu Recht zu einem Faktor zusammengefasst wurden.*
3. *Es gibt private Selbsthilfeorganisationen, Tauschringe genannt, die einen Austausch von Waren ohne Einsatz von Geldmitteln ermöglichen. Begründe mithilfe des Textes „Die Versorgung einer Millionenstadt", weswegen das keine Möglichkeit für die Gesellschaft insgesamt ist.*

Das Modell wird erweitert: Geldströme im Wirtschaftskreislauf

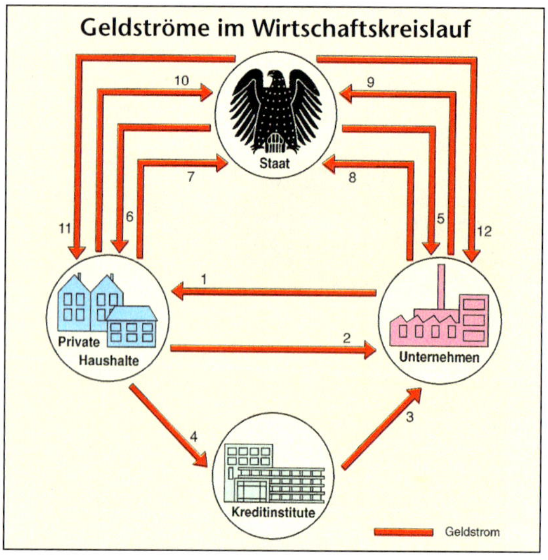

A) Unternehmen erhalten vom Staat Staatsaufträge, z. B. zum Bau von Schulen oder Straßen.

B) Haushalte erhalten vom Staat Sozialleistungen, z. B. Kindergeld, Grundsicherung für Arbeitsuchende, Wohngeld.

C) Haushalte legen einen Teil ihres Einkommens bei den Kreditinstituten als Ersparnisse an.

D) Unternehmen nehmen bei den Kreditinstituten Kredite auf, die sie für Investitionen nutzen, z. B. für die Modernisierung der Produktion oder die Erschließung neuer Absatzmärkte.

E) Haushalte führen an den Staat Steuern ab, z. B. die Lohn- oder Einkommensteuer.

F) Unternehmen führen an den Staat Sozialversicherungsbeiträge ab, z. B. Rentenversicherungsbeiträge oder Beiträge zur Arbeitslosenversicherung.

G) Private Haushalte, in denen eine Person oder mehrere Personen im öffentlichen Dienst beschäftigt ist/sind, erhalten vom Staat Einkommen.

H) Haushalte kaufen von Unternehmen Güter.

I) Haushalte erhalten von Unternehmen Einkommen.

J) Unternehmen erhalten vom Staat Subventionen (Zuschüsse); z. B. werden ganze Branchenzweige wie der Steinkohlebergbau bezuschusst, oder einzelne Unternehmen bekommen unter bestimmten Bedingungen Lohnkostenzuschüsse. Der Grund für die Subventionen liegt im Wesentlichen in der Sicherung der Arbeitsplätze.

K) Unternehmen führen an den Staat Steuern ab, z. B. Gewerbesteuer oder Umsatzsteuer.

L) Unternehmer führen an den Staat Steuern ab.

M) Haushalte führen an den Staat Sozialabgaben ab, z. B. Rentenversicherung oder Arbeitslosenversicherung.

Staatliche Umverteilung

Der staatliche Sektor im Wirtschaftskreislauf umfasst die Gebietskörperschaften, das sind Bund, Länder und Gemeinden, sowie die Sozialversicherungen, das sind die gesetzliche Kranken- und Pflegeversicherung, die gesetzliche Unfall-, Renten- und Arbeitslosenversicherung. Die zentrale Aufgabe des Staates im Rahmen der Gesamtwirtschaft ist die Umverteilung. Der Staat beschafft sich seine Mittel nicht durch die Teilnahme am privatwirtschaftlichen Produktionsprozess, sondern er schöpft einen Teil der Kaufkraft ab, die in der Privatwirtschaft entstanden ist. Diese Mittel benötigt er, um seinen Aufgaben, wie z. B. Bau von Straßen und Brücken, Verwaltung, Verteidigung usw., gerecht zu werden. Die Umverteilungsfunktion des Staates beruht darin, dass er den Sektoren „private Haushalte und Unternehmen" Kaufkraft entzieht, um seine Aufgaben zu erfüllen.

(zusammengefasst nach: http://www.wirtschaftundschule.de/servlets/downloadfile?d=file://material_download.%2FDownloads%2 Fdateipool%2FGyI4_(3)_Station_blau.doc)

1. *Nenne den Akteur, der im Schaubild „Geldströme im Wirtschaftskreislauf" im Vergleich zum Schaubild „erweiterter Wirtschaftskreislauf" (S. 193) zusätzlich ausgewiesen wurde und erkläre, warum. Denke dabei an die spezifischen Aufgaben dieses Akteurs im Wirtschaftsprozess.*
2. *Die Grafik zeigt die Geldströme im Wirtschaftskreislauf. Ordne die Buchstaben der einzelnen Transaktionen den Ziffern zu. Trage sie entweder in deinem Heft oder in deinem Arbeitsblatt ein.*
3. *Erläutere, warum der Staat im Rahmen der Gesamtwirtschaft eine Umverteilungsfunktion übernimmt.*

Zwei Modelle: stationäre und dynamische Wirtschaft

Die verschiedenen und – auf den ersten Blick – sehr unterschiedlich wirkenden Darstellungen von Wirtschaftskreisläufen gehen letztlich immer nur von zwei grundlegenden Annahmen aus:

1. Das Modell der stationären Wirtschaft
Alle den Wirtschaftskreislauf bildenden Sektoren (Unternehmen, private Haushalte, Staat) haben von Wirtschaftsperiode zu Wirtschaftsperiode die gleichen Wertströme. Dies bedeutet, dass die Unternehmen keine Neuinvestitionen vornehmen und die Haushalte nicht sparen. Das Einkommen (Y = 100) entspricht den Konsumausgaben (C = 100) : (Y = 100) = 1. Dieses Modell zeigt also nur die Beziehung zwischen den Sektoren auf. Man spricht dann von „stationärer" Volkswirtschaft.

2. Das Modell der dynamischen Wirtschaft
Eine dynamische Volkswirtschaft ist eine wachsende und fortschreitende Wirtschaft, in der die Unternehmen ihre Produktion ausweiten, also Investitionen tätigen, und in der die Einkommen der Privathaushalte steigen. Damit ändern sich die Vermögensverhältnisse in der Volkswirtschaft. Im Modell der dynamischen Wirtschaft wird diese Änderung im Wirtschaftskreislauf im sogenannten Vermögensänderungskonto (Vermögensbildung) festgehalten.

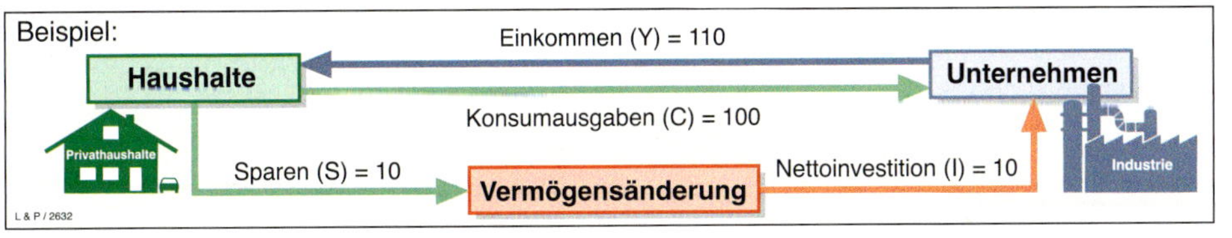

In einer Gleichung lässt sich der Zusammenhang wie folgt darstellen:

(1) Entstehung des Einkommens: Y = C + I

Einkommen	=	Konsumgüter	+	Investitionsgüter
110	=	100	+	10

(2) Verwendung des Einkommens: Y = C + S

Einkommen	=	Konsumausgaben	+	Sparen
110	=	100	+	10

Hinweis:
Werden die Investitionen zur Erweiterung der Produktionsanlagen genutzt, lässt sich im nächsten Betriebsjahr ein höheres Einkommen erzielen, das eine Zunahme von C, aber auch von S und damit von I zulässt.

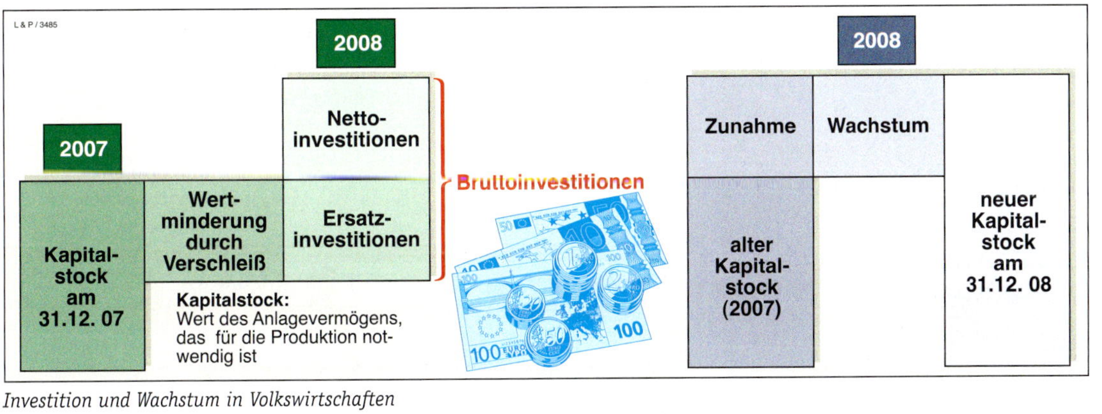

Investition und Wachstum in Volkswirtschaften

1 *Erkläre den Unterschied der beiden Wirtschaftsmodelle. Erläutere die Vorteile des zweiten Modells.*

Merkmale der sozialen Marktwirtschaft

Ludwig Erhard (1897–1977), geistiger „Vater“ der sozialen Marktwirtschaft, Bundeswirtschaftsminister (1949–1963) und Bundeskanzler (1963–1965)

Noch am Tag der Währungsreform 1948 wurden die Schaufenster der Läden mit bisher zurückgehaltenen Waren gefüllt.

Der VW Käfer wurde weltweit zu einem Symbol für das deutsche „Wirtschaftswunder“ in den 1950er- und 60er-Jahren.

Die Wirtschaftsordnung der Bundesrepublik Deutschland ist die soziale Marktwirtschaft. Sie verbindet das Prinzip der freien Preisbildung auf dem Markt mit dem Prinzip des sozialen Ausgleichs.

Nach dem Prinzip der …(1)… Preisbildung planen die Unternehmen ihre Produktion und die Verbraucher ihren Konsum. Dabei haben beide unterschiedliche Interessen. Die Unternehmen wollen möglichst viel …(2)… erzielen und die Verbraucher möglichst günstig einkaufen. Auf dem Markt treffen dann das …(3)… der Unternehmen und die …(4)… der Verbraucher zusammen. Es bildet sich ein Preis, der die unterschiedlichen Interessen …(5)…

Da neben dem Preis auch die Qualität und der Service wichtige Gesichtspunkte bei der Kaufentscheidung sind, stehen die Unternehmen im …(6)… Sie entwickeln daher bessere, neue und billigere Produkte, um gegenüber der Konkurrenz einen Vorsprung zu haben. Dies führt dazu, das die Verbraucher gute Qualitäten zu günstigen …(7)… kaufen können. Es verbessert sich die Versorgung der Bevölkerung mit Gütern, und der …(8)… wächst.

Damit der Wettbewerb auf Dauer erhalten bleibt, erlässt der Staat Gesetze, um ihn zu sichern. Die Unternehmer können die notwendigen Entscheidungen jedoch nur dann treffen, wenn ihnen das Unternehmen auch gehört. Nur wer Gefahr läuft, durch Verluste sein eingesetztes Kapital zu verlieren, handelt risikobewusst und vermeidet Verschwendung. Das …(9)… an den Produktionsmitteln ist daher ein wichtiges Merkmal in der sozialen Marktwirtschaft.

Nach dem Prinzip des …(10)… Ausgleichs schützt der Staat vor allem die sozial …(11)… Am Arbeitsmarkt werden die Arbeitnehmer nach Leistungsgesichtspunkten entlohnt. Damit aber diejenigen, die nur begrenzt leistungsfähig sind, auch ein sicheres Einkommen haben, erhalten sie vom …(12)… sogenannte soziale Leistungen, z. B. …(13)…, Wohngeld.

Die Einführung der sozialen Marktwirtschaft nach dem Krieg ist vor allem dem Politiker …(14)… zu verdanken. Er ist einer der geistigen „Väter“ der sozialen Marktwirtschaft. Im …(15)… gibt es viele Artikel, die auf wichtige Merkmale der sozialen Marktwirtschaft hinweisen. So garantiert Artikel 14 das Privateigentum, Artikel 12 die Gewerbe- und Berufsfreiheit und Artikel 20 den …(16)… Allerdings steht der Begriff der sozialen Marktwirtschaft nicht ausdrücklich in unserer Verfassung.

Sozialstaat	Wohlstand	ausgleicht	Angebot
Grundgesetz	Preisen	freien	Privateigentum
Ludwig Erhard	Nachfrage	Gewinn	sozialen
Schwachen	Wettbewerb	Grundsicherung	Staat

1 *Wer plant die Produktion? Wer entscheidet über den Konsum?*

2 *Wem gehören die Produktionsmittel?*

3 *Wie wird die Leistungsbereitschaft der Marktteilnehmer aufrechterhalten?*

4 *Wie werden die Entgelte für die Arbeitnehmer festgelegt?*

5 *Wie bilden sich die Preise?*

6 *Wie wird Menschen geholfen, die am Markt kein Einkommen erzielen?*

Tarifordnung

Eigentumsordnung

Wettbewerbsordnung

Planung

Preisbildung

Sozialordnung

A *Der Staat schafft einen sozialen Ausgleich und sichert die Existenzgrundlage, z. B. durch Grundsicherung, gesetzliche Sozialversicherung, Wohngeld.*

B *Angebot und Nachfrage bilden die Preise.*

C *Die Unternehmen befinden sich in Privateigentum.*

D *Die Konkurrenz am Markt führt dazu, dass sich die besseren Anbieter durchsetzen. Der Staat sichert den Wettbewerb durch Gesetze.*

E *Die Unternehmer planen, was sie produzieren wollen; die Konsumenten entscheiden, was sie kaufen.*

F *Gewerkschaften und Arbeitgeberverbände legen die Löhne und Gehälter in Tarifverhandlungen, ohne Einmischung des Staates, fest.*

„Meine Herren, beachten Sie bitte auch das Kleingedruckte!"

1. *Ergänze den Lückentext auf Seite 196 mit den Begriffen im Kasten darunter.*
2. *Oben findest du sechs Fragen, sechs Merkmale und sechs Antworten: Beantworte zuerst die sechs Fragen, erläutere jedes der sechs Merkmale einzeln und gib für die sechs Antworten jeweils einige Beispiele an. Notiere dann, welche Frage, welches Merkmal und welche Antwort jeweils zusammengehören. Erstelle eine ganzseitige Tabelle, in der du die Informationen zusammenstellst.*
3. *Erläutere die Aussageabsicht der Karikatur.*

Das Bruttoinlandsprodukt

Zwei Freunde unterhalten sich über die wirtschaftliche Situation in Deutschland …

Herr Seeger: Das ist ja toll! In nur zehn Jahren hat die Leistung unserer Wirtschaft um über 25 Prozent zugenommen!

Herr Draht: Leistung der Wirtschaft? Wie will man das denn messen?

Herr Seeger: Na – mit dem **Bruttoinlandsprodukt**.

Herr Draht: Bruttoinlandsprodukt? Was ist denn damit gemeint?

Herr Seeger: Eigentlich ist es ganz einfach. Beim Bruttoinlandsprodukt wird der Wert aller in einem Land produzierten Güter und erbrachten Dienstleistungen zusammengerechnet. Oder anders ausgedrückt: Das Bruttoinlandsprodukt ist die in Geld ausgedrückte Gesamtleistung einer Volkswirtschaft in einem Jahr.

Herr Draht: Verstehe. Und wie sind die Zahlen für die Bundesrepublik Deutschland?

Herr Seeger: Im Jahr 2004 betrug das Bruttoinlandsprodukt in Deutschland fast 2,2 Billionen Euro – allerdings nominal, nicht real.

Herr Draht: Nominal? Real?

Herr Seeger: Das meint: mit oder ohne Preissteigerungen! Die nominale Betrachtung zeigt doch nur die rein zahlenmäßige Entwicklung. Aber da muss man noch die Preissteigerung herausrechnen. Entscheidend ist doch die reale, die wirkliche Entwicklung, also ohne die Aufblähung nur durch gestiegene Preise!

Herr Draht: Nominal? Real? Kannst du mir das noch einmal erklären?

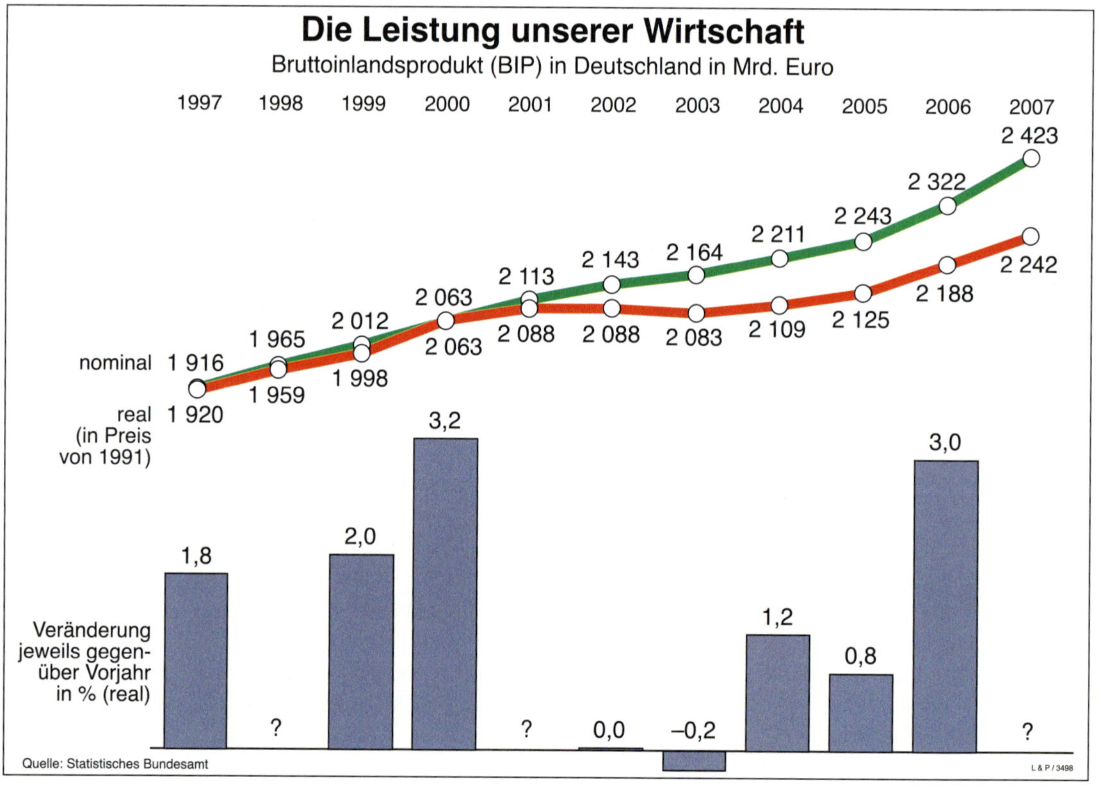

Aussagefähigkeit des Bruttoinlandsprodukts

Die Höhe des Bruttoinlandsprodukts wird manchmal als Maßstab für den Wohlstand eines Landes angesehen. Aus mehreren Gründen ist das Bruttoinlandsprodukt dafür jedoch nur bedingt geeignet:

- Das Bruttoinlandsprodukt ist eine Größe, in die nur statistisch messbare und in Geld bewertete Güter und Leistungen eingehen. So tauchen beispielsweise Hausarbeit und Nachbarschaftshilfe nicht auf, weil die ohne Bezahlung geleistet werden. Die Schwarzarbeit, deren Umfang von Fachleuten auf vier bis sechs Prozent des Bruttoinlandsprodukts geschätzt wird, ist ebenfalls nicht enthalten, weil sie dem Finanzamt nicht gemeldet wird.
- Jede Produktion erhöht das Bruttoinlandsprodukt, gleichgültig, welche Folgen sie hat. In die Berechnung des Bruttoinlandsprodukts fließen Sprengbomben ebenso ein wie Kinderspielzeug, gesundheitsschädliche Zigaretten ebenso wie Milch. Qualitative Produktverbesserungen, die zu einem geringeren Verbrauch oder zu einer längeren Verwendungsdauer führen, senken dagegen das Bruttoinlandsprodukt.
- Die Erhöhung der Lebensqualität der Menschen wird vom Bruttoinlandsprodukt nicht erfasst, wenn die Fortschritte oder Verbesserungen sich nicht marktmäßig registrieren lassen, wie z. B. die Zunahme der Freizeit oder Verbesserungen im Umweltschutz.

A Der neue Öko-Kühlschrank verbraucht weniger Strom.

B Bei Herrn Wurster wurde erneut eingebrochen. Er kauft jetzt eine Alarmanlage.

C Frau Butze hilft ihrer älteren Nachbarin beim Putzen.

D Wegen eines schweren Autounfalls muss Frau Greiner für zwei Wochen in das Krankenhaus.

E Die Titan-Werke liefern Panzermunition an einen arabischen Staat.

F Herr Becker will dieses Jahr bei seinen Obstbäumen keine Spritzmittel einsetzen.

G Familie Kunz isst am Abend Gemüse aus dem eigenen Garten.

H In den Sommermonaten fährt Herr Bach nicht mehr mit dem Bus, sondern mit dem Fahrrad zur Arbeit.

»Hurra, wieder 2,5% höher!«

(Zeichnung: Horst Haitzinger)

1. *Erkläre kurz, was mit „Bruttoinlandsprodukt" gemeint ist.*
2. *Erläutere, warum es wichtig ist, zwischen „nominaler" und „realer" Entwicklung zu unterscheiden.*
3. *Berechne die drei Werte, die in der Grafik auf Seite 198 fehlen.*
4. *Lege dar, auf welches Problem die Karikatur hinweist.*
5. *Wie wirken sich die im Kasten aufgeführten Vorgänge (A bis H) auf das Bruttoinlandsprodukt aus? Notiere, ob es dadurch jeweils steigt, sinkt oder ob es keine Auswirkung gibt.*
6. *„Wenn das Bruttoinlandsprodukt steigt, geht es auch den Menschen besser!" – Nimm Stellung zu dieser Aussage.*

Konjunkturzyklus

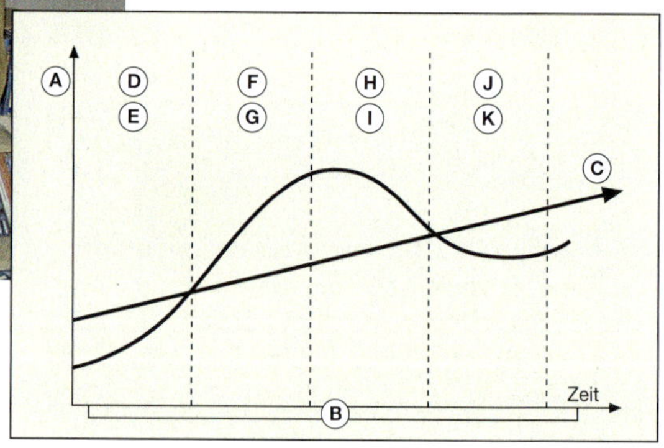

Mit dem Begriff Konjunktur bezeichnet man den Sachverhalt, dass die wirtschaftliche Entwicklung eines Landes von Jahr zu Jahr nicht gleichförmig, sondern in Wellenbewegungen verläuft. Der Maßstab für dieses „Auf und Ab" in der Wirtschaft – eine häufig verwendete Umschreibung für Konjunktur – sind die Wachstumsraten des realen Bruttoinlandsprodukts. Betrachtet man sie über viele Jahrzehnte hinweg, dann zeigt sich ein langfristiger Wachstumstrend. Damit ist gemeint, dass die Wirtschaft vom Grundsatz her ständig wächst, wenn auch von Jahr zu Jahr in unterschiedlichem Ausmaß. Auch einzelne Jahre, in denen das Bruttoinlandsprodukt im Vergleich zum Vorjahr zurückgeht, ändern nichts an diesem langfristigen Anstieg. In einer Schemazeichnung wird daher der Konjunkturverlauf so dargestellt, dass die unterschiedlichen jährlichen Wachstumsraten des Bruttoinlandsprodukts zu einer Linie zusammengefasst sind, die um den nach oben gerichteten langfristigen Trend hin und her schwankt.

Diese Schwankungen vollziehen sich in regelmäßiger Abfolge, d. h., nach einem Anstieg der Konjunkturlinie folgt ein Abfall, dann wieder ein Anstieg usw. Die regelmäßige Abfolge bedeutet jedoch nicht, dass die verschiedenen Abschnitte, die Konjunkturphasen, zeitlich immer gleich lang dauern. In der Reihenfolge des Auf und Ab werden diese vier Konjunkturphasen unterschieden:

- Nach dem „unteren Wendepunkt" beginnt der konjunkturelle Aufschwung, auch als Expansion bezeichnet.
- Geht der Konjunkturverlauf auf den „oberen Wendepunkt" zu, spricht man von Hochkonjunktur oder Boom.
- Danach beginnt die Phase des Abschwungs, meist als Rezession bezeichnet.
- Die konjunkturelle Abschwächung verstärkt sich in der folgenden Phase bis zum „unteren Wendepunkt", dem Tiefpunkt im Konjunkturablauf. Die Bezeichnung für die Konjunkturphase ist nicht einheitlich. Die meisten nennen sie Konjunkturtief oder Depression.

Der gesamte Zeitraum, in dem die wirtschaftliche Entwicklung diese vier Konjunkturphasen von einem Aufschwung bis zum nächsten durchläuft, wird Konjunkturzyklus genannt, weil er sich ständig wiederholt.

Im Konjunkturverlauf wirken alle Bestimmungsfaktoren der gesamtwirtschaftlichen Entwicklung zusammen. Das bedeutet, dass jeder tatsächliche Konjunkturverlauf seine historischen Besonderheiten aufweist. Als Grundschema lässt sich jedoch ein Konjunkturzyklus vereinfacht so erklären:
Der Konjunkturabschwung (Rezession) wird durch ein …(1)… der Nachfrage eingeleitet. Gehen die Aufträge zurück, so weitet kein Unternehmen die …(2)… aus. Entsprechende Investitionen unterbleiben. Die Investitionsgüterindustrie spürt somit als erste den Abschwung. Treten hier und in anderen Betrieben …(3)… auf, so muss die Produktion vermindert werden: Es kommt zu Kurzarbeit oder …(4)… . Kurzarbeiter und Arbeitslose verfügen über weniger …(5)… und damit über weniger Kaufkraft. Die Nachfrage nach …(6)… sinkt. Weitere Unternehmen geraten in Absatznöte. Die Zahl der Arbeitslosen steigt.
Diese Abwärtsentwicklung der Wirtschaft führt bis zum …(7)… (Depression). Die erstellten Leistungen sind minimal, das Bruttoinlandsprodukt ist dementsprechend …(8)… . Der wirtschaftliche Aufschwung (Expansion) wird durch eine …(9)… der Nachfrage eingeleitet. Die Unternehmen weiten ihre Produktion aus, wenn die …(10)… nach ihren Gütern die vorhandenen Kapazitäten übersteigt. Sie erhöhen damit die Nachfrage auf dem Markt für …(11)… (z. B. Maschinen), was wiederum zu einer Produktionsausweitung bei den entsprechenden Wirtschaftszweigen führt. Der Bedarf an …(12)… wächst und lässt die Zahl der Arbeitslosen sinken. Insgesamt steigt die …(13)… der privaten Haushalte und damit auch die Nachfrage nach Konsumgütern. Der Aufschwung geht weiter und führt zum …(14)… . In dieser Konjunkturphase läuft die Wirtschaft „auf vollen Touren". Sie erbringt hohe Leistungen, das …(15)… ist hoch.

Konjunkturtief

Konsumgütern

Boom

niedrig

Produktion

Entlassungen

Absatzschwierigkeiten

Investitionsgüter

Arbeitskräfte

Kaufkraft

Einkommen

Bruttoinlandsprodukt

Absinken

Erhöhung

Nachfrage

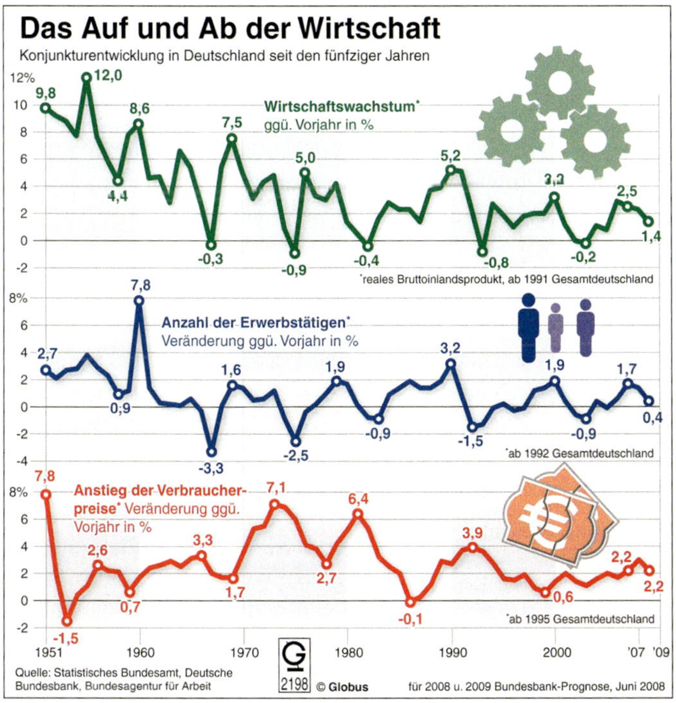

1. *Übertrage die Schemazeichnung des Konjunkturverlaufs von S. 200 in dein Heft. Notiere dabei anstelle der Buchstaben den jeweils zugehörigen gelb markierten Fachausdruck aus dem Text.*
2. *Bearbeite den Lückentext: Ordne die Begriffe richtig zu.*
3. *Betrachte die Grafik „Das Auf und Ab der Wirtschaft" und ermittle, welche Konjunkturzyklen du für die Zeit seit 1951 erkennen kannst.*

Arbeitslosigkeit: Erscheinungsformen und Ursachen

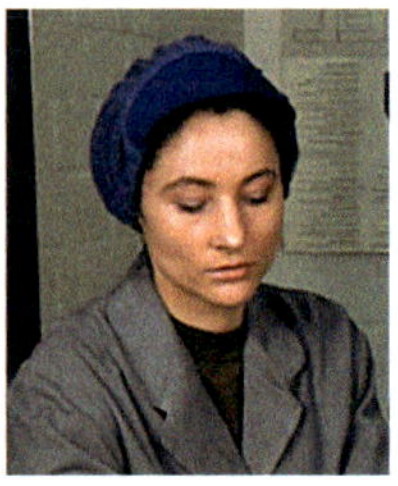

Bis Ende Dezember war **Elif Yılmaz** (28) aus S. im Versandhandel einer Lichterkettenfirma teilzeitbeschäftigt – für das Weihnachtsgeschäft. Dann kam, wie jedes Jahr, das Aus, da eben zu Jahresbeginn kaum noch Lichterketten vom Einzelhandel bestellt werden. Frau Yılmaz kennt diese Situation und ist deshalb nicht allzu besorgt. Ihrer Freundin, die in einer kleinen Schokoladenfabrik arbeitet, geht es genauso: Nach der langen Sommerpause beginnt im Herbst die Produktion von Weihnachtsmännern, Baumanhängern usw., und im neuen Jahr werden dann Osterhasen und Ostereier hergestellt. Danach stehen die Bänder still.

Jochen Bruhn (47) ist Metallbauer und arbeitete bis vor Kurzem in einem kleinen Betrieb in Ü. Der Betrieb produziert fast alles, was am Bau aus Metall ist: Zäune, Aufzüge, Konstruktionen, Industriehallen usw. Trotz Flauten im Baugewerbe war der Betrieb in der Vergangenheit immer ausgelastet. Dem Inhaber gelang es erstaunlich gut, immer wieder neue Aufträge an Land zu ziehen. Im Frühjahr allerdings blieben die Aufträge plötzlich aus. Es wurden zwei Mitarbeiter entlassen, darunter Jochen Bruhn. Herr Bruhn hofft jedoch, in seiner ehemaligen Firma wieder eingestellt zu werden, wenn sich die Wirtschaftslage verbessert hat.

Sein Berufsleben lang schon arbeitet **Heinrich Gassmann** (55) als Bankkaufmann in einer Großbank, zuletzt im Zahlungsverkehr, der zentral für zwei Bundesländer bearbeitet wird. Verbesserungen der Elektronik und der Telekommunikation machen es möglich, künftig den gesamten Zahlungsverkehr nur noch an zwei Standorten abzuwickeln. Die Bank will dadurch Kosten senken und hat beschlossen, die anderen Standorte in Deutschland aufzulösen. Herr Gassmann wird deshalb am Ende des Jahres arbeitslos. Er blickt mit wenig Hoffnung in seine berufliche Zukunft.

Jenny Burkhardt (17) aus N. ist auch arbeitslos, genauer gesagt, sie hat keinen Ausbildungsplatz, obwohl sie bereits über 35 Bewerbungen geschrieben hat und auch bereit ist, eine Lehre für unterschiedliche Berufe zu machen. Ein Grund für ihre Situation ist sicherlich, dass sie in Mecklenburg-Vorpommern lebt. Ganz Ostdeutschland ist in besonderem Maße vom Lehrstellenmangel betroffen, da nach der deutschen Wiedervereinigung ganze Industriezweige zusammengebrochen sind und diese Arbeitsplätze bis heute fehlen. Jenny überlegt ernsthaft, wegzuziehen.

(nach: Arbeitslosigkeit – Themenblätter im Unterricht, Bundeszentrale für politische Bildung (Hrsg.), Bonn 2003; geringfügig geändert und gekürzt)

Der Teufelskreis

Besonders problematisch ist es jedoch, wenn Arbeitslosigkeit aufgrund einer allgemeinen Schwäche des Wirtschafts- und Gesellschaftssystems dauerhaft bestehen bleibt (systemische Arbeitslosigkeit).

In diesem Fall sind die Bedingungen am Wirtschaftsstandort offenbar nicht mehr effektiv genug, um für eine ausreichende Anzahl von Arbeitsplätzen zu sorgen. Unternehmen investieren eher im Ausland, und das Vertrauen und die Sicherheit von Beschäftigungsverhältnissen schwinden. Die Unsicherheit über das künftige Einkommen führt wiederum zu einem geringen Konsum. Damit verliert der Standort zunehmend an Attraktivität für Investitionen, und auch die Zahl der Arbeitsplätze verringert sich weiter. Diese „systemische Arbeitslosigkeit“ stellt also einen Teufelskreis dar.

(http://www.zeit.de/verlagsaktionen/alternativen/arbeitslosigkeit)

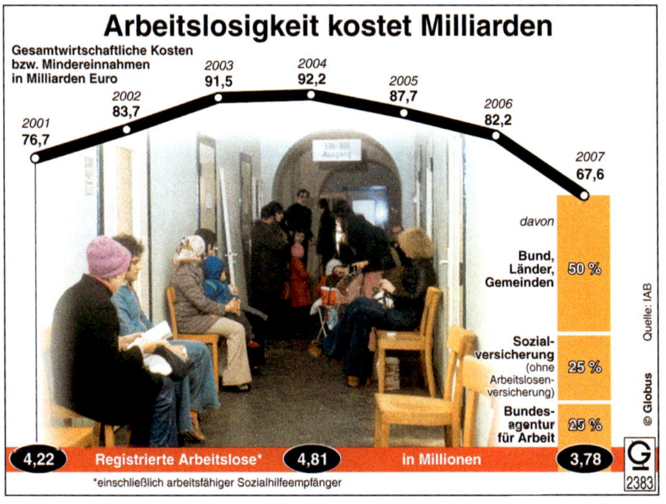

Im Jahr 2008 sind die Arbeitslosenzahlen erneut gesunken; allerdings erwarten Experten, dass sie im Zuge der weltweiten Finanzmarkt- und Wirtschaftskrise spätestens in der zweiten Jahreshälfte 2009 wieder deutlich zunehmen.

Vier Formen der Arbeitslosigkeit

Friktionelle Arbeitslosigkeit
Von friktioneller (spätlat. frictio = Reibung) Arbeitslosigkeit spricht man, wenn der Grund für die Arbeitslosigkeit ein freiwilliger oder auch unfreiwilliger Arbeitsplatzwechsel ist, z. B. wegen eines Umzugs in eine andere Stadt, und die Phase der Arbeitslosigkeit nicht lange dauert („Sucharbeitslosigkeit").

Saisonale Arbeitslosigkeit
Sie tritt in der Regel nur in solchen Wirtschaftszweigen auf, in denen es jahreszeitliche Schwankungen in der Produktion gibt, die auf die Beschäftigung wirken, z. B. im Baugewerbe zur Winterzeit oder in der Tourismusbranche in Zeiten der Nebensaison.

Konjunkturelle Arbeitslosigkeit
Kurzfristige Arbeitslosigkeit in einer Abschwungphase der Wirtschaftsentwicklung, die mit der Aufschwungphase der Konjunktur wieder überwunden wird, z. B. bei wechselnden Kollektionen in der Bekleidungsindustrie.

Strukturelle Arbeitslosigkeit
Sie hat ihre Ursachen in der Veränderung der Wirtschaftsstruktur, die dazu führt, dass bestimmte Tätigkeiten nicht mehr nachgefragt werden, z. B. durch Schließung von Zechen im Steinkohlebergbau oder durch Automatisierung von Produktionsprozessen.

Arbeitslosigkeit hat dramatische Auswirkungen für die Betroffenen und für die Gesellschaft. Die gesamtgesellschaftlichen Kosten sind enorm (siehe Grafik oben). Die Wirtschafts- und die Sozialpolitik stehen daher vor der dringenden Aufgabe, alles Sinnvolle gegen aktuelle und gegen drohende Arbeitslosigkeit zu unternehmen. Um aber zu klären, was getan werden kann, muss erst einmal analysiert werden, wie und warum Arbeitslosigkeit entsteht. Denn nur, wenn die Ursachen bekannt sind, können Gegenstrategien entwickelt werden.

1. *Arbeite Unterschiede zwischen den auf S. 202 geschilderten vier Fällen von Arbeitslosigkeit heraus.*
2. *Ordne diese Fälle den Formen der Arbeitslosigkeit zu; suche weitere Beispiele für die beschriebenen Formen der Arbeitslosigkeit.*
3. *Erläutere, in welchem Verhältnis die „systemische Arbeitslosigkeit" zu den vier Formen der Arbeitslosigkeit steht.*

Arbeitslosigkeit: Zahlen

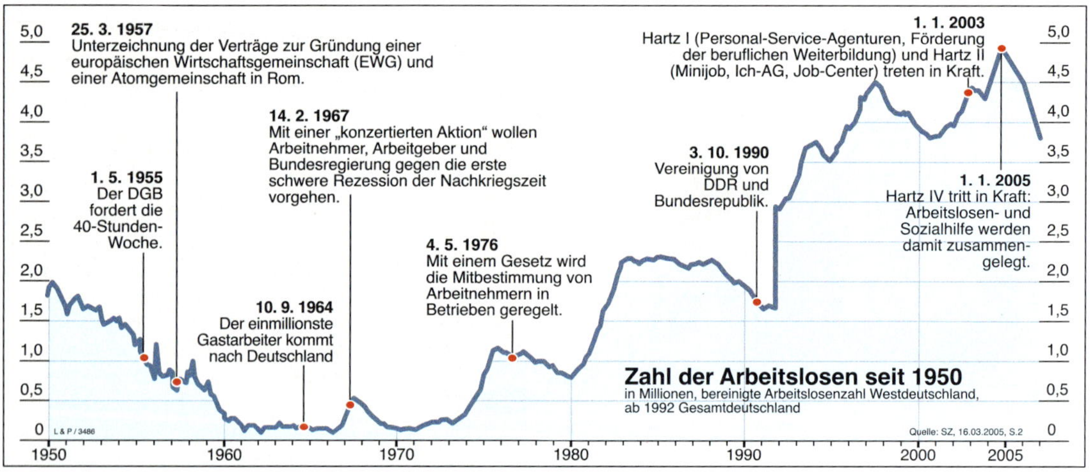

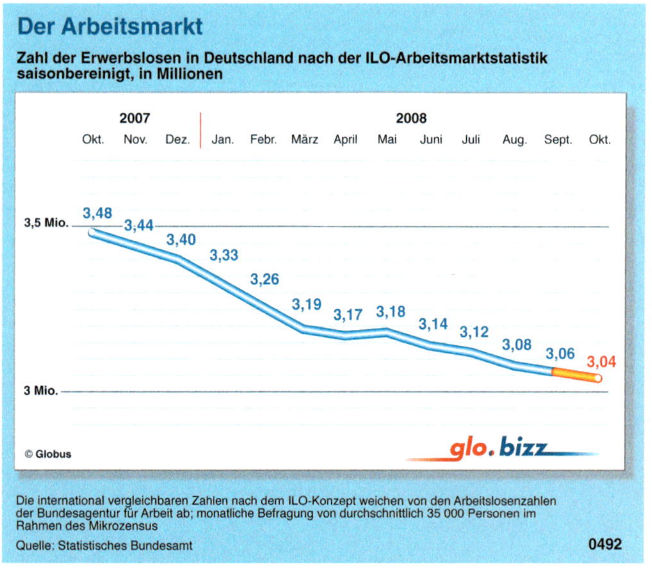

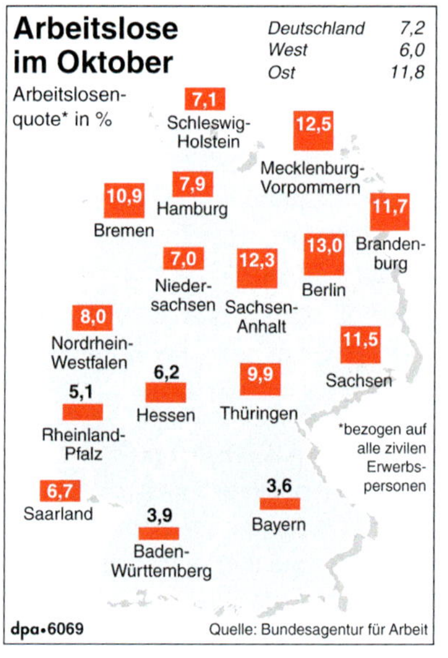

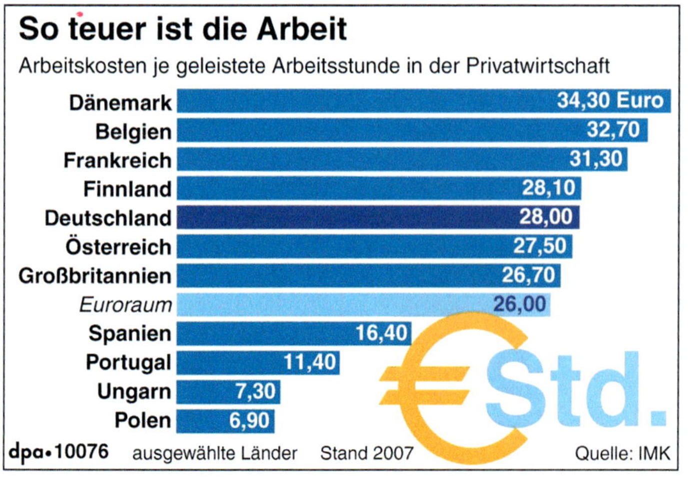

1. *Beschreibe mithilfe der Grafiken die Entwicklung der Arbeitslosigkeit in Deutschland.*
2. *Die Grafik „Arbeitslose im Oktober“ enthält die Arbeitslosenquoten, bezogen auf die Bundesländer, im Oktober 2008. Recherchiere die Arbeitslosenquoten für den aktuellen Monat. Haben sie sich wesentlich verändert? Wenn ja, überlege, welche Gründe es dafür gibt.*
3. *Einige Wirtschaftsexperten behaupten, die Arbeitslosigkeit in Deutschland ließe sich senken, wenn der Produktionsfaktor Arbeit kostengünstiger wäre. Nimm zu dieser These Stellung.*

Das Stabilitätsgesetz

Gesetz zur Förderung der Stabilität und des Wachstums (Stabilitätsgesetz)

§ 1

Bund und Länder haben bei ihren wirtschafts- und finanzpolitischen Maßnahmen die Erfordernisse des gesamtwirtschaftlichen Gleichgewichts zu beachten. Die Maßnahmen sind so zu treffen, dass sie im Rahmen der marktwirtschaftlichen Ordnung gleichzeitig zur Stabilität des Preisniveaus, zu einem hohen Beschäftigungsstand und außenwirtschaftlichem Gleichgewicht bei stetigem und angemessenem Wirtschaftswachstum beitragen.

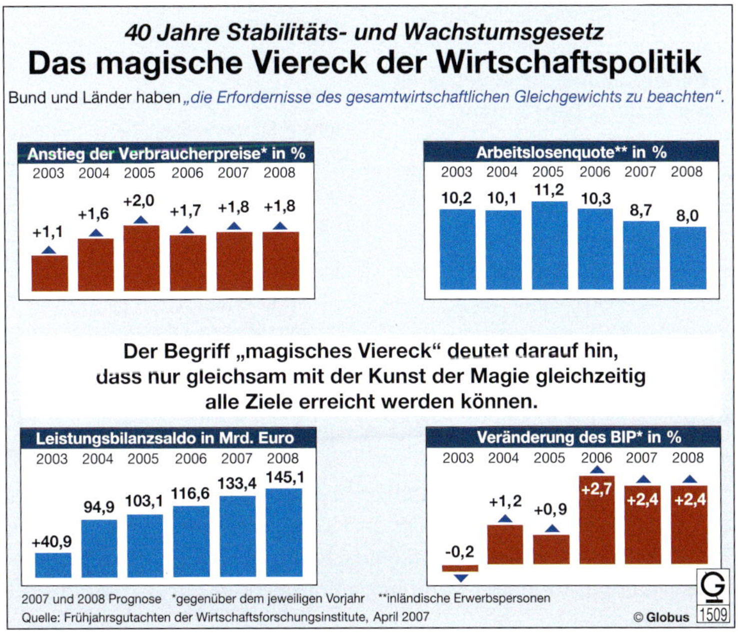

Erläuterungen

1. Eine wachsende Wirtschaft hat den Menschen in Deutschland seit 1949 mehr Wohlstand gebracht. Maßstab für das Wirtschaftswachstum ist das Bruttoinlandsprodukt (BIP; vgl. S. 199). Es ist der Wert aller Güter und Dienstleistungen, die in einem Jahr hergestellt wurden. Das reale BIP (ohne Preissteigerung) sollte um zwei bis drei Prozent pro Jahr steigen.
2. Das durchschnittliche Preisniveau aller Waren und Dienstleistungen soll stabil bleiben, dann bleibt in der Regel der Wert des Geldes, die Kaufkraft, erhalten. Maßstab hierfür ist die Inflationsrate. Sie sollte zwei Prozent nicht übersteigen.
3. Zwischen den Exporten und den Importen sollte es kein Ungleichgewicht geben. Maßstab für ein solches außenwirtschaftliches Gleichgewicht ist der Unterschied zwischen den Einnahmen aus den Exporten und den Ausgaben für Importe. Diese Differenz, die Leistungsbilanz, sollte positiv, aber nicht zu groß sein.
4. Alle Arbeitswilligen sollten einen Arbeitsplatz bekommen, dann herrscht Vollbeschäftigung. Maßstab für die Vollbeschäftigung ist die Arbeitslosenquote. Sie sollte möglichst niedrig sein und langfristig unter drei Prozent liegen

wirtschaftspolitische Ziele	Erläuterung	2003	2004	2005	2006	2007	2008
Preisniveaustabilität							
hoher Beschäftigungsstand							
außenwirtschaftliches Gleichgewicht							
angemessenes Wirtschaftswachstum							

1. *Welche Erläuterung gehört zu welchem wirtschaftspolitischen Ziel?*
2. *Stelle fest, ob in den Jahren 2003 bis 2008 die einzelnen wirtschaftspolitischen Ziele erreicht wurden.*
3. *Notiere auf deinem Arbeitsblatt in der Jahresspalte dann „ja" oder „nein". Was fällt dir auf?*

Globalisierte Wirtschaft – was bedeutet das?

Die Wirtschaft wächst weltweit – über längere Zeiträume gesehen – beständig; immer neue Regionen dieser Erde haben teil am Weltmarkt, immer mehr Menschen werden von der marktwirtschaftlichen Dynamik erfasst – und die meisten profitieren davon: Weltweit nimmt der Wohlstand zu, der Lebensstandard vieler Menschen verbessert sich.

Globalisierung

Ursprünglich die Bezeichnung dafür, dass die Wirtschaft heute weltweit verflochten ist, weltweite Konkurrenz und Arbeitsteilung herrschen und Informationen dank Satellitentechnik, Fax, Laptop, Mobiltelefon und Internet nahezu gleichzeitig an jedem Punkt der Erde zur Verfügung stehen. Inzwischen wird der Begriff allgemein für die immer stärkere Verkoppelung von Vorgängen rund um den Globus benutzt. Was lokal irgendwo passiert, kann schnell Bedeutung für die ganze Welt gewinnen. [...]

(aus: http://www.bpb.de/popup/popup_lemmata.html?guid= HTB648; ausführliche Informationen zum Thema „Globalisierung" gibt es auf S. 306–328.)

Fakten und Hintergründe der Globalisierung

1. Ende des Kalten Krieges, des Blockgegensatzes und der Bipolarität
2. Untergang der planwirtschaftlichen Alternative zur kapitalistischen Wirtschaft und Sieg des westlichen Modells der Marktwirtschaft
3. Revolutionierung aller Kommunikationstechnologien
4. Vernetzung der Welt durch das Internet
5. Siegeszug der Internetsprache Englisch
6. Bedeutungsverlust für Grenzen und Nationalstaaten
7. „Containerrevolution" ermöglicht den kostengünstigen und schnellen Transport von Waren mit dem Schiff
8. weltweit fortschreitende Industrialisierung mit sinkenden Lohnstückkosten
9. Verbreiterung und Vertiefung weltwirtschaftlicher Arbeitsteilung sowie Herausbildung global vernetzter Produktionsstrukturen
10. Entstehung eines weltweiten Börsen- und Finanzplatznetzes infolge der Liberalisierung des Geldverkehrs
11. Eintritt weiterer Staaten in den internationalen Handel infolge der Liberalisierung des Güterverkehrs
12. Trend zur Regionalisierung und Herausbildung einer polyzentrischen Weltwirtschaft
13. im Zuge des Abbaus von Zollschranken und der Eindämmung protektionistischer Maßnahmen gewinnt die Welthandelsorganisation (World Trade Organisation, Abk. WTO) an Bedeutung
14. Ansammlung ungeheuer großer Kapitalien in privater Hand
15. Entstehung zahlreicher Weltkonzerne als transnationale Unternehmen (sogenannte Global Players)
16. Erleichterung von Direktinvestitionen und von globalen Anlagemöglichkeiten
17. kulturelle Homogenisierung
18. weltweite Wohlstandsmehrung
19. Zunahme des internationalen Tourismus
20. weltweites Medieninteresse für „Sensationsnachrichten" (z. B. Berichterstattung über Terrorismus, Katastrophen)
21. zunehmende Aktivitäten weltweit tätiger Nichtregierungsorganisationen (Non-Governmental Organizations, Abk. NGOs)
22. Bedeutungsgewinn für internationale Großorganisationen.

A Der Fall Heparin: Lokal gestreckt, global verdreckt – durch die Globalisierung der Medizin werden verunreinigte Medikamente immer häufiger: Neue Prüfverfahren werden eingesetzt!

B Feuerwehrausrüster Rosenbauer: Rot-weiß-rote Fahrzeuge erobern die Welt – Betrieb aus Leonding ist Europameister und weltweit die Nummer zwei.

C Im Zeitalter der Globalisierung nimmt die Frage nach der Weltsicht zu.

D EU-Kommissarin setzt auf gute Position Europas: Gemeinsame Wurzeln Europas und Lateinamerikas.

E Wer eine Rolex-Uhr für 30 Euro erwirbt, wird zum Handlanger der Produktpiraten – Rüdiger Stihl fordert Strafen für Käufer gefälschter Markenprodukte.

(Schlagzeilen stammen aus der Datenbank LexisNexis, 13. 5. 2008)

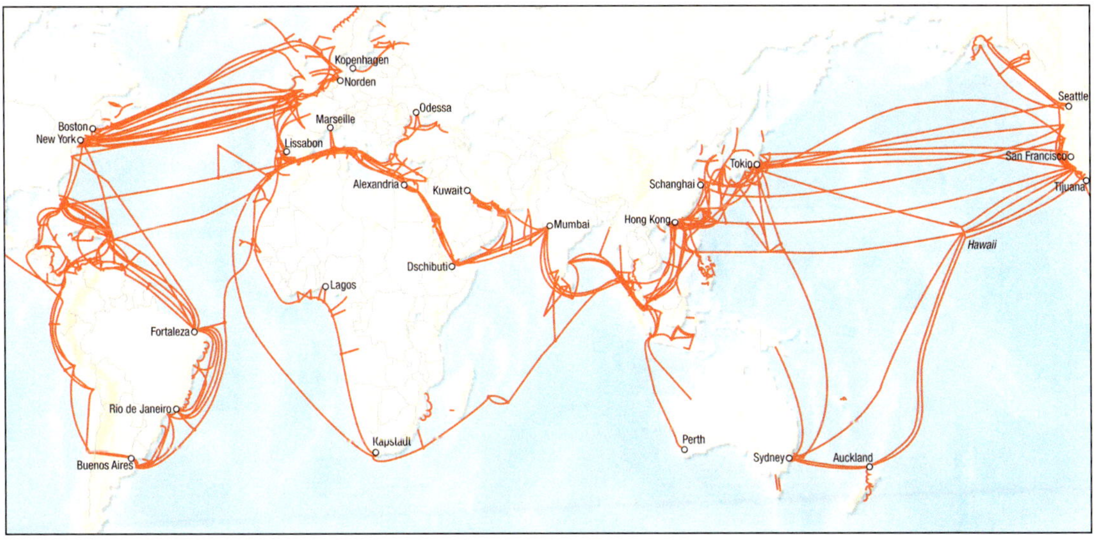

Schlagadern des Internets: Unterseeische Glasfaserkabel transportieren 95 Prozent des globalen Telefon- und Datenverkehrs.

Wer heute mit seinem Unternehmen überleben will, muss sich den neuen Bedingungen der globalen Wirtschaft anpassen: Er muss sich verändern, fast permanent, manchmal so fundamental, dass die Firma danach kaum mehr zu erkennen ist. Die Spielregeln des neuen erdumspannenden Monopoly werden heute weitgehend von Anlegern, Analysten und Fondsmanagern diktiert. Sie fordern Profit, Profit, Profit und vergleichen die heimischen Fabriken ganz kühl mit jenen neuen Produktionsstandorten, die seit dem Ende des Kalten Krieges in Osteuropa und China entstanden sind. Fast alles folgt den Regeln des amerikanischen Aktionärskapitalismus, der mittlerweile auf den Finanzmärkten den Ton angibt. Die Unternehmensführer stehen unter dem Druck der Investoren, die Dividenden sehen wollen, und unter der scharfen Beobachtung von Private-Equity-Firmen, die nach Übernahmekandidaten Ausschau halten. Sie verlagern Produktion und längst auch Forschung und Entwicklung in Billiglohnländer. Fabriken und komplette Belegschaften werden zur Manövriermasse.

(Dietmar Hawranek, Alexander Jung, Janko Tietz, in: Der Spiegel, 19/2005, S. 70f.)

[...] Doch hat diese Periode [die Globalisierung, Anm. Hrsg.] zu einem ungeheuren Anstieg der sozialen Ungleichheit geführt. Die Zahlen und Beispiele sind niederschmetternd: 20 Prozent der Weltpopulation sind unterernährt; das oberste eine Prozent der Weltbevölkerung verfügt über ebenso viel Einkommen wie die unteren 57 Prozent. Der Besitz der drei reichsten Menschen übertrifft das BIP der 48 ärmsten Länder. Seriöse Prognosen gehen davon aus, dass zur Mitte des 21. Jahrhunderts die Hälfte der großstädtischen Bevölkerung dieser Welt in Slums leben wird.
Auch das durchaus noch reiche Deutschland ist in diesem Prozess keine Oase einer sozial befriedeten Gesellschaft geblieben. Etliche Hunderttausend Bundesbürger drängen Tag für Tag in die Suppenküchen der Wohlfahrtsverbände. Über ein Zehntel der Deutschen lebt in ständiger Armut. Die oberen zwei Prozent der bundesrepublikanischen Haushalte verfügen über 30 Prozent des Gesamtvermögens; die unteren 50 Prozent müssen sich mit knapp fünf Prozent begnügen.

(Fritz Walter, Professor für Soziologie in Göttingen, in: TA-Media-AG, 14. 9. 2005)

1. *Ordne die Schlagzeilen auf S. 206 mindestens einem der unter „Fakten und Hintergründe der Globalisierung" aufgeführten Punkte zu.*
2. *Suche Beispiele aus deinem Alltag, die die Bedeutung der Globalisierung für deine Art zu leben verdeutlichen.*
3. *Die Karte „Schlagadern des Internets" führt die wichtigsten Strecken unterseeischer Verbindungen auf. Benenne die Schwerpunkte.*
4. *Vergleiche die Aussagen der Spiegel-Reporter mit denen von Fritz Walter und erläutere, welche Aspekte die Autoren betonen.*

Warum deutsche Unternehmen im Ausland produzieren

HARIBO

Süßer Eurobär

Trotz vieler Fabriken im Ausland produziert Haribo auch noch in Deutschland Goldbären.

Die Gelatinebärchen kommen aus 18 Werken, fünf davon stehen in Deutschland.

PRODUKTION
Ein Mitarbeiter überwacht die Teigherstellung

- **Das Familienunternehmen** kann längst nicht mehr den gesamten Bedarf von Deutschland aus decken – auch in deutschen Supermärkten liegen bisweilen Tüten mit Bärchen aus Spanien oder Frankreich.
- **An seinen fünf Produktionsanlagen** in Deutschland hält Haribo fest, auch wenn die Lohnkosten dort stark zu Buche schlagen. Die Goldbären-Rohstoffe beziehen die Bonner Süßwarenexperten um Firmenchef Hans Riegel inzwischen aber aus der gesamten EU.

Weltweit auf Tour

adidas

Sportartikelhersteller Adidas-Salomon lässt fast alle seine Produkte im Ausland fertigen.

- **95 Prozent aller Adidas-Sporttreter** werden in Asien hergestellt – von der Sohle bis zum Schnürsenkel, der Rest in Europa und den USA. Nur Teile der Entwicklung und des Designs beherbergt Adidas noch in der Zentrale im fränkischen Herzogenaurach. Aber auch in Portland, New York und Tokio feilen Spezialisten am Chic der Schuhe. Fast ein Drittel der Firma (28 Prozent) halten inzwischen US-Großanleger.
- **Die Internationalisierung** des Traditionskonzerns spiegelt sich auch im Vorstandsteam wider: Die Geschäfte der Franken führen zwei Deutsche, ein Amerikaner und ein Neuseeländer.

Von dem Clima-Cool-Schuh verkaufte Adidas 2003 weltweit drei Mio. Paar.

SCHRITT FÜR SCHRITT
In China, Indonesien und Vietnam produziert Adidas seine Schuhe

Beiersdorf

Schönheit auch von außen

Nivea-Produkte in deutschen Regalen kommen aus dem Inland, Frankreich und Italien.

Der Hamburger Konzern produziert an 25 Standorten in der Welt. Fast nur für die Märkte vor Ort.

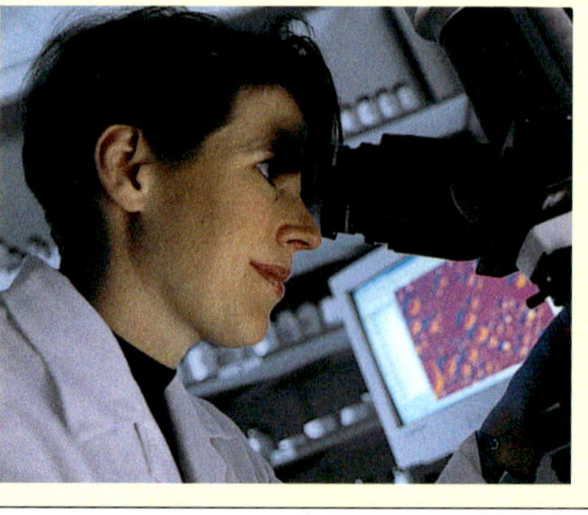

HAUTSACHE
Neue Cremes entwickeln 600 Forscher in Hamburg

- **Gewachsene Globalisierung** „Wir gehen nicht ins Ausland, um Kosten zu drücken, sondern wenn dort der Markt so groß ist, dass sich ein weiteres Werk rechnet“, erklärt Beiersdorf-Vorstand Thoma-Bernd Quaas.
- **Jobs in Deutschland sollen bleiben.** Nivea-Visage in Tiegelchen stammt aus Italien, Gesichtswasser aus Hamburg. Bei hohen Materialkosten und starker Technologisierung ist die Produktion auch in Deutschland effizient.

(S. Borst/S. Frank/J. Hirzel/S. Sammet/J. Schönstein/J. Schuster/B. Siedenburg: MARKEN Von wegen Made in Germany; in Focus 19/2004, S. 200, 198, 203)

Zunächst profitiert Deutschland von der Globalisierung, denn die deutsche Wirtschaft ist exportstark. Je mehr Länder sich dem freien Weltmarkt öffnen, desto besser sind ihre Exportchancen. Und sie nutzt sie. […] Fast jeder vierte Arbeitsplatz hängt direkt oder indirekt am Export. Dies gilt vor allem für drei große Industriebranchen: für die Automobilindustrie, den Maschinenbau und die chemische Industrie. Die deutsche Wirtschaft profitiert von einem hohen technologischen Standard der Herstellungsverfahren, von einem ebenso hohen Qualifikationsstandard der Arbeitskräfte und von hohen Qualitätsstandards in der Produktion. Die Globalisierung sichert und schafft Arbeitsplätze in Deutschland.
Allerdings ist dies nur die eine Seite der Medaille. […] Lange Zeit hielten sich in Deutschland die Schaffung neuer Arbeitsplätze durch steigende Exporte und die Verlagerung von Arbeitsplätzen in Niedrig-Kosten-Länder die Waage. Inzwischen drohen jedoch mehr Jobs durch Verlagerung verloren zu gehen. Der Grund: Zuwachs in der Exportindustrie schafft nicht so viele zusätzliche Arbeitsplätze, weil diese Industriezweige stark auf Technik setzen. Die Verlagerung bedroht dagegen die arbeitsintensiven Industriezweige. Dort gehen dann mehr Arbeitsplätze verloren, als in den Exportbranchen neu entstehen. […]
Die Globalisierung verändert die Arbeits- und Lebensverhältnisse der Menschen rascher als andere wirtschaftliche Prozesse zuvor. […] Inzwischen ist es möglich, fast jede Arbeit zu jeder Zeit und dies an fast jedem Ort der Welt abzuleisten – wenn Technologie und Qualifikation stimmen. Diese Folge der Globalisierung eröffnet bestimmten Arbeitnehmergruppen völlig neue Möglichkeiten. […]
Doch vielen Menschen machen diese Entwicklungen Angst. Sie fürchten um ihre Existenz. Und sie haben umso mehr Angst, je älter und je unflexibler sie sind, weil sie zum Beispiel Kinder haben. Sie haben noch mehr Angst, wenn sie – aus welchen Gründen auch immer – nicht die Qualifikationen vorweisen können, die die globale Wirtschaft fordert. Und am meisten fürchten sich jene, die in diesem Konkurrenzkampf besonders schlechte Karten haben: die Kranken, die Behinderten und all diejenigen mit einem Handicap, das ihre Marktfähigkeit verringert. Sie wissen, dass der globale Wettbewerb hart ist und dass sie diejenigen sein könnten, die am Ende als Verlierer dastehen.

(Auszüge aus: Wolfgang Kessler. Gesellschaften unter Globalisierungsdruck; in: Informationen zur politischen Bildung, Heft 280, Globalisierung. Hg.: Bundeszentrale für politische Bildung, Bonn 2003, S. 27–33, Auszüge: S. 28–30)

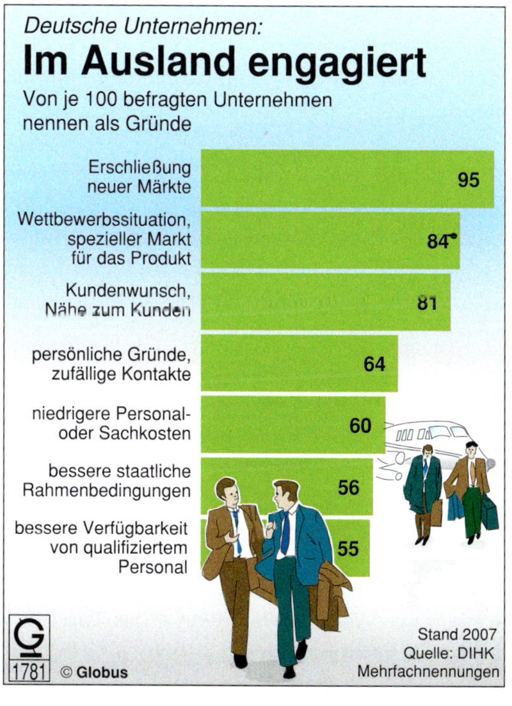

1. *Produktion im Inland und im Ausland: Wie handhaben es die auf Seite 208 beschriebenen Firmen? Kennst du weitere Beispiele in deiner Umgebung?*
2. *Fördert die Globalisierung den Erhalt und die Schaffung von Arbeitsplätzen? Werte den Text und die Grafik unter dieser Fragestellung aus.*
3. *Wie wird Globalisierung die Lebensverhältnisse der Zukunft prägen? Was sagen Text und Karikatur dazu? Wie ist deine Sicht auf die Zukunft? Vergleiche.*

(Zeichnung: Thomas Plaßmann)

Das Wichtige in Kürze

Wirtschaftskreislauf

Mithilfe von Wirtschaftskreisläufen können die wirtschaftlichen Beziehungen in einer Volkswirtschaft übersichtlich als Modelle dargestellt werden. Zwischen den Akteuren (Haushalte, Unternehmen, Kreditinstitute und Staat) werden sie durch ein Pfeilschema erläutert. Die Pfeilrichtung gibt an, wohin der Strom fließt. Es gibt Güterströme und Geldströme.

Bruttoinlandsprodukt

Das Bruttoinlandsprodukt (BIP) ist der Wert aller in einer Volkswirtschaft in einem Jahr produzierten Waren und erbrachten Dienstleistungen. Während das nominale BIP die Summe der inländischen Wertschöpfung in aktuellen Marktpreisen angibt, beziffert das reale BIP den Wert aller Güter und Dienstleistungen zu den Preisen eines Basisjahres. Der Wert des realen Bruttoinlandsprodukts wird als Maßstab für den Wohlstand eines Landes angesehen. Da mit dem BIP nur quantitative wirtschaftliche Beziehungen erfasst werden, stimmt die Aussage „steigendes BIP = steigender Wohlstand" nur bedingt.

Soziale Marktwirtschaft

Der Staat korrigiert durch Transferleistungen die Einkommens- und Vermögensverteilung im Interesse wirtschaftlich schwacher Bevölkerungsgruppen, sichert abhängig Beschäftigte und sozial Schwache durch ein soziales Netz (z. B. Kranken-, Renten-, Arbeitslosenversicherung, Kinder- und Elterngeld, Wohngeld, Grundsicherung) ab, dämpft die Auswirkungen von Konjunkturschwankungen und übernimmt Aufgaben, die über den Markt nur sehr eingeschränkt geregelt würden (z. B. Struktur- und Bildungspolitik).

Konjunktur

Mit dem Begriff Konjunktur bezeichnet man den Sachverhalt, dass die wirtschaftliche Entwicklung eines Landes nicht gleichförmig, sondern in Wellenbewegungen bzw. in Zyklen verläuft. Einfluss auf den Konjunkturverlauf nehmen Unternehmen, private Haushalte, der Außenhandel sowie der Staat.

Arbeitslosigkeit

Seit vielen Jahren gibt es in Deutschland keine Vollbeschäftigung mehr. Die Zahl der registrierten Arbeitslosen liegt derzeit (November 2008) bei über drei Millionen. Rechnet man noch verdeckte Arbeitslosigkeit wie Kurzarbeit, Arbeitsbeschaffungsmaßnahmen, Umschulung und Vorruhestand hinzu, kommt man auf eine weit höhere Zahl. In den östlichen Bundesländern ist die Arbeitslosigkeit deutlich höher als in den westlichen.

Stabilitätsgesetz

Seit 1967 gibt es das „Gesetz zur Förderung der Stabilität und des Wachstums in der Wirtschaft", kurz „Stabilitätsgesetz" genannt. Es verpflichtet die Politik, vier Ziele gleichzeitig zu verfolgen: die Stabilität des Preisniveaus, einen hohen Beschäftigungsstand, ein außenwirtschaftliches Gleichgewicht sowie ein stetiges und angemessenes Wirtschaftswachstum.

Globalisierte Wirtschaft

Die Weltwirtschaft ist heute so stark verflochten wie nie zuvor, es gibt eine weltweite Arbeitsteilung und Konkurrenz. Während Befürworter die damit verbundenen Wohlstandsgewinne und die Verbesserung des Lebensstandards für viele betonen, verweisen Kritiker auf die negativen Folgen der Globalisierung, z. B. Arbeitsplatzverluste in hoch entwickelten Staaten oder die Zerstörung von Strukturen der Selbstversorgung in Entwicklungsländern, und fordern eine stärkere politische Regulierung weltweiter wirtschaftlicher Prozesse.

Zeige deine Kompetenzen!

Sachkompetenz

In einer Marktwirtschaft bestimmen … und … den Preis. Dieser hat vier Funktionen: …, …, … und … .

Zusammenschlüsse oder Kooperationen von Unternehmen können auch für die Kunden von Nutzen sein, wenn sie dazu führen, dass das Angebot dann vielfältiger, … und … ist. Wird durch Unternehmenskonzentration allerdings der … stark eingeschränkt oder außer Kraft gesetzt, dann muss der … eingreifen. Die Bildung von … ist in Deutschland grundsätzlich verboten, damit der … als wesentliche Grundlage der Marktwirtschaft erhalten bleibt.

Das Bankensystem in Deutschland ist von … geprägt, die fast jede Art von Bankgeschäft anbieten.

Geld ist in unserer Gesellschaft allgemeingültiges Zahlungsmittel. Als Wertübertragungsmittel ist es nicht nur Zahlungsmittel, sondern auch … . Zudem übernimmt Geld die Funktion als … und … .

Veränderungen im Geldwert wirken sich auch immer auf die Güterproduktion, die Nachfrage und die … aus.

Das wesentliche Ziel der Geldpolitik besteht darin, das … stabil zu halten sowie … und … zu vermeiden.

Die Europäische Zentralbank bildet zusammen mit den Notenbanken der Mitgliedsländer das … .

Anfang 2009 gehören dem Euroraum … an. Ihre Aufnahme setzte voraus, dass sie die sog. … erfüllen. Damit sie auch danach sich der Preis- und Währungsstabilität verpflichtet fühlen, wurde der … verabschiedet. Überschreitet die Neuverschuldung eines Staates die Drei-Prozent-Marke, dann kann ein … eingeleitet und ggf. ein … ausgelöst werden.

Unternehmen sind in einer Marktwirtschaft im Allgemeinen in … . Um sich am Markt zu behaupten, müssen sie … wirtschaften.

Der … und der … Wirtschaftskreislauf sind Modelle, mit denen die wirtschaftlichen Prozesse in einer Volkswirtschaft vereinfacht dargestellt werden können.

Die soziale Marktwirtschaft zeichnet sich dadurch aus, dass sie das Prinzip der freien Preisbildung auf dem Markt mit dem Prinzip des … verbindet. In dieser Wirtschaftsordnung kommt dem Staat eine … zugunsten der finanziell schwachen Bevölkerungsschichten zu.

Das … Bruttoinlandsprodukt (BIP) dient oft als Maßstab für den Wohlstand eines Landes.

Vier Phasen kennzeichnen den Konjunkturzyklus: …, …, …, … .

Werden bestimmte Tätigkeiten dauerhaft nicht mehr nachgefragt, da sie z. B. automatisiert wurden, bezeichnet man die dadurch entstandene Arbeitslosigkeit als … . Außerdem gibt es drei weitere Formen der Arbeitslosigkeit, nämlich die …, … und … Arbeitslosigkeit.

Das „magische Viereck" umfasst folgende wirtschaftspolitische Ziele: …, …, …, … .

Ergänze den Lückentext auf dem Arbeitsblatt oder in deinem Heft.

Methodenkompetenz

Recherchiert die Arbeitslosenquote für die Stadt/den Bezirk, in der/dem ihr wohnt. Bildet Arbeitsgruppen und vereinbart einen Termin mit einer Mitarbeiterin oder einem Mitarbeiter der Agentur für Arbeit. Erkundigt euch, welche besonderen Bedingungen auf dem regionalen Arbeitsmarkt anzutreffen sind und welche Programme und Maßnahmen die Agentur fördert, um die Arbeitslosigkeit zu verringern. Notiert dann auf einem Plakat übersichtlich eure Ergebnisse und vergleicht sie.

Zeige deine Kompetenzen!

Urteilskompetenz

Die Karikatur von Klaus Stuttmann datiert vom 18. 3. 2008. Sie entstand also noch vor dem Herbst 2008, als die Liquiditätskrise des Bankensektors infolge der Finanzmarktkrise weltweit umfangreiche staatliche Hilfsmaßnahmen erforderte, um ein Zusammenbrechen der Finanzmärkte zu verhindern und die Auswirkungen auf die Realwirtschaft (Rezession) zu begrenzen.

(Zeichnung: Klaus Stuttmann)

Analysiere die Aussageabsicht des Zeichners. Berücksichtige auch, dass im März 2008 die Deutsche Bank als einer der wichtigsten Kaufinteressenten für die Postbank galt (siehe S. 167).
Beurteile vor diesem Hintergrund auch die Aussage, die der Zeichner Finanzminister Steinbrück gegenüber dem Chef der Deutschen Bank, Josef Ackermann, in den Mund legt.

Handlungskompetenz

„Systemkritik"
Am 13.4.2008 veröffentlichte und kommentierte Edgar Piel vom Institut für Demoskopie in Allensbach in der Frankfurter Allgemeinen Sonntagszeitung Ergebnisse einer neuen Erhebung zur Frage: „Haben Sie vom Wirtschaftssystem in Deutschland eine gute oder keine gute Meinung?". Befragt wurden rund 1800 Personen von 16 Jahren an. 35 Prozent gaben an, sie hätten eine gute Meinung, 37 Prozent antworteten, sie hätten keine gute Meinung, und 28 Prozent wählten „unentschieden". In Westdeutschland zeigte sich sogar eine relative Mehrheit vom Wirtschaftssystem überzeugt. Hier gaben 39 Prozent an, eine gute Meinung zu haben („Keine gute Meinung" 34 Prozent). Damit ist der Tiefpunkt der positiven Befragungsergebnisse von um 2005 herum überwunden. Damals hatten in Westdeutschland nur noch 29 Prozent der Bevölkerung, in Ostdeutschland nur noch zehn Prozent eine gute Meinung vom deutschen Wirtschaftssystem.

Erstelle eine Grafik mit den Ergebnissen der Allensbach-Studie.
Führt in eurer Klasse eine Umfrage mit dieser Frage („Hast du vom Wirtschaftssystem in Deutschland eine gute oder keine gute Meinung?") durch und erstellt eine Ergebnisgrafik.
Nehmt dabei die Hinweise auf Seite 255 zu Hilfe.
Vergleicht euer Ergebnis dann mit den Ergebnissen der Befragungen des Instituts für Demoskopie in Allensbach aus 2008 und 2005.

Einkommen und soziale Sicherung

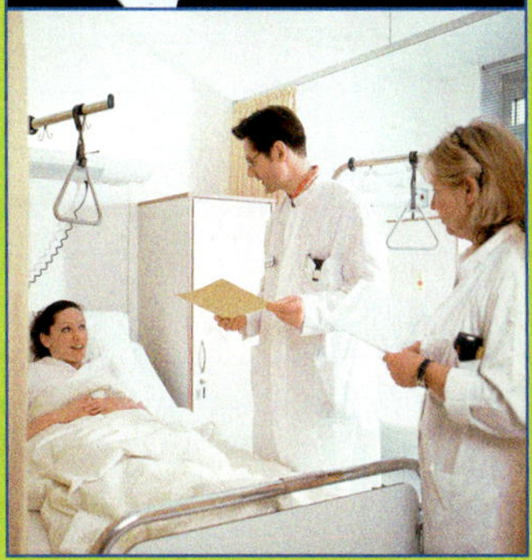

„Die Bundesrepublik Deutschland ist ein demokratischer und sozialer Bundesstaat." So steht es in Artikel 20 des Grundgesetzes. Daraus leitet sich zum einen der Anspruch ab, dass alle Bürgerinnen und Bürger gleich und gerecht behandelt werden. Doch was bedeuten Gleichheit und Gerechtigkeit? – Augenscheinlich nicht, dass die Lebensverhältnisse der Menschen identisch sind und sie über gleich hohe Einkommen verfügen. Zum anderen ergibt sich aus dem Sozialstaatsgebot des Grundgesetzes die grundsätzliche Verpflichtung des Staates, Menschen, die ihren Lebensunterhalt nicht allein bestreiten können, zu unterstützen. Welche sozialen Leistungen erhalten mithin Arme, Arbeitslose, Kranke und Rentner, und welche Voraussetzungen müssen erfüllt sein?
Im folgenden Kapitel geht es unter anderem um Folgendes:

- Wie sind Einkommen und Vermögen in Deutschland verteilt?
- Welche Vorstellungen von „sozialer Gerechtigkeit" gibt es?
- Wie werden die Löhne und Gehälter der meisten Erwerbstätigen ausgehandelt?
- Was bedeutet Armut? Welche Gruppen in der Gesellschaft sind besonders von Armut bedroht?
- Wie ist unser soziales Sicherungssystem aufgebaut?
- Was ist ein Sozialstaat? Wie hat er sich entwickelt?
- Vor welchen Problemen steht unser soziales Sicherungssystem? Was hat sich in den letzten Jahren geändert, und welche Gründe gab und gibt es für Reformen?
- Hat der Sozialstaat eine Zukunft?

Deutschland heute – eine Bestandsaufnahme

Soziale Gerechtigkeit ist eines der großen Themen der Zeit. Die Frage, nach welchen ethischen Grundsätzen die Güter und Chancen in unserer Gesellschaft verteilt werden, ist heftig umstritten. Wir wissen, dass zehn Prozent der Deutschen 60 Prozent des gesamten Vermögens besitzen, während mehr als 13 Prozent in relativer Armut leben. Wir hören, dass sich die Schere zwischen Arm und Reich immer weiter öffnet. Aber um welche Summen genau geht es? Die Deutsche Bundesbank hat für den *stern* ausgerechnet, wie groß das gesamte in Deutschland angesammelte Vermögen ist: 8,9 Billionen Euro. Ausgeschrieben sind das 8900000000000 Euro. So viel ist wert, was Privatleute, Firmen oder der Staat an Geld, Aktien oder Grundstücken besitzen, Schulden sind da bereits abgezogen. Das wären bei 82 Millionen Einwohnern pro Kopf 108000 Euro, aber so ist die Welt bekanntlich nicht. Wem also gehört Deutschland? [...]

(Thomas Osterkorn, Chefredakteur, in: stern, 6/2008, 31. 1. 2008, S. 3)

Wald- und Wiesenstaat

Deutscher Grund und Boden nach wirtschaftlicher Nutzung (Gesamtfläche 357092 Quadratkilometer, Angaben in Prozent)

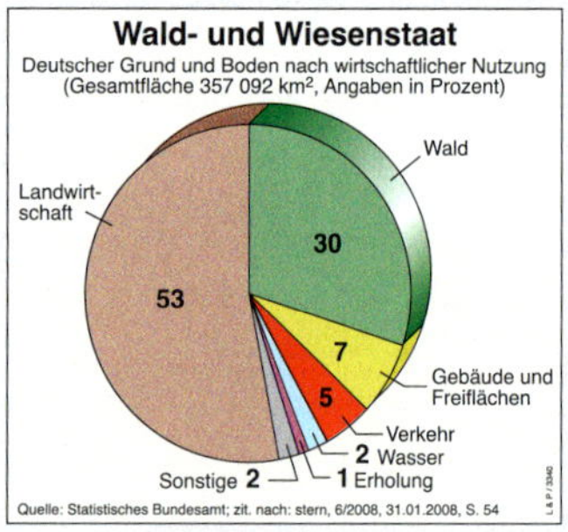

11,1 Millionen Hektar Wald bedecken die Bundesrepublik – ein Drittel der Gesamtfläche. Er gehört zu 47 Prozent Privatpersonen, zu 34 Prozent dem Staat und zu 19 Prozent unterschiedlichen Körperschaften wie etwa den Kirchen. [...]

(aus: stern, 6/2008, 31. 1. 2008, S. 54)

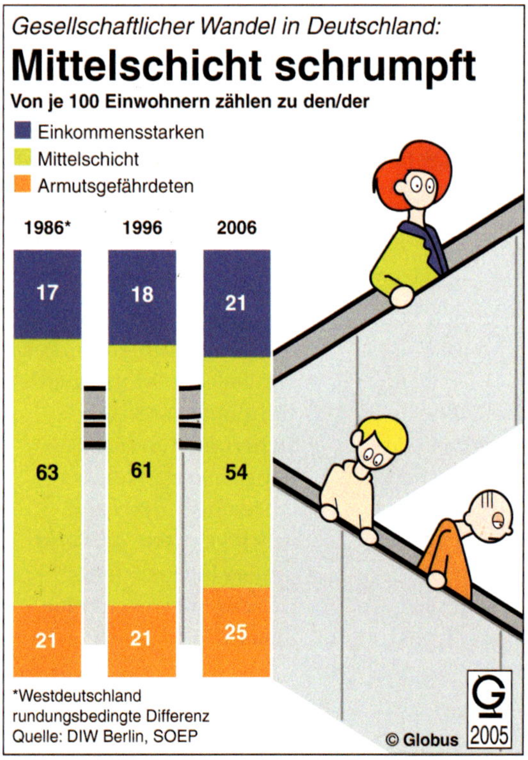

Steinernes Kapital

Eigentümerstruktur der 39,62 Millionen deutschen Wohnungen in Mio.

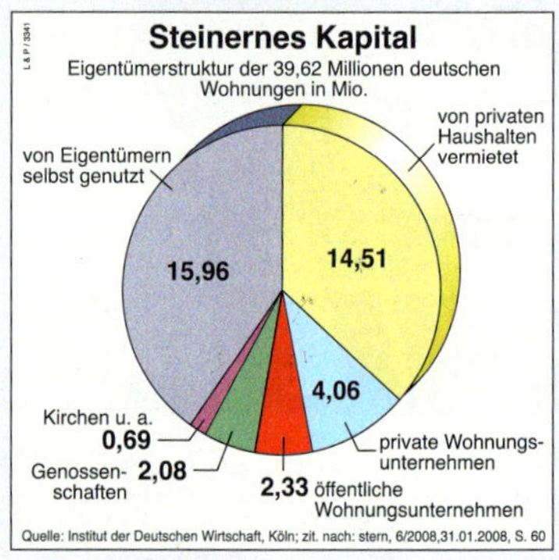

Im Bundesdurchschnitt gehören nur 43 Prozent der Immobilen den Bewohnern selbst [...]. Im Vergleich zu den europäischen Nachbarstaaten ist die Eigentumsquote sehr niedrig, die Spanier etwa wohnen zu 80 Prozent in den eigenen vier Wänden. [...]

(aus: stern, 6/2008, 31. 1. 2008, S. 60)

Wachsender Schuldenberg
Berlin – dpa: Trotz Milliarden Mehreinnahmen für die öffentlichen Haushalte ist der Schuldenberg Deutschlands weiter gewachsen. Im vergangenen Jahr verbuchten die Länder nach einer Umfrage der Nachrichtenagentur dpa Gesamtschulden von etwa 490 Milliarden Euro, zehn Milliarden mehr als 2006. Nur wenige Länder haben einen ausgeglichenen Etat ohne neue Schulden erreicht. Das mit etwa 60 Milliarden Euro verschuldete Berlin erzielte im vergangenen Jahr auch dank eines scharfen Sparkurses erstmals einen Überschuss und baut inzwischen Altschulden ab. Mecklenburg-Vorpommern hat bereits 2006 – wie Sachsen und Bayern – den Haushaltsausgleich geschafft.

(aus: Süddeutsche Zeitung, 12. 8. 2008, S. 5)

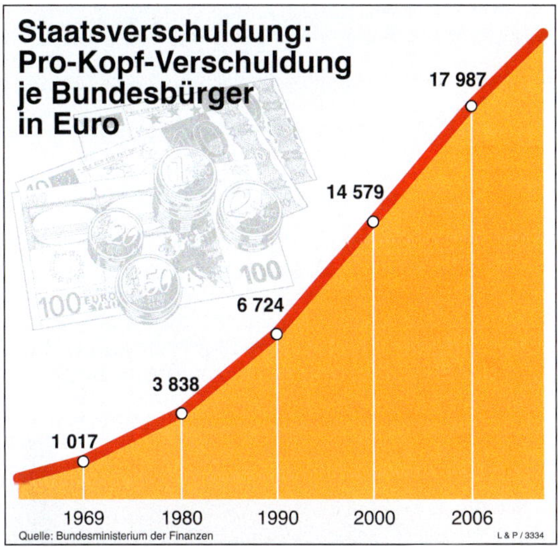

Familienbetriebe in Deutschland
Drei Millionen Familienbetriebe haben ihren Sitz in Deutschland. Unternehmen in Konzerngröße zählen darunter eher zur Ausnahme: 99 Prozent der Firmen sind kleine und mittlere Unternehmen bis zum Einmannbetrieb in der Frittenbude. Familienbetriebe stellen mit Abstand die meisten Arbeitsplätze. Zudem produzieren sie knapp die Hälfte der Bruttowertschöpfung.

(aus: stern, 6/2008, 31. 1. 2008, S. 64)

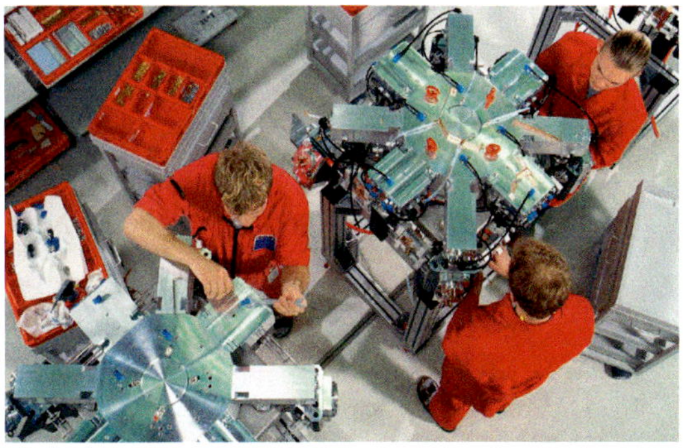

Mittelständische Betriebe (Foto: Mitarbeiter der Firma Trumpf bei der Laserfertigung) spielen auch in der Ausbildung von Fachkräften eine bedeutende Rolle.

Deutschland ist auch ein Waldland: .... Prozent der Fläche sind mit Wald bedeckt. Davon gehören .... Prozent Privatleuten, dem Staat lediglich .... Prozent.
In Deutschland leben .... Prozent der Menschen in ihren eigenen Wohnungen, nicht in gemieteten.
.... Prozent aller Unternehmen in Deutschland sind Klein- oder Mittelbetriebe. Es gibt .... Millionen Familienbetriebe. Sie stellen .... Arbeitsplätze zur Verfügung.
Die Schulden der 16 Bundesländer betrugen Ende 2006 .... Milliarden Euro, ein Jahr später beliefen sie sich auf .... Euro. Allein das Bundesland Berlin hatte Ende 2007 .... Milliarden Euro Schulden.
Den vermögendsten .... Prozent gehören .... Prozent des gesamten Vermögens in Deutschland.
Das gesamte in Deutschland angesammelte Vermögen wird auf .... Euro beziffert.

1. *Führe mithilfe der acht Materialien eine Bestandsaufnahme für „Deutschland heute" durch. Beginne mit dem Text von Thomas Osterkorn und mit der Frage „Wem also gehört Deutschland?". Ermittle für die weiteren Materialien ebensolche Leitfragen, trage Antworten zusammen und notiere deine Ergebnisse in einer Tabelle; nimm Seite 188 zu Hilfe.*
2. *Werte die Texte auf den Seiten 214 und 215 auf statistische Angaben hin aus und ergänze den Lückentext. Verwende das Arbeitsblatt oder notiere in deinem Heft.*

Methode: Diagramme auswerten

Thema: Struktur der Gesellschaft in Deutschland

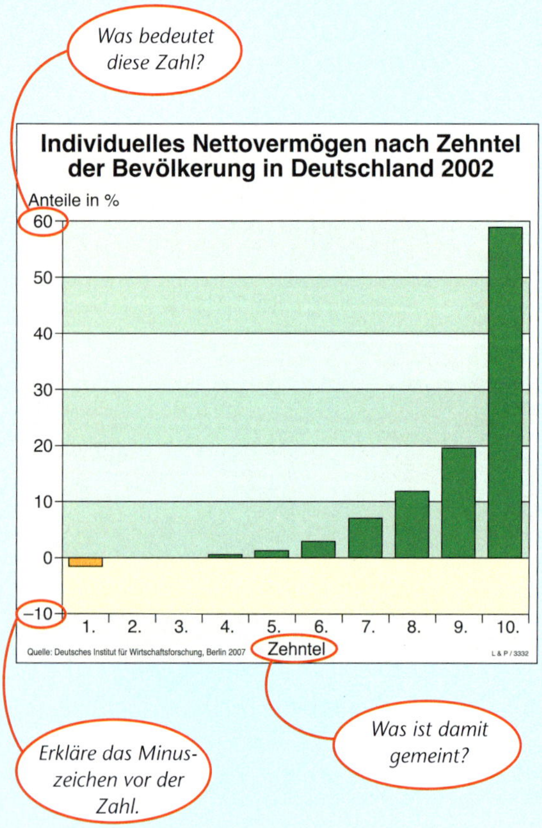

Manche Zusammenhänge des menschlichen Lebens werden durch Zählen und Messen ausgedrückt: z. B. das monatliche Einkommen von Erwerbstätigen, die wöchentlichen Ausgaben eines Vier-Personen-Haushalts oder das Vermögen, das eine Person besitzt. Solche statistischen (gesammelten und ausgewerteten) Daten veranschaulicht man oft mithilfe von Diagrammen. Auf einen Blick soll man den wesentlichen Sachverhalt erkennen können.

Um Diagramme zu erstellen, sind oft umfangreiche Vorarbeiten erforderlich; zudem werden die Daten in den gewünschten Zusammenhang gestellt und damit auch gedeutet. Deshalb besteht die Gefahr einseitiger Darstellung bis hin zur Manipulation. So lassen sich z. B. bei der Präsentation von Zahlen in einem Diagramm schon durch die Wahl des Koordinatennetzes Unterschiede besonders betonen oder einebnen. Deshalb ist bei der Interpretation ein besonders kritischer Blick notwendig.

Auch ist zu bedenken, dass viele statistische Daten Durchschnittswerte ausdrücken. Wenn die Menschen in Deutschland im Durchschnitt ein Vermögen von 80 722 Euro besitzen, dann sagt das noch nichts über das konkrete Vermögen einer bestimmten Person aus – diese kann kein Vermögen oder nur wenig Erspartes besitzen, sie kann aber auch Millionär sein. Nichtsdestoweniger sind Durchschnittswerte aussagekräftig. Man kann z. B. daraus schließen, welches Wohlstandsniveau in einem Staat im Vergleich zu anderen Staaten erreicht ist oder, wenn man die Entwicklung in einem Staat über mehrere Jahre vergleicht, ob die Menschen im Durchschnitt ärmer oder reicher geworden sind.

Wertet man Diagramme aus, muss man vor allem wissen, was die Zahlen bedeuten. Dazu muss man sie im Zusammenhang mit dem erklärenden Text sehen, sie miteinander vergleichen und gegebenenfalls zeitliche Entwicklungen bei der Deutung berücksichtigen.

Leitfragen für die Analyse von Diagrammen können sein:

- Mit welchem Thema / welchem Sachverhalt beschäftigt sich das Diagramm? Ist das Thema / der Sachverhalt umstritten?
- Wer hat das Diagramm erstellt? Aus welcher Quelle stammen die Zahlen, ist die Quelle seriös und glaubwürdig? Welcher Eindruck wird vermittelt? Welche grafische Form wurde für die Präsentation der Zahlen gewählt?
- Was bedeuten die Zahlen im Einzelnen? Welche Erläuterungen sind erforderlich, um sie einzuordnen? Müssen Begriffe vorgeklärt werden, um den erklärenden Text zu verstehen? Stimmen Aussage und Bildgestaltung überein?
- Was fällt beim Vergleich der Zahlen auf, welche Schlussfolgerungen lassen sich daraus ableiten? Klärt das Diagramm ggf. Strittiges?

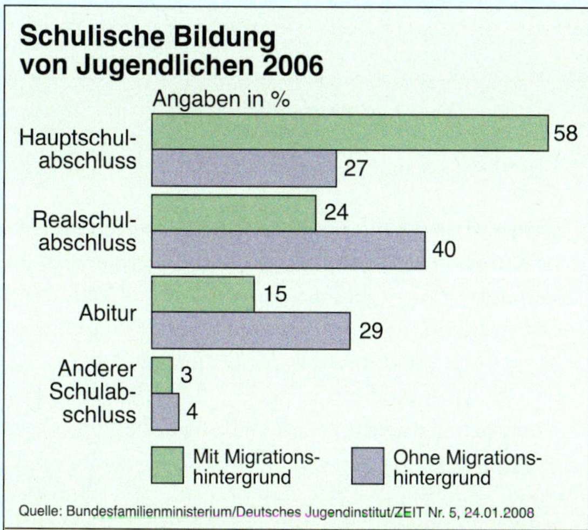

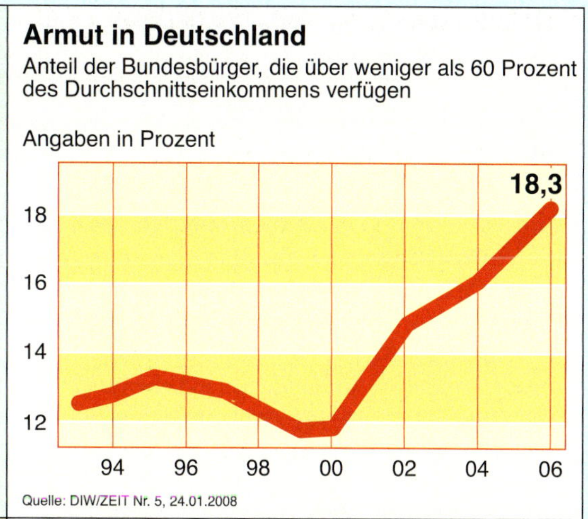

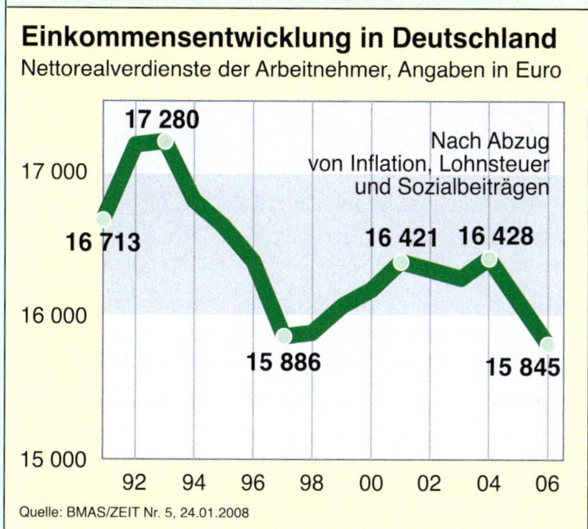

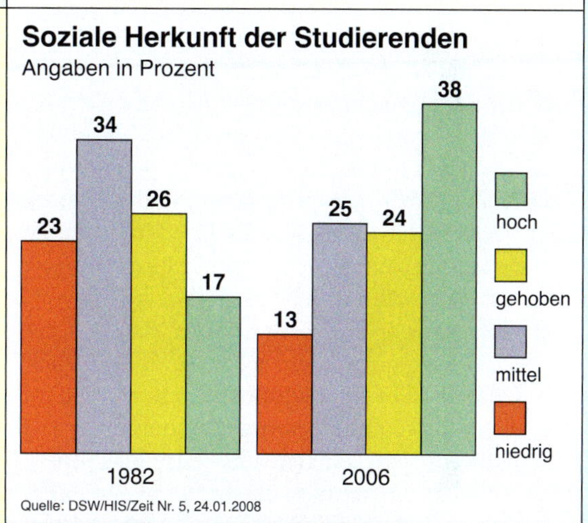

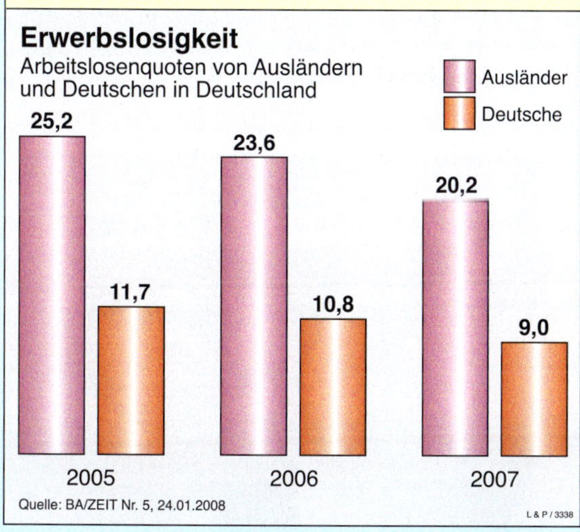

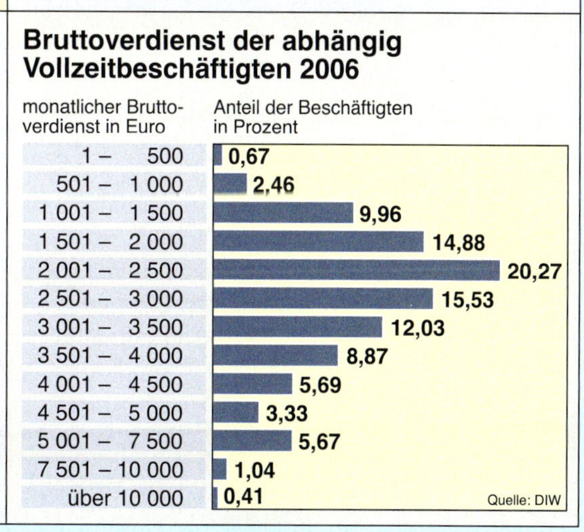

1. *Beantworte die Fragen zum Diagramm „Individuelles Nettovermögen …" auf S. 216.*
2. *Bildet sechs Arbeitsgruppen und wertet jeweils eines der oben stehenden Diagramme aus. Orientiert euch dabei an den Leitfragen auf S. 216.*
3. *Stellt die Ergebnisse eurer Gruppenarbeiten dann in der Klasse vor und diskutiert sie.*

Vorstellungen von Gerechtigkeit

Soziale Gerechtigkeit

Wie man Armut zementiert

Ein Kommentar von Alexander Hagelüken

Und wieder gibt es neue Zahlen, die zeigen, dass Not im reichen Deutschland zum Problem wird. Jedes achte Kind ist von Armut bedroht, meldete vergangene Woche Arbeitsminister Olaf Scholz. Seine Kabinettskollegin Ursula von der Leyen sieht nun sogar jedes sechste Kind in prekären Lebensumständen. Ganz gleich, welcher Statistik man glaubt: Es lässt sich kaum bestreiten, dass die Gesellschaft nach Jahren des Jobabbaus, stagnierender Reallöhne und wachsender Gewinne auseinanderdriftet.

Die Frage ist nur, was daraus folgen sollte. Am Montag hob mal wieder ein Chor professionell Besorgter an, der eine einfache Antwort weiß: mehr Geld für die Armen – durch mehr Umverteilung. Als müsste nur ein neuer Robin Hood kommen, den Reichen nehmen, um den Armen zu geben, und alles wäre gut. Die Realität ist leider komplizierter. Schlichte Umverteilung könnte den ärmeren Bürgern sogar mehr schaden als nützen.

Die erste Schwierigkeit besteht darin, dass sich der Staat das Geld beschaffen muss, das er zusätzlich verteilt. Er holt es sich in der Regel stark von denen, die sich am wenigsten wehren können. Das sind nicht die Konzerne, die Gewinne verlagern können. Es sind nicht die Reichen, die ihr Vermögen durch Stiftungen und andere Konstruktionen schützen können.

Es sind kleinere Firmen, Facharbeiter und Lehrer, die dem Zugriff des Steuer- und Abgabenstaates voll ausgeliefert sind. Jede neue Verteilungsrunde nimmt ihnen etwas weg, mindert ihre Leistungskraft – und verkleinert damit das Wirtschaftsprodukt, aus dem alle öffentlichen und privaten Ausgaben finanziert werden müssen, auch Transfers an die Ärmeren.

[...] Wenn der Staat mehr umverteilen will, sollte er es mit Bedacht tun – und vor allem überlegen, wofür er das Geld ausgibt. Reine Finanztransfers machen ärmere Menschen zum Objekt, sie verändern ihr Einkommen, aber nicht unbedingt ihre Chancen darauf, langfristig für sich selbst sorgen zu können. Mancher Transfer hat trotzdem seine Berechtigung, das zuletzt von Rot-Grün 2002 deutlich erhöhte Kindergeld etwa, das Millionen Familien hilft.

Doch wenn Armutsbekämpfung bei solchen Zuschüssen verharrt, wird sie ihr Ziel verfehlen. Es bedarf einer umfassenderen Politik. Geht man die betreffenden Gebiete durch, wird schnell klar, dass Deutschland im internationalen Vergleich Defizite hat. Und deshalb mehr Arme als nötig.

In der Bundesrepublik ist der Bildungsabschluss stark vom Einkommen der Eltern abhängig, eine Verbindung, die unsere Nachbarn so nicht kennen – Bildungsmangel macht arm. Die Bundesrepublik scheute sich lange vor der Integration von Einwanderern, auch vor sanftem Druck auf die Neuankömmlinge, die Sprache zu lernen – jedes dritte Migrantenkind ist von Armut bedroht. Und die Bundesrepublik weigerte sich aus konservativer und kirchlicher Verbohrtheit, Müttern günstige Kinderbetreuung anzubieten – 40 Prozent aller Sprösslinge von Alleinerziehenden gelten als arm.

Diese Beispiele zeigen schon, dass Finanztransfers die Probleme nicht lösen und reine Umverteilung als Armutspolitik versagt. Ministerin von der Leyens neuer Report zeigt, dass die beste Versicherung gegen den sozialen Abstieg ein Arbeitsplatz ist. Wenn beide Eltern arbeiten, und sei es in Teilzeit, sind ihre Kinder gut versorgt. Die rot-grünen Reformen, die Arbeitslosen mehr abverlangten, aber dafür Millionen Jobs schaffen halfen, waren also effektive Armutspolitik. Auch wenn Umverteilungsideologen dies bestreiten werden.

(aus: Süddeutsche Zeitung, 27. 5. 2008, http://www.sueddeutsche.de/wirtschaft/556/443295/text/)

„Es wäre eigentlich sozial gerecht, wenn es für alle Branchen einen Mindestlohn gäbe!" – „Mindestlöhne sind sozial ungerecht, weil dann keine Jobs für geringer Qualifizierte entstehen!"
Die beiden Aussagen zum Thema „Mindestlohn" zeigen, wie schwierig es ist, sich in einer Gesellschaft darauf zu verständigen, was als gerecht und was als ungerecht zu gelten hat.
Gerechtigkeit ist das Prinzip, mit dessen Hilfe die Menschen ihr Zusammenleben organisieren. Ungerechtigkeit wird von den Menschen als Störung, als Verstoß und als verbesserungswürdiger Zustand angesehen.
Auch wenn sich die Menschen darüber einig sind, dass eine Gesellschaft gerecht aufgebaut sein soll, stellt sich die Frage, was man z. B. unter sozialer Gerechtigkeit versteht. Der Begriff ist so schwer zu bestimmen, weil sich – je nach der Position eines Menschen in der Gesellschaft und seinen persönlichen Lebensumständen – ganz unterschiedliche Vorstellungen mit dem Begriff „soziale Gerechtigkeit" verbinden.

„Soziale Gerechtigkeit" ist ein Thema, das die politischen Auseinandersetzungen in Deutschland wesentlich bestimmt. Sehr schnell rückt in diesen Debatten die Frage danach, welche Rolle der Staat bei der Herstellung sozialer Gerechtigkeit spielen kann und soll, in den Mittelpunkt. Entsprechend der verschiedenen Vorstellungen von Gerechtigkeit fallen auch die Antworten darauf unterschiedlich aus. Im Kern lassen sich zwei Positionen unterscheiden:

- Die einen fordern einen aktiven Staat, der in gesellschaftliche und wirtschaftliche Prozesse eingreift, um sie bewusst nach politischen Zielsetzungen zu steuern. Vertreter dieses interventionistischen (= Eingriffe befürwortenden) Ansatzes setzen sich gegebenenfalls auch dafür ein, dass der Staat z. B. den Wettbewerb einschränkt und so die Märkte reguliert, wenn nach ihrer Auffassung mit diesen Maßnahmen das politische Ziel erreicht werden kann.
- Die anderen plädieren für einen zurückhaltenden Staat, der vor allem in die wirtschaftlichen Prozesse möglichst nicht eingreift. Sie treten für freie Konkurrenz, freies Unternehmertum und Freihandel ein und vertrauen auf die Selbstregulierung des Marktes. Dem Staat kommt nach ihrer Auffassung im Wesentlichen die Aufgabe zu, durch Aufrechterhaltung der inneren und äußeren Ordnung die Rahmenbedingungen dafür zu gewährleisten. In den Bereichen Wirtschafts- und Sozialpolitik sollen dem Staat also möglichst wenige Aufgaben überantwortet werden.

(Zeichnung: Klaus Stuttmann)

1. *Analysiere den Kommentar von Alexander Hagelüken. Erläutere, welche Position er zur Herstellung sozialer Gerechtigkeit vertritt.*
2. *Werte die Karikatur von Klaus Stuttmann aus; nutze dazu die methodischen Hinweise auf S. 44.*
3. *Erörtere, welche Gründe für und welche gegen ein Eingreifen des Staates in wirtschaftliche Abläufe sprechen.*
4. *Formuliere deinen Standpunkt zum Thema „soziale Gerechtigkeit" und begründe ihn.*
5. *Erläutere, weswegen soziale Gerechtigkeit, obgleich in Umfragen regelmäßig als eines der wichtigsten politischen Ziele genannt, so schwer herzustellen ist.*

Was hält die Gesellschaft zusammen?

[...] Es ist an der Zeit, innezuhalten und zu fragen: Was ist gerecht, was hält die Gesellschaft wirklich zusammen? Die Frage ist elementar. Adam Smith, der Vater der Nationalökonomie, schrieb, ohne Gerechtigkeit müsse „der gewaltige, der ungeheure Bau der Gesellschaft augenblicklich zusammenstürzen und in Atome zerfallen“.

Alle Menschen haben ein Gefühl für Gerechtigkeit, glaubte Smith, und dies beschrieb er so: „In dem Wettlauf nach Reichtum, Ehre und Avancement, da mag (jeder) rennen, so schnell er kann, und jeden Nerv und jeden Muskel anspannen, um alle seine Mitbewerber zu überholen. Sollte er aber einen von ihnen niederrennen oder zu Boden werfen, dann wäre es mit der Nachsicht der Zuschauer ganz und gar zu Ende.“

Der Wettbewerb, das „Streben nach Glück“, wie es in der amerikanischen Verfassung heißt, macht die Dynamik des Kapitalismus aus, er macht aber auch vielen Menschen Angst. [...]

Wohl wahr, das heutige Deutschland ist diverser, als es die Gesellschaft der alten Bundesrepublik war. Die Zunahme der sozialen Unterschiede hat im Wesentlichen drei Ursachen: Wiedervereinigung, Einwanderung und Globalisierung.

Durch die Wiedervereinigung sind fünf Bundesländer mit einer zerstörten Wirtschaft Teil der Bundesrepublik geworden, was die Kluft zwischen Arm und Reich automatisch erhöht hat. Einwanderer kommen häufig mit geringen Qualifikationen ins Land und verdienen wenig Geld. Durch den Aufstieg von China, Indien und Osteuropa stehen deutsche Arbeitnehmer in einem viel intensiveren Wettbewerb mit anderen, die deutlich weniger verdienen und oft ebenso gut qualifiziert sind. Dies alles lässt sich durch Mindestlöhne und Tarife nicht wegdefinieren.

Wer der früheren DDR Westlöhne verordnet, darf sich nicht wundern, wenn dort die Arbeitsplätze zu Zehntausenden zerstört werden. Und wer immer mehr Branchen hohe Mindestlöhne verordnet, vernichtet dort Jobs, wo die Erträge der Firmen diese Löhne nicht hergeben. [...]

Die Gewerkschaft Verdi ist stolz darauf, [beim Tarifabschluss im öffentlichen Dienst 2008] eine „soziale Komponente“ durchgesetzt zu haben: Geringverdiener bekommen im Verhältnis mehr Gehalt als die anderen. Die Konsequenz ist klar – der Druck zum Abbau von Stellen für gering Qualifizierte wird zunehmen. Ist das gerecht?

Adam Smith (1723–1790), Moralphilosoph und Volkswirtschaftler, entwickelte u. a. ein einheitliches System der liberalen Wirtschaftslehre und gilt v. a. wegen seiner Arbeitswerttheorie als Begründer der klassischen Nationalökonomie. Smith betrachtete menschliche Arbeit und Arbeitsteilung als Quellen des Wohlstands. Als wesentliche Ordnungsprinzipien wirtschaftlicher Entwicklung galten ihm der freie Wettbewerb und das wohlverstandene Selbstinteresse der Menschen. Damit sei die Basis gegeben, dass sich ein Gleichgewicht zwischen Produktion, Verbrauch, Lohn und Preis und damit ein Zustand der natürlichen Harmonie des wirtschaftlichen und sozialen Lebens einstellt. Smith plädierte für Freihandel, Handels- und Gewerbefreiheit sowie die weitgehende Zurückhaltung des Staates.
(nach: http://lexikon.meyers.de, Adam Smith)

In einem Punkt hat der SPD-Vorsitzende Kurt Beck recht: Die Gesellschaft ist in Gefahr, wenn deren Mitte zerstört wird, wenn sozialer Aufstieg nicht mehr möglich ist. Oder, in den Worten von Adam Smith: wenn der Wettbewerb um Reichtum, Ansehen und Avancement nicht mehr stattfindet. Becks Problem ist, dass seine Politik darauf hinausläuft, die Ergebnisse dieses Wettbewerbs vorschreiben zu wollen und ihn so erst recht zu unterbinden. Das gilt nicht nur für Mindestlöhne, sondern auch dann, wenn das Arbeitslosengeld ausgeweitet oder das Rentenalter nicht verlängert wird: Man bürdet die Last der unabdingbaren Sozialreformen künftigen Generationen auf.

Gerecht ist eine Gesellschaft, die Wettbewerb ermöglicht. Der Staat wird zusammengehalten, wenn die Bürger wissen, dass sie eine faire Chance zum Aufstieg haben. Das ist zuerst eine Frage der Bildungspolitik; es geht um gute Kindergärten, Schulen und Hochschulen, es geht auch um Lehrstellen. Und es geht an zweiter Stelle darum, nicht durch eine falsche Lohnpolitik und Gängelung Chancen zu zerstören. [...]

(Nikolaus Piper, in: Süddeutsche Zeitung, 5. 4. 2008, S. 12)

Im Spätsommer 2004 fanden in zahlreichen Städten der Bundesrepublik Proteste gegen die von der rot-grünen Bundesregierung im Rahmen der „Agenda 2010" geplante Hartz-IV-Gesetzgebung statt. Die Fotos zeigen Teilnehmerinnen und Teilnehmer von Demonstrationen im September 2004 in Leipzig (links) und Hettstedt (Sachsen-Anhalt).

Erzbischof Robert Zollitsch, seit Februar 2008 Vorsitzender der Deutschen Bischofskonferenz, in einem Interview (Auszüge) mit der Borkumer Zeitung:

Frage: Deutschland ist auf dem Weg zu einem Fünf-Parteien-System. Ist das eher eine Chance oder eine Gefahr für unsere Demokratie?

Zollitsch: Das Fehlen eindeutiger Mehrheiten ist auch ein Zeichen für das zurückgehende Vertrauen in die Handlungsfähigkeit der großen Parteien. In den vergangenen Jahren haben viele Menschen Politik eher als kurzatmig, unberechenbar und wenig zusammenhängend wahrgenommen. Wenn die Bürger weniger an die politische Entscheidungsfähigkeit der Akteure glauben, dann beschädigt dies langfristig die demokratische Ordnung. Ein Zeichen dafür sind die geringen Wahlbeteiligungen.

Frage: Wachsende Ungleichheit zwischen den Einkommen in Deutschland: Sollte mehr über Gerechtigkeit und die Verantwortung der Wirtschaft gesprochen werden?

Zollitsch: In den letzten Jahrzehnten scheinen mir wichtige Grundprinzipien der sozialen Marktwirtschaft wie Eigeninitiative, Selbstverantwortung und Solidarität sowie Gemeinsinn zunehmend ins Hintertreffen geraten zu sein. Eine soziale Marktwirtschaft, wie wir sie in Deutschland haben, kann es nur als soziale Ausgleichspolitik geben.

(aus: Borkumer Zeitung, 20. 3. 2008, S. 3)

1. *Gib die Zustandsbeschreibung der deutschen Gesellschaft von Nikolaus Piper in kurzen Thesen wieder und arbeite die Kernaussage seiner Analyse heraus.*
2. *„Was hält die Gesellschaft zusammen?" – Fasse die Antworten, die der Journalist Nikolaus Piper (linke Seite) und Erzbischof Robert Zollitsch geben, in eigenen Worten zusammen. Vergleiche.*
3. *Beschreibe die Aussageabsicht der Texte, die die Demonstrantinnen und Demonstranten auf den Plakattafeln mit sich führen. Erörtere, welche Erwartungen damit verbunden sind.*
4. *Erkläre, was mit der Karikatur „Das Profit-Center" ausgesagt werden soll.*

(aus: Frankfurter Allgemeine Zeitung, 14. 3. 2008, S. 29)

Tarifkonflikt – die Suche nach dem gerechten Lohn

Bahn will Streik mit neuem Angebot abwenden

28. Januar 2009

Berlin – Bahn und Gewerkschaften haben die Verhandlungen am Vormittag wieder aufgenommen. Nach übereinstimmenden Angaben der Agenturen AP und Reuters hat die Bahn dabei ein neues Angebot vorgelegt, um drohende Streiks am Donnerstag noch abzuwenden. Über die Höhe des neuen Angebots wurde bislang nichts bekannt.
Der Konzern verhandelt seit dem 14. Januar mit Transnet und GDBA über neue Tarifverträge. Die für rund 130 000 Beschäftigte auftretende Tarifgemeinschaft fordert zehn Prozent mehr Lohn. Parallel dazu spricht die Bahn mit der Lokführergewerkschaft GDL, die für rund 20 000 Lokführer 6,5 Prozent mehr Lohn verlangt. Die Bahn bietet bislang eine Lohnerhöhung von einem Prozent sowie je nach Wirtschaftsergebnis des Konzerns Einmalzahlungen in Höhe von maximal 1000 Euro.
Nachdem bei den Verhandlungen keine Einigung abzusehen war, hatte die Tarifgemeinschaft zu Wochenbeginn Warnstreiks angekündigt. Erste Arbeitskämpfe waren für Donnerstag geplant. Wo und wann genau gestreikt werden soll, wollte die Gewerkschaft am Mittwoch gegen 13 Uhr bekannt geben. [...] Zuvor hatte der Transnet-Vorsitzende Alexander Kirchner nur gesagt, dass es sich um „punktuelle Aktionen" handeln werde. Man wolle nicht die gesamte Republik lahmlegen. [...] Bahn-Chef Hartmut Mehdorn habe in der Vergangenheit zugesagt, beim Lohn nachzulegen, sollte es dem Unternehmen besser gehen. „In dieser Situation sind wir jetzt", sagte Kirchner, der auf die Unternehmensgewinne von jeweils mehr als 1,6 Milliarden Euro in 2007 und 2008 verwies. „Jetzt sagen die Kollegen berechtigterweise: Nun muss ein Stückchen das wahrgemacht werden, was vorher versprochen wurde."

(aus: http://www.spiegel.de/wirtschaft/0,1518,604025,00)

Einigung im Tarifkonflikt bei der Bahn

1. Februar 2009

Im Tarifkonflikt bei der Deutschen Bahn gab es am späten Samstagabend eine Einigung. Bahn und Gewerkschaften hätten für die rund 150 000 Beschäftigen eine schrittweise Gehaltserhöhung von 4,5 Prozent zuzüglich einer Einmalzahlung ausgehandelt, so Bahn-Personalvorstand Norbert Hansen nach dem Verhandlungsmarathon. Damit bleibt den Bahnkunden ein monatelanger Streik wie noch vor einem Jahr erspart.

HB FRANKFURT. Die Gewerkschaftsvertreter zeigten sich mit den Ergebnis zufrieden. [...] Nun müssen dem Abschluss noch die Tarifkommissionen von Transnet, GDBA und der Lokführergewerkschaft GDL zustimmen. Die Gremien wollen am Mittwoch und Donnerstag tagen.
Die Eisenbahner erhalten ab Februar eine Gehaltserhöhung von 2,5 Prozent, im Januar 2010 steigen die Löhne um weitere zwei Prozent. Zudem haben sich Arbeitnehmer und Arbeitgeber auf eine Einmalzahlung von 500 Euro in der zweiten Jahreshälfte 2009 verständigt. Insgesamt hat der Abschluss eine Laufzeit von 18 Monaten.
Zusätzlich wurden die Arbeitszeiten für die Mitarbeiter neu geregelt. Die Beschäftigten erhielten nun zwölf freie Wochenenden im Jahr, von denen acht verbindlich vereinbart würden, sagte GDL-Chef Claus Weselsky. Die von den Eisenbahnern geforderte bessere Planbarkeit der Arbeitszeiten war bis zuletzt einer der Hauptstreitpunkte in den Verhandlungen.
Die Mitte Januar gestarteten Gespräche standen lange auf Messers Schneide: Erst in der vierten Verhandlungsrunde hatte der Konzern ein für die Gewerkschaften verhandlungsfähiges Angebot vorgelegt, einen ersten Warnstreik hatte es bereits gegeben. Danach hatten sich Bahn und Arbeitnehmervertreter beim Thema Entgelt angenähert.
Transnet und GDBA hatten für rund 130 000 Beschäftigte eine Einkommenserhöhung von zehn Prozent und besser planbare Arbeitszeiten gefordert. Die parallel verhandelnde Lokführergewerkschaft GDL wollte für 12 000 Beschäftigte eine Lohnerhöhung von 6,5 Prozent.

(aus: HANDELSBLATT vom 1. Februar 2009)

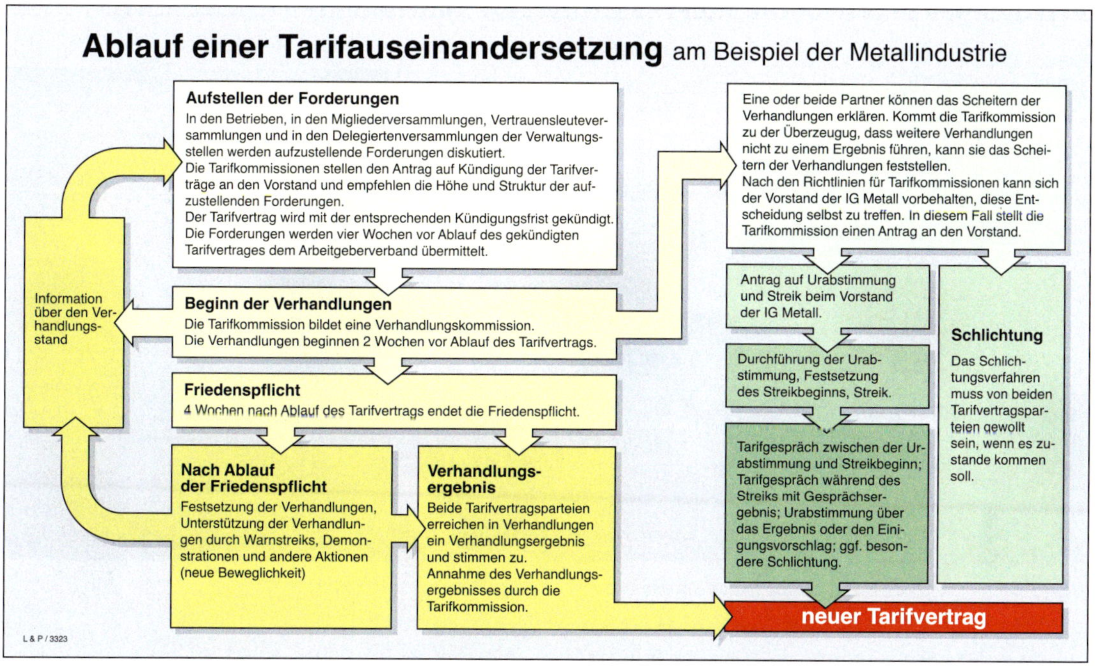

Tarifverträge können nur zwischen den entsprechenden Parteien geschlossen werden; das sind auf der Seite der Arbeitnehmer z. B. Gewerkschaften, auf der Seite der Arbeitnehmer z. B. einzelne Arbeitgeber, Arbeitgeberverbände oder Handwerksinnungen. Um rechtswirksam zu sein, bedürfen Tarifverträge der Schriftform.

Inhaltlich unterscheidet man Manteltarifverträge, die Fragen der Einstellung, Kündigung, Arbeitszeit, des Urlaubs usw. regeln, und Lohntarifverträge. Dem Geltungsbereich nach unterscheidet man Flächen- und Haustarifverträge. Während der sogenannte Haus- oder Firmentarifvertrag nur für einen einzelnen Arbeitgeber gilt, stellt der sogenannte Flächen- oder Branchentarifvertrag gleiche Arbeits- bzw. Wettbewerbsbedingungen für diejenigen Unternehmen eines bestimmten Wirtschaftszweiges her, die in einer bestimmten Region Mitglied des tarifschließenden Arbeitgeberverbandes sind. In Deutschland herrschen die Flächentarifverträge vor. Haus- oder Firmentarifverträge gibt es z. B. bei VW, der Lufthansa oder der Post.

Der Flächentarifvertrag bietet für beide vertragschließende Parteien Sicherheit. Für die Unternehmen schafft er Planungssicherheit. Er hält die Konflikte aus den Betrieben (weitgehend) heraus, da überbetrieblich verhandelt wird. Zudem schafft er im Grundsatz brancheneinheitliche Standards und somit einheitliche Rahmenbedingungen. Den Arbeitnehmern bietet er im Allgemeinen die Gewähr, dass ihre Entlohnung und ihre allgemeinen Arbeitsbedingungen die im Tarifvertrag vereinbarten Standards nicht unterschreiten.

Ausnahmen davon regeln sogenannte Öffnungsklauseln. Diese erlauben den Betriebsparteien (Geschäftsführung und Betriebsrat), im Falle einer wirtschaftlichen Krise – zeitlich befristet – untertariflich zu entlohnen oder die Arbeitszeit zu vermindern. So können betriebsbedingte Kündigungen zumindest für eine bestimmte Zeit vermieden werden.

1. *Berichte über das Geschehen, das die Tarifauseinandersetzung im Unternehmen Deutsche Bahn AG gekennzeichnet hat. Stelle die Forderungen beider Seiten gegenüber; erstelle eine Chronik der wichtigsten Stationen in dieser Tarifauseinandersetzung.*
2. *Ordne das Chronik-Geschehen in den „Ablauf einer Tarifauseinandersetzung“ ein.*
3. *Arbeitgeber und Arbeitnehmer werden häufig als „Sozialpartner“, ihr Verhältnis zueinander als „Sozialpartnerschaft“ bezeichnet. Klärt diese Begriffe und diskutiert, ob mit diesen Begriffen das Verhältnis von Arbeitgebern und Arbeitnehmern zutreffend erfasst ist.*

Arbeitgeber und Arbeitnehmer: Partner und Kontrahenten

Der IG-Metall-Vorsitzende Berthold Huber spricht während einer Kundgebung am 1. Mai 2008 in Wolfsburg.

Wolfsburg – Der Erste Vorsitzende der Industriegewerkschaft Metall (IG Metall), Berthold Huber, hat am Tag der Arbeit eine Gesellschaft angemahnt, deren wirtschaftliches und politisches Handeln sich am Gemeinwohl orientiert. „Wir brauchen eine Gesellschaft, in der Menschen mehr sind als ein Rädchen im Wirtschaftsgetriebe und in der nicht Höchstprofite, sondern Arbeitsplätze, Einkommen, Umwelt und Gerechtigkeit wirtschaftliches Handeln bestimmen", sagte Huber auf der Kundgebung des Deutschen Gewerkschaftsbundes (DGB) zum 1. Mai. „Ein ungezügelter Kapitalismus spaltet die Belegschaft und zerstört die Grundfesten unsere Demokratie." Bis weit in die gesellschaftliche Mitte hinein seien Menschen existenziell verunsichert, ängstigten sich vor der Zukunft und hätten Angst vor Abstieg und Ausgrenzung, so Huber. Der IG-Metall-Vorsitzende kritisierte hohe Managergehälter bei gleichzeitig sinkenden Reallöhnen und wachsender Armut. „Vielen Spitzenmanagern in diesem Land sind offenbar alle moralischen und ethischen Normen abhandengekommen, wie hoch welche Leistung zu bewerten ist", sagte Huber. „Wird die Leistung der abhängig Beschäftigten anständig bezahlt, dann ist dies angeblich eine Kostenbelastung, die der Wettbewerbsfähigkeit schadet, werden hingegen unfähigen Managern, die Arbeitsplätze vernichten, Millionen hinterhergeschmissen, dann wird dies ‚leistungsgerechte Bezahlung' genannt." [...]

(Pressemitteilung 19/2008, 1. 5. 2008, Auszug, http://www.igmetall.de/cps/rde/xchg/SID-0A456501-3AA5F20F/internet/style.xsl/view_4508_4525.htm?seitenid=431)

Stuttgart – Angesichts voller Auftragsbücher drängt der Südwestmetall-Vorsitzende [= Arbeitgeberverband] Jan Stefan Roell die IG Metall zu einer Ausweitung der Arbeitszeit. Ziel ist nicht nur eine weitere Flexibilisierung. „Uns geht es um mehr: um zusätzliche Kapazitäten durch mehr Arbeit", sagte Roell im Interview der „Stuttgarter Zeitung". Die Gewerkschaft wisse aus den Betrieben, wie stark die Kapazitätsfrage drücke. Sie müsse jetzt nicht befürchten, dass die Arbeitgeber mithilfe längerer Arbeitszeiten Mitarbeiter loswerden wollten. „Insofern ist es eine gute Zeit, um mit der IG Metall eine Lösung zu finden, weil ihre Urangst nicht mehr bestehen kann." Roell zufolge hat die Metall- und Elektroindustrie in Baden-Württemberg 2007 mehr als 26 000 neue Stellen für Stammbeschäftigte geschaffen, bundesweit 112 000 Stellen. Angesichts dieser positiven Entwicklung werde das Thema Arbeitszeit drängender denn je.

(aus: Stuttgarter Zeitung, 21. 1. 2008)

Konfrontation auf globaler Ebene

Wenn ein deutsches Unternehmen die Option hat, einen Standort hier, in Rumänien oder China anzusiedeln, wird die Arbeitskraft [...] kostenmäßig direkt vergleichbar, abrufbar und gegeneinander ausspielbar. [...] Es ist also tendenziell ein nach Branchen segmentierter Weltarbeitsmarkt entstanden.

Die Grenzen des Arbeitsmarkts, innerhalb derer die Gewerkschaften die Arbeitnehmerkonkurrenz ausschalten müssen, haben sich verschoben. Nationale Tarifverträge mögen sich weiter Flächentarifverträge nennen und von den Gewerkschaften unter diesem Motto verteidigt werden. De facto und ökonomisch gesehen sind sie Tarifverträge in nationalen Segmenten globaler Arbeitsmärkte – und können als solche eben nicht mehr funktionieren. Die Arbeitgeber verabschieden sich von einer solchen tariflichen Regulation, weil die Gewerkschaften ihnen nicht mehr versprechen können, dass ihre Wettbewerber auf dem gleichen Markt, von den gleichen [...] tariflichen Regelungen erfasst sind und damit ausgeschlossen ist, dass sie sich [...] einen Wettbewerbsvorteil verschaffen. [...]

Wenn die Gewerkschaften nicht noch weiter an Boden verlieren wollen, werden sie sich mit [...] höchster Priorität und trotz der unendlich vielen unüberwindbar scheinenden Schwierigkeiten an die Fersen des Kapitals heften und sich selbst globalisieren müssen.

(Werner Sauerborn, in: Das Parlament, 22/05, 30. 5. 2005, S. 13)

Obwohl Arbeitgeber und Arbeitnehmer in den Betrieben zusammenwirken und aufeinander angewiesen sind, vertreten sie unterschiedliche Interessen. Arbeitgeber zielen in erster Linie darauf, dass das von ihnen eingesetzte Kapital reichliche Früchte trägt. Deshalb wollen sie die Kosten der Produktion, zu denen wesentlich auch die Löhne und Gehälter der Arbeitnehmer zählen, so gering wie möglich halten. Arbeitnehmer sind hingegen vorrangig daran interessiert, möglichst gut bezahlt zu werden und die Arbeitsbelastung möglichst gering zu halten.

Das wirksamste Mittel der Gewerkschaften, ihren Forderungen Nachdruck zu verleihen, war und ist der Streik, das heißt die organisierte Arbeitsniederlegung in Betrieben oder ganzen Branchen. Den Unternehmen drohen dadurch schwere Verluste, da nicht produziert wird, während laufende Kosten dennoch zu bestreiten sind.

War der Streik in den frühen Zeiten der Arbeiterbewegung ein Verstoß gegen das Recht und die öffentliche Ordnung, zu dessen Niederschlagung auch die Polizei eingesetzt wurde, so ist er heute eine gesetzlich garantierte Form des Arbeitskampfes. Die Arbeitnehmer können nur dann mit Aussicht auf Erfolg streiken, wenn möglichst viele sich am Arbeitsausstand beteiligen und den Streikenden zumindest ein Teil des entgangenen Lohnes erstattet wird. Für beides sorgen die Gewerkschaften.

Eine Gegenmacht zu den Gewerkschaften stellen die Arbeitgeberverbände dar. Sie vertreten Arbeitgeberinteressen, stellen bei Auseinandersetzungen mit den Gewerkschaften die Verhandlungsführer und können beispielsweise Streiks mit Aussperrungen abwehren.

Das Recht der Arbeitgeber- und der Arbeitnehmerseite, alle Arbeits- und Wirtschaftsbedingungen miteinander und ohne Eingriff des Staates auszuhandeln, wird im Grundgesetz in Artikel 9 Absatz 3 ausdrücklich anerkannt. Man bezeichnet dieses Recht als Tarifautonomie.

1. *Fasse die Argumente des Vorsitzenden der IG Metall, Berthold Huber, und des Vorsitzenden des Arbeitgeberverbandes Südwestmetall, Jan Stefan Roell, zusammen und nimm Stellung zu ihren Positionen.*
2. *Arbeite heraus, warum Werner Sauerborn im Beitrag „Konfrontation auf globaler Ebene" die Gewerkschaften kritisiert und welche Lösungsmöglichkeit er sieht, den Handlungsspielraum der Gewerkschaften zu erweitern.*
3. *Nach Abschluss von Tarifauseinandersetzungen heißt es immer wieder: „Arbeitgeberverbände und Gewerkschaften tragen maßgeblich zur Sicherung des sozialen Friedens bei." Beurteile diese Aussage.*

Kampf um soziale Gerechtigkeit

Lebensmittelausgabe bei der „Dortmunder Tafel". Die sog. Tafeln, im Bundesverband „Deutsche Tafel e. V." zusammengeschlossen, versorgen Menschen mit geringem Einkommen für einen symbolischen Beitrag oder kostenlos mit einwandfreien Lebensmitteln, die aus verschiedenen Gründen nicht mehr verkauft werden können.

Soziale Gerechtigkeit bedeutet, den Menschen eine Existenz sichernde Teilhabe an den materiellen und geistigen Gütern der Gemeinschaft zu garantieren und ihnen eine angemessene Mindestsicherheit zur Führung eines selbstbestimmten Lebens in Würde und Selbstachtung zu gewährleisten. Dieses Verständnis sozialer Gerechtigkeit ist verfassungsrechtlicher Auftrag. [...]

Ist es sozial gerecht, wenn die Menschen für Armutslöhne arbeiten müssen und trotz Vollzeitbeschäftigung auf staatliche Transferleistungen angewiesen sind?

Ist es sozial gerecht, dass Arbeitnehmerentgelte hinter Einkommen aus Unternehmertätigkeit und Vermögen weit zurückbleiben?

Ist es sozial gerecht, wenn ältere Arbeitnehmerinnen und Arbeitnehmer auf Kosten der Sozialkassen aus dem Arbeitsprozess ausgegliedert werden und die Politik das Renteneingangsalter auf 67 erhöht?

Ist es sozial gerecht, dass in einem Land, in dem fast täglich über mangelnde Kinderzahlen geklagt wird, gleichzeitig 2,5 Millionen Kinder an oder unter der Armutsgrenze leben und durch ihre Armut schlechtere Bildungschancen haben?

Ist es sozial gerecht, dass bereits heute für viele – auch erwerbstätige – Menschen klar ist, dass sie auch im Alter auf Grundsicherungsleistungen angewiesen sein werden?

Ist es sozial gerecht, wenn chronisch kranke und behinderte Menschen unter Verweis auf die hohen Kosten keine adäquate medizinische Behandlung erhalten?

Ist es sozial gerecht, wenn pflegebedürftige Menschen in stationären und ambulanten Einrichtungen keine menschenwürdige Pflege erhalten?

Trotz positiver wirtschaftlicher Situation sind wir weit von einer sozial gerechten Gesellschaft entfernt.

Trotz wirtschaftlichen Aufschwungs gab es nie so viele prekäre Beschäftigungsverhältnisse wie heute.

Trotz wirtschaftlicher und finanzieller Gewinne hat die Ungleichheit der Einkommensverteilung zugenommen, sind die Nettolöhne so niedrig wie seit 20 Jahren nicht mehr.

Soziale Gerechtigkeit gestalten – unsere Demokratie stärken – an Aktualität hat diese Forderung nichts eingebüßt!

(Adolf Bauer, Präsident des SoVD [Sozialverband Deutschland], beim Kongress „Soziale Gerechtigkeit gestalten – Demokratie stärken", Berlin 2007)

Mit der Entscheidung für den Sozialstaat wird die immer wieder gestellte Forderung nach sozialer Gerechtigkeit zu einem leitenden Prinzip aller staatlichen Maßnahmen erhoben. Die Sozialstaatlichkeit bezeichnet den Inbegriff aller Pflichten des Staates, die Achtung der Menschenwürde (Art. 1,1) und das damit unlösbar verbundene Rechtsstaatsprinzip speziell im sozialen Bereich zu verwirklichen. [...]
Aus dem Sozialstaatsprinzip ergibt sich in Verbindung mit dem Grundrecht der Würde des Menschen (Art. 1,1) ein Anspruch des Einzelnen gegen den Staat, für ihn im Falle seiner – verschuldeten oder unverschuldeten – Bedürftigkeit so zu sorgen, dass sein Existenzminimum gesichert ist („Fürsorgeanspruch"). Der Bundesgesetzgeber hat dementsprechend ein Gesetz erlassen, das die Einzelheiten der Sozialhilfe regelt. Der Staat ist verpflichtet, im weiten Bereich der sogenannten „Daseinsvorsorge" (z.B. Versorgung mit Gas, Wasser, Strom; Bereitstellung öffentlicher Verkehrsmittel; Gesundheitsvorsorge, Schulwesen, Arbeitsvermittlung) Leistungen zugunsten des Einzelnen zu erbringen. Er braucht dies allerdings nicht kostenlos zu tun, sondern kann dafür eine zumutbare Gegenleistung in Geld fordern. [...]
Die Zwangsversicherung bestimmter Gruppen ist ebenfalls Ausfluss des Sozialstaatsprinzips. Die Vorsorge für Krankheit, Alter, Unfall usw. rechtfertigt die zwangsweise Versicherung des Einzelnen, wenn dieser entweder nur teilweise eigene Leistungen dafür einbringt oder sonst mit hoher Wahrscheinlichkeit für den Staat eine derart hohe Belastung einträte, dass er seinen sozialen Verpflichtungen nur noch im beschränkten Umfang nachkommen könnte.

(aus: Dieter Hesselberger, Das Grundgesetz. Kommentar für die politische Bildung, Bonn [13]2003, S. 184)

Je nach Definition schwankt die Zahl der überschuldeten Haushalte in Deutschland zwischen knapp unter bis weit über drei Millionen. Nach Angaben der Schuldnerberatungsstellen (2006) war der Eintritt der Arbeitslosigkeit mit einem Anteil von 29,6 % der am häufigsten genannte Hauptgrund für die Überschuldung, gefolgt von der Änderung der Lebensumstände (Trennung, Scheidung, Tod des Partners) mit 13,1 % und dem Scheitern der Selbstständigkeit mit 10,3 %.

Nach Schätzungen des Deutschen Kinderhilfswerks (DKHW) leben drei Millionen Kinder in Deutschland in Armut. Das Projekt Das christliche Kinder- und Jugendhilfswerk „Die Arche" in Berlin-Hellersdorf bietet Kindern und Jugendlichen nicht nur ein warmes Mittagessen, sondern auch Hausaufgabenbetreuung und Freizeitaktivitäten.

1. *Fertige eine Liste mit Forderungen an, die sich aus der Rede des Präsidenten des Sozialverbandes, Adolf Bauer (Text Seite 226), ergeben könnten.*
2. *Es gibt staatliche und nicht staatliche soziale Einrichtungen. Recherchiert fünf soziale Einrichtungen, die es in eurer Gemeinde gibt. Bildet zu jeder Einrichtung eine Arbeitsgruppe und führt eine Erkundung durch (zum Vorgehen siehe Seite 286). Findet dabei vor allem heraus, welchem Zweck die Einrichtung dient, wie sie sich finanziert und welche Probleme es in der alltäglichen Arbeit gibt.*
3. *Überlege, welche Vorzüge staatliche gegenüber privaten sozialen Einrichtungen haben und was für private Einrichtungen gegenüber staatlichen spricht.*
4. *Erläutere, weshalb die „Zwangsversicherung" ein „Ausfluss des Sozialstaatsprinzips" ist.*

Methode: WebQuest

Thema: Reichtums- und Armutsbericht

WebQuest – was ist das?

Frei übersetzt bedeutet WebQuest „abenteuerliche Spurensuche im Internet". Diese Form des Unterrichts nutzt die Möglichkeiten, die PC und Internet bieten, um an einem konkreten Thema eigenständig zu lernen. Im Rahmen von WebQuests erarbeiten sich Schüler und Schülerinnen aktiv Wissen, präsentieren dann ihre Ergebnisse und bewerten selbst ihre Arbeit.

WebQuests können auch über einen längeren Zeitraum angelegt sein. Dabei können die Ergebnisse entweder über das Internet oder zumindest lokal auf für alle Beteiligten zugänglichen Rechnern abgerufen, eingesehen und gegebenenfalls auch ergänzt und verändert werden.

Vorbereitung

(1) Thema: Die Schülerinnen und Schüler erhalten ein konkretes Thema zur Bearbeitung.

(2) Aufgabenstellung: Die Aufgaben zur Bearbeitung des Themas werden im Allgemeinen auf Arbeitsgruppen aufgeteilt und von diesen bearbeitet. Treffen Arbeitsgruppen und Lehrkraft Arbeitsvereinbarungen, so werden diese ebenfalls festgehalten.

(3) Materialien: Für die Bearbeitung der Aufgaben werden Materialien zur Verfügung gestellt. Neben Websites können das z. B. Sachbücher, Artikel aus Zeitschriften und Zeitungen, Broschüren, Nachschlagewerke oder Software sein.

Durchführung

(4) Arbeitsprozess: Die Arbeitsgruppen besprechen zunächst nochmals ihren Arbeitsauftrag, legen den Arbeitsablauf und einen Zeitplan fest. Sie entscheiden sich für eine bestimmte Form der Präsentation. Danach bearbeiten sie ihre Aufgabe(n) und bereiten die Ergebnisse für die Präsentation vor. Die Lehrkraft berät, sofern Probleme und Fragen auftauchen.

(5) Präsentation: Die Gruppenergebnisse werden z. B. in einer Wandzeitung oder mithilfe von Präsentationsprogrammen (z. B. PowerPoint) oder im Internet (z. B. auf der Homepage der Schule) präsentiert.

Auswertung

(6) Bewertung: Die Schülerinnen und Schüler erhalten Unterlagen zur Bewertung ihrer Arbeit, z. B. einen Bewertungsbogen. Sie untersuchen das eigene Vorgehen bei der Arbeit und ihre Ergebnisse.

Das folgende Beispiel zeigt das Vorgehen bei einem WebQuest.

(zu 1) Thema: Armuts- und Reichtumsbericht

Als die Bundesregierung im Mai 2008 einen neuen Reichtums- und Armutsbericht ankündigte, hagelte es ganz unterschiedliche Schlagzeilen. „Armutsbericht der Regierung – Jeder achte Deutsche ist arm", titelte die alternative „Tageszeitung" (taz). Dagegen kam der Gastkommentar in der konservativen „Welt" zu dem Schluss: „Deutschland geht es so gut". Wenig später war in der Frankfurter Allgemeinen Zeitung (FAZ) – wichtige Lektüre in den Führungsetagen der Wirtschaft – zu lesen: „Harsche Kritik an Datengrundlage – Streit über den Armutsbericht". Mit einem WebQuest sollt ihr euch selbst ein Bild über Aspekte von Armut und Reichtum in Deutschland machen.

(zu 2) Aufgabenstellung: Findet heraus,

1. ob Reichtum und Armut in Deutschland nah beieinander oder weit auseinander liegen;
2. welches die wichtigsten Ursachen für Armut in Deutschland und welche Gruppen besonders von Armut betroffen sind;
3. in welchem Ausmaß Kinder und Jugendliche von Armut betroffen sind und welche Auswirkungen die Armut auf die Entwicklungschancen von Kindern und Jugendlichen hat;
4. welche wesentlichen Möglichkeiten die Bundesregierung sieht, um Armut zu vermeiden bzw. zu verringern; welche Maßnahmen hierfür eingeleitet wurden und wie diese zu bewerten sind.

Bildet vier Arbeitsgruppen. Jede Arbeitsgruppe übernimmt die Bearbeitung einer Aufgabe, fasst die Ergebnisse ihrer Untersuchung zusammen und präsentiert sie im Klassenverband.

(zu 3) Materialien für die Bearbeitung

Kommentar in der Wochenzeitung „Die Zeit" vor der Veröffentlichung des Berichts:

Der neue Bericht der Bundesregierung über Armut und Reichtum in Deutschland erfüllt seinen Zweck nicht – aber aufschlussreich ist er trotzdem. Wer erfahren will, wie es den Schwachen geht, wird enttäuscht. Dafür ist die Datengrundlage zu alt. Die Statistiken stammen aus dem Krisenjahr 2005, das mit Horrormeldungen von fünf Millionen Arbeitslosen begann und mit vorgezogenen Neuwahlen endete. Seither hat sich viel getan. Nur noch 3,5 Millionen Arbeitslose sind offiziell registriert, die Stimmung hat sich verändert. Gern wüsste man, wer vom Aufschwung der Jahre 2007 und 2008 profitiert hat und wer nicht. Doch das steht nicht im Bericht.

Interessant ist er dennoch. Die Analyse der Armutsprobleme im Land zeigt, dass die Politik dazugelernt hat. Kinderarmut, Altersarmut, Armut trotz Arbeit – von diesen Gerechtigkeitsdefiziten war vor wenigen Jahren selten die Rede, jetzt werden sie beschrieben. Und die meisten Lösungsvorschläge leuchten ein: Mindestlöhne, mehr öffentliche Bildungsangebote schon für Kleinkinder, eine bessere Kinderbetreuung, damit etwa Alleinerziehende ihre Qualifikationen nutzen könnten und ihre Kinder nicht in Armut leben müssten. Sogar der Hinweis auf die Staatsverschuldung überzeugt. Im Jahr 2008 müssten für Zinszahlungen 15 Prozent des Haushalts ausgegeben werden, heißt es, das könne so nicht bleiben. Wer heute Schulden abbaut, kann den Armen von morgen helfen.

(aus: Die Zeit, 21. 5. 2008, S. 21)

Beschränkt euch bei euren Recherchen auf folgende Websites:

- Eine Kurzfassung des Berichts unter dem Titel „Lebenslagen in Deutschland. Der 3. Armuts- und Reichtumsbericht der Bundesregierung" steht auf der Homepage des Bundesministeriums für Arbeit und Soziales (http://www.bmas.de) unter der Rubrik „Soziale Sicherung" und dort unter „Publikationen" zur Verfügung.

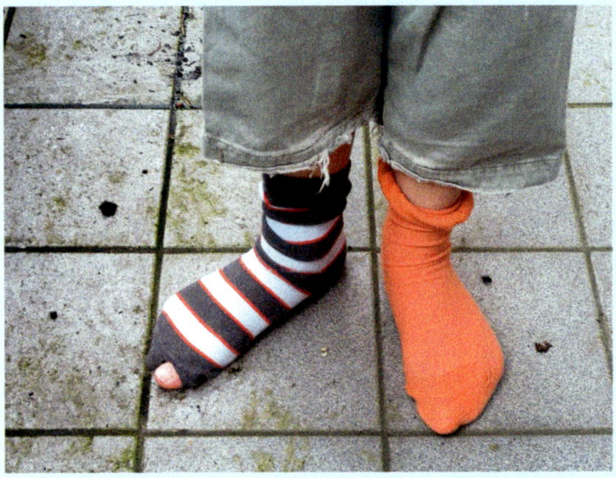

Ein zehn Jahre altes Mädchen mit abgetragener Kleidung und ohne Schuhe in einem Hamburger Hinterhof

- Über die soziale Situation und speziell über Kinderarmut in Deutschland gibt es verlässliche Informationen z. B. auf der Homepage der Bundeszentrale für politische Bildung (http://www.bpb.de/). Dort stehen unter der Rubrik „Wissen" auch verschiedene Lexika zur Verfügung, in denen ihr Begriffe, die euch unklar sind, nachschlagen könnt.
- Informationen speziell zur Kinderarmut findet ihr auch auf der Homepage des Deutschen Kinderschutzbundes (http://www.dksb.de) unter der Rubrik „Schwerpunktthemen ⇨ Kinderarmut".

(zu 4) Arbeitsprozess

Untergliedert die Aufgabenstellung in euren Arbeitsgruppen in detaillierte Fragen, sodass ihr möglichst zielgerichtet recherchieren könnt. Falls die Lehrkraft nicht für alle Arbeitsgruppen eine bestimmte Form der Präsentation vorgegeben hat, überlegt euch, wie ihr die Ergebnisse präsentieren wollt. Arbeitet in „Schleifen", d. h., trefft euch nach einer ersten Rechercherunde, stellt eure vorläufigen Ergebnisse zusammen, besprecht diese und überlegt, welche Ergänzungen für die Beantwortung der Aufgabe noch erforderlich sind. Tretet dann in eine zweite Rechercherunde ein usw. Plant drei solcher „Schleifen" ein, bevor ihr die Ergebnisse für die Präsentation zusammentragen könnt.

(zu 5) Präsentation und (zu 6) Bewertung

Präsentiert die Ergebnisse eurer Arbeit und bewertet sie dann.

1 *Führt den WebQuest in den beschriebenen sechs Schritten durch.*

Soziale Gerechtigkeit in den Parteiprogrammen

(Karikatur von Götz Wiedenroth, 27. 3. 2008)

Aus der Kurzfassung des CDU-Grundsatzprogramms 2008:

Arbeit für alle ist das Kernstück sozialer Gerechtigkeit. Massenarbeitslosigkeit ist unerträglich und nicht hinnehmbar. In Deutschland ist die Arbeitslosigkeit hauptsächlich strukturell bedingt. Wir brauchen deswegen neben Bildungsinvestitionen eine umfassende Reform des Arbeitsmarktes mit besseren Beschäftigungschancen für Geringqualifizierte und Langzeitarbeitslose sowie Ältere. Grundsätzlich muss gelten: Vorfahrt für Arbeit.

Die soziale Partnerschaft, Tarifautonomie und Mitbestimmung sind Grundlage unserer Wirtschafts- und Sozialordnung. Die Mitbestimmung wollen wir als Interessenvertretung der Arbeitnehmer fortentwickeln. Die Tarifpartner haben bereits damit begonnen, auf die veränderte Arbeitslandschaft flexible Antworten zu finden. Diesen Prozess wollen wir durch die rechtssichere Gestaltung betrieblicher Bündnisse für Arbeit ergänzen.

Wir sprechen uns für mehr Erfolgs- und Kapitalbildung der Arbeitnehmer sowie mehr Flexibilität der Arbeitszeiten aus. Unser Ziel ist es, dass auch Beziehern niedriger Löhne und Gehälter aus einer legalen Beschäftigung ein Existenz sicherndes Einkommen zuwächst. Es muss gelten: Wenn man arbeitet, muss man mehr haben, als wenn man nicht arbeitet.

(Quelle: http://www.cdu.de/doc/pdfc/080215-grundsatzprogramm-kurz.pdf)

Aus der Kurzfassung des SPD-Grundsatzprogramms 2008:

36. Wir wollen Arbeit, die gerecht entlohnt wird, die Teilhabe an den sozialen Sicherungssystemen voll ermöglicht, Anerkennung bietet, nicht krank macht, die erworbene Qualifikationen nutzt und ausbaut, demokratische Teilhabe garantiert und die Vereinbarkeit von Beruf und Familie ermöglicht.

[...]

40. Wo die Erwerbsformen flexibler und häufig auch prekärer werden, wird die zentrale Funktion des Sozialstaates noch wichtiger: Sicherheit im Wandel zu gewährleisten. Um dieses Versprechen von Sicherheit und Aufstieg in unserer Zeit zu erneuern, entwickeln wir den Sozialstaat weiter zum vorsorgenden Sozialstaat. Er bekämpft Armut und befähigt die Menschen, ihr Leben selbstbestimmt zu meistern. Der vorsorgende Sozialstaat begreift Bildung als zentrales Element der Sozialpolitik. Seine zentralen Ziele sind Sicherheit, Teilhabe und Emanzipation.

41. Gerechtigkeit und Solidarität müssen auch für die Finanzierung unseres Sozialstaats gelten. Auch aus ökonomischen Gründen muss die Finanzierung des Sozialstaates auf eine breitere Grundlage gestellt werden, um Erwerbsarbeit zu entlasten. Der vorsorgende Sozialstaat muss deshalb stärker am Bürgerstatus und weniger am Erwerbsstatus ansetzen.

(Quelle: http://www.parteitag.spd.de/servlet/PB/show/1736869/hamburger_programm_kurz.pdf)

1. *Erläutere, was Götz Wiedenroth mit seiner Karikatur aussagen will. Nimm Stellung dazu.*
2. *Fasse die Kernaussagen von CDU und SPD zur „sozialen Gerechtigkeit" auf Grundlage der Auszüge aus den Parteiprogrammen zusammen und arbeite die Unterschiede heraus.*
3. *Nutze die Internetauftritte der im Bundestag vertretenen Parteien und stelle zusammen, welche wesentlichen Aussagen sich dort zum Thema „soziale Gerechtigkeit" finden.*

Zur Analyse

Wer Chancen hat – Warum Ungleichheit kein Problem ist, wohl aber mangelnde Mobilität

Die Ungleichheit wächst. Nur 15 Prozent der Bürger glauben einer Umfrage zufolge noch, dass es hierzulande gerecht zugeht. Das macht empfänglich für scheinbar einfache politische Lösungen. [...]

Ungleichheit an und für sich ist nichts Verwerfliches. Gleichheit klingt freundlicher, das ist schon wahr. [...] Für den Wirtschaftsnobelpreisträger Friedrich A. von Hayek war Ungleichheit sogar eine der Triebfedern des Fortschritts – unter anderem, weil die Herstellungskosten vieler Güter am Anfang so hoch sind, dass sie sich lediglich Reiche leisten können. Gäbe es keine Oberschicht, würden die Waren nie entwickelt und könnten später nicht für die Masse produziert werden.

Noch ist die Ungleichheit nicht so groß wie etwa in den Vereinigten Staaten, noch bedroht sie nicht den Zusammenhalt der Gesellschaft – darum sollte die Politik von populären, aber schädlichen Umverteilungsversuchen absehen. Sie sollte sich stattdessen darauf konzentrieren, den Verlierern zu helfen: den Armen. Dass deren Zahl steigt, hat mehrere Gründe. So führten der technische Wandel und die Globalisierung dazu, dass in Deutschland die Nachfrage nach gut ausgebildeten Beschäftigten steigt und nach schlecht qualifizierten fällt. Einfache Jobs erledigt heute der Computer oder ein Konkurrent in China. Die Einkommen der Spitzenkräfte wachsen deshalb, die der Geringqualifizierten schrumpfen. Oder sie werden direkt arbeitslos und leiden dann darunter, dass die staatlichen Hilfen gekürzt wurden.

Sinnvolle Politik verbessert die Chancen der Modernisierungsverlierer, eine ordentliche Stelle zu ergattern und damit aus der Armut aufzusteigen. Das schaffen nur wenige Geringverdiener; die soziale Mobilität, also die Durchlässigkeit der Schichten, habe deutlich abgenommen, schreiben die DIW-Forscher in ihrer Studie – arm bleibt arm. Dies ist die eigentliche Schreckensnachricht: Eine Gesellschaft mit ungleicher Einkommensverteilung mag man akzeptieren, doch eine Gesellschaft, in der es kaum möglich ist, sich mit guten Leistungen hochzuarbeiten, ist unerträglich. Ohne Chancengerechtigkeit ist Deutschland bloß ein besserer Ständestaat.

Aufstiegschancen verbessert die Politik allerdings nicht mit Mindestlöhnen, die so hoch sind, dass sich viele Jobs nicht mehr rentieren und schwarz verrichtet werden. Vielmehr sollte die Regierung den Arbeitsmarkt flexibilisieren, etwa den Kündigungsschutz schleifen. Kann der Unternehmer Beschäftigte einfach wieder entlassen, gibt er auch Problemgruppen wie Langzeitarbeitslosen oder älteren Jobsuchenden eher eine Chance. Die vermeintlich sozialen Schutzrechte zementieren die Spaltung der Gesellschaft in abgesicherte Arbeitnehmer und ausgegrenzte Arbeitslose.

Die Öffnung des Jobmarktes sollte der Staat mit Fortbildungsangeboten flankieren. Er muss Geringqualifizierte weiterbilden. Und die Regierung muss in die Ausbildung des Nachwuchses investieren. Schlimm genug, dass Armen selten der Aufstieg gelingt. Noch schlimmer ist es aber, dass deren Kinder ebenfalls schlechte Karten haben. In kaum einem Staat in Europa hängt der Ausbildungserfolg so stark von der sozialen Stellung der Eltern ab wie hierzulande. So besuchen Akademikerkinder viermal häufiger Hochschulen als der übrige Nachwuchs. Dabei ist eine gute Ausbildung der Schlüssel zu einem guten Job.

Ob es der Politik gelingt, diese himmelschreienden Ungerechtigkeiten zu beheben, ist entscheidend für die Akzeptanz der sozialen Marktwirtschaft: Ein System, das Millionen Menschen dauerhaft an den Rand drängt, verliert irgendwann den nötigen Rückhalt. Völlig zu Recht.

(Björn Finke, in: Süddeutsche Zeitung, 8. 3. 2008, S. 25)

Das Wichtige in Kürze

Deutschland heute – Bestandsaufnahme

Die Bundesrepublik Deutschland ist – im internationalen Vergleich – ein reicher Staat mit moderner und leistungsfähiger Wirtschaft. Zwar hat die weltweite Finanz- und Wirtschaftskrise das Wirtschaftswachstum des Exportstaates Deutschland rapide gestoppt, die Staatsverschuldung massiv vergrößert, viele Arbeitsplätze vernichtet und den Staat zum Miteigentümer von Banken und Unternehmen gemacht, gleichwohl: Die deutsche Exportwirtschaft wurde 2008 erneut „Exportweltmeister", und der Handelsüberschuss (Exporte abzüglich Importe) übertraf alte Rekorde. Dennoch sind Bund, Länder, Gemeinden und Sozialversicherungen trotz hoher Einnahmen stark verschuldet. Betrugen die Staatsschulden zum 31. 12. 2007 rund 1502 Milliarden Euro (18 261 € pro Kopf), so werden sie infolge der Weltwirtschaftskrise 2008/09 im Jahr 2010 auf mindestens 1864 Milliarden Euro (22 709 € pro Kopf) gestiegen sein. Zahlreiche Experten sagen, Deutschlands Verschuldung sei mittlerweile besorgniserregend.

Entwicklung der Gesellschaft

Die Gesellschaft in der Bundesrepublik Deutschland verändert sich rasend schnell; der soziale Wandel wird vor allem von einer dynamischen Weltwirtschaft (Globalisierung), von einer zusammenwachsenden Europäischen Union und einer weltumspannenden Migration angetrieben. Viele Menschen befürchten, dass wichtige Grundprinzipien der sozialen Marktwirtschaft – Eigeninitiative, Selbstverantwortung, Solidarität, Gemeinsinn – immer mehr ins Hintertreffen geraten; von den Politikern und Politikerinnen erwarten sie, dass diese Rahmenbedingungen schaffen, in denen Sozialpolitik als soziale Ausgleichspolitik möglich bleibt.

Arm und Reich

Vermögen und Einkommen sind in Deutschland ungleich verteilt. So besitzen zehn Prozent der Bevölkerung 60 Prozent des privaten Vermögens, während 13 Prozent in relativer Armut leben. Der Abstand zwischen „ganz oben" und „ganz unten" in der Gesellschaft vergrößert sich. Dass die sozialen Unterschiede in Deutschland in den letzten Jahren wieder zugenommen haben, dass der Abstand zwischen Arm und Reich wieder größer geworden ist, führen viele Forscher auch darauf zurück, dass die Chancen für einen Aufstieg deutlich kleiner geworden sind. Das liegt wesentlich auch am deutschen Bildungssystem, das sozialen Aufstieg eher behindert als fördert.

Soziale Gerechtigkeit

Wenn auch weitestgehend Einigkeit darüber herrscht, dass „soziale Gerechtigkeit" für das auskömmliche Zusammenleben in einer Gesellschaft von zentraler Bedeutung ist, so gibt es höchst unterschiedliche Auffassungen darüber, was unter sozialer Gerechtigkeit zu verstehen ist. Diese Spannbreite an Gerechtigkeitsvorstellungen bedingt auch, dass immer wieder darüber gestritten wird, wie das Ziel, soziale Gerechtigkeit herzustellen, zu erreichen ist.

Tarifpartner

Die Gewerkschaften sind die Interessenvertretung der Arbeitnehmer, die Arbeitgeberverbände vertreten die Interessen der Arbeitgeber. In Tarifverträgen regeln beide Fragen des Lohns und der Arbeitsbedingungen. Das Aushandeln der Tarifverträge folgt gewissen Spielregeln, zu denen als letzte Kampfmittel auch Streik und Aussperrung gehören. Das Grundgesetz garantiert die Tarifautonomie; das heißt, dass der Staat, z. B. die Regierung, sich nicht in Tarifverhandlungen einmischen darf.

Sozialstaat Deutschland

Nach dem Grundgesetz ist die Bundesrepublik Deutschland ein demokratischer und sozialer Bundesstaat. Der Staat hat somit unter anderem die Pflicht, die …(1)… zu fördern.
Im Sozialstaat Deutschland wurde das sogenannte …(2)… in den vergangenen Jahrzehnten immer weiter ausgebaut.
Drei große …(3)… sorgen dafür, dass das soziale Netz nicht reißt: der Staat, die Unternehmen und die privaten Haushalte. Der Staat finanziert seinen Anteil über Steuern, die von allen Steuerzahlern gezahlt werden; die Unternehmen kalkulieren ihren Anteil in die Preise der Waren und Dienstleistungen ein. Die …(4)… und die Konsumenten sind es, die den Sozialstaat finanzieren; alle …(5)… Beschäftigten sind zugleich Konsumenten und Steuerzahler.
Zu Beginn der 1960er-Jahre gab die Bundesrepublik etwa 20 Prozent ihrer …(6)… für Soziales aus, im Jahr 2006 waren es bereits etwa 31 Prozent. Fast jeder …(7)… erwirtschaftete Euro wurde somit 2006 für Sozialleistungen ausgegeben. Rechnet man die Sozialleistungen auf den einzelnen Einwohner um, so waren dies im Jahr 1961 etwa 650 Euro und im Jahr 2006 bereits etwa 8540 Euro. Damit haben sich die …(8)… innerhalb von 45 Jahren mehr als …(9)… Damit das soziale Netz nicht reißt und die wirklich …(10)… ausreichend finanzielle Hilfe erhalten, muss …(11)… reformiert werden.

verdreizehnfacht · soziale Gerechtigkeit · Steuerzahler · Wirtschaftsleistung · sozialversicherungspflichtig · dritte · Bedürftigen · soziale Netz · Geldgeber · das gesamte Sozialsystem · Pro-Kopf-Ausgaben

1. *Erkläre, weshalb die Menschen auf den obigen Fotos der Hilfe des Staates bedürfen.*
2. *Ordne die Begriffe den Nummern im Lückentext zu. Benutze dazu dein Heft oder das Arbeitsblatt.*

Wie der Sozialstaat entstand

Grundgesetz Artikel 20
(1) Die Bundesrepublik Deutschland ist ein demokratischer und sozialer Bundesstaat.

(zit. nach: http://dejure.org/gesetze/GG)

Sozialstaat bezeichnet einen demokratischen Staat, der verfassungsgemäß nicht nur die Grundrechte und persönlichen und wirtschaftlichen Freiheiten garantiert (Rechtsstaat), sondern auch rechtliche, finanzielle und materielle Maßnahmen ergreift, um soziale Gegensätze und Spannungen (bis zu einem gewissen Maß) auszugleichen.

(zitiert nach: http://www.bpb.de/popup/popup_lemmata.html?guid=7RJACH)

Die Gesamtheit aller Maßnahmen, die der Staat ergreift, um dem Einzelnen Schutz für gewisse Lebensrisiken zu gewähren, bildet das soziale Sicherungssystem.
Der Kern dieses sozialen Sicherungssystems geht in Deutschland auf die Zeit des Deutschen Kaiserreichs (1871–1918) zurück: 1883 wurde die gesetzliche **Krankenversicherung**, 1884 die betriebliche **Unfallversicherung** und 1889 die gesetzliche **Rentenversicherung** eingeführt. In der Weimarer Republik (1918–1933) kam 1927 die gesetzliche **Arbeitslosenversicherung** hinzu und im wiedervereinigten Deutschland 1995 die gesetzliche **Pflegeversicherung.**
Diese fünf Säulen ergeben heute ein umfassendes System der Sozialversicherung, welches sich – von der Pflegeversicherung abgesehen – über viele Jahrzehnte bewährt hat. Vor allem aufgrund der demografischen Entwicklung (besonders wegen der zunehmenden Alterung der Gesellschaft) ist die Sozialversicherung in die Krise geraten.

Die Sozialversicherung

Arbeitslosenversicherung	Unfallversicherung	Krankenversicherung	Rentenversicherung	Pflegeversicherung
Versicherungsleistungen				
• Arbeitslosengeld I (Dauer begrenzt) • Arbeitslosengeld II • Arbeitsförderung	• ärztliche Versorgung nach Eintritt eines Arbeits- oder Wegeunfalls oder einer Berufskrankheit • Unfallverhütung	• ärztliche und zahnärztliche Behandlung • Arznei-, Verbands-, Heilmittel (mit Bezahlung eines Eigenanteils) • Krankengeld • Vorsorge- und Früherkennungsuntersuchungen	• Altersrente • Rente an Hinterbliebene • Rehabilitationsmaßnahmen zur Besserung oder Wiederherstellung der Erwerbsfähigkeit	• häusliche Pflege durch Angehörige, Nachbarn, Pflegedienste • stationäre Pflege • Pflegehilfsmittel (Zuschuss oder begrenzte Kostenübernahme)
Beiträge: Arbeitgeber und Arbeitnehmer zahlen i. d. R. jeweils 50 %; seit dem 1. 7. 2005 zahlt der Arbeitnehmer für die Krankenversicherung einen Zusatzbeitrag. Ab dem 1. 1. 2009 wird die Krankenversicherung über einen Gesundheitsfonds finanziert.				**Beitrag** zahlt zu 100 % der Arbeitgeber
Versicherungsträger				
• Bundesagentur für Arbeit • Regionaldirektionen • Agenturen für Arbeit Träger der RV,	Berufsgenossenschaften	Krankenkassen, darunter: • Ortskrankenkassen • Innungskrankenkassen • Betriebskrankenkassen • Ersatzkassen	darunter: • Dt. RV Bund • Dt. RV Knappschaft-Bahn-See • Landwirtschaftl. Alterskassen	Pflegekassen bei den Krankenkassen

Prinzipien des Sozialstaates

Prinzip Individualität

Erstes Buch Sozialgesetzbuch
§ 9 Sozialhilfe

Wer nicht in der Lage ist, aus eigenen Kräften seinen Lebensunterhalt zu bestreiten oder in besonderen Lebenslagen sich selbst zu helfen, und auch von anderer Seite keine ausreichende Hilfe erhält, hat ein Recht auf persönliche und wirtschaftliche Hilfe, die seinem besonderen Bedarf entspricht [...].

(zit. nach: http://dejure.org/gesetze/SGB_I)

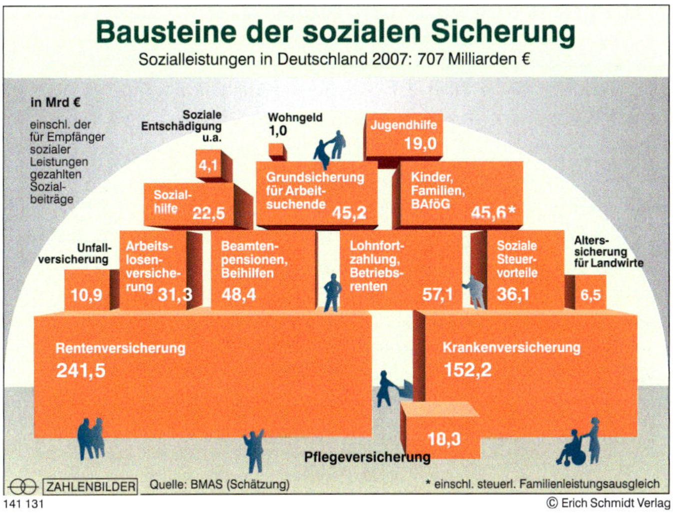

Prinzip Solidarität

Solidarität bezeichnet ein Prinzip, das gegen die Vereinzelung gerichtet ist und die Zusammengehörigkeit, d.h. die gegenseitige (Mit-)Verantwortung und (Mit-)Verpflichtung betont.

Prinzip Subsidiarität

Subsidiarität bezeichnet ein [...] Prinzip, das die Eigenleistung und die Selbstbestimmung sowohl des Individuums (und der Familien) als auch der Gemeinschaften (z.B. der Kommunen) fördern will. Das Subsidiaritätsprinzip fordert, dass staatliche Eingriffe [...] und öffentliche Leistungen grundsätzlich nur unterstützend und nur dann erfolgen sollen, wenn die jeweils tiefere hierarchische Ebene [...] nicht in der Lage ist, die erforderliche (Eigen-)Leistung zu erbringen.

(nach: Politiklexikon auf http://www.bpb.de)

A Herr Bauer ist körperbehindert und erwerbsunfähig. Er hat kein Vermögen, bezieht keine Rente und hat auch keine Verwandten, die ihn unterstützen können. Herr Bauer bezieht ....

B Herr und Frau Mathies haben zwei Töchter im Alter von 11 und 13 Jahren. Zusammen verdienen sie 7000 Euro brutto. Die Familie erhält ....

C Joshua studiert. Seine Mutter, die alleinerziehend ist und noch eine 8-jährige Tochter zu versorgen hat, verdient als Teilzeitangestellte 900 Euro brutto. Joshua bekommt ....

D Frau Lang, die als Maschinenbauingenieurin bei einem großen Betrieb arbeitet, ist seit sieben Wochen krankgeschrieben. Seit einer Woche bezieht sie ....

E Steffen Wedde und Anne Elstermann leben zusammen. Anne verdient 4000 Euro brutto, Steffen ist arbeitslos, Anspruch auf Arbeitslosengeld I besteht nicht mehr. Er erhält ....

- Krankengeld
- Sozialhilfe
- Ausbildungsförderung
- Elterngeld
- Arbeitslosengeld II
- Kindergeld

1. *Entscheide in den fünf Fällen A bis E, ob die Personen eine finanzielle soziale Leistung des Staates erhalten – Krankengeld, Sozialhilfe, Ausbildungsförderung, Elterngeld, Arbeitslosengeld II, Kindergeld?*
2. *Notiere, welche staatlichen Sozialleistungen du darüber hinaus kennst. Beschreibe sie kurz und prüfe, welche der Prinzipien des Sozialstaates in ihnen wirksam werden. Begründe.*

Prinzipien der sozialen Sicherung

A Grundlage ist die Mitgliedschaft des Versicherten, in deren Rahmen er sich verpflichtet, Beiträge an die Versicherung zu erbringen. Durch diese Beiträge erwirbt der Versicherte einen Rechtsanspruch auf die Leistungen. Bei Vorliegen bestimmter Voraussetzungen (Versicherungsfall) erhält er dann Leistungen aus der Versicherung. Bedürftigkeit ist dabei keine Voraussetzung. Die Versicherung kann freiwillig oder als Pflichtversicherung geführt werden; Träger dieser Versicherungen können private oder staatliche Organisationen sein. Kennzeichnend für das ... ist, dass der Versicherte innerhalb bestimmter Grenzen selbst den Umfang der Leistungen und damit die Höhe seiner Beiträge bestimmen kann. Während Letzteres bei privaten Anbietern durchaus üblich ist, sind entsprechende Elemente in der gesetzlichen Sozialversicherung bisher nur ansatzweise eingeführt worden. Das ... entspricht am ehesten der Marktwirtschaft. Nur hier kann es einen Wettbewerb zwischen mehreren Anbietern geben; die Leistungen sind selbst erworbene Ansprüche, und deren Umfang kann in einem gewissen Rahmen selbst bestimmt werden.

B Grundlage ist die Zugehörigkeit zu einer bestimmten Gruppe und/oder die Einbringung von nichtgeldlichen Vorleistungen. Es kommt vor allem im staatlichen Bereich zur Anwendung. Beispiele für dieses Prinzip sind die Pensionen, Beihilfen und ähnliche Leistungen für Beamte oder die Leistungen für die Kriegsopfer und Hinterbliebenen. Diese Leistungen werden nicht aus Beiträgen, sondern aus dem allgemeinen Haushalt des Staates finanziert. Auch hier besteht ein Rechtsanspruch, der unabhängig von der individuellen Bedürftigkeit ist.

C Das ... setzt keinerlei Vorleistungen für den Bezug von Leistungen voraus. Ausschlaggebend ist hierbei nur der Grad der Bedürftigkeit. Dabei wird in der Regel das Vermögen des Betreffenden und das seiner engsten Familienangehörigen berücksichtigt. Über den Umfang der Leistungen entscheidet nach Maßgabe entsprechender Richtlinien meist die zuständige Behörde. Die Sozialhilfe ist das typische Beispiel für soziale Leistungen nach dem ... Das ... ist das leistungsfeindlichste, aber auch das flexibelste Prinzip einer sozialen Absicherung. Aufgrund seines starken Almosencharakters eignet es sich vor allem für die Fälle, die durch die anderen Maschen des sozialen Netzes nicht aufgefangen werden.

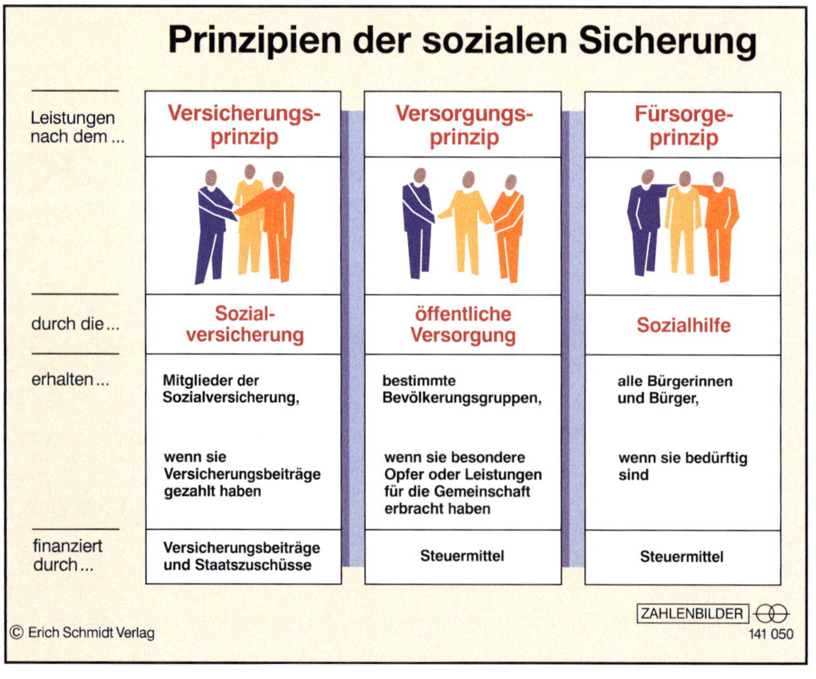

1. *Ordne die Erläuterungstexte A–C den Prinzipien in der Grafik zu.*
2. *Notiere dir einige typische Merkmale für jedes Prinzip.*

Gefährdet die Weltwirtschaftskrise den Sozialstaat?

Leere Sozialkassen

Die vergangenen Jahre waren für die Sozialkassen goldene Zeiten. Im Zuge der boomenden Wirtschaft wuchs ihr Finanzpolster stetig an. Doch mit der Finanzkrise schmelzen die Reserven bis jetzt dahin. Eine höhere Arbeitslosigkeit bedeutet: Weniger Beschäftigte zahlen weniger ein. Und es gibt immer mehr Menschen, die Unterstützung beanspruchen. Der Druck auf die Sozialsysteme nimmt zu:

- Beispiel Rente: Konjunkturexperten schätzen: In diesem Jahr gehen die Löhne um gut 2 % zurück; das würde theoretisch auch Einbußen für die Rentner bedeuten. Doch der Arbeitsminister schließt Kürzungen aus. Sozialverbände fordern, diesen Worten auch Taten folgen zu lassen. Adolf Bauer, Sozialverband Deutschland (SoVD): „So wie die Regierung einen Schutzschirm über Banken, einen Schutzschirm über große Firmen spannt, muss sie auch zukünftig einen Schutzschirm für die Rentner sicherstellen; sie muss dafür Sorge tragen, dass Rentenkürzungen aufgrund von Kurzarbeit oder aufgrund der wirtschaftlichen Probleme nicht erfolgen."
- Bei der Bundesanstalt für Arbeit (BfA) gehen die Rücklagen schon zurück. Noch sind es rund 17 Mrd. Euro, aber Kurzarbeitergeld und immer mehr Erwerbslose kosten den Sozialstaat viel. Schon im Oktober könnte das Geld aufgebraucht sein.
- Auch die gesetzlichen Krankenkassen stehen unter Druck. Einige Wirtschaftsforscher gehen von einem Minus von knapp 12 Mrd. Euro bis nächstes Jahr aus. Die Kassen rechnen noch, bereiten ihre Versicherten aber schon auf höhere Belastungen vor. Florian Lanz, Spitzenverband gesetzliche Krankenversicherungen: „Im Moment schätzen wir es so ein, dass es eine ernsthafte Finanzherausforderung für die gesetzlichen Krankenversicherungen geben wird. Und Beitragserhöhungen im nächsten und im übernächsten Jahr kann man – aus heutiger Sicht zumindest – nicht ausschließen."

Die Krise scheint bei vielen aber noch nicht angekommen; die Laune ist gut, die Einkaufsstraßen sind voll. Spätestens im Herbst könnte die Stimmung umschlagen, wenn die Bürger wegen steigender Arbeitslosigkeit und höherer Sozialkosten zur Kasse gebeten werden.

(nach: Video „Leere Sozialkassen" von Axel John, ARD-Morgenmagazin, 29. April 2009)

Rund 100 000 Menschen demonstrierten am 16. Mai 2009 in Berlin gegen Sozialabbau und die Folgen der Wirtschaftskrise. DGB-Chef Sommer forderte ein drittes Konjunkturpaket. Politik und Wirtschaft hätten versagt. IG-Metall-Chef Huber rief nach einem „Schutzschirm für Beschäftigte".

Wer rettet den Rettungsschirm?

(Karikatur: Burkhard Mohr, 3. Juni 2009)

1. *Kläre die Kassenlage des Sozialstaates Deutschland mithilfe des Morgenmagazin-Beitrages in einer dreispaltigen Tabelle; formuliere dann die Aussichten für die Zukunft.*
2. *Schildere das Geschehen am 16. Mai 2009 in Berlin. Erläutere, welche Maßnahmen die Gewerkschaften vom Staat forderten.*
3. *Analysiere die Karikatur von Burkhard Mohr. Nutze dabei die Hinweise auf S. 44.*
4. *Vergleiche die Kernbotschaften von Text, Foto und Zeichnung; beurteile, in welcher Lage sich der Sozialstaat befindet.*

Arbeitslosigkeit: Was kann der Staat leisten?

STERN-Interview mit dem SPD-Vorsitzenden Franz Müntefering

STERN: Ist das die Aufgabe des Staates: Unternehmen um jeden Preis zu retten?
Franz Müntefering: Sollen wir lieber Arbeitslosigkeit bezahlen? Der Staat muss eingreifen, wenn es nötig ist. Es ist sehr viel besser, finanzielle Bürgschaften zu geben, Arbeitsplätze zu retten, Kurzarbeit zu finanzieren – für die Menschen persönlich, für die Wirtschaft und für die Stimmung im Land.
STERN: Gilt dabei die Devise: Mit allen finanziellen Mitteln?
Müntefering: Na ja, die Mittel sind endlich.
STERN: Den Eindruck hat man im Moment nicht.
Müntefering: Es geht um finanzielle Dimensionen, die wir bisher nicht kannten, das ist richtig. Aber was uns jetzt wegbricht, kriegen wir später nicht wieder. Unseren Wohlstand verdanken wir in hohem Maß der Industrie, die müssen wir halten. Deutschland leidet im Moment am meisten, weil der Export wegbricht. Aber wenn sich das wieder stabilisiert, und das wird es, haben wir alle Voraussetzungen, wieder richtig stark zu werden – vorausgesetzt, die Politik tut weiter das Richtige und legt nicht die Hände in den Schoß. [...]
STERN: Wie viele Firmen würde der Staat retten, wenn kein Wahljahr wäre?
Müntefering: Das hängt nicht am Wahljahr. Oder anders: Sollen wir nicht um Arbeitsplätze kämpfen, nur weil Wahlen sind? Es gibt in dieser Krisensituation keine bessere Alternative zu dem, was wir tun. Auch wenn es in keinem Lehrbuch der Marktwirtschaft steht.
STERN: Opel, Porsche, Schaeffler, Infineon, HRE ... Wo ist die Grenze?
Müntefering: Das kann man nicht pauschal beantworten. Rettest du einen, rettest du alle – das wäre natürlich die einfachste Lösung. Und die falscheste. Jetzt sind wir vielleicht nicht immer konsequent. Aber konsequent sind nur Heilige und Verbrecher. Die anderen müssen gucken, dass sie vernünftig durchkommen. Aber klar ist auch: Der Staat ist nicht allmächtig, er kann nicht überall unterwegs sein.

(aus: STERN, Heft 24/2009 vom 4. Juni 2009, S. 34–37)

Werden Menschen in Deutschland arbeitslos, erhalten sie Arbeitslosengeld. Die Arbeitslosenversicherung wurde 1927 eingeführt. Versicherungspflichtig sind grundsätzlich alle gegen Entgelt beschäftigten Arbeiter, Angestellten und Auszubildenden. Seit 2006 können sich darüber hinaus z. B. Selbstständige und Personen, die Angehörige pflegen, freiwillig versichern. Versicherungsfrei sind z. B. Beamte, Soldaten, Geistliche, geringfügig Beschäftigte und Arbeitnehmer in Arbeitsbeschaffungsmaßnahmen. Träger der Arbeitslosenversicherung ist die Bundesagentur für Arbeit mit Sitz in Nürnberg. Die Versicherten haben für den Fall der Arbeitslosigkeit einen Rechtsanspruch auf zeitlich befristete Unterstützung, das Arbeitslosengeld I. Der Höchstsatz liegt bei 60 %, bei Arbeitslosen mit Kindern bei 67 % des letzten Nettolohns. Der Beitragssatz, der von Arbeitnehmern und Arbeitgebern zu gleichen Teilen aufzubringen ist, beträgt seit 1. 1. 2009 2,8 Prozent. Die Beitragsbemessungsgrenze liegt seitdem in den alten Bundesländern bei 5400 und in den neuen Bundesländern bei 4550 Euro; d. h., dass ab dieser Höhe des Bruttoeinkommens der abzuführende Betrag nicht mehr ansteigt.

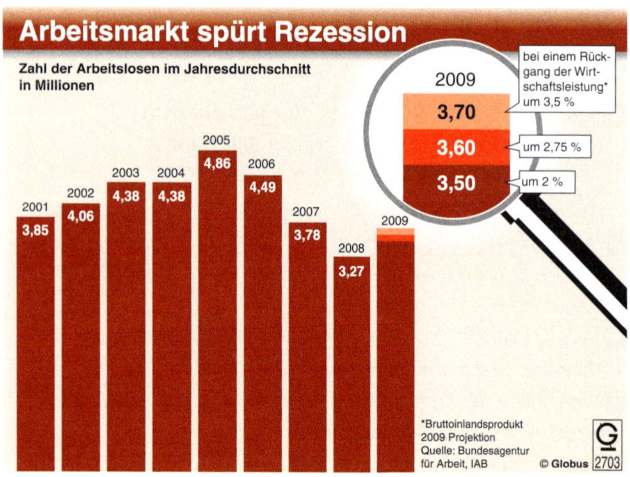

Arbeitslosengeld I wird an Arbeitslose in der Regel 12 Monate lang gezahlt. Die Dauer der Zahlungen ist abhängig davon, wie lange man ein versicherungspflichtiges Beschäftigungsverhältnis hatte. Bei älteren Arbeitnehmern über 50 verlängert sich die Zahlungsfrist je nach Lebensalter auf 15 bis zu 24 Monaten. Danach erhalten Arbeitslose Arbeitslosengeld II.

Arbeitslosengeld II

Das Arbeitslosengeld II (ALG II) ist eine zum 1.1.2005 eingeführte Sozialleistung, umgangssprachlich auch Hartz IV genannt. Sie stellt in der Grundsicherung für Arbeitssuchende die wichtigste Fürsorgeleistung des Staates zur Sicherung des Lebensunterhalts für erwerbsfähige Hilfebedürftige dar. ALG II ist steuerfinanziert und wird nach der Prüfung der Bedürftigkeit gewährt. Das Vermögen wird – von bestimmten Freibeträgen abgesehen – angerechnet.

Die monatliche Regelleistung zur Sicherung des Lebensunterhalts beläuft sich für Personen, die alleinstehend oder alleinerziehend sind oder deren Partner minderjährig ist, seit dem 1.7.2008 auf 351 Euro; für sonstige erwerbsfähige Angehörige der Bedarfsgemeinschaft – hierzu zählen auch unverheiratete Kinder bis 25 Jahre – beträgt sie 80 Prozent der genannten Summe, haben zwei Personen der Bedarfsgemeinschaft das 18. Lebensjahr vollendet, beträgt sie jeweils 90 Prozent. Die Kosten für Unterkunft und Heizung werden in Höhe der tatsächlichen Aufwendungen berücksichtigt, sofern diese angemessen sind. Erwerbsfähige Personen unter 25 Jahren, die ohne Zustimmung des kommunalen Trägers eine eigene Wohnung beziehen, erhalten bis zur Vollendung des 25. Lebensjahres nur 80 Prozent der Regelleistung, zudem gibt es i. d. R. keine Unterstützung für Unterkunft und Heizung. Schwangere und Personen, die Kinder erziehen, können unter bestimmten Voraussetzungen Mehrbedarfe geltend machen.

(zusammengefasst nach: http://lexikon.meyers.de/wissen/Arbeitslosengeld+II)

Sozialhilfe

Anspruch auf Sozialhilfe hat jeder Mensch, der sich nicht selbst helfen kann und die erforderliche Hilfe auch nicht von anderen erhält. Ausgenommen von Sozialhilfeleistungen sind erwerbsfähige Personen im Alter zwischen 15 und 64 Jahren sowie deren Angehörige. Bedürfen diese der Unterstützung, so erhalten sie Leistungen nach der Grundsicherung für Arbeitsuchende. Ausgenommen sind weiterhin Asylbewerberinnen und Asylbewerber sowie Ausländerinnen und Ausländer ohne Niederlassungserlaubnis. Sie erhalten Leistungen nach dem Asylbewerberleistungsgesetz.

(zusammengestellt nach: http://www.bmas.de/coremedia/generator/1852/property =pdf/sozialhilfe__und__grundsicherung.pdf)

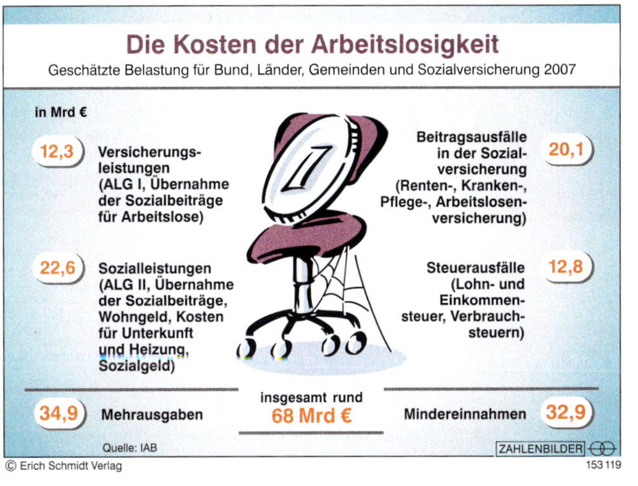

Legt man Mehrausgaben und Mindereinnahmen auf die Zahl der Arbeitslosen um, so kostete jeder Arbeitslose den Staat und die Sozialkassen im Jahr 2007 rund 17 900 Euro.

1. *Erläutere, unter welchen Voraussetzungen an einen Bürger/eine Bürgerin ALG I, ALG II oder Sozialhilfe gezahlt werden.*
2. *Werte die beiden Grafiken aus und setze die Ergebnisse zueinander in Beziehung.*
3. *„Die Mittel sind endlich", sagt nicht nur Franz Müntefering. Erkläre, was damit gemeint ist und was das für die Arbeitslosenversicherung bedeutet.*
4. *Begründe, warum es „sehr viel besser ist, Arbeitsplätze zu retten", als „Arbeitslosigkeit zu bezahlen" (Franz Müntefering).*

Ist das Gesundheitssystem noch zu retten?

Gesundheitsreform 2.2.2007

Mit 378 Ja-Stimmen hat der Bundestag der umstrittenen Gesundheitsreform zugestimmt. Die Opposition stimmte geschlossen dagegen, mit ihr auch 23 Abgeordnete von CDU/CSU und 20 Abgeordnete der SPD-Fraktion.

Im Vorfeld der Abstimmung hatte der zuständige Gesundheitsausschuss letzte Änderungen an dem Gesetzestext vorgenommen und gegen die Stimmen der Opposition beschlossen.

Obwohl das „Gesetz zur Stärkung des Wettbewerbs in der gesetzlichen Krankenversicherung", so die offizielle Bezeichnung, bereits am 1. April 2007 in Kraft treten soll, erfolgt die Einführung zahlreicher struktureller Elemente erst zu einem späteren Zeitpunkt.

Während die Koalitionsfraktionen den Gesetzentwurf als tragfähigen Kompromiss bezeichneten, stieß die Gesundheitsreform bei der Opposition auf Kritik. So bezweifeln die Oppositionsparteien u.a. die Höhe des Einsparvolumens. […]

Auch bei Abgeordneten der Koalitionsfraktionen war die Gesundheitsreform nicht unumstritten. Einige jüngere Abgeordnete kritisierten, die Reform berücksichtige nicht die Interessen junger Menschen. Weitere Kritikpunkte von Mitgliedern der Regierungskoalition sind u.a.:

- unnötige Bürokratie,
- verfassungsrechtliche Bedenken,
- überproportionale Belastung von Kleinverdienern,
- Steigerung der Lohnnebenkosten,
- Frontalangriff auf das Solidarsystem.

(aus: http://www.abgeordnetenwatch.de/gesundheitsreform-636-113.html)

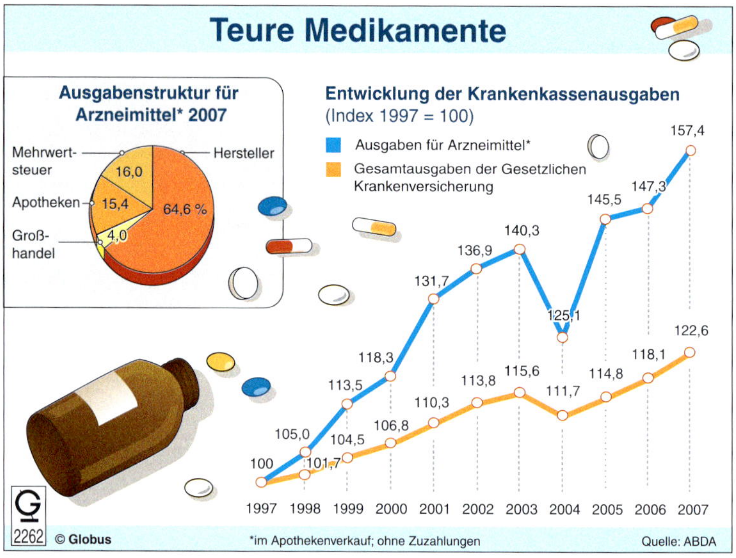

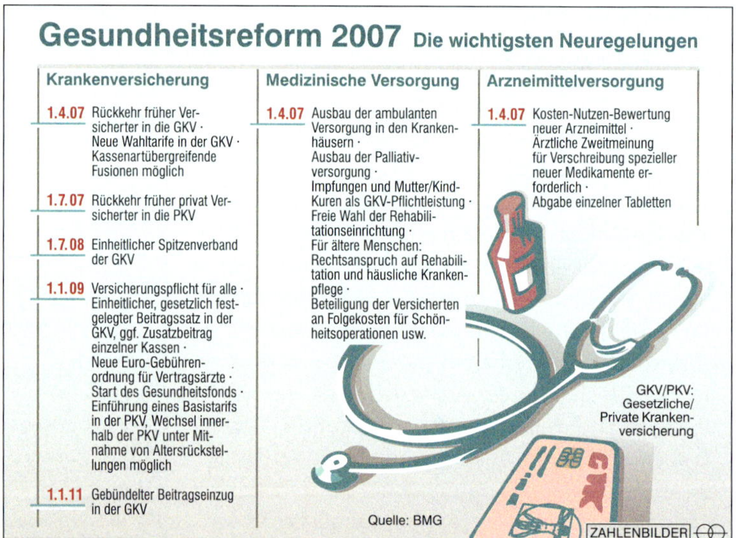

© Erich Schmidt Verlag 146 141

1. *Erläutere die Grafik „Teure Medikamente". Bewerte die Kostenentwicklung vor dem Hintergrund der Gesamtausgaben für die soziale Sicherung. Ziehe dazu die Grafik auf Seite 235 hinzu.*
2. *Erläutere die Auswirkungen der Gesundheitsreform 2007 mithilfe der Texte und der Grafik oben.*
3. *Der Text auf Seite 241 benennt Gewinner und Verlierer der Gesundheitsreform. Beurteile, ob diese Einteilung berechtigt ist.*
4. *Kritiker behaupten, der Gesundheitsfonds bedeute „viel Staat" oder „viel Gesundheitsselbstverwaltung". – Überlege, woran sich die Kritik entzündet. Nimm dazu Stellung.*

Gesundheitsreform – das müssen Sie wissen

Die Inhalte der bereits im April 2007 in Kraft getretenen Gesundheitsreform sind nach wie vor umstritten: Während die Bundesregierung mehr Wahlmöglichkeiten für gesetzlich Versicherte schaffen und die Finanzierung des Gesundheitssystems stabilisieren wollte, übten Ärzte, Apotheker sowie die privaten Krankenversicherungen (PKV) teilweise heftige Kritik. [...]

Gewinner der Gesundheitsreform

- Freiwillig Versicherte mit niedrigem Einkommen. Der Mindestbeitrag für freiwillige Mitglieder von gesetzlichen Krankenkassen sinkt. Eine wichtige Entscheidung für Mütter nach der Elternzeit: Musste eine Frau sich selbst krankenversichern, zahlte sie bisher einen Mindestbeitrag von etwa 250 Euro monatlich. Dieser Beitrag wird auf rund 170 Euro gesenkt.
- Ärzte. Bislang wurden sie nach einem Punktesystem bezahlt. Ab 2011 gibt es feste Gebühren, die Bezahlung erfolgt in Euro. So sollen die Leistungen und vor allem die Kosten auch für die Patienten nachvollziehbarer werden. Ärzte, die sich in unterversorgten Gebieten niederlassen, erhalten Zuschläge.
- Alte und Kranke. Es gibt mehr Leistungen bei Reha und der Behandlung älterer Menschen. Die Betreuung Schwerstkranker und Sterbender in der eigenen Wohnung wird ausgedehnt.
- Versicherte, die Vorsorge wahrnehmen. Werden die angebotenen Vorsorgemaßnahmen regelmäßig genutzt, muss bei einer späteren Erkrankung weniger zugezahlt werden. So bleiben die Zahlungen bei chronisch Kranken nur dann auf ein Prozent des Einkommens beschränkt, wenn der Patient sich therapiegerecht verhält.
- Gesetzliche Krankenkassen (GKV). Teure Medikamente dürfen künftig nur verschrieben werden, wenn die Meinung eines zweiten Arztes vorliegt. Fusionen werden erleichtert, zwischen den Kassen und den Pharmafirmen sind Preisverhandlungen möglich. Die Kassen können mit einzelnen Ärzten Einzelverträge abschließen. Es wird festgesetzte Höchstpreise für Medikamente geben, der Kosten-Nutzen-Faktor von Arzneimitteln wird mehr bewertet. [...]
- Nicht Versicherte. Mehr als 200 000 Menschen leben in der Bundesrepublik ohne Krankenversicherung – zum Beispiel diejenigen, die aus der privaten Kasse herausgefallen sind, weil sie die Beiträge nicht mehr zahlen konnten. Sie müssen von den Kassen wieder aufgenommen werden. Dazu bieten die Privatversicherungen seit dem 01.07.2007 einen Basistarif an, der den Leistungen der gesetzlichen Kassen entsprechen soll. [...]

Verlierer der Gesundheitsreform

- Steuerzahler. 2007 fehlen den gesetzlichen Krankenkassen rund sieben Milliarden Euro, das entspricht im Durchschnitt etwa 0,7 Beitragspunkten. In den nächsten beiden Jahren werden jeweils 2,5 Milliarden Steuergelder in die gesetzlichen Kassen fließen, 2009 sollen es fünf Milliarden sein. Danach soll die Summe jährlich um 1,5 Milliarden ansteigen, bis 14 Milliarden erreicht sind. [...]
- Krankenhäuser. Die Reform sieht vor, die Krankenhäuser mit einem Beitrag von insgesamt 0,8 Prozent der Ausgaben für stationäre Krankenhausleistungen an der Finanzierung des Gesundheitssystems zu beteiligen. Die deutsche Krankenhausgesellschaft (DKG) befürchtet, dass dies zu einem massiven Stellenabbau führen könnte.
- Apotheken. Statt bisher zwei Euro pro Medikament müssen die Apotheken den Krankenkassen einen Rabatt von 2,30 Euro einräumen. [...]
- Arbeitnehmer. Kommen die gesetzlichen Kassen mit ihrem Einheitsbeitrag nicht aus, erlaubt ihnen die Reform, weitere Beiträge von höchstens einem Prozent von den Versicherten zu erheben. [...]
- Privat Versicherte. Die Kosten, die durch den Basistarif entstehen, werden mit Sicherheit zu Beitragssteigerungen führen.
- Wechselwillige. Für Angestellte ist ein Wechsel in eine private Versicherung nunmehr erst möglich, wenn die Pflichtversicherungsgrenze von derzeit 3 975 Euro drei Jahre lang überschritten wird.
- Vermögende ohne Krankenversicherung. Nach der neuen Gesetzgebung müssen auch sie in eine Krankenkasse eintreten. Wer das nicht tut und zu irgendeinem Zeitpunkt Leistungen braucht, muss rückwirkend für fünf Jahre die Beiträge nachbezahlen.

(aus: Eltern, 7. Januar 2009; http://www.eltern.de/beruf-und-geld/finanzen/gesundheitsreform-2007.html?page=1)

Sind die Renten sicher?

Vorschau 2010

(Karikatur: Burkhard Mohr)

Rente mit 67 – Länger arbeiten, mehr zahlen, weniger bekommen

Von Michael Bauchmüller und Ulrich Schäfer

2.2.2006 – Die Deutschen werden immer älter – bis 2035 erwarten Statistiker eine Lebenserwartung von mehr als 85 Jahren für Frauen, von 80 Jahren für Männer. Sie zahlen seltener in die Rentenkasse, denn die Zahl sozialversicherungspflichtiger Jobs schrumpft.

Und sie kriegen zu wenig Kinder. „Im Grunde sind die Rentenempfänger der Jahre 2025 und später selbst schuld", sagt Bernd Raffelhüschen, Rentenökonom der Uni Freiburg: Nachwuchs fehlt.

Selten ließ sich ein Problem so gut absehen wie dieses, und selten tat die Politik sich so schwer damit, es zu lösen. Es gab den „Nachhaltigkeitsfaktor", der die Rentensteigerung bremsen sollte, es gab die „Riester-Rente", um parallel eine kapitalgedeckte Vorsorge einzurichten, es gab höhere Bundeszuschüsse, es gab Anhebungen der Rentenbeiträge – die nächste steht 2007 an, von 19,5 auf 19,9 Prozent des Einkommens. In der Summe wird das aber kaum ausreichen.

Und nun also die Rente mit 67: „Letztlich sprechen wir über eine Senkung der Renten", sagt Raffelhüschen. „Wer 24 Monate später in Rente geht, bekommt auch 24 Monate weniger Rente als bisher." Im Schnitt sind das 7,2 Prozent weniger.

Eine Alternative dazu, sagt der Ökonom, gebe es aber nicht. Stimmt nicht, sagen Gewerkschafter. „Wir würden schon viel erreichen, wenn wir die Lücke zwischen dem gesetzlichen und dem faktischen Renteneintrittsalter schließen würden", sagt Ursula Engelen-Kefer, Vize-Vorsitzende des DGB.

(aus: Süddeutsche Zeitung vom 2.2.2006; http://www.sueddeutsche.de/finanzen/308/465894/text/)

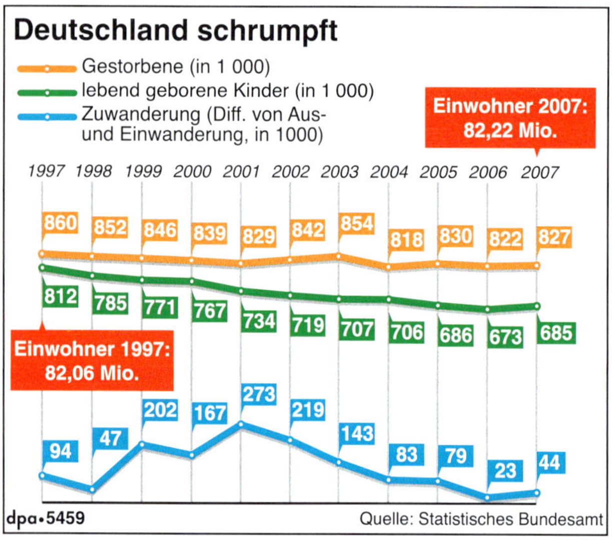

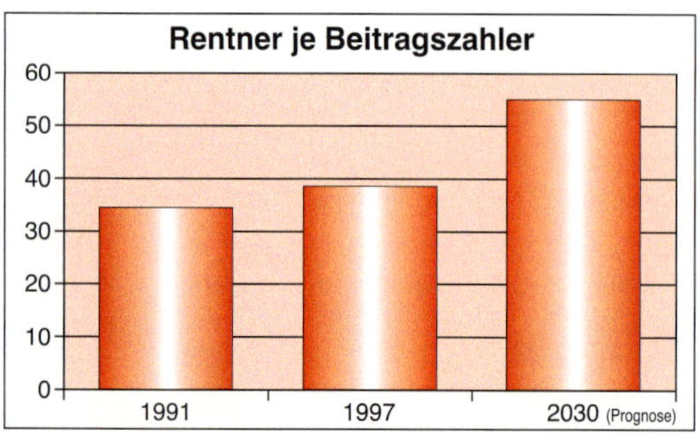

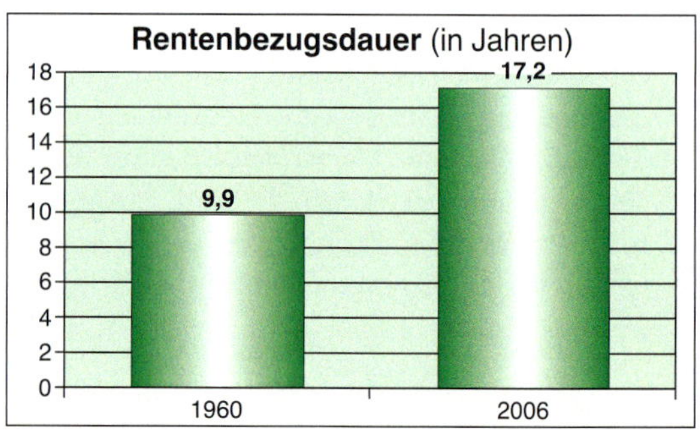

Hohe Arbeitslosigkeit, abnehmende sozialversicherungspflichtige Beschäftigung sowie zunehmende geringfügige Beschäftigungsverhältnisse sind wichtige Gründe, weshalb die Einnahmen der gesetzlichen Rentenversicherung sinken. Gleichzeitig steigen die Ausgaben durch die wachsende Zahl der Rentenempfänger. Deswegen wurde die Rentenversicherung in den letzten Jahren mehrfach reformiert. Einige gesetzliche Bestimmungen ließen das Rentenniveau sinken. 2004–2006 gab es „Nullrunden", d. h. die laufenden Renten wurden nicht erhöht. Die Anhebungen 2007 (0,54 %) und 2008 (1,1 %) fielen gering aus. Seit 2004 müssen Rentner die Beiträge zur Pflegeversicherung alleine zahlen. Zudem hat der Gesetzgeber Einschnitte bei der Anrechnung bestimmter Zeiten auf die Rente, z. B. bei Ausbildungszeiten, vorgenommen. Die Besteuerung von Renten wurde 2005 neu gesetzlich geregelt.
Um einen gewissen Ausgleich zu schaffen, fördert der Staat die betriebliche und private Alterssicherung. 2007 wurde zudem gesetzlich festgelegt, die Lebensarbeitszeit von 2012 bis 2029 schrittweise auf 67 Jahre anzuheben. Wer vorzeitig in Rente geht, muss Abstriche an der Rente hinnehmen.

Die drei Säulen der Altersvorsorge

Gesetzliche Rentenversicherung
Nach dem Erwerbsleben ersetzt die Rente im Alter das Arbeitsentgelt. Für die Gemeinschaft besonders wichtige Lebensphasen, zum Beispiel die Kindererziehung, werden mit abgesichert. Die gesetzliche Rentenversicherung bietet aber nicht nur soziale Sicherheit im Alter, sondern auch schon während der Erwerbsphase – in Form von Rehabilitationsleistungen oder Renten wegen verminderter Erwerbsfähigkeit. Zudem werden Hinterbliebene beim Tod des Ehepartners beziehungsweise Lebenspartners bei eingetragener Lebenspartnerschaft durch die Hinterbliebenenrente oder beim Tod eines Elternteils durch die Waisenrente unterstützt.
Die Finanzierung des Rentensystems beruht auf dem Umlageverfahren: Danach werden die Aufwendungen der Rentenversicherung aus den aktuellen Einnahmen bestritten. Das heißt, dass mit den monatlichen Beiträgen der sozialversicherungspflichtig Beschäftigten und der Arbeitgeber die Renten derjenigen gezahlt werden, die heute im Ruhestand sind.

Betriebliche Altersvorsorge
Die betriebliche Altersversorgung ist klassischerweise eine freiwillige Leistung des Arbeitgebers. Seit Januar 2002 haben jedoch alle Beschäftigten das Recht, einen Teil ihres Lohns oder Gehalts zugunsten einer betrieblichen Altersvorsorge umzuwandeln, um später eine Betriebsrente zu erhalten (sogenannte Entgeltumwandlung). Der Arbeitgeber muss diesem Wunsch nachkommen. Wie er die Altersvorsorge seiner Arbeitnehmer im Einzelnen organisiert, ist Vereinbarungssache und wird häufig auf betrieblicher Ebene oder in Tarifverträgen festgelegt. Die Beiträge können entweder vom Arbeitnehmer allein oder von Arbeitnehmer und Arbeitgeber zusammen aufgebracht werden. Staatliche Förderung gibt es z. B. in Form von Steuerfreibeträgen oder von Sozialabgaben befreiten Entgelten.

Private Altersvorsorge
Seit Anfang 2002 fördert der Staat unter bestimmten Bedingungen den Aufbau einer privaten kapitalgedeckten Altersvorsorge. Die sogenannte Riester-Förderung erfolgt auf zwei Wegen: mit finanziellen Zuschüssen (Zulagen) und Extra-Steuerersparnissen (zusätzlicher Sonderausgabenabzug). Die staatliche Förderung erhalten Pflichtmitglieder in der gesetzlichen Rentenversicherung und der Alterssicherung der Landwirte, Beamtinnen und Beamte, Richterinnen und Richter sowie Soldatinnen und Soldaten. Bei Verheirateten genügt es, wenn ein Ehegatte die Voraussetzungen erfüllt; dann erhält auch der andere die Förderung, sofern er einen eigenen, auf seinen Namen lautenden Altersvorsorgevertrag abschließt.

(zusammengefasst nach: http://www.bmas.de/coremedia/ generator/1856/property=pdf/ratgeber__zur__rente__258.pdf)

1. *Werte die Materialien auf Seite 242 aus und halte die Ergebnisse in Form eines zusammenfassenden Berichts fest. Nimm dazu S. 44 und S. 188/189 zuhilfe.*
2. *Ermittle, welche Folgerungen der Staat bereits aus diesen Ergebnissen für seine Rentenpolitik gezogen hat bzw. wie er seine zukünftige Rolle sieht.*
3. *Erkläre, warum die betriebliche und private Alterssicherung künftig immer wichtiger werden.*

Die Pflegeversicherung

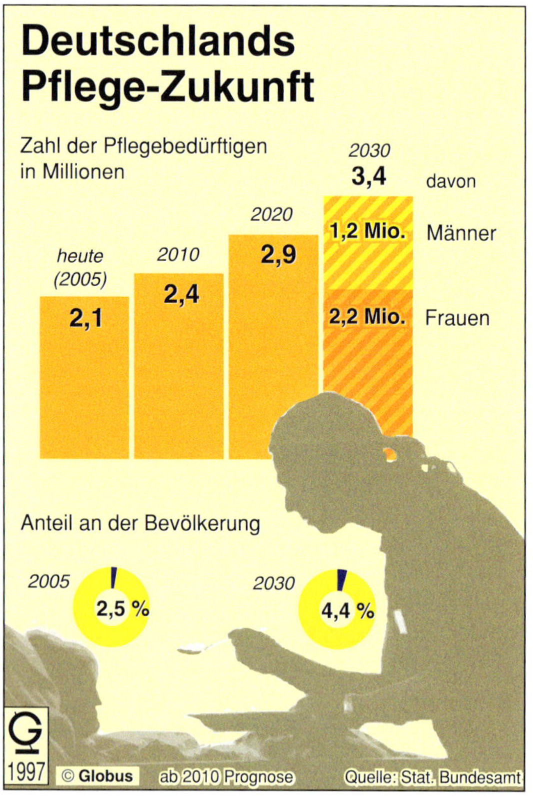

Die Pflegeversicherung wurde 1995 als fünfte Säule der Sozialversicherung eingeführt. Versicherungspflichtig sind alle Mitglieder der GKV; privat Versicherte müssen ebenso wie Beamte eine private Pflegeversicherung abschließen. Beitragsfrei versichert sind unterhaltsberechtigte Kinder bis zu gewissen Altersgrenzen sowie Partner, deren Einkommen 400 Euro nicht übersteigt. Finanziert wird die Pflegeversicherung je zur Hälfte von Arbeitgebern und Versicherten (Sonderregelung in Sachsen). Der Beitragssatz beträgt seit dem 1.7.2008 1,95% (vorher: 1,7%) des Bruttoeinkommens, für Kinderlose ab dem vollendeten 23. Lebensjahr beläuft er sich auf 2,2% (vorher: 1,95%); von dem Beitragszuschlag für Kinderlose sind vor dem 1.1.1940 geborene Rentner, Wehr- und Zivildienstleistende sowie Bezieher von ALG II ausgenommen. Unterstützung gibt es für die häusliche und die stationäre Pflege. Je nach Pflegeaufwand unterscheidet man drei Pflegestufen.

(zusammengefasst nach: http://lexikon.meyers.de/wissen/Pflegeversicherung+Sachartikel)

Totaloperation

Die Pflegeversicherung ist ein gutes Beispiel für den gewaltigen Handlungsbedarf, der sich aus der rasanten Alterung unserer Gesellschaft ergibt. Ob es um die Betreuung der immer größeren Zahl von Demenzkranken, um zuwendungsarme „Minutenpflege" oder die knappen finanziellen Ressourcen geht – die Versicherung ist 14 Jahre nach ihrer Einführung bereits so hinfällig und lückenhaft, dass der Experten-Beirat der Bundesregierung wenig überraschend eine Totaloperation vorschlägt. Aus ökonomischen wie menschlichen Motiven muss es das Ziel auch dieser Reform sein, die Betroffenen möglichst lange in ihrer häuslichen Umgebung zu belassen und zu pflegen. Aber die Zahl der Heimplätze wird ebenso wachsen müssen wie die Zahl des qualifizierten Personals. Ob die stärker differenzierten künftigen fünf Pflegestufen wirklich der Bedarfsrealität entsprechen und der Würde gerade der hilflosen alten Menschen besser gerecht werden, hängt also ganz wesentlich vom bereitgestellten Geld ab. Angesichts der zusätzlichen Milliardenkosten kann die Pflege wohl kaum wie bisher aus den Sozialabgaben bzw. Arbeitskosten finanziert werden. Ob nun eine Bürger-Pflegeversicherung auch Beamte und Selbstständige heranzieht oder ob das System insgesamt stärker über Steuern funktionieren soll, da naht schon wieder ein Wahlkampfthema. Weiter so, geht jedenfalls nicht.

(Matthias Friedrich, in: Oberhessische Zeitung vom 26. Mai 2009, S. 4)

1. *Zeige anhand der Grafik und des Berichts in der Oberhessischen Zeitung Gründe auf, die zur Einführung der Pflegeversicherung geführt haben.*
2. *Beschreibe, was die Pflegeversicherung in den drei Pflegestufen leistet. Recherchiere dazu im Internet auf den Seiten des Bundesministeriums für Gesundheit.*
3. *Erörtere mit deinen Mitschülerinnen und Mitschülern die unterschiedlichen Vorschläge, die Matthias Friedrich vorträgt; erläutert Vorzüge und Nachteile der einzelnen Vorschläge.*

Die Unfallversicherung

31.03.2009 – Die Zahl der tödlichen Arbeits- und Wegeunfälle hat im vergangenen Jahr einen neuen Tiefststand erreicht. Das geht aus vorläufigen Zahlen der Berufsgenossenschaften und der Unfallkassen hervor, die ihrem Spitzenverband, der Deutschen Gesetzlichen Unfallversicherung (DGUV), vorliegen. Danach kamen insgesamt 1046 Menschen bei der Arbeit oder auf dem Weg zur Arbeit ums Leben – 76 weniger als im Vorjahr. Die Zahl der meldepflichtigen Arbeitsunfälle lag bei 981382, die Zahl der meldepflichtigen Wegeunfälle bei 176329. Die Schüler-Unfallversicherung verzeichnete 1324440 Schulunfälle und 117841 Schulwegunfälle.

„Die gute Konjunktur im vergangenen Jahr hat damit auch Spuren in der Unfallstatistik hinterlassen", kommentiert DGUV-Hauptgeschäftsführer Dr. Joachim Breuer die Zahlen. Was das für die Sicherheit am Arbeitsplatz bedeute, könne man allerdings erst beurteilen, wenn die Zahl der geleisteten Arbeitsstunden abschließend ermittelt sei. Meldepflichtig sind Unfälle dann, wenn sie zu einer Arbeitsunfähigkeit von mehr als drei Tagen oder zum Tod führen.

Weiter gesunken ist die Zahl der neuen Renten für Arbeits- und Wegeunfälle. Sie liegt bei insgesamt 22405 und damit um vier Prozent niedriger als 2007. […]

(nach: http://www.dguv.de/inhalt/presse/2009/Q1/vorl_zahlen/index.jsp)

Arbeits- und Wegeunfälle in der gewerblichen Wirtschaft

Jahr	Meldepflichtige Arbeitsunfälle je 1000 Vollarbeitnehmer	Meldepflichtige Wegeunfälle je 1000 Versicherungsverhältnisse
1960	132,67	14,57
1970	102,51	11,00
1980	76,35	7,99
1990	52,09	5,66
2000	37,10	5,06
2001	34,51	5,06
2002	32,45	4,93
2003	29,37	4,72
2004	27,85	4,50
2005	27,23	4,49
2006	27,60	4,59

Quelle: Deutsche Gesetzliche Unfallversicherung e.V. (DGUV)

Die gesetzliche Unfallversicherung ist sowohl eine Versicherung zugunsten der Arbeitnehmer als auch zugunsten der Arbeitgeber. Arbeitnehmer haben einen Anspruch auf Leistungen, wenn sie durch berufsbedingte Erkrankungen oder durch einen Unfall am Arbeitsplatz bzw. auf dem Weg zwischen Arbeitsstätte und Wohnort Schaden erleiden. Für die Arbeitgeber wirkt die Unfallversicherung wie eine Haftpflichtversicherung, denn Arbeitnehmer könnten ohne die Versicherungsleistungen Schadenersatz vom Arbeitgeber verlangen.

Für die Beschäftigten in der gewerblichen Wirtschaft sind die jeweils zuständigen Berufsgenossenschaften Träger der Unfallversicherung. Die Beiträge werden allein von den Unternehmern getragen und sind so bemessen, dass sie die Ausgaben des letzten Jahres decken. Einzelne Unternehmen bezahlen ihren Beitrag nach Gefahrenklassen abgestuft und in Abhängigkeit von der Entgeltsumme [Summe der Löhne und Gehälter] der versicherten Personen.

Die Leistungen reichen von der Heilbehandlung, Rehabilitation und Pflege im Schadensfall bis hin zu Geldleistungen bei Arbeitsunfähigkeit oder im Pflegefall. Kann die Erwerbsfähigkeit dauerhaft nicht wiederhergestellt werden oder verstirbt der Arbeitnehmer infolge eines Arbeitsunfalls oder einer Berufserkrankung, werden Unfallrenten bzw. Hinterbliebenen- und Waisenrenten ausgezahlt.[…]

Darüber hinaus sind auch Schüler, Studenten und Kinder in Tageseinrichtungen gesetzlich unfallversichert. Beiträge zahlt der Staat aus allgemeinen Steuermitteln.

(aus: http://www.insm.de/Lexikon/U/Unfallversicherung.html;jsessionid=AFDF45B3FD36C95D4D4ABC7ADC1AB8EE)

1. *Zähle die Risiken auf, die von der gesetzlichen Unfallversicherung abgedeckt werden.*
2. *Erstelle eine Liste der Leistungen der gesetzlichen Unfallversicherung und vermerke in einer Spalte, wer Empfänger der jeweiligen Leistung ist.*
3. *Erläutere das System der Finanzierung dieser Säule der Sozialversicherung.*

Der Generationenvertrag

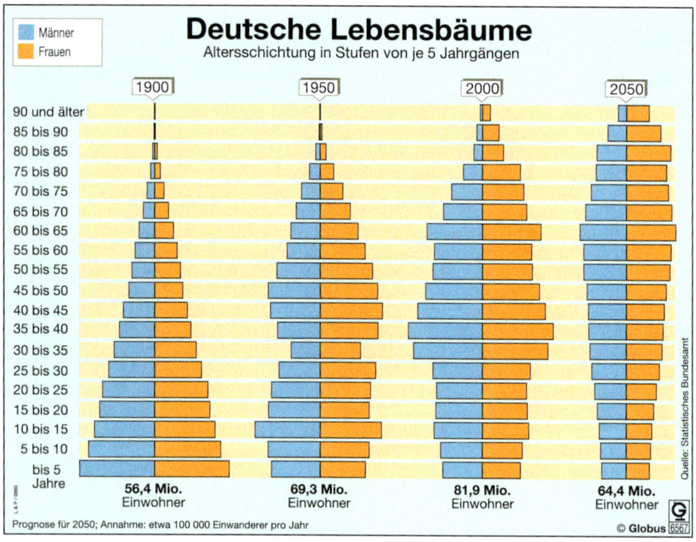

Die Pyramide steht Kopf

Geburtenrate: Die Geburtenrate in Deutschland gehört mit 1,4 Kindern je Frau weltweit zu den niedrigsten. Darunter liegen in der EU nur Italien und Spanien (je 1,2) sowie Griechenland (1,3). In den USA dagegen liegt die Zahl bei rund zwei Kindern je Frau. Dies ist ein Wert, der die Bevölkerungszahl auch ohne Zuwanderung langfristig stabil halten würde.

Lebenserwartung: Die durchschnittliche Lebenserwartung für Männer lag 1910 noch bei 44,8 Jahren, für Frauen bei 48,3. Sie hat sich im 20. Jahrhundert verdoppelt, sodass heute ein Junge mit 74,8 Jahren und ein Mädchen mit 80,8 Jahren rechnen kann. Jährlich steigt die Lebenserwartung um ca. 6 bis 8 Wochen. Im Jahr 2050 könnte deshalb ein Mann im Durchschnitt 78 und eine Frau 84,5 Jahre alt werden.

(Bruno Zandonella: Bevölkerungsentwicklung und Sozialstaat. Themenblatt Nr. 26/A. Hg.: bpb, Bonn 2003)

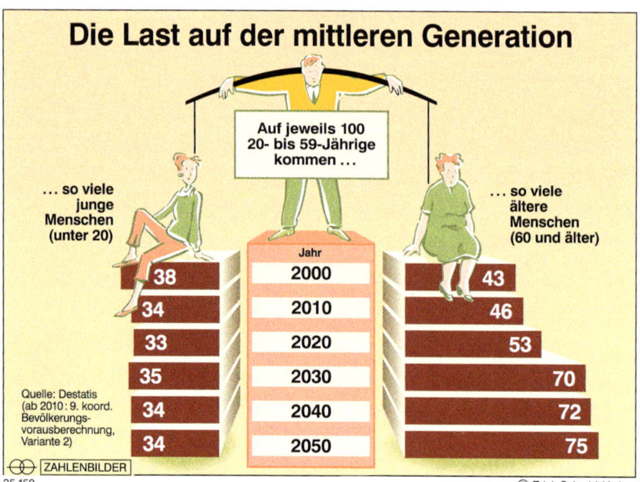

Der deutsche Rentenzahler der Zukunft

(Horst Haitzinger)

Über viele Generationen war der Generationenvertrag in Deutschland nicht gefährdet. Die Zahl der Bevölkerung stieg von etwa 56 Mio. im Jahre 1900 auf etwa 82 Mio. im Jahre 2000. Durch die ansteigende Zahl der Bevölkerung gab es genügend erwerbstätige Personen zwischen 20 und 60 Jahren, die mit ihren Beiträgen zur Rentenversicherung die Renten der älteren Menschen bezahlten.

In den nächsten 50 Jahren wird jedoch die Zahl der Bevölkerung auf etwa 64 Mio. sinken, da die Zahl der Geburten zurückgeht. Dadurch wird auch die Zahl der erwerbstätigen Personen zwischen 20 und 60 Jahren sinken. Eine sinkende Zahl von Erwerbstätigen muss somit die Renten einer steigenden Zahl von älteren Menschen bezahlen.

Hinzu kommt, dass die Menschen in Deutschland immer länger leben und somit auch länger Rente beziehen. Die finanzielle Last für die erwerbstätigen Personen wird dadurch verstärkt. Wenn der Generationenvertrag auch weiterhin halten soll, muss er an die veränderten gesellschaftlichen Bedingungen angepasst werden.

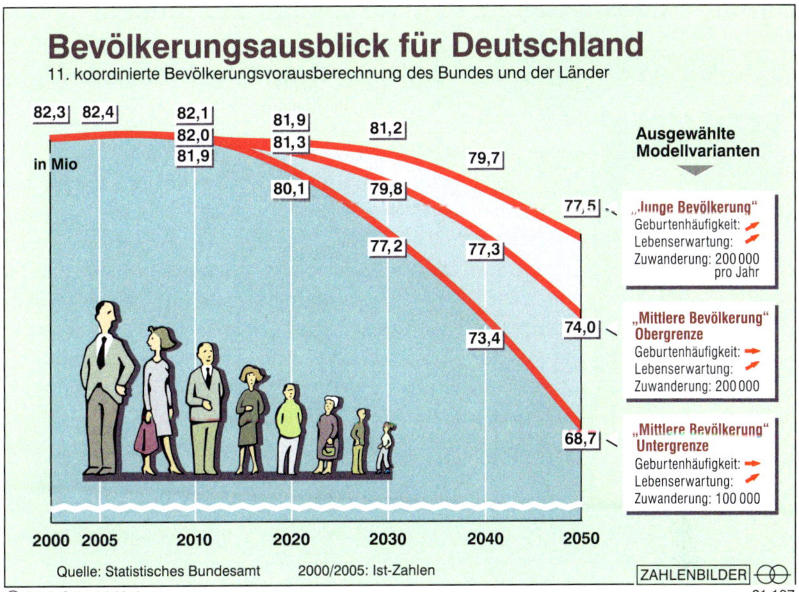

 21 107

(Thomas Plaßmann)

1. *Die Schaubilder enthalten Informationen über den demografischen Wandel in Deutschland. Notiere für jedes Schaubild zwei, drei wichtige Aussagen.*
2. *Erläutere, was unter dem Begriff „Generationenvertrag" zu verstehen ist. Beurteile die Auswirkungen auf den Generationenvertrag, die sich aus den Entwicklungen ergeben, die in den Schaubildern zu erkennen sind. Beziehe dabei auch die Karikaturen und den Text mit ein.*

Passen Marktwirtschaft und Sozialstaat zusammen?

Interview mit dem Schweizer Soziologen Franz-Xaver Kaufmann

FAS: Offenbar ist die Welt in einer Phase angekommen, in der der Kapitalismus seine schlechten Seiten zeigt. Muss man ein negatives Urteil über ihn fällen?

Kaufmann: Die Marktwirtschaft hat zwei Seiten. Sie sorgt für fortgesetzt steigende Produktivität, für Dynamik und für Kreativität. Doch in ihr lauert auch eine systemische Gefahr. Was wir derzeit sehen, sind die Schattenseiten eines Systems, das einen großen Expansionsdrang entwickelt. [...] In Kontinentaleuropa haben wir über Jahrzehnte mit einer eingegrenzten Marktwirtschaft gelebt, der als Grenzen setzendes Prinzip der Sozialstaat gegenüberstand. Und zwar der Sozialstaat im weitesten Sinne, der in Verantwortung für das grundlegende Wohlergehen aller seiner Mitglieder sowohl die Wirtschaft reguliert als auch für eine Umverteilung der Primäreinkommen zu den Nichterwerbstätigen sorgt.

FAS: Dann brach die sozialistische Welt zusammen [...]

Kaufmann: [...] womit dieses Selbstverständnis [...] gekippt ist, hin zu einer umfassenderen Legitimität des Eigeninteresses wie in Amerika und zu einem weniger strengen Ordnungsrahmen. Marktwirtschaft und Sozialstaat sind zwei antagonistische Prinzipien, die aber ähnlich wie Motor und Bremsen zusammenwirken. Die Gefahr des Kapitalismus liegt in der Ausdehnung des ökonomischen Denkens und des Konkurrenzprinzips auf immer mehr Bereiche unseres Lebens, von den Hochschulen bis hin zu den sozialen Dienstleistungen. Denken Sie an den Murks der demnächst in Kraft tretenden Krankenkassenreform. Hier sind Kapitalismus oder Marktwirtschaft eindeutig zur Ideologie geworden.

FAS: Ist diese Zeit eigentlich eine Zeit der Rückbesinnung?

Kaufmann: Es ist jedenfalls Zeit, wieder einmal darüber nachzudenken, in welche Bereiche unseres Lebens das Gewinn- und Konkurrenzprinzip gehört, auf dem der Kapitalismus beruht, und in welche nicht. Dieses an sich sehr effiziente Steuerungsprinzip steuert eben nicht überall richtig.

FAS: In den vergangenen Jahren haben die Verfechter des Liberalismus stets behauptet, durch weniger Staat und mehr Markt würde die Welt, in der wir leben, ein wenig gerechter.

Kaufmann: Der Kapitalismus ist kein System, das Gerechtigkeit hervorbringt. Das war er noch nie. Er produziert bestenfalls Wachstum und Ergebnisvielfalt, aber sicher nicht Gerechtigkeit im Sinne von Verteilungsgerechtigkeit. Insofern sind Kapitalismus und soziale Gerechtigkeit Gegensätze.

(aus: Frankfurter Allgemeine Sonntagszeitung (FAS) vom 21. Dezember 2008, S. 37; das Gespräch führte Inge Kloepfer)

Berlin – Das arbeitgebernahe Institut der deutschen Wirtschaft (IW) hat den deutschen Sozialstaat gegen Kritik verteidigt. Obwohl das Zusammenspiel aus Steuern und Abgaben komplex und bisweilen ungeplant sei, verteile der Sozialstaat konsistent von hohen auf niedrige Einkommensgruppen um. Das Institut stellte [...] eine Studie vor, nach der die 10 Prozent der Haushalte mit dem höchsten Markteinkommen den höchsten Finanzierungsbeitrag zum Sozialstaat leisten. Sie zahlten 2003 im Durchschnitt von etwa 10.000 Euro rund 4.400 Euro Steuern und Sozialbeiträge und erhielten 269 Euro an monatlichen Transfers. Daraus ergibt sich ein Transfersaldo von minus 41 Prozent, der sich mit sinkendem Einkommen kontinuierlich verringert. Die 40 Prozent der Haushalte mit dem geringsten Einkommen erhielten jeweils einen Überschuss aus dem Sozialsystem, hat das IW berechnet. Damit sei das Argument widerlegt, der Sozialstaat verteile von unten nach oben [...], sagte Institutsdirektor Michael Hüther. Denn anders als erwartet fielen in den mittleren Einkommensschichten keinesfalls besonders hohe Abgabenlasten und Sozialtransfers an. „Mit steigendem Markteinkommen schmelzen die Transferbeträge, während die Abgabenlasten kontinuierlich zunehmen", sagte er. Die Untersuchung ergab, dass die 30 Prozent einkommensstärksten Haushalte mehr als die Hälfte der Sozialbeiträge zahlen; die obere Hälfte trage 90 Prozent des Einkommensteueraufkommens.

(aus: Frankfurter Allgemeine Zeitung vom 5. Juni 2009, S. 13)

1. *Passen Marktwirtschaft und Sozialstaat zusammen? Analysiere beide Materialien, verdeutliche dabei die Positionen des Soziologen Kaufmann und des Ökonomen Hüther. Urteile dann selbst.*

Zur Analyse

Karl-Heinz Paqué

Soziale Marktwirtschaft und globale „New Economy“: Ein Widerspruch?

Wir leben in einer Zeit des grundlegenden wirtschaftlichen Wandels. Die Schlagworte dazu lauten: von der Industrie- zur Informationsgesellschaft, von der nationalen zur globalen Wirtschaft, von der „Old Economy“ zur „New Economy“. Dieser Wandel hat Rückwirkungen auf unser Wirtschaftssystem. Auch die soziale Marktwirtschaft, das deutsche Modell des gezähmten Kapitalismus, wird sich verändern.

[…]

Die Vorstellung ist weitverbreitet, dass die globalisierte Informationsgesellschaft eine akute Bedrohung des Sozialstaats als konstitutives [= wesentliches] Element der sozialen Marktwirtschaft darstellt. Die Gefahr wird dabei vor allem bei der zunehmenden Mobilität des Kapitals geortet. Das Negativszenario: Je mobiler das internationale Kapital, umso stärker wird es sich an Unterschieden im Niveau seiner Besteuerung orientieren. Es wird dorthin fließen, wo die Besteuerung niedrig ist, und das ist im Zweifelsfall das Land oder die Region, die auf die Unterhaltung eines teuren Wohlfahrtsstaates verzichtet. Folglich wird es im internationalen Wettbewerb ein Herunterkonkurrieren der Sozialstandards geben. Das Ergebnis: eine Welt des „Kapitalismus pur“, ohne Verbleib eines sozialen Elements.

Dieses Negativszenario der Globalisierung beschreibt eine mögliche, aber keine wahrscheinliche Entwicklung. Im Standortwettbewerb hat der Staat die Funktion eines Wirtes, d. h., er bietet für den Standort ein Gesamtpaket an Leistungen an und finanziert dies über Steuern und ggf. Gebühren. Die Leistungen reichen von guter Infrastruktur bis zu Rechtssicherheit und sozialem Frieden. Der private Investor vergleicht Standorte nach Kosten und nach Leistungen, nicht nur nach Kosten in Form von Steuern. Man verengt künstlich den Blickwinkel, schaut man ausschließlich auf die Kosten: Der billige Standort ist nicht notwendigerweise der bessere, und es besteht gerade die unternehmerische Aufgabe des Staates darin, die richtige Kombination von Leistungen und Kosten zu finden.

Im Übrigen können öffentliche Leistungen einschließlich des Wohlfahrtsstaates mehr oder minder effizient organisiert sein. Ein äußerer Druck über einen verschärften internationalen Standortwettbewerb mag deshalb durchaus sinnvoll sein, ähnlich wie […] die Konkurrenz von Städten und Gemeinden um Investoren dabei hilft, die gröbsten Formen von Misswirtschaft und Inkompetenz zu entlarven.

Dabei ist zu bedenken, dass die großen aktuellen Reformthemen des deutschen Sozialstaats weitgehend unabhängig sind von der Globalisierung. Dies gilt vor allem für die Bemühungen um eine Renten- und Gesundheitsreform. Das deutsche Rentensystem ist aus laufenden Beiträgen der arbeitenden Bevölkerung finanziert. Es hat derzeit keine Elemente der sogenannten Kapitaldeckung, d. h., der einzelne Rentner greift nicht auf Kapitalerträge aus eigenem, früher angespartem Vermögen zurück, sondern allein auf die Leistung anderer – genauso wie er zu seiner aktiven Zeit die ältere Generation unterstützte. Ein solches System ist anfällig gegenüber drei Entwicklungen: einer steigenden Lebenserwartung der Rentner, einem Sinken des Rentenalters und einer sinkenden Anzahl von Kindern. Alle drei Entwicklungen sind eingetreten, aber weitgehend unabhängig von der Globalisierung. Die Konsequenz: Das Rentensystem muss auf eine neue Basis gestellt werden, die es schrittweise immun macht gegen jene gesellschaftlichen Veränderungen, die nicht kontrollierbar sind. Die Lösung liegt langfristig in der Einführung von Elementen der Kapitaldeckung, ggf. auf freiwilliger Basis, und dies völlig unabhängig von der Globalisierung.

Analoges gilt für unser Gesundheitssystem. Es besteht kein Zweifel, dass die heutigen Möglichkeiten der medizinischen Betreuung beeindruckend sind. Es hat – dank des technischen Fortschritts – eine wahre Leistungsexplosion in der Medizin gegeben. Diese ging allerdings mit einer Kostenexplosion einher, denn modernste Technik ist teuer. Wie bei den Renten, so muss auch bei der Gesundheitsversorgung entschieden werden, wie die Kostenentwicklung kontrolliert werden kann – durch mehr Eigenverantwortung und mehr Wahlmöglichkeiten des Versicherungsschutzes. Auch hier gilt: Mit Globalisierung hat dies nicht viel zu tun, wohl aber mit der Korrektur interner Fehlentwicklungen.

Es gibt natürlich keine Garantie dafür, dass der zwischenstaatliche Wettbewerb nicht doch irgendwann zu einem wirklich „ruinösen Wettbewerb“ wird, in dem elementare Prinzipien der Gerechtigkeit und der sozialen Versorgung gesellschaftlich nicht mehr gewährleistet werden können. Aber schon die bisherigen Erfahrungen innerhalb hochintegrierter Wirtschaftsräume sprechen dafür, dass ein großer Spielraum für die konkrete Ausgestaltung von wohlfahrtsstaatlichen Modellen bleibt.

(http://www.bpb.de/themen/H3SX1S,2,0,Soziale_Marktwirtschaft_und_globale_New_Economy%3A_Ein_Widerspruch.html#art2)

Das Wichtige in Kürze

Sozialstaat

Nach dem Grundgesetz ist die Bundesrepublik Deutschland ein Sozialstaat. Er ist darauf ausgerichtet, die soziale Gerechtigkeit zu fördern. Daher gibt es bei uns das sogenannte soziale Netz. Ein wichtiger Bestandteil des sozialen Netzes sind die verschiedenen Zweige der gesetzlichen Sozialversicherung: die Kranken-, Unfall-, Arbeitslosen-, Pflege- und Rentenversicherung. Das soziale Netz wurde in den vergangenen Jahrzehnten immer weiter ausgebaut.

Prinzipien sozialer Sicherung

Der sozialen Sicherung liegen drei Prinzipien zugrunde. Die Sozialversicherung erhalten die Arbeitnehmer, die Versicherungsbeiträge gezahlt haben (Versicherungsprinzip). Aus Steuermitteln erhalten Personen eine Versorgung, wenn sie besondere Opfer oder Leistungen für die Gemeinschaft erbracht haben (Versorgungsprinzip). Arbeitslosengeld II und Sozialhilfe aus Steuermitteln erhalten Personen, wenn sie bedürftig sind (Fürsorgeprinzip). Die gesetzliche Sozialversicherung ist eine Pflichtversicherung für fast alle Arbeitnehmer, d. h., sie müssen ihr angehören. Das soziale Netz und die gesetzliche Sozialversicherung müssen ständig der gesellschaftlichen Entwicklung angepasst werden.

Bevölkerungsentwicklung

Betrachtet man die Entwicklung der Bevölkerungszahl über einen längeren Zeitraum, so zeigt sich in Deutschland ein starker Anstieg von etwa 56 Millionen Einwohnern vor hundert Jahren auf derzeit ca. 82 Millionen. Man rechnet aber damit, dass bis zur Mitte dieses Jahrhunderts die Bevölkerungszahl auf etwa 65–70 Millionen zurückgehen wird. Der Altersaufbau in Deutschland verändert sich stark. Früher stellten die Jüngeren die stärksten Jahrgänge, und bei gleichmäßiger Abnahme gab es nur wenige Alte. Durch den Geburtenrückgang und die gestiegene Lebenserwartung wird es künftig immer weniger Jüngere und immer mehr Ältere geben.

Generationenvertrag

Der Rentenversicherung liegt der Generationenvertrag zugrunde. Die Erwerbstätigen zahlen mit ihren Beiträgen die heutigen Renten; sie vertrauen darauf, dass spätere Generationen dies auch für sie tun. Dieses Vertrauen in den Generationenvertrag ist gefährdet, weil die Bevölkerungsentwicklung und damit auch die Zahl der Erwerbspersonen bis 2050 stark zurückgeht und die Dauer der Rentenzahlung aufgrund der längeren Lebenserwartung steigt. Damit die Last der mittleren Generation, der Erwerbspersonen zwischen 20 und 60 Jahren, nicht zu schwer wird, muss die soziale Sicherung angepasst werden. Jüngere Generationen müssen zunehmend auch private Altersvorsorge treffen, z. B. mit einer „Riester-Rente", einer Lebensversicherung oder einer Betriebsrente. Die private Altersvorsorge wird vom Staat durch Zuschüsse gefördert. Zudem wird das gesetzliche Renteneintrittsalter von 2012 bis 2029 schrittweise von derzeit 65 Jahren auf 67 Jahre angehoben.

Zeige deine Kompetenzen!

Sachkompetenz

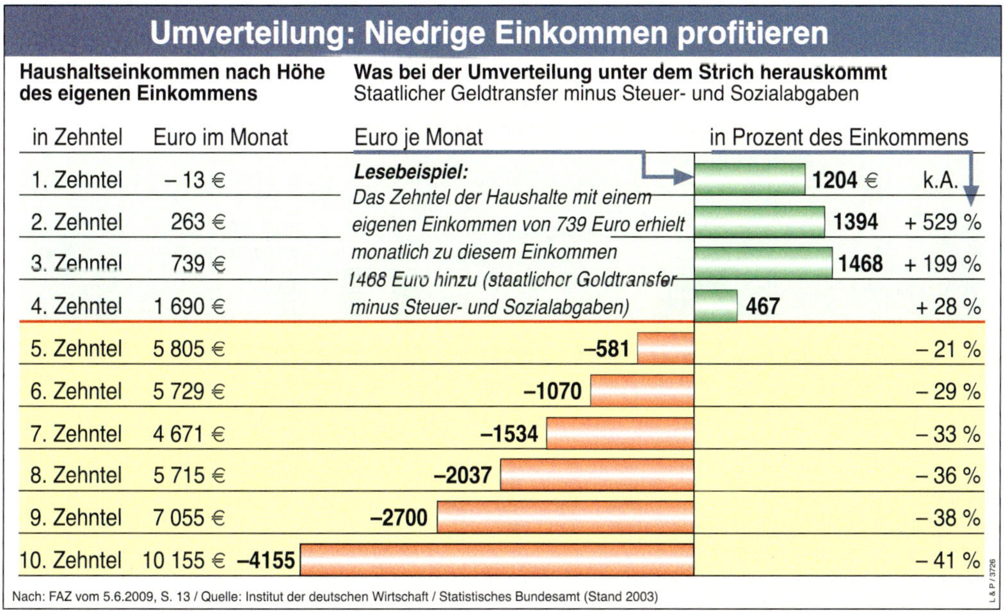

Erläutere den Aufbau der Grafik. Prüfe die Richtigkeit der Überschrift mithilfe der Zahlenwerte. Erkläre, weshalb die Überschrift von Umverteilung spricht. Verdeutliche, weshalb für die Grafik gerade diese Darstellungsform gewählt und diese Erläuterungen hinzugefügt wurden.
Bilde dir selbst ein Urteil darüber, ob der Sozialstaat gerecht finanziert wird; bedenke ggf. finanzierbare Alternativen.

Methoden- und Urteilskompetenz

Analysiere die Karikatur und skizziere die Aussageabsicht des Zeichners. Teilst du seine Meinung? Begründe.

Armutsbericht (Gabor Benedek, in: Süddeutsche Zeitung, 20. 5. 2008)

Zeige deine Kompetenzen!

Sachkompetenz

Sozialversicherungssystem in Deutschland

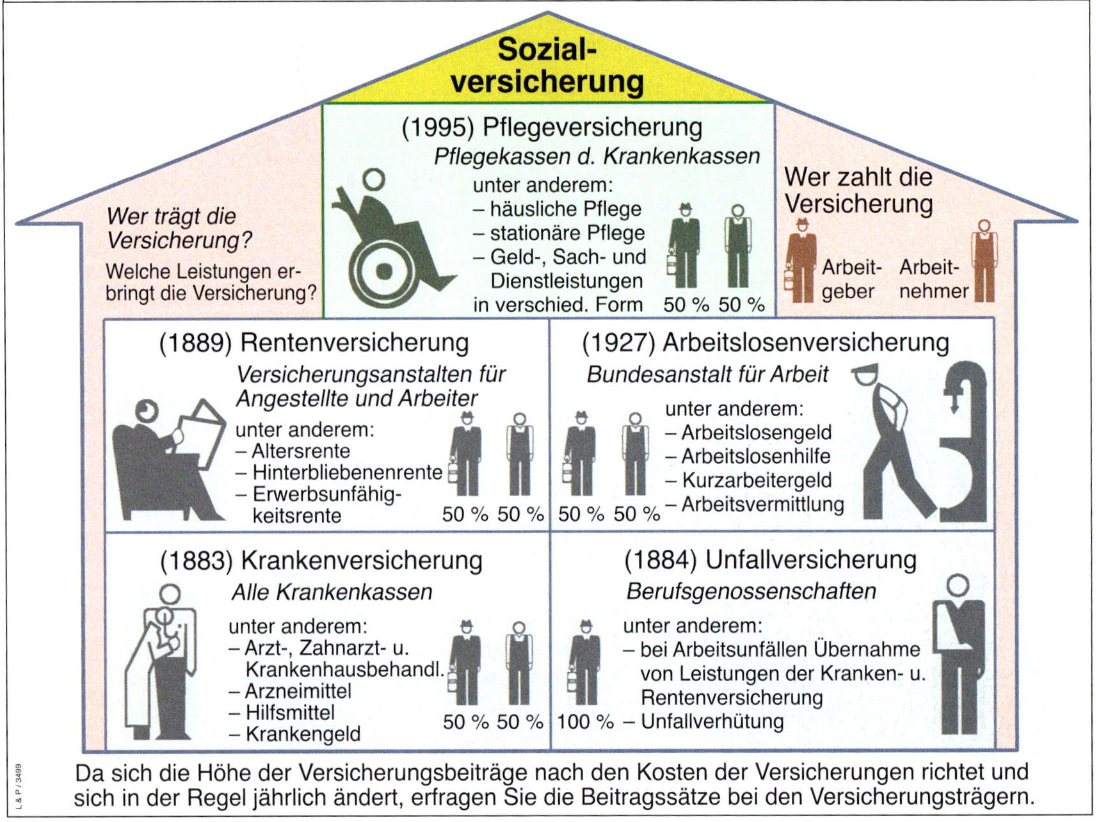

Diese Grafik zum Sozialversicherungssystem in Deutschland stammt aus dem Jahr 1995 und soll auf den neuesten Stand gebracht werden. Zeichne eine Tabelle mit zwei Spalten und trage in der linken ein, welche Angabe nicht mehr stimmt. Notiere dann rechts die aktuellen Bestimmungen.

Urteils- und Handlungskompetenz

Im September 2008 hatten der Sozialverband Deutschland (SoVD) und die „Volkssolidarität" im Rahmen der Initiative „Sozialabbau stoppen – Sozialstaat stärken" nach eigenen Angaben mehr als 183 000 Unterschriften gesammelt. Immer wieder kritisieren Sozialverbände, Gewerkschaften und Politiker, die nicht nur der Linken zuzuordnen sind, dass die Sozial- und Arbeitsmarktpolitik der rot-grünen Bundesregierung vor allem zwischen 2003 und 2005 („Agenda 2010") sowie der Großen Koalition ab November 2005 die Kluft zwischen Arm und Reich vergrößert und den Anteil der Armen oder von Armut Bedrohten in der Gesellschaft vermehrt habe. Dagegen wenden nicht zuletzt Vertreter der Wirtschaft, aber auch fast aller politischer Parteien ein, dass die Reform des Sozialstaats noch nicht abgeschlossen sei. Sie meinen, dass weitere tief greifende Einschnitte notwendig seien.

Führt eine Pro- und Kontradiskussion zum Thema „Zukunft des Sozialstaats" durch. Berücksichtigt dabei die Hinweise auf Seite 86.

Ökologie

Die mobile Gesellschaft fährt Auto, fliegt um die halbe Welt und kauft Waren, welche am anderen Ende des Globus hergestellt wurden. Ökonomie und Ökologie wurden über Jahrzehnte als unversöhnliche Gegensätze aufgefasst: Der Umweltschutz behindere die Wirtschaft, während die Wirtschaft keine Rücksicht auf die Umwelt nähme.

Mittlerweile ist allgemein bewusst geworden, dass man nicht länger auf Kosten der Umwelt und somit zulasten aller Menschen handeln darf. Zwischen dieser Erkenntnis und dem tatsächlichen Handeln klafft allerdings oft eine Lücke: Man fliegt mit dem Flugzeug in den Urlaub – aber die Abgase eines Flugzeugs belasten besonders die Atmosphäre.

Wie man versucht, Ökologie und Ökonomie miteinander zu verbinden, wird in diesem Kapitel untersucht. Dabei geht es u. a. um folgende Fragen:

- Welchen Beitrag leistet der Verkehr zur Umweltbelastung?
- Wie hängen Wohlstand und Umweltbelastung zusammen?
- Welchen Preis hat der Klimawandel weltweit?
- Welche internationalen Anstrengungen werden unternommen, dem Klimawandel Einhalt zu gebieten?
- Welche Alternativen gibt es zu fossilen Brennstoffen?
- Bietet der Umweltschutz für den Industriestandort Deutschland auch Chancen?
- Lassen sich Wirtschaftswachstum und Umweltschutz miteinander vereinbaren?

Umweltbewusstsein – Umweltverhalten

Das Thema Umweltschutz gewinnt in Deutschland wieder an Bedeutung, nachdem das Interesse daran über Jahre eher rückläufig war. Probleme wie Arbeitslosigkeit, Alters- und Gesundheitsvorsorge, Bildung und Ausbildung hatten die Umwelt vom Spitzenplatz der Themen verdrängt. Nach der Studie „Umwelt 2006“ ist für 25 % der Befragten der Schutz der Umwelt das wichtigste Problem. Hinter dem Thema Arbeitsmarkt rangiert der Umweltschutz damit auf Platz 2 der wichtigsten Themen. Dem relativ hohen Bewusstsein für Umweltprobleme scheint das tatsächliche Umweltverhalten vieler Bürgerinnen und Bürger allerdings oft nicht zu entsprechen.

Es regnet schon wieder. Da fahre ich lieber mit dem Auto.

Energiesparlampen finde ich gut, aber sie sind mir zu teuer.

(Zeichnung: Gerhard Mester)

Müll trennen? Das bringt doch eh nichts. Deshalb macht es auch keiner!

Wie soll ich denn Kompost sammeln, wenn ich keinen Garten habe?

Ich würde ja gern mit dem Bus fahren, aber der kommt nur einmal die Stunde, und die Fahrpreise sind auch schon wieder gestiegen.

The story about four people

This is a story about four people:
Everybody, Somebody, Anybody, and Nobody.
There was an important job to be done
and Everybody was asked to do it.
Everybody was sure Somebody would do it.
Anybody could have done it,
but Nobody did it.
Somebody got angry about that
because it was Everybody's job.
Everybody thought Anybody could do it,
but Nobody realized
that Everybody would do it.
It ended up that Everybody blamed Somebody
when actually Nobody asked Anybody.

(unbekannter Verfasser, zit. nach: Udo E. Simonis (Hrsg.): Ökologische Umorientierung der Industriegesellschaft. Beilage zur Wochenzeitung Das Parlament, B 7/96, S. 3)

Sparsame Autos sind Ladenhüter

Das Drei-Liter-Auto Lupo 3L ist ein Ladenhüter, dem Sparmobil A2 der VW-Tochter Audi geht die Puste aus. Von einem Ein-Liter-Auto erwartet VW nun auch nichts mehr und gibt seine Entwicklung auf, berichtet eine Zeitung. [...]

Hamburg – „Das Fahrzeug lässt sich nicht zu vernünftigen Kosten produzieren“, sagte VW-Konzernchef Bernd Pischetsrieder der „Financial Times Deutschland“. Vom Lupo 3L habe VW seit der Einführung des Modells 1999 rund 27 000 Fahrzeuge gebaut. Der Konzern hätte mit mindestens dem Doppelten gerechnet. Audi stelle sein Sparmobil A2 wegen der enttäuschenden Nachfrage noch im laufenden Jahr ein. „Wir hatten uns für den A2 höhere Stückzahlen versprochen“, sagte ein Audi-Sprecher gegenüber der „Financial Times Deutschland“.

(nach: http://www.spiegel.de/auto/aktuell/0,1518,351253,00.html)

1. *Vermute, aus welchen Gründen es vielen Menschen schwerfällt, ihre guten Vorsätze umzusetzen. Beziehe dabei auch die Sprechblasen mit ein.*
2. *Auf welche Einstellung macht das englische Gedicht aufmerksam? Skizziere, wie sich diese Einstellung auf das Verhalten gegenüber der Umwelt auswirkt.*
3. *Erkläre, was der Zeichner mit seiner Karikatur zum Ausdruck bringen will.*

Methode: Umfrage

Thema: Öffentlicher Nahverkehr in unserer Region

Eine Umfrage dient dazu, von mehreren Personen Informationen oder Meinungen zu einem bestimmten Thema abzufragen.

1. Vorbereitung

Vor der Umfrage müsst ihr euch genau überlegen, welche Fragen ihr stellen wollt. Eure Fragen solltet ihr schriftlich festhalten. Für die Formulierung der Fragen gibt es zwei grundsätzliche Möglichkeiten:

- Man kann offene Fragen stellen (Beispiel: „Was meinen Sie dazu?"). Vorteil: Die Befragten können frei antworten und fühlen sich nicht durch Vorgaben eingeengt.
- Man kann Entscheidungsfragen stellen (Beispiel: „Sind Sie dafür oder dagegen?"). Vorteil: Man kann nachher leicht auszählen, für welche Meinungen, Maßnahmen usw. die meisten sind.

Nehmen wir einmal an, ihr habt euch für die folgenden zwei Entscheidungsfragen entschieden: „Hat die Weite der Fahrstrecke in Kilometern etwas mit der Wahl des Verkehrsmittels zu tun?" und „Ist die Zufriedenheit mit dem Angebot von entscheidender Bedeutung für die Nutzung von öffentlichen Verkehrsmitteln?"

Dann solltet ihr eine Annahme (Hypothese) formulieren, die ihr mit euren Fragen überprüfen wollt. Sie könnte in diesem Fall lauten: „Die Entscheidung für öffentliche Verkehrsmittel ist abhängig von der Weite der Fahrstrecke und der Zufriedenheit mit dem Angebot."

Vor der Umfrage müsst ihr auch überlegen, wie ihr sie organisiert: Wer soll die Fragen stellen? Sollen Befragungsteams gebildet werden? Wie sollen die Antworten festgehalten werden (Fragebogen, digitales Aufzeichnungsgerät, ...)?

2. Durchführung

Führt die Befragung anonym durch, also ohne nach dem Namen zu fragen. Wenn es für die spätere Auswertung eine Rolle spielt, sollten z. B. auch das Alter und/oder das Geschlecht der Befragten festgehalten werden.

3. Auswertung

Bei der Auswertung unseres Beispiels solltet ihr darauf achten, dass ihr Aufzeichnungen darüber anfertigen müsst, welche Strecke die Befragten zurückgelegt haben und wie zufrieden sie mit dem Angebot sind. Erst dann kann eine Aussage getroffen werden, ob die Entscheidung für das öffentliche Verkehrsmittel von den genannten Faktoren abhängt.

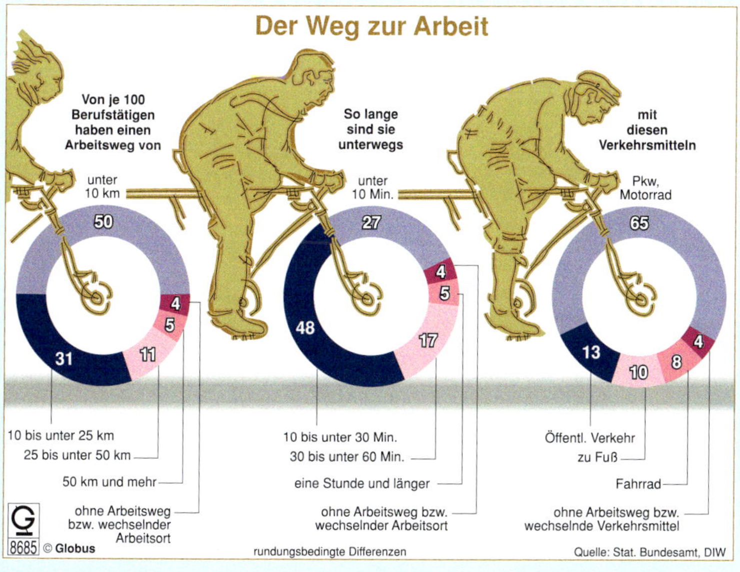

❶ *Führt eine Umfrage zum Thema „Öffentlicher Nahverkehr in unserer Region" durch. Erstellt dafür einen Fragebogen mit den folgenden drei Rubriken: Angebot, Nutzung, Bewertung des öffentlichen Nahverkehrs.*

Verkehr und Tourismus

Mit dem Flugzeug ist heute Tourismus bis in den letzten Winkel der Erde kein Problem: Passagiermaschine auf dem Flugplatz von Punta Arenas in Patagonien, Südchile.

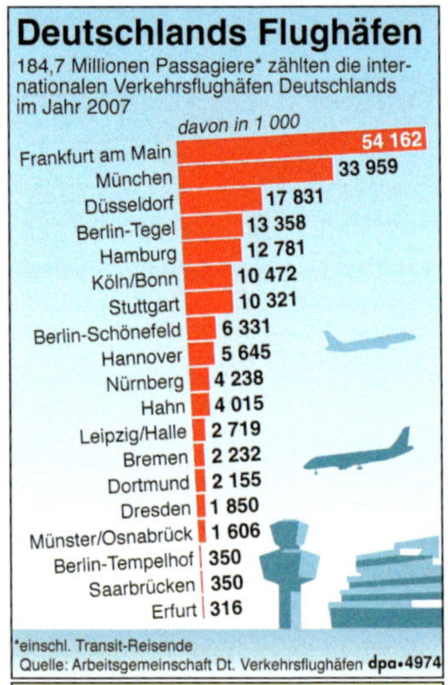

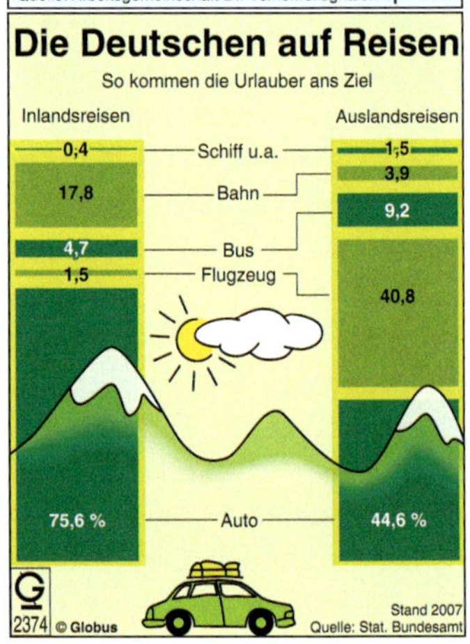

Angelika Berthold, Angestellte

„Im Sommer reise ich am liebsten in den Süden. Sonne, Strand und Nachtleben sind für mich das Wichtigste im Urlaub. Meistens fliege ich, weil es rasch geht und angenehm ist. Zwei Wochen sind kurz. Da will ich nicht viel Zeit für die Anreise verschwenden. Wenn mir gerade danach ist, buche ich Last Minute. Manchmal fliege ich auch einfach mal für drei, vier Tage in eine Stadt zum Shopping."

Giovanna Angelone, Auszubildende

„Für junge Leute gibt es kostengünstig ein Interrail-Ticket für ganz Europa. Zusammen mit meiner Freundin bereise ich im Urlaub dann vier Wochen lang verschiedene Länder. Dabei klappern wir alle Städte ab, die uns interessieren. Ab und zu fahren wir auch übers Wochenende zu einem Festival."

Peter Conrad, Informationselektroniker, verheiratet, zwei Kinder

„Wir fahren jedes Jahr mit dem Auto in Urlaub. In unseren Kombi passt das Gepäck der Familie bequem hinein, mit zwei Kindern kommt da allerhand zusammen. Das könnten wir gar nicht alles als Fluggepäck mitnehmen oder auf einer Bahnreise mit uns herumtragen. Um eine nicht gar zu lange Anfahrt zu haben, bleiben wir meist in Deutschland. Außerdem sind unsere Autobahnen gut ausgebaut, und man kommt rasch ans Ziel. Und am Wochenende, da geht es natürlich fast immer raus aus der Stadt. Die Kinder brauchen Bewegung, und frische Luft tut uns allen gut."

Waldeck Milanski, Ingenieur

„Ich fliege mit meiner Freundin oft in meine Heimat, manchmal sogar nur für ein Wochenende. In zwei Stunden bin ich in Warschau und kann mit alten Freunden in der Altstadt bummeln oder feiern. Heute kostet so ein Flug oft weniger als die Tagesgebühr für einen Mietwagen."

1. *Ordne dem Urlaubsverhalten von A. Berthold, G. Angelone, P. Conrad und W. Milanski je eines der folgenden Mottos zu:* ***Entdeckungsreise kreuz und quer / Fliegen – billiger als mit dem Auto / Schnell und bequem in den Urlaub / Mit der Familienkutsche in die Ferien.***
2. *Bewerte die einzelnen Verhaltensweisen unter Gesichtspunkten des Umweltschutzes. Führt eine Diskussion in der Klasse.*
3. *Skizziere, welche Aussagen sich den Grafiken entnehmen lassen.*

Wirtschaftsfaktor Flughafen

Der Flughafen Rhein-Main schafft auf vielfache Weise Arbeitsplätze. Augenfällig ist zunächst das Personal der Fluggesellschaften. Hinzu kommen die vielen Beschäftigten anderer Dienstleistungsunternehmen wie Hotels und Gaststätten, Läden, Fracht- und Handelsfirmen, die im Flughafen vertreten sind. Außerdem sind zahlreiche Behörden und Dienststellen mit ihrem Personal vertreten, z. B. Zoll und Flugsicherung. Bei all diesen Arbeitsplätzen spricht man von direkten Arbeitsplätzen.

Daneben sind vom Flughafen auch viele indirekte Arbeitsplätze abhängig. Zubringerstraßen müssen gebaut, Abfertigungs- und Hotelgebäude errichtet werden. Reparatur- und Instandhaltungsarbeiten sind durchzuführen, Bordverpflegung muss zubereitet und angeliefert werden. Diese vielfältigen Aufgaben schaffen und sichern Arbeitsplätze in vielen Betrieben, die nicht direkt im Flughafen angesiedelt sind.

Das Boden- und Flugpersonal der Fluggesellschaften, die Behördenmitarbeiter, die Bediensteten im Hotel- oder Gaststättenbereich und all die anderen Personen, die am Flughafen arbeiten, leben zum großen Teil in der Region. Sie kaufen Lebensmittel, Kleidung und Autos, gehen in Kinos. Supermärkte, Modegeschäfte, Autohäuser und Kinocenter siedeln sich an. Der Flughafen bewirkt (mit einem Fremdwort: induziert) also an ganz anderer Stelle, dass Arbeitsplätze entstehen und gesichert werden. Man spricht hier von induzierten Arbeitsplatzeffekten.

Darüber hinaus wirkt der Flughafen noch in weiteren Bereichen wie ein Katalysator auf den Arbeitsmarkt. Insbesondere auch aufgrund der guten internationalen Verkehrsanbindung siedeln sich in der Rhein-Main-Region zahlreiche Firmen an, finden Kongresse und Veranstaltungen statt. Frankfurt ist Messestandort und europäische Finanzzentrale. Alle namhaften Banken der Welt sind hier vertreten.

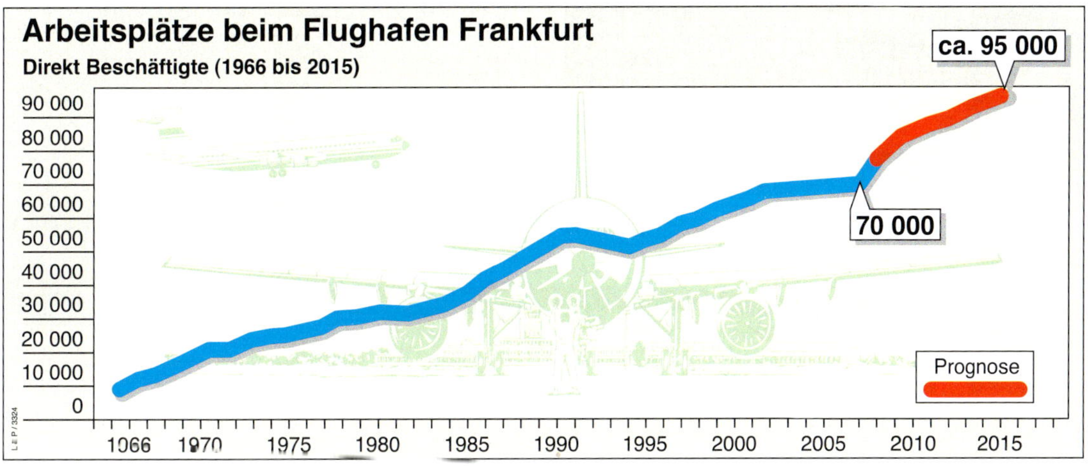

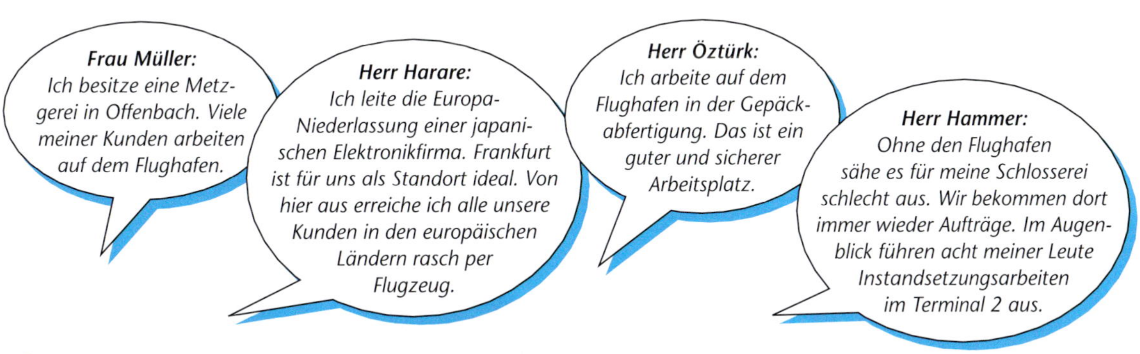

1. *Ordne die Sprechblasen den verschiedenen, im Text beschriebenen Arbeitsplatzeffekten zu.*
2. *Begründe, warum man vom „Wirtschaftsfaktor" Rhein-Main-Flughafen spricht. Formuliere als Antwort auf diese Frage einen kurzen Text.*

Ökobilanz der Verkehrssysteme

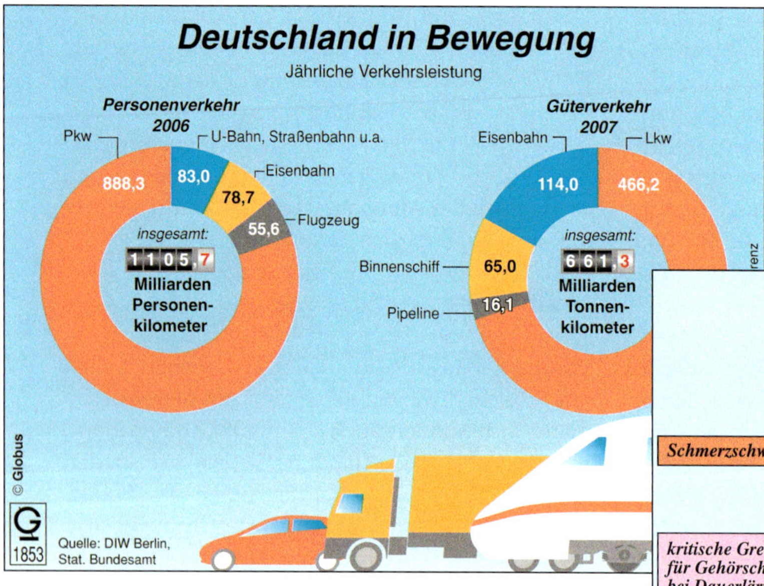

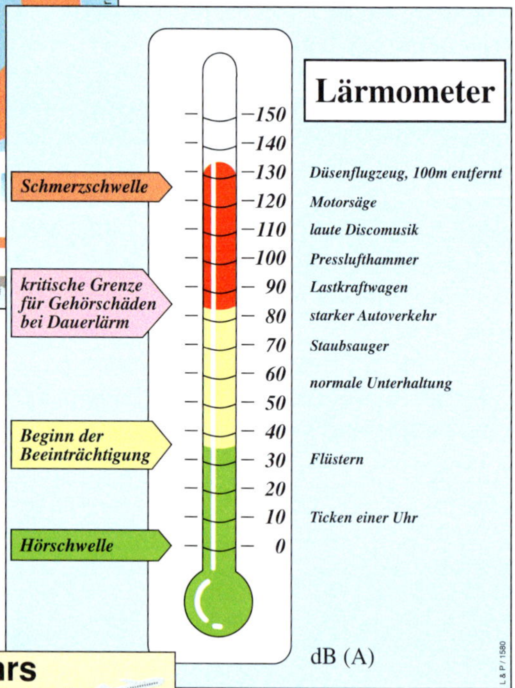

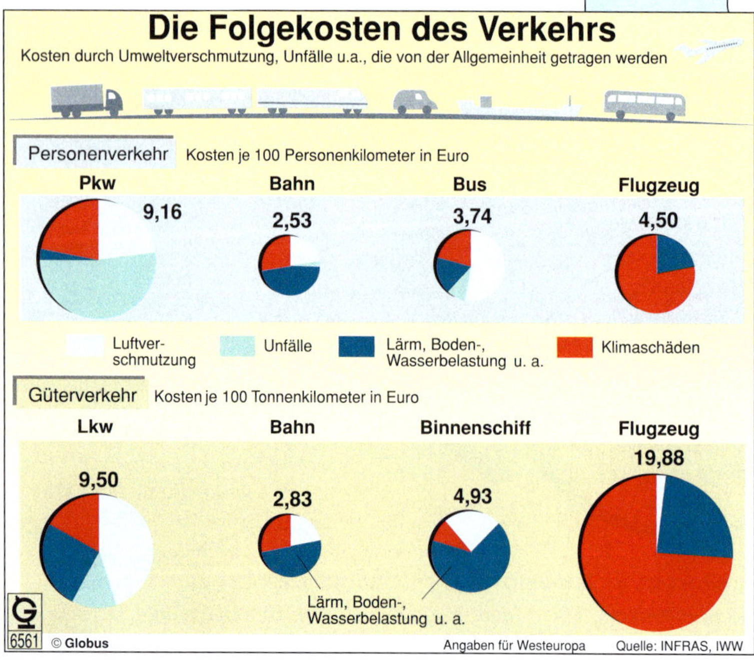

Stau auf der A 40 bei Essen

Beim ersten Weltverkehrsforum in Leipzig im Mai 2008 diskutierten Experten, wie CO_2-Emissionen im Verkehr reduziert werden können. Der Mitteldeutsche Rundfunk Sachsen berichtete:

Bundeskanzlerin Angela Merkel (CDU) kritisierte auf dem Weltverkehrsforum in Leipzig die deutsche Autoindustrie. Sie bezeichnete es als nicht hinnehmbar, dass die Branche von ihrer Selbstverpflichtung zur Senkung des Kohlendioxid-(CO_2-)Ausstoßes abgerückt sei. Merkel bekannte sich erneut zu dem Ziel, den CO_2-Ausstoß eines Pkw in der EU auf 120 Gramm pro Kilometer zu begrenzen. Dabei müsse aber Wettbewerbsgleichheit herrschen. In diesem Zusammenhang warnte Merkel die EU davor, die Hersteller großer Autos zu benachteiligen. Diese Fahrzeuge seien Innovationsträger sowohl bei Umwelt- als auch bei Sicherheitstechnologien. Bei der Verminderung von CO_2 plädierte Merkel dafür, bis Mitte des Jahrhunderts jedem Menschen auf der Erde einen jährlichen CO_2-Ausstoß von vier Tonnen zuzugestehen. Deutschland liege mit derzeit elf Tonnen weit darüber. [...]

(Quelle: http://www.mdr.de/sachsen/5537300.html, Aufruf 2. 7. 2008)

Umweltdezernentin fährt umweltfreundlich

Köln. Die Stadt Köln zeigt sich umweltbewusst und nimmt ein Fahrzeug mit Hybrid-Antriebstechnik in ihren Fuhrpark auf. [...] Neben einem Benzinmotor ist das Auto zusätzlich mit einem Elektromotor ausgerüstet, der bei Bedarf zugeschaltet wird. Beim Anfahren und bei niedriger Geschwindigkeit, wie es im Stadtverkehr häufig der Fall ist, übernimmt der Elektromotor komplett den Antrieb. Bei normalem und höherem Tempo kommt zusätzlich der Benzinmotor zum Einsatz. Die Nutzung der beiden Antriebsarten führt zu einem Emissionsausstoß von nur 104 Gramm CO_2 und einem geringerem Kraftstoffverbrauch im Vergleich zu einem herkömmlichen Benzinmotor. [...]

(Quelle: http://www.alternativ-fahren.de/Hybridfahrzeuge/News/Toyota_Prius_Hybrid_schaltet_bei_Bedarf_Elektro motor_zu.shtml vom 16. 4. 2008, Aufruf 2. 7. 2008)

Brennstoffzellen bewegen

[...] Brennstoffzellen-Autos [...] unterscheiden sich [...] optisch nicht mehr von bekannten Benzinern oder Dieselfahrzeugen. Wer die Mercedes-Benz A-Klasse F-Cell von einer traditionellen A-Klasse unterscheiden möchte, merkt dies am schnellsten daran, dass das Auto quasi lautlos dahingleitet und statt Abgasen lediglich Wasserdampf aus dem Auspuff kommt. [...]

Zwar sind die Brennstoffzellen-Autos schon recht nah an der Marktreife. Trotzdem gibt es noch die ein oder andere Herausforderung, zu bewältigen. Dazu gehören unter anderem die Verlängerung der Lebensdauer sowie die Reduktion der Kosten. [...]

Doch auch den Experimentalfahrzeugen von Studententeams der Uni Chemnitz sowie der Hochschule in Offenburg räumen die Veranstalter [von f-cell, einem Brennstoffzellen-Fachforum] gute Chancen ein, zum Publikumsliebling zu avancieren. Das Chemnitzer Team mit dem klangvollen Namen „Fortis Saxonia" stellt gleich zwei brennstoffzellenbetriebene „Ökomobil-Fahrzeuge" vor. Sie heißen „Sax 1" und „Sax 2" und nahmen beide in den vergangenen Jahren bereits erfolgreich beim Shell Eco-Marathon im südfranzösischen Nogaro teil. Auch das Offenburger Energiesparmobil mit den etwas irreführenden Namen „Schluckspecht" blickt auf eine sehr erfolgreiche Eco-Marathon-Karriere zurück. Den alternativen Wettbewerb gewinnt das Fahrzeug, das mit dem Energieäquivalent von einem Liter Benzin die weiteste Strecke zurücklegen kann. „Sax 1" brachte es auf 1742, „Sax 2" auf 2552 und der „Schluckspecht" sogar auf stolze 2716 Kilometer. [...]

(Quelle: http://www.alternativ-fahren.de/Brennstoffzelle/News/f_cell_2007.shtml vom 16. 9. 2007; Aufruf 2. 7. 2008)

1. *Notiere zu jeder Grafik auf Seite 258 die wichtigen Aussagen.*
2. *Erläutere die ökologischen Folgen des Autofahrens.*
3. *Informiere dich über die hier vorgestellten Techniken, um den CO_2-Austoß des Autoverkehrs zu verringern, und errechne die Einsparung an Kohlendioxidausstoß nach Umstellung der gesamten deutschen Pkw-Flotte (zum 1. 1. 2008 gab es 41,2 Millionen Pkw in Deutschland) a) bei Umstieg auf Hybridtechnik, b) bei Umstieg auf Brennstoffzellentechnik unter Annahme folgender Zahlen: Ein PKW ist durchschnittlich mit 1,5 Personen besetzt. Jeder Pkw produziert durchschnittlich 150 Gramm CO_2 pro km.*

Treibhauseffekt, Klimawandel – und die Kosten?

Ohne die Sonne gäbe es kein Leben auf der Erde. Die Sonnenenergie allein genügt allerdings nicht, um die Erdoberfläche auf die derzeitige Durchschnittstemperatur von etwa 15 °C zu erwärmen, die das vielfältige Leben auf unserem Planeten erst ermöglicht. Sie reicht nur für eine Erwärmung auf –18 °C aus. Ihre lebensfreundlichen klimatischen Bedingungen verdankt die Erde der Zusammensetzung ihrer Atmosphäre. Wie die Glasscheiben eines Treibhauses lassen die darin vorkommenden Spurengase die Sonnenstrahlung zwar weitgehend durch, behindern aber die natürliche Wärmerückstrahlung von der Erdoberfläche. Diese kann die Atmosphäre nur teilweise durchdringen, zum großen Teil wird sie wieder Richtung Erde zurückgestrahlt. Dadurch erhöht sich die Temperatur auf der Erde um ca. 33 °C. Erst dieser natürliche Treibhauseffekt bewirkt somit die lebensfreundlichen Temperaturen. Da die Spurengase in der Erdatmosphäre dabei die Funktion der Glasscheiben des Treibhauses übernehmen, werden sie auch Treibhausgase genannt. Neben Methangas, Distickstoffoxid und den chlorierten Kohlenwasserstoffen (FCKW) gehört dazu Kohlendioxid (CO_2).

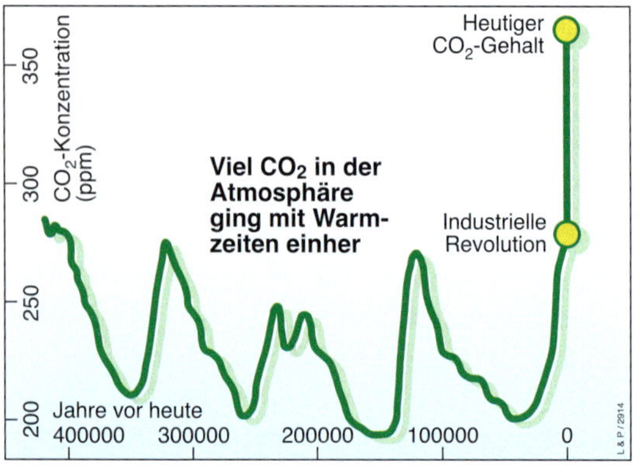

Seit der industriellen Revolution im 19. Jahrhundert nimmt die CO_2-Konzentration in der Atmosphäre stetig zu. Auslöser dafür ist der Mensch, der den CO_2-Ausstoß durch die Verbrennung fossiler Brennstoffe wie Kohle, Erdöl und Gas drastisch erhöht hat. Zu dem natürlichen Treibhauseffekt kommt dieser zusätzliche, vom Menschen ausgelöste Treibhauseffekt hinzu. Er führt zu der rasch zunehmenden Erwärmung der Erde und dem damit zusammenhängenden Klimawandel. Dass ein solcher stattfindet, bestreitet heute kaum jemand mehr; über die zu erwartenden Folgen und Kosten des Klimawandels gehen die Meinungen allerdings auseinander.

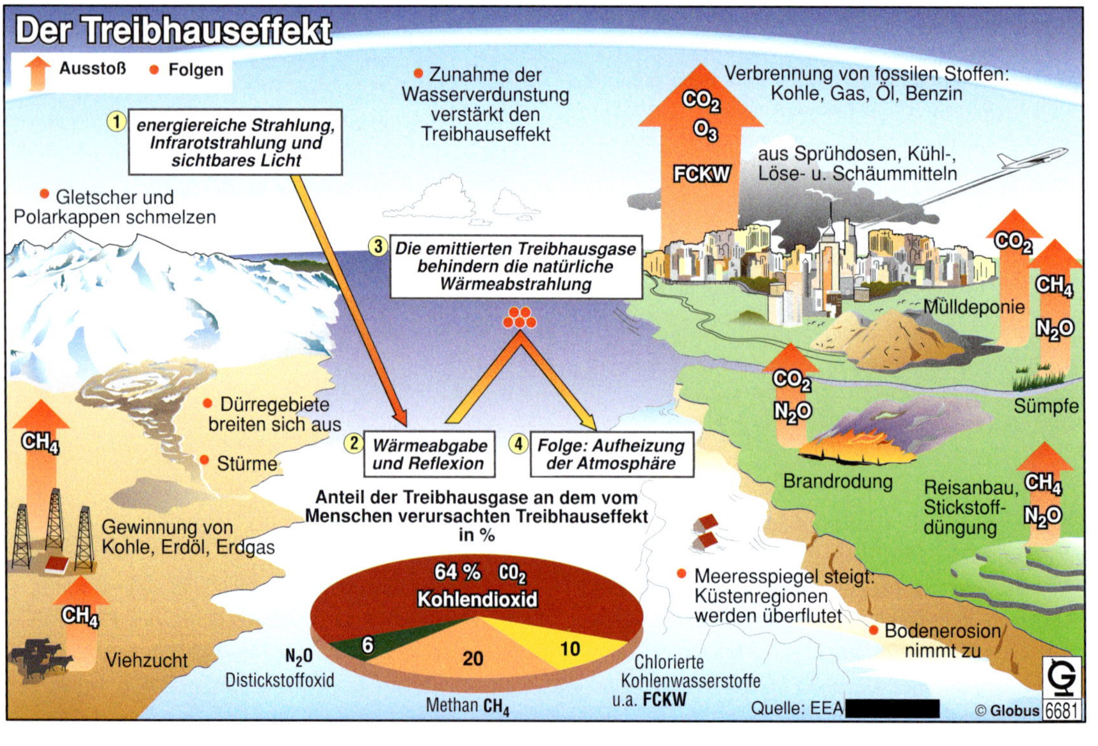

Die Kosten des Klimawandels

DIW erwartet Milliardenverlust für deutsche Volkswirtschaft

Tempolimit, Klimasiegel für Computer, Verbot von Stand-by-Schaltern an Elektrogeräten – es vergeht kein Tag, an dem nicht ein neuer Vorschlag gemacht wird, wie man weniger CO_2 in die Luft bläst und wie man noch mehr Energie sparen kann. Nach warnenden Berichten hat nun das große Umdenken begonnen. Auch zu Kosten des Wandels gibt es viele Berichte. Das Deutsche Institut für Wirtschaftsforschung stellt heute seinen eigenen Bericht vor – der prognostiziert Milliardenverluste für die Volkswirtschaft.

Orkan „Kyrill“ und seine Folgen waren erst ein Vorgeschmack auf das, was Deutschland an Klimaschäden droht. Knapp 130 Milliarden Euro müssen wir in den nächsten 40 Jahren für Folgen des Klimawandels zahlen – so die bisherigen Berechnungen. Auch das Deutsche Institut für Wirtschaft hat sich des Themas angenommen. Das Ergebnis: Es wird noch teurer.

Eingeflogene Weintrauben

Laut Professorin Claudia Kempfert, Umweltexpertin beim DIW, wird die Zahl nach oben korrigiert werden müssen, weil ihr Institut davon ausgeht, dass zusätzliche volkswirtschaftliche Schäden auftreten werden – zum Beispiel durch Überflutung und durch Hitzebelastung der Bevölkerung. Die Studie rechnet aber auch vor: Sollte der Staat sofort in CO_2-arme Technologien investieren, würden sowohl die Schäden als auch die Gesamtkosten niedriger. Und nicht nur der Staat, jeder, sagt die Studie, könne ab sofort beim CO_2-Sparen mitziehen.

Klimaexperte Hermann Ott klärt uns auf, wo im Alltag CO_2-Fallen lauern. Obst aus Übersee gehört dazu, wenn es, wie zum Beispiel die Papaya, mit dem Flugzeug kommt. Genauso wie die Weintrauben, die oft aus Argentinien stammen und damit wahrscheinlich geflogen wurden. Bei einem Kilo Weintrauben kann man laut Hermann Ott dann davon ausgehen, dass damit elf Kilo Kohlenstoff verbunden sind. Das ist die Menge, die ausgestoßen wird, um ein Kilo Weintrauben zu produzieren und anschließend zu uns zu bringen.

Schlechte Bilanz für Rindfleisch

Miserabel ist auch die Kohlendioxidbilanz von Rindfleisch. Mittlerweile ist ja bekannt, dass Fleisch ein sehr intensiv herzustellendes Nahrungsmittel ist. Das heißt, für so ein Kilo Rindfleisch aus einer intensiven Mast muss man mit zehn Kilogramm Kohlendioxid rechnen, sagt Hermann Ott. Bei naturnaher Produktion sind das immer noch fünf bis sechs Kilogramm.

Auf unserer weiteren Suche nach CO_2-Fallen brauchen wir nicht lange: Hinter jedem Fenster in Deutschland sind mindestens zwei Stand-by-Geräte zu finden. Dabei verbrauchen Stand-by-Schaltungen soviel Energie, dass tatsächlich ein bis zwei Atomkraftwerke abgeschaltet werden könnten, wenn man die ganze Stand-by-Schaltung abschaffen würde, sagt der Umweltexperte.

CO_2-Schleudern „Heizpilze“

Zum bewussteren Umgang mit Energie gehört für Hermann Ott auch der Verzicht auf verzichtbaren Luxus: Sogenannte „Heizpilze“ vor Restaurants gehören für ihn zu den Paradebeispielen. Nicht nur, dass wir meinen, wir müssen alles essen, sondern wir müssen auch immer draußen sitzen können, auch wenn gar nicht die Zeit dazu ist, empört er sich. Dabei ist das seiner Meinung nach der nackte Umweltwahnsinn – denn „diese Dinger“ stoßen in einer Saison 1,5 Tonnen CO_2 aus. Das heißt, jeder, der sich darunter setzt, verschlechtert seine CO_2-Bilanz schon deshalb.

Vorbild für Hermann Ott ist übrigens seine Oma. Die fuhr kurze Strecken mit dem Fahrrad, kaufte regionales Gemüse der Saison und aß statt Fertigprodukte Eingemachtes. Sie flog am Wochenende nicht zu Big Ben, sondern wanderte zum Kleinen Wannsee. Oma war umweltbewusst, ohne es zu wissen. Auch in Zukunft sollte Oma auf jeden Fall Bahn fahren. Und wenn die Bahn ihr Angebot verbessert und nicht nur an die Geschäftsleute denkt, dann hat sie auch eine große Zukunft.

(http://www.heute.de/ZDFheute/inhalt/30/0,3672,5250686,00.html, 14. 3. 2007, Abrufdatum: 8. 8. 2007)

1. *Erläutere den Begriff „Treibhauseffekt“ und grenze dabei den natürlichen vom zusätzlichen Treibhauseffekt ab.*
2. *Verfasse anhand der Schaubilder einen Text zum Thema „Die Folgen des Treibhauseffektes“.*
3. *Lies den Text „Die Kosten des Klimawandels“ aufmerksam durch: Notiere, was dich überrascht.*
4. *„Klimaschutz? Als Einzelner kann ich dafür gar nichts tun!“ Was könntest du dieser Aussage entgegenhalten? Berücksichtige bei deiner Antwort den Text oben.*

Das Kyoto-Protokoll

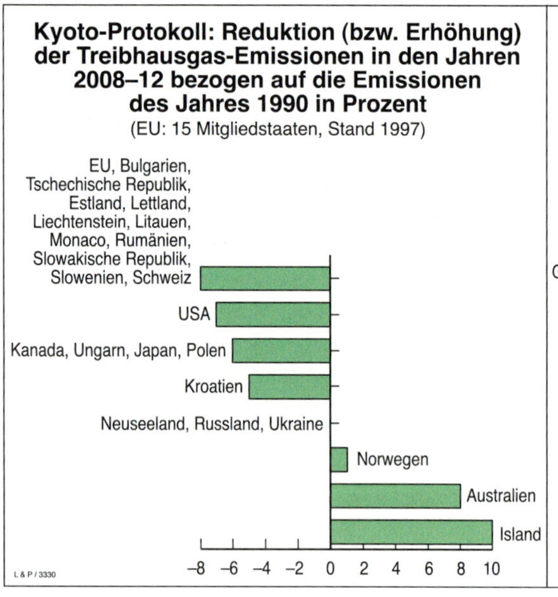

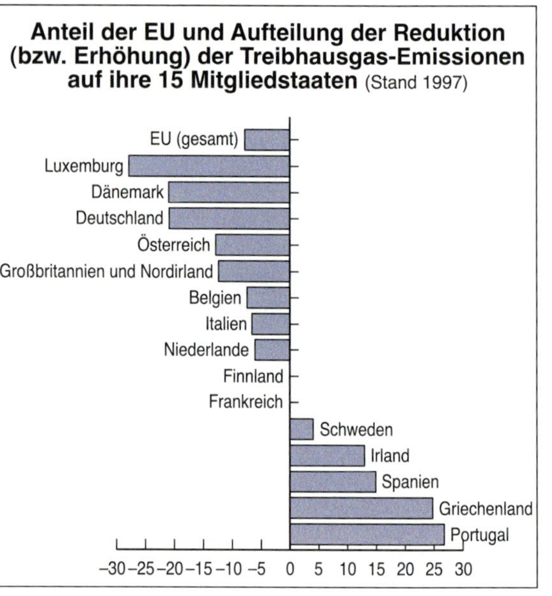

1997 beschlossen die Unterzeichner der UN-Klimakonvention auf einer Konferenz in Kyoto (Japan) ein Abkommen, das sogenannte Kyoto-Protokoll, das vorsieht, den Ausstoß von Treibhausgasen in den Industrienationen zu vermindern. Es verpflichtet die Industriestaaten dazu, in den Jahren 2008–2012 ihre Emissionen von sechs Treibhausgasen – Kohlendioxid (CO_2), Methan (CH_4), Distickstoffmonoxid (N_2O), Hydrogenfluorkohlenwasserstoffe (HFKW), Perfluorkohlenwasserstoffe (PFKW) und Schwefelhexafluorid (SF_6) – um 5 %, bezogen auf die Emissionen im Jahr 1990, zu vermindern. Da die festgelegten 5 % einen Durchschnittswert darstellen, müssen manche Länder stärker reduzieren, andere weniger stark; es gibt sogar Staaten, die ihre Emissionen noch erhöhen dürfen (Grafik 1).

Die Mitgliedstaaten der Europäischen Union verständigten sich auf ein gemeinsames Ziel für alle damaligen EU-Länder und legten unter sich fest, welche Anteile jeder Mitgliedstaat zu erbringen hat (Grafik 2).

Die Vereinbarung erlaubt es, dass die Staaten, um ihre Ziele zu erreichen, auch andere Maßnahmen ergreifen als nur diejenige, den Ausstoß von Treibhausgasen im eigenen Land zu vermindern: So ist zum Beispiel der internationale Emissionshandel möglich, der industrialisierten Ländern erlaubt, Anteile ihrer Emissionsrechte oder -verpflichtungen zu kaufen oder zu verkaufen. Der Handel ist auf die industrialisierten Staaten beschränkt. Die Regierungen der einzelnen Länder können den Unternehmen gestatten, ihre jeweiligen Emissionszertifikate ebenfalls zu verkaufen oder weitere einzukaufen.

Um in Kraft zu treten, mussten 55 Staaten, die wiederum für 55 % der weltweiten CO_2-Emissionen im Jahr 1990 verantwortlich zeichnen, das Abkommen ratifizieren. Das war 2005 der Fall, als Russland das Kyoto-Protokoll unterzeichnete. Das Abkommen wird nur einen geringen Einfluss auf den Ausstoß von Treibhausgasen in den Jahren 2008–2012 haben. Der Hauptgrund dafür ist, dass die USA als größter Emittent die Unterzeichnung des Protokolls verweigerten. Zudem hatten einige Staaten – insbesondere Russland – zum Zeitpunkt der Unterzeichnung ihre Emissionen gegenüber 1990 schon aufgrund der wirtschaftlichen Krise nach dem Zusammenbruch des Ostblocks stark reduziert.

(nach: http://www.atmosphere.mpg.de/enid/3__Wie_Klimawandel_verhindern_/-_Kyoto_Protokoll_2av.html)

1. *Erläutere, welchen Nutzen das Kyoto-Protokoll bringt.*
2. *Erkennst du Schwachpunkte des Abkommens? Begründe deine Einschätzung.*

Die Klimakonferenz von Bali

Umweltpolitiker und -experten aus rund 190 Ländern tagten vom 3. bis 15. Dezember 2007 auf der indonesischen Insel Bali, um die Weichen dafür zu stellen, dass nach dem Auslaufen des Kyoto-Protokolls im Jahr 2012 ein neues Klimaschutzprogramm nahtlos in Kraft treten kann. An diesem neuen Abkommen sollen sich neben den Industriestaaten auch die heutigen Schwellenländer, die in absehbarer Zeit große Emittenten von Schadstoffen sind, und die Entwicklungsländer beteiligen.

Die Konferenz von Bali fand unter dem Eindruck des vierten Berichts des Weltklimarats von 2007 statt, wonach es keinen Zweifel mehr daran gibt, dass der Klimawandel vom Menschen wesentlich verursacht ist und die Erderwärmung schneller fortschreitet als erwartet. Bleiben wirksame Gegenmaßnahmen aus, so nimmt man unkontrollierbare Risiken in Kauf. Nichtsdestoweniger verabschiedeten die Teilnehmerstaaten keine konkreten Vorgaben zum Klimaschutz, einigten sich also zum Beispiel nicht auf Grenzwerte zum Ausstoß von Treibhausgasen, sondern legten im Wesentlichen einen Fahrplan (die sogenannte Bali Roadmap) für weitere Verhandlungen fest.

In den Verhandlungen auf der Konferenz von Bali traten die unterschiedlichen Interessen einzelner Länder und Ländergruppen nochmals deutlich hervor.

Die europäische Kommission forderte, bis zum Jahr 2050 den weltweiten CO_2-Ausstoß zu halbieren, um die globale Erwärmung einzudämmen. Die EU zeigte sich bereit, bis 2020 den Ausstoß von Treibhausgasen um 30 %, bezogen auf 1990, zu verringern, sofern sich die anderen Industrienationen diesem Ziel anschließen. Im Alleingang will sie die Emissionen um 20 % senken.

Dass konkrete Ziele zur Verminderung der Treibhausgase im Abschlussprotokoll nicht festgelegt wurden, ist vor allem auf die Weigerung der Vereinigten Staaten zurückzuführen.

China und Indien, beides Länder mit einer rasant wachsenden Wirtschaft, wandten sich gegen eine Beschränkung des Schadstoffausstoßes für Schwellenländer. Sie begründeten ihre Position damit, dass es bisher allen großen Industrienationen möglich gewesen sei, sich ohne Einschränkungen wirtschaftlich zu entwickeln. Dieses Recht sei auch ihnen und anderen Staaten zuzugestehen, bevor sie einem Regelwerk, das den Ausstoß von Treibhausgasen zugunsten des Klimaschutzes begrenzt, unterworfen werden. Nach ihrer Auffassung könne nur durch wirtschaftliches Wachstum die Armut in diesen Ländern bekämpft werden.

Grundsätzlich umstritten war die Aufgabenverteilung zwischen Industrie- und Entwicklungsländern. Während Erstere auf ein stärkeres Engagement der Entwicklungsländer drängten, forderten diese von den Industriestaaten konkrete Verpflichtungen und Hilfszusagen. Beschlossen wurde u. a. ein Anpassungsfonds, der die Entwicklungsländer bei der Bewältigung der Folgen der Erderwärmung unterstützen soll. Er wird durch eine Abgabe finanziert, die im Rahmen des Emissionshandels abzuführen ist und u. a. von der Weltbank verwaltet wird. Zudem verständigten sich die Teilnehmerstaaten auf Regeln für einen Technologietransfer, mit dem die Industriestaaten den Entwicklungsländern zur Seite stehen sollen, damit diese zum Beispiel Energie effizient einsetzen können.

Überdies einigte man sich darauf, den Schutz der Tropenwälder im folgenden Klimaabkommen zu berücksichtigen. Zurzeit zeichnet die Rodung tropischer Wälder für 20 % der Treibhausgasemissionen verantwortlich. Schwellen- und Entwicklungsländer können für die Erhaltung bestimmter Regenwaldgebiete entschädigt werden. Deutschland zahlt in einen dafür bestimmten Fonds einmalig etwa 60 Millionen Dollar, andere Länder mehr als 100 Millionen Dollar ein.

Die Schwellenländer tragen durch die Entwaldung breiter Landstriche doch Verantwortung dafür, dass weniger Treibhausgase auf natürlichem Wege abgebaut werden.

In Indonesien hat die Regierung große Urwälder abholzen lassen, um die Auflagen des Internationalen Währungsfonds zum Abbau der Staatsverschuldung zu erfüllen.

Ausländische Unternehmen profitieren von der Wirtschaft der sich entwickelnden Länder: Sie bringen das Know-how und die Technik und beuten dabei die Ressourcen der Entwicklungsländer aus.

1. *Arbeite die auf der Konferenz von Bali von den Industriestaaten, Schwellenländern und Entwicklungsländern vertretenen Positionen heraus und stelle sie in einer Tabelle dar.*
2. *Begründe, warum es so schwierig ist, sich auf ein weltweites Abkommen zu einigen.*
3. *Findet Argumente, die für und gegen die Position der Schwellen- und Entwicklungsländer sprechen, wirtschaftlich erst wachsen zu wollen und sich dann um den Umweltschutz zu kümmern.*

Zur Analyse

„Wir haben den Krieg mit der Erde angefangen"

[...]
Der frühere US-Vizepräsident Al Gore hat bei der Verleihung des Friedensnobelpreises zu einer Mobilisierung gegen den Klimawandel aufgefordert, wie man sie bisher nur von Kriegen kennt. Gore sagte in Oslo bei der Entgegennahme des Preises, den er mit dem UN-Klimarat teilt: „Wir Menschen haben es mit einem globalen Notfall zu tun. Die Erde hat jetzt Fieber. Und das Fieber steigt."
Der indische Chef des Weltklimarates, Rajendra Pachauri, erklärte, die Eindämmung der globalen Erwärmung sei die „vielleicht entscheidende Sicherheitsfrage unserer Zeit".
Das norwegische Nobelkomitee begründete die Vergabe des Preises an den 59-jährigen US-Politiker und den 1988 gegründeten Weltklimarat mit deren erfolgreichen Bemühungen zur „Ausbreitung von größerem Wissen um die von Menschen verursachten Klimaänderungen".
Gore sagte in seiner Dankesrede in Anwesenheit von Norwegens König Harald V. weiter: „Wir müssen schnell einen Weg finden, um unsere globale Zivilisation zu mobilisieren." Dies müsse mit der Dringlichkeit geschehen, wie es bisher nur geschah, „wenn Nationen für einen Krieg mobilisiert haben". „Ohne es zu bemerken, haben wir einen Krieg mit der Erde angefangen. Es ist Zeit, Frieden mit dem Planeten zu schließen", sagte Gore.
Er erinnerte an den Zweiten Weltkrieg, bei dem eine frühere Generation „mit dem Sieg über den Faschismus die moralische Autorität zur Lösung der damaligen Krise gefunden hat". „Wieder einmal ist es fünf vor zwölf", sagte Gore. Das blieb nicht der einzige historische Vergleich: Statt eines „nuklearen Winters", wie er während der Ost-West-Konfrontation als Folge eines Atomkriegs befürchtet wurde, drohe der Welt wegen des Ausstoßes von Klimagasen nun ein „Kohlendioxid-Sommer", warnte Gore.
[...]
Gore verlangte weiter ein komplettes Verbot für neue Kohlekraftwerke, sofern diese ihren CO_2-Ausstoß nicht komplett unterirdisch lagern könnten. Nach dem Vorbild der EU müssten auch die USA und China einen „Preis für die CO_2-Verschmutzung" durch den Handel mit Emissionsquoten bestimmen. Gore setzte sich außerdem für eine hohe Besteuerung von Treibhausgas-Emissionen ein.

Al Gore (l.) und Pachauri bei der Preisverleihung

Pachauri verwies in seiner Dankesrede für den Klimarat mehrfach auf den engen Zusammenhang zwischen Klimawandel und Friedenssicherung. Vor allem in Afrika und dicht besiedelten Gebieten Asiens würde eine deutliche Erwärmung des Klimas zu Instabilität und nicht mehr kontrollierbaren Konflikten führen. „Trotzdem hat die Menschheit alle Möglichkeiten, dieser Bedrohung zu begegnen", sagte Pachauri. Er hatte zuvor 2015 als das Jahr genannt, in dem aus wissenschaftlicher Sicht spätestens eine Verminderung der globalen Treibhausgas-Emissionen erreicht sein müsse.
Der Friedensnobelpreis ist mit zehn Millionen schwedischen Kronen (1,1 Millionen Euro) dotiert. Im letzten Jahr wurde der Bankier Mohammed Yunus (67) aus Bangladesch für seine Mikrokredite zur Armutsbekämpfung ausgezeichnet. Letzter deutscher Preisträger war 1971 der damalige Bundeskanzler Willy Brandt (1913–1992) für seine Entspannungspolitik gegenüber osteuropäischen Ländern.

(Quelle: http://www.welt.de/politik/article1447410/Wir_haben_Krieg_mit_der_Erde_angefangen.html vom 10. 12. 2007)

Das Wichtige in Kürze

Umweltbewusstsein Unter Umweltbewusstsein versteht man die grundsätzliche Wahrnehmung von Umweltproblemen und deren Bewertung als dringlich. Umweltschutz rangiert hinter dem Thema Arbeitsmarkt auf Platz 2 einer im Auftrag des Bundesumweltamtes erstellten Studie. Ein ausgeprägtes Umweltbewusstsein muss sich nicht zwangsläufig in der Änderung des eigenen Verhaltens niederschlagen. Aus ökologischer Sicht problematische Verhaltensweisen können trotzdem aus Gründen der Bequemlichkeit oder des Nichtwissens beibehalten werden.

Verkehrsaufkommen Der Bundesverkehrswegeplan prognostiziert einen weiteren Anstieg des Verkehrsaufkommens bis 2015; u. a. soll sich der Güterverkehr bis dahin verdoppeln. Hierzu müssen bestehende Verkehrswege ausgebaut werden. Dabei treffen verschiedene Interessen aufeinander. Viele Autofahrer, Bahnkunden und Touristen begrüßen neue Straßen, Schienenwege und den Ausbau von Flughäfen; von Lärm und Abgas betroffene Anwohner und Gemeinden hingegen lehnen sie vielfach ab.

umweltfreundlicher Straßenverkehr Der Straßenverkehr ist einer der Hauptverursacher des Klimagifts Kohlendioxid, das neben fünf weiteren Treibhausgasen nach dem Kyoto-Protokoll deutlich reduziert werden soll. Alternative Antriebstechniken zum herkömmlichen Verbrennungsmotor sind in Serienreife (Hybridtechnik, Gastechnik, Elektromotoren) oder in Entwicklung (Wasserstoff). Da das Individualverkehrsaufkommen in den reichen Industriestaaten besonders hoch ist, verfügen diese über ein deutlich größeres Einsparpotenzial bei CO_2-Emissionen als ärmere Staaten.

Kyoto-Protokoll Im Rahmen des UN-Klimaschutzprogramms wurde 1997 das Kyoto-Protokoll vereinbart. Im Februar 2005 ist es in Kraft getreten. Es verpflichtet die Unterzeichner, die Emission von sechs Treibhausgasen bis 2012 weltweit um mindestens 5,3 Prozent im Vergleich zu 1990 zu senken, um der Erwärmung der Erdatmosphäre entgegenzusteuern. Der größte Treibhausgas-Produzent, die USA, haben das Protokoll nicht unterzeichnet.

Klimakonferenz von Bali Mit dem Auslaufen des Kyoto-Protokolls 2012 soll ein neues Klimaschutzprogramm in Kraft treten. Die Klimakonferenz von Bali verpflichtete die Industrienationen, die Entwicklungs- und Schwellenländer beim Klimaschutz mit Technologie und finanziell zu unterstützen. Im Gegenzug sollen sich die Entwicklungs- und Schwellenländer stärker für den Klimaschutz engagieren. Die Industrieländer sind dazu aufgefordert, sich zur Verminderung des Ausstoßes von Treibhausgasen zu verpflichten, indem sie überprüf- und messbare Ziele formulieren. Ein Fahrplan für weitere Verhandlungen wurde erarbeitet. Das neue Klimaschutzabkommen soll auch Maßnahmen zum Schutz der für das Weltklima so wichtigen tropischen Wälder enthalten.

Nutzungsmöglichkeiten der Umwelt

Mülldeponie in Gelsenkirchen

Indianer in einem durch Brandrodung zerstörten Waldstück in Brasilien

Reklametafel am Stadtrand von Berlin

Wasserski am Millstätter See in Österreich

Wirtschaftliches Handeln – also die Produktion von Gütern, ihr Vertrieb und ihr Verbrauch – ist nicht möglich, ohne die Umwelt zu benutzen und damit auch zu belasten. Denn ohne Rohstoffe und ohne Energie können keine Produkte hergestellt werden. Industrielle Anlagen können nicht betrieben, Büros nicht unterhalten, Verkehrs- und Transportmittel nicht benutzt werden. Luft, Wasser und Boden werden in vielfältiger Weise ge- und verbraucht. Die dabei häufig entstehenden Verschmutzungen, Verunreinigungen usw. belasten die Umwelt in erheblichem Maße.

Wie stark die wirtschaftliche Nutzung der Umwelt und damit auch letztlich dem Menschen schaden kann, ist erst in den letzten Jahrzehnten ins öffentliche Bewusstsein gelangt.

Mittlerweile ist anerkannt, dass die Umweltpolitik eine wesentliche Voraussetzung für wirtschaftliche Entwicklung und gesellschaftliche Stabilität ist. Es gibt keine wirtschaftliche Entwicklung ohne Investitionen in das Umweltkapital. Denn die Atmosphäre und die Weltmeere, Trinkwasser und Ackerböden sind letztlich „nur" endliche Güter der Natur. Schon heute leben wir auf Kosten unserer Enkel.

Die Nutzung der Umwelt geschieht auf unterschiedliche Weise:
Die Umwelt wird wie ein (…①…) ge- oder verbraucht. Im Winter erfreuen sich z. B. viele alpine Skifahrer im Gebirge, ohne zu bedenken, dass dieser Wintersport zunehmend zur Zerstörung des Gebirgsbodens führt.
Die Wirtschaft benötigt Platz, z. B. für Fabriken, Büros, Kaufhäuser, Verkehrsanbindungen usw. Die Umwelt wird hier als (…②…) benutzt.
Die Umwelt ist (…③…) für alle möglichen Schadstoffe, die bei der Produktion und beim Konsum anfallen. Der Hausmüll gehört hier ebenso dazu wie der Rauch aus den Schloten der Stahlwerke.
Und nicht zuletzt dient die Umwelt als Reservoir für (…④…), die in der Produktion eingesetzt werden.

A Rohstoffe/Ressourcen

B Standort

C Konsumgut

D Auffangbecken

1. *Beschreibe für jedes der vier Fotos, wie die Umwelt durch eine entsprechende Nutzung geschädigt werden kann.*
2. *Setze die vier Begriffe an den richtigen Positionen in den Sätzen ein.*

„Raumschiff Erde“

Stellen wir uns die Erde als riesiges Raumschiff vor. Mit Menschen an Bord rast es durch das Weltall. Die Verbindungen zum Heimatplaneten sind abgebrochen. Es gibt keine Rückkehr mehr. Die Passagiere müssen mit den vorhandenen Vorräten an Nahrung, Wasser, Sauerstoff und Energie auskommen.
Während die Zahl der Menschen an Bord steigt, verringern sich die Vorräte. Gleichzeitig steigen Abfall- und Schadstoffmengen an. Das Leben wird immer schwieriger, die Luft zum Atmen immer knapper. Einige Bewohner des Raumschiffes geraten in Panik. Sie prophezeien einen baldigen Tod durch Ersticken, Verdursten, Verhungern oder Erfrieren. Andere beuten die zu Ende gehenden Vorräte aus, schlagen Warnungen in den Wind, maßvoller damit umzugehen. Sie vertrauen darauf, dass jemandem noch in letzter Minute etwas zur gemeinsamen Rettung einfallen werde.

Um den nebenstehenden Text vom „Raumschiff Erde“ zu lesen, benötigt man etwa eine Minute. In dieser Minute geschieht – statistisch gesehen – auf der Erde Folgendes:

- Es werden zwei Tonnen Fluorchlorkohlenwasserstoffe (FCKW) freigesetzt.
- Der Kohlendioxidausstoß beträgt fast 40 000 Tonnen.
- Über 3,5 Quadratkilometer Wald fallen der Motorsäge zum Opfer.
- Die Menschen produzieren über 15 000 Tonnen Müll.
- 100 neue Autos belasten die Umwelt.
- 60 000 Tonnen Erde werden weggeschwemmt oder abgetragen.
- Die Erdbevölkerung nimmt um 170 Menschen zu.
- Ein Quadratkilometer Naturfläche geht verloren, z. B. durch Bebauung.
- Ungefähr 50 Menschen sterben an Hunger.

(Karikatur: Freimut Wössner)

(Karikatur: Reinhold Löffler)

Umweltprobleme, Umweltschutz – da wird doch heillos übertrieben! Was sollen so ein paar Autoabgase schon schaden? Die Erde besteht seit vielen Millionen Jahren, und die Natur ist mit den Problemen noch immer allein fertig geworden.

1. *Beschreibe, was der Text „Raumschiff Erde“ verdeutlicht.*
2. *Beziehe dich auf die statistischen Angaben und berechne, was während einer Schulstunde auf der Erde passiert.*
3. *Skizziere die Aussageabsicht der Karikaturen.*
4. *Widerlege die Aussage in der Sprechblase.*

Problem: Umweltschutz – Beispiel Luftverschmutzung

Schadstoffe	Hauptverursacher
Kohlenmonoxid (CO) entsteht überwiegend bei unvollständiger Verbrennung in Motoren und kleineren Feuerungsanlagen. Eingeatmetes Kohlenmonoxid blockiert die Sauerstoffaufnahme in das Blut. Es verursacht je nach Konzentration Kopfschmerzen bis Bewusstlosigkeit und ist in sehr hohen Konzentrationen tödlich.	A
Schwefeldioxid (SO_2) entsteht überwiegend bei Verbrennungsvorgängen durch Oxidation des im Brennstoff, z. B. Kohle, enthaltenen Schwefels. Schwefeldioxid führt in Kombination mit Staub zu Atembeschwerden und reizt die Haut. Es schädigt den Wald.	B
Kohlendioxid (CO_2) entsteht bei der Verbrennung fossiler Energieträger. Der steigende Kohlendioxidgehalt in der Luft ist eine wesentliche Ursache für den Treibhauseffekt.	C
Stickstoffoxide (NO_x) entstehen fast ausschließlich bei Verbrennungsvorgängen durch Oxidation des im Brennstoff und der Verbrennungsluft enthaltenen Stickstoffs. Der geregelte 3-Wege-Katalysator in Autos senkt die Stickstoffoxide um 90 Prozent. Stickstoffoxide verursachen die Entstehung des sauren Regens und führen zu Atemwegserkrankungen.	D
Organische Verbindungen sind chemische Verbindungen mit einem Kohlenstoffgrundgerüst. Sie stammen vor allem aus dem Kfz-Verkehr (z. B. Benzol) und dem Lösungsmittelverbrauch. Benzol ist gesundheitsschädlich und kann sogar Leukämie (Blutkrebs) verursachen.	E

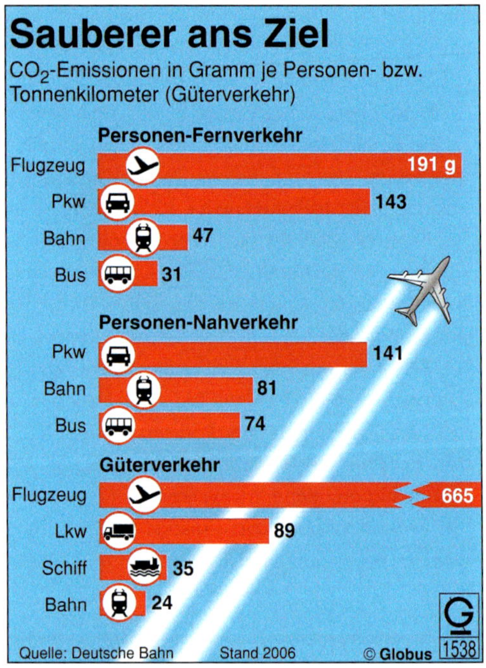

Völlig zerstörter Wald – so katastrophal kann sich Luftverschmutzung auswirken.

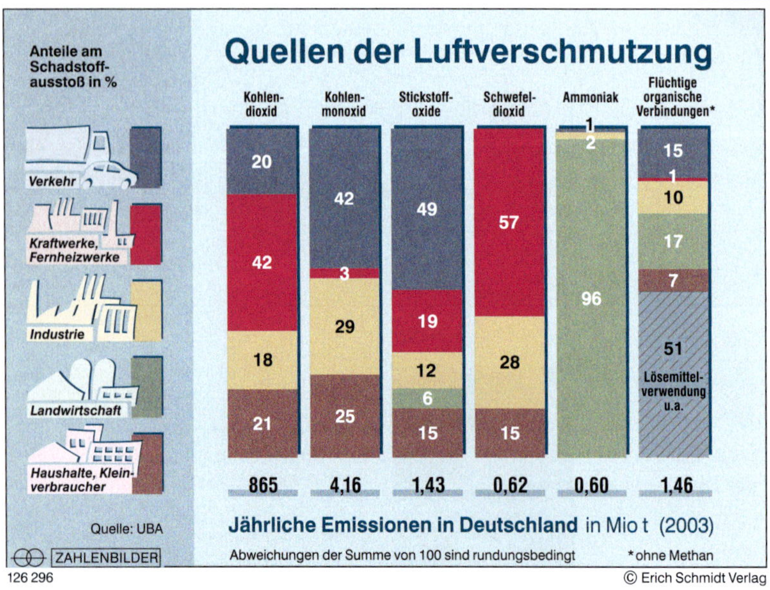

1. *Benenne für die Luftschadstoffe jeweils den Hauptverursacher und notiere von A bis E. Beziehe dabei die Grafik mit ein.*
2. *Recherchiere, wie hoch der Anteil der Bahn am Güterverkehr ist und wie viel Prozent auf Flugzeug und Lkw entfallen.*

Persönliche CO_2-Bilanz

Kohlendioxid (CO_2) entsteht bei der Verbrennung fossiler Energieträger wie Holz, Öl oder Gas. Der steigende Kohlendioxidgehalt in der Luft ist eine wesentliche Ursache für den Treibhauseffekt. Die Pflanzen der Erde können insgesamt 13 bis 14 Milliarden Tonnen Kohlendioxid pro Jahr aufnehmen. Diese Menge dürfte die Menschheit also durch die Verbrennung fossiler Energieträger freisetzen, wenn die Kohlendioxidkonzentration in der Lufthülle stabil bleiben soll. Verteilt man diese Menge gleichmäßig auf alle heute lebenden Menschen, so hätte jeder das Recht, pro Jahr etwa 2 Tonnen Kohlendioxid freizusetzen.
2005 setzten pro Jahr und Bewohner frei: USA 20 Tonnen, Kanada 17 Tonnen, Saudi-Arabien 14 Tonnen, Deutschland 10 Tonnen, Japan 10 Tonnen, Frankreich 6 Tonnen, China 4 Tonnen, Indien 1 Tonne. Würden alle Menschen so viel Energie verbrauchen wie wir Deutschen, dann müssten wir fünfmal so viele Pflanzen auf der Erde haben. Die wirtschaftliche Entwicklung eines Landes ist mit einem steigenden Energieverbrauch verbunden, da eine höhere Produktion von Gütern meistens auch mehr Energie benötigt. Wenn jedoch in allen Ländern der Erde so viel Kohlendioxid freigesetzt wird wie in den Industrieländern, hält dies unser Planet nicht aus.

Auf internationalen Klimakonferenzen haben sich daher die Industrieländer verpflichtet, den CO_2-Ausstoß zu reduzieren. So möchte Deutschland den Ausstoß bis 2012 gegenüber 1990 um 21 Prozent verringern und die Europäische Union bis 2012 um 8 Prozent. Diese Ziele können jedoch nur erreicht werden, wenn diesem Thema in der Politik und im privaten Haushalt mehr Bedeutung beigemessen wird.

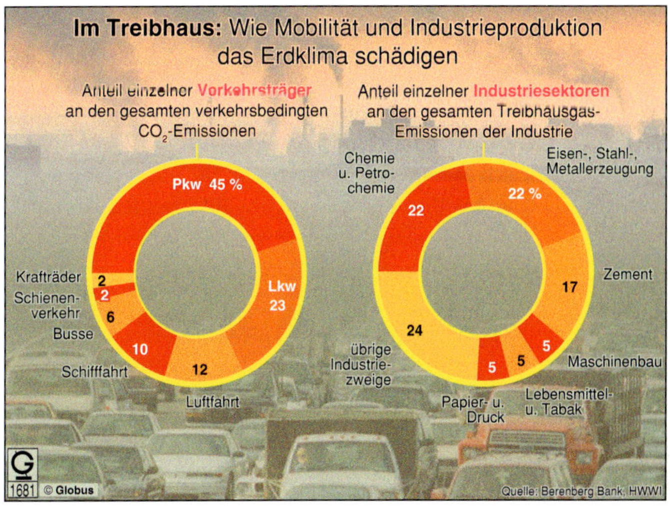

Mithilfe dieser Übersicht kannst du die CO_2-Emission einer Person, eines Haushalts oder eines Unternehmens ermitteln. So kannst du feststellen, wie viel zusätzlicher Wald notwendig wäre, um die CO_2-Mengen wieder zu binden.

Der CO_2-Wert ist mit dem Jahresverbrauch zu multiplizieren, d. h.:	CO_2-Wert pro verbrauchte Einheit (in kg)	X	Jahresverbrauch (Einheit)	=	kg CO_2 insgesamt
Heizöl	2,8	x	.... *l*	=	....
Erdgas	1,8	x	.... m³	=	....
Flüssiggas	2,39	x	.... kg	=	....
Steinkohle	2,7	x	.... kg	=	....
Rohbraunkohle	0,93	x	.... kg	=	....
Braunkohlenbriketts	2,15	x	.... kg	=	....
Holz	1,15	x	.... kg	=	....
Fernwärme	0,22	x	.... kWh_{th}	=	....
Strom	1,0	x	.... kWh_e	=	....
Pkw-Benzin	2,8	x	.... *l*	=	....
Bus-/Bahn-Personen-km	0,06	x	.... km	=	....
Flugzeug-Personen-km	0,25	x	.... km	=	....

= Summe kg CO_2 ....

1. *Benenne, was sich beim CO_2-Ausstoß pro Einwohner und Land feststellen lässt. Erkläre.*
2. *Ermittle den CO_2-Jahresverbrauch für folgenden Zwei-Personen-Haushalt: Heizölverbrauch: 2200 Liter, Stromverbrauch: 3392 kWh, Benzinverbrauch: 22000 km Fahrleistung, Verbrauch 6,5 Liter auf 100 km, Bahnkilometer: 1200 km, Flugzeugkilometer – Flug auf die Kanarischen Inseln: 3200 km einfache Entfernung, zwei Personen.*
3. *Ein Quadratmeter Wald kann pro Jahr ca. 1 kg CO_2 aufnehmen. Berechne die Waldfläche, die notwendig ist, um den CO_2-Ausstoß des Haushalts aufzunehmen.*

Emissionshandel: der richtige Weg?

Emissionshandel: Was ist das?

Die EU-Mitgliedstaaten haben sich auf einer internationalen Konferenz vor ein paar Jahren dazu verpflichtet, weniger Treibhausgase auszustoßen. Jeder EU-Staat sagt nun den Firmen im eigenen Land (z. B. Zementwerken und Kraftwerken), sie dürften eine bestimmte Menge Treibhausgase ausblasen. Kommt weniger aus den Schornsteinen, dürfen die Betriebe die nicht verbrauchten „Emissionspunkte" an andere Firmen verkaufen, die nicht ganz so sauber waren. Irgendwann wird es dann den Betreibern der weniger sauberen Anlagen zu teuer, ständig diese „Emissionspunkte" von anderen kaufen zu müssen. Dann lohnt es sich für sie, ihre „Dreckschleudern" ebenfalls umweltfreundlich umzurüsten. Dadurch sinkt der Ausstoß von CO_2 weiter. Und etwa ab dem Jahr 2015 werden dann vor allem die erneuerbaren Energien für die spürbare weitere Verbesserung des Klimas sorgen.

(aus: Zeitbild, Jg. 45, Februar 2004)

Kraftwerk Eschweiler

Ein bisschen Klimaschutz

Das Kabinett verabschiedete [...] die Pläne von Umweltminister Sigmar Gabriel (SPD) und Wirtschaftsminister Michael Glos (CSU) zum Handel mit den sogenannten Verschmutzungsrechten für die Jahre 2008 bis 2012. Die Industrieunternehmen müssen danach den Ausstoß an klimaschädlichem Kohlendioxid in diesen fünf Jahren gegenüber der vorherigen Handelsperiode nur um 1,25 Prozent senken, die Energiekonzerne dagegen um 15 Prozent.

Die Stromkunden müssen als Folge mit höheren Preisen rechnen. Denn die Stromkonzerne wälzen die veranschlagten Kosten für die künftig knapperen Emissionsrechte auf die Verbraucher ab – obwohl sie die auch in den kommenden Jahren umsonst erhalten.

Daran entzündet sich eine breite Kritik von Umweltverbänden, Wirtschaftsforschern, aber auch der FDP und selbst der CDU-Länder Hessen und Baden-Württemberg. Sie sprechen allesamt von „Milliardengeschenken an die Industrie" und fordern, zumindest einen Teil der Emissionsrechte zu versteigern [...]

Stattdessen aber erzielen die großen Stromkonzerne E.on, RWE, EnBW und Vattenfall nach Schätzungen von Fachleuten bislang jährlich bis zu fünf Milliarden Euro an Zusatzgewinnen. Denn trotz kostenloser Zuteilung verbuchen die Unternehmen die Emissionsrechte als Kosten. [...]

Allerdings erhalten die Stromkonzerne in der neuen Handelsperiode deutlich weniger Emissionsrechte als die Industrie; sie sind also gezwungen, entweder den Kohlendioxid-Ausstoß entsprechend zu verringern oder Emissionszertifikate teuer hinzuzukaufen. Die im Vergleich dazu geringen Senkungsvorgaben für die Industrie begründet der SPD-Politiker damit, dass viele Industrieunternehmen im internationalen Wettbewerb stünden. [...]

[Ein] Kommentator [meint dazu]: „Belastungen europäischer Unternehmen werden schnell zum Wettbewerbsnachteil gegenüber Fernost und den USA. Europa allein kann die globale Last unmöglich schultern." Die EU müsse deshalb offensiv dafür sorgen, dass viele Länder mitziehen.

(Ludwig Greven, in: DIE ZEIT vom 28. 6. 2006)

Erfolge teuer erkauft

Die deutschen Stromkonzerne und Industriebetriebe haben ihren Kohlendioxid-Ausstoß im vergangenen Jahr um rund neun Millionen Tonnen gesenkt. Umweltpolitiker sehen darin einen Erfolg des Emissionshandels. Die Argumentation ist auf den ersten Blick plausibel: Seit Luftverschmutzung ein Kostenfaktor für Unternehmen ist, steigen die Investitionen in Umwelttechnik.

In Wirklichkeit sind die Umwelterfolge des vergangenen Jahres natürlich nicht ausschließlich dem Emissionshandel geschuldet: Kraftwerksbetreiber, die Dreckssschleudern vom Netz genommen haben, entschieden sich allein schon wegen der hohen Brennstoffkosten für moderne und hocheffiziente Ersatzanlagen. Damit ging in vielen Fällen automatisch auch der Kohlendioxidausstoß zurück, ohne dass es des Emissionshandels bedurft hätte.

Von einem Erfolg sollte man auch deshalb nicht leichtfertig sprechen, weil

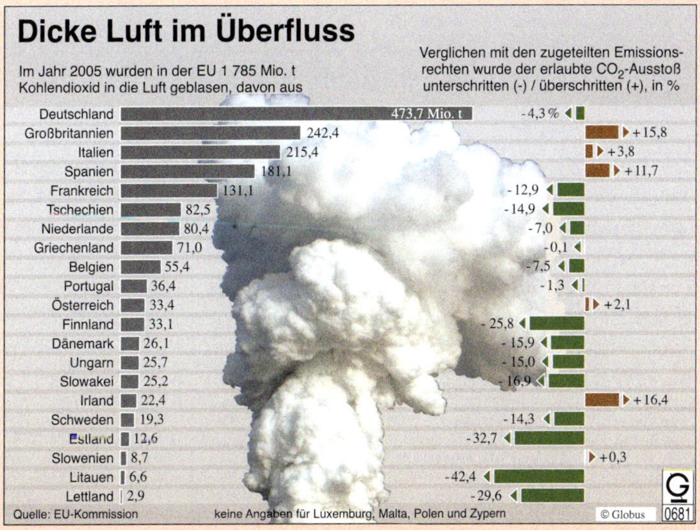

die Umwelterfolge mit hohen Kosten erkauft wurden. Denn der Handel mit CO_2-Zertifikaten hat den Strompreis um gut 30 Prozent verteuert, sodass die Industrie jährliche Zusatzlasten von fünf bis sechs Milliarden Euro zu tragen hat. Energieintensive Fabriken etwa der Papier-, Zement- und Aluminiumindustrie wurden und werden deshalb geschlossen oder ins Ausland verlagert. Für einen kaum wahrnehmbaren Beitrag zum globalen Klimaschutz zahlen wir volkswirtschaftlich einen hohen Preis. Der Mitteleinsatz steht in keinem Verhältnis zum Ertrag.

(aus: Die Welt, 16. 5. 2006)

	richtig	falsch
Die Vergabe von Emissionsrechten regeln die Stromkonzerne.		
Wenn ein Unternehmen mehr CO_2-Mengen ausstößt als zulässig, muss es Zertifikate zukaufen oder Strafe zahlen.		
Luftverschmutzung ist für Unternehmen ein Kostenfaktor (geworden).		
Die Emissionsrechte werden kostenlos zugeteilt.		
Industriebetriebe müssen den Schadstoffausstoß stärker senken als die Energiekonzerne.		
Eine Folge des Emissionshandels sind sinkende Strompreise.		
Über die Teilnahme am Emissionshandel entscheiden die Unternehmen.		
Die Regelungen zum Emissionshandel gelten bisher nur für die Staaten der EU.		
In letzter Zeit ist der Ausstoß von Emissionen leicht gestiegen.		
Für den Rückgang des Kohlendioxidausstoßes bedarf es nicht ausschließlich des Emissionshandels.		

1. *Erkläre in eigenen Worten, was unter Emissionshandel zu verstehen ist.*
2. *Notiere positive und negative Auswirkungen des Emissionshandels.*
3. *Entscheide, welche Aussagen richtig oder falsch sind. Stelle die falschen Aussagen richtig. Benutze dazu das Arbeitsblatt oder schreibe in dein Heft. Begründe jeweils dein Urteil.*

Feinstaubregel: Beispiel Köln

Köln: Fahrverbot für Feinstaub-Sünder

13.12.07 – Die Kölner machen ernst: Ab Januar 2008 sperrt die Dom-Metropole als erste Stadt in Nordrhein-Westfalen ihr Zentrum für Feinstaub-Sünder. Fahrzeuge ohne Umweltplakette dürfen den Bereich innerhalb des Kölner Eisenbahnrings sowie Teile der rechtsrheinischen Stadtteile Deutz und Mühlheim dann nicht mehr befahren. Andernfalls drohen ein Verwarnungsgeld von 40 Euro und ein Punkt im Flensburger Zentralregister. [...]
Von den rund 420 000 in Köln angemeldeten Fahrzeugen sind fünf Prozent beziehungsweise rund 21 000 Autos – Benziner ohne geregelten Katalysator und alte Diesel-Fahrzeuge – von dem Fahrverbot betroffen. [...]
Insgesamt werden durch die Feinstaubregelung Fahrzeuge entsprechend ihres Abgasverhaltens in vier Kategorien eingeteilt. Sie erhalten eine grüne, gelbe oder rote Umweltplakette; nur wer leer ausgeht und keine Plakette bekommt, darf in die Umweltzone nicht mehr hineinfahren. [...]

(Quelle: http://auto-presse.de/news-auto.php?action=view&newsid=22164)

Park-Rebell klagt gegen Umweltzone

„Die Umweltzone ist sinnlos. Es geht mal wieder nur darum, Geld zu verdienen", sagt Rechtsanwalt Hans Hehemann. Verklagt hat er den Oberbürgermeister und das Umweltamt wegen des Aufstellens „entsprechender Verkehrsschilder", die die Umweltzone markieren. Er fühle sich dadurch „als Kölner Bürger in seinen Rechten unangemessen verletzt", heißt es in der Klageschrift. Die Maßnahme sei „willkürlich", belaste ihn „ohne Grund finanziell" und beeinträchtige ihn in seinen Eigentumsrechten. [...]
Als er die Plakette[n für seine Autos] bei einer Zulassungsprüfstelle gekauft habe, hätte man ihm gesagt, dass die Aktion überhaupt nichts bringe, weil 95 Prozent aller Autos eine Plakette bekommen würden. Die Stadt dementiert die Zahl nicht, verweist aber auf die mittelfristigen Effekte der Plakettenpflicht. Zum einen seien nun die „dicksten Stinker" weg, sagt Sprecherin Inge Schürmann. Zum anderen befördere die Einführung der Umweltzone ein Umdenken. Wer keine grüne, sondern nur eine gelbe oder rote Plakette bekommen habe, werde mittelfristig umsteigen. Rechnet man die aktuellen Zahlen der Stadt über die ausgegebenen Plaketten hoch, kann man davon ausgehen, dass deutlich mehr als 20 Prozent aller Autos keine grüne Plakette bekommen können. Die Wagen mit roter Plakette werden aller Voraussicht nach ab 2010 nicht mehr in die Umweltzone fahren können. [...]

Feinstaub und Gesundheit

Feinstäube können über die Atemwege tief in den Körper eindringen, deshalb haben erhöhte Feinstaubkonzentrationen eine hohe gesundheitliche Relevanz.
Feinstäube tragen zu Atemwegs- und Herz-Kreislauf-Erkrankungen bei.
Die Feinstaubbelastung muss deshalb aus gesundheitlicher Sicht vermindert werden. [...]
Als gesundheitlich bedenklich ist eine Überschreitung des Tagesmittelwertes von 50 Mikrogramm Feinstaub pro Kubikmeter Luft an mehr als 35 Tagen im Jahr zu sehen.
Wird dieser Wert überschritten, müssen Maßnahmen zur Verbesserung der Luftqualität ergriffen werden.
[...]

(Helmut Frangenberg, in: http://www.ksta.de/html/artikel/1203412420034.shtml)

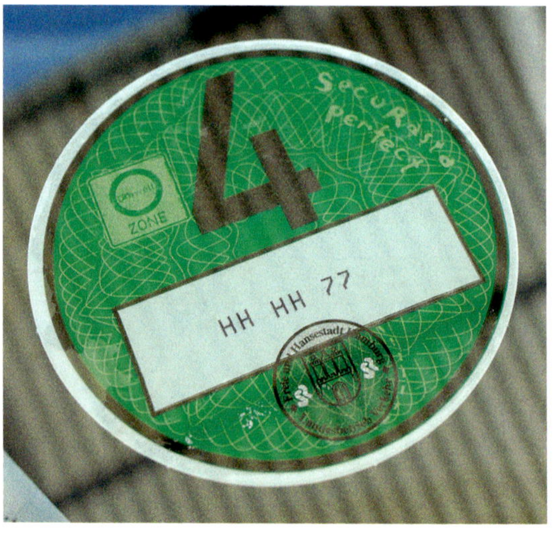

Umweltplakette

1. *Erläutere, wieso die Stadt Köln Umweltzonen eingeführt hat.*
2. *Vollziehe die Klagegründe von Rechtsanwalt Hehemann nach. Fallen dir noch andere Gründe, die gegen die Umweltzonen sprechen, ein?*
3. *Erkundige dich, wo die nächste Umweltzone in der Nähe eures Wohnortes eingerichtet worden ist.*

(Helmut Frangenberg, in: http://www.ksta.de/html/artikel/1203412420034.shtml)

Umwelt und wirtschaftliches Kalkül

Viele Menschen denken: „Solange mich mein umweltschädigendes Verhalten keinen Cent kostet, ich also die Umwelt zum Nulltarif nutzen kann, sehe ich doch nicht ein, warum ich mich anders verhalten soll als bisher." Dennoch fallen für Umweltschäden und deren Beseitigung Kosten an. Doch wer übernimmt die Kosten? In der Umweltpolitik gibt es fünf Prinzipien, die Kosten zu decken oder zu vermeiden: Gemeinlastprinzip, Kooperationsprinzip, Geschädigtenprinzip, Vorsorgeprinzip, Verursacherprinzip.

① Dieses Prinzip fordert, dass jeder, der die Umwelt belastet oder schädigt, für die entstandenen Kosten aufkommen muss. Das bedeutet, dass die Kosten für die Beseitigung der Umweltschäden auf die Preise der Produkte bzw. Dienstleistungen aufgeschlagen werden. Bezogen auf die Umweltpolitik, heißt das: Wird dieses Prinzip nicht angewendet, könnten umweltbelastende Produkte zu niedrigeren Preisen angeboten werden. Die Kosten, die aus der Belastung der Umwelt entstehen, müssen aber andere tragen.

② Nach diesem Prinzip werden die Kosten, die durch Umweltschäden entstehen, nach außen, auf andere oder die Allgemeinheit, d.h. die Gesellschaft, abgeschoben (z.B. Luftverschmutzung durch private Verbraucher, Entsorgung von radioaktivem Müll). Man spricht deshalb auch von sozialen Kosten. Damit ist gemeint, dass sie nicht von denen getragen werden, die sie verursacht haben – nämlich den Produzenten oder den Konsumenten –, sondern nach außen hin abgewälzt werden. Die Kosten übernimmt der Steuerzahler.

③ Dieses Prinzip besagt, dass die Kosten aus Umweltbelastungen der dadurch Geschädigte zu tragen hat. Wem also im Garten ein Baum wegen der Umweltbelastung eingeht, der muss für den Schaden selbst aufkommen.

④ Befolgt man dieses Prinzip, wird nicht erst dann reagiert, wenn Umweltschäden eingetreten sind, sondern man versucht, Umweltschäden möglichst schon im Ansatz zu verhindern. Das Prinzip hat seine besondere Bedeutung vor allem hinsichtlich der Langfristwirkung vieler Umweltschädigungen und sich schon heute abzeichnender Grenzen einer kurzfristigen Umweltpolitik, die erst dann aktiv wird, wenn die Umwelt bereits geschädigt ist (z.B. durch Müllbeseitigung, Entsorgung von Altlasten, Klärwerke, Entschwefelungsanlagen).

⑤ Nach diesem Prinzip arbeiten gesellschaftliche Gruppen im Umweltschutz zusammen, oft freiwillig. Die Bereitschaft zur Zusammenarbeit umfasst Staat, Wirtschaft und Bürger. Ein Beispiel: Die Automobilindustrie in Deutschland hat sich freiwillig verpflichtet, Autos, die ab Herbst 2006 zugelassen wurden, wieder kostenlos zurückzunehmen und wieder zu verwerten. Die Fahrzeuge dürfen dann aber nicht älter als zwölf Jahre sein.

1. *Ordne die Prinzipien der jeweiligen Beschreibung zu.*
2. *Überlege, welche Vor- und Nachteile die Prinzipien jeweils für Unternehmer, Verbraucher und Umwelt haben. Notiere auf dem Arbeitsblatt oder in dein Heft.*
3. *Kosten/Preise – Umwelt – Wirksamkeit. Stelle einen Zusammenhang zwischen den Begriffen her. Welchem Prinzip sollte in der Umweltpolitik Vorrang eingeräumt werden?*

	Unternehmer	**Verbraucher**	**Umwelt**
A Gemeinlastprinzip	Vorteil: Nachteil:	Vorteil: Nachteil:	Vorteil: Nachteil:
B Kooperationsprinzip	Vorteil: Nachteil:		
C Geschädigtenprinzip	Vorteil: Nachteil:		
D Vorsorgeprinzip	Vorteil: Nachteil:		
E Verursacherprinzip	Vorteil: Nachteil:		

Kosten des Umweltschutzes

Rohstoffgewinnung, Produktion, Transport, Abfallentsorgung: Jeder Schritt bei der industriellen Herstellung von Gütern hat Auswirkungen auf die Umwelt.

Die industrielle Herstellung von Gütern ist mit der Nutzung von Umweltressourcen untrennbar verbunden. Das beginnt bei der Entnahme und dem Transport von Rohstoffen, deren Verarbeitung in vielen Zwischenschritten und hört mit dem Transport der Produkte nicht auf. Dabei werden Rohstoffe und Energie verbraucht, Emissionen in Luft, Boden und Wasser geleitet, und es entstehen Produktionsabfälle. [...] Nicht nur die Herstellung, sondern auch Produkte selbst können mehr oder weniger umweltfreundlich gestaltet sein. Das betrifft zum Beispiel mögliche Inhaltsstoffe, Energie- oder Wasserverbrauch während des Gebrauchs oder Belastungen, die durch deren Entsorgung entstehen. Bei der Produktion und bei der Nutzung industrieller Güter fallen damit Kosten an, sei es in Form verminderter Umweltqualität oder in Form von Schäden bei anderen Nutzern dieser Umweltgüter. Soweit diese Kosten nicht vom Verursacher getragen werden, wird von negativen externen Effekten gesprochen. Ziel umweltpolitischer Maßnahmen ist es, industriell bedingte Umweltbelastungen zu vermindern sowie die Entwicklung und Vermarktung umweltfreundlicher Produkte zu fördern. Staatliche Auflagen zur Verminderung von Umweltauswirkungen verursachen jedoch auch Kosten bei den betroffenen Industriezweigen. Daher ist Umweltpolitik Anlass für oft scharfe Auseinandersetzungen zwischen diesen Branchen und Umweltbehörden, aber auch innerhalb des Regierungsapparates, zwischen dem Umweltressort und den Ministerien, denen die Interessen der Industrie näher stehen. [...]

(aus: Klaus Jacob: Industrie im Spannungsfeld von Ökonomie und Ökologie, in: Informationen zur politischen Bildung Nr. 287/2005 / Umweltpolitik, Hg.: Bundeszentrale für politische Bildung, Bonn, S. 31)

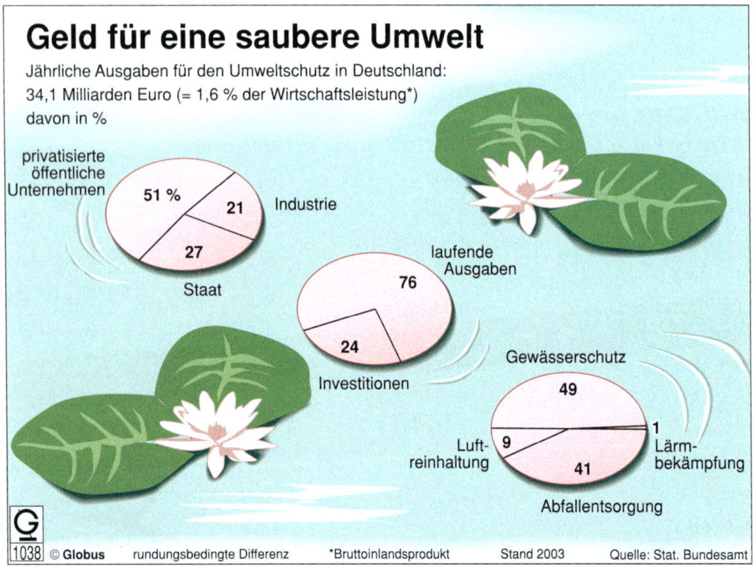

1. *Erkläre, was mit „negativen externen Effekten" gemeint ist und wie sie entstehen können.*
2. *Werte die Grafik aus. Informiere dich dazu zunächst über die Begriffe „privatisierte öffentliche Unternehmen", „laufende Ausgaben", „Investitionen".*

Umweltschutz: Jobmotor oder Jobkiller?

Grenzen des Umweltschutzes

Die Deutschen nehmen es mit den Umweltauflagen und dem Umweltschutz besonders ernst. So beschlossen die Deutschen den Ausstieg aus der Kernenergie, die Gewässer sind sauberer geworden, moderne Filtertechnik begrenzt die Luftverschmutzung. Der allzu intensiven Ausbeutung der Natur sind Grenzen gesetzt worden. Deutschland wollte Vorreiter sein, schoss allerdings mehrfach übers Ziel hinaus. Das brachte inländische wie ausländische Unternehmer nicht selten zum Verzweifeln. Eine mögliche Folge war, dass Unternehmer ihr Geld im Ausland investierten.

Das ist ja gerade ein großes Dilemma der Umweltpolitik: Wenn etwa der Umweltverschmutzung und dem globalen Klimawandel wirksam begegnet werden soll, sind internationale, ja, weltweite konkrete Verpflichtungen aller Industriestaaten nötig. Eine nationale Umweltpolitik kann nur sehr bedingt erfolgreich sein. Allen Weltkonferenzen zum Trotz, hat es einen tief greifenden Durchbruch hin zu einer weltweiten Umweltpolitik immer noch nicht gegeben. Deshalb ist es wichtig, dass eine nationale Umweltpolitik auch die eigene, im weltweiten Wettbewerb stehende Wirtschaft im Blick behält und nicht mit zu vielen Umweltschutzauflagen überfordert. Denn die besten umweltpolitischen Absichten taugen nichts, wenn den Unternehmen im eigenen Land die „Luft ausgeht", etwa wegen im internationalen Vergleich zu hoher Energiepreise.

Umweltschutz schafft neue Jobs

[...] Insgesamt machen die Jobs im Umweltschutz mittlerweile 3,8 Prozent der Gesamtbeschäftigung in Deutschland aus. Rund 1,5 Millionen Menschen, mehr als in der Autoindustrie oder im Maschinenbau, waren im Umweltschutz beschäftigt. Allerdings fasst die Studie, gemäß internationaler Kriterien, den Bereich der Ökobeschäftigten sehr weit – von Windradbauern, Recyclingmitarbeitern und Biolandwirten bis zu Umweltmanagern und einem Teil der Beschäftigten im öffentlichen Nahverkehr. Dennoch, so UBA-Präsident Andreas Troge, seien die jetzt vorliegenden Zahlen noch konservativ gerechnet und zeigten nur die „Untergrenze" der Beschäftigungseffekte durch den Umweltschutz. Gegenüber der letzten Erhebung von 1998 ist die Zahl derer, die ihren Job dem Umweltschutz zu verdanken haben, um rund 47 000 gewachsen. „Damit ist der Umweltschutz ein bedeutender Faktor für den gesamten Arbeitsmarkt in Deutschland", konstatiert UBA-Chef Troge mit Blick auf die neu aufgeflammte, alte Kontroverse über mögliche Standortnachteile durch strenge Klimaschutz- und Ökoauflagen. [...] Stärkster Jobmotor waren die erneuerbaren Energien. 1998 beschäftigte dieses Geschäftsfeld 66 000 Menschen, 2002 zählt die UBA-Studie gut 118 700 Arbeitsplätze. Das entspräche einem Anstieg von nahezu 80 Prozent innerhalb von vier Jahren. Spitzenreiter war dabei die umstrittene Windkraft mit einem Plus von fast 38 000 Jobs.

25 000 Arbeitsplätze mehr als 1998 hat laut UBA auch der Export von Umweltschutzprodukten und -dienstleistungen geschaffen. Hinter den USA liegt Deutschland damit an zweiter Stelle. [...] Vor allem die EU-Erweiterung mit den strengen Öko-Standards für die Beitrittsländer könnte für Deutschland zusätzliche Beschäftigung bringen. „Nach der Wiedervereinigung wird die EU-Erweiterung das größte Umweltschutzprogramm", prognostiziert Troge einen Job-Schub.

(Vera Caserow, in: Frankfurter Rundschau, 16. 4. 2004)

1. *Umweltschutz als Jobmotor oder Jobkiller? Arbeite entsprechende Argumente aus dem Text heraus.*
2. *Erläutere, unter welchen Bedingungen Umweltschutz Arbeit schaffen oder vernichten kann.*

Erneuerbare Energien

Erneuerbare Energien stehen theoretisch zeitlich unbegrenzt zur Verfügung. Dazu gehören
- die Sonnenstrahlen, die auf Sonnenkollektoren bzw. Fotovoltaik-Anlagen treffen und in Strom oder Wärme umgewandelt werden,
- die Erdwärme (Geothermie), mit der sich Strom und nutzbare Wärme erzeugen lassen,
- die Gezeitenkraft und die Wasserkraft, die durch die Wasserströmung Strom erzeugen können,
- die Biomasse, die aus Raps, Kuhmist, Holzabfällen usw. entweder Strom, Wärme oder auch Biodiesel entstehen lässt,
- der Wind, der durch Windkraftanlagen in Strom umgewandelt wird.

Fossile Brennstoffe sind Energieträger, die in Millionen von Jahren aus Biomasse entstanden sind. Dazu zählen Erdöl, Erdgas, Stein- und Braunkohle. Ihr Vorrat ist begrenzt, und die abbaubaren Reserven werden nur noch eine bestimmte Anzahl von Jahren reichen, wie die Grafik zeigt. Ein weiteres Problem ist, dass fossile Brennstoffe bei der Umwandlung in Energie die Umwelt stark belasten, z. B. durch den Ausstoß von CO_2. Im Gegensatz „zu den fossilen Energieträgern" entsteht bei der Erzeugung von Kernenergie kein CO_2. Es fallen aber radioaktive Abfälle an, die über einen sehr langen Zeitraum sicher gelagert werden müssen, damit sie Mensch und Umwelt nicht gefährden.

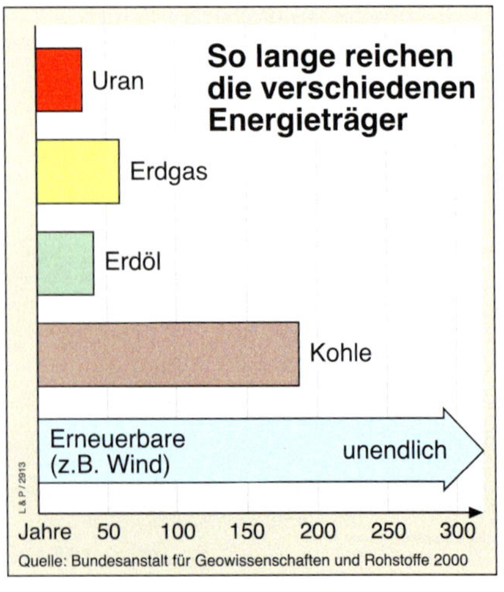

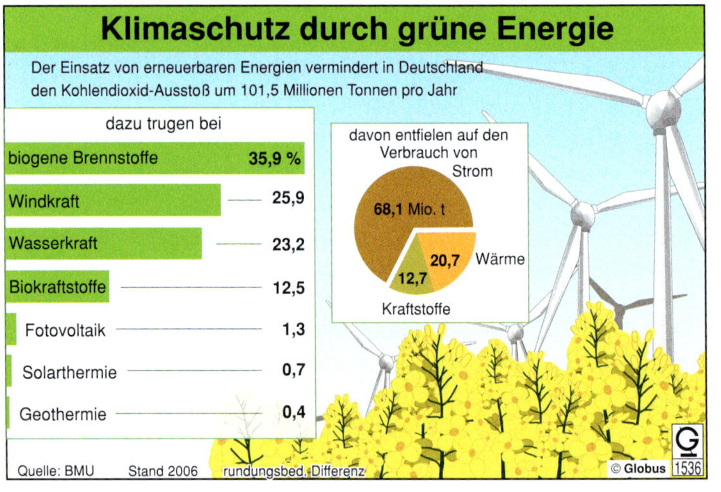

Gestehungskosten elektrischer Energie in Deutschland	
Kernenergie*	3,0 Cent/kWh
Braunkohlekraftwerk*	2,5 Cent/kWh
Steinkohlekraftwerk*	3,0 Cent/kWh
Wasserkraft (abhängig von Alter und Größe der Anlage)	9,0–20,0 Cent/kWh
Windenergie	9,0 Cent/kWh
Solarstrom	50,0 Cent/kWh

**Nicht eingerechnet sind externe Kosten = Kosten, die nach außen abgewälzt, d. h. in der Regel von der Allgemeinheit getragen werden, z. B. Umweltschädigungen durch den Ausstoß von CO_2.*

(nach: www.wasserkraft.org)

[…] Die **Produktion von Biosprit** kann den Klimawandel in vielen Fällen drastisch beschleunigen. Denn allein durch das Anpflanzen von Mais, Raps oder Palmöl entstehen oft mehr Treibhausgase, als durch die daraus gewonnenen Biokraftstoffe eingespart werden. Zu diesem Ergebnis kommen drei Studien. […] Für Biosprit wird Tropenwald zerstört und in Agrarland umgewandelt. […] Durch die Brandrodung in Indonesien entstehe mehr als 400-mal so viel Kohlendioxid, wie mithilfe von Palmöl auf derselben Fläche pro Jahr gespart werden könne, […] Brasilianischer Regenwald, der in Sojaplantagen umgewandelt wird, setze 300-mal mehr Kohlendioxid frei, als der Biosprit pro Jahr spare. „Wenn man die globale Erwärmung bremsen möchte, hat es schlicht keinen Sinn, Land für Biosprit umzuwandeln", sagt Fargione in einer Mitteilung seiner Universität. Und er verweist noch auf die mögliche Knappheit von Nahrungsmitteln. […] Südafrika verschob kürzlich die geplante Biosprit-Produktion aus Mais, weil die Pflanze Grundnahrungsmittel besonders für arme Familien in dem Land ist. […]

(http://www.tagesspiegel.de/magazin/wissen/Biokraftstoffe-Klimawandel; art304,2472289; 8. 2. 2008)

Richtig oder falsch? Drei Fragen zu erneuerbaren Energien

Solarstrom für die Elektrizitätswirtschaft fällt nur dann an, wenn die Sonne scheint. Ist er deshalb wertlos?

◯ Ja ◯ Nein

Erstens liefern Fotovoltaik-Anlagen Strom nicht nur bei direktem Sonnenschein, sondern auch bei hellem, bedecktem Himmel. Zweitens besteht gerade tagsüber im Stromnetz hoher Bedarf, und Solarstrom, der ins Stromnetz eingespeist wird, trägt zur Deckung der Lastspitzen in der Mittagszeit bei. Es geht auch nicht darum, allein mit Solarstrom Kohlekraftwerke zu ersetzen. Solarstrom vermindert jedoch den CO_2-Ausstoß. Jede kWh Solarstrom, die ins Netz eingespeist wird, spart beim Ersatz von Kohlestrom ca. 1 kg CO_2 ein! Und schließlich ist ein Energiemix aller erneuerbaren Energien zum Ersatz von Kraftwerken geeigneter als eine einzige Technik. So liefert Sonne Energie vorwiegend an Sommertagen, Wind im Winterhalbjahr. Auch der Biomasse kommt zukünftig eine hohe Bedeutung zu, denn sie ist speicherbar und kann die Zeiten mit weniger Wind und Sonne überbrücken. Schließlich müssen fossile Kraftwerke nicht kurzfristig vollständig ersetzt werden, aber ihr Anteil muss wegen der notwendigen Verringerung des CO_2-Ausstoßes langfristig geringer werden.

Kann die Wasserkraft überhaupt weiter ausgebaut werden, und kommt sie nicht in Konflikt mit dem Naturschutz?

◯ Ja ◯ Nein

Wasserkraft ist in Deutschland eine der ältesten Formen der Energieerzeugung überhaupt. Die meisten deutschen Kraftwerke liegen – wegen des erforderlichen Gefälles – im Süden Deutschlands (z. B. an Rhein, Neckar, Donau, Lech und Isar). Neue Wasserkraftwerke werden kaum noch errichtet, obwohl hier noch Potenzial besteht. Vor allem ältere Wasserkraftwerke können jedoch erheblich ausgebaut werden, etwa durch die Reaktivierung und umweltschonende Modernisierung bereits bestehender Anlagen. Dieses Potenzial wird auf 500 bis 800 MW Leistung geschätzt. Hinzu kommt, dass moderne Wasserkraftwerke so gestaltet werden, dass die Turbinen kaum eine Gefahr für Fische darstellen. Auch mit Umgehungsgewässern und Fischtreppen hat man – wie beim Kraftwerk Ruppoldingen an der Aare/ Schweiz – sehr gute Erfahrungen gemacht, sodass Naturschutzbedenken weitgehend ausgeräumt werden können.

Belastet die Verbrennung von Biomasse die Atmosphäre nicht zusätzlich?

◯ Ja ◯ Nein

Die Verbrennung, Vergasung oder Vergärung nachwachsender Biomasse zur Energienutzung setzt Kohlendioxid frei. Sie stellt jedoch keine zusätzliche Belastung des Klimas dar, weil nur das CO_2 abgegeben wird, das von der Pflanze zuvor aus der Luft aufgenommen wurde. Der Entzug von CO_2 aus der Atmosphäre durch die Pflanzen und die Freisetzung von CO_2 bei der Verbrennung heben sich in der Bilanz auf – vorausgesetzt, dass vernünftig gewirtschaftet wird und es keinen Raubbau am Wald gibt. Wenn Biomasse also fossile Brennstoffe ersetzen kann, bedeutet dies insgesamt eine Verringerung der CO_2-Emissionen.

(aus: Zeitbild, Jg. 45, Februar 2004)

❶ *Überlege, welche Folgen eine Verknappung des Angebots an fossilen Energieträgern haben wird. Zähle Bereiche des täglichen Lebens auf, die davon besonders betroffen sein könnten.*

❷ *Untersuche die Angaben zu den Kosten der Stromerzeugung. Was fällt dir dabei auf?*

❸ *Beantwortet die drei Fragen zu den erneuerbaren Energien. Diskutiert ihre Vor- und Nachteile. Berücksichtigt dabei den Artikel zur Produktion von Biosprit.*

Qualitatives und quantitatives Wachstum

Verschmutzung durch Abwasser und Wassermangel setzen dem Gelben Fluss, dem zweitgrößten Fluss in China, mächtig zu.

China: Bekannte Schäden durch vernachlässigten Umweltschutz

70 Prozent von Chinas Gewässern gelten als stark verschmutzt, 80 Prozent der Abfälle werden unsachgemäß entsorgt, jährlich sterben nach WHO-Schätzungen eine Viertelmillion Chinesen an [den] Folgen von Luftverschmutzung.
Jeder Liter Wasser, der als Trinkwasser benötigt wird, kostet deshalb mehr Geld als die Bereitstellung von Trinkwasser aus sauberen Gewässern.
Auch in einem großen Land wie China machen sich die Folgen unsachgemäß verscharrter Abfälle bemerkbar. Von jeder wilden Müllhalde werden Schadstoffe in das Grundwasser gespült, oder gefährliche Stäube oder Rauch von brennenden Halden gelangen direkt in Wohngebiete.
Bevor 250 000 Menschen an den Folgen von Luftverschmutzung sterben, fallen viele davon vorher aus dem Produktionsprozess aus, verursachen Kosten für Krankenbehandlung. […]

(Quelle: http://www.mercur.org/?p=6435&l=0)

Aus einem Interview mit Bundesumweltminister Sigmar Gabriel vom 29. Januar 2008:

dw-world.de: China ist ein Land mit gigantischem Wirtschaftswachstum, das Energie auf allen Ebenen braucht […]. Bei Ihrer Reise [nach China] ist ein zentraler Aspekt, wie die deutsche Wirtschaft mit ihrem Export davon profitieren kann. […]

Gabriel: […] Es wurde ausgerechnet, dass zehn Prozent des Bruttoinlandsprodukts in China jährlich ausgegeben werden müssten, um die Umweltschäden zu reparieren. Das chinesische Wachstum beträgt aber gerade zehn Prozent. […]
Die Lage in Peking ist so, dass es Ideen gibt, vor den Olympischen Spielen die Industrie zwei, drei Monate abzustellen, um überhaupt eine Luftqualität zu erreichen, um die Olympischen Spiele machen zu können. […] Da ist ein unglaublicher Wachstumsschub in diesem Land mit zum Teil sehr, sehr alten Technologien. […]
Woran die Deutschen sehr interessiert sind […] ist, deutsche Umwelttechnik [zu exportieren]. Und wir wollen versuchen, diese Technik dort vorzustellen und Geschäftsfelder für die deutsche Wirtschaft zu erschließen. Das sichert bei uns Arbeitsplätze, aber gibt [China] gleichzeitig auch die Möglichkeit, mit dieser Technik die Lebensqualität der Bevölkerung in China deutlich zu verbessern. […]

dw-world.de: [Die EU hat] ihr ambitioniertes Klimaprogramm spezifiziert und klargemacht, wie sie erreichen will, dass bis 2020 der Ausstoß an Treibhausgasen um 20 Prozent, möglicherweise 30 Prozent verringert werden soll. Das war immer eine der Kernforderungen der Chinesen: Ihr müsst glaubhaft zeigen, dass ihr im Klimaschutz vorangeht. Dann folgen wir euch. Wird so eine europäische Initiative in China wahrgenommen?

Gabriel: Das wird ganz sicher wahrgenommen […]. Nur ich sage jetzt mal auch als Umweltminister: Wir wissen, dass es in China, in Indien, in vielen anderen Teilen der Welt Branchen gibt, die durchaus Wettbewerber auf Augenhöhe sind mit der europäischen Industrie. Deswegen wird es in Europa auch darauf ankommen, die Klimaschutzziele einerseits zu erreichen, auf der anderen Seite die im internationalen Wettbewerb stehende europäische und deutsche Industrie nicht derartig zu belasten, dass denen praktisch nichts anderes übrig bleibt, als in andere Länder zu gehen, die dem Klimaschutz-Regime noch nicht so stark unterzogen sind.
Da hätten wir nichts gewonnen. Wir hätten die Klimakiller nur exportiert und bei uns gleichzeitig Jobkiller gespielt. […]

(Quelle: http://www.dw-world.de/dw/article/0,2144,3092941,00.html)

Qualitatives Wachstum ersetzt quantitatives Wachstum

Unter dem Gesichtspunkt der Nachhaltigkeit müsste quantitatives durch qualitatives Wachstum ersetzt werden. In diesem Zusammenhang ist mit quantitativem Wachstum die absolute Steigerung des Sozialprodukts ohne Berücksichtigung der Nutzung von Umweltgütern gemeint.

Es wird nicht näher untersucht, wie das Sozialprodukt zustande kam. Allein die absolute Größe und mengenmäßige Zunahme der gesamtwirtschaftlichen Produktion (BIP – Bruttoinlandsprodukt) ist entscheidend.

Diese mengenmäßige Betrachtungsweise erweist sich aber gerade unter Umweltgesichtspunkten als problematisch, weil das Abholzen von Wäldern, das Überfischen oder der Erzbergbau als „einträgliche" Tätigkeiten eine positive Bewertung erfahren.

Würde ein Land wie ein Unternehmen geführt, dann müsste der Substanzverlust an wertvollen Rohstoffen entsprechend im Sozialprodukt berücksichtigt werden.

Das gilt v. a. für die Entwicklungsländer, deren rapider Abbau natürlicher Rohstoffe positiv in das Sozialprodukt mit einfließt und so auch noch den Eindruck erweckt, es würde erfolgreich gewirtschaftet.

So würde das Wirtschaftswachstum Indonesiens von 1971 bis 1984 nicht mehr sieben Prozent betragen, sondern nur noch vier Prozent, wenn die Substanzverluste durch den Abbau von Erdöl, Bauholz und Ackerboden miteinbezogen werden würden.

Um qualitatives Wachstum zu ermitteln, muss von einer anderen Berechnungsgrundlage ausgegangen werden, die auch die Umwelt als Komponente des Sozialprodukts berücksichtigt.

Eine saubere Umwelt wird dann als Gut zur Steigerung der Lebensqualität betrachtet. Der mit der Produktion und dem Verbrauch von Gütern einhergehende Umweltverzehr vermindert den Wohlstand der Bevölkerung. Steigt das Angebot an intakten Umweltgütern im Betrachtungszeitraum, dann steigt auch das Sozialprodukt.

Wenn also ein Land von seinem Naturkapital lebt, dann müssten unter dem Gesichtspunkt qualitativen Wachstums Rückstellungen gebildet werden für die zu erwartenden Einkommenseinbußen, wenn der Rohstoffvorrat erschöpft ist.

Diese Rückstellungen würden dem Sozialprodukt eine andere Aussagekraft verleihen und im Rahmen einer nachhaltigen Entwicklung die Erkenntnis in Erinnerung zurückrufen, dass nicht von der Substanz gelebt werden sollte.

Behälter mit radioaktiv kontaminierter Flüssigkeit in der bei Wolfenbüttel gelegenen Schachtanlage Asse II. Von 1967 bis 1978 wurden dort fast alle in der Bundesrepublik angefallenen schwach- und mittelradioaktiven Abfälle endgelagert. In den Salzstock fließt schon seit den 60er-Jahren Salzlauge, die die Stabilität des Lagers bedroht. Auch eine Gefahr für das Grundwasser wird nicht ausgeschlossen.

(Quelle: http://www.treffpunkt-umweltethik.de/leitbilder/beurteilung/qualitatives-quantitatives-wachstum.htm)

1. *Erkläre, was man unter Wirtschaftswachstum, wie es mittels des Bruttoinlandsproduktes (BIP) ausgedrückt wird, versteht.*
2. *Zeige den wesentlichen Unterschied zwischen quantitativem und qualitativem Wachstum auf.*
3. *Beschreibe die wirtschaftliche Entwicklung in China in quantitativer und qualitativer Hinsicht.*
4. *Die Beseitigung der Gewässerverschmutzung in China bedeutete einen Qualitätsgewinn für die Menschen. Erläutere, wie diese Maßnahme im BIP Chinas zu Buche schlüge.*
5. *Skizziere, wie Deutschland und China vom Export deutscher Umwelttechnik nach China profitieren können.*
6. *Bundesumweltminister Gabriel warnt vor zu strengen Umweltauflagen für die Industrie in Europa. Setze dich mit seinen Argumenten auseinander.*
7. *Das BIP als das Ergebnis des volkswirtschaftlichen Produktionsprozesses wird in Geld ausgedrückt. Diskutiert, ob sich der „Umweltverzehr" ebenfalls in Geld messen lässt. Beachte das Foto oben.*

Zur Analyse

Geoengineering – Freibrief für ein „weiter so"?

Schwefelbomben in der Stratosphäre, künstliche Wolken, Sonnensegel im All: Soll der Mensch direkt in die Atmosphäre eingreifen, um die Erderwärmung zu bekämpfen? Geoengineering ist höchst umstritten. Forscher verlangen jetzt eine unvoreingenommene Analyse von Techniken zur Klimarettung.

Soll jemand, der aus Versehen eine Fliege verschluckt hat, gleich noch eine Spinne hinterher schlucken, die dann die Fliege vertilgt? Ronald Prinn bemüht gern markige Vergleiche, wenn es um Erderwärmung und Geoengineering geht, also gezielte Eingriffe in Atmosphäre oder Ozeane. Der Direktor des Center for Global Change Science am Massachusetts Institute of Technology (MIT) betrachtet Geoengineering mit einer gewissen Skepsis.

Grundsätzlich existieren zwei verschiedene Konzepte: Entweder man verringert die auf der Erde absorbierte Sonneneinstrahlung, etwa mit großen Spiegeln im All, Schwefelpartikeln oder mehr weißen Wolken. Oder aber CO_2 wird in großen Mengen aus der Atmosphäre geholt und im Meer oder unterirdischen Speichern versenkt. Der in beiden Fällen erwünschte Effekt: Es wird kühler auf der Erde, die gefürchtete Erderwärmung bleibt aus oder wird verlangsamt.

Wie kontrovers das Thema selbst unter Wissenschaftlern diskutiert wird, zeigte sich vergangene Woche auch auf dem Jahrestreffen der European Geosciences Union (EGU) in Wien. Einige Forscher warnten vor gefährlichen Experimenten mit ungewissem Ausgang, andere fragten pragmatisch: „Warum eigentlich nicht?" Mancher Politiker oder Manager hält Geoengineering sogar für die geniale Lösung eines Problems, das er ansonsten lieber negiert. Vor allem in den USA, wo die derzeitige Regierung Bush eine CO_2-Reduzierung bislang ablehnt, kommt Geoengineering besonders gut an.

[…]

Wenn Wissenschaftler aber Chancen und Risiken seriös beurteilen wollen, stehen sie vor einem derzeit kaum lösbaren Problem: „Wir können die Auswirkungen von Geoengineering nicht genauer berechnen als die Konsequenzen des CO_2-Anstiegs", sagt MIT-Forscher Prinn. In der Tat sind viele Fragen zum Klimawandel noch offen. Wie stark steigt der Meeresspiegel wirklich? Wie schnell schmelzen die Gletscher? Ist es angesichts dieser Unsicherheiten eine gute Idee, etwa zwecks Kühlung tonnenweise Schwefel in die Stratosphäre zu pusten, wie es der Nobelpreisträger Paul Crutzen vorgeschlagen hat?

Argumente gegen weitreichende Eingriffe ins Klima gibt es zuhauf: „Geoengineering könnte wie eine Aufforderung zu riskantem Verhalten wirken, also noch mehr CO_2 zur Folge haben", meint Ken Caldeira von der Carnegie Institution of Washington in Stanford. „Am Ende landen wir bei viel CO_2 und viel Geoengineering. Es verringert die Motivation, den CO_2-Ausstoß zu verringern." Der Forscher warnt zudem vor Konflikten zwischen weniger und stärker von den Eingriffen betroffenen Regionen: „Es wird Gewinner und Verlierer geben, das könnte Kriege zur Folge haben."

Das Riskante am Geoengineering ist zudem, dass es wie eine Droge wirkt. Einmal damit angefangen, könnte es sein, dass die Menschheit kaum wieder davon loskommt. „Wenn man es stoppt, gehen die Temperaturen sofort nach oben", sagt Oliver Wingenter vom New Mexico Institute of Mining and Technology in Socorro. „Das Problem ist das Kohlendioxid."

Trotzdem hält der Forscher, der sich intensiv mit der Düngung der Ozeane beschäftigt hat, Geoengineering für eine bedenkenswerte Option. Die Eingriffe könnten der Menschheit für 10 oder 20 Jahre helfen, den Klimawandel zu bremsen, sagt Wingenter im Gespräch mit SPIEGEL ONLINE. „Es wäre allerdings töricht, Geoengineering ohne CO_2-Reduktion zu machen."

Auch sein Kollege Caldeira von der Carnegie Institution of Washington will das Ganze zumindest für den Notfall nicht ausschließen: „Nehmen wir an, die Menschheit folgt den Empfehlungen des Weltklimarats IPCC, doch die Veränderungen sind trotzdem dramatisch. Dann könnte Geoengineering interessant werden." […]

(Quelle: http://www.spiegel.de/wissenschaft/natur/0,1518,548857,00.html, 25. 4. 2008)

Zur Analyse

Der Preis der Zerstörung

Sir Nicholas Stern, Ökonom, London

Kaum jemand hat die Klimadebatte so beeinflusst wie der ehemalige Chefvolkswirt der Weltbank mit seiner Studie über die wirtschaftlichen Folgen der Erderwärmung.

[…] „Die wissenschaftliche Beweislage ist überwältigend", beginnt der Stern Review, „der Klimawandel ist eine ernste globale Bedrohung, die dringend eine globale Reaktion erfordert […] Der Nutzen von entschlossenem Handeln übersteigt die Kosten des Nichtstuns bei Weitem […] Anhand wirtschaftswissenschaftlicher Modellrechnungen schätzt die Studie, dass – wenn wir nichts tun – die Kosten des Klimawandels einen Verlust von fünf Prozent des weltweiten Bruttoinlandsprodukts (BIP) bedeuten. Jedes Jahr. Für immer […] Berücksichtigt man ein breiteres Spektrum von Auswirkungen, könnten die Schäden auf 20 Prozent des BIP oder mehr steigen. Dagegen lassen sich die Kosten für Gegenmaßnahmen auf etwa ein Prozent des weltweiten BIP begrenzen. Die Investitionen in den nächsten 10 bis 20 Jahren werden tiefgreifenden Einfluss auf das Klima in der zweiten Hälfte dieses und im nächsten Jahrhundert haben. Unsere Handlungen heute […] riskieren weitreichende ökonomische und soziale Verwerfungen, deren Größenordnung der der Weltkriege gleicht oder der Großen Depression in der ersten Hälfte des 20. Jahrhunderts […] Deshalb ist promptes und entschiedenes Handeln wahrlich erforderlich."

[…] Nichtstun, so seine kurze Botschaft, komme am Ende schlicht teurer.

[…] Ein Jahr lang trug Sterns Team Ergebnisse von Klimatologen, Geologen, Biologen und Soziologen zusammen und versah sie mit Preisschildern. Welchen Wert hat ein Menschenleben? In Europa denselben wie in Afrika, heute denselben wie in hundert Jahren? Wie drückt man Hungersnöte in Euro und Cent aus? Welche Schäden werden Wirbelstürme in ferner Zukunft anrichten? Welches ist der korrekte Preis für eine Tonne Kohlendioxid? Den Schaden, den sie in der Umwelt anrichten wird oder die Kosten ihrer Vermeidung, etwa in einem Kohlekraftwerk?

[…]

„Selbst bei moderater Erwärmung lassen alle Erkenntnisse darauf schließen, dass der Klimawandel ernste Folgen für die Weltkonjunktur, das Leben der Menschen und die Umwelt haben wird. Dies wird alle Länder betreffen. Doch am frühesten und stärksten werden die ärmsten Länder und Bevölkerungsgruppen darunter leiden – obwohl sie am wenigsten zu den Ursachen des Klimawandels beigetragen haben. In wenigen entwickelten Ländern wird die anfangs moderate Erwärmung einige positive Effekte haben, aber mit zunehmenden Temperaturen in der zweiten Hälfte des Jahrhunderts gibt es auch dort schwere Schäden."

[…]

Auch unter Wirtschaftswissenschaftlern entbrannte eine heftige Debatte. Der Hamburger Umweltökonom Richard Tol etwa kritisierte, Stern habe „nur extrem pessimistische Szenarien herangezogen". Der Autor weist das zurück, gibt aber zu, bei der Berechnung der Schadensobergrenze auch weniger wahrscheinliche Folgen der Erderwärmung berücksichtigt zu haben – aber das gebiete die Vorsicht. Viele Ökonomen, sagt Stern knapp, teilten seine Position. Und niedrigere Schadenskalkulationen basierten meist auf alten, längst überholten Berichten des UN-Klimarates IPCC.

[…]

„Wer Treibhausgase produziert und dadurch der Umwelt und künftigen Generationen Kosten aufbürdet, muss nicht die vollen Kosten dieser Aktivitäten tragen. Deshalb haben die Verursacher keinerlei ökonomische Anreize, ihre Emissionen zu reduzieren. […] Der Klimawandel ist der größte Fall von Marktversagen, den die Welt je gesehen hat. Eine wirksame globale Reaktion muss sich aus drei Bestandteilen zusammensetzen. Erstens: Kohlenstoff muss einen Preis erhalten, entweder über die Einführung einer Steuer, durch Emissionshandel oder durch gesetzliche Grenzwerte. Das zweite Element ist eine Politik zur Förderung von Innovationen. Drittens ist es wichtig, Hindernisse zu beseitigen, die einer effizienten Energienutzung im Wege stehen – sowie alle Menschen zu informieren und darüber aufzuklären, was sie zur Bewältigung des Klimawandels tun können."

[…]

Can we green and grow? […] Sir Nicholas ist überzeugt, dass beides zusammengeht. […] Stern [will] erreichen, dass ein Mehr an Gütern und Wohlstand mit einem Weniger an verbrauchten Ressourcen erreicht wird – und folglich mit weniger CO_2-Ausstoß.

[…]

(Text Toralf Staud, in: greenpeace magazin 1/08; Quelle: http://www.greenpeace-magazin.de/index.php?id=4979)

Das Wichtige in Kürze

Umweltkapital

Atmosphäre, Weltmeere, Trinkwasser, Ackerböden, Fischgründe und Urwälder sind begrenzt und ebenso umkämpft zwischen den möglichen Nutzern. Unter wirtschaftlichen Gesichtspunkten dient die Umwelt als Verbrauchsgut (Ressourcen), Gebrauchsgut (z. B. Standorte für Produktionsstätten, Felder) und Auffangbecken für Schadstoffe (z. B. CO_2, Abwasser).

Treibhauseffekt

Die Erdatmosphäre bedingt, dass darin vorhandene Spurengase die Sonnenstrahlung zwar weitgehend ungehindert durchlassen, die natürliche Rückstrahlung von der Erdoberfläche ins All allerdings behindern. Erst dieser natürliche Treibhauseffekt bewirkt, dass es auf der Erde lebensfreundliche Temperaturen gibt. Seit der industriellen Revolution nimmt jedoch die Konzentration der hierfür verantwortlichen Spurengase, vor allem von CO_2, in der Erdatmosphäre stetig zu. So kommt es zu einem zusätzlichen, vom Menschen verursachten Treibhauseffekt, der zu einer rasch zunehmenden Erwärmung der Erde führt. Der damit verbundene Klimawandel zeitigt bereits heute weitreichende Folgen, die sich in Zukunft noch spürbar verstärken werden (u. a. Zunahme von Dürren, Stürmen, Schmelzen der Polkappen, Anstieg des Meeresspiegels, Überfluten von Inseln und Küstenregionen, Zunahme der Bodenerosion, Rückgang der Artenvielfalt), sofern der Erderwärmung nicht Einhalt geboten wird.

Kosten des Klimawandels

Es ist zu befürchten, dass der Klimawandel in den nächsten 50 Jahren horrende Summen verschlingen wird: Weltweit könnten es 64 Billionen Dollar sein, für Deutschland allein schätzen Forscher des Deutschen Instituts für Wirtschaftsforschung (DIW) die Kosten auf 640 Milliarden Euro. Nach Berechnungen der Weltbank werden die volkswirtschaftlichen Kosten von Klimaschäden künftig jährlich zwischen 5 und 20 Prozent des Bruttoinlandsprodukts betragen. Das wird ernste Folgen für die Weltkonjunktur und insbesondere für die ärmsten Staaten der Welt haben. Ein sofortiger und effizienter Klimaschutz ist dringend erforderlich, wenn die heutigen Generationen ihrer Verantwortung gegenüber den kommenden gerecht werden wollen. Er ist aber ebenso aus volkswirtschaftlicher Perspektive notwendig.

Qualitatives und quantitatives Wirtschaftswachstum

Quantitatives Wirtschaftswachstum erfasst den Zuwachs an Gütern und Dienstleistungen eines Wirtschaftsraums, ohne die Nutzung bzw. den Verbrauch von Umweltgütern zu berücksichtigen. Wächst beispielsweise das Bruttosozialprodukt eines Landes nach dieser Berechnung um 10 %, so wären es vielleicht nur noch etwa 5 %, wenn man den Verbrauch z. B. von fossiler Energie, Ackerboden oder Holz einbezöge. Um qualitatives Wachstum zu ermitteln, muss also die Umwelt als Komponente des Bruttosozialprodukts Berücksichtigung finden.

Zeige deine Kompetenzen!

Sachkompetenz

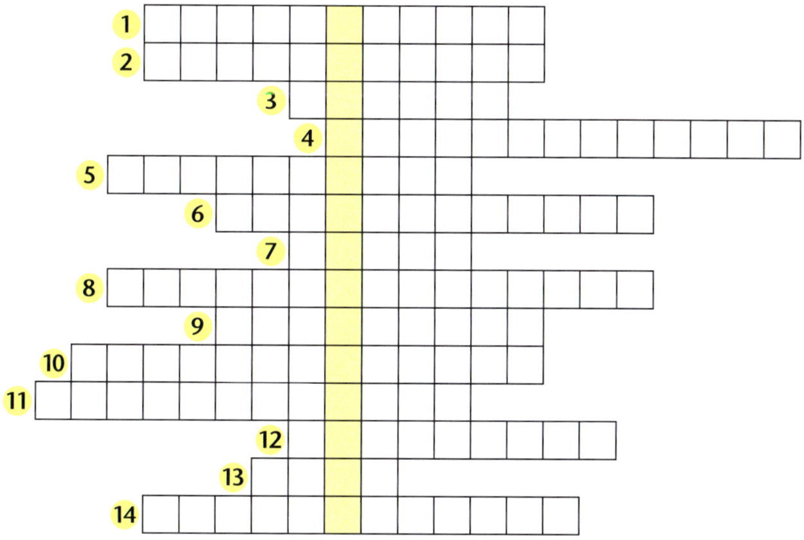

Setze von oben nach unten ein und bestimme das Lösungswort (markierte Felder):

1 Umweltverschmutzung, Lärm und Unfälle sind … des Verkehrsaufkommens.
2 Ein Flughafen wirkt auf den Arbeitsmarkt wie ein … .
3 Pro Einwohner wurden in Deutschland 2006 elf … CO_2 produziert.
4 CO_2, CH_4, N_2, HFKW, PFKW und SF_6 sind … .
5 Abgase und Lärm nennt man auch … .
6 Bis zu 20 Prozent der Treibhausgase können durch den Schutz der … eingespart werden.
7 Al Gore: „Wir haben den … mit der Erde angefangen."
8 … sind ein marktwirtschaftliches Instrument zum Klimaschutz.
9 Zum Umweltkapital gehören auch die … .
10 … entsteht bei unvollständiger Verbrennung.
11 Umweltverschmutzung ist auch ein volkswirtschaftlicher … .
12 Die Umwelt wird wie ein … verbraucht.
13 2007 fand die UN-Klimakonferenz in … statt.
14 Der … veröffentlichte 2007 seinen vierten Bericht.

Methodenkompetenz

Am 1. April 2004 trat das Gesetz über den Vorrang erneuerbarer Energien, das besser unter der Kurzbezeichnung Erneuerbare-Energien-Gesetz (EEG) bekannt ist, in Kraft. Der Gesetzgeber sieht vor, dass das EEG alle vier Jahre auf Grundlage eines Erfahrungsberichts umfassend zu überarbeiten ist. Eine erste Neuregelung trat 2004 in Kraft; die zweite Novellierung des Gesetzes wurde im Juni 2008 beschlossen, sie tritt zum 1. Januar 2009 in Kraft.

Recherchiere im Internet, welchen Zweck das „Erneuerbare-Energien-Gesetz" (EEG) verfolgt. Fasse die wesentlichen Bestimmungen des Gesetzes zusammen. Berichte in einem Kurzreferat vor der Klasse.

Zeige deine Kompetenzen!

Handlungskompetenz

Der letzte Lehrer macht das Licht aus

Abends geht Carol Kirkland oft durch die Klassenzimmer und schaltet die Lichter aus. Einmal war ihr Finger sogar im Fernsehen: als die BBC über die Energiesparmaßnahmen am Woodhouse College berichtete. Die Schule im Londoner Vorort Finchley gehört zur Vorhut im Kampf gegen die globale Erwärmung. Der Carbon Trust, eine Stiftung zur Reduzierung von Treibhausgasen, hat sie als Vorzeigeschule auserwählt. Er schickte einen Ingenieur vorbei, der ließ sich von Verwaltungschefin Kirkland die Stromrechnungen zeigen und von Hausmeister Jim Jackson den Heizungskeller. Dann stellte er einen Achtpunkteplan auf. Den Elektroofen in der Kantine ersetzte Jim Jackson durch einen energiesparenden Dampfgarer. Die 50 Warmwasserboiler stöpselte er an Zeitschaltuhren. Und statt vorher um fünf Uhr morgens schaltet er die Heizung jetzt erst um sieben Uhr an. Wer den Klimakollaps verhindern will, braucht die Hausmeister. In Kanada gibt es Firmen, die Hausmeistern einen Teil der eingesparten Kosten als Prämie auszahlen. Jim Jackson allerdings braucht solche Anreize nicht mehr, er ist da viel idealistischer. Er macht sich Gedanken über die Eisbären: Wo sollen die hin, wenn die Pole schmelzen? Nachdem der Mann vom Carbon Trust da war, hat Jackson auch bei sich zu Hause Energiesparlampen ein- und die Heizung runtergedreht – obwohl seine Frau es gern wärmer hätte. Er sagt: „Jeder sollte sein Scherflein beitragen."

(Max Rauner, in: © ZEIT Wissen 02/2007, http://www.zeit.de/zeit-wissen/2007/02/Titel-Kirkland)

775 Tonnen Kohlendioxid emittierte das Woodhouse College im Jahr 2004; nach einfachen Maßnahmen, darunter Zeitschaltuhren für die Warmwasserboiler, sind es nun 641 Tonnen CO_2 jährlich.

Stelle einen Achtpunkteplan zu Reduzierung deines persönlichen Kohlendioxidausstoßes auf.

Urteilskompetenz

Du hast die Aufgabe, einen Flyer zu einer Ausstellung zum Thema „Klimawandel" in eurer Schule zu gestalten. Es ist noch Platz für eine Karikatur. Wähle eine der drei Karikaturen aus und begründe deine Wahl.

(Karikatur rechts Mitte: Gerhard Mester, Karikaturen unten: Klaus Stuttmann)

Internationale Politik

Früher wussten die Menschen kaum etwas über ferne Länder, und sie interessierten sich nur wenig für die Probleme anderer Staaten. Das hat sich in den letzten Jahrzehnten grundlegend geändert. Durch die europäische Einigung fühlen sich die Menschen in Europa immer mehr zusammengehörig. Die weltweiten wirtschaftlichen Beziehungen nehmen rasant zu. Heute weiß man, wie wichtig die internationale Zusammenarbeit ist, wenn Frieden und Sicherheit für möglichst viele Menschen erreicht werden sollen. Um globale Zusammenhänge und internationale Politik geht es auf den folgenden Seiten:

- Warum ist es zur europäischen Einigung gekommen? Welche Staaten gehören heute der Union an? Welche wollen noch hinzukommen?
- Welche Aufgaben haben die verschiedenen Organe der Europäischen Union? Wie wirken sie zusammen?
- Was versteht man unter Globalisierung? Welche wirtschaftliche Macht haben multinationale Konzerne?
- Wem bringt die Globalisierung Vorteile? Wie wirkt sich die Globalisierung auf die Entwicklungsländer aus?
- Warum wurden die Vereinten Nationen gegründet? Welche Möglichkeiten hat diese Organisation, Konflikte zwischen Staaten zu vermeiden oder zu beenden?
- Welchem Bündnis gehört Deutschland an? Welche Sicherheitsorganisationen gibt es in Europa?
- Welchen Auftrag hat die Bundeswehr? Warum werden deutsche Soldaten im Ausland eingesetzt?

Methode: Erkundung

Thema: Europa im Alltag

Durch eine Erkundung lernt ihr etwas, das im Unterricht eine Rolle spielt, genauer kennen. Dabei werdet ihr außerhalb der Schule Beobachtungen machen und Gespräche führen.

Vorbereitung

Zunächst legt ihr fest, was ihr erkunden wollt. Dann nehmt ihr mit den zu erkundenden Stellen Kontakt auf und klärt, ob und wann die gewünschten Gesprächspartner Zeit haben. Danach bestimmt ihr die Erkundungsteams. Jedes Team erhält einen Auftrag. Die Teams überlegen sich, was sie im Einzelnen erfahren wollen, erarbeiten entsprechende Fragen und notieren diese auf einem Erkundungsbogen. Jedes Team legt anschließend fest, wer welche Fragen stellt und wer die Antworten festhält. Ihr könnt auch ein Team „Foto/Video“ bilden, das die Erkundung der Teile davon für die spätere Präsentation in Fotos oder als Film festhält.

Durchführung

Mithilfe von Fragebogen, Beobachtungsbogen und Schreibzeug führt ihr die Erkundung durch. Vorher vereinbart ihr, wann sich die einzelnen Teams wieder im Klassenzimmer treffen.

Auswertung

Die Teams berichten über ihre Ergebnisse und Eindrücke. Oft ist es sinnvoll, Ergebnisse einer Erkundung zu strukturieren und zu präsentieren. Dies kann mittels einer Ausstellung, Wandzeitung (siehe Seite 304) oder Erkundungsmappe geschehen. Ihr könnt dabei auch Bilder, Grafiken und Übersichten verwenden. Das Team „Foto/Video“ kann seine Ergebnisse getrennt vorstellen oder aber auch in die Ergebnisse der anderen Gruppen einarbeiten.

1. *„Europa im Alltag“: Was fällt dir dazu ein? Notiere.*
2. *Auf welche Gesichtspunkte für eine Erkundung „Europa im Alltag“ weisen die Materialien hin? Gibt es noch weitere Gesichtspunkte?*
3. *Führt die Erkundung durch.*

Bei uns leben sicher Menschen aus anderen europäischen Staaten. Ich werde im Rathaus nachfragen, ob die etwas darüber wissen.

Europa im Alltag? Das sieht man doch in erster Linie an der tagtäglichen Berichterstattung in den Medien. Wir sollten eine Zeit lang in Zeitungen nach Meldungen suchen, die mit Europa zu tun haben.

Im Fernsehen sollten wir auch nachschauen, wann Sendungen oder Berichte über Europa kommen.

In welche europäischen Länder reisen die Menschen aus unserem Ort eigentlich am liebsten? Ich werde in einem Reisebüro nachfragen, welche europäischen Urlaubsziele besonders gefragt sind.

Ich finde, wir sollten einmal in einem Supermarkt nachschauen, welche Waren aus den Staaten Europas bei uns angeboten werden.

Das ist eine gute Idee! Besonders in der Obst- und Gemüseabteilung wird es bestimmt vieles aus anderen europäischen Ländern geben.

Mich interessiert, was die Älteren über Europa denken. Viele von ihnen haben das Ende des Zweiten Weltkrieges noch miterlebt. Wie denken sie über die europäische Einigung? Dazu werde ich eine Umfrage machen.

Der Weg der Europäischen Union

Winston S. Churchill

Aus einer Rede des britischen Politikers Winston S. Churchill am 19.9.1946 in Zürich:

„In welcher Lage befindet sich Europa heute? Einige der kleineren Staaten haben sich bereits recht gut erholt, aber in weiten Gebieten starrt eine riesige, geängstigte Menge geschundener, hungriger, sorgenvoller und bestürzter Menschen die Ruinen ihrer Städte und Wohnungen an und sucht am dunklen Horizont nach einer neuen Gefahr, einer neuen Tyrannei, einem neuen Schrecknis [...] Doch es gibt ein Heilmittel, das [...] wie durch ein Wunder die ganze Szene verwandeln und innerhalb weniger Jahre ganz Europa, oder wenigstens dessen größeren Teil, ebenso frei und glücklich machen könnte, wie es die Schweiz heute ist. Worin besteht dieses Allheilmittel? Darin, dass man die europäische Familie, oder doch einen möglichst großen Teil davon, wieder aufrichtet und ihr eine Ordnung gibt, unter der sie in Frieden, Sicherheit und Freiheit leben kann. Wir müssen eine Art Vereinigte Staaten von Europa schaffen."

(aus: Hagen Schulze, Ina Ulrike Paul (Hg.): Europäische Geschichte. Dokumente und Materialien. München 1994, S. 398 f.)

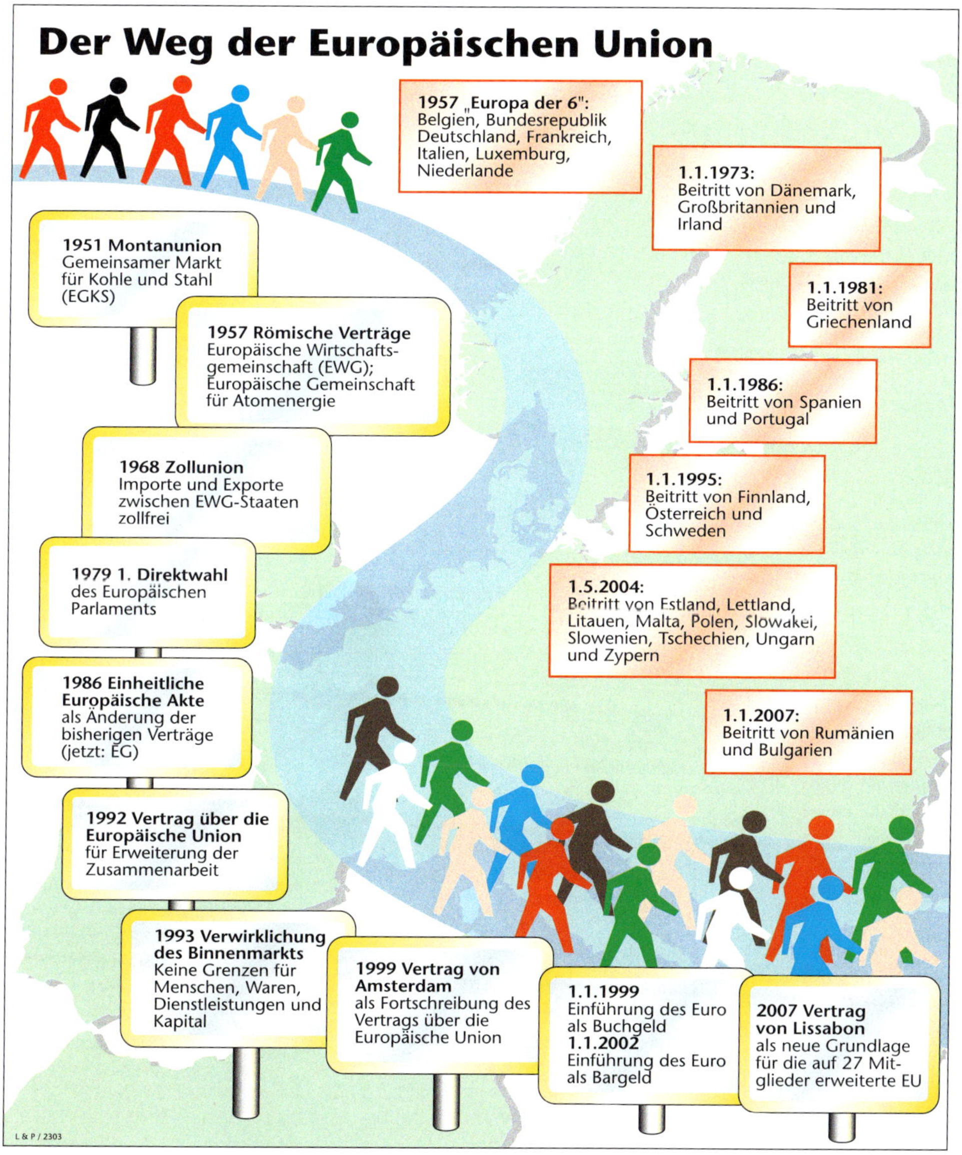

Die **Europaflagge** ist das Symbol der Europäischen Union, aber auch der Einheit und der Identität Europas im weiteren Sinn. Der Kreis der zwölf goldenen Sterne steht für die Solidarität und Harmonie zwischen den Völkern Europas. Die Anzahl der Sterne hat nichts mit der Anzahl der Mitgliedstaaten zu tun. Es gibt zwölf Sterne, da die Zahl Zwölf seit jeher Vollendung, Vollkommenheit und Einheit verkörpert. Die Flagge bleibt daher auch bei künftigen Erweiterungen der Europäischen Union unverändert bestehen.

1. *Erläutere, warum Churchill die europäische Einigung wollte.*
2. *Skizziere die wesentlichen Aussagen der Übersicht „Der Weg der Europäischen Union".*

Die Staaten der Europäischen Union

A Das Land, in dem ich lebe, ist eine konstitutionelle Monarchie mit parlamentarischem Regierungssystem. Das Staatsoberhaupt ist der König, die Königin stammt aus Deutschland. Die Hauptstadt ist Sitz der Königlichen Akademie der Wissenschaften, die alljährlich die Nobelpreise vergibt.

B Mein Land war einst ein bedeutendes Kolonialreich, für das berühmte Entdecker den Grundstein legten. 1976 führte eine Revolution zu einer demokratischen Staatsordnung anstelle der vorangegangenen Militärdiktatur.

C Bei der Entwicklung des Vertrages über die Europäische Union spielten zwei Städte in meinem Heimatland eine bedeutende Rolle. In unserer Hauptstadt befindet sich der Internationale Gerichtshof.

D Ich lebe in einem Land der Gegensätze, mit reichen Regionen im Norden und armen Gegenden im Süden. In unserer Hauptstadt wurde die Europäische Wirtschaftsgemeinschaft beschlossen.

E Das Land, in dem ich lebe, wird auch als „grüne Insel" bezeichnet. Ein Teil dieser Insel gehört zu einem anderen Mitgliedstaat der EU. Mitte des letzten Jahrhunderts zwangen Hungersnöte viele Staatsbürger zur Auswanderung. Die meisten Auswanderer gingen in die USA.

G In meinem Land begann vor 2500 Jahren die Demokratie. Ruinen zeugen von frühen Hochkulturen. Die zahlreichen Sehenswürdigkeiten, herrliche Inseln und Strände locken jedes Jahr viele Besucher in mein Heimatland.

I Der Staat, in dem ich lebe, grenzt im Süden an Deutschland. Er besteht aus einer Halbinsel und rund 400 Inseln. Auf einer dieser Inseln liegt die Hauptstadt.

F Die freundschaftliche Zusammenarbeit zwischen meinem Heimatland und der Bundesrepublik Deutschland ist eine wichtige Grundlage für die europäische Einigung. Eine Stadt ganz im Osten ist Hauptsitz des Europäischen Parlaments.

H In unserer Hauptstadt haben wichtige Organe der Europäischen Union ihren Sitz. Die beiden Volksgruppen der Flamen und Wallonen bilden den Hauptteil der Bevölkerung.

J Hoch im Norden gelegen, ist mein Heimatland der am dünnsten besiedelte Staat der EU.

Die Flaggen der 27 EU-Staaten

Die 27 Mitgliedstaaten der Europäischen Union

(rechts die jeweilige Einwohnerzahl in Mio., Stand 2008)

Belgien	10,7
Bulgarien	7,6
Dänemark	5,5
Deutschland	82,2
Estland	1,3
Finnland	5,3
Frankreich	63,8
Griechenland	11,2
Großbritannien	61,2
Irland	4,4
Italien	59,6
Lettland	2,3
Litauen	3,4
Luxemburg	0,5
Malta	0,4
Niederlande	16,4
Österreich	8,3
Polen	38,1
Portugal	10,6
Rumänien	21,5
Schweden	9,2
Slowakei	5,4
Slowenien	2,0
Spanien	45,3
Tschechien	10,4
Ungarn	10,0
Zypern	0,8

Ä *Mein Land liegt am Schwarzen Meer; im Norden bildet die Donau die Grenze zu einem anderen EU-Staat.*

Z *Ich komme aus einem Land im Osten Europas, in dem eine Sprache gesprochen wird, die auf die Römer zurückgeht.*

Y *Mein Heimatland bildete früher mit Tschechien zusammen einen Staat. Seit 1993 sind wir selbstständig.*

X *Die Hauptstadt meines Landes ist als „Goldene Stadt" bekannt und wird von vielen Touristen besucht.*

W *Der Staat, aus dem ich stamme, grenzt an die Ostsee und an Deutschland. Bei uns gibt es viele Katholiken.*

V *Mein Land ist das südlichste der drei baltischen Staaten.*

U *Ich lebe in einem Land, das zum Baltikum gehört. Unsere Hauptstadt war früher eine Hansestadt.*

T *Mein Land gehörte früher zum kommunistischen Ostblock. 1956 gab es bei uns einen Aufstand, der von sowjetischen Truppen blutig niedergeschlagen wurde.*

S *Ich komme von einer Insel, deren nördlicher Teil seit 1974 von einem anderen Staat besetzt ist.*

R *Ich lebe in dem nördlichsten der drei baltischen Staaten.*

Q *Mein Land wurde ein eigener Staat, als das frühere kommunistische Jugoslawien zerfiel.*

P *Ich komme von einer kleinen Insel, die früher eine englische Kolonie war. Wir sind der kleinste EU-Staat.*

M *Ich lebe in einem Land mit großer und langer Tradition. Hier wurden schon im Jahre 1215 die Freiheitsrechte des Einzelnen und die Menschenrechte schriftlich niedergelegt.*

O *Flächenmäßig ist mein Heimatland der zweitgrößte Staat der EU. Als beliebtes Urlaubsland wird es jedes Jahr von vielen Millionen Touristen besucht.*

K *Der Einwohnerzahl nach ist mein Heimatland das größte Land der EU, der Fläche nach das viertgrößte. Es hat die meisten Grenznachbarn, nämlich neun.*

L *Ich stamme aus einem Land im Herzen Europas, in dessen neun Bundesländern deutsch gesprochen wird und das insbesondere auch als Urlaubsland bekannt ist.*

N *Bei uns haben verschiedene Institutionen der EU ihren Sitz, z. B. auch der Europäische Gerichtshof. Unser Land ist klein, und über dreißig Prozent seiner Einwohner sind Ausländer.*

1. *Lies die Sprechblasentexte: Um welchen Mitgliedstaat der EU handelt es sich jeweils?*
2. *Ordne die Flaggen den EU-Staaten zu.*

Die drei Säulen der EU

Drei Säulen stellen die Politikbereiche der EU dar. Die mittlere Säule steht für die Europäischen Gemeinschaften, also EG und Euratom. In diesen Politikbereichen wird die Zusammenarbeit vom Grundsatz der überstaatlichen Befugnis bestimmt. Der EG-Vertrag ist das Kernelement der supranational ausgerichteten europäischen Einigung. Die Mitgliedstaaten haben Hoheitsrechte auf Organe der Gemeinschaft (Kommission, Rat, Parlament, Gerichtshof) übertragen. Die Mitgliedstaaten sind an Entscheidungen dieser Organe gebunden.

Für die Politikbereiche in den beiden flankierenden Säulen gilt der Grundsatz der Regierungszusammenarbeit. Die Regierungen der Mitgliedstaaten sind für diese Politikfelder, die noch nicht vergemeinschaftet wurden, weiterhin verantwortlich. Sie verpflichten sich jedoch zur zwischenstaatlichen Zusammenarbeit bzw. gegenseitigen Abstimmung auf Regierungsebene. Diese Art der Zusammenarbeit wird auch als „intergouvernementale" Zusammenarbeit bezeichnet. Die Mitgliedstaaten haben hier ihre Hoheitsrechte nicht an die EU übertragen.

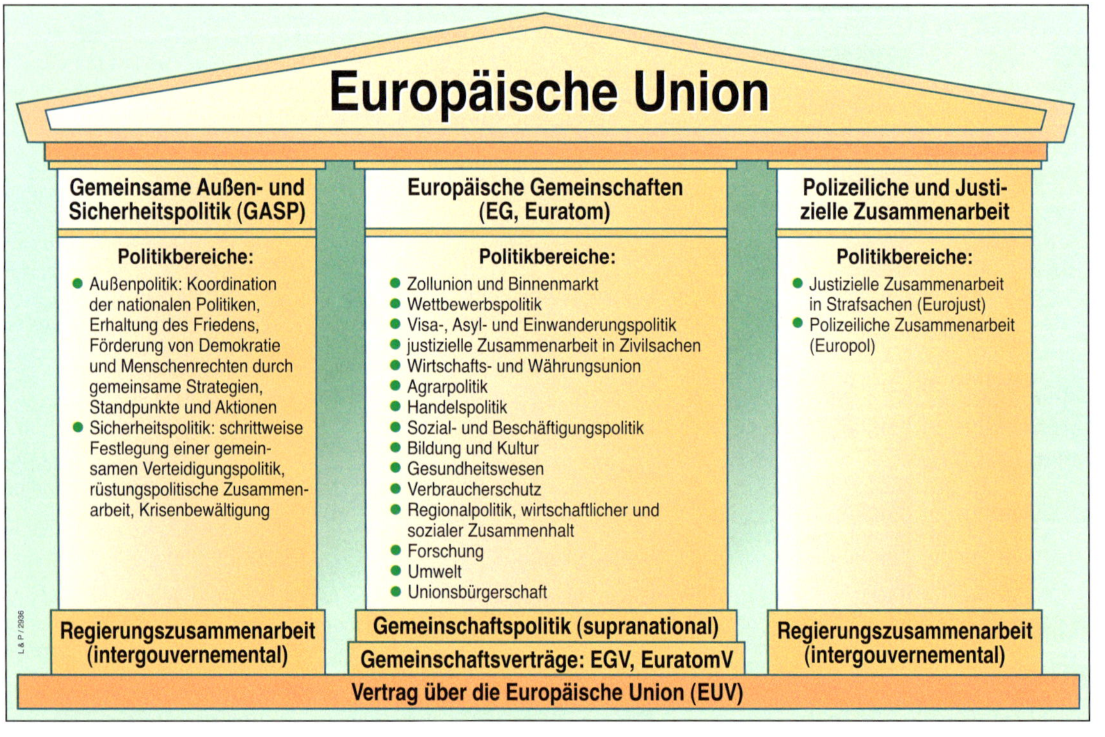

A Bei Gemeinderatswahlen in Nordrhein-Westfalen dürfen auch hier wohnhafte Ausländer aus EU-Staaten wählen.

B Im Jahr 1995 wurde die Verwendung von Land- und Seeminen geächtet.

C Die Kriminalpolizei Dortmund ruft in Den Haag an, ob im Computer Informationen über zwei Festgenommene vorliegen, die einer gesuchten Dealer-Bande angehören könnten.

D Landwirte erhalten Geld dafür, dass sie einen Teil ihrer Ackerflächen stilllegen.

E Die Europäische Kommission verbietet den Zusammenschluss eines deutschen mit einem französischen Großunternehmen, da diese Fusion dem neuen Unternehmen eine so starke Stellung im europäischen Markt einräumen würde, dass kleine Unternehmen nicht mehr konkurrenzfähig wären.

1. *Begründe, warum die mittlere Säule grafisch breiter dargestellt ist als die anderen beiden.*
2. *Zu welcher Säule und zu welchen Stichwörtern dort gehören die Beispiele A bis E jeweils?*
3. *„In Zukunft sollte auch in Politikbereichen der ersten und dritten Säule supranational entschieden werden!" – Nimm zu dieser Aussage Stellung.*

Europäischer Binnenmarkt

Seit 1993 ist die Europäische Union ein Binnenmarkt, also ein Raum ohne Grenzen für das wirtschaftliche Geschehen. Der Handel zwischen den Staaten der EU gilt nicht mehr als Ein- und Ausfuhr, sondern als Binnenhandel.

Wenn Waren im Binnenmarkt an jeden Ort gebracht werden dürfen, darf es auch keine Beschränkungen bei Dienstleistungen und im grenzüberschreitenden Personen- und Kapitalverkehr geben. Daher spricht man von den „vier Freiheiten", die im Binnenmarkt gelten.

Für die neuen Mitgliedstaaten wurde eine Reihe von Sonderregelungen vereinbart, durch die sie nach und nach an die Freiheiten des Binnenmarktes herangeführt werden. So wird ihnen z. B. die Niederlassungs- und Beschäftigungsfreiheit noch nicht in vollem Umfang gewährt. Dadurch soll verhindert werden, dass in der Zeit des Übergangs zu viele Arbeitskräfte aus den neuen Beitrittsländern den einheimischen Arbeitskräften Konkurrenz machen.

1 Frau Schneider aus Köln sieht bei ihrem Aufenthalt in Mailand eine Espressomaschine, die ihr besonders gut gefällt. Deshalb kauft sie sie. Sie kann guten Gewissens an der Grenze mit der Maschine im Kofferraum durchfahren. Früher hätte sie an der Grenze anhalten, die Espressomaschine anmelden und dafür Zoll bezahlen müssen.

2 Mister Livington in Liverpool ist im Internet auf die Bedingungen der deutschen Corola-Lebensversicherung gestoßen. Er hält sie für besonders günstig. Ohne jegliche Genehmigung einer britischen Behörde kann die deutsche Versicherung mit dem Engländer einen Versicherungsvertrag abschließen, auch wenn sie keine Zweigniederlassung in England hat.

3 Herr Mädler aus Bonn erhält ein attraktives Angebot, bei einer Firma in Dublin (Irland) zu arbeiten. Die Tätigkeit im Ausland reizt ihn sehr. Er kann den Arbeitsvertrag unterschreiben, ohne eine Behörde in Deutschland oder Irland fragen zu müssen. Auf die Aufenthaltserlaubnis, die er dann in Irland beantragen muss, hat er einen Rechtsanspruch.

4 Herr Dr. Beck aus Dinslaken hat bei einem Ärztekongress den Italiener Guiseppe Gucci kennengelernt. Er will in dessen Arzneimittelunternehmen 200 000 Euro investieren. Dies kann er tun – ohne jegliche staatliche Genehmigung, die früher notwendig gewesen wäre.

1 *Mit welcher der vier Freiheiten hat das jeweilige Beispiel zu tun? Notiere auch den entsprechenden Unterpunkt.*

2 *Die Freiheiten des Binnenmarktes bieten viele Vorteile. Welche Nachteile könnte es geben?*

Wie ein EU-Gesetz entsteht – Beispiel Gentechnik-Verordnung

Seit April 2004 können Verbraucher in ganz Europa erkennen, ob ein Lebensmittel gentechnisch veränderte Organismen enthält. Es ist dabei egal, ob die verwendeten Substanzen noch nachgewiesen werden können oder nicht, weil sie z. B. beim Produktionsprozess verwendet wurden. Das bestimmt eine EU-Verordnung, die in allen Staaten der Union, also auch in Deutschland, als Gesetz gilt. Wie kam dieses EU-Gesetz zustande? Wer war daran beteiligt?

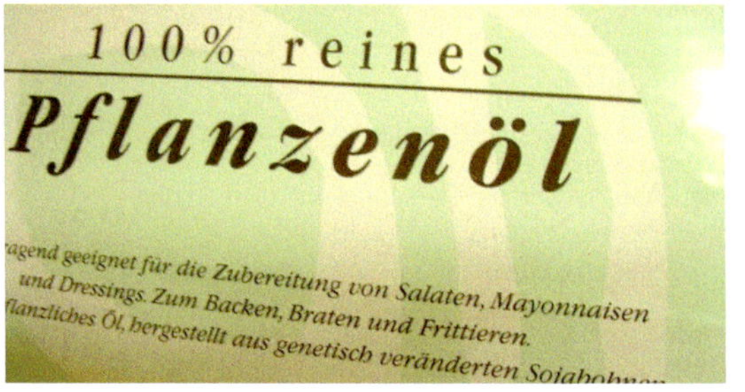

Institutionen und ihre Aufgaben

Vorschläge für ein EU-Gesetz zu machen, gehört zu den Aufgaben der EU-Kommission.

Der Vorschlag für ein Gesetz wird dem EU-Parlament vorgelegt, das diesen verändern oder ganz ablehnen kann.
Bei Rechtsvorschriften, die den Verbraucherschutz oder die öffentliche Gesundheit betreffen, hat das Parlament das Recht zur Mitentscheidung.

Bei Gesetzesentscheidungen der EU dürfen auch Interessenverbände mitreden: der Ausschuss der Regionen (AdR) und der Wirtschafts- und Sozialausschuss (WSA), der v. a. Arbeitgeber, Gewerkschaften, Landwirte und Verbraucher vertritt.
Beide Ausschüsse haben nur beratende Funktion.

Die Entscheidung über ein EU-Gesetz trifft der Ministerrat.
In Fragen der Lebensmittelqualität entscheiden die Landwirtschafts-, Verbraucherschutz- oder Gesundheitsminister der EU-Staaten.
Bei Regeln zum Verbraucherschutz muss der Rat der EU nicht einstimmig entscheiden.

Schritte zur Verordnung

Im Mai 2001 schlägt die EU-Kommission die Einführung einer Kennzeichnungspflicht für gentechnisch veränderte Lebensmittel vor.

Im August 2001 verschärft das EU-Parlament den Gesetzesvorschlag der Kommission in zwei Punkten:
- Kein Lebensmittel darf auf den Markt kommen, welches nicht wissenschaftlich unbedenklich ist.
- Eventuell gesundheitsschädliche Produkte dürfen vom Markt zurückgerufen werden.

Im März 2002 empfiehlt der WSA der EU-Kommission, eine Informationskampagne durchzuführen, um über gentechnisch veränderte Organismen aufzuklären.
Im Mai 2002 schlägt der AdR vor, gentechnisch veränderte Lebensmittel in einer Liste zu führen

Im Juli 2003 nimmt der EU-Rat für Landwirtschaft die Gesetzesvorlage ohne weitere Änderungen an. Im September 2003 unterzeichnen der Rat und das Parlament das Gesetz. Im April 2004 tritt die Verordnung Nr. 1830/2003 zur Rückverfolgbarkeit und Kennzeichnung von genetisch veränderten Organismen in Kraft. Seitdem müssen genmanipulierte Lebens- und Futtermittel in der EU gekennzeichnet werden.

Verordnungen und Richtlinien

Die Einzelstaaten der EU haben für bestimmte Bereiche die gesetzgebende Gewalt auf die Europäische Union übertragen. Die dafür entstandenen EU-Gesetze nennt man „Verordnungen". Sie gelten unmittelbar in der ganzen Union, sind in allen Teilen verbindlich und stehen über dem nationalen Recht. Verordnungen müssen in allen Mitgliedstaaten wie Gesetze angewendet werden.
In bestimmten anderen Bereichen haben die EU-Staaten ihr Gesetzgebungsrecht nicht auf die Union übertragen. Sie arbeiten aber eng zusammen und treffen gemeinschaftlich Beschlüsse. Diese Beschlüsse werden als „Richtlinien" bezeichnet. Hierbei sind die Ziele verbindlich, die Ausgestaltung der Einzelheiten bleibt jedoch den nationalen Parlamenten überlassen. Richtlinien müssen von den Mitgliedstaaten innerhalb einer jeweils festgelegten Frist in nationales Recht umgewandelt werden. Sie können dabei z. B. noch strengere Regelungen treffen, als die EU vorschreibt.

1. *Erkläre, wie die Gentechnik-Verordnung zustande kam: Welches Ziel wird mit ihr verfolgt? Welche Schritte waren zu ihrer Einführung notwendig? Welche EU-Institutionen waren daran beteiligt?*
2. *Verordnungen und Richtlinien: Beschreibe den entscheidenden Unterschied.*

Die Europäische Kommission

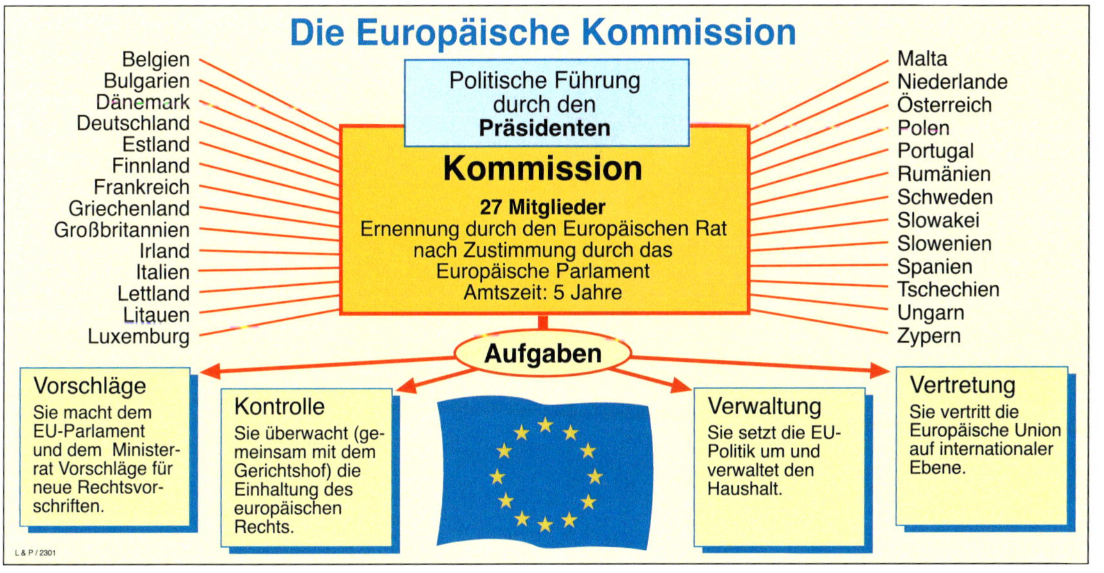

Beschreibungen

A Der Vertrag räumt der Kommission das „Initiativrecht" ein. Mit anderen Worten: Sie allein ist für die Ausarbeitung von Vorschlägen für neue europäische Rechtsvorschriften verantwortlich, die sie dem Parlament und dem Ministerrat vorlegt.

B Die Kommission ist die „Hüterin der Verträge". Das bedeutet, dass sie gemeinsam mit dem Gerichtshof über die ordnungsgemäße Anwendung des EU-Rechts in allen Mitgliedstaaten wacht. Wenn die Kommission feststellt, dass ein EU-Staat europäische Rechtsvorschriften nicht anwendet und somit seine rechtlichen Verpflichtungen nicht erfüllt, ergreift sie Schritte, um diesen Verstoß abzustellen.

C Die Kommission ist das Exekutivorgan der EU, d. h., sie führt die vom Parlament und vom Ministerrat beschlossenen Maßnahmen durch und verwaltet die EU-Gelder. Ein Beispiel für einen Politikbereich, den die Kommission aktiv verwaltet, sind die Wettbewerbsregeln. Die Kommission überwacht Kartelle und Fusionen und stellt sicher, dass die EU-Staaten ihren Industriebetrieben keine Subventionen gewähren, die den Wettbewerb verfälschen.

D Die Kommission ist für das Aushandeln völkerrechtlicher Verträge im Namen der EU verantwortlich.

E Die Kommission schlägt nur dann etwas vor, wenn sie der Ansicht ist, dass ein Problem dadurch wirksamer gelöst werden kann als durch nationale, regionale oder lokale Maßnahmen.

F Unter den wachsamen Augen des Rechnungshofes verwaltet die Kommission den Haushalt. Das Europäische Parlament erteilt der Kommission nur dann die Entlastung für die Durchführung des Haushaltsplans, wenn es mit dem Jahresbericht des Rechnungshofes zufrieden ist.

G Die Kommission ist eine wichtige Sprecherin der EU auf internationaler Ebene. Dadurch können die 27 Mitgliedstaaten in internationalen Foren wie der Welthandelsorganisation „mit einer Stimme" sprechen.

H Wenn der Verstoß eines Staates gegen EU-Verträge nicht abgestellt wird, muss die Kommission die Angelegenheit dem Gerichtshof übergeben, der Strafen verhängen kann. Die Urteile des Gerichtshofes sind für die Mitgliedstaaten und die Organe der EU bindend.

1. *Jeweils zwei Beschreibungen gehören zu einer Aufgabe der Kommission. Ordne zu.*
2. *Überlege, warum man die Kommission als „Motor der Europäischen Union" bezeichnet.*
3. *Die Kommission wird oft auch als „Regierung der EU" bezeichnet. Was spricht dafür, was dagegen?*

Das Europäische Parlament

Das Europäische Parlament in Straßburg

(Gerhard Mester)

Die Abgeordneten des Europäischen Parlaments werden alle ..... **1** ..... Jahre direkt gewählt. Sie schließen sich übernational zu ..... **2** ..... zusammen. Derzeit besteht das Europäische Parlament aus 785 Abgeordneten. Die Plenartagungen finden in ..... **3** ..... statt.

Das Europäische Parlament hat drei wesentliche Aufgaben:

1. Es teilt sich die ..... **4** ..... Gewalt mit dem Ministerrat. Bei etwa 80 Prozent der Verordnungen und Richtlinien entscheidet es ..... **5** ..... mit dem Ministerrat. Das Parlament kann die ..... **6** ..... auffordern, Gesetzesvorlagen einzubringen.
2. Es übt die demokratische ..... **7** ..... über alle Organe der EU und insbesondere über die Kommission aus. Es bestätigt zum Beispiel die Kommission oder kann sie zum ..... **8** ..... zwingen. Nach dem Vertrag von Lissabon ist das Parlament künftig für die ..... **9** ..... des Kommissionspräsidenten zuständig.
3. Das Parlament teilt sich das Haushaltsrecht mit dem Ministerrat und kann daher Einfluss auf die ..... **10** ..... der Europäischen Union nehmen. Die Abgeordneten haben das „letzte Wort" über den Gesamthaushalt: Das Parlament kann ihn ..... **11** ..... oder ablehnen.

Kontrolle – fünf – annehmen – Fraktionen – Rücktritt – Ausgaben – gesetzgebende – gleichberechtigt – Wahl – Kommission – Straßburg und Brüssel

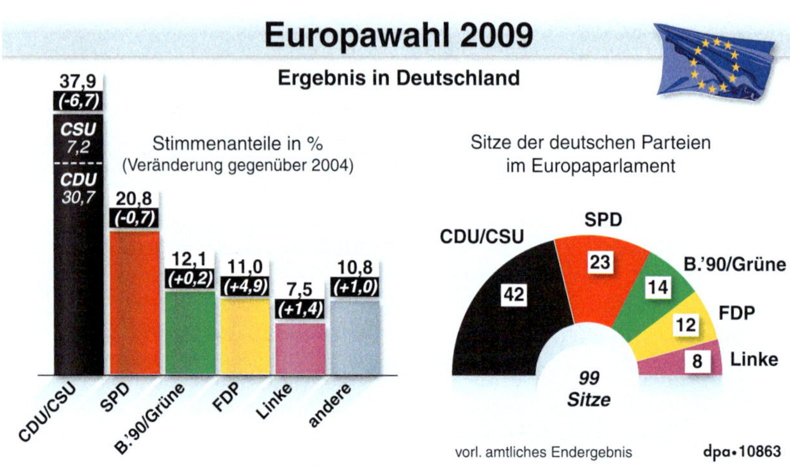

1. *Ergänze den Lückentext.*
2. *Werte die Übersicht mit den Ergebnissen der Europawahl für Deutschland aus und notiere einige Beobachtungen.*
3. *Analysiere die Karikatur und fasse die Aussageabsicht des Zeichners in wenigen Sätzen zusammen.*

Der Rat der Europäischen Union

Der Rat der Europäischen Union – kurz Ministerrat genannt – beschließt die Verordnungen und Richtlinien, also die Gesetze der EU. An seinen Tagungen nimmt je ein Minister aus den nationalen Regierungen der EU-Staaten teil. Je nach anstehender Entscheidung sind es die Landwirtschaftsminister, die Umweltminister, die Finanzminister usw.

Der Ministerrat hat sechs zentrale Aufgaben:

1. Er beschließt europäische Rechtsvorschriften. In vielen Bereichen kann der Rat die Gesetze nur unter gleichberechtigter Mitwirkung des Europäischen Parlaments verabschieden. In anderen Bereichen muss das Parlament nur angehört werden.
2. Er sorgt für die Abstimmung der Grundzüge der Wirtschaftspolitik in den Mitgliedstaaten.
3. Er schließt internationale Übereinkünfte zwischen der EU und einem oder mehreren Staaten oder internationalen Organisationen ab.
4. Gemeinsam mit dem Europäischen Parlament genehmigt er den Haushaltsplan der EU.
5. Auf der Grundlage der vom Europäischen Rat festgelegten allgemeinen Richtlinien entwickelt er die Gemeinsame Außen- und Sicherheitspolitik (GASP) der EU.
6. Er koordiniert die Zusammenarbeit der nationalen Gerichte und Polizeikräfte in Strafsachen.

Beschlussfassung

In einigen für die Mitgliedstaaten besonders sensiblen Bereichen wie Außen-, Sicherheits-, Steuer-, Asyl- und Einwanderungspolitik müssen die Beschlüsse des Ministerrats einstimmig gefasst werden. Das bedeutet, dass jedes EU-Mitglied in diesen Bereichen ein Veto einlegen kann.

Die meisten Beschlüsse werden im Ministerrat mit „qualifizierter Mehrheit" gefasst. Das bedeutet, dass für die Annahme eines Vorschlags eine bestimmte Mindestanzahl von Stimmen erforderlich ist. Die genauen Bestimmungen dazu haben sich im Laufe der Zeit mehrmals geändert, z. B. wegen des Beitritts weiterer Staaten. Zurzeit gilt, dass die 27 EU-Staaten insgesamt 345 Stimmen haben, die großen wie Deutschland und Frankreich z. B. jeweils 29, das kleine Malta nur drei. Die qualifizierte Mehrheit ist erreicht, wenn ein Gesetzentwurf der Kommission mindestens 255 befürwortende Stimmen erhält.

Nach dem Vertrag von Lissabon soll ab 1. 11. 2014 im Ministerrat das Abstimmungsprinzip der „doppelten Mehrheit" gelten. Das bedeutet: Entscheidungen im Ministerrat kommen dann zustande, wenn 55 % der Staaten, die gleichzeitig 65 % der EU-Bevölkerung vertreten, zustimmen.

(Gerhard Mester)

1. *Der Ministerrat wird häufig als „Gesetzgeber der EU" bezeichnet. Beziehe Stellung zu dieser Aussage und begründe deine Einschätzung.*
2. *Benenne, was jede Regelung zur Beschlussfassung im Ministerrat berücksichtigen muss.*
3. *Erläutere, was die Karikatur zum Ausdruck bringen will.*

Der Europäische Rat

Der Europäische Rat besteht aus den Staats- und Regierungschefs aller EU-Staaten sowie dem Präsidenten der Europäischen Kommission. Da er das oberste Entscheidungsgremium in der Europäischen Union ist, werden seine Tagungen oft als „Gipfeltreffen" bezeichnet. Der Europäische Rat tagt grundsätzlich viermal jährlich.

Weil die Europäische Union kein Staat, sondern eine besondere Art von Staatenverbindung ist, haben die 27 Staats- und Regierungschefs die Aufgabe, Grundsatzentscheidungen für die europäische Entwicklung zu treffen. Sie müssen die Impulse für die Weiterentwicklung der EU geben und die allgemeinen Leitlinien der europäischen Politik festlegen. Sie bilden also eigentlich kein Organ der EU, sondern stehen vielmehr über den Organen.

Manchmal versuchen die Staats- und Regierungschefs auch, schwierige Probleme zu lösen, mit denen der Ministerrat nicht fertig geworden ist. Zu Beginn jeder Tagung bespricht sich der Europäische Rat mit dem Präsidenten des Europäischen Parlaments.

In der Europäischen Union hat derzeit noch jeweils ein Mitgliedstaat für ein halbes Jahr die sogenannte Ratspräsidentschaft inne und bestimmt in dieser Zeit die Schwerpunkte der europäischen Politik. Die Gipfeltreffen finden jeweils in diesem Staat statt. Dessen Regierungschefin oder Regierungschef leitet die Sitzungen. Der Staat, der die Ratspräsidentschaft innehat, führt auch den Vorsitz bei allen Ministertreffen. Er ist außerdem für die Gemeinsame Außen- und Sicherheitspolitik der Europäischen Union in dieser Zeit zuständig und vertritt die Gemeinschaft nach außen.

Österreich und Finnland hatten 2006 die Ratspräsidentschaft inne, Deutschland und Portugal folgten 2007. Im Jahr 2008 stellten Slowenien und Frankreich die Ratspräsidentschaften.

Der halbjährliche Wechsel in der Ratspräsidentschaft endet, wenn der Vertrag von Lissabon in Kraft tritt. Dann soll es einen gewählten Präsidenten des Europäischen Rates geben, der diesen zweieinhalb Jahre lang leitet.

Die Teilnehmer an einem EU-Gipfeltreffen 2007 – in der Mitte Bundeskanzlerin Angela Merkel

1. *Erläutere, warum der Europäische Rat auch Probleme lösen kann, bei denen die Minister nicht weitergekommen sind.*
2. *Überlege, warum die Ratspräsidentschaft nach verhältnismäßig kurzer Zeit wechselt. Erkläre, warum hier der Vertrag von Lissabon eine Änderung vorsieht.*
3. *Erläutere, wie sich der „Rat der Europäischen Union" (vgl. Seite 295) vom „Europäischen Rat" unterscheidet.*

Der Europäische Gerichtshof

www.curia.eu.int

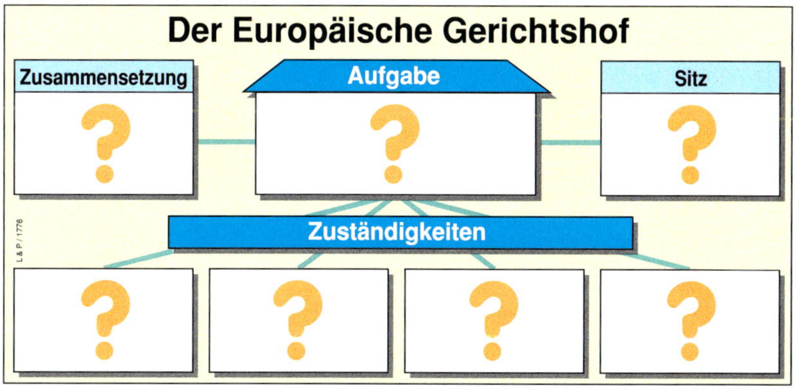

Der Gerichtshof der Europäischen Gemeinschaft – oft nur als „der Gerichtshof" oder als „Europäischer Gerichtshof" bezeichnet – hat die Aufgabe, dafür zu sorgen, dass die Rechtsvorschriften der EU (das „Gemeinschaftsrecht") in allen Mitgliedstaaten einheitlich ausgelegt und angewandt werden. Der Gerichtshof ist befugt, in Rechtsstreitigkeiten zwischen Mitgliedstaaten, Organen der EU, Unternehmen und Privatpersonen zu entscheiden. Er verfügt über einen Richter je Mitgliedstaat, sodass alle nationalen Rechtsordnungen der EU vertreten sind. Die Richter werden von den Regierungen der Mitgliedstaaten in gegenseitigem Einvernehmen auf sechs Jahre ernannt.

Die Gerichte jedes EU-Staates müssen für eine ordnungsgemäße Anwendung des EU-Rechts in ihrem Land sorgen. Wenn ein nationales Gericht Zweifel über die Auslegung oder Gültigkeit einer Rechtsvorschrift der EU hat, so kann es – und muss es in manchen Fällen – den Gerichtshof zurate ziehen. Dieser Rat wird in Form einer „Vorabentscheidung" erteilt.

Von der Kommission kann Klage erhoben werden, wenn sie Grund zur Annahme hat, dass ein Mitgliedstaat seinen Verpflichtungen gemäß dem EU-Recht nicht nachkommt. Wenn der Gerichtshof feststellt, dass der Vertrag tatsächlich verletzt wurde, so muss der beschuldigte Mitgliedstaat diesen Verstoß sofort abstellen.

Wenn ein Mitgliedstaat, der Rat, die Kommission oder unter bestimmten Umständen das Parlament meinen, dass ein bestimmter Rechtsakt der EU rechtswidrig ist, können sie beantragen, dass der Gerichtshof ihn für nichtig erklärt. Wenn der Gerichtshof feststellt, dass der betreffende Rechtsakt nicht korrekt verabschiedet wurde oder sich nicht auf die richtige Rechtsgrundlage in den Verträgen beruft, kann er ihn für null und nichtig erklären.

Das Europäische Parlament, der Ministerrat und die Kommission sind durch den Vertrag verpflichtet, unter gewissen Umständen bestimmte Entscheidungen zu treffen. Wenn sie das unterlassen, kann der Gerichtshof angerufen werden, um die Unrechtmäßigkeit dieser Untätigkeit feststellen zu lassen.

Der Europäische Gerichtshof in Luxemburg

Altautorichtlinie: EU verklagt Deutschland

BERLIN (luß/dpa). Die EU-Kommission verklagt Deutschland vor dem Europäischen Gerichtshof in Luxemburg wegen Mängeln im Gesetz zur kostenlosen Rückgabe von Altautos. Wie die Behörde mitteilte, hat das deutsche Altfahrzeuggesetz von 2002 Lücken und lässt Ausnahmen zu. […]

(aus: Stuttgarter Zeitung, 20. 1. 2005)

1. *Benutze das Arbeitsblatt oder zeichne die grafische Darstellung oben vergrößert ab. Ergänze die mit Fragezeichen versehenen Stellen durch stichwortartige Informationen. Die Texte helfen dir dabei.*
2. *Lies die Zeitungsmeldung: Erläutere, warum Deutschland verklagt wird. Mit welcher Zuständigkeit des Gerichtshofs hat diese Klage zu tun?*

Herausforderungen – Beispiel Landwirtschaft

(Walter Hanel/CCC)

Im EU-Haushalt 2004 waren mit 46 von 99,7 Milliarden Euro knapp die Hälfte der gesamten Haushaltsmittel für die Gemeinsame Agrarpolitik (GAP) vorgesehen. Dieser große finanzielle Posten steht in einem auffälligen Gegensatz zur gesamtwirtschaftlichen Bedeutung der Landwirtschaft. So arbeiteten beispielsweise im Jahr 2004 lediglich 4,3 Prozent aller Beschäftigten in diesem Wirtschaftszweig.

Dieses Missverhältnis hat in erster Linie historische Wurzeln. Als die Gemeinsame Agrarpolitik 1957 in das Leben gerufen wurde, waren in den damaligen sechs Mitgliedstaaten die Kriegsjahre mit Hunger und Lebensmittelknappheit noch in lebhafter Erinnerung. Zudem waren die Landwirte eine besonders gut organisierte Interessengruppe mit großem politischen Einfluss. So wurde damals für die wichtigen landwirtschaftlichen Produkte, z. B. Getreide, Rindfleisch oder Milch, allen Landwirten ein bestimmter Mindestpreis garantiert, wobei die EWG zuzahlte. Vom Weltmarkt eingeführte Produkte wurden mit Zöllen belegt, sodass sie nicht billiger waren. Bei Ausfuhr ihrer Produkte erhielten die europäischen Bauern eine „Ausfuhrerstattung“, die den Preisunterschied zwischen dem höheren Garantiepreis und dem Weltmarktpreis ausglich. So wurde den Landwirten ein gewisses Einkommen garantiert.

In den folgenden Jahrzehnten verhalfen die Fortschritte in der Technik und in der Chemie den Landwirten zu starken Ertragssteigerungen: Um 1950 ernährte ein Bauer im Durchschnitt zehn Menschen, heute mehr als hundert. Die zu Garantiepreisen bezahlten Agrarprodukte mussten als Überschüsse in Lagerhallen und Kühlhäusern untergebracht werden. Die Landwirtschaft verursachte in der EU bis zu 60 Prozent der Gesamtausgaben.

1988 beschloss die EU erste zaghafte Reformen. Der Ausgabenanstieg wurde auf ein jährliches Höchstmaß festgesetzt. Flächenstilllegungen und Vorruhestandsprogramme sollten Landwirte veranlassen, weniger zu produzieren. 1992 folgte die nächste Reform. Diesmal ging es an eine schrittweise Senkung der garantierten Mindestpreise. Dadurch konnten die Überschüsse von vorher 40 auf 15 Millionen Tonnen reduziert werden. Um die Einnahmeausfälle auszugleichen, wurde begonnen, den Bauern direkte Einkommensbeihilfen zu zahlen. 2003 beschloss der Ministerrat nach langwierigen Verhandlungen eine radikale Agrarreform.

Eine neue Landwirtschaft

Die europäische Landwirtschaft steht vor der tiefgreifendsten Veränderung ihrer mehr als vierzigjährigen Geschichte. „Es ist der Einstieg in den Ausstieg“, darin sind sich nahezu alle einig. […] Kernstück der Reform: Mehr Produktion bedeutet für die Bauern nicht mehr automatisch auch mehr Beihilfen. Der österreichische EU-Agrarkommissar Franz Fischler hatte erkannt, dass Steuerzahlern und Verbrauchern der Irrwitz von subventionierter Produktion, subventioniertem Verkauf und schlimmstenfalls subventionierter Vernichtung von Agrarprodukten nicht länger zu vermitteln ist. Gelegen kam ihm, dass die Gemeinschaft auch auf der internationalen Handelsbühne immer mehr in die Schusslinie geraten ist und vorgehalten bekommt, mit hochbezuschussten Preisen den Wettbewerb zu verzerren.

(aus: Frankfurter Neue Presse, 27. 6. 2003, Auszug)

Was ändert die Agrarreform?

Bisher ist es so: Je mehr Produkte die Bauern herstellen, je mehr Rindfleisch, Raps, Getreide oder Mais sie erzeugen, desto höher fallen die Subventionen aus. Künftig sind die Zahlungen unabhängig von der Produktion. In Deutschland wird die Prämie nach einer Übergangszeit bis 2013 nur noch entsprechend der Fläche gezahlt, die der Bauer bewirtschaftet – egal, was und wie viel er dort anbaut. Damit soll die bisherige Überproduktion vermieden werden.

Bekommen die Bauern die Subventionen ohne Gegenleistung?

Dass sich die Landwirte an bestimmte Auflagen zum Schutz von Tieren, Umwelt und Verbrauchern halten müssen, ist eine Neuheit der Reform. Betrieben, die dagegen verstoßen, können die Subventionen gekürzt, im Extremfall sogar gestrichen werden.

(aus: Mehr Markt und weniger Überschüsse, in: Marbacher Zeitung, 17. 7. 2003, Auszüge)

Heute gehören Verbraucherschutz, Umweltschonung, Entwicklung und Erhaltung des ländlichen Raums, Tierschutz und Pflege der Kulturlandschaft zu den Zielen europäischer Agrarpolitik.
In der alten, 15 Länder umfassenden EU arbeiteten vier Prozent der Beschäftigten in der Landwirtschaft. In den neuen Mitgliedstaaten sind es rund dreizehn Prozent. In der erweiterten EU der 27 Staaten gibt es nun gut 180 Millionen Hektar landwirtschaftlich genutzte Fläche. Die Landwirtschaft in den neuen EU-Ländern muss tief greifend verändert und modernisiert werden. Ein schmerzlicher Reformprozess ist in vollem Gange. Viele Kleinbauern in Osteuropa stehen vor existenziellen Fragen. Die EU will die Folgen für die betroffenen Landwirte lindern, in den neuen wie in den alten EU-Staaten. So soll vor allem die Entwicklung des ländlichen Raumes gefördert werden (mit insgesamt 12,4 Mrd. Euro im Jahr 2007), ebenso die Aufforstung von Landwirtschaftsflächen, die Vorruhestandsregelung für Landwirte und die Modernisierung von Höfen, die nur für den Eigenbedarf produzieren.

Die Politik zur Entwicklung des ländlichen Raums 2007–2013 legt ihren Schwerpunkt auf drei Bereiche, die den drei in der neuen Verordnung über die Entwicklung des ländlichen Raums festgelegten thematischen Achsen entsprechen: Verbesserung der Wettbewerbsfähigkeit der Land- und Forstwirtschaft, Verbesserung von Umwelt und Landschaft, Verbesserung der Lebensqualität und Diversifizierung der ländlichen Wirtschaft. In einer vierten Achse – Leader –, die auf den Erfahrungen mit den Leader Gemeinschaftsinitiativen (= Initiativen zur Entwicklung des ländlichen Raumes) aufbaut, ist erstmals die Möglichkeit eines von der lokalen Ebene ausgehenden Bottom-up-Konzeptes vorgesehen. Der neue Programmplanungszeitraum bietet eine einzigartige Gelegenheit, die Fördermittel aus dem neuen Fonds für ländliche Entwicklung gezielt für Wachstum, Beschäftigung und Nachhaltigkeit einzusetzen.

(http://ec.europa.eu/agriculture/rurdev/index_de.htm, © Europäische Gemeinschaften, 4. 10. 2007)

EU-Kommission will Agrarzahlungen 2009 kürzen

Mehr Geld für ländliche Entwicklung / Bauern sollen zum Klimaschutz beitragen

hmk. BRÜSSEL, 20. September. Die europäischen Landwirte müssen sich schon von 2009 an auf deutlich geringere Direktzahlungen einstellen. Das geht aus einem internen Papier der Europäischen Kommission zur geplanten Reform der EU-Agrarpolitik hervor, das Ende November offiziell vorgelegt werden soll. Die Behörde schlägt darin vor, die Direktzahlungen an die Landwirte schrittweise zu kürzen und das Geld in Projekte für die Entwicklung des ländlichen Raums umzuschichten. 2013 müssten die Betriebe dann 13 Prozent der Beihilfen abgeben. Derzeit sind es lediglich fünf Prozent. Um Anrecht auf Hilfszahlungen aus Brüssel zu haben, sollen die Landwirte fortan auch stärker für den Klimaschutz in der EU eintreten. Nur wenn sie bestimmte Vorgaben, etwa im Umgang mit Wasser, einhalten, sollen sie noch Geld aus dem derzeit knapp 50 Milliarden Euro im Jahr fassenden Agrartopf bekommen.
Darüber hinaus sollen die Zahlungen an große Agrarbetriebe vom übernächsten Jahr an drastisch gekürzt werden. [...]

(aus: Frankfurter Allgemeine Zeitung, 21. 9. 2007, S. 15)

1. *Die Landwirtschaft ist für die EU ein besonderes Problem. Berichte über Ursachen und Auswirkungen.*
2. *Stelle stichwortartig die Kernpunkte der Agrarreform 2003 zusammen.*
3. *Erläutere, was die Karikatur zum Ausdruck bringen will.*
4. *Zeige die Probleme, die sich insbesondere in den neuen Mitgliedstaaten ergeben, auf. Überlege, wie die Folgen für die betroffenen Landwirte gelindert werden könnten.*
5. *Nenne die Schwerpunkte zur Entwicklung des ländlichen Raumes in den Jahren 2007–2013. Zeige Unterschiede zur früheren Agrarpolitik auf.*
6. *Nenne Veränderungen, auf die sich Landwirte in naher Zukunft einstellen müssen.*

Der Vertrag von Lissabon

Im Dezember 2001 beschlossen die Staats- und Regierungschefs, einen Konvent einzuberufen. Er setzte sich aus Vertretern der Mitgliedstaaten, der EU-Kommission, des EU-Parlaments und der nationalen Parlamente sowie aus nicht stimmberechtigten Vertretern der Beitrittsländer zusammen. Dieser 105 Mitglieder starke Konvent hatte die Aufgabe, den Entwurf einer europäischen Verfassung vorzulegen. Er sollte Vorschläge für eine Reform der EU erarbeiten, die es ihr u. a. ermöglicht, auch nach der Erweiterung handlungsfähig zu bleiben.

Es folgte ein mehrjähriger Diskussionsprozess. Im Oktober 2004 wurde der Verfassungsvertrag von den Staats- und Regierungschefs feierlich unterzeichnet. Damit war die Debatte über die Zukunft Europas aber nicht beendet. In allen Mitgliedstaaten musste der Verfassungsvertrag durch Parlamentsbeschluss oder Volksentscheid gebilligt werden. Bei den Volksabstimmungen in Frankreich im Mai 2005 und in den Niederlanden im Juni 2005 wurde die EU-Verfassung von den Bürgerinnen und Bürgern abgelehnt. Sie fürchteten zu sehr den Verlust ihrer Eigenstaatlichkeit.

Die Verfassung sah u. a. vor, die Werte und Ziele der EU sowie die Rechte ihrer Bürger in der europäischen Charta der Grundrechte festzuschreiben. Die Rechte des Parlaments sollten gestärkt werden, und die neuen Ämter eines Präsidenten des Europäischen Rates (für 2 ½ Jahre) und eines EU-Außenministers sollten die Geschlossenheit der EU in der Außenpolitik ermöglichen.

Der umstrittenste Vorschlag im Verfassungsvertrag war die neue Regelung für Abstimmungen im Ministerrat. Das Prinzip der „doppelten Mehrheit" sollte eingeführt werden. Demnach kommt diese qualifizierte Mehrheit dann zustande, wenn mindestens 55 Prozent der Mitgliedstaaten zustimmen, die zugleich 65 Prozent der Bevölkerung der EU auf sich vereinigen. Diese Regelung sollte Blockaden von „Großen" und „Kleinen" verhindern.

Bisher gilt im Ministerrat die im Jahre 2000 in Nizza festgelegte Stimmengewichtung für die einzelnen Länder. Die Spanne reicht von drei bis 29 Stimmen. Für die meisten Beschlüsse ist die „qualifizierte Mehrheit" erforderlich. Diese ist erreicht, wenn a) die Mehrheit der Mitglieder zustimmt, die b) zugleich mindestens 255 Stimmen auf sich vereinigt. Schließlich kann ein Mitgliedstaat beantragen, zu überprüfen, ob die qualifizierte Mehrheit mindestens 62 Prozent der Gesamtbevölkerung der EU repräsentiert. Beschlüsse zu den politisch brisantesten Themen wie Steuerpolitik, Gemeinsame Außen- und Sicherheitspolitik und justizielle Zusammenarbeit müssen die Mitglieder einstimmig fassen.

Mitgliedstaat	Stimmen
Deutschland, Frankreich, Großbritannien, Italien je	29
Polen, Spanien je	27
Rumänien	14
Niederlande	13
Belgien, Griechenland, Portugal, Tschechien, Ungarn je	12
Bulgarien, Österreich, Schweden je	10
Dänemark, Finnland, Irland, Litauen, Slowakei je	7
Estland, Lettland, Luxemburg, Slowenien, Zypern je	4
Malta	3

Nach der Ablehnung des Verfassungsvertrages in Frankreich und in den Niederlanden im Jahre 2005 begann in den EU-Staaten eine Zeit des Nachdenkens – mit Beteiligung der Bürgerinnen und Bürger, der nationalen Parlamente, der Parteien – über die Verfassung und die Zukunft Europas. In der Berliner Erklärung vom 24./25. März 2007 verpflichteten sich die Staats- und Regierungschefs der EU, die Europäische Union bis zu den nächsten Wahlen zum Europäischen Parlament 2009 auf eine „erneuerte gemeinsame Grundlage" zu stellen. Auf dem EU-Gipfeltreffen im Juni 2007 in Brüssel wurde unter der Ratspräsidentschaft der Bundeskanzlerin Angela Merkel die längjährige Krise der EU zunächst überwunden. Beim EU-Gipfel in Lissabon im Oktober 2007 einigten sich die Staats- und Regierungschefs schließlich auf einen neuen EU-Reformvertrag, der an die Stelle der gescheiterten EU-Verfassung treten und wesentliche Elemente des Verfassungsentwurfs übernehmen soll. Nach dem Tagungsort wird der Vertrag als „Vertrag von Lissabon" bezeichnet. Bei einem zweiten Treffen haben die 27 Staats- und Regierungschefs den Vertrag am 13. Dezember 2007 in Lissabon unterzeichnet.

Die Umsetzung des Vertrages ist zurzeit ungewiss, da die Iren in einer Volksabstimmung im Juni 2008 den Vertrag abgelehnt haben. Eine Mehrheit von nur knapp 100 000 Iren hat den EU-Reformprozess mit ihrem „Nein" erneut ins Stocken gebracht.

Die wichtigsten Bestimmungen des Vertrags von Lissabon

Grundrechtecharta
Die Grundrechtecharta wird erstmals durch einen Verweis im Reformvertrag rechtsverbindlich. Die Charta garantiert etwa das Recht auf Meinungsfreiheit, auf Datenschutz, auf Bildung, auf die Vereinbarkeit von Beruf und Familie sowie das Recht auf eine gute Verwaltung. Diese Rechte sind in letzter Instanz vor dem EU-Gerichtshof einklagbar. Für Polen und Großbritannien bestehen Ausnahmeregelungen.

Europäische Kommission
Die EU-Kommission wird verkleinert. Von 2014 an sind in Brüssel nicht mehr 27, sondern abwechselnd nur noch zwei Drittel der Mitgliedstaaten mit einem Kommissar vertreten (Rotationsverfahren). Der Präsident der Kommission wird – auf Vorschlag des Europäischen Rates – vom EU-Parlament gewählt.

EU-„Außenminister“
Um Großbritannien nicht zu verärgern, erhält der künftige EU-Chefdiplomat den Titel „Hoher Repräsentant für die Außen- und Sicherheitspolitik“. Er ist zugleich Chef des EU-Außenministerrates und Vizepräsident der EU-Kommission.

Europäischer Rat
Die Amtszeit des künftigen Ratspräsidenten beträgt zweieinhalb Jahre. Er bereitet die Sitzungen der 27 Staats- und Regierungschefs vor und leitet sie.

EU-Parlament
Das EU-Parlament wird von 2009 an nur noch 750 statt bisher 785 Sitze umfassen. Es erhält erstmals ein Mitspracherecht in wichtigen Fragen der Justizzusammenarbeit, der inneren Sicherheit und der illegalen Einwanderung. Das Mitentscheidungsverfahren wird zur Regel, das heißt, Parlament und Rat entscheiden gemeinsam über europäische Gesetze.

Petitionsrecht
Mit mindestens einer Million Unterschriften können Bürger künftig die EU-Kommission auffordern, Gesetzesvorschläge zu machen.

Abstimmungen im Ministerrat
Künftig müssen nicht mehr so viele EU-Beschlüsse einstimmig gefasst werden. Die Entscheidungen mit qualifizierter Mehrheit werden auf zahlreiche neue Bereiche ausgedehnt, vor allem auf die Polizei- und Justizzusammenarbeit. Bei der Außen-, Steuer- und Sozialpolitik sowie bei Änderungen von EU-Verträgen ist weiterhin Einstimmigkeit erforderlich.
Das Abstimmungsprinzip der doppelten Mehrheit wird erst zum 1.11.2014 eingeführt. Für einen Beschluss ist dann die Zustimmung von 55 Prozent der Mitgliedstaaten nötig, die gleichzeitig mindestens 65 Prozent der Bevölkerung der EU vertreten müssen. In Streitfällen können sich Mitgliedstaaten noch bis 2017 auf den bisher geltenden Nizza-Vertrag berufen, der höhere Hürden für eine Mehrheitsentscheidung festlegt. Bis 2014 hat z.B. Polen mehr Stimmrechte, als es seiner Bevölkerungszahl entspricht. Vor allem bestand Polen auf der sogenannten Ioannina-Klausel, die es einer Minderheit von Staaten ermöglicht, dass bei einer knappen Mehrheit im Ministerrat die Minderheit verlangen kann, dass der Rat noch einmal nachverhandelt.

Nationale Parlamente
Die nationalen Parlamente werden künftig acht statt bisher sechs Wochen vor einem geplanten Rechtsakt der EU informiert und können Einspruch erheben, wenn sie nationale Zuständigkeiten gefährdet sehen.

Iren stoppen EU-Reform mit Nein zum Lissabon-Vertrag

Dublin/Brüssel – Die Iren haben mit ihrem Nein zum Lissabon-Vertrag eine tiefgreifende Reform der Europäischen Union vorerst gestoppt. Die Volksabstimmung über den Vertrag ergab nach der Auszählung am Freitag eine eindeutige Ablehnung von 53,4 Prozent. Für den Vertrag stimmten 46,6 Prozent.
Irland hatte als einziger der 27 EU-Staaten die Bürger um ihre Meinung gefragt. Insgesamt 862415 Iren stimmten mit Nein, 752451 mit Ja. Aus den europäischen Hauptstädten kamen angesichts der aufziehenden schweren politischen Krise Trotzreaktionen und Durchhalteparolen. […]
Bundeskanzlerin Angela Merkel, die den Vertrag maßgeblich mit ausgehandelt hatte, verlangte ebenso wie Frankreichs Staatspräsident Nicolas Sarkozy, dass die Ratifizierung in den restlichen acht Mitgliedstaaten weitergehen müsse. […]
Es war letztlich nur eine Minderheit der drei Millionen irischen Wahlberechtigten, die über die politische Zukunft der Europäischen Union mit ihren fast 500 Millionen Bürgern entschieden hatte. […]
Irland, einst ein Armenhaus in Europa, gehört zu den größten Profiteuren der EU-Mitgliedschaft, die dem Land noch immer Milliarden von Euro aus den Brüsseler Subventionstöpfen beschert. Die Iren hatten bereits 2001 den Vertrag von Nizza abgelehnt, der nach ihrer Zustimmung im zweiten Anlauf nun weiter die gültige Rechtsgrundlage für die EU ist. […]

(Quelle: DPA/www.tz-online.de/de_2/aktuelles/welt/artikel_41047.html, 2. 8. 2008)

1. *Erkläre, warum der vom Konvent vorgelegte Entwurf einer EU-Verfassung scheiterte.*
2. *War die in Nizza festgelegte Stimmengewichtung gerecht? Erläutere, welche Länder im Vergleich zu ihrer Bevölkerungszahl (siehe Seite 289) begünstigt wurden.*
3. *Nach dem Treffen in Lissabon sagte der EU-Parlamentspräsident, dass das Parlament der Gewinner des neuen Reformvertrages sei. Überprüfe anhand der Bestimmungen des Vertrages diese Aussage.*
4. *Umsetzung des Vertrags von Lissabon: Recherchiere den augenblicklichen Stand.*

Zur Analyse

Zukunft der EU

Aus einem Zeitungsinterview mit Dr. Andreas Maurer, Leiter der Forschungsgruppe EU-Integration bei der Stiftung Wissenschaft und Politik in Berlin

sueddeutsche.de: Zuletzt war die EU häufig mit sich selbst beschäftigt. Jüngstes Beispiel: der Streit über die Stimmengewichtung. Welche Probleme kommen in Zukunft auf Europa zu?
Maurer: [...] Wir haben es in der Europäischen Union mit einem riesigen demografischen Defizit zu tun. Wir werden immer kleiner, wie ein Dorf, das immer enger zusammenrückt und im Weltmaßstab von der Bevölkerungszahl her unbedeutender wird.
sueddeutsche.de: Welche politischen Folgen hat das?
Maurer: Das hat unter anderem Auswirkungen auf die Geostrategie, auf unsere Möglichkeiten, am Wettbewerb um Ressourcen aktiv und erfolgreich teilzunehmen. Letzten Endes wirft uns das auf die Grundfrage zurück: Wollen wir uns an den Konflikten um Ressourcen auch unter Androhung militärischen Eingreifens aktiv beteiligen?
[...]
sueddeutsche.de: Wie groß ist die Gefahr, dass die EU in Kriege hineingezogen wird, zum Beispiel um Energie?
Maurer: Das Kriegsrisiko ist groß. Schon heute gibt es in der Welt eine ganze Reihe von Konflikten, die ihre Wurzeln in Verteilungskämpfen haben. [...]
Es ist absehbar, dass wir in Situationen geraten, in denen wir uns an diesen Konflikten beteiligen müssen. Eine direkte militärische Beteiligung ist nur dann vermeidbar, wenn es gelingt, uns im Hinblick auf Ressourcen unabhängig zu machen.
[...]
sueddeutsche.de: Heißt das, die EU muss in erster Linie in Forschung und Entwicklung investieren – um es sich am Ende leisten zu können, einer aktiven Beteiligung an Kriegen aus dem Weg zu gehen?
Maurer: Die Europäische Union muss ihren Haushalt gewaltig aufstocken oder die Ausgaben drastisch umschichten: weg von der Agrarpolitik hin zur europäischen Förderung von Technologie, Forschung, Bildung und Innovation. Die europäische Finanzverfassung muss ganz anders aufgebaut sein. Nur dann kann sie das Ziel erreichen, unabhängig zu sein. Und nur dann wird man an dem Konzept der EU als Friedensmacht festhalten können.
sueddeutsche.de: Eine weitere große Herausforderung für die Zukunft ist das Thema Erweiterung. Welche langfristigen Modelle werden in den europäischen Denkfabriken gerade diskutiert?
Maurer: In der Wissenschaft ist dieser Themenbereich relativ unterbelichtet. Aber es gibt schon eine kleinere Gruppe, die sich mit der Frage beschäftigt. Hier wird an einen sogenannten zweiten Kreis gedacht, aufbauend auf der EFTA, der Europäischen Freihandelsassoziation, und dem Europäischen Wirtschaftsraum. [...]
Dieser Kreis könnte als Raum gestaltet werden, in dem der europäische Binnenmarkt normal in Kraft gesetzt ist und bei dem auch Fragen der Außen- und Sicherheitspolitik wie in der EU gelöst werden. Aber: Vertiefungsprojekte wie europäische Umweltschutzpolitik, Verbraucherschutzpolitik, Sozialpolitik oder Währungspolitik werden ausgespart. Das sind übrigens schon heute Bereiche, an denen nicht alle Mitgliedsstaaten teilnehmen [...].
sueddeutsche.de: Welche Staaten haben Sie im Blick, wenn Sie vom zweiten Kreis sprechen?
Maurer: Natürlich denke ich dabei zuerst an die Türkei. Aber es geht auch um Staaten wie die Ukraine oder die südlichen Mittelmeerländer [...].
sueddeutsche.de: Glauben Sie, dass sich Staaten, die derzeit in die EU streben, mit einer Art Teilmitgliedschaft, wie Sie sie beschrieben haben, anfreunden könnten?
Maurer: Auch wenn es manche Regierungen vielleicht nicht offen sagen: Es gibt beitrittswillige Staaten, die von sich aus überhaupt kein Interesse daran haben, all die Lasten zu tragen, die eine Vollmitgliedschaft wirklich mit sich brächte. [...]
Die Staaten, die dem zweiten Kreis angehören, wären formal Mitglied der Europäischen Union, dürften jedoch – weil sie nicht in allen Bereichen des gemeinschaftlichen Besitzstandes aktiv partizipieren – an bestimmten institutionellen Regeln nicht vollwertig teilnehmen.
sueddeutsche.de: Woran denken Sie dabei konkret?
Maurer: Denkbar wäre zum Beispiel, dass Staaten des äußeren Kreises kein Nominierungsrecht für die Europäische Kommission haben und nicht in allen Ministerratsformationen ein normales Vetorecht. Aber warum sollten Staatsangehörige dieser Gruppe nicht wie alle anderen EU-Vollmitglieder auch Beamte der EU-Institutionen werden dürfen?

(Quelle: http://www.sueddeutsche.de/ausland/artikel/51/123874/print.html, 6. 4. 2008)

Streitfall: Soll auch die Türkei EU-Mitglied werden?

Argumente für und Argumente gegen den Beitritt der Türkei

A „Wer die 67 Millionen Türken nur als Einwanderer und die Türkei nicht als einen vielversprechenden Markt betrachtet, wird seine eindimensionale Sicht in zehn bis 15 Jahren gründlich revidieren müssen."

B „Der Beitritt der Türkei in die EU wäre eine radikale Neudefinition Europas. Nicht nur nach innen, sondern vor allem mit gewaltigen Folgen nach außen. Der geografische Schwerpunkt Europas und damit auch seine politische, strategische Interessenlage würden folgenschwer verschoben."

C „Eine politische Union verlangt ein europäisches Wir-Gefühl. Dieses setzt gemeinsame historische Erfahrungen und Prägungen voraus. Eine EU, die auch die Türkei umfasst, könnte an ein europäisches Wir-Gefühl nicht mehr appellieren, dazu sind die kulturellen Prägungen der Türkei und Europas zu unterschiedlich."

D „In der Türkei gibt es Strömungen, die wir als dem politischen Islam zugehörig betrachten. Diese Kräfte sind sicher nicht dafür, dass das Land schließlich Mitglied der EU wird. Diese Kräfte müssen unbedingt überwunden werden – wobei die europäische Perspektive ein entscheidendes Mittel dafür ist."

E „Die Aufnahme der Türkei würde die bisherigen Machtstrukturen in der Union grundlegend verändern. Rechnet man das gegenwärtige Bevölkerungswachs tum hoch, wäre die Türkei bei einem Beitritt im Jahr 2013 vermutlich das größte Land in der Gemeinschaft – mit allen Konsequenzen bei der Verteilung von Einfluss und Macht in Brüssel."

F „Jetzt die Türkei wegen ihrer islamischen Bevölkerung auszugrenzen, wäre verheerend. Wenn wir uns gegen einen Beitritt entscheiden, würden wir eine entscheidende Brücke zur immer wichtiger werdenden islamischen Welt, in den Nahen Osten und nach Asien abbrechen."

Seit 2004 hat die EU zwölf neue Mitglieder in die Gemeinschaft aufgenommen. Die Türkei hatte erstmals 1959 die Aufnahme beantragt. Erst 1999 wurde der Staat am Bosporus als Beitrittskandidat offiziell anerkannt. Ende 2004 beschloss die EU, mit der Türkei Beitrittsverhandlungen aufzunehmen. Diese begannen im Oktober 2005. In den EU-Mitgliedsländern ist ein möglicher Beitritt der Türkei umstritten.

EU ist mit der Türkei noch lange nicht zufrieden

Brüssel. […] Im neuesten Fortschrittsbericht, dem Jahresgutachten für alle Kandidatenländer, lobte Erweiterungskommissar Olli Rehn einerseits die wirtschaftliche Entwicklung des Landes, beklagte aber andererseits das nach wie vor erhebliche Demokratiedefizit am Bosporus. […] „Menschenrechtsverletzungen sind zwar seltener geworden, kommen aber immer noch vor", heißt es in seinem Bericht. Außerdem: Der Rechtsrahmen zur Bekämpfung von Folter und Misshandlung sei zwar inzwischen vorhanden, jedoch müsse „energischer für die tatsächliche Ahndung dieser Straftaten gesorgt werden". Die Gewalt gegen Frauen biete „weiterhin Anlass zu ernster Sorge". […] Rehn sei stark irritiert über Ankaras Umgang mit dem Schriftsteller Orhan Pamuk, der sich wegen „Herabsetzung des Türkentums" verantworten muss, weil er das militärische Vorgehen gegen Kurden und den historischen Völkermord an den Armeniern kritisiert hatte. Auch sorgen in Brüssel Berichte für Unruhe, wonach in der Türkei religiöse Minderheiten wie die 100 000 Christen in der Ausübung ihres Glaubens weiterhin gegängelt würden. […] Beifall erntete die Türkei dagegen für ihre ökonomische Entwicklung. Das Land sei eine „funktionierende Marktwirtschaft" und schon „mittelfristig in der Lage, dem Wettbewerbsdruck und den Marktkräften innerhalb der Union standzuhalten". […]

(Tobias Blasius, in: Marbacher Zeitung, 10. 11. 2005, S. 4)

(Gerhard Mester/CCC)

1. *Formuliere zu jeder der Aussagen A bis F eine treffende Überschrift.*
2. *Welche Aussagen enthalten Argumente für, welche Argumente gegen einen EU-Beitritt der Türkei?*
3. *Werte den Zeitungsbericht aus: Notiere wesentliche Aussagen stichpunktartig.*
4. *Erläutere die Aussageabsicht der Karikatur.*
5. *Formuliere deinen Standpunkt zu einem EU-Beitritt der Türkei.*

Methode: Wandzeitung

Thema: Die Entwicklung der EU

Eine „Wandzeitung“ besteht aus Texten, Zeichnungen, Fotos usw. Sie dient dazu, andere über einen bestimmten Sachverhalt zu informieren, z. B. über die Ergebnisse eines Projektes.

Vorbereitung
Klärt vorab folgende Fragen:
- Welches Thema soll dargestellt werden?
- Welches Ziel wird mit der Wandzeitung verfolgt?
- An welche Zielgruppe richtet sie sich?
- Welche Materialien sind dafür zu beschaffen?

Schüler bei der Erstellung einer Wandzeitung

Durchführung
Zunächst ist zu klären:
- Wer beschafft die Informationen?
- Wer macht Fotos?
- Wer erstellt Zeichnungen?

Bei der Gestaltung der Wandzeitung sollten die folgenden Gesichtspunkte berücksichtigt werden:
- auffallende Überschrift
- nicht zu viel schriftliches Informationsmaterial
- übersichtliche Anordnung der Materialien

Die Materialien werden vor dem Aufkleben zunächst auf einer waagerechten Fläche ausgelegt. Durch Hin- und Herschieben lässt sich die beste Anordnung herausfinden. Erst wenn die Gestaltung feststeht, werden die Bilder und Texte aufgeklebt.

Auswertung
Wie reagieren die Betrachter auf die Wandzeitung? Man kann sie auch nach ihrer Meinung dazu fragen. Abschließend sollte gemeinsam besprochen werden, was an der Wandzeitung besonders gelungen ist und was das nächste Mal besser gemacht werden kann.

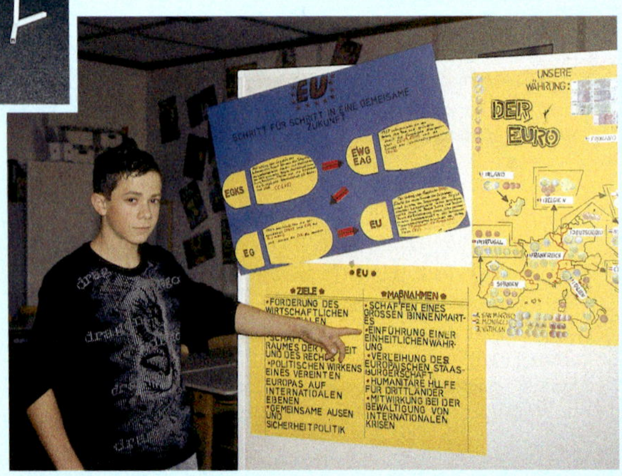

Schülerin und Schüler bei der Präsentation einer Wandzeitung

❶ *Gestaltet selbst eine Wandzeitung zum Thema „Die Entwicklung der Europäischen Union“.*

Das Wichtige in Kürze

Einigungsprozess

Eine Grundlage für die europäische Einigung war die deutsch-französische Versöhnung nach dem Zweiten Weltkrieg. Die Europäische Union soll insbesondere dauerhaften Frieden sichern, die Demokratie festigen und die wirtschaftliche Zusammenarbeit fördern. In verschiedenen Verträgen wurde der bisherige Einigungsprozess festgehalten und weiterentwickelt. So wurden z. B. 1992 im Vertrag über die Europäische Union drei nebeneinander bestehende Aufgabenbereiche unterschieden: Europäische Gemeinschaft (EG), Gemeinsame Außen- und Sicherheitspolitik (GASP), Zusammenarbeit in der Innen- und Justizpolitik. Der Vertrag von Lissabon aus dem Jahr 2007 sieht Reformen bei den Entscheidungsprozessen innerhalb der Union vor.

Europäischer Binnenmarkt

Der Europäische Binnenmarkt gewährleistet zwischen den Mitgliedstaaten vier Freiheiten: den freien Verkehr von Personen, Waren, Dienstleistungen und Kapital. Die Verbraucher können in der ganzen EU einkaufen und von dem größeren Wettbewerb profitieren. Die Unternehmen haben bessere Exportmöglichkeiten in die anderen EU-Staaten. Die Arbeitnehmer können Arbeit auch in anderen EU-Staaten finden und durch Auslandserfahrungen ihre Berufschancen verbessern.

Europäischer Rat

Der Europäische Rat besteht aus den Staats- und Regierungschefs und kommt mindestens einmal im Halbjahr zu einem Gipfeltreffen zusammen. Er trifft die Grundsatzentscheidungen für die europäische Entwicklung.

Europäisches Parlament

Die Abgeordneten des Europäischen Parlaments werden alle fünf Jahre gewählt. Sie schließen sich übernational zu Fraktionen zusammen. Das Europäische Parlament entscheidet bei Verordnungen und Richtlinien in wichtigen Bereichen gleichberechtigt mit dem Ministerrat. Allerdings kann es noch nicht selbst Gesetzentwürfe vorlegen.

Europäische Kommission

Jeder Mitgliedstaat entsendet in die Europäische Kommission für jeweils fünf Jahre eine Kommissarin oder einen Kommissar. Er oder sie wird nach eingehender Prüfung durch das Europäische Parlament ernannt. Eine oder einer von ihnen ist der mit Richtlinienkompetenz ausgestattete Präsident, der auch Mitglied des Europäischen Rates ist. Die anderen Kommissarinnen und Kommissare verantworten jeweils einen Aufgabenbereich (Ressort). Während ihrer Amtszeit sind sie völlig unabhängig von den Regierungen ihrer Staaten.

Ministerrat

Der Ministerrat (Rat der Europäischen Union) beschließt die Verordnungen und Richtlinien, also die Gesetze der EU. In vielen Politikbereichen kann der Rat die Gesetze nur unter gleichberechtigter Mitwirkung des Europäischen Parlaments verabschieden. In anderen Bereichen muss das Parlament nur angehört werden. Bei den einzelnen Zusammenkünften bilden diejenigen Minister den Rat, aus deren Fachbereich Entscheidungen anstehen.

Herausforderungen

Die Europäische Union steht vor vielen Herausforderungen. So müssen z. B. die seit 2004 aufgenommenen zwölf neuen Mitgliedstaaten in die Gemeinschaft integriert werden. Des Weiteren sind im Rahmen einer Agrarreform die Ausgaben für den Bereich Landwirtschaft erheblich zu senken.

Die Welt wächst zusammen

Aborigine-Tänze stimmen zum Konzert in Sydney ein.

Auch im japanischen Chiba wird gerockt.

Live Earth: Die Welt rockt gemeinsam für den Klimaschutz

8. Juli 2007. Auf sieben Kontinenten haben sich 150 Weltstars wie Madonna, Bon Jovi und Genesis in einem 24-stündigen Konzertmarathon mit Rock, Rap und Reden für den Klimaschutz stark gemacht. Ein umjubelter Auftritt der wiedervereinigten Gruppe The Police im Giants Stadium in New Jersey unweit von New York war in der Nacht zum Sonntag (Ortszeit) das krönende Finale der weltumspannenden „Live Earth"-Show. Vor 52 000 Zuschauern waren dort acht Stunden lang Musikgrößen wie Bon Jovi, Alicia Keys, John Mayer, Keith Urban und die Smashing Pumkins aufgetreten.

„Heute sind zwei Milliarden Menschen in über 130 Ländern auf sieben Kontinenten zusammengekommen", sagte der Initiator des Ereignisses, der frühere amerikanische Vizepräsident Al Gore, in New York. 24 Stunden zuvor hatte sich der Umweltaktivist per Videobotschaft an die Fans in Australien gewandt. Als Weltbürger müsse jeder mehr Verantwortung übernehmen und im eigenen Leben auf Energiesparen setzen, sagte Gore zum Auftakt der Konzertreihe in Sydney, die mit feurigen Tänzen der australischen Aborigines eingeläutet wurde.

(aus: Frankfurter Allgemeine Zeitung, 9. 7. 2007. http://www.faz.net, 22. 7. 2007)

Auszug aus einer Rede des damaligen Bundespräsidenten Johannes Rau am 13. Mai 2002 in Berlin:

Es hat mit Globalisierung zu tun, wenn die Firma, in der man arbeitet, plötzlich mit Betrieben aus Gegenden der Welt konkurriert, von denen man bisher kaum gehört hatte.

Es hat mit Globalisierung zu tun, wenn sich junge Leute, die durch die Anden wandern, aus dem Internetcafé in Quito bei ihren Eltern in Oberursel melden und mal eben per E-Mail die ersten digitalen Fotos schicken.

Es hat mit Globalisierung zu tun, wenn wir vom PC aus unseren Urlaub buchen und wenn Studenten sich nachmittags aus dem Internet Material aus Amerika für ihre Hausarbeit holen.

Es hat mit Globalisierung zu tun, wenn in dem Auto, das wir kaufen, die Teile aus vielen Ländern kommen, wenn also das „Made in Germany" manchmal nur noch für die Idee, für die Endmontage oder für den Namen steht.

Es hat mit Globalisierung zu tun, wenn Menschen in aller Welt am 11. September live miterleben mussten, wie das World Trade Center Tausende von Menschen unter sich begrub.

Es hat mit Globalisierung zu tun, wenn aus abgelegenen Berghöhlen ein Verbrechen geplant und gesteuert wird, das die ganze Welt erschüttert.

(http://www.bundespraesident.de/Reden-und-Interviews/Berliner-Reden, 23. 7. 2007)

Globale Entwicklungen: Beispiele

Fernsehunterhaltung

Als besonders populär und massenwirksam gelten mittlerweile Unterhaltungssendungen: Sie erzielen regelmäßig hohe Einschaltquoten. Innerhalb der Unterhaltungssparte hat der internationale Handel mit spezifischen Sendeformaten in den letzten Jahren stark zugenommen. […] Die auch in Deutschland ausgestrahlte Gameshow „Wer wird Millionär?" hat ihren Ursprung in Großbritannien und gehört zum geistigen Eigentum der Firma Celador. Mittlerweile ist die Sendung auf allen Kontinenten der Erde zu sehen, und die Lizenzierungs- und Ausstrahlungsrechte wurden an Fernsehanstalten in über 100 Ländern verkauft. […]

(http://www.bpb.de/wissen/0CWODB,,0,Fernsehunterhaltung.html 23. 7. 2007)

Aktienbörsen

Zwischen 1990 und 2005 ist der weltweite Aktienhandel von 5,7 auf 51,1 Billionen US-Dollar gestiegen. Gleichzeitig hat sich die regionale Verteilung erheblich verändert. Die New York Stock Exchange (NYSE) baute ihre führende Position weiter aus: Auf sie entfiel 2005 mehr als ein Viertel (27,6 Prozent) des weltweiten Börsenhandels mit Aktien. […]

(http://www.bpb.de/wissen/N202pw,,0,Die -gr%F6%Dften-Aktienb%F6rsen.html 23. 7. 2007)

Transport- und Kommunikationskosten

Seit 1930 sind sowohl die Kosten für den See- und Lufttransport als auch die Telekommunikationskosten massiv gesunken. Die Kosten für Seefracht und Lufttransport haben sich innerhalb von siebzig Jahren um 65 Prozent bzw. 88 Prozent verringert. Schaut man sich die Kommunikationskosten an – etwa die Gebühren für ein dreiminütiges Telefongespräch von New York nach London –, ist der Trend noch deutlicher: In Preisen von 1990 kostete dieses Gespräch 1930 über 244 US-Dollar, 1970 über 31 US-Dollar und 2005 nur noch 30 US-Cent – eine Kostenreduzierung von 99,88 Prozent. […]

(http://www.bpb.de/wissen/5TRK99,,0,Transport_und_Kommunikationskosten.html 23. 7. 2007)

AIDS-Epidemie

Die Immunschwächekrankheit AIDS hat seit dem ersten Bekanntwerden im Jahr 1981 mehr als 25 Millionen Opfer gefordert. Sie ist damit eine der zerstörerischsten Epidemien in der Geschichte der Menschheit. Im Jahr 2005 betrug die Gesamtzahl der HIV-Positiven 40,3 Millionen, was in etwa einer Verdoppelung gegenüber 1995 entspricht (19,9 Millionen). Allein 2005 kam es weltweit zu nahezu fünf Millionen HIV-Neuinfektionen, das sind über 550 Neuinfektionen pro Stunde. Unter den fünf Millionen waren alleine 700 000 Kinder unter 15 Jahren. […]

(http://www.bpb.de/wissen/02JNDW,,0,AIDSEpidemie.html 23. 7. 2007)

Tourismus

Weder der Massentourismus selbst noch die Zunahme des Tourismusverkehrs zwischen 1950 und 2004 haben ein Vorbild in der Geschichte. Belief sich die Zahl der weltweit einreisenden Touristen im Jahr 1950 auf lediglich 25,3 Millionen, waren es 1970 bereits 165,8 Millionen und 1990 441 Millionen. Im Jahr 2004 wurde mit 763,2 Millionen sogenannten Personenankünften ein neuer Rekord erreicht. […]

(http://www.bpb.de/wissen/20W091,0,0,Tourismusverkehr.html 23. 7. 2007)

Informations- und Kommunikationstechnologie

Der Zugang zu Informations- und Kommunikationstechnologien hat sich weltweit in allen Regionen verbessert. Von 1990 bis 2003 ist die Zahl der Festnetzverbindungen von 519 Millionen auf 1,1 Milliarden gestiegen. Noch rasanter war die Entwicklung im Bereich Mobilfunk. Lag die Anzahl der Mobilfunknutzer 1990 noch bei 11 Millionen Menschen, waren es 2003 bereits 1,4 Milliarden – eine durchschnittliche Steigerung von über 41 Prozent pro Jahr. Die Anzahl der PCs ist von 120 Millionen im Jahr 1990 auf 650 Millionen im Jahr 2003 gestiegen. 2005 nutzten etwa 900 Mio. Menschen bzw. 14 Prozent der Weltbevölkerung das Internet. […]

(http://www.bpb.de/wissen/R9GY83,0,0,Informations_und_Kommunikations-technolo… 23. 7. 2007)

Weltsprache

Schon heute sprechen zwei Drittel der Menschen mindestens zwei Sprachen. Der Prozess der Globalisierung wird diese Entwicklung weiter vorantreiben. Die parallele Nutzung einer Umgangssprache für den Alltag und einer Weltsprache für Handel, Politik und Fernverkehr ist zunehmend der Normalfall. Gegenwärtig ist keine Sprache so verbreitet wie Englisch. Die englische Sprache ist in 30 Staaten einzige Amtssprache; hinzu kommen acht Überseeterritorien Großbritanniens. In weiteren 25 Staaten ist Englisch gleichberechtigte Amtssprache. Damit ist Englisch für ein Drittel der Weltbevölkerung einzige oder gleichberechtigte Amtssprache. Englisch ist zudem Amtssprache der Europäischen Union, der Afrikanischen Union, der Organisation Amerikanischer Staaten und der Vereinten Nationen. […]

(http://www.bpb.de/wissen/2N9EU8,,0,Weltsprache.html 23. 7. 2007)

Fast Food

Das erste McDonald's Restaurant wurde 1940 in Kalifornien eröffnet. In den frühen 1970er-Jahren expandierte das Unternehmen in Teile Europas, Australiens, Mittelamerikas und Japan. In den darauffolgenden 20 Jahren wurden Westeuropa und Lateinamerika nahezu komplett erschlossen. In den 1990er-Jahren erfolgten die Expansion vor allem nach Asien, Osteuropa, in den Nahen Osten und die Eröffnung der ersten Filialen in Afrika. Ende 2005 war McDonald's in über 100 Staaten mit Filialen vertreten. […]

(http://www.bpb.de/wissen/VYGS5X,0,Fast_Food.html 23. 7. 2007)

1. *Was macht das Beispiel „Live Earth" deutlich? Erläutere, was es mit Globalisierung zu tun hat.*
2. *Der frühere Bundespräsident Johannes Rau umschreibt in seiner Rede, was Globalisierung bedeutet. Notiere zu jedem Satz, welchen Bereich der Globalisierung er betrifft. Formuliere drei ähnliche Sätze.*
3. *Werte die acht Beispiele für globale Entwicklungen wie folgt aus:*
   - *Notiere, zu welchem Bereich der Globalisierung das jeweilige Beispiel gehört.*
   - *Schreibe stichwortartig auf, wie die jeweilige Entwicklung mit der Globalisierung zusammenhängt.*

Globalisierung – was ist das?

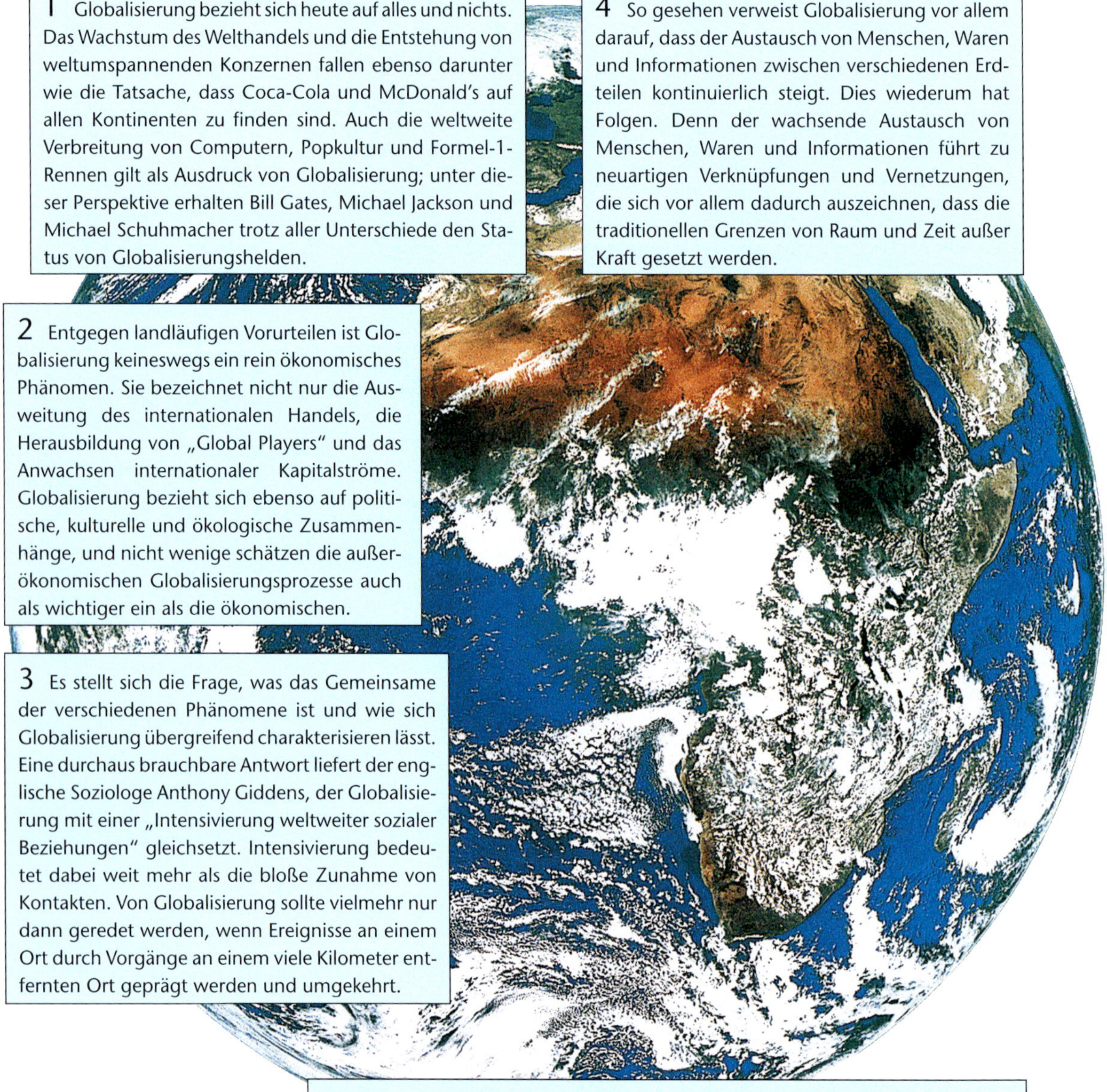

1 Globalisierung bezieht sich heute auf alles und nichts. Das Wachstum des Welthandels und die Entstehung von weltumspannenden Konzernen fallen ebenso darunter wie die Tatsache, dass Coca-Cola und McDonald's auf allen Kontinenten zu finden sind. Auch die weltweite Verbreitung von Computern, Popkultur und Formel-1-Rennen gilt als Ausdruck von Globalisierung; unter dieser Perspektive erhalten Bill Gates, Michael Jackson und Michael Schuhmacher trotz aller Unterschiede den Status von Globalisierungshelden.

2 Entgegen landläufigen Vorurteilen ist Globalisierung keineswegs ein rein ökonomisches Phänomen. Sie bezeichnet nicht nur die Ausweitung des internationalen Handels, die Herausbildung von „Global Players" und das Anwachsen internationaler Kapitalströme. Globalisierung bezieht sich ebenso auf politische, kulturelle und ökologische Zusammenhänge, und nicht wenige schätzen die außerökonomischen Globalisierungsprozesse auch als wichtiger ein als die ökonomischen.

3 Es stellt sich die Frage, was das Gemeinsame der verschiedenen Phänomene ist und wie sich Globalisierung übergreifend charakterisieren lässt. Eine durchaus brauchbare Antwort liefert der englische Soziologe Anthony Giddens, der Globalisierung mit einer „Intensivierung weltweiter sozialer Beziehungen" gleichsetzt. Intensivierung bedeutet dabei weit mehr als die bloße Zunahme von Kontakten. Von Globalisierung sollte vielmehr nur dann geredet werden, wenn Ereignisse an einem Ort durch Vorgänge an einem viele Kilometer entfernten Ort geprägt werden und umgekehrt.

4 So gesehen verweist Globalisierung vor allem darauf, dass der Austausch von Menschen, Waren und Informationen zwischen verschiedenen Erdteilen kontinuierlich steigt. Dies wiederum hat Folgen. Denn der wachsende Austausch von Menschen, Waren und Informationen führt zu neuartigen Verknüpfungen und Vernetzungen, die sich vor allem dadurch auszeichnen, dass die traditionellen Grenzen von Raum und Zeit außer Kraft gesetzt werden.

5 Die Vernetzung unterschiedlicher Raum- und Zeitzonen lässt sich an zahlreichen Beispielen studieren. Die Entwicklung der Börsenkurse in Tokio oder New York macht sich Sekunden später in Frankfurt bemerkbar. Ebenso gilt, dass Konjunktur- wie Strukturkrisen in fernen Ländern die wirtschaftliche Situation in Europa binnen Kurzem verändern können. Gerade für ein exportorientiertes Land wie Deutschland ist es daher keineswegs egal, wenn in „Hongkong ein Sack Reis umfällt" und sich irgendwo auf der Welt Angebots- und Nachfragestrukturen verändern.

(Textauszüge aus: Wolfgang Bonß: Globalisierung, Chancen und Gefahren; in: IFDT Informationen für die Truppe, Zeitschrift für Innere Führung, Nr. 1/2005, Hg.: Streitkräfteamt, Informations- und Medienzentrale der Bundeswehr, S. 39)

1. *Die Texte sind Ausschnitte aus einem Artikel über die Globalisierung. Fasse zu jeder Textstelle den Kerngedanken mit deinen Worten zusammen.*
2. *In einem Schülerlexikon soll der Begriff „Globalisierung" erklärt werden. Notiere deinen Textvorschlag.*

Globalisierung – Fallbeispiel Jeans

WEG EINER TYPISCHEN JEANS

Die Baumwolle kommt aus Kasachstan oder Indien. Diese wird in der Türkei zu Garn gesponnen und in Taiwan zu einem Stoff gewebt. In Frankreich wird dieser Stoff mit chinesischen Farbstoffen gefärbt, um dann in Honduras, unter Verwendung britischer Kurzwaren, zu einer Jeans genäht zu werden. Die Endverarbeitung der Jeans mit Bimsstein findet in Griechenland statt. Verkauft und getragen wird sie in Deutschland. Die gebrauchte Jeans landet im Altkleidercontainer und wandert von dort nach Rotterdam. Mit Schiff und Lkw wird sie nach Afrika gebracht. Noch einmal verkauft und getragen wird sie in Ghana. Und so kann der Weg einer Jeans um die Welt heute tatsächlich 19 000 km betragen.

WENN EINE JEANS 50 EURO KOSTET, FLIESSEN …

- 25 Euro in den Einzelhandel (Verwaltung, Miete, Personal und Gewinn)
- 12,50 Euro zur Markenfirma (Entwicklung, Verkauf, Verwaltung, Werbung, Geschäftsgewinn)
- 5,50 Euro zur Transportfirma und an das Finanzamt
- 7 Euro zur Jeans-Fabrik (Materialkosten, Miete, Maschinen, Gewinn und Löhne für die Arbeiter und Arbeiterinnen)

Die Textilproduktion wird zunehmend in Länder mit „günstigen Bedingungen" verlagert. Als günstige Bedingungen gelten aus Unternehmersicht unter anderem flexible und billige Arbeitskräfte sowie leichter Zugang zu Rohstoffen und Transportwegen. Für die Konsumenten bedeutet die Produktionsverlagerung billige Kleidung und Textilien.

Die Kehrseite der Medaille ist, dass „günstige Bedingungen" vielfach mit der Missachtung von Arbeitnehmerrechten in Entwicklungsländern einhergehen. Die Beschäftigten in der Bekleidungsindustrie – häufig sind es Frauen und Kinder – arbeiten in den Fabriken oft unter schlechten Bedingungen und haben keinerlei Möglichkeit, sich zu organisieren und ihre Situation zu verbessern. Sie sehen sich konfrontiert mit:

- sehr langen Arbeitszeiten mit 60 Stunden und mehr pro Woche;
- niedrigen Löhnen, die teilweise nicht die Grundbedürfnisse (Essen, Wohnung) decken;
- katastrophalen Sicherheitsbestimmungen, die immer wieder zu Unfällen in den Fabriken führen;
- mangelnder Hygiene (Masken, die vor Textilstaub schützen, sind oft Mangelware, genauso wie Toiletten und sauberes Trinkwasser);
- häufiger Diskriminierung von Frauen: Sie erhalten weniger Lohn, werden manchmal sexuell belästigt und bei Schwangerschaft oder nach Arbeitsunfällen oft entlassen.

(aus: RERUM, alle für eine Welt für alle, Bausteine für einen zeitnahen Unterricht, Arbeitsblatt 4: Die Globalisierung der Bekleidung. Hg.: Zeitbild Verlag GmbH, Berlin, November 2003. Verwendete Quelle: Clean Clothes Campaign)

1. *Verfolge auf einer Weltkarte den Weg einer typischen Jeans. Benenne den Hauptgrund für diese Wegstrecke.*
2. *Notiere, was dir bei der Kostenkalkulation auffällig erscheint. Vergleicht dann eure Ergebnisse.*
3. *Erläutere die Probleme, die billige Jeans-Produktion in Entwicklungsländern mit sich bringt.*
4. *Nimm zu der Aussage in der Sprechblase Stellung.*

Uns können die Arbeitsbedingungen in den Textilfabriken in Taiwan, China oder Honduras doch egal sein, Hauptsache, die Qualität der Jeans ist gut und die Preise sind niedrig. Außerdem: besser eine Arbeit unter nicht ganz so idealen Bedingungen als gar keine Arbeit.

Global Players

Was ist denn ein „Global Player“?

Das ist ein großes Unternehmen, das weltweit wirtschaftlich tätig ist. Es hat zwar in einem bestimmten Land den Firmensitz, aber große Teile von Entwicklung, Produktion, Verkauf usw. finden in anderen Ländern statt.

Und wer wäre solch ein „Global Player“?

Nehmen wir als Beispiel Ikea, ein Möbelhaus, das jeder kennt. Der Stammsitz ist in Schweden, aber mittlerweile gibt es mehr als 230 Ikea-Einrichtungshäuser in 24 Ländern. In China heißt Ikea „Yi Jia Ju“, was so viel wie „Gemütlich zu Hause wohnen“ bedeutet. Die Möbel lässt Ikea in 50 Ländern von über 1350 Lieferanten produzieren. – Oder als anderes Beispiel die Siemens AG, die in über 190 Ländern produziert. Von den rund 400 000 Mitarbeitern arbeiten nur rund 126 000 in Deutschland für Siemens (ohne Auszubildende).

Wie viele „Global Players“ gibt es denn?

Ganz genau kann ich das nicht sagen. Man schätzt, dass es weltweit etwa 65 000 multinationale Firmen mit 850 000 Auslandstöchtern und insgesamt 54 Millionen Beschäftigten gibt.

Da haben die „Global Players“ eine große wirtschaftliche Bedeutung, scheint mir …

Das kann man wohl sagen! Zum Beispiel macht der Ölkonzern Exxon Mobil einen Umsatz, der höher ist als das gesamte Bruttoinlandsprodukt von Österreich. Die zehn größten „Global Player“ erzielten 2006 einen Umsatz in Höhe von über 2400 Milliarden Dollar. Im Vergleich dazu verfügen die Vereinten Nationen gerade mal über 2,5 Milliarden Dollar.

(Zeichnung: Karl-Heinz Schoenfelder)

(Zeichnung: Edgar Hoff)

Strategien multinationaler Unternehmen

Ressourcenstrategien

Die Erschließung von Rohstoffquellen zur Sicherung der Versorgung mit natürlichen Ressourcen ist das „klassische" Investitionsmotiv international tätiger Unternehmen. Es ist auch weiterhin bedeutend, aber in dieser Form nicht mehr dominant.

Marktstrategien

Das Hauptmotiv der multinationalen Unternehmen ist vielmehr die bessere Durchdringung der Auslandsmärkte, das heißt die Sicherung und Ausweitung des Absatzes im Ausland. Dieses Motiv ist umso wichtiger, je größer der betreffende Markt ist. China, Indien und einige große lateinamerikanische Länder sind daher bevorzugte Zielregionen für absatzorientierte Direktinvestitionen. Liberale Einfuhrregelungen zwischen kleinen Ländern einer wirtschaftlich expandierenden Region sind ein weiteres, annähernd gleichrangiges Investitionsmotiv.

Effizienzstrategien

Von wachsender Bedeutung sind Effizienzstrategien, bei denen Kostensenkung das entscheidende Motiv ist. Westliche Investoren in den mittel- und osteuropäischen Ländern nutzen beispielsweise die Tatsache, dass dort das Lohnniveau deutlich niedriger als im Heimatland liegt, zur billigen Herstellung von Vorleistungen für den eigenen Produktionsprozess oder auch zur Endmontage mit anschließendem Export. Immer häufiger betreiben multinationale Unternehmen im Ausland Fabriken, die auf bestimmte Fertigungen spezialisiert sind und für einen bestimmten Teil des Weltmarktes produzieren. Ein Beispiel ist die Montage von Farbfernsehgeräten im Norden Mexikos, nahe der Grenze zu den USA, durch amerikanische und japanische Konzerne. Bei diesen Produkten ist Mexiko heute der weltweit größte Exporteur. Niedrige Löhne, Zoll- und Steuervergünstigungen, eine starke Kostenminderung durch hohe Stückzahlen und die Vorteile, die aus einer räumlichen Ballung verwandter industrieller Aktivitäten herrühren, sind wesentliche Ursachen dieser Entwicklung.

Wertstrategien

Ziel dabei ist die Steigerung des Unternehmenswertes durch Nutzung strategischer Ressourcen des Auslandes. Konkret geht es hauptsächlich um den Zugang zu ausländischen Wissensquellen. Verstärkt führen deshalb multinationale Unternehmen Forschungs- und Entwicklungsaktivitäten im Ausland durch, häufig in Kooperation mit wissenschaftlichen Einrichtungen vor Ort, wie zum Beispiel Universitäten, die auf dem betreffenden Gebiet tonangebend sind.

(aus: Informationen zur politischen Bildung Nr. 280/2003, S. 19f., gekürzt und sprachlich vereinfacht)

Transnationale Konzerne

	Die 10 größten transnationalen Unternehmen	Sitz	Auslandsvermögen (Mrd US-$)	Beschäftigte im Ausland
1	General Electric	USA	412,7	155 000
2	Vodafone	GB	196,4	51 100
3	General Motors	USA	175,3	194 000
4	BP	GB	161,2	78 100
5	Royal Dutch/Shell	GB/NL	151,3	92 000
6	ExxonMobil	USA	143,9	52 900
7	Toyota	J	131,7	107 800
8	Ford	USA	119,1	160 000
9	Total	F	108,1	64 100
10	Electricité de France	F	91,5	17 800

Quelle: UNCTAD (Zahlen für 2005)

ZAHLENBILDER 632 126 © Erich Schmidt Verlag

1. *Welche Rolle spielen multinationale Unternehmen in der Weltwirtschaft? Notiere stichwortartig. Beziehe in deine Antwort das Gespräch und die Grafik ein.*
2. *Erläutere, was die beiden Karikaturen auf Seite 310 jeweils ausdrücken wollen.*
3. *Erkläre jede der vier Strategien multinationaler Unternehmen mit deinen Worten.*

Methode: Grafiken auswerten

Thema: Welthandel

Wirtschaftliche Sachverhalte haben viel mit Zahlen zu tun; Zahlenmaterial wiederum lässt sich durch grafische Darstellungen veranschaulichen. Um eine Grafik zu verstehen, muss man vor allem wissen, was die Zahlen bedeuten. Dazu muss man die Zahlen und erklärenden Texte im Zusammenhang sehen.

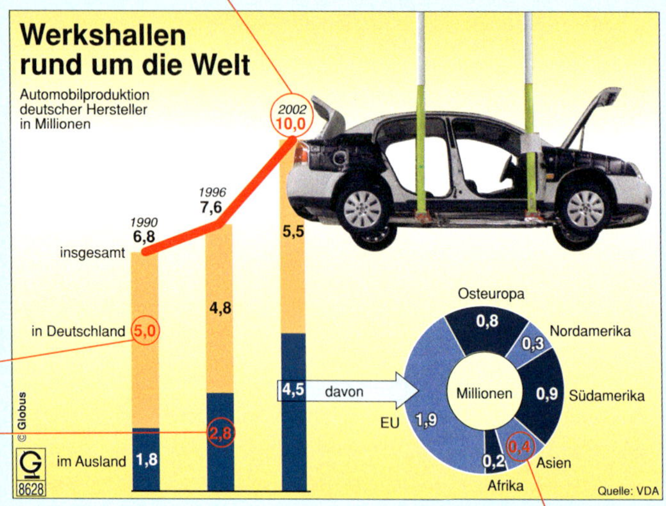

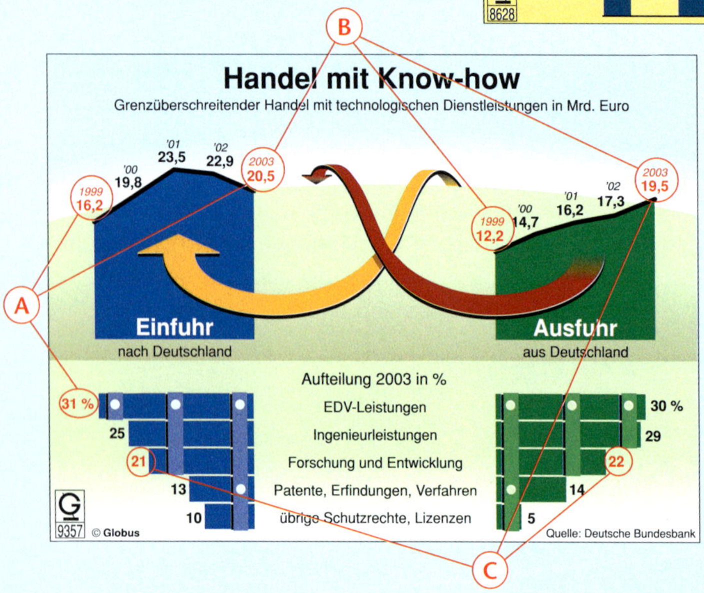

Grafiken zeigen Zusammenhänge. Solche Zusammenhänge kann man erkennen, wenn man Zahlen miteinander vergleicht. Zusammenhänge können etwas Bemerkenswertes zum Thema der Grafik aufzeigen und Erkenntnisse ermöglichen. In Grafiken gibt es oft Zahlen, die sich beim gleichen Sachverhalt auf unterschiedliche Zeiträume beziehen. Solche Zahlenreihen zeigen Entwicklungen.

Leitfragen zum Auswerten von Grafiken

1. Um welches Thema, welchen Sachverhalt geht es?
2. Was bedeuten die einzelnen Zahlen? Welche Erklärungen in der Grafik sind zu ihrem Verständnis notwendig?
3. Was fällt beim Vergleich der Zahlen auf? Welche Erkenntnisse lassen sich aus dem Vergleich ableiten?
4. Wie beurteilst du die gewählte Darstellungsform?

1. *Beantworte die Fragen zur Grafik „Werkshallen rund um die Welt“.*
2. *Vergleiche in der Grafik „Handel mit Know-how“ die markierten Zahlen, die jeweils mit dem gleichen Buchstaben verbunden sind. Notiere jeweils, welcher Zusammenhang sich aus dem Vergleich ergibt.*
3. *Die untere Grafik enthält auch zwei zeitliche Zahlenreihen. Vergleiche: Was kann man erkennen?*

Internationale Wirtschaftsbeziehungen

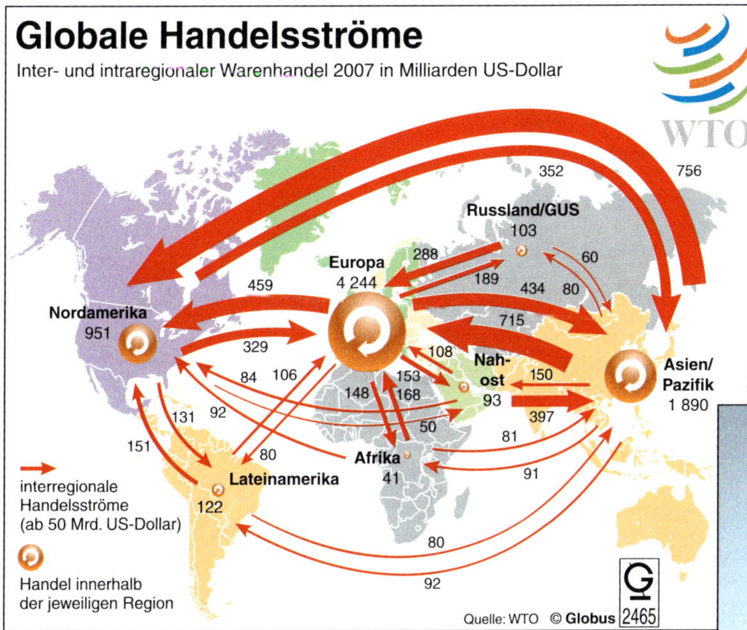

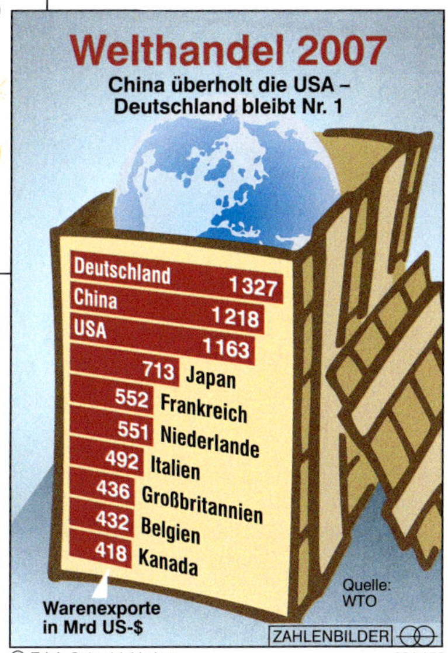

© Erich Schmidt Verlag 681 153

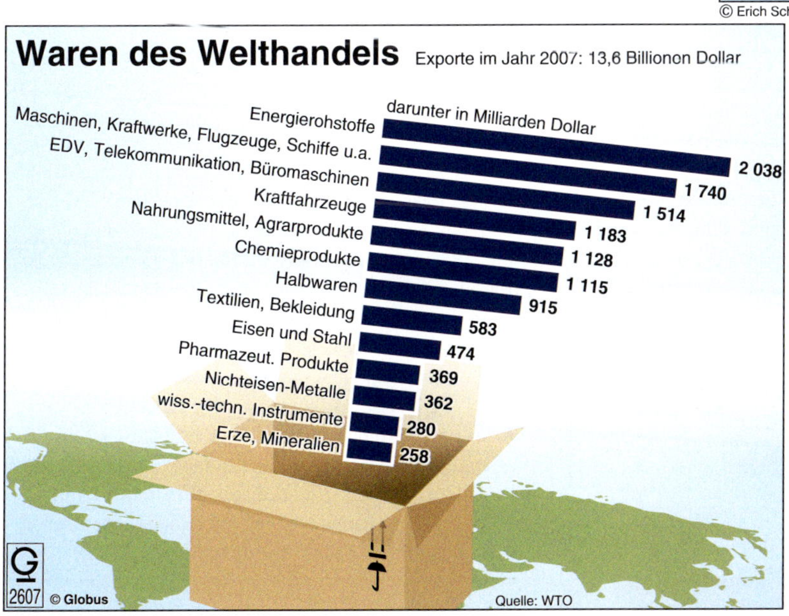

1. *Werte die Grafik „Globale Handelsströme“ aus. Notiere einige wesentliche Ergebnisse.*
2. *Werte die zwei anderen Grafiken aus.*
3. *Verfasse aufgrund deiner Auswertungen der Grafiken einen kurzen Text zum Thema „Welthandel“.*

Mobile Arbeitskräfte

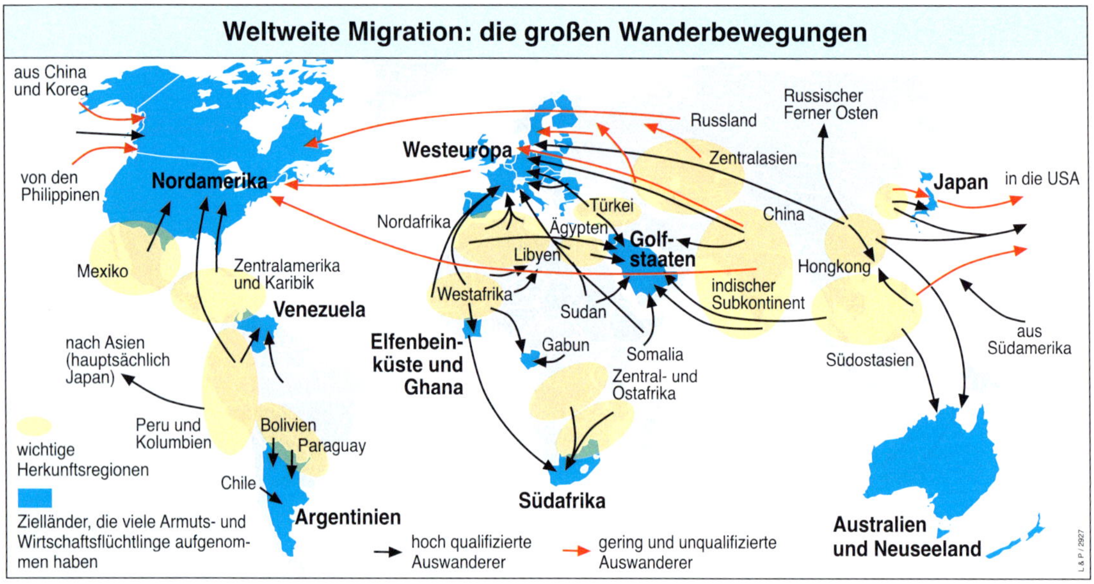

Die Welt in Bewegung

[...] Lange nicht haben so viele das bessere Leben gesucht wie heute. Das ist kein Wunder, ist doch nicht nur die Bevölkerung in den armen Ländern rapide gewachsen, sondern auch der ökonomische Unterschied zwischen dem Norden und dem Süden der Welt. Rund um den Globus leben heute rund 200 Millionen Menschen dauerhaft in einem fremden Land, vor allem in den Industrienationen. In 50 Jahren hat sich ihre Zahl nahezu verdoppelt. Größter Magnet sind die USA, die rund ein Fünftel der Migranten beherbergen.

Zwar zählt die Welt immer weniger Menschen, die nach Kriegen und Katastrophen über die Grenzen flüchten – zuletzt sogar die wenigsten seit einem Vierteljahrhundert. Doch die Ströme der Wanderer aus wirtschaftlichen Motiven, sozusagen auf der Flucht vor Armut und Chancenlosigkeit, schwellen umso mehr an. Auch das Geschäft der Schlepper nimmt zu, und es globalisiert sich: Regionale Ringe kooperieren miteinander, um die Illegalen in dem einen Land auf die Reise zu schicken und in dem anderen einzuschleusen. Relativ viele Frauen begeben sich Studien zufolge in die Hände der Schlepper – nicht bloß Prostituierte aus Osteuropa, sondern auch Putzfrauen von den Philippinen.

In der Regel sind es aber gar nicht die Ungelernten, die sich aufmachen, sondern die Studierten und die Facharbeiter. Sie können hoffen, dass sich der Umzug lohnt, und sie haben eher das Geld für die Reise, die Visagebühren oder den gefälschten Pass. Ob polnische Lehrer, die in Großbritannien auf dem Bau arbeiten, oder mexikanische Fachkräfte, die in Kalifornien Wein ernten – sie sind bereit, für mehr Geld weit unten anzufangen.

Die Zugereisten sind auf vielfältige Weise hungrig. Genau das macht sie in den Augen vieler Bewohner der Industrieländer so bedrohlich. Gleichwohl belegen viele Studien, dass die Einwanderung den reichen Nationen nützt. Ob die Auswanderung den armen Ländern ebenfalls nützt, ist weniger klar. Immerhin überweisen die Migranten heute mindestens 230 Milliarden Dollar jährlich in die Heimat, dreimal so viel wie Ende der Neunzigerjahre. Das allermeiste davon geht in Entwicklungsländer. Für Bangladesch machen die Zahlungen fast ein Drittel des Devisenaufkommens aus. Doch die schönen Dollar und Euro haben ihren Preis. Zu Hause fehlen die Leistungsträger. Während kanadische Ärzte in die USA abwandern, öffnet sich Kanada für südafrikanische Mediziner. Kein Problem. Südafrika holt sich dann eben teuer ausgebildete Fachkräfte aus Mosambik. [...]

(Uwe Jean Heuser, in: Die Zeit, 28. 9. 2006, S. 25)

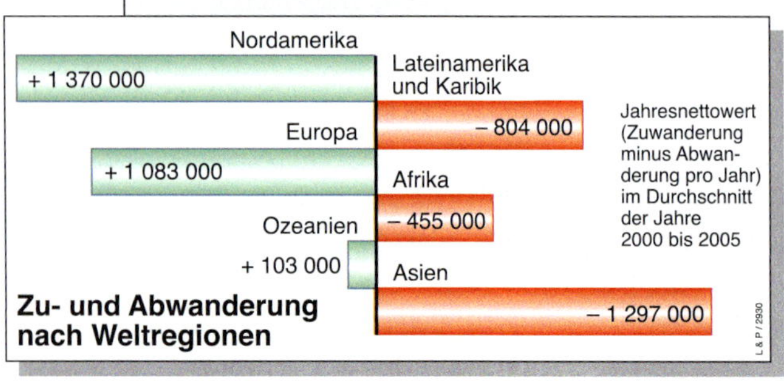

Das globalisierte Dienstmädchen

Die Sonne scheint, der Himmel glänzt, im Rebstockpark spielen Mütter mit kleinen Kindern. Zum Beispiel Lydia Flores*, schlank, hübsch, schwarze Haare, 34 Jahre alt. Zärtlich hält sie das Baby im Arm. Sie lächelt es an, sie summt ihm ins Ohr, sie streichelt seine Wange. Das bringt ihr neun Euro die Stunde.

Lydia, die Ersatzmutter. Man kann sie mieten. Sie wohnt in einem grau verputzten Haus hinter der Frankfurter Uni. Von den Fensterrahmen blättert weiße Farbe, neben der Tür kleben 17 Klingelschilder. Auf einem steht kein Name.

„Besser, man sieht nicht gleich, wer hier wohnt", sagt sie.

Lydia, die Illegale. Wenn sie auf der Straße einen Polizisten sieht, wechselt sie die Richtung. Wenn sie in die S-Bahn steigt, kontrolliert sie zweimal, ob sie eine Karte hat. So wie man das macht, wenn man in Deutschland lebt, aber keinen deutschen Pass hat und keine Aufenthaltsgenehmigung, erst recht keine Arbeitserlaubnis.

Natürlich arbeitet sie trotzdem. Vormittags geht Lydia Flores putzen, schrubbt Böden, wäscht Hemden, füttert Hunde, nachmittags schiebt sie den Kinderwagen mit dem fremden Baby durch die Stadt. 15 Monate alt ist der kleine Ricardo. Sein Vater verkauft Wertpapiere in einer Bank, seine Mutter ist Anwältin. Lydia verbringt mehr Zeit mit ihm als seine Eltern.

Von ihren eigenen Kindern hat sie nur Bilder. Die Wohnung mit dem leeren Klingelschild ist voll davon. Ihr kleiner Sohn, stolz in Schuluniform. Ihre beiden Töchter, wie sie um die Wette grinsen. Die Fotos hängen am Kühlschrank, stehen im Regal, kleben im Album.

Der Kinder wegen ist sie nach Deutschland gekommen. Um ihnen Geld schicken zu können. Seit sechs Jahren ist sie hier. „Seit sechs Jahren habe ich meine Kinder nicht gesehen." Sie weint, als sie das sagt. [...]

In den Philippinen wächst derweil fast jedes dritte Kind ohne Mutter auf. Sie arbeitet im Ausland.

Manila. Im Hafen der philippinischen Hauptstadt lagerten die Spanier einst den Zucker, den sie nach Europa verschifften. Heute sitzt das vielleicht wertvollste Exportgut der Dritten Welt auf Plastikstühlen in einem fensterlosen Raum, erhellt von weißem Neonlicht. Es sind Frauen.

Sie sind gekommen, um zu lernen. Zwei Dutzend sind es, in diesem Kurs an der Philippine Women's University. Die meisten sind Ende zwanzig oder Anfang dreißig, sie haben studiert, sie haben ein paar Jahre gearbeitet. Jetzt wollen sie endlich richtig Geld verdienen.

Vor ihnen steht ein großes, schweres Bett, und neben dem Bett steht eine dicke, ebenfalls junge Frau, das ist die Dozentin.

Sie sagt: „Wichtig ist, dass das Muster der Tagesdecke parallel zur Matratze verläuft." Sie zupft ein wenig an der Decke.

Die Frauen sind ausgebildete Lehrerinnen, Buchhalterinnen, Tierärztinnen. Sie wissen, wie man Mathematik unterrichtet, eine Bilanz erstellt, eine Kuh kuriert. Jetzt bekommen sie gezeigt, wie man in reichen Ländern Betten macht, in einem amerikanischen Hotel zum Beispiel oder in einem italienischen Haushalt. Sie lernen, wie eine Geschirrspülmaschine funktioniert, und erfahren, mit welchen Spielsachen sich kanadische oder deutsche Kinder die Zeit vertreiben. Nach sechs Monaten sind sie diplomierte Haushälterinnen.

Dann steigen sie in ein Flugzeug und verlassen das Land.

So werden sie Teil eines globalen Trends, vom dem im lokalen Streit um Zuwanderungsgesetz und Auffanglager wenig zu hören ist. In dieser „Feminisierung der Migration" vermischen sich auf seltsame Weise feudale Vergangenheit und emanzipatorische Gegenwart. Lehrerinnen aus den Philippinen, Studentinnen aus Mexiko, Übersetzerinnen aus Ecuador, Juristinnen aus Ghana brechen auf in Länder, in denen Frauen heute Konzerne, Hochschulen und politische Parteien führen, um dort Arbeiten zu verrichten, die seit Jahrhunderten als Frauenarbeit gelten: Sie putzen, sie kochen, sie kümmern sich um die Kinder fremder Leute. [...]

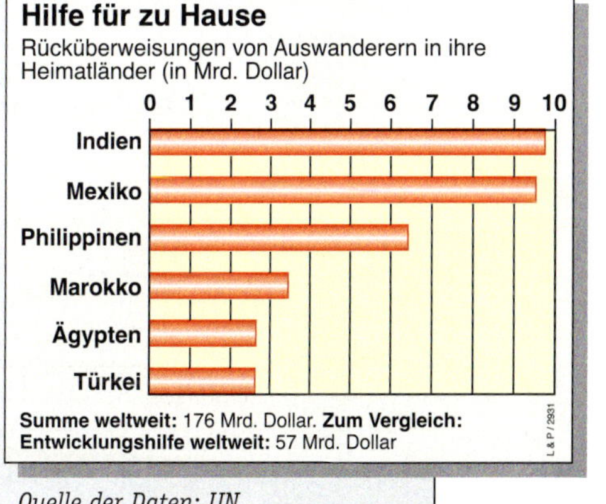

Quelle der Daten: UN

*(Wolfgang Uchatius, in: Die Zeit, 19. 8. 2004, S. 17. * Name von der Redaktion geändert)*

1. *Notiere zur Karte auf Seite 314 drei, vier wichtige Erkenntnisse.*
2. *Untersuche den Zeitungstext auf Seite 314 wie folgt: Formuliere für jeden Absatz eine treffende Überschrift. Notiere darunter die wichtigsten Informationen aus dem Absatz in Stichworten.*
3. *Werte die beiden Grafiken aus und notiere die jeweilige Hauptaussage.*
4. *Benenne die Probleme, auf die der Text „Das globalisierte Dienstmädchen" hinweist.*

Kapital global

$ 1.200.000.000.000

Zentrale Schauplätze der globalen Vernetzung sind die internationalen Finanzmärkte. Das Foto zeigt Börsenhändler an der New York Stock Exchange.

Milliarden rasen um die Welt

Geld regiert die Welt, heißt es im Volksmund. Wahrscheinlich lag der Volksmund damit noch nie so richtig wie zurzeit. Nirgendwo hat sich die Globalisierung so konsequent durchgesetzt wie auf den Finanzmärkten. Die Devisenbörsen der Welt setzen täglich rund 1200 Milliarden US-Dollar um – 1970 waren es noch 70 Milliarden. Da 30 bis 40 Milliarden US-Dollar täglich zur Abwicklung des Welthandels genügen würden, sind 1160 bis 1170 Milliarden Dollar reine Geldanlagen. Und dieses spekulative Kapital rast mit hoher Geschwindigkeit um die Welt: 80 Prozent dieser Gelder werden alle acht Tage wieder in andere Währungen umgetauscht – völlig unkontrolliert von staatlichen Behörden. Diese rasende Geldmenge stammt aus den Anlagen multinationaler Konzerne, aus Petrodollars, US-Pensionsfonds und aus den riesigen Anlagebeständen von Versicherungen und anderen Kapitalsammelstellen, die vor allem der Alterssicherung dienen. Für die meisten Finanzexperten ist das alles kein Problem, weil der eine Spekulant nur verliert, was der andere gewinnt. Außerdem trieben die Finanzmärkte das Geld mit geringstmöglichem Aufwand dorthin, wo es am dringendsten gebraucht werde. Doch dieser Trost ist nicht viel wert. Wie gefährlich sich die vagabundierenden Dollar-Milliarden auswirken können, zeigte die Asienkrise 1997. Nachdem in mehreren asiatischen Ländern Fehlinvestitionen gemeldet wurden, flohen in wenigen Tagen Hunderte Milliarden aus den Währungen dieser Länder – in Dollar und Yen. Die Landeswährungen verloren rasant an Wert – mit der Folge, dass sich alle Dollarimporte stark verteuerten. Nach Angaben des Internationalen Währungsfonds hat die Asienkrise in Indonesien, Thailand und Südkorea mehr als 20 Millionen Menschen in Armut gestürzt. Dieser Verlust wiegt weit schwerer als die Verluste der Spekulanten. Die Schnelllebigkeit des vagabundierenden Finanzkapitals an den elektronisch vernetzten und deshalb besonders schnell reagierenden Weltbörsen ist eine schwere Hypothek. Die Spekulation kann in wenigen Tagen Wirtschaftskrisen auslösen. [...]

(http://www.attac.de/themen/globalisierung/Globalisierung.php?print=1 14. 5. 2008)

Wichtige Veränderungstrends: Globalisierung

Besondere Aufmerksamkeit genießt in der Globalisierungsdiskussion die Internationalisierung der Finanzmärkte: Große institutionelle Geldanleger wie Banken, Versicherungen oder Investmentfonds verfolgen heute gezielt Strategien der globalen Risikostreuung („Diversifikation") und verteilen ihre Anlagegelder nach Risiko- und Renditeeinschätzungen rund um den Erdball. Diese Streuung der Anlagegelder ist aus Sicht der Anleger sicherlich rational, weil auf diese Weise die Vermögensentwicklung nicht mehr alleine von der Entwicklung eines Landes oder Kontinents abhängt. Auch Arbeitnehmer, die etwa im Rahmen ihrer Altersvorsorge auf internationale Aktienfonds setzen, profitieren ja im Grunde [...] [davon.]
Allerdings wird die Finanzmarktglobalisierung auch sehr kritisch diskutiert. Das Bild der „Heuschrecke", das besonders mit Bezug auf die sogenannten Hedgefonds geprägt worden ist, macht die Vorbehalte deutlich. Hedgefonds sind im Unterschied zu normalen Aktien- oder Rentenfonds sehr viel freier in ihrer Anlagestrategie und international praktisch in keiner Weise reguliert. Die Heuschrecke als Symbol für derartige innovative Finanzprodukte steht für Schnelligkeit, Mobilität und Gefräßigkeit, und das Bild verdeutlicht insofern Ängste vor möglichen destruktiven Folgen der Globalisierung. Richtig ist, dass Anlagekapital heute hochmobil und außerdem stets auf der Suche nach rentablen Anlageformen ist. Die Mobilität und Renditeorientierung von Anlagegeldern ist aber nicht notwendigerweise von Nachteil. Beispielsweise profitieren heute Schwellenländer von dem Zufluss investiver Anlagegelder und erfahren auf diese Weise eine Hilfe bei der Modernisierung ihrer Volkswirtschaften. Bei ausschließlich kurzfristigen Anlagegeldern besteht allerdings immer die Gefahr, dass es [...] zur abrupten Kapitalflucht kommen kann mit dann unter Umständen dramatischen wirtschaftlichen Konsequenzen.

(Auszug aus: Friedrich Heinemann: Fit für die Zukunft? Deutschland im Wandel. Info aktuell 2007, Informationen zur politischen Bildung, S. 7. Hg.: Bundeszentrale für politische Bildung, Bonn)

[...] Grundsätzlich sind Hedgefonds einfache Kapitalsammelstellen wie Aktienfonds oder Rentenfonds auch. Ihre Aufgabe ist es, für ihre Kunden eine möglichst hohe Rendite zu erwirtschaften. Im Gegensatz zu klassischen Fonds, die strengen Anlagerichtlinien und Kontrollen unterliegen, genießen Hedgefonds alle Freiheiten der Welt. Sie können in Aktien, Anleihen oder Immobilien und sogar Rohstoffe investieren. Sie dürfen sich an Unternehmen beteiligen, die nicht an der Börse notiert sind. Und vor allem können sie sich an den Terminbörsen engagieren und alle dort möglichen Spekulationsstrategien nutzen. Das eröffnet ihnen die Chance, auch in schwachen Börsenzeiten Gewinne einzufahren. [...] Da Hedgefonds allerdings in der Vergangenheit auch in schwachen Börsenzeiten verhältnismäßig gut abgeschnitten haben, erfreuen sie sich eines starken Zulaufs institutioneller Investoren wie Banken und Versicherungen, aber auch betuchter Privatanleger. Insgesamt managen die „Hedger" bereits ein Vermögen von rund 1,2 Billionen Dollar und kontrollieren damit 20 bis 25 Prozent des Umsatzes an den großen Börsen der Welt. [...]

(aus: Udo Perina: Alle Freiheiten der Welt, in: Frankfurter Rundschau, 23. 6. 2006)

Tobin-Steuer

Globale Gerechtigkeit erfordert die Kontrolle des Kapitalmarktes. Besonders wichtig ist dafür die sogenannte Tobin-Steuer, benannt nach dem US-Ökonom James Tobin. Sie sieht vor, dass alle Käufe und Verkäufe an allen Börsen mit einem geringen Steuersatz belastet werden, zum Beispiel mit 0,5 Prozent. Die erhoffte Wirkung: Wer langfristig investiert, wird sich durch eine Steuer von 0,5 Prozent nicht abhalten lassen. Sie trifft vor allem Spekulanten, die am kurzfristigen Gewinn interessiert sind – und streut Sand in das Spekulationskarussell. Diese Entschleunigung stabilisiert die Finanzmärkte. Außerdem bringt die Steuer jährlich mindestens zweistellige Milliardenbeträge ein, die in die Entwicklung einer gerechteren Welt investiert werden könnten. [...]

(http://www.attac.de/themen/globalisierung/Globalisierung.php?print=1/ 14. 5. 2008)

Auch heute noch findet diese Idee, vor allem in der globalisierungskritischen Bewegung Attac, ihre Befürworter, die sich von der [...] Steuer den Schutz von schwachen Volkswirtschaften und eine bessere Entwicklungshilfe durch die aus der Steuer erzielten Einnahmen erhoffen. Tobin selbst hat allerdings nie von einer Verwendung der Einnahmen für die Entwicklungshilfe gesprochen. Sein Ziel war lediglich die Stabilisierung der Finanzmärkte. [...]

(Auch) bei den meisten Fachleuten stößt die TobinTax auf Skepsis und Ablehnung. Das am häufigsten vorgebrachte Gegenargument lautet, die Steuer sei überhaupt nur machbar, wenn sich alle Länder daran beteiligten, da andernfalls Devisenhändler die Möglichkeit hätten, auf andere Börsenplätze auszuweichen. Darüber hinaus sei zu bedenken, dass Banken die zusätzlichen Kosten einfach auf Verbraucher und Unternehmen abwälzen könnten, was wiederum negative Auswirkungen auf die Volkswirtschaften hätte. Auch blieben große Finanzkrisen durch die Steuer nicht aus, da sie die Flucht aus einer Währung nicht verhindern könnte. So vielversprechend die Idee auf den ersten Blick auch sein mag, bei genauerer Betrachtung wird deutlich, dass auch die Tobin-Steuer kein Allheilmittel ist, und es bleibt festzuhalten, dass sie weder alleine die Armut in der Dritten Welt bekämpfen noch ohne zusätzliche Schritte für eine stabilere Weltwirtschaft sorgen kann. Sie könnte wohl lediglich – wie Tobin es formulierte – ein „bisschen Sand ins Getriebe unserer übermäßig effizienten internationalen Geldmärkte" streuen. [...]

(Sven Eiermann, in: Frankfurter Allgemeine Zeitung, 4. 9. 2003; Zit. nach: Politik und Unterricht 4/2003, S. 43)

1. *Notiere die wichtigsten Fakten, die der Text „Milliarden rasen um die Welt" über die weltweiten Finanzmärkte enthält.*
2. *Benenne die Gefahren und Nachteile, die im Text angeführt werden.*
3. *In dem Text auf Seite 316 unten werden Vorteile der internationalen Finanzströme genannt. Notiere sie.*
4. *Skizziere das Wesentliche von „Hedgefonds" und beschreibe ihre Gefahren.*
5. *Erläutere den Grundgedanken der „Tobin-Steuer". Welche Argumente gegen sie werden genannt?*

Deutschland – ein Globalisierungsgewinner?

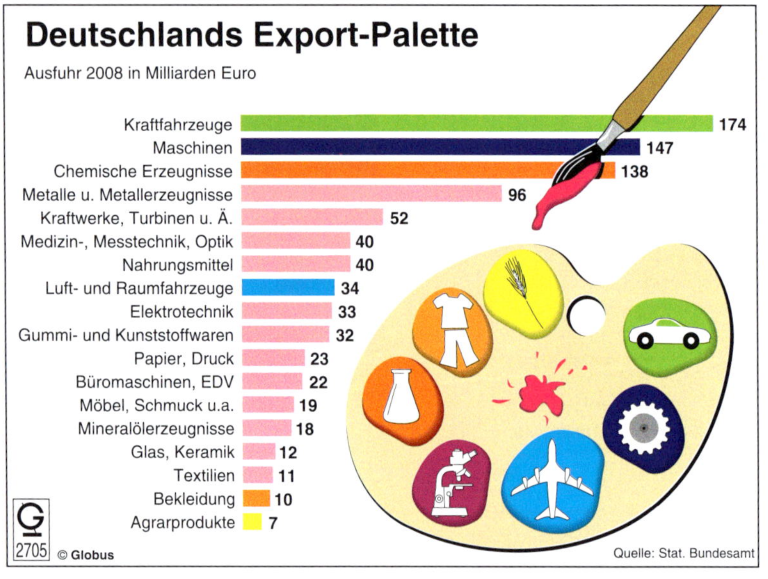

Containerschiff auf der Elbe in Hamburg. Ohne die Frachtschifffahrt wäre es für Exportnationen wie Deutschland unmöglich, ihre Waren zu den Abnehmern in aller Welt zu transportieren.

Die 10 größten Exportnationen der Welt
Wert der Ausfuhren in Milliarden US-Dollar, 2008

1.	Deutschland	1 465
2.	China	1 428
3.	USA	1 301
4.	Japan	782
5.	Niederlande	634
6.	Frankreich	609
7.	Italien	540
8.	Belgien	477
9.	Russland	472
10.	Großbritannien	458

L & P / 3722

(Zahlen: Welthandelsorganisation)

Der deutsche Außenhandel seit 1990
Ausfuhr und Einfuhr in Milliarden Euro

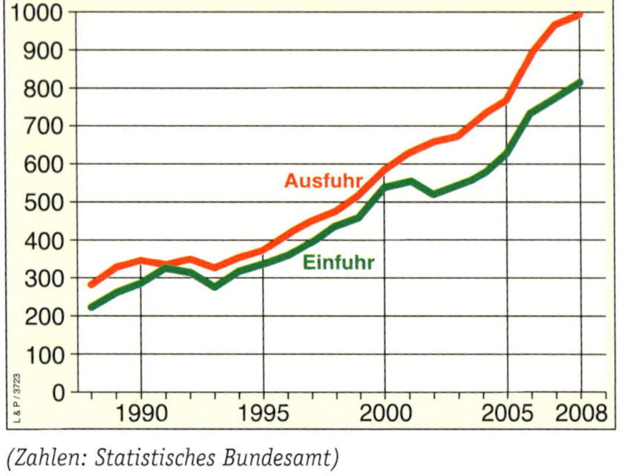

(Zahlen: Statistisches Bundesamt)

Mittelstand profitiert von Globalisierung

BERLIN (rtr). Der deutsche Mittelstand profitiert einer Studie zufolge zunehmend von der Globalisierung der Wirtschaft. „Die Auslandsaktivitäten der mittelständischen Unternehmen haben sowohl im Export als auch in Form von Direktinvestitionen in den vergangenen Jahren stark zugenommen", teilte der Bundesverband der Deutschen Volksbanken und Raiffeisenbanken (BVR) mit. Die Exportquote der Firmen habe seit 1997 um rund 20 Prozent zugelegt. Zudem habe sich der Anteil der Mittelständler mit Töchterfirmen im Ausland seit Beginn des Jahrzehnts verdoppelt.

Zuletzt hatten zahlreiche Umfragen gezeigt, dass sich die Stimmung der Mittelständler im Zuge des Aufschwungs deutlich aufgehellt hat. In der Studie hieß es weiter, die Ängste vieler Bundesbürger vor der Globalisierung seien unbegründet. Denn diese verspreche den darin eingebundenen Ländern einen spürbaren Wohlstandsgewinn und damit Wachstums- und Entwicklungschancen.

„Deutschland verdankt einen großen Teil seines Wohlstandes dem Austausch von Waren, Dienstleistungen und Kapital mit dem Ausland." Deutschlands Wirtschaft nutzt nach einer IW-Analyse die Chancen des Auslandsgeschäfts und profitiert dabei von einer günstigen Preisentwicklung.

(aus: Stuttgarter Zeitung, 12. 4. 2007, S. 11)

Globalisierung und deutsche Verbraucher

Globalisierungsvorteil
Günstiger einkaufen

Die Globalisierung hat viele Gesichter – unter anderem lachende Konsumenten. Würden Spielzeug, Digitalkameras und Laufschuhe nicht in Niedriglohnländern, sondern in Deutschland hergestellt, wären sie für zahlreiche Bundesbürger kaum erschwinglich, wie ein Blick in die Verbraucherpreisstatistik schnell klarmacht.

Wenn das Stichwort Globalisierung fällt, bekommen in Deutschland viele Menschen Bauchschmerzen – vor allem jene Arbeitnehmer, deren Tätigkeiten zunehmend in Fernost für kleines Geld erledigt werden. Ihre Sorge ist nicht unberechtigt, denn China und andere aufstrebende Niedriglohnländer setzen die Arbeitsplätze in den Industrienationen zunehmend unter Druck. Doch wer die weltweite Arbeitsteilung aus diesem Grund geißelt, vergisst allzu leicht, wie sehr die westliche Hemisphäre von den Produkten aus Asien, Lateinamerika und Co. profitiert. [...]
Ohne die Lieferungen aus den Niedriglohnländern müssten die hiesigen Konsumenten heute also sehr viel tiefer in die Tasche greifen, um bestimmte Anschaffungen zu tätigen. Wie der Blick auf einzelne Gütergruppen in der Verbraucherpreisstatistik zeigt, haben sich die Preise gerade jener Produkte moderat entwickelt, die heute häufig made in China oder Taiwan sind. [...]

(iwd – Informationsdienst des Instituts der deutschen Wirtschaft Köln, Nr. 48/2006, © Deutscher Institutsverlag GmbH, Köln, 30. 11. 2006, S. 8)

Ein Blick auf das Herkunftsetikett belegt: Bekleidung wird heute zum großen Teil in asiatischen Ländern gefertigt.

[...] Wir buchen Flüge zu Preisen, von denen wir wissen, dass sie auf Niedriglöhnen und Stellenabbau beruhen. Wir kaufen ein in Supermärkten, deren Preise angemessene Gewinne für die Produzenten ausschließen – ebenso wie eine umwelt- und tiergerechte Produktion. Wir haben gelesen, dass den Angestellten hinter der Kasse landesübliche Rechte vorenthalten werden. Wir wissen, dass Hosen und Pullover, Computer und DVD-Player, die wir zu Spottpreisen kaufen, nicht in Deutschland, sondern im Ausland gefertigt werden, in sogenannten Niedriglohnländern.

Sozialdumping, Stellenabbau, Verlagerung der Produktion ins Ausland – als Kunde fördern wir alles, was uns als Bürger empört. Wir tun genau das, was wir Politikern und Managern vorwerfen. Wie die Manager an der Spitze der Konzerne treiben wir Globalisierung und Deregulierung voran. Die Manager schauen auf jeden Cent und nehmen nur das Billigste? Genau das tun wir, als fortwährend rechnende und vergleichende Kunden, als knallharte Manager unserer Lebenshaltung. Wir drücken die Preise, bis als Produktionsstandort unserer Waren nur noch Fernost infrage kommt. Wir selbst sind die globalen Heuschrecken. Volk und Elite sind sich einig in ihrem radikalen Ökonomismus. Und wie die Elite sind wir teils getrieben, teils Treibende. Arbeitslose und Geringverdiener müssen auf jeden Cent schauen. Der Rest hat aus seinem Portemonnaie einen Fetisch gemacht wie die Manager aus dem Shareholder-Value. [...]

Zum ersten Mal seit Jahrzehnten sind wir wieder Gewinner und Verlierer zugleich. Immer mehr Menschen müssen wieder für Niedriglöhne arbeiten – jedenfalls gemessen an den „Normallöhnen" unserer Breiten. Zum ersten Mal machen wir wieder die Erfahrung der Entrechtung. Es ist die Schutzlosigkeit derer, die keine Wahl haben, die schweigen müssen, wenn sie Arbeit haben wollen. Wir verlieren unsere Arbeit. Die Ausländer nehmen uns die Arbeitsplätze weg. Jetzt stimmt der Satz, doch sind es nicht die Ausländer im Inland, sondern die Ausländer im Ausland. Da gibt es auch viel mehr: in Polen, Tschechien, Rumänien, in der Ukraine, Irland, Bangladesch, Indien, China, Taiwan, Japan, Korea ... [...]

(aus: Sven Hillenkamp: Selbst schuld!, in: Die Zeit, 8. 6. 2006, S. 59)

1. *Beschreibe anhand der statistischen Daten auf Seite 318 Deutschlands Stellung im Export.*
2. *„Globalisierungsgewinner sind bei uns nur die Großkonzerne!" – Was sagt der Text auf Seite 318 dazu?*
3. *Deutsche Exporte und Globalisierung: Erkläre den Zusammenhang.*
4. *Globalisierung und deutscher Verbraucher: Werte die beiden Texte auf dieser Seite aus und verfasse einen Text zum Thema „Globalisierung und deutsche Verbraucher". Begründe darin deine Position.*

Globalisierung und Entwicklungsländer

BMW-Arbeiter in China

Softwareentwicklung in Indien

Globalisierung bringt nicht überall Erfolge

Weltbank-Studie: Zwei Milliarden Menschen haben bisher nichts davon

Washington (dpa) – Rund drei Millarden Menschen in 24 Ländern haben nach einer neuen Studie der Weltbank in den vergangenen zehn Jahren vom wachsenden Welthandel profitiert. Die Länder verzeichneten in den 90er-Jahren Wachstumsraten von rund fünf Prozent, die Lebenserwartung und das Ausbildungsniveau der Menschen stiegen. Rund zwei Milliarden Menschen in Ländern in Afrika, dem Nahen Osten und der ehemaligen Sowjetunion hat die Globalisierung dagegen nichts gebracht. In diesen Ländern schrumpfte die Wirtschaft, die Armut stieg. Das geht aus der Studie „Globalisierung, Wachstum und Armut" hervor, die die Weltbank in Washington veröffentlichte.

„Einige Ängste vor der Globalisierung sind wohl begründet, aber der Preis für eine Umkehr der Globalisierung wäre unerträglich hoch und würde die Wohlstandsaussichten für Millionen von Menschen zerstören", sagte der Chefökonom der Weltbank, Nicholas Stern. „Wir müssen dafür sorgen, dass die Armen in der Welt von der Globalisierung profitieren." Die Studie identifiziert 24 Länder, darunter China, Indien, Ungarn und Mexiko, die sich mit Reformen für die globalen Märkte fit gemacht haben und dadurch erheblich bessere Wachstumsraten schafften als zuvor. In den 60er-Jahren habe die Wachstumsrate in diesen Ländern rund ein Prozent betragen, in den 90er-Jahren dagegen rund fünf Prozent. In den anderen Entwicklungsländern, zu denen die Weltbank Algerien, Ägypten, Iran, Birma, Pakistan und Venezuela zählt, ging das Pro-Kopf-Einkommen dagegen in den 90er-Jahren zurück, und die Zahl der Menschen, die in Armut leben, stieg. Die Weltbank schlägt ein Sieben-Punkte-Programm vor; reiche Länder sollen die Handelsbarrieren für Produkte aus Entwicklungsländern und Agrarsubventionen abbauen. Die Subventionen betragen nach Angaben der Weltbank 350 Mrd. Dollar im Jahr, siebenmal so viel, wie für Entwicklungshilfe ausgegeben werde.

Arme Länder sollen Korruption bekämpfen und effiziente Regulierungsbehörden aufbauen. Sie sollen in Gesundheitsvorsorge und Ausbildung investieren und ein soziales Netz aufbauen, heißt es weiter.

(aus: Marbacher Zeitung, 6. 12. 2001)

Manchmal tun ihr die Deutschen leid. „Es ist traurig, dass sie ihren Job verlieren", sagt Kiran. „Aber es ist gut für uns, dass die Jobs herkommen."

Die Frau mit den ernsten Augen ist 25 Jahre alt und hat drei Jahre lang am Goethe-Insitut Deutsch gelernt. Jetzt arbeitet sie für eine europäische Investmentbank in Neu-Delhi. Bis vergangenen März hat den Job noch irgendjemand in Frankfurt erledigt – bis der Bank die Mitarbeiter dort zu teuer wurden. Nun verwalten Kiran und 50 andere Inder die Fondskonten deutscher Anleger – rund 6100 Kilometer entfernt in Gurgaon, einem staubigen Vorort der indischen Hauptstadt Neu-Delhi. „Ich glaube nicht, dass die Kunden das wissen", sagt Kiran, die ihren richtigen Namen daher lieber nicht genannt sehen will. Ihr Arbeitstag beginnt, wenn in Deutschland die Banken öffnen. In Indien ist dann schon früher Nachmittag.

Sie selbst spricht nicht mit den Kunden. Die Aufträge kommen online. 12 000 Rupien verdient sie im Monat, dass sind etwa 240 Euro. In Deutschland wäre das ein Hungerlohn, für eine 25-Jährige in Indien ist es fast schon ein Spitzengehalt.

Wenn Konzerne im großen Stil Arbeitsplätze in die Dritte Welt verlegen, merken das die Kunden oft gar nicht. Längst gehe es dabei nicht nur um simple Handlangerdienste wie das Eintippen von Daten, prophezeien Unternehmensberater, jetzt müssen auch die einstigen Lieblinge der Hightechgesellschaft wie Softwareentwickler oder Analysten um ihre Jobs bangen!

Großer Gewinner der neuen Runde im globalen Job-Monopoly dürfte Indien sein. Nachdem China zur Werkhalle der Welt avanciert ist, schickt sich Indien mit rund einer Milliarde Einwohner an, das globale Service- und Rechenzentrum zu werden.

Seit Anfang der Neunzigerjahre ist dort eine Industrie aus dem Boden geschossen, die Westfirmen fast alles abnimmt, was sich dank Telefon, Internet und Computer auch aus der Ferne regeln lässt.

(aus: Christine Möllhoff: „Wir sind die Gewinner", in: Die Zeit, 23. 10. 2003, S. 23)

Burkina Faso – „Verlierer" der Globalisierung

Burkina Faso ist das drittärmste Land der Erde. Von den Voraussetzungen, die nötig wären, um sich erfolgreich in die Weltwirtschaft zu integrieren, erfüllt es nur wenige. Wie viele afrikanische Länder südlich der Sahara, ist das Land vor allem vom Export abhängig. Natürliche Ressourcen und Wasser sind knapp, die Infrastruktur im Bildungs- und im Verkehrswesen ist schlecht. Nur ein Viertel der Menschen kann lesen und schreiben. Eine einzige Eisenbahnverbindung durchquert das Land von Nord nach Süd. Aufgrund seiner Binnenlage hat Burkina Faso keinen eigenen Zugang zum Meer. Über 90 Prozent der Menschen leben von der Landwirtschaft. Ungünstige klimatische Bedingungen und ein hohes Bevölkerungswachstum führen zu Versteppung, Bodenerosion und einem Rückgang der landwirtschaftlich nutzbaren Flächen. Über die Hälfte der zwölf Millionen Einwohner des Landes muss mit weniger als einem US-Dollar pro Tag auskommen.

Das wichtigste Ausfuhrgut Burkinas ist Baumwolle. Doch der Weltmarktpreis für den Rohstoff ist in den vergangenen fünf Jahren um 40 Prozent gefallen, die Exporterlöse sind dramatisch gesunken. Die Baumwollindustrie nicht nur in Burkina Faso, sondern auch in Mali, Benin und im Tschad wurde fast ruiniert. Ursache sind die hohen Subventionen, die OECD-Länder (Organization for Economic Cooperation and Development, OECD) an ihre jeweiligen Baumwollproduzenten zahlen – insgesamt 3,7 Milliarden US-Dollar pro Jahr. Andererseits war die Produktion von Baumwolle in den vier genannten afrikanischen Ländern von der Weltbank, von Deutschland, der Schweiz und den Niederlanden zunächst mit aufgebaut worden. Mit gutem Grund: Baumwolle ist Burkinas wichtigster Verbindungsfaden zu den globalen Handelsströmen. Selbst der Export von Fleisch, das burkinische Viehzüchter früher in die Nachbarländer verkauften, ist zurückgegangen, seit subventioniertes Billigfleisch aus Europa und Argentinien auf die afrikanischen Märkte drängt. Eigene Industrien gibt es praktisch nicht. Die einzige Textilfabrik des Landes wurde 1995 geschlossen.

(aus: Materialien Nr. 125: Globalisierung gestalten – Entwicklungspolitik konkret, Hg.: Bundesministerium für wirtschaftliche Zusammenarbeit und Entwicklung, Bonn 2004, S. 9)

1. *Lies den Bericht über die Weltbank-Studie: Welche Gewinner und welche Verlierer der Globalisierung werden genannt?*
2. *Was macht der Bericht über die Inderin Kiran auf Seite 320 unten deutlich? Notiere stichwortartig.*
3. *Begründe, warum Burkina Faso ein Verlierer der Globalisierung ist.*

Kinder aus Adjame (Elfenbeinküste) spielen ein japanisches Computerspiel. Für ein Spiel muss jeder zuvor 25 Cent bezahlen.

Fallbeispiel China

Ländliches China: Bauern bei der Reisernte

Skyline der chinesischen Wirtschaftsmetropole Schanghai

[...] **China ist mittlerweile zur viertgrößten Wirtschaftsnation – nach den USA, Japan und Deutschland, aber seit 2005 vor Großbritannien und Frankreich – aufgestiegen.**

Die Volksrepublik ist neben den USA und Großbritannien das Land mit den größten ausländischen Direktinvestitionen. China verzeichnet seit Jahren ein Wachstum des Bruttoinlandsprodukts (BIP) von durchschnittlich mehr als neun Prozent jährlich und ist als „Werkbank der Welt" mit zahllosen Alltagsprodukten bei uns zu Hause angekommen. Im Zuge dieser Entwicklungen ist es China 2003 sogar gelungen, das BIP pro Kopf erstmals über die Marke von 1000 US-Dollar zu heben. 2005 lag es bereits bei 1307 US-Dollar. Und die Zahl der Chinesen, die unterhalb der Armutsgrenze leben, konnte nach Angaben der Weltbank seit 1981 um mehr als 420 Millionen gesenkt werden. [...]

Erfolgsmeldungen über ungebremstes BIP-Wachstum, die Vollendung von Großprojekten wie dem Drei-Schluchten-Staudamm, der Tibet-Eisenbahn oder über den ersten bemannten Raumflug dürfen nicht darüber hinwegtäuschen, dass China in vielen Bereichen noch typische Merkmale eines Entwicklungslandes aufweist. Das Bewusstsein für die Umwelt ist zwar gewachsen, gleichzeitig werden jedoch die Probleme in diesem Bereich immer größer. Von den 20 Städten in der ganzen Welt mit der schlechtesten Luft liegen 16 in China. [...]

(aus: Stefan Friedrich: China im Entwicklungsspagat, in: Das Parlament, 24./31. 7. 2006, S. 1)

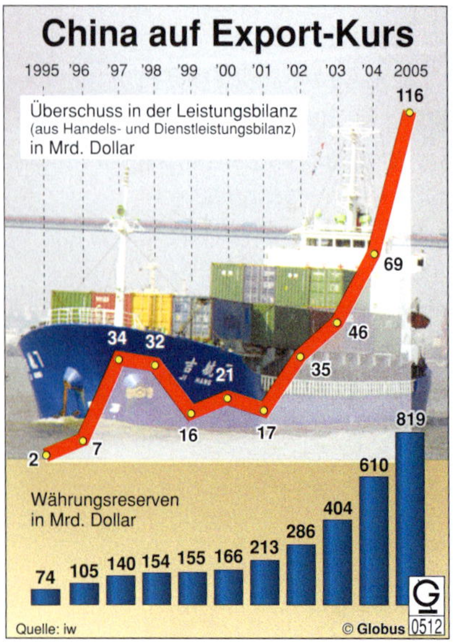

(Gerhard Mester/Baaske Cartoons, Müllheim)

[…] Schätzungen zufolge wird in Zukunft knapp die Hälfte aller weltweit hergestellten Textilien aus China kommen – bisher war es nicht mal ein Fünftel. […] Vor allem zu den Hauptmärkten USA und Europa haben Hersteller aus der Volksrepublik einen besseren Zugang, seit zu Jahresbeginn 2005 alle Mengenbeschränkungen zur Einfuhr von Textilien gefallen sind. […]
Schon heute dominiert die Volksrepublik die Branche. Die meisten der 25 000 Textil- und Bekleidungshersteller haben sich in Südchina oder in der ostchinesischen Küstenregion angesiedelt. 19 Millionen Menschen sind in der Branche beschäftigt. Großfabriken wie Ningbo Bridge kontrollieren den gesamten Produktionszyklus vom Anbau der Baumwolle bis zum Verschiffen der Konfektion. Grundfasern wie Leinen, Baumwolle, Kaschmir und auch Wolle sind in China vorhanden. Hinzu kommt, dass viele synthetische Stoffe inzwischen im Land hergestellt werden können, weil früh der Mut da war, in die petrochemische Industrie zu investieren. Was fehlt, wird notfalls zu überhöhten Preisen importiert. […]
Doch nicht die niedrigen Lohnkosten allein bestimmen die Standortentscheidung vieler Produzenten, sondern die Tatsache, dass Chinas Textilindustrie produktiv, schnell und enorm flexibel ist. […]
Auch für Umweltexperten ist die Branche ein rotes Tuch. So wurden an die Textilien bisher nur geringe ökologische Anforderungen gestellt. Zumindest aber bei der Produktion von Exportwaren ist Besserung in Sicht. Mehr und mehr Unternehmen stellen auf die Herstellung höherwertiger Produkte um. Sie reagieren damit auf den Druck großer Einzelhandelsketten wie C&A, die nur noch Kleidung aus China verkaufen, wenn sie den neuesten Standards entspricht. […]

(aus: Kerstin Lohse: Die fleißigen Schneiderlein, in: Süddeutsche Zeitung, 17. 5. 2005)

Wachstum in China kostet Menschenleben

PEKING (rtr). Chinas ungebremstes Wachstum ist einer Studie der Weltbank zufolge jährlich für knapp eine halbe Million Menschen tödlich. Demnach sterben etwa 460 000 Chinesen pro Jahr an den Folgen von Luft- und Wasserverschmutzung. Die Experten der Weltbank schätzen die Kosten der unnatürlichen Todesfälle auf umgerechnet rund 100 000 Euro pro Person. Chinesischen Volkswirten zufolge entsprechen die vorläufigen Ergebnisse vom Dienstag in etwa früheren Zahlen der Bank und gleichen nationalen Analysen. Laut „Financial Times" hatte die chinesische Regierung aus Furcht vor Unruhen im Land die Weltbank gebeten, ihre Daten nicht zu veröffentlichen. In China liegen viele der schmutzigsten Städte der Welt. Jüngst verstärkte die Regierung ihre Bemühungen für den Umweltschutz. Unter anderem wurde damit begonnen, die schmutzigsten Industrieanlagen zu schließen und Abgasnormen für Autos anzuheben.

(aus: Stuttgarter Zeitung, 4. 7. 2007, S. 4)

Luftverschmutzung in China

1. *Was machen die Fotos auf Seite 322 oben deutlich?*
2. *Die Texte und Fotos gehen auf Erfolge, aber auch Probleme Chinas ein. Notiere.*
3. *Werte die Grafik „China auf Export-Kurs" und die Karikatur aus und formuliere die jeweilige Kernaussage. Erkläre, wie beides zusammenhängt.*
4. *Die chinesische Textilindustrie ist sehr erfolgreich. Nenne Gründe.*
5. *Ist China ein Globalisierungsgewinner? Begründe deine Antwort.*

Wem nützt die Globalisierung?

PRO

Auch wenn Kritik in Einzelfällen gerechtfertigt ist, sind sich doch multinationale Unternehmen in der Regel ihrer Verantwortung in den Entwicklungsländern bewusst – und dies allein schon aus Eigeninteresse. Denn große Investitionen, wie der Aufbau einer Fabrik oder die Förderung von Erdgasvorkommen, rechnen sich für ein Unternehmen nur auf Sicht von 40, 50 und mehr Jahren. Deshalb sind die Unternehmen von demokratischen und rechtsstaatlichen Verhältnissen, von zufriedenen, gesunden Mitarbeitern und einer intakten Umwelt abhängig.

DaimlerChrysler beschäftigt zurzeit 370 000 Mitarbeiter in über 20 Ländern. In jedem dieser Länder bemühen wir uns, ein „Good Corporated Citizen" zu sein und unserer sozialen Verantwortung gerecht zu werden. Im Juni 2000 gehörten wir zu einem der ersten Unternehmen, die sich dem sogenannten Global Compact, einem „Weltabkommen" der Vereinten Nationen und internationalen Firmen, angeschlossen haben. Über 400 Global Player haben sich in diesem Abkommen freiwillig verpflichtet, überall für die Menschenrechte einzutreten, Arbeitsnormen einzuhalten, Kinderarbeit nicht zuzulassen und die Umwelt zu schonen.

Investitionen großer Unternehmen in den Entwicklungsländern geben der heimischen Wirtschaft wichtige Impulse. In Kooperationen und Zulieferverträgen wird die lokale Wirtschaft eingebaut. Durch den Import neuer Technologien und von Know-how steigt die Wettbewerbsfähigkeit des Landes; die Menschen erhalten eine bessere Ausbildung und verdienen mehr. Doch leider behindern in den Entwicklungsländern bürokratische Hürden und Regulierungswut die Wirtschaft. Die Weltbank hat in ihrem Bericht „Doing Business 2004" viele Beispiele gegeben. So kommt ein Vertrag zwischen Geschäftsleuten in den Niederlanden innerhalb eines Monats zustande, in Guatemala braucht es dazu aber 1500 Tage. Wir brauchen also mehr Globalisierung und nicht weniger!

Matthias Kleinert, Generalbevollmächtigter der DaimlerChrysler AG, Leiter Politik und Außenbeziehungen (bis 31. 12. 2003)

KONTRA

Die ökonomische und politische Macht von Weltkonzernen lässt sich an einem einzigen Indikator ablesen: Unter den 100 größten Wirtschaftsmächten befinden sich bereits 51 Konzerne – Tendenz steigend. Obwohl sich Konzerne wie Nike, McDonald´s oder Nokia in vielerlei Hinsicht voneinander unterscheiden, haben sie ein gemeinsames Ziel: Sie müssen ihre Gewinne maximieren. Denn verlieren sie dieses Ziel kurz aus den Augen, sind im globalen Kapitalismus Kursverluste an den Aktienbörsen und im Extremfall eine feindliche Übernahme die Folge. Der Zwang, ihre Profite zu maximieren, führt Weltkonzerne in die Versuchung, dies auf Kosten von Menschenrechten, Umwelt und Demokratie zu erreichen.

In den westlichen Industrieländern hat die Entwicklung des modernen Sozialstaates diesem rohen Vorgehen einen wirksamen Riegel vorgeschoben. Die Existenz von Gewerkschaften sichert Arbeitern einen fairen Lohn und die Achtung ihrer Menschenrechte. Strenge Auflagen zwingen Konzerne dazu, unsere Umwelt nicht als Wegwerfprodukt zu behandeln. Und das allgemeine Wahlrecht beschränkt die Möglichkeit von Konzernen, Regierungen zu kaufen. In den meisten Entwicklungsländern fehlen diese Schutzwälle. Dort gibt es weder sozialstaatliche Regulierungen noch funktionierende Demokratien. Entsprechend frei und skrupellos treiben Konzerne dort ihr Unwesen. Der blutige Bürgerkrieg im Kongo wurde jahrelang durch den Bayer-Konzern mitfinanziert, der das Chaos nutzte, billig an Tantal, einen Rohstoff für die Elektronikindustrie, zu kommen. In den Sonderwirtschaftszonen Mexikos nähen junge Frauen für Hungerlöhne Turnschuhe zusammen, deren Verkauf Nike Milliarden in die Taschen spült. Konsumenten in den reichen westlichen Ländern können den Menschen in diesen Ländern zu Hilfe kommen, indem wir die Produkte dieser Konzerne boykottieren, solange diese Menschenrechte, Umweltschutz und Demokratie nicht achten.

Felix Kolb, Gründungsmitglied und erster Pressesprecher von Attac Deutschland

(aus: RERUM, alle für eine Welt für alle, Bausteine für einen zeitnahen Unterricht, Arbeitsblatt 2: Global Player. Hg.: Zeitbild Verlag GmbH, Berlin, November 2003)

Globalisierung

Die freie Welt

Was die Globalisierung ihnen bringt, davon hatten die meisten Europäer jahrelang eine ziemlich klare Vorstellung: Sie koste Arbeitsplätze und Fabriken und vernichte ihren Wohlstand. Globalisierung, das waren im öffentlichen Bewusstsein die Reifenbauer in Rumänien und die Näherinnen in Nanking mit ihren Niedriglöhnen. Deren sozialen Aufstieg bezahle der Westen mit dem eigenen Abstieg.

So weit, so schlicht. Dank des G8-Gipfels entdecken wir nun nach einigen Jahren Pause wieder die Probleme in anderen Ecken der Welt, und plötzlich geht die Argumentation andersherum: Globalisierung mache die Ärmsten noch ärmer und werde von den Industriestaaten zur Ausbeutung der Entwicklungsländer benutzt. Die Näherin, eben noch bedrohlich, ist nun das Opfer.

Hässliche und schöne Teile im Puzzle

So sucht man sich immer neue, meist hässliche Puzzleteile aus dem Gesamtbild. Der aktuelle Wirtschaftsaufschwung wird dagegen nicht mit dem Etikett „Globalisierung" versehen – obwohl wir ihn fast ausschließlich Aufträgen aus anderen Teilen der Welt verdanken. Werkschließungen hin oder her: Unterm Strich ginge es besonders den Deutschen ohne Globalisierung viel schlechter.

Der schillernde Begriff ist schwer zu fassen, aber letztlich geht es um zwei Dinge: Grenzen werden durchlässiger für Menschen und Waren, und die Entfernungen schrumpfen durch Telekommunikation und billigeren Transport. In all den angstbeladenen Diskussionen wird gern vergessen, dass Globalisierung vor allem eins bedeutet: Freiheit.

Die ist – wie immer und überall – mit Chancen genauso verbunden wie mit Gefahren. Es ist die Freiheit der Vietnamesen, ihre T-Shirts billiger zu produzieren als die Deutschen. Und es ist die Freiheit der Deutschen, die Maschinen dafür zu liefern. Die Kehrseite ist für die einen der niedrigere Lebensstandard und für die anderen die Schließung ihrer Textilfabriken.

Die Versuchung ist groß, solche Zusammenhänge von höherer Warte zu regeln. Wer möchte nicht die Vorteile für alle ohne Nachteile für irgendwen? So fordern G8-Kritiker „Vorrang für die Entwicklungsländer im Welthandel" – und machen sich gleichzeitig Gedanken über EU-Schutzzölle gegen Billigkonkurrenz. Afrikaner und Asiaten sollen also kräftig verkaufen, aber bitte nichts, was den Europäern ins Gehege kommen könnte. Mit Gerechtigkeit hätte das wenig zu tun.

Im Kern geht es wohl eher um Angst – bei den bunten Gipfel-Protestierern in Rostock genauso wie bei ihren Eltern zu Hause. Es geht um den Wunsch, eine komplizierte Welt berechenbar zu machen, Garantien einzufordern, sich sicher zu fühlen, und das möglichst für Jahrzehnte. Das ist verständlich, die Welt hat in den vergangenen zwei Jahrzehnten politische, technologische und wirtschaftliche Umwälzungen erlebt.

Die hat es auch früher schon gegeben, und wie immer in solchen Phasen gibt es Exzesse. So blüht in vielen Schwellen- und Entwicklungsländern die Korruption, der Profit aus dem Welthandel fließt in wenige Taschen. Das jedoch ist keine „Globalisierungsfolge", sondern nationales politisches Versagen.

Es hilft nicht, „dagegen" zu sein

Exzesse sind auch an den Kapitalmärkten zu beobachten. Sie sind ihrer eigentlichen Funktion längst entwachsen und dienen in riesigem Ausmaß der Spekulation. Hedgefonds, ursprünglich zur Begrenzung von Risiken erdacht, können dank schneller und grenzenloser Kapitaltransfers inzwischen Märkte aus dem Gleichgewicht bringen. Spekulation gehört zum Markt, aber Regierungen und Notenbanken werden Wege finden müssen, die Risiken für das Gesamtsystem zu begrenzen.

Diese Probleme sind lösbar, so wie im vorigen Jahrhundert die Industriegesellschaft ihre Geburtswehen überstanden hat. Und wie damals bieten sich Chancen. Für Deutschland, politisch und wirtschaftlich angewiesen auf weltweite Vernetzung, wäre es fatal, angesichts der Globalisierung in Schockstarre zu verfallen. Erstens leben wir im Moment nicht schlecht mit ihr und auch von ihr, zweitens haben wir schon andere Herausforderungen bewältigt, und drittens: Sie geschieht so oder so. Deshalb muten Etiketten wie „Globalisierungsgegner" so eigenartig an. „Dagegen" zu sein, hilft in diesem Fall ungefähr so viel wie das Meckern übers Wetter. Wer vor die Tür geht, kann sich das Wetter nicht aussuchen. Er muss sich darauf einstellen, mit Sonnencreme und Regenschirm.

(Stefan Winter, in: Hannoversche Allgemeine Zeitung, 6. 6. 2007, S. 1)

1. *Matthias Kleinert und Felix Kolb beziehen Position zur Rolle der Global Players. Arbeite heraus, auf welche Aspekte sie dabei eingehen und stelle ihre wichtigsten Argumente dazu in Stichworten gegenüber.*
2. *Ein Leitartikel ist ein längerer Kommentar, in dem ein Journalist seine Meinung wiedergibt. Untersuche den Leitartikel zum Thema „Globalisierung" unter diesen Fragestellungen:*
   - *Welche Ansicht vertritt der Journalist?*
   - *Mit welchen Argumenten begründet er seine Meinung?*
   - *Auf welche Gegenargumente geht er ein?*

   Benutze das Arbeitsblatt. Dann kannst du die Textstellen, die jeweils die drei Fragen betreffen, mit unterschiedlichen Farben markieren.

Auf dem Weg zu einer Weltkultur?

Der technische Fortschritt erreicht längst die entferntesten Gebiete der Erde. Die Reisebüros in den Industrieländern bieten Fernreisen und Expeditionen zu den „wilden, exotischen Urvölkern" an. Die Fotos zeigen Papuas auf Neuguinea und ihre Begegnung mit der modernen Welt. Man kann sogar bereits bei einem Papuastamm Reisen online buchen.

A *Überall auf der Welt hört man die gleiche Musik, meistens aus Amerika oder aus England. Die japanische Hitparade unterscheidet sich kaum von der in Istanbul oder in Berlin. Und was ist mit deutschen Liedern? In letzter Zeit sind zwar auch wieder deutsche Gruppen mit deutschen Texten in den Charts, aber es müsste gesetzlich vorgeschrieben werden, dass im Radio ein bestimmter Teil der Sendezeit für deutsche Produktionen reserviert sein muss.*

B *Ganz wesentlich für die Kultur eines Volkes ist die eigene Sprache. Heute verdrängen aber immer mehr englische Ausdrücke das Deutsche. Fand man früher etwas staunenswert, ist es heute „cool", bot man früher eine Stelle als Kundenberater an, sucht man heute einen „Key Account Manager". Da muss vor allem die Schule gegensteuern und die deutsche Sprache und Literatur fördern. Und die Zeitungen sollten angehalten werden, anstelle englischer Ausdrücke deutsche Wörter zu verwenden.*

C *Die USA sind die führende Weltmacht, eben auch in der Kultur. In der ganzen Welt wird englisch gesprochen. Als die Römer eine Weltmacht waren, war Latein weit verbreitet, später Französisch. Das ist der Lauf der Welt. Unsere Enkel werden später vielleicht viele chinesische Ausdrücke in ihrer Sprache haben.*

D *Eine weltweite Einheitskultur finde ich schrecklich! Heute findet man in chinesischen Städten McDonald's-Filialen, in den Dörfern der afrikanischen Steppe ertönt amerikanische Popmusik, in den indonesischen Freiluftkinos reiten amerikanische Cowboys über die Leinwand. Dieser Verlust an kultureller Eigenständigkeit ist sehr beklagenswert.*

E *Zur Freiheit des Menschen gehört auch, das zu sehen, zu hören, zu lesen, was ihm gefällt. Wenn die regionalen Besonderheiten den Menschen nicht mehr wichtig sind, dann hilft es gar nichts, eine „Überfremdung" zu beklagen oder gar gesetzliche Maßnahmen zu fordern. Und man sollte auch bedenken, dass durch die Globalisierung nur die Oberfläche vereinheitlicht oder amerikanisiert wird. Darunter aber verbergen sich unterschiedliche Erfahrungen und Lebensstile. Ein Inder in Jeans und ein Deutscher in Jeans denken noch lange nicht gleich!*

F *Regionale Kulturen können nicht künstlich am Leben gehalten werden, wenn sie den Menschen nicht mehr wichtig sind. Als Touristen beklagen wir es, wenn woanders die Einheimischen nicht mehr in Stammestrachten herumlaufen und das Hühnchen am Abend von Kentucky Fried Chicken holen, anstatt es selbst am offenen Feuer vor der Hütte zu braten. Aber wir selbst? Laufen etwa Deutsche im Alltag in Lederhosen, mit Schwarzwald-Bollen-Hüten oder in Erzgebirgler-Tracht umher?*

1. Wenn du schon an einem Schüleraustausch teilgenommen hast, sind dir bei deinem Gast bestimmt Unterschiede und Gemeinsamkeiten im Alltag aufgefallen. Stelle diese in einer Übersicht zusammen.
2. Weltkultur – Regionalkultur: Untersuche die Äußerungen und notiere jeweils den Kerngedanken.
3. Jeweils zwei Sprechblasen enthalten gegensätzliche Meinungen zu einem Sachverhalt. Benenne die Streitfrage. Skizziere deine Meinung dazu.
4. „Zerstört die Globalisierung regionale Lebensweisen und Kulturen?" – Führt zu diesem Thema eine Pro-Kontra-Diskussion. Beachtet die Hinweise auf Seite 86.

Methode: Erstellen einer Mind Map

Thema: Globalisierung

1. Auf einem großen Bogen Papier wird in der Mitte in einen Kreis oder ein Oval stichwortartig das Thema geschrieben, um das es geht. Dieser Kreis ist der zentrale Platz der „Ideen-Landkarte“.

2. Ein Gedanke, der sich mit dem Thema verbindet, wird als „Hauptstraße“ eingezeichnet, die vom zentralen Platz wegführt. Dazu wird ein entsprechendes Stichwort notiert.

3. Jeder neue Gedanke wird als neue „Hauptstraße“ eingezeichnet und ebenfalls beschriftet.

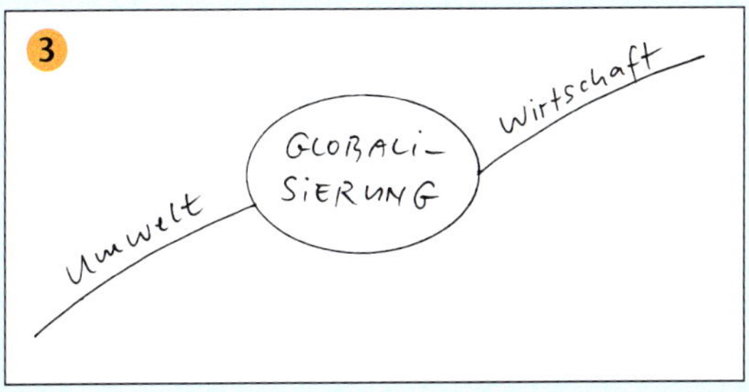

4. Fällt euch etwas ein, was zu einer bereits eingezeichneten „Hauptstraße“ gehört, so wird dieser Gedanke als abzweigende „Nebenstraße“ eingezeichnet.

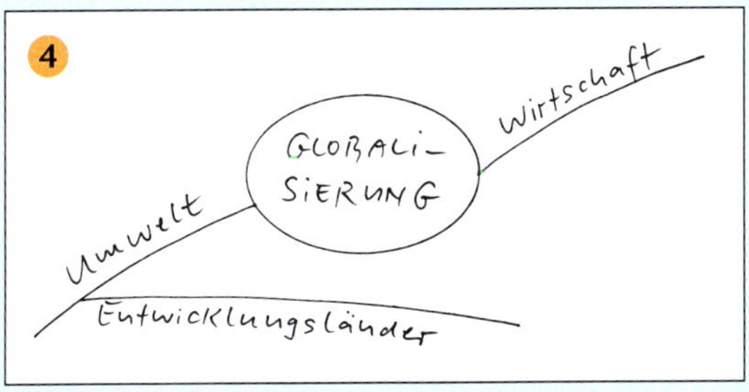

5. Mit einer „Nebenstraße“ kann sich ein neuer Gedanke verbinden. Er wird als weitere Abzweigung in die „Ideen-Landkarte“ eingezeichnet.

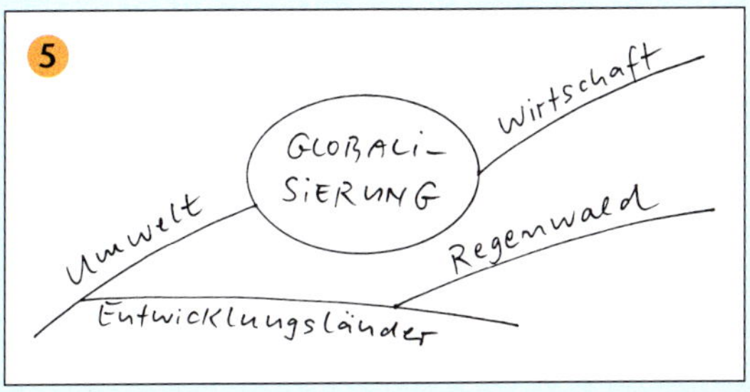

Eure Mind Map entwickelt sich während des Überlegens ständig weiter. Die bereits notierten Stichwörter und Gedankenverbindungen können zu immer neuen Ideen führen.

❶ *Erstelle eine Mind Map zum Thema „Globalisierung“. Übernimm dazu die Vorlage auf ein größeres Blatt Papier und arbeite sie aus.*
❷ *Vergleicht eure Mind Maps: Wo ähneln, wo unterscheiden sie sich?*
❸ *Erstellt dann an der Tafel eine gemeinsame Mind Map der Klasse zum Thema „Globalisierung“.*

Das Wichtige in Kürze

Globalisierung

Mit Globalisierung bezeichnet man im weiten Sinn das weltweite Zusammenwachsen in allen Bereichen der Gesellschaft, Politik, Kultur usw. Im engeren Sinn ist damit die zunehmende Internationalisierung der Wirtschaft gemeint. Die weltumspannende Verflechtung des Wirtschaftslebens führt zur Herausbildung eines einzigen, die ganze Erde umfassenden Marktes.

„Global Players"

Die wirtschaftliche Internationalisierung ist gekennzeichnet durch „Global Players", also multinationale Konzerne, die in vielen Ländern produzieren und ihre Waren verkaufen. Ihnen kommt eine große wirtschaftliche Bedeutung zu; ihre Umsätze sind oft größer als das Bruttoinlandsprodukt mittlerer Staaten.

Welthandel

Durch die Globalisierung hat der Welthandel stark zugenommen. Die Volkswirtschaften wuchsen zu einer globalen Weltwirtschaft zusammen. Am stärksten ist der internationale Warenaustausch zwischen Asien und Nordamerika, Europa und Asien und Nordamerika und Europa.

Wanderung von Arbeitskräften

Die Globalisierung bringt es mit sich, dass auch Arbeitskräfte immer beweglicher werden. Es gibt weltweite Wanderungsbewegungen, vor allem aus den ärmeren Staaten Afrikas, Lateinamerikas und Asiens in die Industriestaaten des Nordens. Oft sind es gut ausgebildete Fachkräfte, die in die USA oder nach Europa auswandern, weil sie dort mehr verdienen. Sie schicken zwar Gelder an ihre Familien in den Heimatländern, fehlen dort aber für die nationale Entwicklung.

Globales Kapital

Die Finanzmärkte sind weltweit vernetzt. Riesige Geldmengen können in kürzester Zeit dort angelegt werden, wo die höchsten Profite zu erwarten sind. Internationale Kapitalfonds, z. B. die Hedgefonds, suchen weltweit nach Anlagemöglichkeiten. Manche sehen darin eine Gefahr, wenn solche spekulativ angelegten Gelder rasch aus einem Land wieder abgezogen werden.

Deutschland und die Globalisierung

Deutschland spielt eine führende Rolle im Welthandel. Die Globalisierung bringt Chancen, birgt aber auch Risiken. Die deutschen Verbraucher profitieren von billigen Einfuhren. Andererseits verlagern viele deutsche Unternehmen aus Kostengründen ihre Produktion in das Ausland.

Globalisierung und Entwicklungsländer

Einige Entwicklungsländer haben von der Globalisierung profitiert, weil sie sich mit Reformen für die globalen Märkte fit gemacht haben. China zum Beispiel ist eine führende Exportnation geworden, hat durch das ungezügelte Wirtschaftswachstum jedoch auch große Probleme, z. B. die Umweltverschmutzung. Andere Entwicklungsländer dagegen sind Verlierer der Globalisierung. In diesen Ländern schrumpfte die Wirtschaft, und die Armut stieg.

Weltkultur

Die Globalisierung bringt es mit sich, dass sich auch im kulturellen Bereich die Länder immer stärker angleichen. In vielen Teilen der Erde hören die Menschen die gleiche Musik, sehen die gleichen Filme, kleiden sich gleich, übernehmen Essgewohnheiten der anderen usw. Die einen halten diese Angleichung für unvermeidlich, andere beklagen den Verlust von regionalen Lebensweisen und Kulturen.

Der Aufbau der Vereinten Nationen

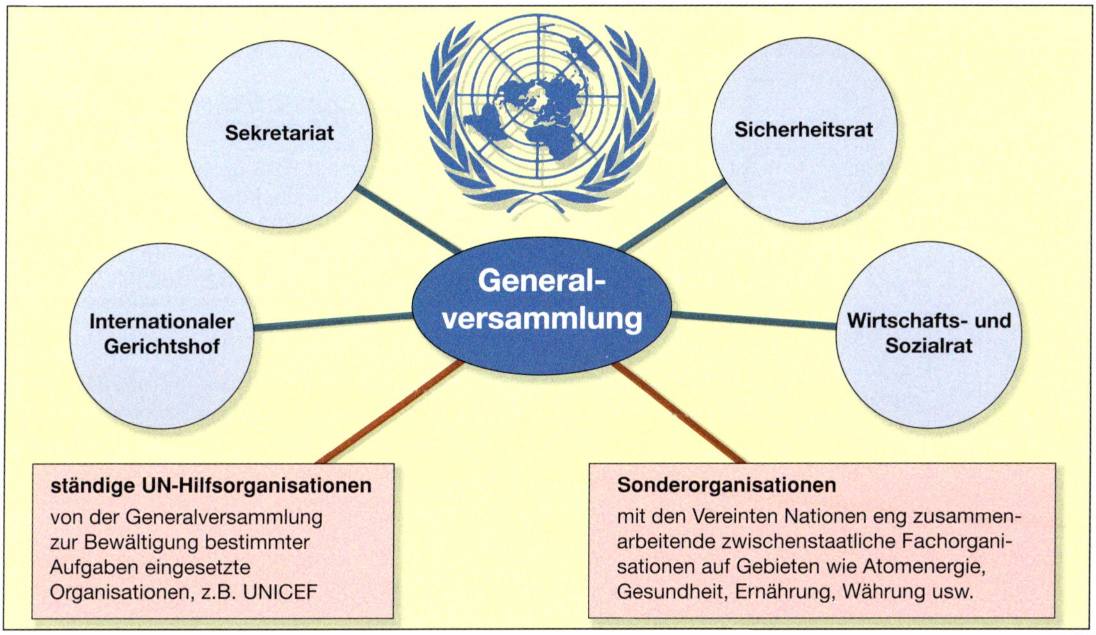

A Dieses Gremium ist das zentrale Organ der Vereinten Nationen für wirtschaftliche, soziale und Entwicklungsfragen. Es erarbeitet Studien, Berichte und Empfehlungen auf den Gebieten der Wirtschaft, des Sozialwesens, der Kultur, der Erziehung, der Gesundheit und anderen.

B In diesem Gremium sind alle 192 Mitgliedstaaten vertreten. Jeder Mitgliedstaat hat eine Stimme. Jährlich im Herbst tritt dieses Gremium zu einer mehrere Wochen dauernden Tagung zusammen. Es wählt die Mitglieder der anderen Organe, prüft und genehmigt den Haushaltsplan der Vereinten Nationen und setzt die Höhe der Mitgliedsbeiträge fest. Politische Beschlüsse werden in Form von Resolutionen getroffen, die allerdings nach völkerrechtlicher Auffassung nur den Charakter von Empfehlungen haben.

C Dieses Gremium ist die Hauptverwaltung der Vereinten Nationen. Es setzt die Beschlüsse anderer UN-Gremien um, plant und organisiert friedenserhaltende Maßnahmen, verfasst Studien, bereitet Verhandlungen und Konferenzen vor und unterrichtet die Öffentlichkeit über die Tätigkeit der Vereinten Nationen. Es wird von einem Generalsekretär geleitet. Er ist der höchste Verwaltungsbeamte der Vereinten Nationen und in den Augen der Weltöffentlichkeit ihre Symbolfigur.

D Dieses Gremium mit Sitz in Den Haag ist zuständig für die Auslegung internationaler Verträge, für Fragen des Völkerrechts sowie bei Verletzungen internationaler Verpflichtungen. Entscheidungen sind nur für die jeweiligen Streitparteien und in Bezug auf den jeweiligen konkreten Streitgegenstand bindend.

E Dieses Gremium trägt die Hauptverantwortung für die Wahrung des Weltfriedens. In Fällen der Friedensgefährdung oder bei einer vorliegenden Verletzung der Friedenspflicht kann dieses Gremium als einziges Organ der Vereinten Nationen Beschlüsse mit bindender Wirkung für alle Mitgliedstaaten fassen.

1. *Ordne jedem Gremium der Vereinten Nationen eine Beschreibung (A bis E) zu.*
2. *Man überlegt, die UN zu reformieren. Informiere dich über den derzeitigen Stand (www.unric.org).*

Der Sicherheitsrat

Der Sicherheitsrat der Vereinten Nationen

Sein Zweck:

Der Sicherheitsrat ist der **Friedenswärter** der Vereinten Nationen

Seine Mitglieder:

Der Sicherheitsrat hat **fünf** ständige Mitglieder (USA, Russland, Frankreich, Großbritannien, China) und **10** nicht ständige Mitglieder.

Seine Beschlüsse:

Zur Beschlussfassung sind mindestens 9 der 15 Stimmen erforderlich; die fünf ständigen Mitglieder haben ein Vetorecht.

Seine Mittel:

- Vermittlungen
- Entsendung von UN-Friedenstruppen
- gewaltlose Sanktionen
- militärische Sanktionen

A Damit ist das Recht gemeint, einen Beschluss durch Einspruch zu verhindern.

B Diese Mitgliedstaaten sind immer vertreten.

C Der Sicherheitsrat kann als „Blauhelme" bezeichnete Soldaten in Krisengebiete entsenden, wenn die Konfliktparteien damit einverstanden sind. Die „Blauhelme" dürfen keine Waffen einsetzen, außer zur Selbstverteidigung. Sie dienen meist als „Puffer" zwischen den Gegnern und überwachen z. B. einen Waffenstillstand.

D Als letztes Mittel kann der Sicherheitsrat gegen einen Staat, der den Frieden verletzt hat, militärische Gewalt einsetzen. Da die Vereinten Nationen keine eigenen Soldaten haben, erteilt der Sicherheitsrat einem Mitgliedstaat oder mehreren Mitgliedstaaten den Auftrag, den aggressiven Staat zu bekämpfen. Ein solcher Auftrag wird auch als „Mandat" bezeichnet.

E Diese Staaten werden von der UN-Generalversammlung jeweils für zwei Jahre in den Sicherheitsrat gewählt.

F Durch Maßnahmen, die für einen Staat unangenehm sind, soll dieser gezwungen werden, Beschlüsse des UN-Sicherheitsrates zu befolgen. Solche Maßnahmen können z. B. die Unterbrechung des Handels, der Verkehrsverbindungen oder der Abbruch der diplomatischen Beziehungen sein.

G Den Konfliktparteien werden von den Vereinten Nationen Vorschläge zur Beilegung ihres Streites gemacht.

Beispiel 1
Seit 1964 überwachen von den UN entsandte Soldaten auf Zypern die Waffenstillstandslinien zwischen den Griechen und Türken.

Beispiel 2
Im Bürgerkrieg zwischen Serben, Kroaten und Bosniern hatte der UN-Sicherheitsrat ab 1992 in Bosnien-Herzegowina verschiedene Städte zu Schutzzonen erklärt, was aber von den bosnischen Serben nicht beachtet wurde. Als die Serben im Sommer 1995 bosnische Städte überrannten und Tausende von Gefangenen ermordeten, flog die NATO im Auftrag der Vereinten Nationen massive Luftangriffe gegen serbische Stellungen. Diese Angriffe führten dann dazu, dass die serbische Seite im Herbst 1995 zu Friedensverhandlungen bereit war.

Beispiel 3
Dem damaligen UN-Generalsekretär Perez de Cuellar gelang es 1988, durch Verhandlungen den irakisch-iranischen Krieg zu beenden.

Beispiel 4
Um Libyen zur Auslieferung von Terroristen zu zwingen, stellten die Mitgliedstaaten der Vereinten Nationen jahrelang den Flugverkehr in dieses Land ein.

1. *Ordne zu: Welche Erklärung gehört zu welchem der in der Grafik gelb unterlegten Begriffe?*
2. *Zu jedem der vier Mittel des Sicherheitsrates gehört eines der Beispiele. Ordne entsprechend zu.*

Methode: Internetrecherche

Thema: UN-Friedenseinsätze

Mitte 2008 waren rund 88 000 Soldaten und zivile Polizisten aus 119 Ländern in friedenssichernden Einsätzen der Vereinten Nationen in 17 Ländern der Erde aktiv. Wer mehr über diese Einsätze erfahren will, kann sich durch eine Internetrecherche informieren.

1 Die offizielle Website der Vereinten Nationen (www.un.org) verwendet verschiedene Sprachen, z. B. Englisch, Französisch, Spanisch, jedoch nicht Deutsch. Deutschsprachige Informationen über die Vereinten Nationen gibt es auf der Homepage des Regionalen Informationszentrums der UNO (www.unric.org). Die Startseite enthält viele Stichwörter, die man anklicken kann, um genauere Informationen über bestimmte Sachverhalte zu bekommen. Um etwas über Friedenseinsätze zu erfahren, klickt man oben den Link „Frieden und Sicherheit" an.

2 Es erscheint dann eine Seite mit allgemeinen Informationen und weiteren Links, die im unteren Teil der Seite aufgeführt sind. Hier klickt man „Friedenssicherungseinsätze" an.

3 Die nun folgende Seite enthält viele Stichwörter, die nach drei Gruppen gegliedert sind. Blau unterlegt sind dabei die Stellen, die als Links zu weiteren Informationen führen. So gibt es z. B. beim Stichwort „laufende Friedenssicherungseinsätze der Vereinten Nationen (Fakten & Zahlen)" die Möglichkeit, diese Informationen als PDF-Datei aufzurufen.

4 Ruft man diese Datei auf, erscheint auf dem Bildschirm ein zwei Seiten umfassendes Dokument: Die erste Seite enthält eine Karte zu den laufenden Einsätzen, die zweite Seite listet alle Einsätze mit Angaben über Beginn, Truppenstärke, Finanzierung usw. auf. Jeder Einsatz hat einen Namen, dessen Anfangsbuchstaben ein bestimmtes Kürzel ergeben. So erfährt man z. B., dass es unter dem Kürzel UNMIS einen Friedenseinsatz der Vereinten Nationen in dem afrikanischen Staat Sudan gibt.

5 Will man mehr über den Einsatz im Sudan erfahren, kann man in eine Suchmaschine den Begriff „UNMIS" eingeben. So bietet beispielsweise Google zahlreiche Seiten mit Hinweisen auf den UN-Einsatz im Sudan in deutscher Sprache, darunter z. B. Informationen der Bundeswehr und des Auswärtigen Amtes.

❶ *Recherchiert, wie beschrieben, welche Friedenseinsätze die Vereinten Nationen zurzeit durchführen.*

❷ *Infomiert euch dann in Kleingruppen genauer über diese Einsätze. Präsentiert die Ergebnisse eurer Recherche der Klasse, z. B. durch Kurzreferate oder mittels einer Wandzeitung.*

Fallbeispiel: Irak 1990/91 und 2003

Das Scheichtum Kuwait am Persischen Golf ist zwar ein kleines Land, verfügt aber über einen großen Ölreichtum. Am 2. August 1990 fallen die irakischen Truppen in der Nacht in den Nachbarstaat ein. In wenigen Stunden ist das Land besetzt, die kuwaitische Regierung muss fliehen.
Der Sicherheitsrat der Vereinten Nationen tritt zusammen und fordert den sofortigen und bedingungslosen Rückzug der irakischen Truppen. In einer weiteren Resolution beschließt der Sicherheitsrat ein Wirtschaftsembargo gegen den Irak, der Kuwait zu seiner 19. Provinz erklärt hat. Zum Schutz von Saudi-Arabien entsenden zwölf arabische Regierungen und die USA Truppen an den Golf. Die irakische Regierung hindert Tausende von Ausländern am Verlassen des Landes und behält sie als Geiseln; Hunderte von ihnen werden als „menschliche Schutzschilde" an militärisch wichtige Orte verschleppt.
Während der Irak seine Truppen in dem besetzten Kuwait weiter verstärkt, treffen bis zum Jahresende immer mehr Truppen aus den USA, aber auch aus Großbritannien und Frankreich und aus arabischen Staaten am Golf ein. Der UN-Sicherheitsrat verschärft die Wirtschaftsblockade gegen den Irak. Am 29. November 1990 setzt der Sicherheitsrat der irakischen Regierung eine Frist bis zum 15. Januar 1991, Kuwait zu räumen. Nach Ablauf dieses Ultimatums kann militärische Gewalt zur Befreiung des Scheichtums eingesetzt werden.
Im Dezember 1990 lässt der Irak die ausländischen Geiseln frei. Vor Ablauf des Ultimatums scheitern alle diplomatischen Versuche, die Iraker zur Räumung Kuwaits zu bewegen. Zwei Tage nach Ablauf des UN-Ultimatums eröffnen die von den USA angeführten Luftstreitkräfte der Alliierten den Kampf und bombardieren über einen Monat lang Ziele in Kuwait, in Bagdad und im übrigen Irak.
Am 18. Januar 1991 lässt der irakische Staatschef Saddam Hussein erstmals Raketen auf das am Kampfgeschehen unbeteiligte Israel abfeuern. Damit soll Israel in den Konflikt hineingezogen und so Zwietracht zwischen den USA und den arabischen Alliierten gesät werden. Während die alliierten Luftangriffe an Heftigkeit zunehmen, droht Saddam Hussein mit Giftgas, ruft die Terroristen in aller Welt zu Aktionen gegen den Westen auf und lässt Millionen Tonnen Erdöl in den Persischen Golf pumpen, um die saudi-arabischen Meerwasserentsalzungsanlagen zu beschädigen.
Ende Februar beginnt der Landkrieg. In wenigen Tagen ist die irakische Armee besiegt und Kuwait befreit. Das kleine Land ist völlig zerstört, Hunderte von Ölquellen wurden von den irakischen Soldaten vor ihrer Flucht in Brand gesetzt. Erst nach der militärischen Niederlage erklärt sich Saddam Hussein bereit, die UN-Resolution bedingungslos zu erfüllen. Die Alliierten verkünden eine Waffenruhe, der Anfang März 1991 dann der Waffenstillstand folgt. Auf alliierter Seite fielen im Kampf etwa 200 Soldaten; die Verluste auf irakischer Seite werden auf über hunderttausend Soldaten und Zivilisten geschätzt.
Im Waffenstillstandsabkommen von 1991 verpflichtet sich der Irak zur Zerstörung aller nuklearen, biologischen und chemischen Waffen. UN-Inspekteure sollen die Einhaltung dieser Verpflichtung kontrollieren.

Irakkrieg 1991: US-Soldaten bereiten sich auf die Abwehr eines eventuellen irakischen Giftgasangriffs vor.

Irakkrieg 1991: Von irakischen Soldaten auf ihrem Rückzug in Brand gesetzte Ölquellen im Scheichtum Kuwait.

Irakkrieg 2003: US-Soldaten patrouillieren in der Stadt Mosul.

Demonstration gegen den Irakkrieg, 2003

In den nächsten Jahren kommt es immer wieder zu Konflikten, weil der Irak die Arbeit der UN-Inspekteure behindert, z. B. ihnen den Zutritt zu Gebäuden verweigert. Die UN-Inspekteure, die Belege für die irakische Produktion von Langstreckenraketen finden, werden 1997 von der irakischen Regierung aus dem Land ausgewiesen. Erst als die Alliierten, vor allem die USA, mit Angriffen drohen, lassen die Iraker die Waffeninspekteure wieder in das Land, weisen sie bald danach jedoch erneut aus.

Nach den Terroranschlägen vom 11. September 2001 auf das World Trade Center in New York wächst in den USA die Furcht, der irakische Diktator Saddam Hussein könne internationale Terroristen mit biologischen oder chemischen Waffen versorgen. Immer drängender fordert die US-Regierung im Jahr 2002 die Zerstörung aller Massenvernichtungswaffen im Irak und den Sturz von Saddam Hussein. Es beginnt ein amerikanischer Truppenaufmarsch in der Golfregion. Im Sommer 2002 rückt ein erneuter Irakkrieg zunehmend in den Bereich des Möglichen. Während die Vereinigten Staaten vor allem von Großbritannien unterstützt werden, lehnen Frankreich, Russland und Deutschland einen Krieg gegen den Irak ab.

Im Oktober 2002 erlaubt der Irak die Rückkehr der UN-Waffeninspekteure. Im November 2002 verabschiedet der UN-Sicherheitsrat eine von den USA und Großbritannien eingebrachte Resolution, in der der Irak unter Androhung „ernster Konsequenzen" zum Offenlegen seiner Waffenprogramme aufgefordert wird. Anfang 2003 verschärft sich der Konflikt. Die UN-Inspekteure können zwar keine Beweise für Massenvernichtungswaffen finden, werfen aber der irakischen Regierung mangelnde Zusammenarbeit vor. Die Gegner eines neuen Irakkrieges fordern mehr Zeit für die UN-Inspektionen. Die USA, Großbritannien und ihre Verbündeten werfen dem Irak Täuschungsmanöver vor und sind bereit, auch ohne UN-Mandat militärisch gegen Saddam Hussein vorzugehen. Die Welt ist in zwei Lager geteilt: Die USA und ihre Verbündeten sehen im Krieg das letzte Mittel, die Gefahr irakischer Massenvernichtungswaffen zu beseitigen und den Diktator Saddam Hussein zu stürzen. Die andere Seite, vor allem von Frankreich, Deutschland und Russland vertreten, lehnt einen Krieg ab und will den UN-Inspekteuren mehr Zeit geben.

Am 20. März 2003 beginnt der Krieg: Amerikanische und britische Truppen marschieren in den Irak ein. Während weltweit Millionen von Menschen gegen den Krieg protestieren, erobern die Alliierten nach heftigen Kämpfen das Land. Nach sechs Wochen ist die Hauptstadt Bagdad erobert, das irakische Regime zusammengebrochen. Der Diktator Saddam Hussein wird erst Monate später in einem Versteck gefunden und verhaftet. Beweise für Massenvernichtungswaffen finden die Sieger nicht. Friede kehrt nicht ein, denn immer wieder gibt es Angriffe und Attentate.

1. *Irakkriege 1990/91 und 2003: Stelle Unterschiede fest. Skizziere, welche Rolle jeweils die Vereinten Nationen spielten.*
2. *Erkläre, warum der Irakkrieg 2003 in der Öffentlichkeit stark umstritten war.*

Informiere dich in den Medien über die Lage im Irak jetzt.

Sicherheitsorganisationen in Europa

Bis zum Fall der Mauer im Jahr 1989 standen sich auf europäischem Boden die beiden Machtblöcke NATO und Warschauer Pakt scheinbar unversöhnlich gegenüber. Seitdem haben auch andere Organisationen an Bedeutung gewonnen oder sind neu entstanden, um die europäischen Staaten stärker miteinander zu verbinden. Die europäische Sicherheitsarchitektur entwickelt sich aus zahlreichen Institutionen und bezieht auch die Staaten Osteuropas mehr und mehr ein.

Aus dem 1952 von sechs Staaten unterzeichneten Vertrag über die Europäische Gemeinschaft für Kohle und Stahl entwickelte sich in mehreren Stufen und Erweiterungen die **Europäische Union (EU)**. Ihr gehören heute 27 Staaten an, die eine gemeinsame Wirtschafts- und Währungsunion geschaffen haben. Künftig wollen diese Staaten ihre Außen- und Sicherheitspolitik noch erheblich stärker als bisher abstimmen. Die Europäische Union hat eine 60 000 Soldaten umfassende Eingreiftruppe aufgestellt, die bei Krisen eingesetzt werden kann.

Die **NATO (Nordatlantikpakt)** wurde 1949 als Militärbündnis des Westens zum Schutz vor der kommunistischen Sowjetunion gegründet. Heute gehören ihr 28 Staaten an.

In der **Organisation für Sicherheit und Zusammenarbeit in Europa (OSZE)** arbeiten 56 Staaten zusammen, darunter alle NATO-Staaten und die Nachfolgestaaten der früheren Sowjetunion. Die OSZE will vor allem das Entstehen von Konflikten verhindern helfen. Bei ausgebrochenen Konflikten darf die OSZE nur eingreifen, wenn die Kriegsparteien damit einverstanden sind.

Als Forum zwischen der NATO und den Staaten des ehemaligen Warschauer Paktes dient seit 1997 der **Euro-Atlantische Partnerschaftsrat (EAPR)**. Ihm gehören heute 46 Staaten aus Ost und West an. Seine Ziele sind der sicherheitspolitische Dialog, Zusammenarbeit und Vertrauensbildung auf gleichberechtigter Ebene.

Der **Europarat** mit Sitz in Straßburg wurde 1949 zunächst von zehn europäischen Staaten gegründet. Heute hat er 47 Mitglieder. Er befasst sich vorrangig mit dem Schutz der Menschenrechte, der Demokratie und der Erhaltung des kulturellen Erbes.

In der **Partnerschaft für den Frieden** arbeiten 20 Staaten aus Europa, Zentralasien und dem Kaukasus mit der NATO zusammen. Durch gemeinsame militärische Übungen wollen diese Länder ihre Fähigkeit verbessern, bei Friedensmissionen zusammenzuwirken.

Die Verteidigungsminister der NATO-Staaten beraten in Brüssel über die Bekämpfung des internationalen Terrors.

Ein amerikanischer, ein deutscher, ein polnischer und ein tschechischer Soldat bei einem Manöver der NATO in Polen

1. *Finde in den Kurzbeschreibungen die Textstellen, die aussagen, wie die jeweilige Organisation zur Sicherheit in Europa beitragen will.*

OSZE

Wahlbeobachterin der OSZE bei einer Wahl im Kosovo

Die Organisation für Sicherheit und Zusammenarbeit in Europa ist eine multinationale Sicherheitsgemeinschaft zur Friedensförderung. Die OSZE wurde 1975 während des Kalten Krieges unter dem Namen Konferenz über Sicherheit und Zusammenarbeit in Europa (KSZE) gegründet und war die Voraussetzung für die allmähliche Entspannung im Ost-West-Konflikt. In der Charta von Helsinki haben sich die Mitgliedstaaten verpflichtet, die Menschen- und Bürgerrechte anzuerkennen und die Sicherheit in Europa zu stärken. 1994 wurde die KSZE in OSZE umbenannt und sitzt seitdem in Wien. Die 56 Mitglieder starke Gemeinschaft umfasst alle Staaten Europas, die Nachfolgestaaten der Sowjetunion sowie die USA und Kanada. […] Zu den Aufgaben gehört unter anderem die Entsendung von Wahlbeobachtern. Zu ihren größten Erfolgen gehört der 1990 unterzeichnete Vertrag zum Abbau der konventionellen Streitkräfte in Europa. (dpa)

(aus: Stuttgarter Zeitung, 8. 12. 2006, S. 4)

Die Präsidentenwahlen in Weißrussland waren weder „fair" noch „frei"; die Wahlen zum ukrainischen Parlament entsprachen vereinbarten Standards. Mit diesen Urteilen ist die Organisation für Sicherheit und Zusammenarbeit in Europa (OSZE) im März 2006 an die Öffentlichkeit getreten und hat sich ihr damit zugleich eindrücklich in Erinnerung gebracht. […]
Wahlbetrug kann die OSZE zwar nicht verhindern, sie kann ihn aber erschweren und vor aller Welt aufdecken. Als die OSZE im Oktober und November 2004 den ukrainischen Präsidentschaftswahlen das Etikett „fair und frei" versagte und dem Land schließlich im Dezember zu einem dritten Wahlgang verhalf, trug sie damit ganz offensichtlich dazu bei, die alte Regierung abzulösen und den Weg in eine demokratischere Zukunft zu ebnen. Dass die ukrainischen Parlamentswahlen im März 2006 dem Urteil einer großen Zahl von Wahlbeobachterinnen und -beobachtern standhielten, ist auch ein Erfolg der OSZE.
Die Wahlbeobachtungsmissionen der OSZE sind ein typisches Beispiel für den Einsatz einer Organisation, die Sicherheitspolitik betreibt, ohne über Waffen zu verfügen. Spezialisiert ist sie in erster Linie auf die Verhältnisse in Staaten. Seit einigen Jahren stehen auch transnationale Probleme wie zum Beispiel terroristische Gefahren auf ihrer Tagesordnung. […]
Entscheidungen können nur getroffen werden, wenn alle Teilnehmerstaaten zustimmen (Konsensprinzip). Auch ist die OSZE – anders als der UN-Sicherheitsrat – nicht legitimiert, die Anwendung von Gewalt, also auch den Einsatz von Waffen, zu genehmigen. Ihr Sicherheitsverständnis beruht auf Zusammenarbeit und schließt die Anwendung von Zwangsmaßnahmen aus (Kooperative Sicherheit). Diese 1975 vereinbarten Verfahrensgrundsätze sind nach wie vor gültig. […]
Auf einen sehr allgemeinen Nenner gebracht, ist die OSZE eine Dienstleistungsorganisation zur Verhütung von Konflikten, zur Konfliktnachsorge und zur Unterstützung beim Aufbau staatlicher Organe. Gewaltsame Auseinandersetzungen in Staaten und ihre Ausweitung auf andere Länder zu verhindern, gelingt leider nur in wenigen Fällen. Erfolge auf diesem Gebiet nachzuweisen, ist zudem schwierig, da erfolgreiche Konfliktverhütung naturgemäß sehr viel schwerer zu belegen ist, als dies bei gescheiterten Versuchen der Fall ist. Oft lässt sich nicht ausmachen, in welchem Maße die OSZE dazu beigetragen hat, Auseinandersetzungen zu entschärfen, die eine breitere Öffentlichkeit so oft gar nicht erst wahrgenommen hat. Ein Krieg, der vermieden werden konnte, ist eben keine Schlagzeile wert. […]

(aus: Bernhard von Plate: Sicherheitspolitik ohne Waffen – OSZE und Europarat, in: Informationen zur politischen Bildung 291, Sicherheitspolitik im 21. Jahrhundert, S. 62f. Hg.: Bundeszentrale für politische Bildung, Bonn)

1. *Beschreibe, wie die OSZE zur Sicherheit in Europa beiträgt. Nenne Beispiele.*
2. *„Die OSZE betreibt Sicherheitspolitik ohne Waffen!" – Begründe diese Aussage.*
3. *Die Arbeit der OSZE ist in der Öffentlichkeit wenig bekannt. Überlege Gründe hierfür.*

Europäische Sicherheitspolitik

Im Rahmen ihrer Gemeinsamen Außen- und Sicherheitspolitik entwickelt die EU auch eine gemeinsame Europäische Sicherheits- und Verteidigungspolitik, abgekürzt ESVP. Die Europäische Union will so in der Lage sein, in Fragen der Konfliktverhütung und Krisenbewältigung eigenständig zu entscheiden und in internationalen Krisen, in denen die NATO als Ganzes nicht aktiv wird, auch militärisch einzugreifen.

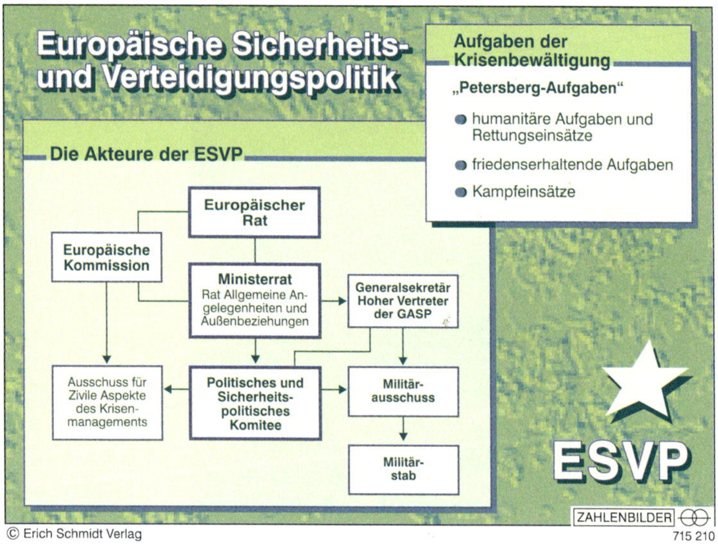

© Erich Schmidt Verlag

Ein Eingreifen bei internationalen Konflikten kann sowohl nicht militärische als auch militärische Fähigkeiten erfordern:

- Bei den nicht militärischen Aufgaben legt die EU den Schwerpunkt auf den Einsatz von Polizeikräften, die Stärkung des Rechtsstaats (Justiz, Strafvollzug usw.), die Stärkung der Zivilverwaltung und den Zivilschutz in Krisengebieten.
- Zur Bewältigung militärischer Aufgaben ist die EU in der Lage, eine „schnelle Eingreiftruppe" von bis zu 60 000 Mann aufzustellen, die innerhalb von 60 Tagen verlegt und deren Einsatz mindestens ein Jahr aufrechterhalten werden kann. Dabei handelt es sich nicht um eine ständige EU-Truppe. Vielmehr haben sich die EU-Staaten verpflichtet, entsprechende Truppenteile für EU-Operationen bereitzustellen. Im Krisenfall kann dann der EU-Militärstab diese Truppenteile anfordern.

Entscheidungen über militärische Operationen trifft der Ministerrat. Die Umsetzung liegt dann beim „Politischen und Sicherheitspolitischen Komitee". Es schlägt dem Ministerrat die im Krisenfall zu ergreifenden Maßnahmen vor und ist für die strategische Leitung und politische Kontrolle der Militäroperation zuständig. Beraten wird das Komitee vom Militärausschuss, das sind die Generalstabschefs der EU-Staaten, und einem Ausschuss aus Spezialisten für die zivilen Aspekte des Einsatzes.

Im Januar 2003 begann die Arbeit der Polizeimission der Europäischen Union in Bosnien und Herzegowina, die die zivilen Aspekte des Krisenmanagements von den Friedenstruppen der UNO übernahm. Derartige Maßnahmen werden vom Rat der Europäischen Union beschlossen und koordiniert.

Beispiele für EU-Einsätze

- Polizeimission in Bosnien-Herzegowina: Seit 2003 überwachen und beraten 800 EU-Polizisten die Polizeikräfte des Landes.
- Militäroperation in Mazedonien: 350 EU-Soldaten sicherten 2003 den Waffenstillstand nach dem Bürgerkrieg.
- Militäroperation im Kongo: 2003 waren auf Ersuchen der UN 1500 EU-Soldaten zur Stabilisierung der Lage in dem vom Bürgerkrieg heimgesuchten Land im Einsatz.
- Militäroperation in Bosnien-Herzegowina: Im Dezember 2004 lösten 7000 EU-Soldaten (EUFOR) die NATO-Soldaten ab, die bis dahin die Einhaltung des Friedensabkommens überwacht hatten.

Französische EU-Soldaten treffen zum Einsatz im Kongo ein.

EU bildet mobile Kampftruppen

Einheiten könnten zum Beispiel Europäer aus Kriegsgebieten retten

Brüssel – Der militärische Arm der Europäischen Union wird kräftiger. Die Verteidigungsminister der Mitgliedstaaten verständigten sich am Montag in Brüssel auf die Bildung von 13 mobilen Kampftruppen.

Diese Gefechtseinheiten gelten als wichtiger Baustein einer gemeinsamen europäischen Sicherheitspolitik. Die sogenannten Battle-Groups werden jeweils 1500 Soldaten umfassen und binnen fünf bis zehn Tagen für bis zu viermonatige Einsätze marschbereit sein. Die als „Krisenreaktionskräfte" definierten Einheiten sollen in Kriegsgebiete außerhalb der EU-Grenzen entsandt werden, um dort etwa EU-Bürger zu befreien oder zivilen Helfern den Weg freizukämpfen. [...] Die volle Einsatzfähigkeit soll erst 2007 erreicht sein. Deutschland wird sich an vier Kampfgruppen beteiligen.

Erprobt: Deutsche Eurocorps-Soldaten

[...] In den zumeist multinationalen neuen Kampfeinheiten wird jeweils eine Führungsnation das Kommando übernehmen. So sollen Offiziere der Bundeswehr eine Battle-Group mit Partnern aus Finnland und den Niederlanden befehligen. Ein Einsatzbeschluss muss auf Bitten der UNO erfolgen und von allen EU-Regierungen einstimmig getragen werden. Am Einstimmigkeitsprinzip wird sich auch nach Inkrafttreten der neuen EU-Verfassung nichts ändern. Allerdings könnte sich das Aufgabenspektrum für die Kampftruppen dann erweitern. In Deutschland bleibt es überdies beim Parlamentsvorbehalt: Auch bei der Beteiligung der Bundeswehr an multilateralen Verbänden ist das Mandat des Bundestages vor der Entsendung von Soldaten zwingend. Die EU betont, dass der Ausbau der eigenen Krisenintervention nicht in Konkurrenz zur NATO steht.

(Tobias Blasius, in: Marbacher Zeitung, 23. 11. 2004, S. 2)

1. *Notiere, welche Absichten die EU mit dem Aufbau einer „schnellen Eingreiftruppe" verfolgt.*
2. *„Die EU hat jetzt eine eigene Armee." Nimm zu dieser Aussage Stellung.*
3. *Was ist an den bisherigen EU-Einsätzen bemerkenswert? Notiere in Stichworten.*
4. *„Battle-Groups" der EU: Fasse die wesentlichen Informationen der Zeitungsmeldung zusammen.*

Die NATO

NATO ist die Abkürzung für den englischen Begriff „North Atlantic Treaty Organization", ins Deutsche übersetzt: Nordatlantisches Verteidigungsbündnis. Meist spricht man verkürzt von „Nordatlantikpakt". Es ist der Name eines politisch-militärischen Bündnisses, das wenige Jahre nach dem Zweiten Weltkrieg im April 1949 von den USA, Kanada und neun europäischen Staaten gegründet wurde. Als wichtiges Ziel der NATO galt, die kommunistische Sowjetunion und ihre Verbündeten davon abzuhalten, gegen die westlichen Staaten Krieg zu führen. Die kommunistischen Staaten schlossen sich 1955 unter Führung der Sowjetunion zum sogenannten Warschauer Pakt zusammen, 1991 zerfiel dieses Militärbündnis, daraufhin änderten sich die Ziele der NATO. Der Einsatz für Frieden und Freiheit ist heute das wichtigste Ziel. Die NATO-Mitgliedstaaten sind zudem verpflichtet, sich im Falle einer militärischen Bedrohung gegenseitig Beistand zu leisten. Mit den ehemaligen Mitgliedern des Warschauer Paktes wurde 1994 ein Vertrag „Partnerschaft für den Frieden" geschlossen. Viele europäische Staaten, die früher kommunistisch waren, sind inzwischen NATO-Mitglieder. Seit 1999 gehören Polen, Ungarn und Tschechien, seit 2004 Estland, Lettland, Litauen, die Slowakei, Slowenien, Rumänien und Bulgarien zur NATO, 2009 sind Albanien und Kroatien beigetreten.

(Haus der Geschichte, Bonn; Jupp Wolter)

(Egon Kaiser, Waiblingen)

Fernsehgespräch zwischen einem Journalisten und einem Sicherheitsexperten

Wie sehen Sie als Sicherheitsexperte die Zukunft der NATO, Herr Jungmann?
Spannend!

Wie meinen Sie das?
Nun, da muss einiges geklärt werden, z. B. das Verhältnis zwischen EU und NATO.

Warum?
Die Europäer wollen bei Krisen und Konflikten militärisch handlungsfähig sein, auch dann, wenn beispielsweise die Interessen der Amerikaner oder Kanadier nicht betroffen sind – der Konflikt also keine Angelegenheit der NATO insgesamt ist. Daher haben sie im Rahmen ihrer „Europäischen Sicherheits- und Verteidigungspolitik" europäische Eingreiftruppen geschaffen.

Und wo liegt das Problem?
Die Europäer verfügen über keine eigene militärische Planungs- und Kommandostruktur. Da muss die NATO aushelfen.

Klingt kompliziert ...
Man hat verabredet: Wenn in einem Konflikt die NATO als Ganzes nichts tun will, können die Europäer eigene militärische Operationen durchführen und dabei die Mittel der NATO nutzen.

Und wie ist es mit den USA?
Den Terroranschlag auf die USA vom 11. September 2001 hat die NATO als Angriff auf ein Mitglied angesehen und zum ersten Mal in ihrer Geschichte den Bündnisfall erklärt. Aber den Krieg gegen al-Qaida und die Taliban in Afghanistan haben die USA dann in eigener Regie geführt, mit Verbündeten zwar, aber nicht mit der NATO.

Warum denn das?
Ich denke, die USA als Supermacht wollten sich nichts von einem Bündnis vorschreiben lassen. Im Fall des Irak haben es die Amerikaner 2003 ebenso gemacht.

Moment: In Afghanistan sind doch Bundeswehrsoldaten stationiert.
Ja, das ist der ISAF-Einsatz unter UN-Mandat. Er wird von der NATO ausgeführt. Diese Soldaten, auch die unserer Bundeswehr, sollen im Land die Sicherheit gewährleisten und beim Wiederaufbau helfen. Der Kampfeinsatz der Amerikaner und ihrer Verbündeten gegen die Taliban und al-Qaida ist eine davon getrennte Operation.

NATO in Afghanistan? Ich denke, der NATO-Auftrag ist die Verteidigung ihrer Mitglieder im Nordatlantikgebiet ...
Das ist ja das Spannende: Einerseits bekräftigt die NATO, dass ihr fortdauernder Zweck die Verteidigung ihrer Mitglieder ist. Andererseits hat die NATO 2002 eine neue Strategie beschlossen, die auch weltweite Einsätze bei Krisen aller Art vorsieht. Die Zukunftsfrage ist also, ob die NATO ein Verteidigungsbündnis bleibt oder ein Instrument globaler Intervention wird. Zudem ist abzuwarten, wie sich das Verhältnis zwischen NATO und EU einerseits und zu den USA andererseits entwickeln wird.

Vielen Dank für das Gespräch, Herr Jungmann.

1. *Beschreibe, wie sich die NATO hinsichtlich ihrer Mitglieder und ihres Bündniszweckes verändert hat.*
2. *Erkläre, was die beiden Karikaturen auf S. 338 deutlich machen sollen.*
3. *Fasse die Kernpunkte des Gesprächs in kurzen Sätzen oder Fragen zusammen.*

Fallbeispiel: Kosovo

Anfang der 1990er-Jahre zerfiel das früher kommunistische Jugoslawien in verschiedene Teilstaaten. Zum Kernland Serbien gehörte im Süden die Provinz Kosovo, die mehrheitlich von moslemischen Albanern bewohnt ist.

Nach dem Zweiten Weltkrieg hatte das Kosovo-Gebiet innerhalb Serbiens einen autonomen Status, d.h. die Kosovo-Albaner konnten manches selbst bestimmen. 1989 wurden diese Autonomierechte von dem serbischen Präsidenten Milošević aufgehoben. Im Laufe der Zeit verschärften sich die Gegensätze im Kosovo: Die Serben unterdrückten alle Freiheitsbestrebungen der Kosovaren; bei diesen wiederum bildete sich eine Untergrundarmee, die gegen die serbische Besatzung kämpfte.

Anfang 1999 verschärfte sich die Lage dramatisch. Die Serben schickten immer mehr Soldaten in das Kosovo, die Dörfer und Siedlungen zerstörten und die albanische Zivilbevölkerung drangsalierten. Immer mehr Albaner fielen den serbischen Übergriffen zum Opfer, Hunderttausende wurden zur Flucht gezwungen. Es verdichtete sich der Eindruck, dass die serbische Regierung das Kosovo-Gebiet „ethnisch säubern“, also die albanische Zivilbevölkerung durch Terror und Mord vertreiben wollte.

Der UN-Sicherheitsrat verlangte in verschiedenen Beschlüssen die Einstellung der Feindseligkeiten und die Rückkehr der Flüchtlinge, was die serbische Seite jedoch nicht beachtete. Nachdem alle Vermittlungsbemühungen erfolglos blieben und die gewaltsame Vertreibung der Kosovaren weiter zunahm, griff die NATO in den Konflikt ein und führte ab März 1999 immer heftigere Luftangriffe gegen die Serben. Allerdings hatte die NATO für ihr Eingreifen keinen Auftrag des UN-Sicherheitsrates. Die NATO berief sich jedoch auf die Pflicht, der massiven Verletzung von Menschenrechten aus humanitären Gründen entgegentreten zu müssen.

Tag für Tag bombardierten im Frühjahr 1999 NATO-Flugzeuge – darunter auch deutsche – serbische Truppen im Kosovo, aber auch Brücken, Kraftwerke, Ölraffinerien usw. in ganz Serbien. Erst nach drei Monaten war die serbische Regierung bereit, nachzugeben. Russland, das lange Zeit zu Serbien gehalten hatte, stimmte widerstrebend im Sicherheitsrat einer Resolution zu, die den Rückzug der serbischen Truppen und die Stationierung internationaler Truppen im Kosovo vorsah. China, das als ständiges Mitglied im Sicherheitsrat das Vetorecht hat, enthielt sich bei der Abstimmung der Stimme.

Frauen an einem Massengrab, in dem ihre Männer liegen

Kosovo: Untersuchung eines Massengrabes

Der Krieg der NATO gegen die Serben war umstritten. Dazu zwei Stellungnahmen:

Spiegel: Für die Bundeswehr ist maßgebend, was das Grundgesetz erlaubt. Ist der Kosovo-Einsatz verfassungsgemäß?
Denninger: Da habe ich schwere Bedenken. Das Grundgesetz erlaubt nur Einsätze zur Landesverteidigung sowie im Auftrag der Vereinten Nationen und im Rahmen des NATO-Verteidigungsauftrags. Keiner dieser Fälle liegt hier vor.
Spiegel: Aber das Verfassungsgericht hat doch 1994 einem erweiterten Auftrag der Bundeswehr für Out-of-area-Einsätze den Segen gegeben.
Denninger: Da ging es aber um Einsätze, die der Stabilität auf dem Balkan und damit letztlich der Sicherheit in Europa dienen. Das ist notfalls noch mit dem Verteidigungs- und Sicherheitsauftrag der Bundeswehr vereinbar. Außerdem lagen entsprechende Resolutionen des UNO-Sicherheitsrats vor. Etwas ganz anderes ist es, einen Staat zu bombardieren, weil dessen Regenten einen Teil ihrer Bürger drangsalieren … Die Befugnis, mit moralischen Argumenten in anderen Staaten einzufallen, ist ohne Frage eine hochgefährliche Sache. Das ist Einladung zum Missbrauch. […]

(aus: Der Spiegel, 29. 3. 1999, S. 222. Auszug aus einem Gespräch mit dem Verfassungsrechtler Prof. Erhard Denninger)

[…] Das Bündnis hat sich die Entscheidung für den militärischen Einsatz nicht leicht gemacht. Denn das aus der Souveränität der Staaten abgeleitete Verbot, sich in die inneren Angelegenheiten eines anderen Staates einzumischen, ist wohlbegründet. Doch muss staatliche Souveränität ihre Grenzen in dem völkerrechtlichen Gebot finden, die elementaren Menschenrechte zu gewährleisten und das Selbstbestimmungsrecht der Völker zu achten. Die Verbrechen der jugoslawischen Führung im Kosovo wurden so auch zum Angriff auf die grundlegenden Werte, für die das Bündnis seit seiner Gründung steht: auf Freiheit, Menschenrechte und Demokratie. Die NATO musste handeln; sie durfte nicht tatenlos zusehen, wie schwerste Verbrechen gegen die Menschlichkeit begangen und durch Vertreibung einer ganzen Bevölkerungsgruppe die Stabilität der gesamten Region in Gefahr gebracht wurden. […]

(aus: Die neue NATO/Sicherheit; Stabilität; dort: Kosovo – Bewährungsprobe für das Bündnis. Hg.: Presse- und Informationsamt der Bundesregierung, Berlin 1999, S. 58)

Seit Juni 1999 ist das Kosovo im Auftrag der Vereinten Nationen von Soldaten aus NATO-Staaten und anderen Ländern besetzt. Diese „KFOR" (Kosovo Forces) genannten Truppen sollen für Ruhe und Ordnung sorgen und beim Wiederaufbau des zerstörten Landes helfen. Nachdem es jahrelang im Kosovo relativ ruhig geblieben war, kam es im März 2004 zu blutigen Zusammenstößen zwischen serbischen und albanischen Kosovaren. Es zeigte sich, dass der gegenseitige Hass zwischen den beiden Volksgruppen noch immer tief sitzt.
2006 beginnen auf Anregung der Vereinten Nationen Verhandlungen über den künftigen Status des Kosovo-Gebietes. Dabei zeigen sich unversöhnliche Gegensätze: Die Kosovo-Albaner wollen die Unabhängigkeit von Serbien erreichen, was die serbische Seite strikt ablehnt. Sie ist lediglich zu einer Autonomie, also einer Selbstverwaltung des Kosovos innerhalb Serbiens, bereit. Beide Seiten haben starke Verbündete. Die USA unterstützen die Kosovo-Albaner und geben zu erkennen, dass sie bei einer Unabhängigkeitserklärung Kosovo als Staat anerkennen würden. Die Serben haben Moskau an ihrer Seite. Für das wiedererstarkte Russland bietet der Kosovo-Konflikt eine Gelegenheit, sich als eine den USA ebenbürtige Großmacht darzustellen, ohne die im Zweifel politisch nichts geht.
Die Vermittlungsbemühungen der UN führen zu keinem Ergebnis. Russland lehnt alle Pläne für eine Unabhängigkeit ab und droht mit einem Veto im Sicherheitsrat. Die Kosovo-Albaner ihrerseits wollen die Unabhängigkeit. Am 17. Februar 2008 erklärt sich das Kosovo, das völkerrechtlich noch immer eine südserbische Provinz ist, zu einem unabhängigen Staat. Serbien und Russland protestieren heftig. Von den USA wird der neue Staat Kosovo sofort anerkannt, wenige Tage später auch von Deutschland und anderen Mitgliedstaaten der Europäischen Union. Die EU bietet die Entsendung einer 2000 Mann starken Gruppe von Polizisten, Juristen und Verwaltungsexperten an, um den Aufbau des neuen Staates zu unterstützen.

1. *Nenne die Ursachen des Kosovokrieges.*
2. *Warum war das Eingreifen der NATO umstritten? Wie argumentieren die Befürworter, wie die Gegner?*
3. *Was zeigt die Entwicklung zur Unabhängigkeit des Kosovo politisch? Notiere einige Überlegungen.*

Informiere dich in den Medien über die Lage im Kosovo.

Ziele der deutschen Außenpolitik

Auszug aus dem Koalitionsvertrag zwischen CDU, CSU und SPD 2005

Deutsche Außen-, Europa- und Entwicklungspolitik dient dem Frieden in der Welt. Unser gemeinsames Ziel ist, die Chancen der Globalisierung für unser Land zu nutzen und einen wirksamen Beitrag zur Verhinderung und Beilegung von Konflikten, im Kampf gegen den internationalen Terrorismus sowie zur Linderung von Armut zu leisten. Grundlage dafür ist eine verlässliche Außen-, Europa- und Entwicklungspolitik, die auf das Vertrauen unserer Verbündeten und Partner setzt. Für Frieden, Freiheit und Sicherheit sowie für eine Politik, die Demokratie und soziale Gerechtigkeit fördert, bleiben europäische Integration und atlantische Partnerschaft von überragender Bedeutung.

In der Kontinuität deutscher Außenpolitik lassen wir uns von den Interessen und Werten unseres Landes leiten.

Grundlagen deutscher Außenpolitik sind die Beachtung des Völkerrechts und die Einhaltung der Menschenrechte sowie das Bekenntnis zu einem umfassenden Sicherheitsbegriff.

Wir werden uns um die Stärkung europäischer Politik in multinationalen Gremien bemühen, die transatlantischen Beziehungen fördern und unsere Beziehungen zu unseren Nachbarn, Verbündeten und Partnern mit Ausgewogenheit und Augenmaß gestalten.

Seit den großen weltpolitischen Veränderungen nach 1989 hat Deutschland in zunehmendem Maße international Verantwortung übernommen und sich weltweit Ansehen erworben.

Europäische Einigung und atlantische Partnerschaft sind keine Gegensätze, sondern die beiden wichtigsten Pfeiler unserer Außenpolitik. Beide bilden die Grundlage für unsere Beziehungen, insbesondere für die enge Freundschaft und Zusammenarbeit mit Frankreich, mit Polen und unseren anderen Nachbarn, mit den Vereinigten Staaten von Amerika, wie auch für unser Verhältnis zu Russland. Zugleich bekennen wir uns zu der besonderen Verantwortung Deutschlands gegenüber Israel.

Wir setzen uns für die Umsetzung der Europäischen Sicherheitsstrategie ein. Sie verbindet eine vorausschauende Friedenspolitik, Fähigkeiten zur Prävention und das Setzen auf Verhandlungslösungen bei Konflikten mit dem Ausbau der Fähigkeiten zu gemeinsamem militärischen Handeln.

Europäische und atlantische Sicherheit lassen sich nicht trennen. Dabei bleibt für uns die NATO zentrales Instrument unserer Sicherheits- und Verteidigungspolitik.

Mit unserer Entwicklungspolitik leisten wir einen zentralen Beitrag dazu, weltweit Armut zu bekämpfen, Frieden zu sichern, Umwelt zu schützen, die natürlichen Lebensgrundlagen und die Schöpfung zu bewahren, Demokratie, Rechtsstaatlichkeit und Menschenrechte zu verwirklichen sowie die Globalisierung gerecht zu gestalten. Dafür schaffen wir auf internationaler und nationaler Ebene Rahmenbedingungen, die eine global nachhaltige Entwicklung ermöglichen. Dies ist umso notwendiger, als sowohl die Entwicklung der Weltbevölkerung als auch die Flüchtlingsbewegungen, die weltweit durch Armut, kriegerische Konflikte und Auswirkungen der Klimaveränderungen mit verursacht werden, dramatische Herausforderungen auch für die Industrieländer sind. Wir wollen deren Ursachen bekämpfen und den Menschen in den Entwicklungsländern Chancen und Perspektiven in ihrer Heimat eröffnen. Entwicklungspolitik entspringt nicht nur unserer Verantwortung, sondern ist auch Sicherheitspolitik in unserem eigenen Interesse.

Zur Bewältigung der großen globalen Herausforderungen engagieren wir uns gemeinsam mit unseren Partnern und Verbündeten insbesondere in den Vereinten Nationen, den internationalen Finanzinstitutionen, der OSZE, dem Europarat und anderen internationalen Institutionen.

(http://www.bundesregierung.de/Content/DE/StatischeSeiten/Breg/koalitionsvertrag-9,... 14. 5. 2008)

1 *Wir sollten auch weiterhin weltweit gegen Folter und die Todesstrafe eintreten.*

2 *Mitte nächsten Monats wird meine Einheit nach Afghanistan verlegt.*

3 *Ohne die USA können wir Europäer doch kaum etwas erreichen!*

4 *Es darf uns nicht gleichgültig sein, wenn die Chinesen die Tibeter unterdrücken.*

5 *Bei der EU-Reform muss Deutschland Rücksicht auf Polen nehmen.*

6 *Die Drohungen des iranischen Präsidenten gegen Israel machen mir Sorgen.*

7 *Ich finde es gut, dass sich Deutschland international für den Klimaschutz einsetzt.*

8 *Der Stellenabbau bei den Airbus-Werken darf nicht zulasten der Deutschen gehen.*

9 *Mir missfällt, dass Deutschland so viel Geld für die Vereinten Nationen zahlt.*

10 *Wenn Projekte vor Ort in Westafrika den Menschen helfen, werden sie eher in ihren Heimatländern bleiben.*

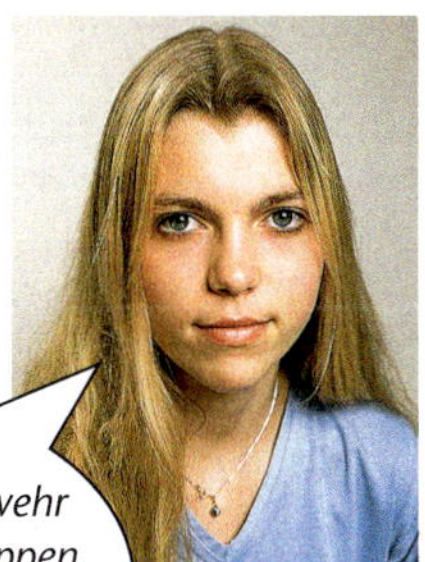

11 *Mein Vater ist Soldat bei der Bundeswehr und gehörte zu den Truppen, die 2006 im Auftrag der EU die Wahlen im Kongo gesichert haben.*

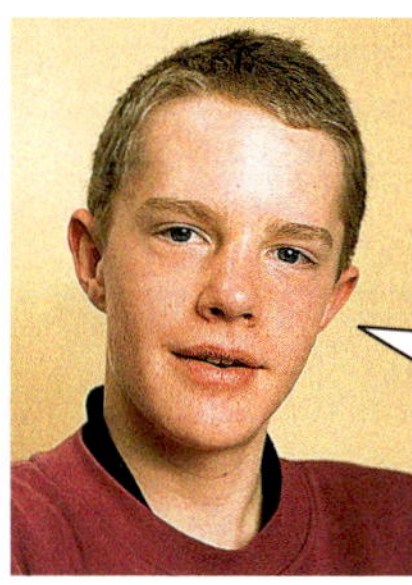

12 *Mein Vater ist Polizeibeamter und hilft mit, im Mittelmeer vor Malta Flüchtlinge aus Afrika aufzugreifen.*

1 *„Deutsche Außenpolitik fußt auf einem umfassenden Sicherheitsbegriff!" Erläutere, was damit gemeint ist.*

2 *Die Aussagen oben haben mit den Zielen der deutschen Außenpolitik zu tun. Notiere zu jeder Aussage entsprechende Stichwörter aus dem Koalitionsvertrag. Benutze dazu das Arbeitsblatt.*

Der Auftrag der Bundeswehr

Auslandseinsätze der Bundeswehr (Stand: 10/2007)

Afghanistan/Usbekistan: 3070 Soldaten, im Auftrag der UNO. Herstellung der inneren Sicherheit.

Balkan: 2852 Soldaten. Entmilitarisierung und Friedenssicherung im Kosovo, Bosnien und Herzegowina. Einsatz im Rahmen der NATO-Sicherheitstruppe Kosovo Force (KFOR) bzw. der European Union Force (EUFOR).

Libanon: 1004 Soldaten. Überwachung der libanesischen Küste im Rahmen einer UNO-Mission.

Horn von Afrika: 254 Soldaten. Überwachung des Schiffsverkehrs. Einsatz im Rahmen der US-Mission Enduring Freedom.

Sudan: 38 Soldaten. Überwachung und Sicherung des Waffenstillstandes zwischen den Bürgerkriegsparteien im Auftrag der UNO.

UN-Beobachtermissionen: In Georgien, Afghanistan, Äthiopien und Eritrea sind Militärbeobachter eingesetzt.

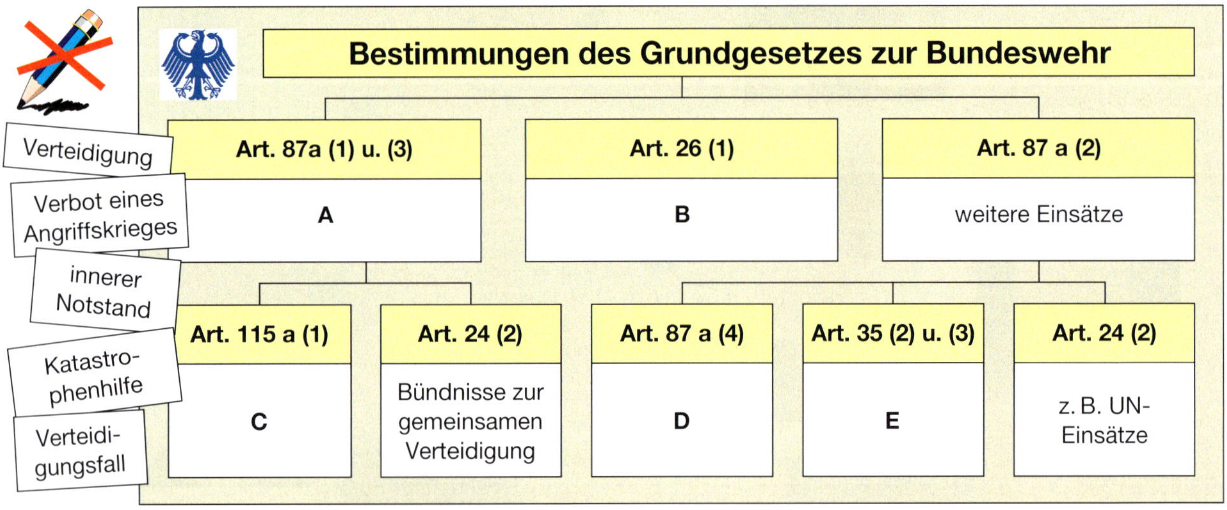

Auftrag und Aufgaben der Bundeswehr

Die Bundeswehr als Instrument einer umfassend angelegten, vorausschauenden Sicherheits- und Verteidigungspolitik hat den **Auftrag,**
- die außenpolitische Handlungsfähigkeit Deutschlands zu sichern,
- einen Beitrag zur Stabilität im europäischen und globalen Rahmen zu leisten,
- die nationale Sicherheit und Verteidigung zu gewährleisten und zur Verteidigung der Verbündeten beizutragen,
- multinationale Zusammenarbeit und Integration zu fördern.

Daraus leitet sich das **Aufgabenspektrum der Bundeswehr** ab:
- internationale Konfliktverhütung und Krisenbewältigung, einschließlich des Kampfes gegen den internationalen Terrorismus,
- Unterstützung von Bündnispartnern,
- Schutz Deutschlands und seiner Bürgerinnen und Bürger,
- Rettung und Evakuierung,
- Partnerschaft und Kooperation,
- Hilfeleistungen (Amtshilfe, Naturkatastrophen, besonders schwere Unglücksfälle)

(aus: Bundesministerium der Verteidigung (Hg.): Grundzüge der Konzeption der Bundeswehr, Berlin 2004, S. 11)

1. *Schlage im Grundgesetz die angegebenen Artikel nach und ordne die Stichwörter zu.*
2. *Beschreibe die vier Punkte des Auftrags der Bundeswehr mit deinen Worten genauer. Überlege dir zu jedem Punkt ein erklärendes Beispiel.*
3. *Zeige auf einer Weltkarte, wo die Bundeswehr 2007 im Einsatz war. Informiere dich im Internet (www.einsatz.bundeswehr.de), ob diese Einsätze noch andauern und ob neue hinzugekommen sind.*

Fallbeispiel: Afghanistan-Einsatz

Am 11. September 2001 verübten al-Qaida-Terroristen einen schweren Anschlag in New York. Zu dieser Zeit hatten moslemische Fanatiker, die Taliban, in Afghanistan die Macht. Die Taliban unterstützten die al-Qaida-Terroristen, gewährten ihnen Unterschlupf und weigerten sich, ihren Anführer an die USA auszuliefern. Unter Berufung auf das in der Charta der Vereinten Nationen festgelegte Recht jedes Staates zur Selbstverteidigung griffen daraufhin die USA, unterstützt von anderen Staaten, die Taliban militärisch an. Die Amerikaner gaben diesem Militäreinsatz den Namen „Operation Enduring Freedom" (OEF). Den OEF-Truppen gelang es, das Taliban-Regime zu stürzen und al-Qaida-Schlupfwinkel zu zerstören. In der Hauptstadt Kabul wurde eine westlich orientierte Regierung eingesetzt, die das Land aber nicht vollständig unter ihre Kontrolle bringen konnte. Vor allem im Süden Afghanistans finden bis heute blutige Kämpfe zwischen den etwa 13 000 zumeist amerikanischen OEF-Soldaten und den Taliban statt, die wieder erstarkt sind und auch Zulauf aus der Bevölkerung haben.

Um die neue afghanische Regierung beim Wiederaufbau des Landes zu unterstützen, beschloss der UN-Sicherheitsrat im Dezember 2001 die Entsendung einer internationalen Schutztruppe, der „International Security Assistance Force" (ISAF). Die etwa 36 000 Mann starken ISAF-Truppen kommen aus 37 Ländern; Deutschland ist nach den USA und Großbritannien mit über 3000 Soldaten der drittgrößte Truppensteller. Das Land wurde in fünf Kommandobereiche aufgeteilt, in denen jeweils eine Nation die dortigen ISAF-Truppen führt. Die Bundeswehr ist für den Norden Afghanistans zuständig. Die ISAF-Truppen dürfen zur eigenen Verteidigung und zum Schutz der afghanischen Regierung und der Bevölkerung Waffengewalt anwenden und

Ein Bundeswehrsoldat im Gespräch mit einem Afghanen

Kampfeinsätze durchführen. Durch Anschläge aus dem Hinterhalt wurden wiederholt ISAF-Soldaten, auch deutsche, getötet. Der Bundestag entscheidet jedes Jahr, ob er den ISAF-Einsatz weiter genehmigt, also das Mandat dazu verlängert wird.

In Afghanistan gibt es mithin zwei unterschiedliche Militäreinsätze. Im Süden des Landes sind vor allem amerikanische OEF-Truppen in verlustreiche Kämpfe mit den Taliban verstrickt. Bundeswehrsoldaten nehmen an diesem Einsatz nicht teil. Dann gibt es im ganzen Land ISAF-Schutztruppen, die nur im Notfall kämpfen sollen. In der Realität lassen sich die beiden Einsätze nicht klar trennen, z. B. wenn ISAF-Soldaten in einen Hinterhalt geraten und ihnen dann OEF-Truppen zu Hilfe eilen und umgekehrt. Um die Taliban im Süden besser bekämpfen zu können, brauchten die OEF-Truppen mehr Informationen durch Luftaufklärung. Da die Bundeswehr die dafür geeigneten Tornado-Aufklärungsflugzeuge besitzt, wurde Deutschland gebeten, solche Flugzeuge nach Afghanistan zu schicken. Offiziell fliegen nun die Bundeswehr-Tornados im ISAF-Auftrag über das Land, die Ergebnisse ihrer Luftaufklärung gehen aber auch an die OEF-Truppen.

1 *Was haben wir in Afghanistan zu suchen? Die Bundeswehr soll Deutschland verteidigen – das reicht!*

2 *Es ist doch gut, dass die Bundeswehr nur im Norden Afghanistans eingesetzt ist. Da passiert nur wenig.*

3 *So geht das nicht: Im Süden lassen wir unter hohen Opfern die Amerikaner gegen die Terroristen kämpfen – und im Norden treten wir Deutsche vornehm als bewaffnete Entwicklungshelfer auf!*

1. *Wie kam es zu dem Einsatz deutscher Soldaten in Afghanistan? Notiere die verschiedenen Schritte.*
2. *Nimm zu jeder der drei Aussagen Stellung. Begründe deine Position.*

Zur Analyse

Ein bisschen Krieg gibt es nicht

Der Druck, Soldaten auch in den Süden Afghanistans zu senden, wächst. Aus Angst vor den Wählern sagen alle Nein. Lange wird dies nicht mehr möglich sein. Ein Kommentar

Das „Nein" der deutschen Politik kam schnell, die Ablehnung der amerikanischen Forderung, Soldaten zur Unterstützung der US-Armee auch in den umkämpften Süden Afghanistans zu schicken, war einmütig. […]
Um die Zukunft Afghanistans geht es den deutschen Politikern bei dieser Frage allerdings nur am Rande. Denn die Regierung kann gar nicht anders, als die Bitte der Amerikaner zurückzuweisen. Nicht aus außenpolitischen, sondern aus innenpolitischen Gründen. Jede andere Entscheidung würde die Große Koalition in Berlin zerreißen. Die SPD und auch die CDU-Bundeskanzlerin Angela Merkel wissen: Wer in Afghanistan in den Süden und damit in den Krieg zieht, landet in Berlin in der Opposition. Spätestens seit Gerhard Schröder 2002 mit einem Antikriegswahlkampf und der Kritik am Irakkrieg der USA eine schon verloren geglaubte Bundestagswahl noch gewendet hat, kennen alle Parteien die Mobilisierungskraft dieses Themas.
Es gibt in der Bevölkerung keinerlei Akzeptanz für Kampfeinsätze im Ausland. Obwohl die Bundesregierung den Deutschen vorgaukelt, es handele sich bei dem Bundeswehreinsatz in Afghanistan um ein Peace-Corps in Uniform, lehnt die Mehrheit diesen ab. Auch in den Parteien bröckelt die Unterstützung seit Langem. Die Linke profiliert sich als Friedenspartei. Die Grünen sind in dieser Frage von der Basis gebremst worden. Auch in der SPD ist der Widerstand gegen den Einsatz beträchtlich. […]
Schließlich handelt es sich bei der Bitte um die Entsendung von Kampftruppen, anders als die deutsche Politik es der Öffentlichkeit weiszumachen versucht, keineswegs um eine isolierte Aktion der vermeintlich schießwütigen Amerikaner. Auch Kanada, das neben den USA in Afghanistan die meisten Opfer zu beklagen hat, macht Druck. Die Engländer, Dänen und Niederländer drängen ebenfalls und machen ihr weiteres Engagement davon abhängig, dass die Bündnispartner sie stärker als bisher unterstützen. Am liebsten sähen alle eine Rotation, bei der jeder mal im ruhigeren Norden Dienst tun könnte. Der NATO droht eine Zerreißprobe und in Afghanistan ein militärisches Desaster, weil […] der Eindruck vorherrscht, dass die Lasten dieses Krieges ungerecht verteilt sind.
Lange wird sich Deutschland dem internationalen Druck nicht mehr entziehen können, trotz möglicher innenpolitischer Konsequenzen. Mitgefangen, mitgehangen. […] Die Bundeswehr also wird weiter immer tiefer in die Auseinandersetzung hineingezogen, Stück für Stück. Ein bisschen Krieg gibt es nicht.

(Christoph Seils, in: Die Zeit online 4. 2. 2008, http://www.zeit.de/online/2008/06/afghanistan-bundeswehr-kommentar)

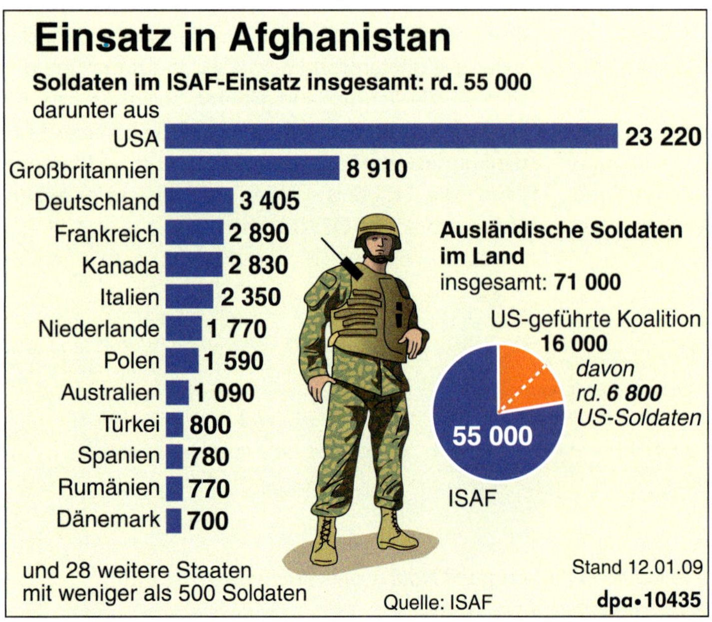

Methode: Analyse eines Konfliktes

Kämpfe im Gazastreifen

Handelskonflikt zwischen den USA und der EU

Einsatz von Bundeswehr-Tornados in Afghanistan umstritten

USA und Russland wegen Raketenabwehr zerstritten

Iran weiter hartnäckig im Atomstreit

Gefechte im Sudan weiten sich aus

Machtpoker am Kaukasus

Unter einem Konflikt versteht man eine Auseinandersetzung zwischen einzelnen Personen oder Gruppen. Bei den Gruppen kann es sich zum Beispiel um Cliquen, Vereine, Parteien, Volksgruppen oder auch Staaten handeln.

Der Kern jedes Konfliktes ist das Ringen um die Lösung einer Streitfrage. Diese Lösung kann auf friedlichem Weg durch eine Verständigung zwischen den Konfliktparteien oder durch die Vermittlung Außenstehender erreicht werden. Politische Konflikte, z. B. innerhalb eines Staates oder zwischen Staaten, werden oft durch Gewaltanwendung ausgetragen.

Bei der Konfliktanalyse geht es darum, ein möglichst klares Bild über Ursachen, Verlauf und Struktur eines Konfliktes zu erhalten. Dies ist die Grundlage für eine begründete eigene Stellungnahme. Die Vorgehensweise bei der Konfliktanalyse ist prinzipiell gleich, egal ob sich einzelne Personen oder Staaten streiten. Da über politische Konflikte viel in den Medien berichtet wird, ist es für Schulklassen eher möglich, solche Konflikte zu analysieren.

Vorbereitung

Zunächst müssen möglichst viele Informationen über den Konflikt gesammelt werden. Bei einem internationalen politischen Konflikt bieten sich diese Informationsquellen an:

- Auswertung der Berichterstattung in den Medien
- Recherchen im Internet und in Bibliotheken
- Auskünfte von Organisationen (z. B. Amnesty International) oder Fachleuten (z. B. Jugendoffizier der Bundeswehr, Entwicklungshelfer, Abgeordneter)

Durchführung

Das gesammelte Informationsmaterial wird – am besten in Gruppenarbeit – nach diesen Fragestellungen ausgewertet:

1. Welche Ursachen, welche Vorgeschichte hat der Konflikt?
2. Um welche Streitfrage bzw. Streitfragen geht es?
3. Wer sind die Gegner in dem Konflikt?
4. Welche Interessen vertreten die gegnerischen Gruppen jeweils?
5. Welche Machtmittel werden zur Durchsetzung der jeweiligen Interessen eingesetzt?
6. Welche Vorstellungen zur Lösung des Konfliktes haben die gegnerischen Gruppen?

Auswertung

Die Gruppen stellen vor, was sie bei der Auswertung ihrer Materialien erarbeitet haben und vergleichen ihre Ergebnisse mit denen der anderen. Dann werden die Gesamtergebnisse der Konfliktanalyse gemeinsam übersichtlich dargestellt, am besten in einer Wandzeitung. Vor diesem Hintergrund erarbeitet dann jede Schülerin, jeder Schüler die eigene Stellungnahme. Dabei können diese Fragen helfen:

- Was ist meine Überzeugung? Warum habe ich diese Überzeugung?
- Werden meine Interessen von diesem Konflikt berührt?
- Welchen Lösungsvorschlag bevorzuge ich? Aus welchem Grund?
- Kann ich möglicherweise selbst aktiv werden, z. B. an Aktionen teilnehmen?

1. *Einigt euch in der Klasse, welchen politischen Konflikt ihr untersuchen wollt.*
2. *Führt die Konfliktanalyse wie beschrieben durch.*

Das Wichtige in Kürze

Vereinte Nationen

Wichtigstes Ziel der Vereinten Nationen, die unmittelbar nach dem Zweiten Weltkrieg gegründet wurden und denen inzwischen fast alle Staaten der Erde angehören, ist die Sicherung des Weltfriedens. Für Maßnahmen zur Einhaltung des Weltfriedens ist der Sicherheitsrat zuständig. Nur wenn die fünf ständigen Mitglieder im Sicherheitsrat (China, Großbritannien, Frankreich, USA, Russland), die durch ihr Vetorecht Aktionen verhindern können, sich einig sind, können die Vereinten Nationen wirksame Maßnahmen ergreifen.

Maßnahmen des Sicherheitsrates

Der Sicherheitsrat kann bei Konflikten zunächst versuchen, durch Vermittlung eine Beilegung des Streites zu erreichen. Er kann auch UN-Friedenstruppen („Blauhelme") entsenden, wenn die Konfliktparteien einverstanden sind. Diese Truppen dürfen keine militärische Gewalt anwenden, sondern sollen friedenserhaltende Maßnahmen durchführen. Neu im Völkerrecht ist, dass die Vereinten Nationen gegen Staaten, die den Frieden brechen, auch Zwangsmaßnahmen durchführen dürfen. Zunächst sind das Druckmittel wie eine Blockade oder ein Embargo, im äußersten Fall auch militärische Aktionen.

Fallbeispiel Irak

1990 besetzte der Irak das Scheichtum Kuwait. Die Vereinten Nationen versuchten durch Verhandlungen und Wirtschaftsblockaden vergeblich, den Irak zum Rückzug zu bewegen. Schließlich drohte der UN-Sicherheitsrat militärische Gewalt an. Als der irakische Diktator auch dies nicht beachtete, besiegten 1991 Truppen aus 13 Staaten im Auftrag der UN unter Führung der USA die Iraker. 2003 kam es zu einem neuen Krieg gegen den Irak, allerdings ohne Auftrag des UN-Sicherheitsrates. Die USA, die behaupteten, der Irak arbeite an Massenvernichtungswaffen, besetzten mit ihren Verbündeten das Land und nahmen den Diktator gefangen.

Sicherheitsorganisationen in Europa

Verschiedene Organisationen verfolgen das Ziel, die Sicherheit in Europa zu erhöhen. So versucht z. B. die „Organisation für Sicherheit und Zusammenarbeit in Europa" (OSZE), das Entstehen von Konflikten zu verhindern. Der Europarat wiederum achtet besonders auf die Einhaltung der Menschenrechte.

NATO

Seit dem Ende der Ost-West-Konfrontation hat die NATO ihr militärisches Konzept verändert. Da Krisenbewältigung und Konfliktverhütung immer wichtiger werden, will die NATO mit weniger Truppen auskommen, die jedoch ständig einsatzbereit sind. 1999 führte die NATO einen Krieg gegen Serbien, um die Vertreibung und Ermordung der Kosovo-Albaner zu beenden. Im Auftrag der Vereinten Nationen sind NATO-Truppen auf dem Balkan stationiert, um neue Bürgerkriege zu verhindern. Den Terroranschlag auf die USA im September 2001 betrachtete die NATO als Angriff auf das Bündnis insgesamt: Erstmals in ihrer Geschichte wurde der gemeinsame Verteidigungsfall erklärt.

Auftrag der Bundeswehr

Die Bundeswehr ist eine Verteidigungsarmee. Das Grundgesetz verbietet ausdrücklich die Vorbereitung eines Angriffskrieges. Auftrag der Bundeswehr ist es, die Sicherheit der Bundesrepublik Deutschland zu gewährleisten und sie gegen jeden Angriff von außen zu schützen. Darüber hinaus kann sie sich im Einklang mit der Charta der Vereinten Nationen an Maßnahmen beteiligen, die dem Weltfrieden und der internationalen Sicherheit dienen.

Zeige deine Kompetenzen!

Sachkompetenz

1. Wie viele Mitglieder hat die Europäische Union zurzeit? Nenne die sechs Gründungsstaaten.
2. Zähle die Staaten auf, die der Europäischen Union 2004 und 2007 beitraten.
3. Nenne die „drei Säulen" der Europäischen Union.
4. Erkläre die drei Formen der politischen Zusammenarbeit zwischen den EU-Staaten.
5. Zähle die vier Freiheiten im EU-Binnenmarkt auf.
6. Nenne drei Aufgaben der Europäischen Kommission.
7. Bezeichne zwei Aufgaben des Europäischen Parlaments.
8. Nenne zwei Zuständigkeiten des Europäischen Gerichtshofs.
9. Erkläre, warum die Landwirtschaft für die Europäische Union ein besonderes Problem ist.
10. Erläutere das Prinzip der „doppelten Mehrheit".

Methodenkompetenz

Noch im letzten Jahrhundert tobten auf europäischem Boden vernichtende Kriege. Deutsche und Franzosen hassten sich, Polen wurde von Deutschland überfallen und grausam unterdrückt. Heute sind Frankreich, Deutschland und Polen und viele andere Staaten Partner in einem vereinten Europa. Die europäische Einigung ist inzwischen für viele, gerade auch für junge Leute, so selbstverständlich geworden, dass man den Blick dafür verloren hat, welche Fortschritte im Vergleich zu früher erreicht wurden. Umfragen zeigen, dass vielen, auch Jugendlichen, Europa heute gleichgültig ist.

Überlegt in Gruppen, wie ihr Werbung für den Gedanken der europäischen Einigung bei Jugendlichen machen könnt. Führt Gespräche mit Gleichaltrigen, um herauszufinden, welche Vorurteile möglicherweise gegen die Europäische Union bestehen. Gestaltet dann Plakate, die Jugendliche positiv für die europäische Einigung einnehmen sollen. Greift dabei die Vorurteile auf und widerlegt sie. Die Plakate können dann im Schulgebäude, im Jugendhaus oder an einer anderen geeigneten Stelle ausgehängt werden. Beobachtet die Reaktionen der Besucher und diskutiert diese.

Urteilskompetenz

Nokia stellte bis Mitte 2008 Handys in Bochum her, dann wurde das Werk geschlossen und die Produktion nach Rumänien verlagert.

Arbeite anhand der Stellungnahmen die Problematik heraus. Nimm Stellung.

„Die Handyproduktion in Deutschland ist nicht mehr konkurrenzfähig", heißt es in der trockenen Sprache der Manager. [...] Viele Menschen der Frühschicht weinen, als sie von der Nachricht erfahren, [...]. „Wir streiken, wir geben nicht kampflos auf", ruft Gisela Achenbach aus. Sie ist Betriebsratschefin und wurde – wie alle anderen – von der Horrormeldung aus Düsseldorf überrascht. „Das Werk arbeitet hochprofitabel, es stimmt nicht, dass sich die Handyproduktion in Deutschland nicht lohnt." [...]

Für Klaus von der Hoff, Unternehmensberater [...], ist die Entscheidung der Finnen plausibel. „Der Preiskampf bei Handys ist mörderisch", sagt er. „[...] Die Hersteller müssen sparen, wo es nur geht." Bei der Verlagerung der Produktion [...] gehe es in erster Linie um billigere Arbeitskräfte. [...]

(aus: Stuttgarter Zeitung, 17. 1. 2008, S. 14)

Zeige deine Kompetenzen!

Sachkompetenz

Löse das Rätsel. Die Buchstaben in der markierten Reihe nennen von oben nach unten gelesen eine wichtige Institution der Vereinten Nationen.

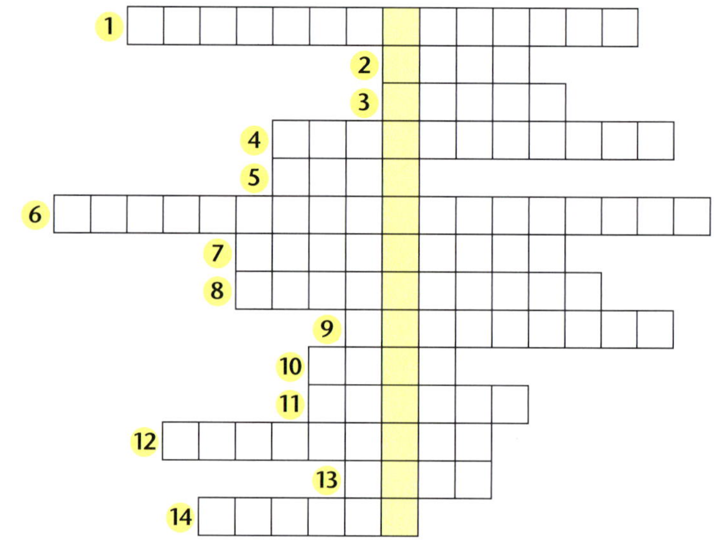

1. Das internationale Zusammenwachsen, vor allem in der Wirtschaft, wird … genannt.
2. Die Abkürzung … bezeichnet die internationalen Schutztruppen in Afghanistan.
3. Als früheres Entwicklungsland ist … inzwischen zu einer führenden Exportnation geworden.
4. Im Norden von … ist die Bundeswehr als Schutztruppe eingesetzt.
5. Die … ist eine europäische Sicherheitsorganisation, die vor allem das Entstehen von Konflikten verhindern will.
6. In der … der Vereinten Nationen hat jedes Mitgliedsland eine Stimme.
7. Die Friedenstruppen der Vereinten Nationen werden auch als … bezeichnet.
8. Auf den internationalen Kapitalmärkten versuchen … durch kurzfristige Spekulationen möglichst hohe Gewinne zu machen.
9. Die weltweite Wanderung von Arbeitskräften nennt man … .
10. Im Sicherheitsrat der UN können die fünf ständigen Mitglieder Maßnahmen durch ihr … verhindern.
11. Die mehrheitlich von Albanern bewohnte südserbische Provinz … hat 2008 ihre Unabhängigkeit erklärt.
12. Von den europäischen Organisationen setzt sich vor allem der … für die Achtung der Menschenrechte ein.
13. Die … ist ein Verteidigungsbündnis von 26 europäischen und nordamerikanischen Staaten.
14. Der Verkauf von Gütern in das Ausland wird als … bezeichnet.

Urteilskompetenz

Erläutere die Aussageabsicht der Karikatur. Nimm Stellung dazu.

(Gerhard Mester)

Handlungskompetenz

Jugendoffiziere der Bundeswehr sind kompetente Gesprächspartner für Schulklassen bei Fragen zur Sicherheitspolitik und zum Auftrag der Bundeswehr. Erkundet im Internet unter www.bundeswehr.de, welcher Jugendoffizier für euren Bereich zuständig ist.
Erarbeitet in Gruppen eine Liste von Fragen, die euch interessieren. Nehmt dann Kontakt mit dem zuständigen Jugendoffizier auf und klärt, ob er zu euch in den Unterricht kommen kann.

Berufswahl und Berufswegeplanung

Gegen Ende der Sekundarstufe stehst du vor einer wichtigen Entscheidung. Du musst dir darüber klar werden, wie du deine schulische und berufliche Zukunft gestalten möchtest. Dir stehen verschiedene Möglichkeiten offen. Während die meisten deiner Mitschüler sicher ihr Gymnasium weiter besuchen werden, so solltest du dennoch darüber nachdenken, ob es für dich nicht sinnvoll sein kann, eine Ausbildung zu beginnen oder die Schule zu wechseln.
Aber auch nach dem Abitur werden von dir wichtige Entscheidungen verlangt: Du hast dann die Wahl zwischen Praktikum, Ausbildung, Studium oder noch ganz anderen Wegen zu einem Beruf. Auf den folgenden Seiten werden dir einige Möglichkeiten der Ausbildung vorgestellt und ein Einblick in die moderne Arbeitswelt gegeben. Dabei geht es um diese Fragen:

- Wie und wo kann ich mich über berufliche Möglichkeiten informieren?
- Was muss ich über Bewerbungsverfahren wissen, und wie kann ich mich darauf vorbereiten?
- Was ist ein Freiwilliges Soziales Jahr?
- Worauf muss ich bei der Studienwahl achten?
- Was ist ein Master? Was ist ein Bachelor?
- Was erwartet mich in der Arbeitswelt?
- Wie verändert sich die Arbeit durch die neuen Medien?

Was kommt nach der Schule?

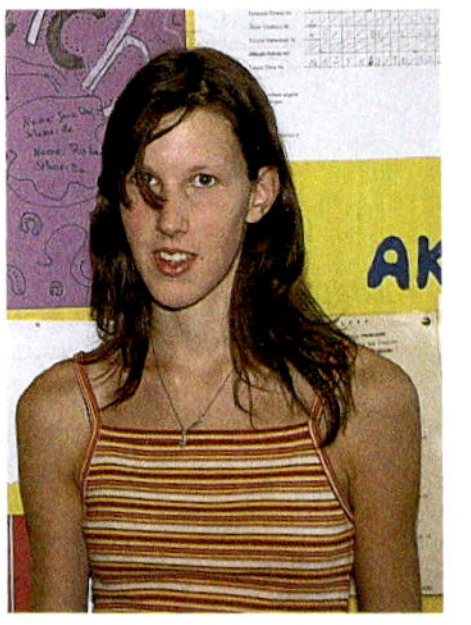

Hast du schon gehört? Die an der Realschule haben ein Bewerbungstraining durchgeführt. Sebastian hat sich danach bei der Firma Metall & Co beworben. Er will Mechatroniker werden.

Nein, habe ich nicht, ich weiß noch gar nicht, was ich machen soll. Ich mach erst die Schule zu Ende und sehe dann weiter. Und überhaupt, ich könnte noch nicht mal eine Bewerbung schreiben.

Die Lisa aus der Parallelklasse überlegt, ob sie nicht die Schule wechseln soll. Sie möchte gern Erzieherin werden und will dazu eventuell aufs Berufskolleg Allgemeingewerbe, Hauswirtschaft und Sozialpädagogik gehen. Die haben dort ein berufliches Gymnasium für Erziehung und Soziales, und sie kann dort innerhalb von vier Jahren eine Ausbildung zur Erzieherin und auch Abitur machen.

Hört sich ja interessant an. Aber für mich wäre das zu lang. Ich will lieber schnell mit der Schule fertig werden. Ich weiß nicht, ob der Besuch einer Berufsschule für mich infrage kommt. Ich möchte mich auch noch nicht auf einen bestimmten Bereich festlegen.

Ja, ich auch nicht. Aber wie soll es dann weitergehen? Enrico hat neulich erzählt, dass er überlegt, ein freiwilliges Jahr zu absolvieren.

Davon habe ich auch schon mal gehört. Aber ich weiß nichts Genaueres darüber.

Es soll da viele Möglichkeiten geben, wo man arbeiten kann. Im Krankenhaus, Sportverein, bei der Kirche, fürs Theater, sogar im Wald, wenn man ein ökologisches soziales Jahr macht.

Ich bin immer davon ausgegangen, dass ich studieren werde. Aber welche Fächer und wie lange, darüber habe ich mir noch keine Gedanken gemacht. Aber meine ältere Schwester hat mir berichtet, dass die Studienordnungen und Studienbedingungen sich in den letzten Jahren sehr geändert haben.

Ich weiß noch nicht, ob ich studieren werde. Vielleicht mache ich auch erst mal ein Praktikum und sehe dann weiter.

1. *Sammle, welche Möglichkeiten für die Zeit nach der Schule die Schüler im Dialog erwähnen.*
2. *Überlege, welche Möglichkeiten für dich infrage kommen.*
3. *Berichtet über eure beruflichen Zukunftspläne und stellt sie kurz vor.*

Studium oder Ausbildung – was passt zu mir?

Eine Selbstanalyse

Aussage	stimmt	stimmt nicht
1. Ich bin nicht sehr praktisch veranlagt.	B	A
2. Ich arbeite gern selbstständig und eigenverantwortlich.	B	A
3. Ein geregelter Tagesablauf ist mir nur recht.	A	B
4. Lesen gehört nicht gerade zu meinen Lieblingsbeschäftigungen.	A	B
5. Ich arbeite gern mit anderen zusammen und tausche mich mit ihnen aus.	A	B
6. Erfolg bedeutet mir viel – ich will auf jeden Fall Karriere machen.	B	A
7. Meine Zeit kann ich mir gut selbst einteilen – dazu brauche ich keine Vorgaben.	B	A
8. Die Arbeit muss zu mir passen, Aufstieg ist mir nicht so wichtig.	A	B
9. Mich mit Büchern zu beschäftigen, finde ich eher anstrengend.	A	B
10. Ich bin gern unabhängig von anderen.	B	A
11. Je größer mein Wissen, desto besser sind meine beruflichen Chancen.	B	A
12. Ich finde es wichtig, etwas Sinnvolles zu lernen – aber es muss schon einen Bezug zur Praxis haben.	A	B
13. Es liegt mir nicht so sehr, ein Thema für mich allein zu erarbeiten.	A	B
14. Ich würde sagen, dass ich diszipliniert bin.	B	A
15. Theorie muss nicht grau sein – es kann wirklich Spaß machen, sich in ein Thema richtig reinzuknien.	B	A
16. Ich bin auf jeden Fall praktisch veranlagt.	A	B
17. Ich finde es eher angenehm, wenn man mir sagt, was ich zu tun habe. Dann weiß ich wenigstens, woran ich bin.	A	B
18. Ich habe keine Probleme, Dinge allein zu entscheiden.	B	A
19. Wenn ich bestimmte Informationen brauche, beschaffe ich sie mir selbst.	B	A
20. Für ein persönliches Ziel setze ich mich sehr ein – auch dann, wenn dieses Ziel nicht sofort zu erreichen ist.	B	A
21. Wenn ich nicht weiter weiß, frage ich lieber andere, bevor ich etwas falsch mache.	A	B
22. Ich möchte die Dinge, die ich lerne, auch anwenden können.	A	B

(aus: http://www.zukunft-klipp-und-klar.de/schule/32.htm / 2. 12. 2008)

1. *Kreuze auf dem Arbeitsblatt an oder notiere, welche Aussagen auf dich zutreffen.*
2. *Zähle zusammen, wie oft du ein A und ein B angekreuzt hast. Hast du öfter ein A als ein B gezählt, so könnte eine Ausbildung zunächst das Richtige für dich sein. Hast du öfter ein B als ein A gezählt, der Weg zur Universität. Überlege, ob dieses Ergebnis deinen bisherigen Vorstellungen entspricht.*
3. *Überprüfe, welche Vorstellungen von einer Ausbildung und einem Studium hinter diesen Aussagen stecken. Nimm zu diesen Aussagen kritisch Stellung.*

Die weiterführenden Schulen: Gymnasium und Berufskolleg

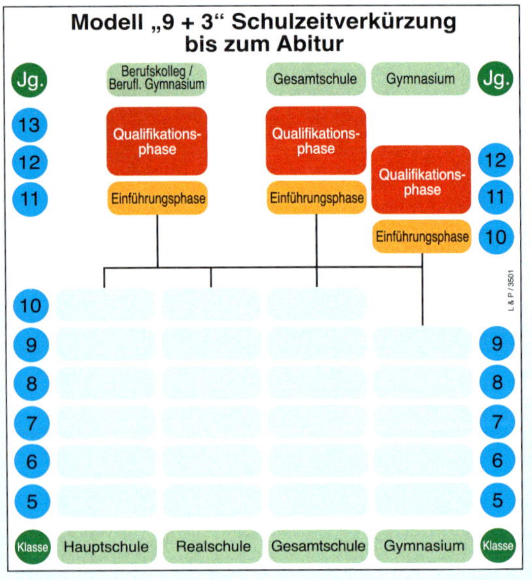

Das Gymnasium

Das Gymnasium vermittelt eine vertiefte allgemeine Bildung, die für ein Hochschulstudium notwendig ist und für eine berufliche Ausbildung qualifiziert. Der Unterricht soll zur Auseinandersetzung mit komplexen Problemstellungen anleiten und zu abstrahierendem, analysierendem und kritischem Denken führen. Das Gymnasium umfasst in einem durchgehenden Bildungsgang die Sekundarstufe I (Klassen 5 bis 10; im verkürzten Bildungsgang: Klassen 5 bis 9) und die gymnasiale Oberstufe (Jahrgangsstufen 11 bis 13; im verkürzten Bildungsgang: Jahrgangsstufen 10 bis 12).
Der Unterricht in der Sekundarstufe I wird in folgenden Fächern und Lernbereichen erteilt:
- Deutsch,
- Gesellschaftslehre (Geschichte, Politik, Erdkunde),
- Mathematik,
- Naturwissenschaften (Biologie, Physik, Chemie),
- Englisch,
- Zweite Fremdsprache,
- Kunst, Musik,
- Religionslehre,
- Sport.

Englisch wird ab Klasse 5 als erste Fremdsprache fortgeführt. Die Schule kann ab Klasse 5 außerdem eine andere moderne Fremdsprache oder Latein anbieten. Ab der Klasse 6 wird eine zweite Fremdsprache unterrichtet; dies kann eine weitere moderne Fremdsprache oder Latein sein. In manchen Schulen besteht auch die Möglichkeit, bereits in Klasse 5 neben Englisch mit der zweiten Fremdsprache zu beginnen.

Abschlüsse der Sekundarstufe I

Am Gymnasium können bis zur Klasse 10 alle Abschlüsse der Sekundarstufe I erworben werden:
- ein dem Hauptschulabschluss gleichwertiger Abschluss
- ein dem Hauptschulabschluss nach Klasse 10 gleichwertiger Abschluss
- der mittlere Schulabschluss (Fachoberschulreife) nach Klasse 10.

Außerdem kann die Berechtigung zum Besuch der gymnasialen Oberstufe des Gymnasiums, der Gesamtschule oder entsprechender vollzeitschulischer Bildungsgänge des Berufskollegs erreicht werden.

Ganztagsschule

Einige Gymnasien werden als Ganztagsschulen geführt. Sie bieten ihren Schülerinnen und Schülern die Möglichkeit, zusätzlich an drei oder vier Nachmittagen der Woche bis 16.00 Uhr in der Schule zu lernen, zu arbeiten und Angebote zur sinnvollen Freizeitgestaltung anzunehmen. Das schließt zusätzliche Fördermaßnahmen sowie Hilfe bei der Erledigung der Hausaufgaben ein.
Andere Gymnasien bieten ihren Schülerinnen und Schülern eine Nachmittagsbetreuung im Rahmen der Förderprogramme des Landes Nordrhein-Westfalen an.

Gymnasiale Oberstufe

Im verkürzten Bildungsgang gehen die Schülerinnen und Schüler mit der Versetzung nach Klasse 10 in die Einführungsphase der gymnasialen Oberstufe über, die in der zweijährigen Qualifikationsphase (Jahrgangsstufen 11 und 12) fortgesetzt wird. Im 13-jährigen Bildungsgang umfasst die Oberstufe die Jahrgangsstufen 11 bis 13. Nach erfolgreichem Abschluss des Bildungsganges sowie bestandener Abiturprüfung haben die Schülerinnen und Schüler die Allgemeine Hochschulreife erworben.

(aus: http://www.schulministerium.nrw.de/BP/Schulsystem/Schulformen/Gymnasium/index.html)

Das Berufskolleg

Was ist ein Berufskolleg?

Als Berufskollegs werden in Nordrhein-Westfalen die beruflichen Schulen bezeichnet. Berufskollegs sind Schulen der Sekundarstufe II wie auch die gymnasiale Oberstufe eines Gymnasiums oder einer Gesamtschule.

Welche Abschlüsse vermittelt ein Berufskolleg?

In Berufskollegs können alle allgemeinbildenden Abschlüsse (vom Hauptschulabschluss bis zur allgemeinen Hochschulreife) sowie berufliche Qualifikationen (von der beruflichen Grundbildung über Berufsabschlüsse nach Landesrecht bis zur beruflichen Weiterbildung) allein oder als Doppelqualifikation erworben werden.

Welche Bildungsgänge führen die Berufskollegs?

Das Bildungsangebot der **Berufsfachschulen** ist vielfältig und reicht von dem Erwerb der Fachoberschulreife bis zur allgemeinen Hochschulreife und von der Vermittlung beruflicher Kenntnisse bis zur Berufsausbildung. Die Berufsfachschule bietet ausschließlich Vollzeitbildungsgänge an, die je nach angestrebtem Abschluss ein bis vier Jahre dauern. Sie gliedert sich in:

- Die Berufsfachschule, die einen Berufsabschluss nach Landesrecht oder eine berufliche Grundbildung vermittelt. Sie ermöglicht zugleich den Erwerb des mittleren Schulabschlusses (Fachoberschulreife), gegebenenfalls mit der Berechtigung zum Besuch der gymnasialen Oberstufe.
- Die „Höhere" Berufsfachschule, die einen Berufsabschluss nach Landesrecht oder berufliche Kenntnisse vermittelt. Sie ermöglicht gleichzeitig den Erwerb der Fachhochschulreife oder des schulischen Teils der Fachhochschulreife.

Das **Berufliche Gymnasium**, das einen Berufsabschluss nach Landesrecht oder berufliche Kenntnisse vermittelt. Es ermöglicht gleichzeitig die Allgemeine Hochschulreife (Abitur). Beginnend mit dem Jahr 2008, werden am Beruflichen Gymnasium zentrale Abiturprüfungen durchgeführt.

Die **Fachoberschule** vermittelt in ein- und zweijährigen Bildungsgängen erweiterte berufliche Kenntnisse und die Fachhochschulreife.

Die **Fachschule** vermittelt, aufbauend auf einer beruflichen Erstausbildung, eine berufliche Weiterbildung und ermöglicht in den mindestens zweijährigen Bildungsgängen zusätzlich den Erwerb der Fachhochschulreife.

Mit dem erfolgreichen Abschluss der Fachschule erhalten die Absolventinnen und Absolventen einen staatlichen Abschluss, beispielsweise als staatlich geprüfte Technikerin / staatlich geprüfter Techniker. Die Ausbildung zur Erzieherin / zum Erzieher erfolgt ebenfalls an Fachschulen.

Unterricht an einer Berufsfachschule

(aus: http://www.schulministerium.nrw.de/BP/Schulsystem/Schulformen/Berufskolleg/index.html)

1. *Erkläre den schnellsten Weg zum Abitur.*
2. *Erarbeite die wesentlichen Ziele, Gemeinsamkeiten und Unterschiede der beiden Schulformen Gymnasium und Berufskolleg. Lege dazu eine Tabelle an.*
3. *Überlege, welche Gründe den Ausschlag geben können, um sich eher für eine Ausbildung auf einem Gymnasium oder auf einem Berufskolleg zu entscheiden.*
4. *Informiert euch über das Angebot der Berufskollegs in eurer Nähe. Welche Abschlüsse und Bildungsgänge werden angeboten? Wo liegen die fachlichen Schwerpunkte?*

Was ist das Abitur noch wert?

Das Abitur, einst unbestrittener Eintrittsausweis einer bildungsbürgerlichen Gesellschaft, was ist es noch wert? Numerus clausus und die Zentralstelle für die Vergabe von Studienplätzen (ZVS) haben das Zeugnis der Allgemeinen Hochschulreife schon längst zu einem Faktor unter vielen im Rennen um die Zulassung zur Universität gemacht.

[...] Unternehmen und Hochschulen vertrauen kaum noch allein auf den Abiturdurchschnitt von Bewerbern und prüfen lieber noch einmal in eigener Regie nach, was eigentlich die Lehrer bestätigen sollten: Dieser Schüler, diese Schülerin ist reif für das Leben, für das sie ja angeblich gelernt haben. [...]

Das Abitur jedenfalls ist [...] weiterhin „das Beste, was man machen kann", wie Moritz Wilkening sagt. Und sein Schulkamerad Johannes Hofer, 19, ergänzt: „Weil einem da alle Wege offenstehen auf der höchsten Schiene."

Wenn sie sich da mal nicht täuschen. An den Universitäten ist der Kurs des schulischen Reifebeweises ziemlich abgestürzt. „Das Abitur, eine Errungenschaft des preußischen Kulturstaats, verkommt zunehmend zu einem Hochschuleintrittsbillett von zweifelhaftem Wert", behauptet etwa der Präsident der Technischen Universität München, Wolfgang Herrmann.

Der Professor spricht aus, was die Mehrheit seiner Kollegen an den deutschen Hochschulen denkt. Nur gut jeder zehnte Universitäts- und Fachhochschullehrer hält das Abitur für einen sicheren Nachweis der Studierfähigkeit, ergab eine Umfrage des Instituts der deutschen Wirtschaft (IW) im vergangenen Jahr. Fast die Hälfte der Befragten traut dem Abgangszeugnis nur teilweise oder gar nicht, rund 40 Prozent halten es immerhin „überwiegend" für einen Ausweis tatsächlicher Hochschulreife.

Entsprechend skeptisch fällt das Urteil über die Qualität der Studienanfänger aus. In den drei Schulfächern, die von den Professoren als die wichtigsten eingestuft werden, gibt es viele schlechte Noten. 41 Prozent der Hochschullehrer bescheinigen den Erstsemestern wenig oder gar nicht ausgeprägte Kenntnisse in Mathematik. Ein Drittel konstatiert erhebliche Schwierigkeiten mit der deutschen Sprache. Etwas besser sieht es bei Englisch aus: Da kritisieren nur ein gutes Viertel der Befragten den Ausbildungsstand der Abiturienten. In weiteren sechs Fächern sind jedoch sogar mehr als die Hälfte der Professoren unzufrieden mit den Jungakademikern: in der zweiten Fremdsprache, Geschichte, Wirtschaft, Philosophie, Kunst und Musik.

Erhebliche Defizite bemängeln die Hochschullehrer auch bei den Grundlagen wissenschaftlicher Arbeit. Es fehle den neuen Studenten an analytischen Fähigkeiten und Abstraktionsvermögen, meint über ein Drittel der Befragten. Rund die Hälfte der Professoren bekunden, die Abiturienten verfügten über keine ausreichende sprachliche Ausdrucksfähigkeit. Alles in allem halten ein knappes Drittel der deutschen Hochschullehrer den Nachwuchs, der ihnen von den Gymnasien geliefert wird, schlicht nicht für das Studium geeignet. [...]

„Ich habe schon Angst, dass mir an der Uni viele Grundlagen fehlen", sagt Fabian Dannenberg, der gerade an der Georg-Herwegh-Oberschule in Berlin-Hermsdorf Abitur gemacht hat. Und seine Mitschülerin Khûe Phamin weiß schon: „Ich werde aus allen Wolken fallen an der Uni."

(Michael Schmidt-Klingenberg, in: http://www.spiegel.de/schulspiegel/0,1518,202526,00.html, 26. Juni 2002)

1. *Warum sollte man das Abitur ablegen? Erläutere den Wert des Abiturs.*
2. *Setze dich mit der Kritik der Universitäten an den Studienanfängern auseinander. Was wird von den Studenten erwartet, welche Kompetenzen fehlen vielen? Fasse die Aussagen kurz zusammen.*
3. *Welche Schlüsse ziehst du für dich aus der Kritik an den Abiturienten? Berichte.*

Berufsberatung und Ausbildungsplatzsuche

Berufsberatung

Rechtzeitig mit der Berufswahl zu beginnen und durchzuhalten, auch wenn es nicht so glatt läuft, ist keine leichte Aufgabe. Wir Berufsberater helfen Ihnen, den Berufswahlmarathon in übersichtliche Etappen zu zerlegen, und begleiten Sie je nach Bedarf.

Das A und O einer erfolgreichen Berufswahl ist die gute Planung. Gerade wenn es Engpässe am Ausbildungsstellenmarkt gibt, sind diejenigen im Vorteil, die sich frühzeitig um die Berufswahl gekümmert haben. Ihre Berufsberaterin bzw. Ihr Berufsberater hilft Ihnen, sich über Ihre Berufswünsche im Klaren zu werden, und zeigt Ihnen, ob die Kenntnisse und Fähigkeiten, die Sie mitbringen, bereits für eine erfolgreiche Bewerbung ausreichen. So haben Sie Zeit, noch bevor es an die eigentlichen Bewerbungen geht, Defizite aufzuholen.

Eine frühzeitige Auseinandersetzung mit Interessen und Berufswünschen hat auch den Vorteil, dass Sie für Ihr angestrebtes Berufsziel wichtige Stärken und Interessen auf den Prüfstand stellen können – im Praktikum, bei der Ferienarbeit oder mit einem Aushilfsjob neben der Schule. So können Sie einen Konkurrenzvorteil gegenüber Ihren Mitbewerbern erlangen.

Auch im Bewerbungsprozess helfen Ihnen die Berufsberaterinnen und Berufsberater. Sie vermitteln Ausbildungsstellen, die zu Ihren spezifischen Fähigkeiten und Kenntnissen passen. Sie helfen auch bei der Neuorientierung, falls Ihre Bewerbungen keinen Erfolg haben. Sie finden im persönlichen Gespräch mit Ihnen gemeinsam heraus, wo die Ursachen liegen, und helfen Ihnen, passende Alternativen zu finden.

Helfen kann Ihnen die Berufsberatung nur, wenn auch Sie Ihren Teil beitragen, indem Sie die Voraussetzungen mitbringen, die für eine Ausbildung im angestrebten Beruf nötig sind. Sollte es daran noch hapern, wird erwartet, dass Sie sich darum bemühen, Defizite aufzuholen und die entsprechenden schulischen und persönlichen Qualifikationen zu erarbeiten.

Dazu gehört auch, Termine und Absprachen mit dem Berufsberater einzuhalten und von sich aus Kontakt mit dem Berufsberater aufzunehmen, wenn es etwas Neues gibt.

(aus: http://www.machs-richtig.de/opencms_new/opencms_new/Bewerbung/Berufswahlfahrplan/Arbeitsschritte_festlegen.html)

Checkliste: Ausbildungsplatzsuche

1. Schritt: sich informieren	2. Schritt: sich entscheiden	3. Schritt: sich bewerben

a) Adressen von Betrieben oder Schulen finden
b) Anforderungen der Ausbildungsbetriebe herausfinden
c) Auf Vorstellungsgespräche und Tests vorbereiten
d) Ausbildungsbetriebe besichtigen. Viele Unternehmen bieten einen Tag der offenen Tür an.
e) Bewerbungsunterlagen erstellen
f) Geeignete Berufe finden
g) Infos über ausgewählte Berufe vergleichen
h) Infos über Berufe sammeln
i) Lasse deine Unterlagen von einem Erwachsenen Korrektur lesen, zum Beispiel von einer Lehrerin oder einem Lehrer.
j) Liste mit Stärken und Schwächen erstellen, dazu mit Eltern, Freunden und Lehrern sprechen
k) Praxiserfahrungen sammeln, Praktika und Ferienjobs bieten einen guten Einblick

1. *Fasse in eigenen Worten die Aufgaben eines Berufsberaters zusammen.*
2. *Ordne auf dem Arbeitsblatt oder in deinem Heft die Punkte a) bis k) den drei Schritten zur Ausbildungsplatzsuche zu und erstelle dir so eine Checkliste zur Ausbildungsplatzsuche.*

Praktikant – als Gast im Betrieb

Yvonne soll morgen mit dem Praktikum in der Modeabteilung eines Kaufhauses beginnen. Sie überlegt sich, ob sie ihre schwarze Hose und ihre rote Bluse anziehen soll. Oder doch lieber die Freizeitshorts und das knallige T-Shirt?

Jeden Abend bringt **Mariana** die Briefe des kleinen Verlags rechtzeitig zur Post. Die Büroleiterin hat ihr diese Aufgabe für die Zeit ihres Praktikums übertragen und erwartet, dass Mariana diese gewissenhaft ausführt.

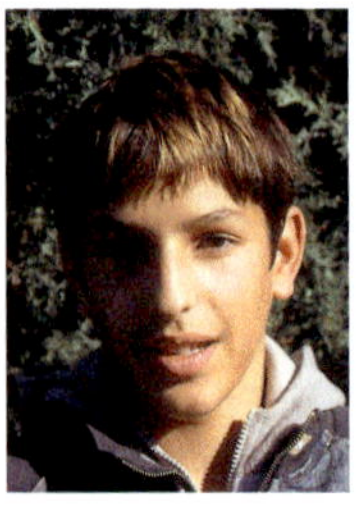

Jeden Morgen muss **Carlos** durch ein Büro mit mehreren Mitarbeitern gehen, bis er zu dem Schreibtisch kommt, an dem er während seines Praktikums arbeitet. Er begrüßt seinen Nachbarn, einen Auszubildenden, der ihm die Kantine gezeigt hat.

Ayshe macht gerade ein Praktikum in einer Arztpraxis. Wenn sie morgens in die Praxis kommt, begrüßt sie die anderen Mitarbeiter und gibt ihnen die Hand. Bevor sie abends geht, verabschiedet sie sich bei allen.

Ivana steht an ihrem Praktikumsplatz viel herum und wartet immer, bis ihr der Meister eine Arbeit anweist. Wenn sie damit fertig ist, drückt sie sich oft irgendwo im Betrieb herum.

Alessandro muss jeden Morgen um 7:30 Uhr mit dem Praktikum beginnen. Dann erfolgt die Arbeitseinteilung für die Monteure. Er kommt jeden Tag etwas später. Da kein Mitarbeiter des Betriebes etwas dazu sagt, denkt er, dass dies in Ordnung sei.

Die Arbeit an **Jens'** Praktikumsplatz beginnt um 7:15 Uhr. Er ist um 7:05 Uhr im Betrieb. Dann kann er sich in Ruhe umziehen und ist um 7:10 Uhr an seinem Platz.

In der Autowerkstatt kann **Meike** viel beobachten. Sie passt auf, wenn der Geselle ihr einen Arbeitsvorgang zeigt, den sie anschließend selbst erledigen soll. Sie fragt beim Gesellen oder Meister nach, wenn sie etwas nicht versteht. Wenn sie mit der Arbeit fertig ist, fragt sie nach einer anderen Tätigkeit.

Manuel hat von seinem Meister die Anweisung bekommen, nicht in den mit gelben Streifen markierten Bereich zu gehen. Da er aber deswegen in der Mittagspause einen Umweg zur Kantine machen müsste, geht er durch diese Zone. Außerdem sieht er ab und zu andere Mitarbeiter, die sich ebenfalls in diesem Bereich aufhalten.

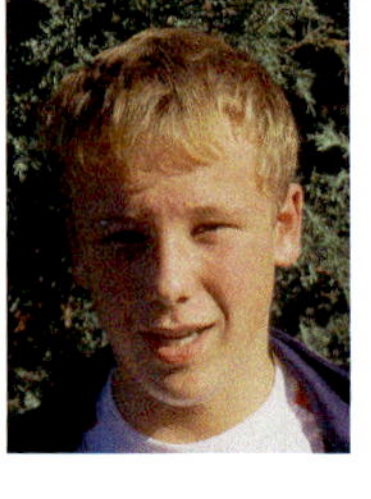

Daniel zieht am liebsten seine Sandalen, seine ausgefranste Jeans und seinen Schlabberpulli an, wenn er in die Ausbildungswerkstatt geht.

Unfallverhütung

In vielen Betrieben gibt es Gefahrenquellen, die zu Arbeitsunfällen führen können. Viele dieser Gefahrenquellen kennst du weder aus der Schule noch von zu Hause. Damit die Gesundheitsrisiken bei der Arbeit vermindert werden, gibt es für die Betriebe Unfallverhütungsvorschriften. Diese sehen je nach Betrieb unterschiedlich aus.

- Informiere dich bereits am ersten Tag im Betrieb über die Unfallverhütungsvorschriften und mögliche Gefahrenquellen.
- Nimm jeden Tipp zur Sicherheit an.
- Informiere dich möglichst vorher über die richtige Kleidung für die Arbeit.

Hygiene

Normale Sauberkeit wird in jedem Betrieb von den Mitarbeitern erwartet. In einigen Betrieben gelten jedoch noch besonders strenge Hygienemaßnahmen, wie z. B. im Lebensmittelhandel oder in Arztpraxen. Halte dich ganz genau an die Hygienevorschriften, die im Betrieb gefordert werden.

Tipp

Wenn du dir nicht sicher bist, wie du dich verhalten sollst, dann frage z. B. bei deinem Betreuer nach. Befolge die Anweisungen deines Betreuers und der Betriebsangehörigen. Sie haben dir gegenüber das Weisungsrecht im Betrieb.

Ehrlichkeit

Den Mitarbeitern eines Betriebes wird Material oder auch Werkzeug anvertraut. Das Unternehmen muss sich deshalb auf seine Mitarbeiter verlassen können. Beschädige nicht absichtlich Werkzeug oder Maschinen. Nimm ohne Erlaubnis nichts aus dem Betrieb mit. Verschweige keine Fehler oder auch unabsichtliche Beschädigungen.

Datenschutz

Manchmal erfährst du im Praktikum auch etwas über Personen, die als Kunden mit dem Betrieb zu tun haben, wie z. B. in einer Arztpraxis, bei Kundenbesuchen usw.
Gib keine Informationen, die du im Betrieb über Kunden erfahren hast, an andere weiter.

1. *Auf Seite 358 werden unterschiedliche Verhaltensweisen von Schülern und Schülerinnen während des Praktikums geschildert. Nimm zu jedem Beispiel kurz Stellung.*
2. *Beschreibe jeweils in einem Satz, worauf die abgebildeten Schilder aufmerksam machen wollen.*
3. *Welche Hinweise für dein Praktikum ergeben sich aus den Materialien dieser Seiten? Notiere stichwortartig.*

Methode: Dokumentation

Thema: Einen Praktikumsbericht erstellen

In deinem Praktikum hast du die Chance, möglichst viel über den Beruf, die Ausbildung und die Arbeit im Betrieb zu erfahren. Deine Eindrücke und Erfahrungen kannst du in einem Praktikumsbericht festhalten. Er soll dir nach dem Praktikum dazu dienen, über den Stand deiner bisherigen Berufswahlüberlegungen Klarheit zu gewinnen. Die folgenden Muster bieten eine Hilfe dafür, wie man alle wichtigen Gesichtspunkte erfassen und den Bericht sinnvoll gliedern kann.

PRAKTIKUMSBERICHT

von ______________________
Name, Klasse, Schule

Praktikumsberuf: ______________
Praktikumsbetrieb: ______________
Praktikumszeitraum: vom _____ bis _______

Betreuer im Betrieb: ______________
Betreuender Lehrer: ______________

Arbeit in der Abteilung: ______________
vom _____ bis _______

Arbeit in der Abteilung: ______________
vom _____ bis _______

....
....

Deckblatt

Blatt für jeden Praktikumstag

TAGESBERICHT

vom ______________

Diese praktischen Arbeiten habe ich durchgeführt: ______________

Diese Werkzeuge, Maschinen, Apparate, Vorrichtungen habe ich bedient: ______________

Mit diesen Materialien habe ich gearbeitet: ______________

Darüber wurde ich informiert, belehrt und darin unterwiesen: ______________

Mit diesen Personen hatte ich während der Arbeit Kontakt: ______________

Diese Empfindungen und Gefühle hatte ich heute während der Arbeit: ______________

Tipps: Beschreibung des Praktikumsberufes

- Arbeitsplatz und Betrieb
- Aufgaben und Tätigkeiten
- Anforderungen und Kenntnisse
- Voraussetzungen zum Erlernen des Berufes (Schulabschluss, wichtige Schulfächer, gesundheitliche Gesichtspunkte)
- Ausbildung (Bewerbungsverfahren, Dauer, Ausbildungsverlauf)
- Aussichten auf einen Ausbildungsplatz
- Ausbildungsvergütung/späteres Einkommen
- Spezialisierungs- und Aufstiegsmöglichkeiten
- Beschäftigungschancen
- Abschließende Meinung über den Praktikumsberuf

Ein Praktikumsbericht ist unnötig! Es reicht doch, dass ich praktisch mitarbeite!

Ich schreibe alle Berichte erst, wenn das Praktikum vorüber ist. Dann habe ich genug Zeit!

1. *Was kannst du den beiden Aussagen entgegenhalten? Notiere.*
2. *Viele reichern ihre Praktikumsberichte durch Fotos an. Erläutere, was dabei zu beachten ist.*

Kinder- und Jugendarbeitsschutz: Was ist erlaubt?

Zum Arbeitsschutz gehört das Verbot, Kinder und Jugendliche für unangemessene Arbeiten heranzuziehen. Auch wenn heute fast jeder das Taschengeld mit Jobben aufbessert – nicht alles ist auch erlaubt. Aus gutem Grund: Kinder sind genug damit beschäftigt, für die Schule zu lernen. In der Freizeit, die ihnen bleibt, sollen Kinder spielen, ihren Spaß haben und sich erholen.

Hier eine grobe Übersicht, was erlaubt ist und was nicht: Kind ist vor dem Gesetz, wer noch nicht 15 Jahre alt oder noch vollzeitschulpflichtig ist. Vollzeitschulpflichtig heißt übersetzt: wer noch nicht neun bzw. zehn Jahre in der Schule war. Denn so lange besteht für Kinder Schulpflicht. Jugendlicher ist man zwischen 15 und 18 Jahren. Ab 18 Jahren gilt das Jugendarbeitsschutzgesetz nicht mehr, man ist vor dem Gesetz erwachsen.

- Kinder bis 13 Jahre dürfen gar nicht arbeiten. Ab 13 sind einige wenige Tätigkeiten zum Aufbessern der Finanzen erlaubt, allerdings nur im privaten Bereich. Gemeint sind beispielsweise Rasenmähen oder Putzen bei den Nachbarn, Babysitten oder Hunde Gassi führen.
- Ab 15 Jahren, bzw. dann, wenn man nicht mehr schulpflichtig ist, darf man etwas mehr arbeiten, und zwar in den Ferien, aber nicht länger als insgesamt vier Wochen im Jahr. Wenn man mit 15 bereits eine Ausbildung macht, ist das natürlich anders.
- Die 40-Stunden-Woche ist für Jugendliche das Maximum. Länger als acht Stunden darf ein Arbeitstag nicht dauern, es sei denn, es gibt Gleitzeit. Dann sind 8,5 Stunden von Montag bis Donnerstag o.k., um am Freitag früher ins Wochenende verschwinden zu können. Eine Schichtzeit (das ist Arbeitszeit plus Pausenzeit) darf in der Regel nicht länger als 10 Stunden – in bestimmten Branchen 11 Stunden – lang sein.
- Es gilt die Fünf-Tage-Woche, das Wochenende sollte frei sein. Wenn Jugendliche ausnahmsweise am Samstag, am Sonntag oder an einem Feiertag arbeiten, haben sie jedoch Anspruch auf einen anderen freien Tag in derselben Woche.
- Vor 6:00 Uhr morgens und nach 20:00 Uhr abends dürfen Jugendliche nur in Ausnahmen beschäftigt werden.
- Jugendliche haben ein Recht auf Pausen! Dauert der Arbeitstag länger als 6 Stunden, müssen die Pausen insgesamt mindestens eine Stunde betragen. Die erste Pause ist spätestens nach 4,5 Stunden fällig. Keine Pause darf kürzer als 15 Minuten sein.
- Außerdem haben Jugendliche Anspruch auf Jahresurlaub. Ein 15-Jähriger hat Anspruch auf 30 Tage, ein 16-Jähriger auf 27 Tage und ein 17-Jähriger auf 25 Tage Urlaub. Da du ja aber nur vier Wochen im Jahr arbeiten darfst, sind es entsprechend weniger (30 Tage bei 52 Wochen, also knapp 2,5 Tage bei 4 Wochen).
- Für Jugendliche verboten sind gefährliche Arbeiten, bei denen sie großer Hitze oder Kälte, gefährlichen Stoffen oder Strahlungen ausgesetzt sind (außer die Berufsausbildung verlangt es), und Schuften im Akkord.
- Kein Arbeitgeber darf Jugendliche, ob als Auszubildende oder als Arbeiterinnen und Arbeiter, ohne ein ärztliches Gesundheitszeugnis beschäftigen.

Verstöße gegen das Jugendarbeitsschutzgesetz können als Ordnungswidrigkeiten oder, in schweren Fällen, auch als Straftaten verfolgt und mit Geldbußen bis zu 15 000 Euro belegt werden.

(aus: http://www.take-care.universum.de/webcom/show_article.php/_c-3/_nr-13/_lkm-20/i.html)

1. *Lege fest, welche die fünf wesentlichen Punkte des Kinder- und Jugendarbeitsschutzes für dich sind.*
2. *Erstelle ein Plakat, auf dem du über den Kinder- und Jugendarbeitsschutz informierst.*

Bewerbung

Partner-Rollenspiel am Telefon

Übe mit einem Partner die telefonische Bewerbung. Die von dir ausgesuchte Anzeige ist die Grundlage für deine telefonische Bewerbung. Gib deinem Gesprächspartner eine Kopie dieser Anzeige. Wechsle mit deinem Partner die Rollen.

Tipps für ein Telefongespräch

Die meisten Ausbildungsbetriebe verlangen eine schriftliche Bewerbung. Nachdem man von der Berufsberatung oder von anderer Seite eine Firmenadresse erhalten hat, ist es oft nützlich, vor einer schriftlichen Bewerbung nachzufragen, ob überhaupt noch eine Ausbildungsstelle in dem gewünschten Beruf frei ist. Durch eine solche Nachfrage ist es auch möglich, den Namen der zuständigen Ansprechperson zu erfahren.

Was sollte man beachten?

- Lege dir Schreibzeug und Papier bereit!
- Schreibe dir Fragen auf, die du stellen möchtest!
- Melde dich mit Namen und einem Gruß! Dies ist bei jedem Gesprächspartner nötig.
- Frage bei der Telefonzentrale nur, wer für Bewerbungen um Ausbildungsstellen zuständig ist! Verzichte auf lange Ausführungen und Erklärungen.
- Schreibe den Namen deines Gesprächspartners auf. Frage zurück, wenn du ihn nicht genau verstanden hast!
- Rechne auch mit ungewohnten Fragen!
- Notiere nach dem Gespräch alle wichtigen Angaben!

Tipps für die schriftliche Bewerbung

Was sollte die Bewerbung enthalten?

- Das Bewerbungsschreiben
- Einen tabellarischen Lebenslauf
- Ein Lichtbild
- Kopien deiner letzten Zeugnisse
- Bescheinigungen über weitere Kenntnisse, z. B. über einen Sprachkurs, einen Computerkurs
- Viele Betriebe wickeln heute einen Großteil ihres Schriftverkehrs über das Internet ab. Du kannst also über die Homepage mit dem Betrieb Kontakt aufnehmen und auch Bewerbungen per E-Mail verschicken. Immer mehr Betriebe stellen auch Formulare ins Internet, mit denen du dich online bewerben kannst.

Wie kann das Bewerbungsschreiben gegliedert werden?

- Absender
- Ort und Datum
- Anschrift des Betriebes
- Die Überschrift (fett) „**Bewerbung um einen Ausbildungsplatz als …**".
- Die Anrede: „Sehr geehrte Damen und Herren", bzw. „Sehr geehrter Herr …". Achte auf eine persönliche Ansprache, falls dies möglich ist.
- Erkläre, woher du weißt, dass der Betrieb Auszubildende einstellen will. Teile mit, zu welchem Termin du dich bewirbst.
- Beschreibe, welche Schule du zurzeit besuchst.
- Begründe, warum du gerade diesen Beruf erlernen möchtest. Denke dabei vor allem an deine Interessen und Fähigkeiten sowie an Schulfächer, Praktikum und Ähnliches.

  Was du hier schreibst, vermittelt einen persönlichen Eindruck über dich. Versuche daher, deine Begründung möglichst persönlich zu halten.

- Bitte um einen Vorstellungstermin
- Grußformel
- Unterschrift
- Anlagen, z. B. Zeugniskopien, Lebenslauf

Was sollte man sonst noch beachten?

- Schreibe die Bewerbung und den Lebenslauf auf Papier in DIN-A4-Format!
- Beschreibe das Papier nur auf einer Seite!
- Verwende sauberes Papier ohne Linien!
- Schreibe das Bewerbungsschreiben und den Lebenslauf so, wie es der Arbeitsgeber verlangt, entweder mit dem Füllfederhalter (handschriftlich) oder mit dem Computer.
- Lege den Lebenslauf tabellarisch an!
- Vermeide Rechtschreibungs- und Zeichensetzungsfehler!
- Unterlasse Radieren, Streichen und Verbessern!
- Vermeide Eselsohren, Risse und Flecke!
- Verwende ein neueres Foto im Passbildformat, aber kein Automatenfoto! Klebe das Foto mit einem Klebepunkt oder mit Fotoecken in die rechte obere Ecke des Lebenslaufs!
- Fertige Kopien von allen Unterlagen an und bewahre sie gut auf!
- Frankiere den Umschlag mit deinen Bewerbungsunterlagen ausreichend!
- Warte einige Zeit (ca. 1–2 Monate) ab! Frage dann telefonisch höflich nach, ob schon eine Entscheidung gefallen ist bzw. wie lange es in etwa dauern wird!

1 *Suche dir eine Anzeige für eine Ausbildungsstelle, die dich interessieren würde, aus einer Zeitung heraus. Schreibe für diese Anzeige ein Bewerbungsschreiben.*

2 *Schreibe deinen Lebenslauf in tabellarischer Form.*

Was die Tests testen

- Allgemeinwissen
- Wort- und Sprachverständnis
- Rechtschreibung
- Schriftliche Ausdrucksfähigkeit (Aufsatz)
- Mündliche Ausdrucksfähigkeit (Gruppendiskussion)
- Rechenfähigkeit/Mathematisches Denken
- Logisches Denken/Abstraktionsfähigkeit
- Technisches Verständnis
- Räumliches Vorstellungsvermögen
- Konzentrationsvermögen/Ausdauer
- Merkfähigkeit/Kurzzeitgedächtnis
- Ordnung und Sorgfalt
- Gestaltwahrnehmung
- Spezielle berufsbezogene Kenntnisse
- Arbeitsorganisation

Tipps zum Test

- Achten Sie darauf, Ihre in der Regel stark begrenzte Zeit nicht zu lange für eine Aufgabe zu verwenden (nicht „festbeißen").
- In der Regel sind die Tests so aufgebaut, dass man in der begrenzten Zeit nicht alle Aufgaben schaffen kann.
- Bewahren Sie Ruhe, wenn Sie feststellen, dass Sie nur einen Teil der Aufgaben geschafft haben. Ihrem Nachbarn wird es ähnlich gehen.
- Machen Sie einen ernsthaften Versuch, jede gestellte Aufgabe zu lösen.
- Schauen Sie sich eine zuvor gelöste Aufgabe dieses Aufgabentyps an, oder gehen Sie noch einmal zu den Übungsbeispielen zurück.
- Vermeiden Sie, zu viele Aufgaben auszulassen (besser raten).
- Versuchen Sie, den Test durchzuhalten, geben Sie nicht auf!
- Berücksichtigen Sie: In der Regel ist der Schwierigkeitsgrad der Aufgaben ansteigend.
- Sollte Ihnen Zeit verbleiben: Befassen Sie sich mit den ausgelassenen Aufgaben.

(nach: Hesse/Schrader: Testtraining für Ausbildungsplatzsucher, Fischer Taschenbuch Verlag, Frankfurt, 5. Aufl., 2005, S. 75 ff. und 84 ff.)

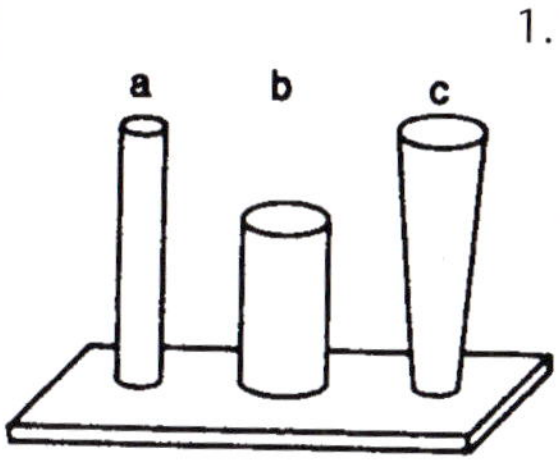

1. Welcher der drei Körper (a, b oder c) kann am leichtesten umgestoßen werden?

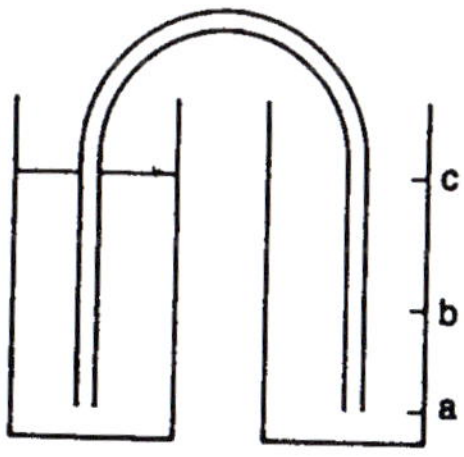

2. Durch einen Schlauch fließt Wasser von dem linken in den rechten Behälter. Bis zu welcher Markierung (a, b oder c) steigt das Wasser im rechten Behälter?

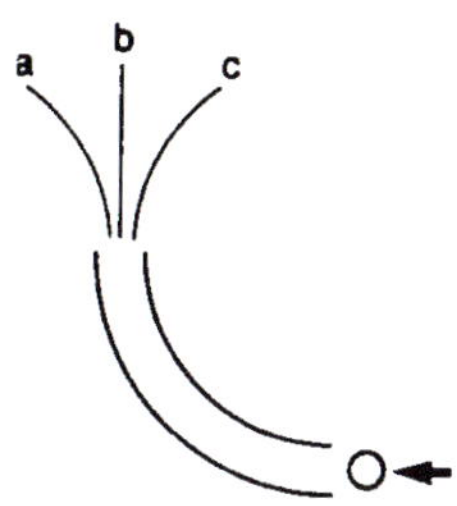

3. Eine Kugel wird durch ein flach auf dem Boden liegendes Rohr gestoßen. Welchen Weg (a, b oder c) nimmt die Kugel nach Verlassen des Rohres?

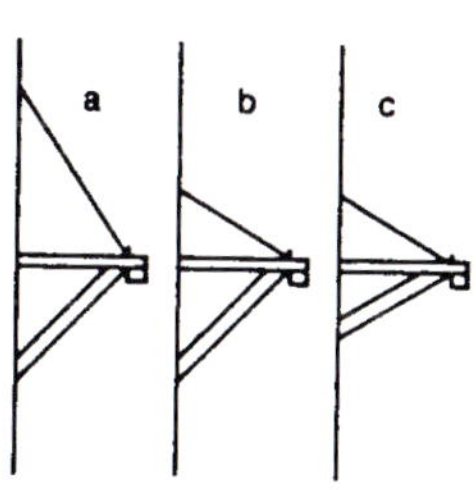

4. Welches der drei Bretter (a, b oder c) könnte das schwerste Gewicht tragen?

(aus: Ausbildungsfähigkeit, Hg.: Ministerium für Kultus, Jugend und Sport, Baden-Württemberg / Landesinstitut für Erziehung und Unterricht, Dez. 1997, S. 22)

❶ *In einem Test für Systemelektroniker wird es wohl andere Schwerpunkte geben als in einem Test für Bankkaufleute. Nenne aus dem Kasten „Was die Tests testen" zwei, drei, die bei Systemelektronikern und zwei, drei, die bei Bankkaufleuten im Test mit Sicherheit vorkommen werden.*

❷ *Beantworte die Fragen in dem Beispieltest für mechanisch-technisches Verständnis.*

Vorstellungsgespräch

Tipps zur Vorbereitung

- Versuche, den künftigen Betrieb bzw. Arbeitsplatz möglichst anzuschauen und dich über ihn zu erkundigen!
- Bereite die in der „Checkliste“ aufgeführten Unterlagen zum Mitnehmen vor!
- Ziehe saubere Kleidung an, die nicht zu modern und nicht zu ausgefallen ist!
- Sei unbedingt pünktlich! Mache dich lieber zu früh auf den Weg, denn Anfahrt und „Durchfrage“ zum Gesprächspartner dauern oft länger, als man denkt!
- Wenn du im Betrieb angekommen bist, nenne deinen Namen und den Grund des Kommens, dann wird man dir gern weiterhelfen!

Tipps für das Gespräch selbst

- Wenn dein Gesprächspartner dich mit Händedruck begrüßt, gib ihm deine Hand eher ein wenig fester als zu lasch – allerdings ohne ihm gleich die Knochen zu brechen.
- Natürliches Auftreten macht den besten Eindruck! Gib dich so, wie du bist, ohne zu schauspielern. Allerdings solltest du nicht Kaugummi kauen oder die Hand in der Tasche haben. Tritt also nicht zu lässig auf, aber durchaus selbstbewusst!
- Wenn dir ein Platz angeboten wird, setze dich aufrecht und lege Arme und Hände locker auf den Tisch!
- Überlasse dem Gesprächspartner die Gesprächsführung. Schaue ihm in die Augen, höre gut zu und gehe dann auf die gestellte Frage ein!
- Stelle eigene Fragen, wenn du dazu aufgefordert wirst oder wenn eine Frage an eine deiner Antworten direkt passt!

Checkliste

- Einladung zum Vorstellungsgespräch
- Telefonnummer des Personalbüros und Name des Ansprechpartners, falls du von unterwegs anrufen musst
- eventuell: Informationsmaterial über das Unternehmen
- Kopien des Lebenslaufes und des Bewerbungsschreibens
- Originale der wichtigsten Zeugnisse, sofern du deiner Bewerbung unbeglaubigte Kopien beigelegt hast
- eventuell in der Einladung geforderte Arbeitsproben
- Kugelschreiber und Notizblock
- Liste deiner Fragen an das Unternehmen

Fragen, die oft gestellt werden

- Warum wollen Sie gerade diesen Beruf erlernen?
- Wo haben Sie sich über den Beruf informiert?
- Was sagen Ihre Eltern zu Ihrer Entscheidung?
- Was machen Ihre Eltern beruflich?
- Wo sind Sie aufgewachsen?
- Welche Tätigkeiten stellen Sie sich bei diesem Beruf vor?
- Warum haben Sie sich gerade bei unserer Firma beworben?
- Wie stellen Sie sich Ihre Zukunft vor? Was sind Ihre Vorstellungen für die Zeit nach Ihrer Ausbildung (Pläne, Ziele usw.)?
- Was machen Sie in Ihrer Freizeit? Welche Hobbys haben Sie?
- Lesen Sie gerne? Was lesen Sie? Lesen Sie regelmäßig die Tageszeitung?
- Schauen Sie sich Nachrichtensendungen im Fernsehen an?
- Welche Politiker kennen Sie? (Hier können sich andere Fragen aus Politik, Wirtschaft und dem aktuellen Tagesgeschehen anschließen.)
- Welche Anforderungen wird nach Ihrer Meinung dieser Beruf an Sie stellen?
- Fragen rund um die Schule (Name, Lieblingsfächer usw.)

Fragen, die man bei Gelegenheit stellen kann

Du erhältst wahrscheinlich Gelegenheit, selbst Fragen zu stellen. Fragen zu folgenden Stichworten kommen dabei z. B. in Betracht:

- Wie viele Auszubildende hat die Firma?
- Findet die Ausbildung direkt im Betrieb statt, oder gibt es eine Ausbildungswerkstatt?
- Wo befindet sich die Berufsschule, die zu besuchen ist?
- Wie ist die Arbeitszeit geregelt?
- Wie hoch ist die Ausbildungsvergütung? Diese Frage solltest du aber auf keinen Fall als erste stellen!
- Gibt es nach der Ausbildung voraussichtlich die Möglichkeit, weiter beschäftigt zu werden?

Es könnte ein Personalchef, Ausbildungsleiter oder Handwerksmeister als Fachmann in den Unterricht eingeladen werden. Er kann euch zusätzliche Empfehlungen geben, auf die am häufigsten vorkommenden Fehler aufmerksam machen, den Anfang eines Vorstellungsgesprächs mit einem von euch vorspielen usw.

Zur Vorbereitung solltet ihr überlegen, was ihr vom Fachmann über das Vorstellungsgespräch auf jeden Fall wissen wollt und wer die entsprechenden Fragen stellt.

Außerdem solltet ihr euch anhand der „Fragen, die oft gestellt werden" und der „Fragen, die man bei Gelegenheit stellen kann" vorbereiten, falls der Fachmann ein verkürztes Vorstellungsgespräch mit einigen von euch durchführen will. Als angestrebten Beruf könnt ihr dabei euren derzeitigen Wunschberuf annehmen.

1 *Die drei Fotos zeigen Bewerber während eines Vorstellungsgesprächs in einer Sitzhaltung, die keinen guten Eindruck macht. Erkläre, was die jeweilige Sitzhaltung zum Ausdruck bringt.*

Das Assessment-Verfahren

Besonders größere Firmen laden ihre Bewerber in ein Assessment-Center ein. Es findet oft nach dem Einstellungstest, sofern er denn überhaupt durchgeführt wird, und vor dem Vorstellungsgespräch statt. Wenn du zu einem Assessment-Center eingeladen bist, hast du also eine wichtige Hürde auf dem Weg zum Arbeitsplatz schon überwunden.

A Warten, dass es losgeht, persönliche Vorstellung, gemeinsam Aufgaben lösen, zum Abschluss etwas essen. Während des ganzen Assessment-Centers wirst du beobachtet. Wenn du in der Gruppe zwar alle Aufgaben hervorragend löst, aber beim Essen über andere lästerst, wirst du sicher nicht eingestellt. Es wird nämlich nicht nur darauf geachtet, wie gut du im Team arbeiten kannst, sondern auch wie du dich gegenüber anderen Personen verhältst. Es kann sogar sein, dass einer der Mitbewerber tatsächlich ein Mitarbeiter der Firma ist.

B Etwa 10 bis 15 Mitbewerber um den Ausbildungsplatz nehmen mit dir an dem Assessment-Center teil. Im Unterschied zum Eignungstest musst du mit den Mitbewerbern zusammen die gestellten Aufgaben lösen. Es geht bei den Aufgaben nicht darum, den anderen zu besiegen, sondern seine eigenen Stärken so gut wie möglich zu zeigen. Die spätere Arbeit wird in den Aufgaben gespielt. Deshalb musst du bei manchen Übungen mit den anderen zusammenarbeiten. Der Mitbewerber ist zwar dein Konkurrent, kann aber später auch dein Kollege sein, wenn der Betrieb mehrere Ausbildungsplätze vergibt.

C Einige Firmen vergleichen das Assessment-Center mit einem Azubi-Casting. Wie bei einem anderen Casting auch, kannst du dich auch auf das Assessment-Center vorbereiten. Dazu sammelst du am besten Informationen über das Unternehmen und den Ausbildungsberuf. Du solltest außerdem eine Präsentation der eigenen Person vorbereiten. Frage andere, die bereits an einem Assessment-Center teilgenommen haben, welche Erfahrungen sie dort gemacht haben. Des Weiteren werden in der Schule viele Methoden eingesetzt, die auch in Assessment-Centern verwendet werden, wie beispielsweise Rollenspiel, Kurzreferat, Gruppenarbeit oder Gruppendiskussionen.

D Du wirst während des Assessment-Verfahrens beobachtet. Man will wissen, wie du wirklich bist. Verhalte dich deshalb am besten ganz natürlich. Ein Schauspieler wird nicht gesucht. Denke aber daran, die Gesprächsregeln bei der Vorstellung, im Interview oder bei Diskussionen einzuhalten. Beweise, dass du teamfähig bist. Das ist im Assessment-Verfahren wichtiger, als eine Aufgabe allein und schnell zu lösen. Bleibe immer höflich und zeige gutes Benehmen gegenüber allen anderen Teilnehmern.

1. *Ordne folgende Überschriften den richtigen Textabschnitten zu: Vorbereitung – Mitbewerber – Beobachtung – Auftreten.*
2. *Bereite dich auf ein Assessment-Center vor. Typische Aufgaben sind: Du musst eine Präsentation über dich erstellen. Als Material erhältst du ein DIN-A3- oder ein DIN-A2-Blatt und einen Präsentationsstift. Oder: Ihr sollt in der Gruppe aus 20 Blatt DIN-A4-Papier mit Schere und Klebstoff einen Turm bauen, der eine Minute lang bei Windstille stehen bleibt.*

Girls'Day

Unter www.girls-day.de kann man sich über den Girls'Day und aktuelle Aktionen informieren.

Warum ein Zukunftstag für Mädchen? Die junge Frauengeneration in Deutschland verfügt über eine besonders gute Schulbildung. Dennoch entscheiden sich Mädchen im Rahmen ihrer Ausbildungs- und Studienwahl noch immer überproportional häufig für „typisch weibliche" Berufsfelder oder Studienfächer. Damit schöpfen sie ihre Berufsmöglichkeiten nicht voll aus; den Betrieben aber fehlt gerade in technischen und techniknahen Bereichen zunehmend qualifizierter Nachwuchs. [...]

Was passiert am Girls'Day? Das Projekt Girls'Day – Mädchen-Zukunftstag bietet Schülerinnen Einblicke in Berufsfelder, die Mädchen im Prozess der Berufsorientierung nur selten in Betracht ziehen. In erster Linie bieten technische Unternehmen und Abteilungen sowie Hochschulen, Forschungszentren und ähnliche Einrichtungen am Girls'Day Veranstaltungen für Mädchen an. Anhand von praktischen Beispielen erleben die Teilnehmerinnen in Laboren, Büros, Werkstätten und Redaktionsräumen, wie interessant und spannend diese Arbeit sein kann. Durch persönliche Gespräche mit Beschäftigten können die Mädchen ihren Erfahrungs- und Orientierungshorizont erweitern. Ziel des Girls'Day ist, Kontakte herzustellen, die für die berufliche Zukunft der Mädchen hilfreich sein können. Auch geht es darum, die Öffentlichkeit und Wirtschaft auf die Stärken der Mädchen aufmerksam zu machen, um einer gut ausgebildeten Generation junger Frauen weitreichende Zukunftsperspektiven zu eröffnen. [...]

(http://www.girls-day.de – Stand: 3. 12. 2008)

Am Donnerstag machte ich mich mit meiner Klasse auf den Weg nach Nürnberg zu der Aktiengesellschaft N-ENERGIE. ... Unsere Klasse wurde dann in zwei Gruppen geteilt und von zwei Azubis in neun Stationen durch das Ausbildungszentrum geführt. An der ersten Station durften wir mithilfe eines Mechanikerlehrlings einen eigenen Kreisel herstellen. Die Z- & Y-Achsen der Maschinen musste ich einstellen. Vorher musste ich meine Haare unter einem Käppi verstecken ... Aus einem einfachen Metallstab wurde ein kleiner Kreisel gefertigt. Bei der nächsten Station durften wir Metallschilder mit unseren eigenen Namen klopfen. Da mussten wir Metallstifte mit passenden Buchstaben nehmen und diese mit einem Schlaghammer in das Metallschild klopfen. Bei der 3. Station erklärten uns die Elektroniker die Schaltung eines Kaffeeautomaten, eines Garagentors und einer Ampel. Die Jungs der Hydraulikstation erklärten mir, wie die automatische Öffnung der U-Bahntüren funktioniert. Ein Modell, das ein Laufband darstellte, wurde mir von einem Mechatroniker vorgestellt ... Die nächste Station waren die Technischen Zeichner. ... Die letzte Station waren die Elektroniker ... Dort durften wir elektronische Metallmännchen mit leuchtenden Köpfen zusammenlöten.
Nachdem wir die Stationen gemacht hatten, wurden wir auf eine Brezel und ein Getränk unserer Wahl eingeladen. Einige Auszubildende teilten uns die Brotzeit in der Empfangshalle aus. Wir bekamen zum Abschied noch eine kleine Überraschung und zwar eine verbiegbare Figur. Buttons mit der Aufschrift „Girls´Day" konnten wir von Bistrotischen mitnehmen. Um ca 13:30 Uhr verließen wir das Ausbildungszentrum. ... Mir hat der Ausflug sehr gut gefallen, und ich würde so etwas jederzeit wieder machen. ... Zu meiner beruflichen Zukunft: Nach dem Realschulabschluss möchte ich weiter zur Schule gehen, wahrscheinlich auf die Fachoberschule. Welchen Beruf ich später ausüben möchte, weiß ich noch nicht genau.

Auszüge aus dem Bericht einer Schülerin über ihre Teilnahme am Girls'Day

1. *Erläutere, welchen Zweck der Girls'Day verfolgt.*
2. *Informiert euch im Internet über Aktionen im Zusammenhang mit dem Girls'Day in eurer Region.*
3. *Warum nicht auch einen „Boys'Day" veranstalten? Informiert euch unter www.aachener-boysday.de und sucht nach weiteren Initiativen zu diesem Tag im Internet.*

Freiwilliges Soziales Jahr

Seit 1964 haben Menschen zwischen 16 und 27 Jahren die Gelegenheit, sich sozial zu engagieren. Über 300000 haben seitdem ein Freiwilliges Soziales Jahr oder ein Freiwilliges Ökologisches Jahr (FÖJ) absolviert. Die meisten Freiwilligen arbeiten in einer Behinderteneinrichtung, im Krankenhaus, Kinder- oder Altenheim. Im Freiwilligen Sozialen Jahr in der Kultur und im Freiwilligen Sozialen Jahr im Sport kann man seinen Dienst beispielsweise in der Denkmalpflege oder im Sportverein leisten. Wer immer schon mal ein Jahr Schafe hüten oder wilden Müll aufspüren wollte, kann sich für ein Freiwilliges Ökologisches Jahr bewerben.

(aus: http://www.zeit.de/2005/39/C-FreiwilligesJahr)

Soziales Jahr in der Kultur immer beliebter

Düsseldorf/Bochum – Ein Freiwilliges Soziales Jahr (FSJ) in der Kultur wird bei den jungen Bürgern Nordrhein-Westfalens immer beliebter. Deshalb soll die Zahl der „Einsatzstellen" in den Kultureinrichtungen an Rhein und Ruhr bis 2010 auf rund 100 steigen, teilte der Koordinator des „FSJ-Kultur" für NRW, Thomas Pösz, am Donnerstag mit. Derzeit seien im Bundesland etwa 45 junge Männer und Frauen bei Theatern, Soziokulturellen Zentren, Museen oder Musikschulen tätig, sagte Pösz. Getragen wird das Kulturelle Soziale Jahr von der „Landesarbeitsgemeinschaft Arbeit Bildung Kultur" in Bochum und der Landesvereinigung Kulturelle Jugendarbeit NRW. Die Stellen-Verdoppelung, die vom NRW-Familienministerium und dem Staatssekretär für Kultur in Düsseldorf gefördert wird, sei sowohl von den Interessenten als auch den Kulturinstitutionen dringend erwünscht, sagte der Koordinator. Die zumeist 19-Jährigen seien an ihren Arbeitsstellen sowohl hinter den Kulissen als auch „im Ideen- und künstlerischen Bereich" tätig. Viele nutzten nach Angaben des Koordinators das Freiwillige Soziale Jahr zu einer ersten beruflichen Orientierung im Kultursektor. Die Kultureinrichtungen wiederum profitierten von den „motivierten und engagierten Ansprechpartnern" für ihr junges Publikum.

(aus: Kölnische Rundschau (dpa), 13. 9. 2007)

Jugendfreiwilligendienst

Das Freiwillige Soziale Jahr (FSJ) und das Freiwillige Ökologische Jahr (FÖJ) bieten Jugendlichen und jungen Erwachsenen bis zum Alter von 26 Jahren die Möglichkeit, sich bürgerschaftlich zu engagieren. Wer ein FSJ/FÖJ absolvieren möchte, muss die Schulpflicht erfüllt haben und in der Regel zwölf bis 18 Monate seiner Zeit zur Verfügung stellen.

Wo kann ich ein freiwilliges Jahr absolvieren?

Wer sich für ein FSJ/FÖJ entschieden hat, dem stehen viele Einsatzmöglichkeiten zur Verfügung. Ob Umweltschutz oder Altenheim, ob Kulturinstitution oder Sportverein. Ob In- oder Ausland. Die Möglichkeiten sind vielfältig. Anerkannte Kriegsdienstverweigerer können anstelle des Zivildienstes einen zwölfmonatigen Freiwilligendienst absolvieren.

Wie kann ich mich bewerben?

In jedem Bundesland gibt es Anlaufstellen, die für FSJ und FÖJ zuständig sind. Haben Sie sich für einen Träger, bei dem Sie das FSJ/FÖJ absolvieren wollen, entschieden, nehmen Sie direkt Kontakt auf und schicken rechtzeitig Ihre Bewerbung los. Da die Bewerbungsfristen nicht in allen Bundesländern und bei jedem Anbieter gleich sind, fragen Sie am besten direkt bei den entsprechenden Trägerstellen nach.

Soziale Absicherung

Alle, die ein FSJ/FÖJ absolvieren, erhalten Versicherungsschutz für den Krankheits- und Pflegefall ebenso wie Kindergeld und Kinderfreibeträge, sofern das Gesamteinkommen die geltenden Beträge nicht übersteigt. Die Zeit des FSJ/FÖJ wird für die Altersvorsorge angerechnet. Die Freiwilligen sind rechtlich ähnlich gestellt wie Auszubildende. Während Ihres Einsatzes erhalten Sie ein Taschengeld. Unterkunft und Verpflegung werden in der Regel gestellt.

(aus: http://www.bmfsfj.de/Politikbereiche/Freiwilliges-Engagement/fsj-foej.html)

Hannes Poft, 20, Abiturient aus Bremerhaven, hatte eigentlich nie vor, ein FSJ zu machen: „Es hatte den Ruf, dass das nur Mädchen machen, die nach dem Abi nicht wissen, wohin." In der Oberstufe machte er ein Praktikum in einem Internat für behinderte Kinder. Unbedingt wollte er dort auch seinen Zivildienst leisten. Doch als er sich bewarb, waren alle Stellen vergeben. Der Internatsleiter schlug ihm vor, stattdessen ein FSJ zu machen. Anstatt neun Zivi-Monaten muss Hannes Poft zwölf Monate absolvieren, doch er beklagt sich nicht. „Ich wollte unbedingt in diesem Internat arbeiten. Dass ich länger bleibe, ist doch gut; da muss ich nicht mitten im Schuljahr die Kinder verlassen." Viele nutzen das FSJ als Ausbildungsangebot. So ist bei angehenden Medizinern das Deutsche Rote Kreuz beliebt. Dort kann man in zwölf Monaten einen Rettungssanitäterschein machen. Im Medizinstudium kann das einen lukrativen Nebenverdienst ermöglichen. Nicht zuletzt überbrücken einige mit dem FSJ die Wartezeit zum Studienbeginn. Die Monate werden als Wartesemester angerechnet, an manchen Fachhochschulen ersetzt der freiwillige Dienst Praktika.

Bei Inken Lübbers, 20, aus Erlangen bei Nürnberg reichte der Abi-Schnitt nicht für das erhoffte Medizinstudium. So bewarb sie sich beim Internationalen Bund in Nürnberg. Nun begleitet sie auf der Kardiologiestation die Krankenschwestern, misst Blutdruck, Puls und Temperatur und pflegt die Patienten. Für die FSJ-Bescheinigung muss sie außerdem begleitende Seminare besuchen. Ihre Arbeit im Krankenhaus gefällt Inken Lübbers so gut, dass sie das FSJ sogar um drei Monate verlängert hat. Praktisch auch, weil es in diesem Semester mit ihrem NC immer noch nicht fürs Medizinstudium gereicht hat.

Auch aus anderen Gründen als gelebter Nächstenliebe ist das FSJ beliebt. „Besonders begehrt sind die Mutter-Kind-Kureinrichtungen an der Küste", sagt Christina Mattner, FSJ-Leiterin beim DRK Landesverband Oldenburg. „Dort stehen Wohnunterkünfte zur Verfügung. Dass sie endlich zu Hause ausziehen können, ist für viele attraktiv." Da es dreimal so viele Kandidaten wie Plätze gibt, sollte man sich schon früh bewerben: „Wer im August beginnen möchte, sollte sich im Januar bewerben." Denn soziales Engagement ist teuer. Jeder Platz kostet die Trägerstelle monatlich rund 660 Euro, davon gibt der Bund maximal 72 Euro. „Viel zu wenig", sagt Uwe Slüter, Sprecher des Bundesarbeitskreises Freiwilliges Soziales Jahr. Trotzdem erprobt das Bundesfamilienministerium derzeit, Freiwilligendienste generationsübergreifend für alle Altersgruppen zu öffnen. „Bei unserem demografischen Wandel reicht es nicht, wenn die wenigen jungen Leute die Gesellschaft sozial unterstützen. Dafür brauchen wir die Hilfe aller Bürger, auch die der älteren", sagt Martin Schenkel, Leiter des Bereichs Bürgerschaftliches Engagement und Freiwilligendienste im Bundesfamilienministerium.

(aus: http://www.zeit.de/2005/39/C-FreiwilligesJahr)

Das Freiwillige Soziale Jahr ist doch nur etwas für Leute, dich nicht wissen, was sie machen wollen!

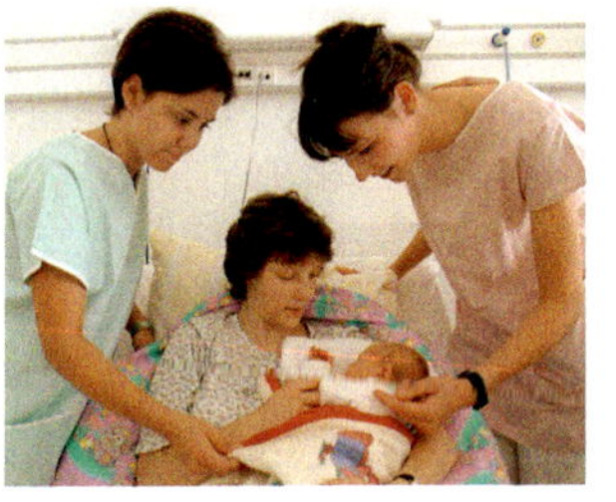

Nadine und Bettina leisten ihr Freiwilliges Soziales Jahr im Krankenhaus.

Statt eines Freiwilligen Jahres will ich lieber richtig arbeiten und vernünftig bezahlt werden.

Stefan arbeitet während des Freiwilligen Sozialen Jahrs in einer Behinderteneinrichtung.

1. *Beschreibe die verschiedenen Möglichkeiten und Bereiche, wie man sich in einem Sozialen Jahr engagieren kann.*
2. *Erläutere die Motivation, warum immer mehr Jugendliche ein Soziales Jahr absolvieren wollen. Beziehe dich dabei auch auf die negativen Äußerungen zum freiwilligen Jahr.*
3. *Informiere dich über den europäischen Freiwilligendienst unter: http://www.jugend-in-aktion.de/europaeischer-freiwilligendienst*

Die jungen Menschen, die ein Soziales Jahr absolvieren, werden doch nur ausgenutzt!

Der Bologna-Prozess und seine Folgen für das Studium

Neue Studiengänge – warum eigentlich?
Im Juni 1999 unterzeichneten 29 europäische Bildungsminister die Bologna-Erklärung zur Schaffung eines europäischen Hochschulraums und zur Stärkung der Wettbewerbsfähigkeit Europas als Bildungsstandort weltweit. Seit der Nachfolgekonferenz in Berlin im September 2003 sind 40 europäische Länder beteiligt. Die wichtigsten Beschlüsse:
- die Schaffung eines Systems leicht verständlicher, vergleichbarer und europaweit anerkannter Abschlüsse
- die Schaffung eines zweistufigen Systems von Studienabschlüssen (Undergraduate/Bachelor, Graduate/Master)
- Förderung der Mobilität der Studenten durch Gliederung des Stoffes in thematisch zusammenhängende, semesterbezogen geprüfte Module, für die europaweit gültige Leistungspunkte (Credit Points) vergeben werden. Dabei zählt der von den Studenten zu erbringende Lernaufwand, unabhängig, wo die Leistung erbracht wurde.
- die Förderung der Mobilität zwischen Hochschulen und Bildungsgängen durch Beseitigung von Mobilitätshemmnissen und lebenslanges und lebensbegleitendes Lernen
- Qualitätssicherung der Hochschulausbildung durch Akkreditierung der Studiengänge, Förderung der europäischen Zusammenarbeit bei der Qualitätssicherung.

(aus: http://www.wege-ins-studium.de/index.php?id=171&tt_news=&type=98)

Studienstruktur
Die Struktur des Studiums hat sich insbesondere durch die Einführung des Bachelor, eines ersten berufsbefähigenden Regelstudienabschlusses nach 3–4 Jahren, nachhaltig verändert. Mit einem zweistufigen System verändern und erweitern sich die Möglichkeiten, den eigenen Studienweg zu gestalten.
Es werden an deutschen Hochschulen drei Arten von Bachelor- und Master-Programmen angeboten. Zum einen gibt es eigenständige Bachelor-Studiengänge und eigenständige Master-Studiengänge, zum anderen gibt es Studienangebote, die aus einem Bachelor-Studium und einem Master-Studium bestehen. Diese werden konsekutive Studienprogramme genannt. Nach dem Bachelor-Abschluss kann man entweder in den Beruf gehen oder aber in einem Master-Studium einen weiteren Hochschulabschluss erwerben. Im gewählten Studiengang können die erworbenen Kenntnisse vertieft werden, oder es kann eine Spezialisierung oder Ergänzung erfolgen. Einige eigenständige Bachelor- und viele eigenständige Master-Studiengänge werden auch berufsbegleitend angeboten, sodass eine Qualifizierung aus dem Beruf heraus möglich ist.

(aus: http://www.wege-ins-studium.de/studienstruktur.html)

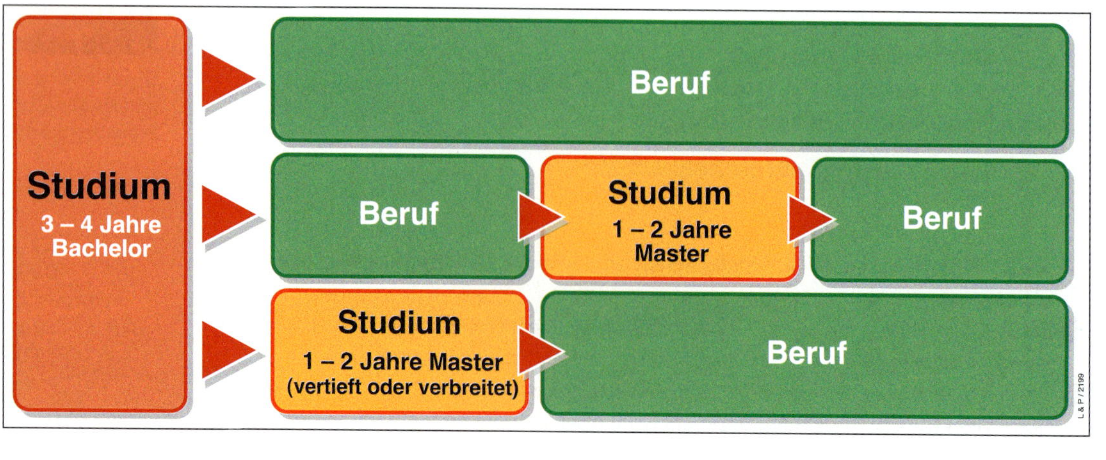

Was ist ein Bachelor?

Bachelor, oder Bakkalaureat (von lat. baccalaureus = Novize, Inhaber des ersten akademischen Grades). Im Englischen bedeutet „Bachelor" auch „Junggeselle".

Ein Bachelor ist ein erster akademischer Titel, den Sie nach einem 6–8-semestrigen Studium (also bereits nach 3–4 Jahren) erwerben. Ein Bachelor-Studiengang ist damit vergleichsweise kurz. Mit einem Bachelor erwirbt man den ersten Grad in einem dreigliedrigen Studiensystem (Bachelor, Master, Promotion), das im Zuge des Bologna-Prozesses an den europäischen Hochschulen eingeführt wird. Der Bachelor ist formal berufsqualifizierend. Ziel des Studiums ist es, den Absolventinnen und Absolventen der Bachelor-Studiengänge eine Berufsbefähigung und Arbeitsmarktfähigkeit („Employability") für viele verschiedene Tätigkeiten und Berufsfelder zu vermitteln.

In vielen Berufsfeldern und Unternehmen, in einer Informations- und Wissensgesellschaft wächst der Bedarf an Mitarbeiterinnen und Mitarbeitern mit einer gehobenen, akademischen Ausbildung. Die meisten Studierenden streben aber nicht unbedingt eine Tätigkeit im wissenschaftlichen Bereich an, sodass eine der Arbeitswelt nahe Ausbildung im Bachelor-Studium sinnvoll ist. Tätigkeiten in diesen Bereichen erfordern vor allem Grundwissen, gute Methodenkenntnisse, Kreativität und Anpassungsfähigkeit, emotionale und soziale Kompetenzen. Die ganz konkreten Kenntnisse und Fähigkeiten, die Sie in einem Arbeitsfeld benötigen, erwerben Sie in der Regel direkt an Ihrem Arbeitsplatz. Unsere sich schnell wandelnde Arbeits- und Beschäftigungswelt setzt die Bereitschaft und Fähigkeit zu einem lebenslangen Lernen („lifelong learning"), die Bereitschaft zur Weiterbildung voraus.

Was ist ein Master?

Ein Master-Studium können Sie nach einem abgeschlossenen Bachelor-Studium aufnehmen. Ein Bachelor-Studium bereitet nicht nur auf den ersten Berufseinstieg vor, sondern liefert auch die Grundlagen für eine wissenschaftliche Ausbildung. Im Bachelor-Studium lernen Sie die Methodik, Systematik, Begrifflichkeiten, Kategorien und Strukturen sowie grundlegende Fragestellungen Ihrer ein oder zwei Disziplinen kennen.

Das Master-Studium in einem oder in zwei Fächern dient dazu, diese Fächer wissenschaftlich zu vertiefen und/oder Ihr Wissen und Können zu erweitern. Es bereitet zum einen auf eine wissenschaftliche Tätigkeit an Hochschulen und Forschungseinrichtungen vor (mit Möglichkeit der Promotion), aber auch auf eine Reihe von Berufsfeldern, die eine vertiefte wissenschaftliche Ausbildung erfordern. Aufgrund ihrer fachlichen Kompetenz kommen für Master-Absolventinnen und -Absolventen auch Positionen infrage, die mit Führungs-, Leitungs- und Personalverantwortung verbunden sind.

In einer Bibliothek der Universität Leipzig

(aus: http://www.wege-ins-studium.de/index.php?id=171&tt_news=&type=98)

❶ *Beschreibe die Ziele, die die europäischen Bildungsminister mit der Bologna-Erklärung erreichen wollen.*

❷ *Erläutere die drei Arten von Bachelor- und Master-Programmen, die an der Universität angeboten werden.*

Zur Analyse

Hochschulen müssen sich stärker am Arbeitsmarkt orientieren

Studierende fit für den Berufseinstieg machen

Um erfolgreich im Arbeitsleben zu bestehen, brauchen Studierende ein ganzes Bündel an berufsrelevanten Qualifikationen und Kompetenzen. Dazu gehören fachliche und methodische Kompetenzen ebenso wie personale und soziale. Die Beschäftigungsfähigkeit zu stärken, ist ein zentrales Ziel des Bologna-Prozesses. Dies erklärten das Bundesbildungsministerium (BMBF), die Bundesvereinigung der Deutschen Arbeitgeberverbände (BDA), der Bundesverband der Deutschen Industrie (BDI), die Kultusministerkonferenz (KMK) und die Hochschulrektorenkonferenz (HRK) gemeinsam im Rahmen der Tagung „Fit für den Job?! – Arbeitsmarktkompetenzen der Studierenden stärken" in Berlin.

„Mit dem Bologna-Prozess wird meist die Umstellung auf die gestufte Studienstruktur von Bachelor und Master verbunden. Weniger bekannt ist, dass die Neukonzeption des Studiums im Bologna-Prozess vor allem auch einschließt, die Beschäftigungsfähigkeit der Studierenden zu stärken", sagte Arbeitgeberpräsident Dieter Hundt. Beschäftigungsfähigkeit bedeute nichts anderes, als beruflich fit und damit tauglich für den Job zu sein, zugleich aber auch sicherzustellen, dass dies auch so bleibe. „Für die Unternehmen als Abnehmer der Hochschulabsolventen ist es von elementarer Bedeutung, dass diese „fit für den Job" sind und möglichst zügig und direkt in die Betriebsabläufe eingebunden werden und ihr Potenzial entfalten können. „Arbeitsmarktkompetenzen sind eine entscheidende Schlüsselgröße für die Entfaltung der Innovationskraft der Wirtschaft und des Potenzials der Mitarbeiter im Unternehmen ebenso wie für Erfolg des Einzelnen im Berufs- und Arbeitsleben", betonte Hundt.

Die Vermittlung von Kompetenzen für den erfolgreichen Berufseinstieg an den Hochschulen sei ein wichtiges Thema für Studierende. Schließlich würden die Hochschulen auch an ihrer Ausbildungsleistung gemessen. Dabei setzen die Vertreter der deutschen Wirtschaft neben der Gewinnung von ausländischen Fachkräften vor allem auf die Ausbildung im Land: „Für die Beschäftigungsfähigkeit sind in erster Linie die Hochschulen verantwortlich. Sie müssen dafür sorgen, dass die Absolventen das notwendige Rüstzeug mit auf den Weg bekommen." Die deutsche Wirtschaft will ihr Engagement an den Unis weiter ausbauen: Unternehmensvertreter stehen Hochschulen bei der Konzeption neuer Studiengänge mit Rat und Tat zur Seite, sie beraten darüber, welche Kompetenzen in den Unternehmen gebraucht werden, arbeiten in Akkreditierungsagenturen mit, unterstützen den Aufbau von „Career Services", übernehmen Lehrtätigkeiten an Hochschulen und bieten den Lehrkräften Einblicke in die Unternehmenspraxis. [...]

Der Bologna-Prozess sei für die Hochschulen Anlass, diese Kompetenzen noch zielorientierter zu vermitteln und sie mit Schlüsselkompetenzen zu flankieren. „Wir arbeiten mit Arbeitgebern zusammen, um Studiengänge zu entwickeln, zu betreiben und im Rahmen der Akkreditierung ihre Qualität zu überprüfen", so Ruppert weiter. Das Qualifikationsziel der Beschäftigungsfähigkeit sei ein zentrales Leitmotiv der Studienreform und der institutionellen Entwicklung in den Hochschulen.

Um künftigen Absolventinnen und Absolventen die Möglichkeiten zu eröffnen, schneller als in traditionellen Studiengängen die Beschäftigungsfähigkeit zu erreichen, sollten Unternehmen in größerem Umfang Praktika anbieten, Berufsperspektiven für Bachelor-Absolventen eröffnen und insbesondere die von ihnen öffentlich erklärten Beschäftigungsperspektiven nicht nur auf die jeweils aktuelle Wirtschaftslage ausrichten, betonte der Vertreter der KMK, Staatssekretär Josef Lange vom Niedersächsischen Ministerium für Wissenschaft und Kultur. [...]

Angesichts des raschen Wandels in der Wissenschaft im globalen wissenschaftlichen und wirtschaftlichen Wettbewerb komme es noch mehr als in der Vergangenheit darauf an, im Studium Grundlagenwissen, Methoden, soziale Kompetenzen und Weiterbildungsfähigkeit zu vermitteln und zu erwerben. „Hochschulen und Unternehmen sollten daher aus Sicht der Länder sehr viel intensiver auch in der Weiterbildung im Sinne lebenslangen Lernens zusammenarbeiten."

(aus: http://www.welt.de/welt_print/article1026427/Studierende_fit_fuer_den_Berufseinstieg_machen.html / Welt vom 14. Juli 2007)

Duales Studium

Das duale Studium bietet die Möglichkeit, ein Studium und eine Berufsausbildung miteinander zu kombinieren. In NRW wird diese Ausbildung von den Fachhochschulen angeboten. Bei einigen Studiengängen arbeiten Fachhochschulen und Unternehmen miteinander.

Was ist ein duales Studium?
Die Idee des dualen Studiums ist, das Ausbildungskonzept der dualen Berufsausbildung (früher „Lehre") auf das Studium zu übertragen. Wer einen Ausbildungsberuf erlernt, wird parallel in der Berufsschule und einem Betrieb ausgebildet. Ein Studium dagegen findet mit nur geringen Praxisanteilen überwiegend an den Hochschulen statt, konzentriert sich also auf die theoretische Ausbildung. Dieses Konzept wird mit dem dualen Studium aufgebrochen und dahingehend verändert, dass dem Praxisanteil des Studiums ein wesentlich größerer Stellenwert eingeräumt wird. Er beschränkt sich nicht auf mehrwöchige Praktika oder einzelne Praxissemester, sondern steht gleichberechtigt neben der theoretischen Ausbildung.

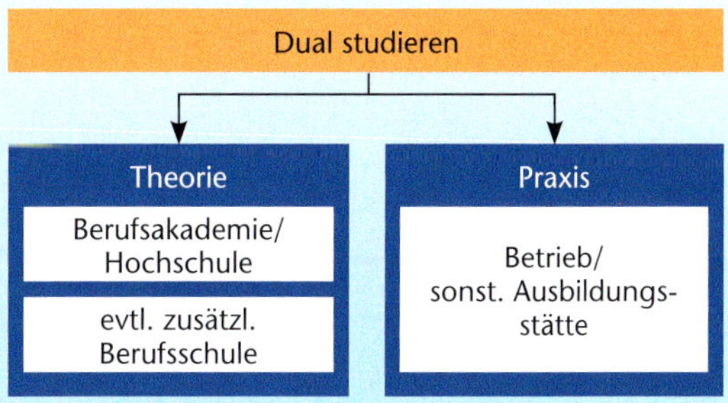

(aus: http://www.studis-online.de/StudInfo/duales_studium.php)

Ich habe gehört, dass du ein duales Studium planst. Warum eigentlich?

Ich habe mich genau informiert. Durch ein duales Studium werde ich gut auf den Beruf vorbereitet. Das bietet mir ein einfaches Studium nicht. Außerdem lerne ich im Betrieb wichtige Schlüsselqualifikationen kennen, wie Teamfähigkeit, praktisches Denken, den Umgang mit Kollegen und mit Kunden, das Organisieren.

Lernst du denn dann noch genug? Mir kämen dann die Wissenschaft und die Theorie zu kurz. Ist es nicht besser, zuerst eine Ausbildung zu machen und dann zu studieren?

Ich denke, es ist auf jeden Fall ein Vorteil, wenn Studium und Ausbildung kombiniert werden. Man spart dadurch ja auch Zeit.

Du hast aber kaum noch Zeit für dich. Ich habe gehört, du hast keine Semesterferien, und es kann sogar sein, dass deine Hochschule und dein Betrieb an verschiedenen Orten sind.

Dafür verdiene ich ja auch schon Geld.

Ja, aber du bist abhängig von dem Betrieb, er bezahlt deine Ausbildung und verlangt nach der Ausbildung doch eine gewisse Zeit von dir, für das Unternehmen tätig zu sein, nachdem Ihr das Studium abgeschlossen habt.

1. *Diskutiert die Vor- und Nachteile des dualen Studiums.*
2. *Informiere dich über verschiedene duale Studiengänge. Hinweise findest du auf: http://www.study-plus.de/*

Das Wichtige in Kürze

Praktikum

Das Praktikum ist ein wichtiger Schritt bei der Berufswahlvorbereitung. Je nach Betrieb und Beruf kann man dabei eher mitarbeiten oder hauptsächlich zuschauen. Dabei hat man die Chance, einen Beruf genauer kennenzulernen. Dabei erfährt man auch etwas über die Arbeitsbedingungen in einem Betrieb.

Bewerbung

Die meisten Ausbildungsbetriebe verlangen eine schriftliche Bewerbung. Sie enthält das Bewerbungsschreiben, den Lebenslauf mit Foto, Kopien der Zeugnisse und Bescheinigungen über Kurse usw., in denen man weitere Kenntnisse erworben hat. Das Bewerbungsschreiben muss einer gewissen Form genügen. Manche Firmen akzeptieren auch Online-Bewerbungen.

Einstellungstest

Vielen Firmen reicht die schriftliche Bewerbung nicht aus. Sie führen einen Einstellungstest durch. Dabei wollen sie feststellen, wer für die freien Ausbildungsstellen am besten geeignet ist. Allerdings sind die Testergebnisse nicht allein ausschlaggebend für die Einstellung. Die Entscheidung fällt aufgrund der Bewerbungsunterlagen, der Testergebnisse, des Vorstellungsgespräches und des gesamten Auftretens der Bewerberin bzw. des Bewerbers.

Vorstellungsgespräch

Bei einem Vorstellungsgespräch versucht der Personalchef, der Ausbildungsleiter bzw. der Handwerksmeister, die vorliegenden Ergebnisse aus Bewerbungsunterlagen und Einstellungstests zu ergänzen und einen persönlichen Eindruck von der Bewerberin bzw. dem Bewerber zu bekommen.

Assessment-Verfahren

Vor allem größere Firmen, die aus einer Vielzahl von Bewerbern die geeigneten Kandidaten auswählen müssen, wenden neben Einstellungstests und Vorstellungsgesprächen das Assessment-Verfahren zur Prüfung an. Dabei werden die Bewerber besonderen Arbeits- und Verhaltensproben unterzogen. An einem Assessment-Center nehmen immer mehrere Personen teil.

Freiwilliges Soziales Jahr

Jugendliche und junge Erwachsene, die die Vollzeitschulpflicht erfüllt und noch nicht das 27. Lebensjahr vollendet haben, können ein Freiwilliges Soziales Jahr (FSJ) in den Bereichen Soziales, Kultur, Politik, Sport, Denkmalpflege und Ökologie absolvieren. Das FSJ wird als Wehrersatzdienst anerkannt. Das FSJ ist ein Bildungsdienst und verbessert die Ausbildungs- und Erwerbschancen. Die Freiwilligen leisten außerdem einen wertvollen Beitrag für sich und für die Gesellschaft.

Bologna-Prozess

Der Bologna-Prozess umfasst die Planung eines einheitlichen europäischen Hochschulwesens. Durch die Angleichung sollen die Mobilität, die internationale Wettbewerbsfähigkeit und Beschäftigungsfähigkeit gefördert werden. Möglich wird dies durch international vergleichbare Abschlüsse mit einem zweistufigen System von Studienabschlüssen. In Deutschland sind die Studiengänge weitgehend auf Bachelor- und Master-Abschlüsse umgestellt.

Duales Studium

Ein duales Studium kombiniert ein Studium an einer Hochschule oder Akademie mit einer praktischen betrieblichen Berufsausbildung. Ein duales Studium stellt hohe Anforderungen an die Studierenden, die sich Theorie und Praxis zugleich aneignen müssen.

Flexibilisierung der Arbeitswelt

Herr Özkan: *„Ich arbeite in der Chemie-Industrie im Schichtbetrieb. Gut finde ich an unserer betrieblichen Arbeitszeitregelung, dass ich persönlich meine Freischichten einplanen kann. Allerdings gibt es für unsere Arbeitszeit eine Regelung, dass zur Vermeidung unproduktiver Überbesetzungen ein Teil der Schichtmannschaft an jedem Arbeitstag – via so genannter* ***Zeitfenster*** *– abwesend sein muss."*

Herr Matuschek: *„Nachdem die tarifliche Arbeitszeit auf 38 Stunden gesenkt wurde, arbeiten wir nach dem System der* ***variablen Arbeitszeit****. Die starren Arbeitszeiten genügen nicht mehr, um alle Bankfilialen entsprechend der wöchentlichen Öffnungszeiten mit Mitarbeitern zu versorgen. Außerdem stieg der Bedarf an flexibler Beratungszeit für Kunden. Gut finde ich, dass ich meine Arbeitszeit mit den Kollegen abstimmen kann. Allerdings muss man auch einmal kurzfristig einspringen, wenn Kollegen verhindert sind."*

Herr Breuer: *„Bei uns im Reifenwerk arbeiten wir im* ***vollkontinuierlichen Betrieb****. Tag und Nacht laufen die Bänder. Die Woche ist in 20 Schichten eingeteilt. Steigt die Nachfrage, muss eine Schicht zusätzlich eingelegt werden, sinkt sie, kann der Betrieb bis zu fünf Schichten absagen. Dann fällt der Lohn auch schon mal niedriger aus. Dank dieses Systems haben wir aber relativ sichere Arbeitsplätze."*

Frau Cakar: *„Unser Reisebüro orientiert sich stark an dem geänderten Kundenverhalten. Deshalb gibt es innerhalb der festen* ***Jahresarbeitszeit*** *saisonal bedingte Schwankungen. Zur Hauptreisezeit muss halt mehr gearbeitet werden. Dafür nehme ich mir außerhalb der Saison länger Urlaub und gleiche so die Mehrarbeit aus."*

Frau Lenhard: *„Ich arbeite auf dem Flughafen im Bodendienst. Bei uns schwankt der Arbeitsanfall nicht nur während der Jahreszeit, sondern auch von Jahr zu Jahr. Um auf diese langfristigen Schwankungen reagieren zu können, arbeiten wir u. a. mit dem* ***Lebenszeitkonto****. Ich spare seit einigen Jahren Überstunden an. Wenn meine Kinder in die Schule kommen, kann ich einen Teil dieser Überstunden abfeiern."*

Frau Naumburger: *„Als Informatikerin entwickele ich je nach Bedarf Systemprogramme. Das ist Terminarbeit und bedeutet Arbeit Tag und Nacht. Dann kann es passieren, dass kurzfristig keine Aufträge hereinkommen. Aus diesem Grund hat der Betriebsrat einem System der* ***Wahlarbeitszeit*** *zugestimmt. Jedes Jahr wähle ich eine neue Wochenarbeitszeit und muss entsprechend der Überstunden Urlaub nehmen."*

1 *Erstelle eine Tabelle nach folgendem Muster und ergänze sie.*

Form der Arbeitszeit	Vorteil für		Nachteil für	
	Betrieb	Arbeitnehmer	Betrieb	Arbeitnehmer

Erwerbstätigkeit im Wandel

Arbeiter in der Montagehalle

Arbeiter beim Zusammenbau eines Pkw

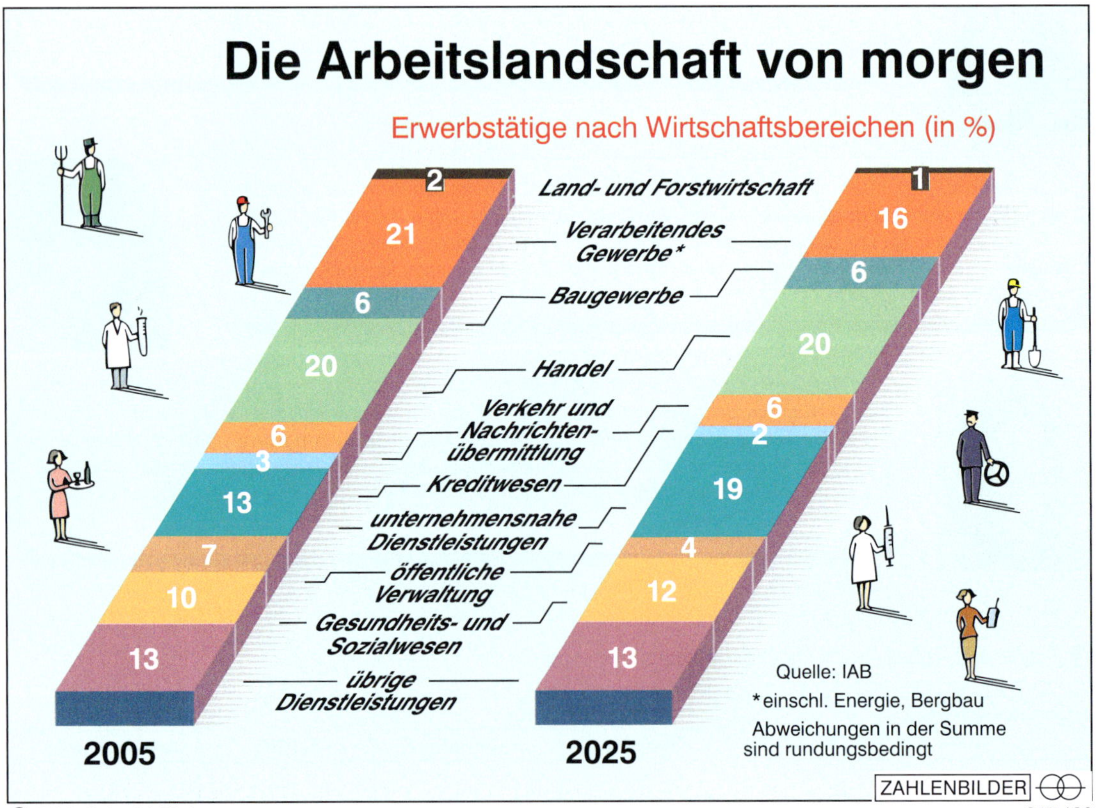

Roboter beim Schweißen einer Karosserie

Und wie wird die Automobilproduktion der Zukunft aussehen?

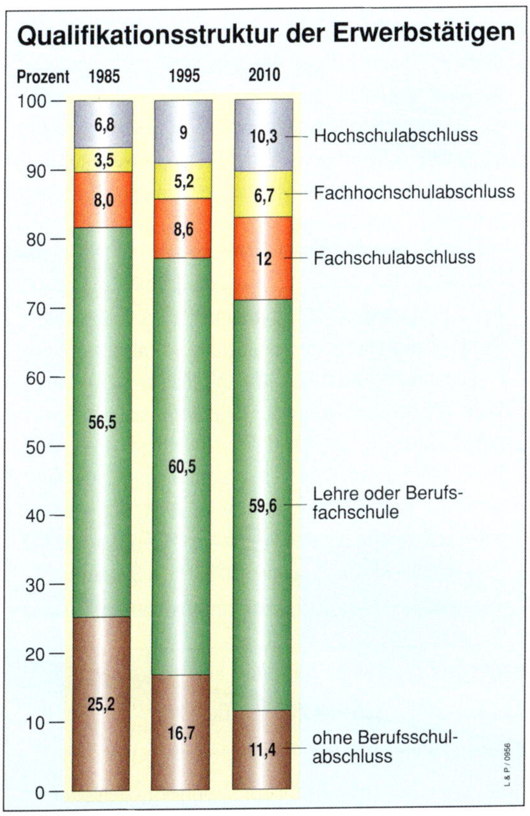

Aussagen zu den Beschäftigungsstrukturen	richtig	falsch
1. In Zukunft werden die Erwerbstätigen im Bereich Verkehr und Nachrichtenübermittlung stark gefragt sein.		
2. Im Bereich der Dienstleistungen entstehen viele neue Arbeitsplätze.		
3. Der Bedarf an Fachkräften mit einer Lehre oder einem Berufsfachschulabschluss bleibt in etwa gleich.		
4. Immer mehr Menschen arbeiten in der Land- und Forstwirtschaft.		
5. Im Bereich „übrige Dienstleistungen" werden in Zukunft mehr Menschen einen Arbeitsplatz finden.		
6. Im Handel stehen zukünftig in etwa gleich viele Arbeitsplätze zur Verfügung wie im Jahr 2005.		
7. Erwerbstätige mit Fachhochschulabschluss oder Hochschulabschluss sind in Zukunft mehr gefragt.		
8. Es wird eine Zunahme im Wirtschaftsbereich Staat geben.		
9. Erwerbstätige ohne Berufsschulabschluss haben gute Berufschancen.		
10. Im Baugewerbe wird es zukünftig weniger Beschäftigte geben.		

1 *Welche Aussage ist richtig, welche falsch? Kreuze auf dem Arbeitsblatt an und begründe deine Urteile.*

2 *Fasse stichwortartig zusammen, wie sich die Erwerbstätigkeit verändert.*

Erwerbsarbeit

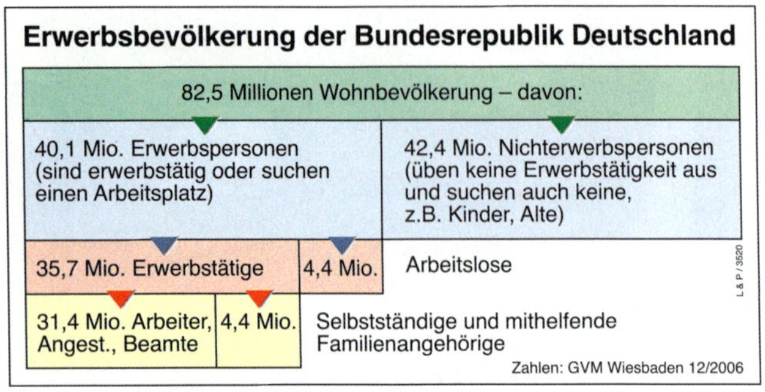

Kara Silva, 42 Jahre, hat lange Zeit ganztags in einer Bäckerei in Lüdenscheid als Verkäuferin gearbeitet. Weil sie sich zu Hause um ihren kranken Vater kümmern muss, hat sie mit ihrem Arbeitgeber verabredet, nur noch 25 Stunden in der Woche in Teilzeit zu arbeiten. Als Teilzeitbeschäftigte erhält Frau Silva zwar weniger Geld als vorher, ist aber weiterhin sozialversichert. Etwa 10 von 100 Berufstätigen in Deutschland haben wie Frau Silva eine Teilzeitbeschäftigung.

Frank Schell, 47 Jahre, arbeitet in einem Metallbetrieb in Dorsten als Mechatroniker. Er hat einen unbefristeten Arbeitsvertrag und arbeitet 38 Stunden in der Woche. Von seinem Bruttolohn werden die Steuern und seine Beiträge für die Sozialversicherung abgezogen. Etwa 60 von 100 Erwerbstätigen in Deutschland haben wie Herr Schell solch ein Normalarbeitsverhältnis.

Lorenz Wagner, 35 Jahre, ist Computerfachmann. Er ist als Leiharbeiter bei einer Zeitarbeitsfirma in Essen angestellt, die ihn für unterschiedlich lange Zeiten in andere Betriebe zur Arbeit schickt. Diese Betriebe benötigen für eine begrenzte Zeit zusätzliche Arbeitskräfte. Der Arbeitgeber ist für Herrn Wagner die Zeitarbeitsfirma, die ihm auch sein Gehalt zahlt.

Claudia Weber, 23 Jahre, hat Arzthelferin gelernt. Sie ist nach Netphen gezogen. Dort wurde in einer Arztpraxis eine Stelle frei, weil eine Mitarbeiterin sich für ein Jahr ausschließlich um die Betreuung ihres Kleinkindes kümmern will. Claudia hat diese Stelle bekommen, allerdings nur als befristetes Arbeitsverhältnis auf 12 Monate.

Clara Hellmann-Brügge, 48 Jahre, besitzt seit Jahren in der Nähe von Recklinghausen eine kleine Töpferei, in der sie als Selbstständige tätig ist. Sie ist bei niemandem angestellt, sondern arbeitet auf eigene Rechnung und muss sich selbst um ihre soziale Absicherung bei Krankheit und im Alter kümmern.

Marc Tewes, 25 Jahre, studiert in Aachen. Um neben seinem Studium etwas zu verdienen, arbeitet Marc als Aushilfe an der Abendkasse eines Supermarktes. Er bekommt dafür 400 Euro im Monat ohne Abzug von Steuern und Sozialabgaben ausbezahlt; allerdings ist Marc nicht sozialversichert. Solch ein geringfügiges Beschäftigungsverhältnis wird auch Minijob genannt. Es gibt etwa 6,5 Millionen geringfügige Beschäftigungsverhältnisse in Deutschland.

Petra Prögelmeier, 55 Jahre, arbeitet als Polizeihauptkommissarin im Landeskriminalamt in Düsseldorf. Sie ist Beamtin, ihr Dienstherr ist das Land Nordrhein-Westfalen. Als Beamtin hat Frau Prögelmeier einen sicheren Arbeitsplatz. Sie muss zwar Steuern zahlen, aber keine Pflichtbeiträge zur Sozialversicherung. Im Krankheitsfall erhält sie Beihilfeleistungen und im Alter eine Pension vom Land. Anders als eine Arbeiterin oder Angestellte, hat Frau Prögelmeier als Beamtin jedoch kein Streikrecht.

„Jüngere Beschäftigte schätzen die ...①..., weil sie sich intensiver um ihre Familien kümmern wollen."
„Für plötzlich steigende Nachfrage an Arbeitskräften stehen ...②... schnell zur Verfügung."
„Manche Arbeitssuchende bekommen ein ...③... angeboten, weil die neue Firma sie erst testen will."
„Bei einem ...④... hat man ein festes Arbeitsverhältnis bei einer gleichbleibenden Wochenarbeitszeit."
„Wer als ...⑤... arbeitet, hat keinen Arbeitgeber oder Dienstherren."
„Eine ...⑥... kann ohne eigenes Verschulden nicht entlassen werden."
„Bei einem ...⑦... ist man nicht sozialversichert."

Aus einer Broschüre der Bundesagentur für Arbeit zur Zeitarbeit

A Unter Zeitarbeit versteht man ein Arbeitsverhältnis, bei dem der Beschäftigte bei einem Zeitarbeitsunternehmen fest angestellt ist und zum Arbeitseinsatz für einen bestimmten Zeitraum an Kundenbetriebe überlassen wird. Zeitarbeit ist ein festes, entweder befristetes oder unbefristetes Arbeitsverhältnis mit wechselnden Einsatzstellen.

B Etwa ein Drittel der Zeitarbeitnehmer wird von der Einsatzfirma oder anderen Unternehmen übernommen und erhält dort eine feste Anstellung. Durch diesen sogenannten „Klebeeffekt" wird die Zeitarbeit für viele zu einer zusätzlichen Chance.

C Besonders verbreitet ist die Zeitarbeit in saisonabhängigen Branchen wie Gastronomie, Tourismus und Hotellerie. Stark vertreten sind auch Berufe aus dem kaufmännischen und technischen Bereich sowie handwerkliche und gewerbliche Berufe. Der Bedarf an flexibel einsetzbaren Arbeitskräften steigt jedoch generell an, sodass berufliche Kenntnisse aller Art in der Zeitarbeit gefragt sind.

D Auch in den verleihfreien Zeiten haben Sie einen Anspruch auf Arbeitsentgelt. Sie müssen in dieser Zeit auf Abruf für Ihren Arbeitgeber zur Verfügung stehen.

E Das Zeitarbeitsunternehmen leistet im Rahmen der üblichen Arbeitgeberpflichten Beiträge zur Kranken-, Pflege-, Renten- und Arbeitslosenversicherung. Als Arbeitnehmer haben Sie Anspruch auf bezahlten Erholungsurlaub und Lohnfortzahlung im Krankheitsfall.

(aus: Bundesagentur für Arbeit: Informationen für Arbeitnehmerinnen und Arbeitnehmer, Ausgabe 2007/2008, Zeitarbeit)

Aus einem Papier des Deutschen Gewerkschaftsbundes (DGB) mit Thesen zur Zeitarbeit

1 Leiharbeit ist mitbestimmungsfreie Zone – Für das Entleihunternehmen ist nicht nur die niedrige Bezahlung von Leiharbeitnehmern lukrativ. Vielmehr wird Leiharbeit auch eingesetzt, um die betriebliche Mitbestimmung auszuhebeln. Nur die wenigsten Verleihfirmen haben einen Betriebsrat. Selbst wenn es einen gibt, ist er weit weg – nämlich beim Verleiher. [...]

2 Leiharbeit verdrängt reguläre Jobs – Leiharbeit schafft keine neuen Jobs. Leiharbeiter erledigen Arbeit, die in den Unternehmen ohnehin anfällt. Das IAB (Institut für Arbeitsmarkt- und Berufsforschung) hat belegt, dass in rund einem Viertel aller Entleihbetriebe Leiharbeit reguläre Beschäftigung verdrängt.

3 Leiharbeit ist keine „Brücke in den Beruf" – Nur ein kleiner Teil der Leiharbeitnehmer wird vom Entleihbetrieb übernommen. Das IAB schätzt den sogenannten Klebeeffekt auf lediglich 15%, ein höherer Anteil sei „utopisch". Die Verbände der Verleihfirmen unterschlagen gern, dass Leiharbeitnehmer mitunter zwar einen neuen Job finden – aber bei einem anderen Verleiher und nicht in Stammbeschäftigung. [...]

4 Leiharbeit ist schlecht(er) bezahlt – Leiharbeitnehmer verdienen deutlich weniger als die Stammbelegschaft. Einer Studie der Technischen Universität Darmstadt zufolge erhalten sie 30 bis 50% weniger Entgelt. Daraus resultieren dann auch geringere Rentenansprüche. [...] Der neue Armuts- und Reichtumsbericht der Bundesregierung weist darauf hin, dass der steigende Anteil von Niedriglöhnen eine wesentliche Ursache von Armut ist.

(aus: http://www.dgb.de/themen/tarifpolitik/zeitarbeit/index_html)

1. Wie funktioniert Zeitarbeit?
2. Wie gut bin ich als Zeitarbeitnehmer abgesichert?
3. Ist Zeitarbeit eine Chance für Arbeitslose?
4. Welche Berufe sind in der Zeitarbeit gefragt?
5. Ist Zeitarbeit nur etwas für Ungelernte?
6. Besteht die Möglichkeit einer festen Übernahme?

1 *Vergleiche die Zahlen in der Grafik „Erwerbsbevölkerung". Was fällt dir auf?*
2 *Worin unterscheiden sich die auf Seite 378 beschriebenen Formen von Erwerbstätigkeit? Notiere.*
3 *Ergänze die Aussagen auf Seite 378 unten mit dem jeweils passenden, gelb unterlegten Begriff.*
4 *Suche in den Texten oben nach Antworten auf die Fragen 1. – 6. Erläutere dabei die unterschiedlichen Positionen der Bundesanstalt für Arbeit und des DGB.*
5 *Diskutiert die Vor- und Nachteile der Zeitarbeit.*

Ein-Euro-Jobs

Arbeitslosen, die Arbeitslosengeld II (ALG II) erhalten, können sogenannte „Arbeitsgelegenheiten" angeboten werden. Bei diesen gemeinnützigen Tätigkeiten werden ein bis zwei Euro je Stunde ausbezahlt. Der Verdienst wird nicht auf das ALG II angerechnet. Wer aber einen solchen Job ausschlägt, dem kann das ALG II zeitweise gekürzt werden.

Ein-Euro-Job als Chance? Zusatzjobs dürfen keine reguläre Arbeit verdrängen

Inka Quint steht im Sterilisationsraum des Klinikums Duisburg. Vor ihr auf einer Arbeitsplatte liegen viele Operationsinstrumente. Jede Abteilung hat ihr eigenes, spezielles Besteck. Die 25-Jährige ordnet es, bevor es sterilisiert und wieder für die nächste Operation eingesetzt wird. Eine verantwortungsvolle Aufgabe. Doch Inka Quint ist keine fest angestellte Mitarbeiterin des Krankenhauses. Als Ein-Euro-Jobberin unterstützt sie für ein halbes Jahr das Fachpersonal. „Am Anfang war ich ein bisschen geschockt, denn all diese Geräte habe ich vorher natürlich noch nie gesehen. Aber jetzt finde ich es ganz interessant hier", erzählt die gelernte Sozialhelferin. „Für mich ist die Arbeit sehr wichtig. Ich war lange zu Hause und hoffe, mit diesem Ein-Euro-Job die Wiedereingliederung in den Beruf zu schaffen."

Die Duisburgerin arbeitet 30 Stunden pro Woche in dem Klinikum. Dafür bekommt sie zusätzlich zum Arbeitslosengeld II 150 Euro im Monat. Für das Krankenhaus eine günstige Arbeitskraft. Das weiß auch der Betriebsrat: „Als Arbeitnehmervertreter waren wir eigentlich dagegen", sagt die Konzernbetriebsratsvorsitzende des Klinikums Ute Kellert, „weil wir die Gefahr gesehen haben, dass reguläre Arbeitsplätze ersetzt werden mit Hilfskräften, die aus Hartz IV zur Verfügung stehen." Gemeinsam mit der Klinikleitung wurde deshalb eine Vereinbarung geschlossen, in der konkret festgelegt wird, was die insgesamt 40 Ein-Euro-Jobber im Krankenhaus machen dürfen. Gemeinnützig und zusätzlich müssen die Arbeiten sein, so steht es auch im Gesetz. Natürlich ist die Gefahr des Missbrauchs generell groß, das räumt auch Herbert Jans von der Regionaldirektion der Arbeitsagenturen in NRW ein: „Da kommen Begehrlichkeiten von vielen Seiten hinzu, die einfach aufgrund klammer finanzieller Mittel entstehen." Damit Ein-Euro-Jobs dem regulären Arbeitsmarkt nicht schaden, sollen alle Maßnahmen gründlich überprüft und von einem Beirat abgesegnet werden, dem auch Vertreter von Gewerkschaften und lokaler Wirtschaft angehören. Bei den Erwerbslosen kommen die Jobs gut an. „Es gibt eine rege Nachfrage nach den Tätigkeiten. Wir kommen gar nicht schnell genug nach, Stellen anzubieten", erzählt Peter Scheffler, Geschäftsführer der Arbeitsgemeinschaft von Arbeitsagentur und Stadt Duisburg, die für die Ein-Euro-Jobs zuständig ist. „Natürlich achten wir bei der Vermittlung von Stellen auch darauf, welche Qualifikation eine Person hat. Wir würden nicht einen Ingenieur zum Laubfegen oder einen Lehrer zum Anstreichen einsetzen. Das Angebot soll möglichst passgenau sein." Wie Inka Quint hoffen viele Ein-Euro-Jobber, nach einer langen Zeit zu Hause wieder den Anschluss ans Arbeitsleben zu finden. Im Klinikum Duisburg weiß man das. Freie Stellen sollen daher möglichst mit den Ein-Euro-Jobbern besetzt werden.

(aus: http://www.wdr.de/themen/wirtschaft/arbeit_und_tarifwesen/hartz_reformen/ein_euro_job/050531.jhtml?rubrikenstyle=jobs_und_mehr von Claudia Thöring)

1. *Notiere anhand des Beispiels die Vor- und Nachteile der Ein-Euro-Jobs.*
2. *Ergänze die Sprachblasen und nimm so aus Sicht der jeweiligen Person Stellung zu den Ein-Euro-Jobs.*

Als Arbeiter meine ich, dass Ein-Euro-Jobs…

Als Mitglied des Betriebsrats bin ich der Meinung, dass Ein-Euro-Jobs…

Als Arbeitgeber bin ich der Ansicht, dass Ein-Euro-Jobs…

Als Angestellte der Arbeitsagentur meine ich, dass Ein-Euro-Jobs…

Das mobile Büro: Smartphones

Das mobile Büro ist heute nur etwas größer als eine Zigarettenschachtel und heißt „Smartphone“. Diese Zwittergeräte aus Handy und Pocket-PC können fast alles: Telefonieren, Mailen, Fotografieren, Adressen verwalten, Office-Dokumente bearbeiten und im Internet surfen. So ist man immer auf dem Laufenden und auf allen Kommunikationswegen erreichbar.
Die jüngste Handygeneration kann schon lange mehr, als nur Gespräche transportieren. Vor allem bei den mobilen Business-Telefonen haben die Hersteller mächtig aufgerüstet: Die aktuellen Smartphones glänzen mit den gleichen Funktionen wie Pocket-PCs, haben Farbdisplays, vollwertige Tastaturen oder sogar einen Touchscreen mit Handschriften-Erkennung.
Damit sagen die Handy-Assistenten zu Preisen ab 450 Euro den herkömmlichen PDAs [Personal Digital Assistant = englisch für persönlicher digitaler Assistent] von Palm oder HP deutlich den Kampf an. Und sie haben gute Erfolgsaussichten – denn wer benötigt einen zusätzlichen Organizer, wenn das Handy alle Aufgaben genauso gut erledigt?
Vorrangiger Zweck eines Smartphones ist neben der Kommunikation die mobile Organisation von persönlichen Informationen – in Fachkreisen „PIM“ (Personal Information Management) abgekürzt. Sämtliche Office-Handys bieten deshalb gut strukturierte Programme zur Verwaltung von Kalendereinträgen und Adressen, Aufgabenlisten, Merkzetteln und Notizen. Oft stehen auch abgespeckte Textverarbeitungs- und Tabellenkalkulationsprogramme zur Verfügung, es gibt die Möglichkeit, MP3-Dateien und Videos abzuspielen oder das Handy als Diktiergerät zu nutzen.
Die neuesten Geräte haben sogar eine Megapixel-Digitalkamera gleich eingebaut. Mit wechselbaren Speicherkarten bis zu 8 GB Größe bleibt für Multimedia- und Fotodateien immer genug Platz.

Vor- und Nachteile des mobilen Handy-Büros
Smartphones sind optimal für die schnelle Mail zwischendurch. Attraktiv ist das mobile Handy-Büro vor allem, weil die Daten ganz einfach mit dem PC im Büro abgeglichen werden können: Alle neueren Mobiltelefone bieten dazu ein Datenkabel sowie Infrarot und/oder Bluetooth zur kabellosen Synchronisation. Als Standard-Programm wird von allen Smartphones Microsoft Outlook oder Exchange unterstützt. Damit lassen sich auf Knopfdruck Adressen und Termine mit dem PC abgleichen, sodass immer die neuesten Daten zur Verfügung stehen.
Der Hersteller Blackberry bietet bei seinen Geräten sogar einen „mobilen Kalender“: Hier werden alle Daten online abgeglichen, sodass mit PC und Handy jederzeit auf die aktuellsten Termine zugegriffen werden kann.
Dabei erweisen sich die Mini-Büros als durchaus praxistauglich: Zum Schreiben seitenlanger Briefe sind sie aufgrund der kleinen Tasten und Displays zwar nicht geeignet, doch für eine schnelle Mail zwischendurch oder einen kurzen Office-Text sind Smartphones völlig ausreichend.
Als vollwertiger Ersatz für Digitalkameras taugen die Handys leider nach wie vor nicht. Nur mit einer 2-Megapixel-Kamera kann die übliche Schnappschuss-Qualität übertroffen werden, die meisten Smartphones bieten zurzeit nur 1 Megapixel oder gar VGA-Auflösung (0,3 Megapixel).
Trotzdem kann eine Handy-Digitalkamera unterwegs Sinn machen: So lassen sich Fotos oder kurze Videos direkt per MMS verschicken, sodass Freunde und Bekannte direkt vom Urlaubsstand die schönsten Eindrücke bekommen oder „live“ beim Kauf eines neuen Autos dabei sein können.

(aus: http://www.pcfreunde.de/artikel/detail-24-1/hightech-unterwegs-smartphones-mobiles-buero.html von Thomas Busch)

❶ *Architektin, Manager, Lehrer, Zimmermann, Bürokauffrau. Überlege und begründe, für welche Berufe die Anschaffung eines Smartphones sinnvoll sein kann.*

Fallbeispiel Telearbeit

Situationen im Arbeitsalltag von Max Kunze, Teleberater

1 Bei der Beratung eines Handwerksbetriebs zur Einführung neuer Hard- und Software bespricht sich der Teleberater, Herr Kunze, mit seinen Kollegen und entwickelt gemeinsam mit ihnen ein Konzept.

2 Beim Beratungsgespräch vor Ort bemerkt Herr Kunze, dass der Kunde weitere Komponenten für seine Computerausstattung wünscht. Eine Rücksprache mit seinem Team ist nicht möglich. Er entscheidet daher selbstständig über eine Erweiterung des Angebots.

3 Der Inhaber des Handwerksbetriebs möchte einen vereinbarten Gesprächstermin auf das Wochenende verlegen. Herr Kunze sagt sofort zu.

4 Das erste Beratungsgespräch verläuft für Herrn Kunze aufgrund mangelnder Kenntnisse der Arbeitsstruktur des Handwerksbetriebs sehr problematisch. Über Gespräche versteht er es aber, den Firmeninhaber für sein Angebot zu interessieren und eine gemeinsame Kommunikationsbasis herzustellen.

5 Obwohl Herr Kunze kein Fachmann ist, kann er sich in die technischen Probleme des Handwerksbetriebs hineindenken. So ist es ihm möglich, dem Betrieb ein Angebot über eine neue Computerausstattung zu machen.

6 Die Terminplanung bei der Installation der neuen Computeranlage ist äußerst eng. Dennoch schafft es Herr Kunze, alle Installationen zuverlässig zum vereinbarten Termin umzusetzen.

7 Bei der Koordination der Computerinstallation kommt Herr Kunze seine langjährige Berufserfahrung zugute. Er weiß genau, wie lange die Lieferfristen sind und kennt die Terminplanung seiner Kollegen.

8 Ein Termin bei der Installation der Computeranlage platzt, weil im Handwerksbetrieb eine defekte Elektroanlage die Stromversorgung lahmlegt. Obwohl Herr Kunze nur selten im eigenen Betrieb anwesend ist, genießt er bei seinen Kollegen aufgrund seiner Persönlichkeit, seiner kontaktfreudigen und verbindlichen Art hohes Ansehen. Daher sind sie spontan bereit, einen zusätzlichen Wochenendtermin einzuschieben.

9 Die neue Software für die Materialberechnung des Betriebs funktioniert nicht ordnungsgemäß. Der Meister vertraut Herrn Kunze, da er ihn schon lange kennt und seine gute Arbeit schätzt. Er traut ihm eine Lösung der aufgetretenen Probleme innerhalb eines kurzen Zeitraums zu.

Telearbeit
Unter Telearbeit versteht man jede Tätigkeit, die z. B. mithilfe von Laptop, Handy oder Internet an einem Arbeitsplatz verrichtet wird, der zeitweise oder immer außerhalb der normalen Arbeitsstätte liegt.

Anforderungen

- **A** Teamfähigkeit
- **B** Zuverlässigkeit
- **C** Flexibilität
- **D** Vertrauenswürdigkeit
- **E** Selbstständigkeit
- **F** Technikverständnis
- **G** Kommunikationsfähigkeit
- **H** Berufserfahrung
- **I** Akzeptanz im Betrieb

***Herr Schwab**, leitender Angestellter eines großen Automobilherstellers: „Anfangs hatte ich Probleme mit der Leistungskontrolle bei unseren Telemitarbeitern und -mitarbeiterinnen. Ich sah sie ja kaum bei der Arbeit und konnte sie nur anhand der Arbeitsergebnisse beurteilen. Es dauerte einige Zeit, bis ich lernte, dass nicht die Anwesenheit, sondern das Ergebnis zählt. Trotzdem vermisse ich doch manchmal den persönlichen Kontakt. Erstaunlicherweise sind sogar die Fehlzeiten bei unseren Telemitarbeitern deutlich gesunken. Außerdem sparen wir Büroplätze, was die Kosten in unserer Abteilung deutlich senkt. Wenn jetzt plötzlich ein Auftrag erledigt werden muss, kann ich unsere Telemitarbeiter rasch zum Kunden schicken. Telemitarbeiter sind viel flexibler einsetzbar."*

***Herr Schweitzer**, Firmeninhaber eines Beratungsunternehmens: „2005 entschlossen wir uns, für zwei Arbeitsplätze die Telearbeit einzuführen. Es dauerte allerdings lange, bis wir dafür qualifizierte Mitarbeiter gefunden hatten. Abwechselnd arbeiten diese nun in unserem Büro, zu Hause oder unterwegs vom Hotel aus. Die Erfahrung zeigt, dass die Mitarbeiter sehr motiviert sind und die Produktivität steigt. Telearbeit ermöglicht einen kontinuierlichen Kontakt zu den Kunden. So können wir viel besser auf deren Wünsche eingehen. Unser Beratungsangebot kann zudem rascher und absolut kundenorientiert verbessert werden. Die hohe Qualität unserer Leistungen ist unser großes Plus. Nur sie sichert das Überleben unseres Beratungsunternehmens."*

***Frau Jahn**, Betriebsrätin eines großen Telekommunikationsunternehmens: „Seit die Gewerkschaft einen Tarifvertrag über Telearbeit geschlossen hat, nutzen viele Kolleginnen diese Möglichkeit. Dank Tarifvertrag ist die ‚Heimarbeit' am PC eine vertraglich abgesicherte Regelarbeit. Alle Rechte eines festen Arbeitsplatzes bleiben für unsere Kolleginnen erhalten. Dies ist leider bei anderen, vor allem kleinen Betrieben noch nicht immer der Fall. Wir haben als Betriebsrat darauf Wert gelegt, dass ein Teil der Arbeitszeit auch weiterhin im Unternehmen verbracht wird. So bleibt der soziale Kontakt zu den Arbeitskolleginnen und Vorgesetzten zumindest zum Teil bestehen. Ohne ausreichende persönliche Kontakte kommt man beruflich nicht weiter. Dieses Problem haben wir noch nicht zufriedenstellend gelöst. Für uns als Betriebsrat war es wichtig, dass wir mit den Telearbeitsplätzen die Arbeitsplätze insgesamt gesichert haben. Mit Telearbeit bringen viele Kolleginnen Beruf und Familie besser unter einen Hut. Wird z. B. ein Kind krank, können die Kolleginnen sich ihre Arbeit so einteilen, dass sie sich auch um das Kind kümmern können. Wichtig ist natürlich, dass man sich einen Zeitplan erstellt, sonst verliert man schnell den Überblick, wie lange man die Woche über gearbeitet hat. Ohne Zeitplan schafft man es auch nicht, zwischen Arbeit und Freizeit zu trennen."*

1. *Erläutere, worin sich Telearbeit von anderer Arbeit unterscheidet.*
2. *Herr Kunze hat als Teleberater verschiedene Aufgaben zu erledigen.*
   Ordne die Beschreibungen 1 bis 9 den Anforderungen A bis I zu.
3. *In den Aussagen der drei Berufstätigen werden Vorteile und Nachteile der Telearbeit deutlich.*
   Welche sind es für den Betrieb, welche für den Arbeitnehmer? Notiere in einer Tabelle.

Zur Analyse

Verlierer der neuen Arbeitswelt

Wo früher Aufstieg möglich war, geht nun die Angst vor dem Abstieg um

Von Nadja Klinger

Es war ein Freitagnachmittag, als das Telefon klingelte. Hans Schütze ahnte etwas. Er meldete sich nicht mit Namen, hielt nur den Hörer ans Ohr.

„Es ist so weit", sagte der Mann am anderen Ende der Leitung, ein Kollege.

Schütze starrte durch die Wohnzimmergardine hinaus in einen blaugrauen Himmel über Hamburg. Er machte ein paar Schritte, drehte um, machte wieder Schritte, hin und her, getrieben von einem Gedanken: ‚Hätten wir nur dieses Reihenhaus nicht gebaut.'

Das war vor fünf Jahren. Das kleine Reihenhaus stand mitten in Schützes Leben. Hier hatte seine Frau für die zwei Kinder gesorgt, während er in der Firma arbeitete. Hier verbrachte er die Feierabende, werkelte an den Wochenenden. Er erzählte von der Firma, wenn man sich am Gartenzaun nach seinem Befinden erkundigte. Für das Reihenhaus hatte er einen Kredit aufgenommen, der fast bis ans Lebensende laufen würde. Das Haus ist Teil seiner Biografie.

Seit 1969 hatte Schütze im Hamburger Großhandel gearbeitet. Im Vertrieb, dann als Facheinkäufer. Er arbeitete sich vom Hauptschüler zum Einkaufsleiter für Tabakwaren hoch. Als die ersten Händler fusionierten, wusste er, dass es nichts Gutes bedeutet, wenn aus vielen kleinen Kunden ein großer wird. Was, wenn der plötzlich wegbrach? Schütze vertraute sich den Lieferanten an. „Ruf an, wenn du einen neuen Job brauchst!", sagten die. Schütze fühlte sich sicher.

Als der Belegschaft die Insolvenz mitgeteilt wurde, standen die Männer steif und die Frauen weinten. Gemeinsam lösten sie den Betrieb auf. Drei Monate lang. Schütze grübelte viel in seinem leeren Büro. Er rief die Lieferanten an. Du, dat wird nix, sagten die. Schütze fühlte sich alleingelassen, aber alleine ist er nicht.

Vor wenigen Wochen hat das Deutsche Institut für Wirtschaftsforschung, DIW, einen Bericht vorgelegt, demzufolge jene Deutschen, die 70 bis 150 Prozent des Durchschnittseinkommens haben, die also anständig bis sehr gut verdienen, immer weniger werden. In Westdeutschland, vor der Wende, waren sie die deutliche Mehrheit der Bevölkerung. Im Jahr 2000 noch 62,3 Prozent. Nun gehören nur noch 54,1 Prozent zur mittleren Einkommensschicht. Diese Entwicklung verändert Deutschland, das Selbstverständnis der Menschen. „Da geht etwas verloren, worauf sich die Bundesrepublik jahrelang gestützt hat", sagt DIW-Experte Markus Grabka. Er arbeitet mit am mittlerweile dritten Armuts- und Reichtumsbericht der Bundesregierung.

Wie keine andere soziale Schicht hat „die Mitte" die alte Bundesrepublik nach dem Krieg geprägt. In der Mittelschicht geht man seit Jahrzehnten nicht einfach nur arbeiten. Man steigt auf, nutzt Chancen, erreicht etwas, spart, schafft an, baut. Man ist Vereinsmitglied, engagiert sich, besitzt Versicherungspolicen, sichert sich eine Rente. Man geht zu Vorsorgeuntersuchungen. In der Mitte ist der Markt. Hier leben Vatermutterkindfamilien sowie die Wähler, die Wahlen entscheiden. Deutschland dreht sich um seine Mitte. Aber die hat Schwindsucht.

Es geht um Biografien. Um das Verschwinden von Familien. Von den Paaren mit minderjährigen Kindern bis zu 16 Jahren gehörten laut DIW im Jahr 2006 mehr als drei Millionen Personen weniger der Mittelschicht an als zuvor. Es geht darum, dass Menschen nichts falsch gemacht haben müssen, wenn ihr Leben plötzlich aus der Spur läuft. Es geht um einen Arbeitsmarkt, der immer weniger Verheißungsvolles zu bieten hat. Und um die Reihenhäuser, die vorfinanzierten Statussymbole der westdeutschen Nachkriegsgeneration, die plötzlich zum Problem werden. Es geht um Ängste, um Scham. Wer Angst vor dem Abstieg hat, spricht selten darüber und will in der Zeitung anders heißen als in Wirklichkeit. Wie Schütze. Wie die Frau aus der Medienbranche [...], von der noch die Rede sein wird.

Schützes Frau heuerte bei einer Zeitarbeitsfirma an. Auch er reagierte sofort. Prüfte die Ausgaben, kündigte Versicherungen, wechselte den

Telefonanbieter. Bestellte die Zeitung ab, verkaufte das Auto. „Und das Haus?“, fragte die Frau am Abend. Mit dem Erlös könnten sie die Darlehen begleichen. Bestimmt bliebe noch etwas übrig. „Sollen wir unser Haus verfrühstücken?“, erwiderte er.
Inzwischen ist es 2008. Jeden Tag sitzt Schütze am Computer, sucht Stellenanzeigen, bewirbt sich. Bald wird er 60. In den Bewerbungen muss sein Lebenslauf hinten beginnen. Man erfährt zuerst, wie Schütze scheiterte: beim Versuch, sich als Altenbetreuer selbstständig zu machen. Mit dem Bürojob, den er nur ein paar Wochen hatte, weil er bloß eine Beschäftigungsmaßnahme war. Bei der Inkassofirma, wo er Kisten voller Schuldscheine bearbeitete von Menschen mit einem ähnlichen Schicksal wie seinem. Man muss lange lesen, um bis zu jenem Teil vorzudringen, der Schützes Leben war. Er wird nie zum Gespräch geladen. Er hat sein Reihenhaus noch. Aber nicht mehr das Gefühl, noch etwas für sich tun zu können.
Manchmal weiß er selbst nicht mehr, wer er ist. Er erlebt sich grübelnd, dünnhäutig, aufbrausend. Seine Frau sagt: „Auch uns wird die Sonne wieder scheinen.“ Einst verliebte er sich in sie, weil sie so sprach. Inzwischen antwortet er: „Ich sehe das nicht.“ Denn die meisten Menschen steigen nicht mehr in obere Einkommensklassen auf.
In den Diagrammen des DIW ist ihr Verschwinden aus der Mittelschicht eine Kurve, die nach unten geht. „Abwärtsmobilität“, nennen das die Wirtschaftsforscher. Hans Schütze sagt: „Abwärts ist der tiefe Fall.“ Fünf Millionen Menschen haben ihn zwischen 2000 und 2006 vollzogen. Zwar sind etwa 11,1 Prozent aus der Mittelschicht in die Gruppe der Besserverdiener aufgestiegen. Doch häufiger geht es in die andere Richtung. Etwa 14 Prozent der Mittelschicht von 2000 waren laut DIW sechs Jahre später von Armut gefährdet. Immer mehr Menschen arbeiten für immer weniger Geld. Forscher der Universität Duisburg haben dazu in dieser Woche eine Studie mit neuen Zahlen vorgestellt. Gut jeder fünfte Beschäftigte bekommt demnach weniger als zwei Drittel des Durchschnittslohns. Was den Niedriglohn betrifft, ist Deutschland internationale Spitze, gleich hinter den USA. Die Duisburger Wissenschaftler fanden es auffällig, dass ein hoher Anteil derer, die im Niedriglohnsektor arbeiten, keine Geringqualifizierten sind.
Wer fällt, kommt nur selten wieder hoch, auch das sagen die Zahlen.
Wenn Anet Pagels in ihren großen Spiegel schaut, will sie keinesfalls die Frau sehen, die gefallen ist. Sie trägt teure Stiefel, die sie rasch kaufte, als sie einmal Geld hatte. Die blonden Strähnen im Haar sind frisch gefärbt. Anet Pagels lächelt sich im Spiegel an. Sie ist Mitte 40. Sie hat niemals Schulden gemacht, nicht einmal ihr Konto überzogen. Seit über zehn Jahren arbeitet sie in der Medienbranche, kennt Hinz und Kunz. Sie hat einen Namen und manchmal auch noch Hoffnung.
Draußen auf der Straße steht ihr BMW-Coupé mit Ledersitzen. Es ist bezahlt, aber es kostet, was Autofahren eben kostet. Es ist zu teuer für sie, denn sie lebt heute von der Hand in den Mund. Ihr Auto ist von gestern. Aus einer Zeit, als sie gut verdiente: bei der Versicherungsfirma, dem Immobilienmakler, der Filmproduktion. Sie ist Germanistin. Urlaubs- und Weihnachtsgelder, Prämien, Gehaltserhöhungen schienen ihr zu attraktiv, um in der Wissenschaft zu bleiben. Eine Agentur für Schauspieler und Moderatoren stellte sie für 5200 D-Mark ein. Bis zur Euroumstellung wurden 3350 Euro daraus, plus Sonderzuschläge. Gestern war die Zeit, da sie im Urlaubsköfferchen einen Brief der Chefin fand: „Danke für die gute Arbeit, Verlässlichkeit und Treue. Schöne Tage in New York!“
Gestern endete im Frühjahr 2005, als die Fernsehsender Programme umstellten und Sendungen und Moderatoren abgesetzt wurden, als kaum noch Geld in die Agentur floss und die Chefin weinte, weil sie Anet Pagels entlassen musste. [...]

(aus: http://www.tagesspiegel.de/zeitung/Die-Dritte-Seite-Mittelschicht;art705,2516435 / Erschienen im gedruckten Tagesspiegel vom 20. 4. 2008)

Wege in die Selbstständigkeit

Entertainment auf Abruf

Mit Unterhaltung und Animation kennt sich Babett Lindner-Grießhammer bestens aus. Ihre Berufserfahrung half ihr beim Finden ihrer Geschäftsidee: Sie vermietet Animateure für alle möglichen Anlässe.

Babett Lindner-Grießhammer steht fast immer unter Strom, das Telefon in ihrem Büro steht beinahe nie still. Kein Wunder, denn mit ihrer Animateur-Agentur hat sie eine echte Nische entdeckt, das Geschäft boomt. Doch die erfolgreiche Gründerin sitzt nicht nur an ihrem Schreibtisch: Wenn Not an der Party ist, weil mal wieder ein Animateur trotz Vertrag nicht zum Dienst erscheint, muss die Chefin selbst ran.

Eigentlich kein Problem für Lindner-Grießhammer, denn der Unterhaltung von Urlaubern hat sie sich schon vor langer Zeit verschrieben. Vor ihrer Selbstständigkeit hat sie während der Arbeit auf verschiedenen Kreuzfahrtschiffen und Ferien-Resorts eine Menge Erfahrung in dem Bereich gesammelt. Dabei kam ihr auch die Idee zur Agentur, die sie dann im März 2005 gründete.

Mittlerweile finden sich um die 50 Namen auf der Kundenliste, Tendenz steigend. Über Auftragsmangel kann sich Lindner-Grießhammer nicht beklagen. Viele Kunden bedeuten jedoch auch, dass viel Personal gestellt werden muss. Aber zuverlässige Leute sind nicht immer leicht zu finden.

In der Hochsaison im Sommer 2007 waren 100 Mitarbeiter für die Agentur im Einsatz, darunter leider auch einige schwarze Schafe: Manche erschienen wegen angeblicher Krankheit nicht zum Dienst oder fehlten grundlos. Die Bewerber werden zwar vorher natürlich unter die Lupe genommen, aber viele stellen sich den Job des Animateurs wohl zu einfach vor und merken dann später, dass sie überfordert sind. Dann muss die Chefin mal wieder selbst in die Bresche springen. „Mein letzter Einsatz war vom 20. bis 24. März", erzählt sie, „ausgerechnet an Ostern."

Doch Flexibilität und Einsatzbereitschaft sind nicht alles, auch die nötigen betriebswirtschaftlichen Kenntnisse müssen vorhanden sein: Deshalb hat Lindner-Grießhammer zunächst einen sechsmonatigen Existenzgründerkurs besucht. Zudem versucht sie jetzt noch, ihren Betriebswirt per Abendstudium nachzumachen. „Ich zweifle jedoch, ob ich die Prüfungen bestehe." Eigentlich fehlten ihr die Zeit und meistens auch die Nerven.

Neben Unterhaltungsangeboten aus Freizeit, Sport und kulturellen Aktivitäten für Hotels und Ferienanlagen richtet sich der Service auch an Firmen und Privatpersonen, die für ihre Feste noch das passende Entertainment benötigen. Der Vorteil für die Unternehmen, die sich an die Agentur wenden, liegt vor allem im Faktor Kostenersparnis: Je nach Buchungslage haben sie die Möglichkeit, zu entscheiden, wie viel und wie lange Bedarf an Personal besteht. Neu im Programm ist das zertifizierte Angebot „Gut drauf", das im Urlaub Anregungen zu einer aktiven, gesundheitsbewussten Lebensweise geben soll.

Auch andere Gründer und die, die es noch werden wollen, sollten in diesem Sektor ihre Chance suchen. Auf dem Markt ist noch Potenzial in Hülle und Fülle vorhanden. Wer seine Kreativität ausreichend ankurbelt und mit einem interessanten Angebot aufwarten kann, dem bieten sich hier gute Aussichten, mit einer eigenen Geschäftsidee Fuß zu fassen.

(aus: http://www.foerderland.de/419+M56d5f096556.0.html)

„Fahrplan" zur Gründung eines Unternehmens

Geschäftsidee

Wie kann man eine gute Geschäftsidee finden, und wie kann man überprüfen, ob diese auch gut ist? Folgende Fragen sollen zur Orientierung dienen:

- Fällt Ihnen ein neues Produkt ein?
- Könnte man ein bestehendes Produkt verbessern?
- Gibt es eine Marktlücke im Dienstleistungsbereich?
- Welche neue Technologie würde zu erhöhtem Wachstum führen?
- Gibt es andere Vertriebsmöglichkeiten für die Waren als bisher?
- Würde es sich lohnen, neue Märkte zu erschließen?
- Würde es sich lohnen, neue Kundensegmente zu erschließen?
- Könnte man bessere Leistungen erzielen als der Wettbewerb?

Arten der Selbstständigkeit

Formen der Selbstständigkeit sind:

- Neugründung (Kleingründung, Teamgründung),
- Unternehmensnachfolge/ Betriebsübernahme,
- Kauf eines Unternehmens durch eigenes oder fremdes Management,
- Unternehmensbeteiligung etc.

Standortwahl

Die Wahl des Standortes sollte sich an den Unternehmenszielen orientieren, und dabei sollten folgende Standortfaktoren kombiniert werden:

Markt: Welche Kunden will ich erreichen? Wer sind meine Konkurrenten?
Lage: Welchen Einzugsbereich decke ich mit diesem Standort ab?
Grundstück und Flächen: Wie sind die Größe und die Qualität der Geschäftsräume?
Kosten: Welche Steuern und Mieten sind zu bezahlen?
Behördliche Auflagen: Welche baurechtlichen Verordnungen sind zu erfüllen?
Infrastruktur: Wie ist der Betrieb an das Verkehrsnetz angebunden?
Umfeld: Welche Zulieferer und welche Arbeitskräfte stehen im Umfeld zur Verfügung?

Finanzierung

Eine Existenzgründung steht und fällt mit einer soliden Finanzierung. Hierzu gehört auch die exakte Ermittlung des kurz- und langfristigen Kapitalbedarfs. Dieser Kapitalbedarf wird durch das Eigen- und das Fremdkapital gedeckt. Grundlage der Finanzierung ist das vorhandene Eigenkapital, denn Eigenkapital reduziert zunächst den notwendigen Bedarf an Fremdkapital.

a) Eigenkapital durch Partner/ Teilhaber, Kapitalbeteiligungsgesellschaft, Förderprogramme.
b) Fremdkapital durch Banken (Kredite) etc.

Staatliche Auflagen

Wer ein Unternehmen gründen will, muss beim Gewerbeamt ein Gewerbe anmelden. Dabei werden z. B. die persönliche Zuverlässigkeit, der Zustand der Gewerberäume, die fachlichen Voraussetzungen wie Berufsabschlüsse, Prüfungen etc. überprüft.

(www.foerderland.de; Quelle stark gekürzt und vereinfacht)

1 *Untersuche, wie der Fahrplan zur Unternehmensgründung von Babett Lindner-Grießhammer umgesetzt wurde. Gehe dabei auch darauf ein, was ihr leichtfiel und auf welche Hindernisse sie stieß.*

Das Wichtige in Kürze

Veränderungen der Berufstätigkeit

Mit dem Wandel in der Arbeitswelt verändern sich auch Arbeitsinhalte und damit die beruflichen Anforderungen. Der zunehmende Einsatz von Mikroelektronik und Automation erfordert mehr Kopf- als Handarbeit. Neue Berufsbilder entstehen. Schlüsselqualifikationen wie Selbstständigkeit, Teamfähigkeit, Verantwortungsbewusstsein spielen eine immer größere Rolle.

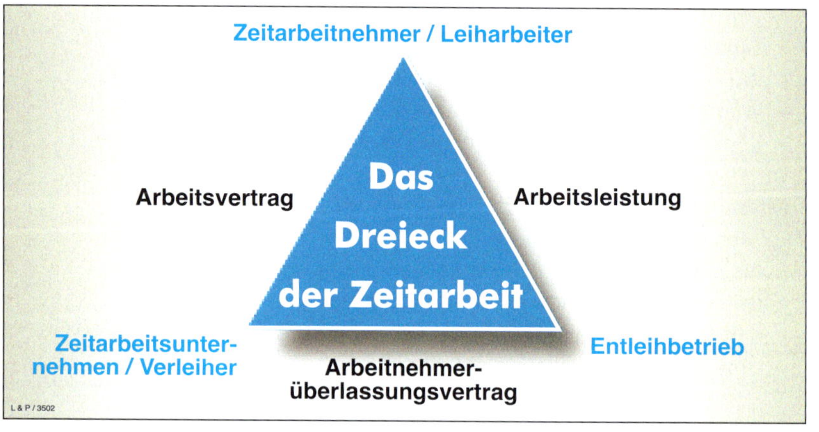

Zeitarbeit

Offiziell heißt Zeitarbeit Arbeitnehmerüberlassung. Bei der Zeitarbeit werden Arbeitnehmer, die sogenannten Leiharbeitnehmer, von ihrem Arbeitgeber, einem Zeitarbeitsunternehmen, einem anderen Unternehmen überlassen, wo der Leiharbeitnehmer dann beschäftigt wird. Von den Gewerkschaften wird Zeitarbeit als arbeitnehmerfeindlich kritisiert.

Ein-Euro-Job

Der Ein-Euro-Job ist im offiziellen Sprachgebrauch eine „Arbeitsgelegenheit mit Mehraufwandsentschädigung" (AGH-MAE). Diese Tätigkeit bzw. Arbeitsgelegenheit üben Empfänger von Arbeitslosengeld II (Hartz IV) aus, die so wieder an den Arbeitsmarkt herangeführt werden sollen. Ein-Euro-Jobber gelten nicht als arbeitslos. Sie erhalten zusätzlich zum Arbeitslosengeld II eine „Mehraufwandsentschädigung" (MAE), die 1,00 Euro bis 2,50 Euro pro Stunde beträgt.

Telearbeit

Mit Telearbeit werden Tätigkeiten bezeichnet, die in der Wohnung des Arbeitnehmers ausgeübt werden und für die man entsprechende Kommunikationsmittel (z. B. Computer, Internet, Telefon, Fax) benötigt. Der Telearbeiter ist also immer mit dem zentralen Büro verbunden, arbeitet aber von diesem räumlich getrennt. Vereinbarungen über Arbeitsziele, Termine usw. werden mit dem Arbeitgeber, dem Arbeitsteam oder beiden getroffen. Durch die Telearbeit spart das Unternehmen Büroflächen ein, die Arbeitnehmer können sich oftmals ihre Arbeitszeit frei einteilen und kombinieren beispielsweise Arbeit, Haushalt, Kinderbetreuung.

Selbstständigkeit

Wer den Schritt in die Selbstständigkeit wagt, wird zum Unternehmer bzw. zur Unternehmerin. Als selbstständiger Unternehmer ist man oft Eigentümer eines Betriebes, und meistens leitet man diesen auch. Als Selbstständiger trägt man das Risiko, das eingesetzte Geld bzw. Kapital zu verlieren, wenn das Unternehmen nicht erfolgreich ist.

Zeige deine Kompetenzen!

Sachkompetenz

	richtig	falsch
1. Es werden zukünftig mehr Menschen für die öffentliche Verwaltung tätig sein.		
2. Die meisten in Deutschland lebenden Personen sind nicht erwerbstätig.		
3. Etwa ein Drittel der Zeitarbeiter werden von den Unternehmen übernommen.		
4. Zeitarbeit bringt für den Arbeitnehmer vor allem Vorteile.		
5. Der Verdienst bei einem Ein-Euro-Job wird auf das Arbeitslosengeld II angerechnet.		
6. Ein-Euro-Jobber dürfen nur gemeinnützige und zusätzliche Arbeit verrichten.		
7. Mobile Büros, wie Smartphones, werden eine immer größere Bedeutung in der Arbeitswelt erhalten.		
8. Telearbeit wird nur Zuhause erledigt.		
9. Durch Telearbeit lässt sich Arbeit und Familie oft besser miteinander verbinden.		
10. Eine gute finanzielle Grundlage ist für eine Existenzgründung unerlässlich.		

Kreuze auf dem Arbeitsblatt an oder notiere, welche Aussagen richtig oder falsch sind. Begründe jeweils dein Urteil und stelle die falschen Aussagen richtig.

Urteilskompetenz

(Zeichnung: Gerhard Mester/CCC)

Um welchen Sachverhalt, welches Problem geht es in der Karikatur? Beschreibe und analysiere die Karikatur. Nimm Stellung zur Aussage des Zeichners.

Zeige deine Kompetenzen!

Handlungs- und Methodenkompetenz

Christiane Kästner
Waldweg 24
54321 Holzdorf
Tel.: 0171-11223344
E-Mail: CrissieTanzmaus@internet.de

An die
Firma Gigant
z. Hd. Herrn Zwerg
Holzweg 123
54321 Holzdorf

Ausbildung als Industriekaufmann

Sehr geehrte Damen und Herren,

von meinem Nachbarn habe ich erfahren, dass Sie noch eine Auszubil-
dende als Industriekauffrau suchen. Da ich gerne nach der 9. Klasse
die Schule verlassen möchte, bewerbe ich mich bei Ihnen.
Bei meinen Freunden habe ich mich über den Beruf informiert und stell-
te für mich fest, dass Industriekauffrau genau das Richtige für mich
ist. Schon meine Eltern erlernten den Beruf des Industriekaufmanns
und rieten mir, mich bei Ihnen zu bewerben.
Zurzeit besuche ich die 9. Klasse des Waldgymnasiums. Meine Lieb-
lingsfächer sind Deutsch, Mathematik mag ich nicht so sehr.
In meiner Freizeit arbeite ich manchmal als Babysitterin bei unserer
Nachbarin. Ich lerne so verantwortungsvoll zu handeln. Außerdem spiele
ich Handball und beweise beim Sport meine Teamfähigkeit. Zu meinen
Stärken gehören Genauigkeit, Fleiß, Zielstrebigkeit und Kommunika-
tionsfähigkeit.

Über eine Einladung zu einem Vorstellungsgespräch würde ich mich sehr
freuen.

LG
Christiane Kästner

Korrigiere die fehlerhafte Bewerbung auf dem Arbeitsblatt oder auf einer Kopie und schreibe sie als einwandfreies Bewerbungsschreiben neu.

Umschlagfotos: u. li.: www.hafen-hamburg.de (D. Hasenpusch); u. Mi. li.: Royalty-Free/Corbis, Düsseldorf; u. Mi. re.: TRIGEMA GmbH & Co. KG, Burladingen; u. re.: Klaus Wefringhaus, Braunschweig; 10 o. li. + re.: Heinz-Ulrich Wolf, Steinheim; 13 o.: Picture-Alliance, Frankfurt/M. dpa; 13 li. (3): Andreas Dägling, Wardenburg; 14 o.: WILDLIFE Bildagentur, Hamburg (K. Bogon); 14 u. li.: Alex Stiebritz, Karlsruhe; 14 u. Mi. li.: Alex Stiebritz, Karlsruhe; 14 u. Mi. re.: Dieter Deiseroth, Niederaula; 14 u. re.: ullstein bild, Berlin; 15 o.: Langner & Partner, Hemmingen; 15 u. li.: Mauritius Bildagentur, Mittenwald; 15 u. Mi. li.: Picture-Alliance, Frankfurt/M.; 15 u. Mi. re.: Ulrike Köcher, Hannover; 15 u. re.: Andreas Dägling, Wardenburg; 16 o.: Heinz-Ulrich Wolf, Steinheim; 16 Mi. li.: Dieter Deiseroth, Niederaula; 16 Mi.: Dieter Deiseroth, Niederaula; 16 Mi. re.: Heinz-Ulrich Wolf, Steinheim; 16 u.: Heinz-Ulrich Wolf, Steinheim; 17 (8): Dieter Deiseroth, Niederaula; 18: Heinz-Ulrich Wolf, Steinheim; 21: Hans-Jürgen Feldhaus, Münster; 22 o.: Bundesministerium für Gesundheit und Soziale Sicherheit, Berlin; 22 Mi.: Schroedel-Archiv, Braunschweig; 22 u.: plainpicture, Hamburg; 23 (2): Langner & Partner, Hemmingen; 25 o.: plainpicture, Hamburg; 25 Mi. o.: Langner & Partner, Hemmingen; 25 re.: plainpicture, Hamburg; 26 li.: ullstein bild, Berlin; 26 re.: Süddeutsche Zeitung Photo, München; 28: Andreas Dägling, Wardenburg; 29: Andreas Dägling, Wardenburg; 30: Picture-Alliance, Frankfurt/M.; 31 (3): Langner & Partner, Hemmingen; 32 (2): Heinz-Ulrich Wolf, Steinheim; 33 (2): Heinz-Ulrich Wolf, Steinheim; 34 re. Mi.: Hans-Jürgen Feldhaus, Münster; 36: Langner & Partner, Hemmingen; 37: dpa-infografik, Hamburg 38 o.: Langner & Partner, Hemmingen; 38 li. Mi.: Langner & Partner, Hemmingen; 38 u.: Andreas Dägling, Wardenburg; 40 (2): Heinz-Ulrich Wolf, Steinheim; 41 re.: Langner & Partner, Hemmingen; 41 li.: M. Fabian, Hannover; 42 li. (2): Heinz-Ulrich Wolf, Steinheim; 42 re. (2): M. Fabian, Hannover; 44: Klaus Stuttmann, Berlin; 45 o.: Baaske Cartoons, Müllheim (Mester); 45 Mi.: CCC, www.c5.net, Pfaffenhofen (Haitzinger); 45 u.: Jürgen Tomicek, Werl; 47: Picture-Alliance, Frankfurt/M. (dpa/D. Ebener); 48 o.: Picture-Alliance, Frankfurt/M.; 48 re. u.: Langner & Partner, Hemmingen; 50 o.: Langner & Partner, Hemmingen; 50 u.: Picture-Alliance, Frankfurt/M.; 51: Picture-Alliance, Frankfurt/M.; 52: Niels van Quaquebeke (D. Williamson); 54 li.: Langner & Partner, Hemmingen; 55: Picture-Alliance, Frankfurt/M.; 57 Mi.: Deutsches Kinderhilfswerk, Berlin; 57 u.: Klaus Stuttmann, Berlin; 59 o.: Picture-Alliance, Frankfurt/M.; 59 li. Mi.: Klaus Stuttmann, Berlin; 59 u.: Ulrike Köcher, Hannover; 60 o. li.: Picture-Alliance, Frankfurt/M. (dpa/Jörg Carstensen); 60 o. re.: Langner & Partner, Hemmingen; 60 u.: Langner & Partner, Hemmingen; 61 o. li.: Erich Schmidt Verlag (ESV), Berlin; 62 (2): Burkhard Mohr, Königswinter; 63 o.: Deutscher Bundestag/Lichtblick, A. Melde; 63 Mi.: Picture-Alliance, Frankfurt/M. (ZB); 63 u.: Klaus Stuttmann, Berlin; 65: Starke, Arnstadt; 66 (2): SAT1; 67 (2): CCC, www.c5.net, Pfaffenhofen (Mester, Löffler); 69: Heinz-Ulrich Wolf, Steinheim; 71: Stuttgarter Zeitung Zweiygarth; 72 o.: Bildarchiv Preussischer Kulturbesitz (bpk), Berlin; 73: www.reporter-ohne-grenzen.de; 74: Rheinische Post, Düsseldorf; 76: CCC, www.c5.net, Pfaffenhofen (Gerd); 77: Langner & Partner, Hemmingen; 79 li. o.: Langner & Partner, Hemmingen; 79 u.: Picture-Alliance, Frankfurt/M.; 81 li.: CCC, www.c5.net, Pfaffenhofen (Mester); 81 re.: CCC, www.c5.net, Pfaffenhofen (Luff); 84: dpa-infografik, Hamburg (Globus); 85: Die Zeit, Hamburg ifa-Bilderteam/Jupiterimages; 86: Hans-Jürgen Feldhaus, Münster; 88: dpa-infografik, Hamburg (Globus); 89: Picture Press, Hamburg (Till Mette); 92: Baaske Cartoons, Müllheim; 93 o.: Presse- und Informationsamt der Bundesregierung – Bundesbildstelle, Berlin; 93 li. o.: Picture-Alliance, Frankfurt/M.; 93 li. Mi.: Bätzing, Neuwied; 93 li. u.: Picture-Alliance, Frankfurt/M. (dpa); 94 li. o.: akg images, Berlin (Erich Lessing); 94 re. o.: Holger Appenzeller, Stuttart; 94 li. Mi.: Birgit Schmidt, Karlsruhe; 96 li. o.: M. Fabian, Hannover; 96 re. o.: Dieter Deiseroth, Niederaula; 98 o.: Erich Schmidt Verlag (ESV), Berlin; 99 li. u.: Langner & Partner, Hemmingen; 100 o.: Associated Press, Frankfurt/M.; 100 li. u.: Langner & Partner, Hemmingen; 100 re. u.: Andreas Dägling, Wardenburg; 102 li.: Picture-Alliance, Frankfurt/M. (dpa/Peer Grimm); 102 re.: Picture-Alliance, Frankfurt/M.; 103 u.: Langner & Partner, Hemmingen; 104 o. (4): Dieter Deiseroth, Niederaula; 104 li. u.: Langner & Partner, Hemmingen; 105 o.: Büro der Landeswahlleiterin des Landes NRW; 105 li. u.: Picture-Alliance, Frankfurt/M. (dpa/F.-P. Tschauner); 105 re. u.: ullstein bild, Berlin (P.S.I. Bonn); 107 (2): Dieter Deiseroth, Niederaula; 109: Picture-Alliance, Frankfurt/M.; 110: Erich Schmidt Verlag (ESV), Berlin; 111: Heinz-Ulrich Wolf, Steinheim; 112: Erich Schmidt Verlag (ESV), Berlin (Langner & Partner, Hemmingen); 113 o. li.: Presse- und Informationsamt der Bundesregierung – Bundesbildstelle, Berlin; 114: Presse- und Informationsamt der Bundesregierung – Bundesbildstelle, Berlin; 115 li. (7): Presse- und Informationsamt der Bundesregierung – Bundesbildstelle, Berlin; 115 Mi.: Michael Klant, Freiburg; 115 re.: Presse- und Informationsamt der Bundesregierung – Bundesbildstelle, Berlin (A. Bienert); 116 : Presse- und Informationsamt der Bundesregierung – Bundesbildstelle, Berlin; 117 li.: Picture-Alliance, Frankfurt/M.; 117 re.: Langner & Partner, Hemmingen; 118 o.: Picture-Alliance, Frankfurt/M.; 118 (8): Presse- und Informationsamt der Bundesregierung – Bundesbildstelle, Berlin; 119 re. o.: Langner & Partner, Hemmingen; 120: Presse- und Informationsamt der Bundesregierung – Bundesbildstelle, Berlin; 121: Langner & Partner, Hemmingen; 122: dpa-infografik, Hamburg (Globus); 124 o.: Langner & Partner, Hemmingen; 125 li.: Langner & Partner, Hemmingen; 126: Heinz-Ulrich Wolf, Steinheim; 129: Dietmar Griese, Hannover; 131: Erich Schmidt Verlag (ESV), Berlin; 132 u.: Langner & Partner, Hemmingen; 133 o.: Picture-Alliance, Frankfurt/M.; 134 u.: Langner & Partner, Hemmingen; 135 re. o.: Picture-Alliance, Frankfurt/M. dpa; 135 re. Mi.: JVA, Adelsheim J. Walter; 135 u.: Langner & Partner, Hemmingen; 137 li. o.: Dieter Deiseroth, Niederaula; 137 re. o.: Thoden, Hannover; 137 u.: akg images, Berlin; 139: CCC, www.c5.net, Pfaffenhofen (Schwalme); 140: © Polizei/ddp, Berlin; 143: Picture-Alliance, Frankfurt/M.; 144: Picture-Alliance, Frankfurt/M.; 146: CCC, www.c5.net, Pfaffenhofen (Mester); 147 re.: ullstein bild, Berlin (dpa); 148 (2): Picture-Alliance, Frankfurt/M.; 149 u.: Innenministerium, NRW; 150: Picture-Alliance, Frankfurt/M.; 151 u.: http://www.im.nrw.de/sch/ doks/vs/aktuelli.pdf; 152: ullstein bild, Berlin; 153 li.: Langner & Partner, Hemmingen; 153 re.: CCC, www.c5.net, Pfaffenhofen (Mussil); 155 o.: Picture-Alliance, Frankfurt/M. (ZB); 155 li. o.: Mauritius Bildagentur, Mittenwald; 155 li. Mi.: Högli; 155 li. u.: Vario Images, Bonn; 156.1: Martin Bredol, Marburg; 156.2: Andreas Dägling, Wardenburg; 156.3: Stadt Münster i.W.; 156.4: Andreas Dägling, Wardenburg; 156.5–8: Picture-Alliance, Frankfurt/M.; 157 (4): Picture-Alliance, Frankfurt/M.; 158 o.: Hans-Jürgen Feldhaus, Münster; 160 (3): Dieter Deiseroth, Niederaula; 161 u.: Adam Opel GmbH; 162: Hans-Jürgen Feldhaus, Münster; 164 u.: Langner & Partner, Hemmingen; 166 li. (3): Picture-Alliance, Frankfurt/M.; 166 Mi.: Langner & Partner, Hemmingen; 166 re. (3): Picture-Alliance, Frankfurt/M.; 168 o.: Langner & Partner, Hemmingen; 170 o.: Langner & Partner, Hemmingen; 170.1: Picture-Alliance, Frankfurt/M.; 170.2: adpic Bildagentur, Bonn; 170.3: Picture-Alliance, Frankfurt/M.; 171 (2): Picture-Alliance, Frankfurt/M.; 173: Picture-Alliance, Frankfurt/M. (epa/F. Trueba); 174 o.: Erich Schmidt Verlag (ESV), Berlin; 176 (2): Picture-Alliance, Frankfurt/M.; 178.1: laif, Köln (G. Gerster); 178.2: Ch. Schroth, Berlin; 178.3: WZ-Bilddienst, Wilhelmshaven; 178.4: Visum, Hamburg (J. Müller); 179.1: adpic Bildagentur, Bonn; 180 (2): Langner & Partner, Hemmingen; 181 o.: Langner & Partner, Hemmingen; 183: Picture-Alliance, Frankfurt/M.; 184 u.: Hans-Jürgen Feldhaus, Münster; 186 (2): Hans-Jürgen Feldhaus, Münster; 187 (5): Hans-Jürgen Feldhaus, Münster; 189 li. u.: dpa-infografik, Hamburg (Globus); 189 re. u.: dpa-infografik, Hamburg (Globus); 190 (2): Hans-Jürgen Feldhaus, Münster; 192 o. (2): Dieter Deiseroth, Niederaula; 192 Mi.: Langner & Partner, Hemmingen; 193 o.: Langner & Partner, Hemmingen; 194: Langner & Partner, Hemmingen; 195 (2): Langner & Partner, Hemmingen; 196 (3): akg images, Berlin; 198 o. (2): Dieter Deiseroth, Niederaula; 198 u.: Langner & Partner, Hemmingen; 199: CCC, www.c5.net, Pfaffenhofen (Haitzinger); 200: Maurer,

Neulehe; 201 u.: dpa-infografik, Hamburg (Globus); 202 re. o.: M. Fabian, Hannover; 202 li. u.: Picture-Alliance, Frankfurt/M.; 203: dpa-infografik, Hamburg (Globus); 204 o.: Langner & Partner, Hemmingen; 204 li. Mi.: dpa-infografik, Hamburg (Globus); 204 re. Mi.: dpa-infografik, Hamburg (Globus); 204 u.: dpa-infografik, Hamburg (Globus); 205 o.: dpa-infografik, Hamburg (Globus); 207: SV-Bilderdienst, München Süddeutsche Zeitung, Autor: H. M. Jung; 208 o.: Haribo GmbH & Co., Bonn; 208 Mi.: laif, Köln (M. Wolf); 208 u.: Beiersdorf AG, Hamburg; 209 li.: dpa-infografik, Hamburg (Globus); 209 re.: CCC, www.c5.net, Pfaffenhofen (Plaßmann); 212: Klaus Stuttmann, Berlin; 213 o.: Picture-Alliance, Frankfurt/M.; 213 li. o.: Picture-Alliance, Frankfurt/M.; 213 li. Mi.: Deutscher Depeschendienst, Berlin; 213 li. u.: Paracelsus-Kliniken Deutschland GmbH; 214 li. u.: dpa-infografik, Hamburg (Globus); 214 re. (2): Langner & Partner, Hemmingen; 215 re. o.: Langner & Partner, Hemmingen; 215 Mi. re.: TRUMPF, Ditzingen; 216 re. o.: Langner & Partner, Hemmingen; 217: Langner & Partner, Hemmingen; 218: dfd, Berlin (ddp/A.Schmidt); 219: Klaus Stuttmann, Berlin; 221 o. (2): Picture-Alliance, Frankfurt/M.; 221 u.: FAZ, Tresckows Nachbörse, vom 14.3.08; 223 o.: Langner & Partner, Hemmingen; 224 o.: Picture-Alliance, Frankfurt/M. (dpa/H. Hollemann); 226 : Picture-Alliance, Frankfurt/M.; 227 (2): Picture-Alliance, Frankfurt/M.; 229: Picture-Alliance, Frankfurt/M.; 230: Götz Wiedenroth, Flensburg; 233 li. o.: Arco Images, Lünen; 233 re. o.: Deutscher Depeschendienst, Berlin; 233 li. u.: Picture-Alliance, Frankfurt/M. (Okapia); 233 re. u.: Offroadkids; 235: Erich Schmidt Verlag (ESV), Berlin; 236: Erich Schmidt Verlag (ESV), Berlin; 237 o. re.: Picture-Alliance, Frankfurt/M. (dpa/S. Kugler); 237 Mi. re.: Burkhard Mohr, Königswinter; 238 o. li.: Picture-Alliance, Frankfurt/M. (Berlin Picture Gate/M. Wächter); 238 u. li.: dpa-infografik, Hamburg (Globus); 239: Erich Schmidt Verlag (ESV), Berlin; 240 o. re.: dpa-infografik, Hamburg (Globus); 240 Mi. re.: Erich Schmidt Verlag (ESV), Berlin; 242 o.: Burkhard Mohr, Königswinter; 242 Mi.: dpa-infografik, Hamburg; 242 u.: Langner & Partner, Hemmingen; 244: dpa-infografik, Hamburg (Globus); 246 o.: dpa-infografik, Hamburg (Globus); 246 li. M.: Erich Schmidt Verlag (ESV), Berlin; 246 li. u.: Erich Schmidt Verlag (ESV), Berlin; 246 re. u.: CCC, www.c5.net, Pfaffenhofen (Haitzinger); 247 o.: Erich Schmidt Verlag (ESV), Berlin; 247 u.: CCC, www.c5.net, Pfaffenhofen (Plaßmann); 248: Picture-Alliance, Frankfurt/M. (dpa/fishman); 250: Patner, Hannover; 251 o.: Langner & Partner, Hemmingen; 251 u.: Gabor Benedek, München; 252: Langner & Partner, Hemmingen; 253 o.: Vestas Central Europe; 253 li. o.: ullstein bild, Berlin: Oberhäuser/Caro; 253 li. Mi.: ullstein bild, Berlin: Hartmann; 253 li. u.: Picture-Alliance, Frankfurt/M.; 254: Baaske Cartoons, Müllheim (Mester); 255: dpa-infografik, Hamburg; 256 li.: Dieter Deiseroth, Niederaula; 256 re. o.: dpa-infografik, Hamburg; 256 re. Mi.: dpa-infografik, Hamburg (Globus); 257: Langner & Partner, Hemmingen; 258 li. o.: Picture-Alliance, Frankfurt/M.; 258 li. Mi.: Dieter Deiseroth, Niederaula; 258 re. Mi.: Langner & Partner, Hemmingen; 258 li. u.: dpa-infografik, Hamburg (Globus); 258 re. u.: ullstein bild, Berlin:; 260 o.: Langner & Partner, Hemmingen; 260 u.: dpa-infografik, Hamburg (Globus); 262 o.: Langner & Partner, Hemmingen; 264: Picture-Alliance, Frankfurt/M.; 266 o.: ullstein bild, Berlin (Steffens); 266 li.: ullstein bild, Berlin (Caro/Muhs); 266 re.: ullstein bild, Berlin (reuters); 266 Mi.: ullstein bild, Berlin (Specialpress); 267 li.: CCC, www.c5.net, Pfaffenhofen (Wössner); 267 re.: CCC, www.c5.net, Pfaffenhofen (Löffler); 268 re.o.: Picture-Alliance, Frankfurt/M.; 268 re. u.: EU, Generaldirektion Presse und Kommunikation; 268 li.: Erich Schmidt Verlag (ESV), Berlin; 269 : dpa-infografik, Hamburg (Globus); 270: ullstein bild, Berlin (Klein); 271: dpa-infografik, Hamburg (Globus); 272: Picture-Alliance, Frankfurt/M.; 274 o. (4): Dieter Deiseroth, Niederaula; 274 u.: dpa-infografik, Hamburg (Globus); 275: Erich Schmidt Verlag (ESV), Berlin; 276 li. Mi.: Langner & Partner, Hemmingen; 276 re. Mi.: dpa-infografik, Hamburg (Globus); 278: Picture-Alliance, Frankfurt/M.; 279: Picture-Alliance, Frankfurt/M.; 284 re. Mi.: CCC, www.c5.net, Pfaffenhofen (Mester); 284 li. u.: Klaus Stuttmann, Berlin; 284 u.: CCC, www.c5.net, Pfaffenhofen (Stuttmann); 285 o.: Picture-Alliance, Frankfurt/M.; 285 li. o.: www.hafen-hamburg.de (D. Hasenpusch); 285 li. Mi.: Haubold, Köln; 285 li.u.: Picture-Alliance, Frankfurt/M.; 286 (5): Dieter Deiseroth, Niederaula; 287 o.: Action Press, Hamburg; 287 re.: Langner & Partner, Hemmingen; 287 li.: Langner & Partner, Hemmingen; 288 re. o.: Langner & Partner, Hemmingen; 290: Langner & Partner, Hemmingen; 291: Langner & Partner, Hemmingen (nach Zahlenbild 715 320); 293: Langner & Partner, Hemmingen (nach Zahlenbild 714 040); 294 li. o.: Europäisches Parlament/Architecture Studio Europe/SERS; 294 li. Mi.: CCC, www.c5.net, Pfaffenhofen (Mester); 294 li. u.: dpa-infografik, Hamburg; 295: CCC, www.c5.net, Pfaffenhofen (Mester); 296: laif, Köln (Jock Fistick/Reporters); 297 re. o.: Langner & Partner, Hemmingen; 297 u.: Picture-Alliance, Frankfurt/M. (dpa); 298: CCC, www.c5.net, Pfaffenhofen (Hanel); 303: CCC, www.c5.net, Pfaffenhofen (Mester); 304 (3): Heinz-Ulrich Wolf, Steinheim; 306 li. o.: Picture-Alliance, Frankfurt/M. (dpa); 306 re. o.: Corbis, Düsseldorf (M. Caronna/Reuters); 306 li. u.: Langner & Partner, Hemmingen; 308: DFLR, Oberpfaffenhofen; 309 (2): Dieter Deiseroth, Niederaula; 310 o. (4): Dieter Deiseroth, Niederaula; 310 li. u.: CCC, www.c5.net, Pfaffenhofen (Schoenfelder); 310 re. u.: CCC, www.c5.net, Pfaffenhofen (Hoff); 311: Erich Schmidt Verlag (ESV), Berlin; 312 (2): dpa-infografik, Hamburg (Globus); 313 o.: dpa-infografik, Hamburg (Globus); 313 Mi.: Erich Schmidt Verlag (ESV), Berlin; 313 u.: dpa-infografik, Hamburg (Globus); 314 (2): Langner & Partner, Hemmingen; 315 re. u.: Langner & Partner, Hemmingen; 316: Action Press, Hamburg (Xinhua); 317: dpa-infografik, Hamburg (Globus); 318 li. o.: dpa-infografik, Hamburg (Globus); 318 li. Mi. + u.: Langner & Partner, Hemmingen; 318 re.: www.hafen-hamburg.de – Hettchen D. Hasenpusch; 319: Dieter Deiseroth, Niederaula; 320 li.: Corbis, Düsseldorf (Reuters/C. Cortes); 320 re.: Das Fotoarchiv; 321 li. u.: Picture-Alliance, Frankfurt/M.; 322 o. (2): Picture-Alliance, Frankfurt/M.; 322 li. u.: dpa-infografik, Hamburg (Globus); 322 re. u.: CCC, www.c5.net, Pfaffenhofen (Mester); 323: Picture-Alliance, Frankfurt/M. (W. Yunlong/Imagine China/dpa); 324 li.: Daimler AG, Stuttgart; 324 re.: Attac Deutschland, Frankfurt; 326 o. (2): Associated Press, Frankfurt/M.; 326 u. (6): Hans-Jürgen Feldhaus, Münster; 327 li. o.: Hans-Jürgen Feldhaus, Münster; 332 (2): Picture-Alliance, Frankfurt/M.; 333 (2): Picture-Alliance, Frankfurt/M.; 334 (2): Picture-Alliance, Frankfurt/M. (dpa); 335 li.: Ullstein Bild, Berlin; 336 o.: Erich Schmidt Verlag (ESV), Berlin; 336 u.: Corbis, Düsseldorf; 337 (2): Picture-Alliance, Frankfurt/M. (dpa); 338 re. o.: Haus der Geschichte, Bonn (Wolter); 338 re. Mi.: E. Kaiser, Waiblingen; 338 u. (2): Langner & Partner, Hemmingen; 340 li. o.: Langner & Partner, Hemmingen; 340 u. (2): Picture-Alliance, Frankfurt/M. (dpa); 343.1: Dieter Deiseroth, Niederaula; 343.2: Druwe & Polastri, Weddel; 343 3–4: Dieter Deiseroth, Niederaula; 343 5–9: Druwe & Polastri, Weddel; 343 10–12: M. Fabian, Hannover; 345: Picture-Alliance, Frankfurt/M.; 346: dpa-infografik, Hamburg; 350: Baaske Cartoons, Müllheim (Mester); 351 o.: Dieter Deiseroth, Niederaula; 351 li. (3): Picture-Alliance, Frankfurt/M.; 352 (2): Heinz-Ulrich Wolf, Steinheim; 354 o.: Langner & Partner, Hemmingen; 355: Picture-Alliance, Frankfurt/M.; 356: Picture-Alliance, Frankfurt/M.; 358 (10): Heinz-Ulrich Wolf, Steinheim; 359: Westermann Archiv, Braunschweig; 361: Picture-Alliance, Frankfurt/M.; 362 o.: Langner & Partner, Hemmingen; 363 u.: Langner & Partner, Hemmingen; 364 (2): Andreas Dägling, Wardenburg; 365 (4): Andreas Dägling, Wardenburg; 366: C&A Mode KG, Düsseldorf; 369 (2) : Picture-Alliance, Frankfurt/M.; 370 u.: Langner & Partner, Hemmingen; 371: Picture-Alliance, Frankfurt/M.; 373 (2): Dieter Deiseroth, Niederaula; 375 li. o.: M. Frühsorge, Wunstorf; 375 li. Mi. o.: Dieter Deiseroth, Niederaula; 375 li. Mi. u.: A. Fischer, Hannover; 375 li. u.: Dieter Deiseroth, Niederaula; 375 re. o.: Schroedel-Archiv, Braunschweig; 375 re. u.: M. Frühsorge, Wunstorf; 376 (2): Daimler AG; 376 u.: Erich Schmidt Verlag (ESV), Berlin; 377 li.: Daimler AG; 377 re.: Volkswagen AG, Wolfsburg; 378 o. li.: Langner & Partner, Hemmingen; 381: Picture-Alliance, Frankfurt/M.; 383 (3): adpic Bildagentur, Bonn; 388: Langner & Partner, Hemmingen; 389 u.: CCC, www.c5.net, Pfaffenhofen (Mester)